DIE TRAININGSBIBEL FÜR TRIATHLETEN

JOE FRIEL

DIE TRAININGSBIBEL FÜR TRIATHLETEN

4. AUSGABE

covadonga
TRAININGSPARTNER

Die Originalausgabe dieses Buches erschien unter dem Titel
»The Triathlete's Training Bible: The World's Most Comprehensive Training Guide.
Fifth edition« bei VeloPress, einem Imprint von Ulysses Press, Berkeley/USA.

Joe Friel:
Die Trainingsbibel für Triathleten.
Vierte überarbeitete und aktualisierte deutschsprachige Ausgabe.

Aus dem Amerikanischen von Olaf Bentkämper und Rainer Sprehe

Covadonga Verlag, Spindelstr. 58, D-33604 Bielefeld

ISBN (Print): 978-3-95726-096-3
ISBN (E-Book): 978-3-95726-097-0

Coverfoto: @ Maridav/shutterstock.com
Illustrationen: Charlie Layton
Grafik und Layout: what!design @ whatweb.com, Kevin Roberson
Druck: Westermann Druck Zwickau GmbH / 1. Druckauflage, 2024

Die Ratschläge in diesem Buch wurden sorgfältig geprüft, ohne dass eine Garantie übernommen werden könnte. Eine Haftung des Autors bzw. der Verlage für Personen-, Sach- und Vermögensschäden ist ausgeschlossen. Es ist empfehlenswert, sich zuvor ärztlich untersuchen zu lassen, bevor man ein Trainingsprogramm aufnimmt. Dies gilt auch im Hinblick auf die in diesem Buch vorgestellten Übungen und Abläufe, insbesondere für alle Personen mit Vorerkrankungen.

Aus Gründen der besseren Lesbarkeit verzichten die Ausführungen in diesem Werk auf eine durchgängige Differenzierung geschlechtsspezifischer Personenbezeichnungen. Sofern die männliche Form verwendet wird, schließt dies alle möglichen Formen der Personenbezeichnung gleichberechtigt mit ein.

Bibliografische Information der Deutschen Nationalbibliothek: Die Deutsche Nationalbibliothek verzeichnet diese Publikation in der Deutschen Nationalbibliografie; detaillierte bibliografische Daten sind im Internet über http://dnb.dnb.de abrufbar.

Covadonga ist der Verlag für Radsportliteratur.
Besuchen Sie uns im Internet: *www.covadonga.de*

Für das »Team Friel«:
Joyce, Kim, Keara und Dirk

INHALT

VORWORT

Ich habe die erste Ausgabe dieses Buches vor nun 26 Jahren geschrieben. Seitdem hat sich im Triathlon-Training eine Menge getan, was sich in jeder der verschiedenen, seither erschienenen Ausgaben widerspiegelt. Diese neueste Version ist eine Aktualisierung der Ausgabe, die ich 2016 geschrieben habe. In nur acht Jahren haben sich die Best Practices im Training für Triathlon-Wettkämpfe im Speziellen und für den Ausdauersport im Allgemeinen erheblich verändert. In diesem Buch werde ich Ihnen natürlich meine Sicht der Dinge näherbringen, wie man trainieren sollte. Aber es gibt viele unterschiedliche Herangehensweisen – genauso viele, wie es Trainer und fortgeschrittene Triathleten gibt. Bei der Lektüre der folgenden Seiten sollten Sie also immer einen Gedanken im Hinterkopf behalten: Es gibt viele Möglichkeiten, für einen Triathlon zu trainieren, und was Sie hier lesen, sind nur die Ansichten eines Einzelnen. Ich möchte Sie ermutigen, zu hinterfragen, ob das, was ich hier vorschlage, das Richtige für Sie ist. Und experimentieren Sie während des Trainings ruhig ein wenig, um zu sehen, ob Sie Ihre Ergebnisse und Leistungen verbessern können, indem Sie meine Vorschläge oder die von anderen ein wenig abwandeln.

26 Jahre scheinen sicherlich eine lange Zeit zu sein. Aber wenn man sich die Ausdauersportarten ansieht, die dem Triathlon vorausgingen, Sportarten wie Schwimmen, Radfahren und Laufen, deren Geschichte mehr als ein Jahrhundert zurückreicht, dann relativiert sich das. In vielerlei Hinsicht ist Triathlon immer noch eine junge Sportart. Daher können wir davon ausgehen, dass sich hier in den kommenden Jahren noch viele andere »neue« Trainingsmethoden entwickeln werden. Auch wenn es den Anschein hat, als würden wir dies alles schon lange tun, so stellt das, was Sie hier lesen werden, gewissermaßen nur die »Anfänge« des Triathlon-Trainings dar.

Damit Sie besser verstehen, was mein Hintergrund ist, wenn ich Ihnen bestimmte Rat- und Vorschläge für das Training gebe, möchte ich Sie kurz zurück in die Anfangszeit unseres Sports mitnehmen, so wie ich sie erlebt habe. Beginnen wir im Jahr 1980.

Damals besaß ich einen Laufladen namens Foot of the Rockies in Fort Collins, einer kleinen Stadt im Norden Colorados. Das Geschäft wurde 1978 eröffnet und war damit wahrscheinlich einer der ersten fünf Laufsportläden in den USA. Bevor es solche Fachgeschäfte gab, gingen Läufer in »allgemeine« Sportgeschäfte, die neben Basketball- und Football-Artikeln auch Laufschuhe verkauften. Das Personal in diesen Geschäften wusste in der Regel sehr wenig über den Laufsport. In jenem Jahr steckte der Laufboom gerade in den Kinderschuhen, und es wuchs die Nachfrage nach verlässlichen Informationen darüber, wie man für Laufwettkämpfe trainiert. Es war schwer, solche Informationen zu finden. Das Magazin *Runner's World* war so ziemlich die einzige Quelle. Damals beschloss ich, nicht nur Laufausrüstung anzubieten, sondern auch Informationen, wie man richtig trainierte. Das war genau mein Ding. Ich war selbst Läufer und ich hatte einen Master-Abschluss in Sportwissenschaften. Ich liebte es, über diese Dinge zu lesen und zu diskutieren. Meine Mitarbeiter waren überwiegend junge Läufer, die zumeist auch Studenten der Colorado State

University waren, die sich direkt gegenüber meinem Geschäft befand. Wir veranstalteten jeden Monat kostenlose Laufkurse und waren immer bereit, Fragen zu beantworten und Ratschläge zum Training zu geben. Viele ortsansässige Läufer kamen in den Laden, um sich einfach mit uns über das Training auszutauschen.

Zwei meiner Mitarbeiter hatten mit Triathlon begonnen. Sie lagen mir immer in den Ohren, auch mal einen Triathlon zu machen. 1983 gab ich schließlich nach und nahm an einem Kurzdistanz-Wettkampf in Longmont, Colorado, teil, nur um es einmal auszuprobieren. Wahnsinn! Ich habe mich sofort in diesen Sport verliebt. Ich betrachtete mich nun als Tri-Athlet (so schrieb man das damals). Ich war so verrückt nach diesem Sport, dass ich 1984 das Fahrradgeschäft neben meinem Laufladen kaufte, die Wand, die beide trennte, einriss und das wahrscheinlich erste Triathlon-Geschäft der Welt eröffnete. Kurzfristig gesehen war das keine gute Idee. Die Welt – und insbesondere Fort Collins – war noch nicht bereit für ein Triathlon-Geschäft. In der ganzen Region gab es wahrscheinlich nur knapp 20 Triathleten. Das war sicherlich nicht genug, um den Laden am Laufen zu halten. Aber das war mir egal – ich war wahnsinnig verliebt in den Triathlonsport.

Bis zu diesem Zeitpunkt hatte ich nebenbei ein paar Läufer trainiert. Aber nun kamen auch einige Triathleten und sogar Radrennfahrer hinzu (ich begann etwa zur gleichen Zeit, Radrennen zu veranstalten). 1987 verdiente ich mit dem Coaching mehr Geld als mit dem Laden (was nicht viel heißt). Und das Coaching machte mir auf jeden Fall mehr Spaß als die endlosen kleinen Ärgernisse des Einzelhändlerdaseins. Also verkaufte ich in jenem Jahr das Geschäft (das sich übrigens immer noch in Fort Collins befindet).

Zunächst hatte ich als Trainer noch nicht genug Kunden, um meinen Lebensunterhalt zu finanzieren, also nahm ich nebenbei ein paar Teilzeitjobs an, bis ich genügend Kunden haben würde, dass sich das Coaching rechnete. Das war schließlich 1993 der Fall. Natürlich ist das nicht die ganze Geschichte, aber ich möchte Sie hier nicht mit allen Details nerven, wie ich dazu kam, Bücher zu schreiben und TrainingPeaks.com aufzubauen. Allein das könnte ein ganzes Buch füllen. Kommen wir lieber zurück zum Training für den Triathlonsport.

Dieses Buch dreht sich darum, wie man Höchstleistungen erreicht. Als solches ist es nicht für Anfänger gedacht. Wenn Sie neu im Triathlon sind, empfehle ich Ihnen, ein Buch speziell für Einsteiger zu lesen. Sobald Sie im Training und bei Wettkämpfen gelernt haben, worum es in diesem Sport geht, können Sie dann zu diesem Buch greifen. Das kann gut und gerne drei Jahre dauern. Die *Trainingsbibel* wird Ihnen helfen, bessere Ergebnisse zu erzielen, sobald Sie anfangen, sich selbst als »Höchstleistungstriathleten« zu betrachten.

Training für Höchstleistungen bedeutet, als Triathlet so gut zu werden wie möglich. Aber das drückt sich nicht nur in Wettkampfergebnissen aus. Höchstleistung ist nicht nur eine Frage der Platzierung. Es ist auch eine Einstellung, die darauf gründet, dass man sich immer noch steigern kann. Ich habe nie einen Sportler trainiert, der nicht noch ein höheres Niveau erreichen könnte. Nicht einen. Jeder von uns besitzt eine Menge Spielraum für Verbesserungen, der unser derzeitiges Leistungsniveau von unserem Potenzial trennt.

Auch Sie sind als Triathlet vollauf in der Lage, bessere Zeiten und höhere Ziele zu erreichen. Daran habe ich nicht den geringsten Zweifel. Was ich Ihnen mit diesem Buch vermitteln möchte, ist, wie Sie es anstellen können, Höchstleistungen im Wettkampf zu erreichen. Sie werden aus der Lektüre vielleicht auch ein paar andere Dinge lernen, aber dieser Punkt ist der Entscheidende. Andererseits wird Sie das Buch womöglich dazu bringen, Ihre Herangehensweise an Training und Wettkämpfe sowie Ihre Lebensweise als Sportler komplett zu überdenken. Ich habe das bei Athleten erlebt, die ich schon seit Jahren trainiert hatte, und es hat ihnen bessere Resultate beschert.

Aber natürlich werde ich nicht da sein, um Ihre täglichen Trainingsentscheidungen gemeinsam mit Ihnen zu fällen, wie ich es als Coach bei meinen Kunden mache. Sie werden Ihr eigener Coach sein. Wenn Sie sich dazu nicht in der Lage fühlen, rate ich Ihnen dringend, einen cleveren Trainer zu engagieren und mit ihm oder ihr an Ihrem Programm zu arbeiten. Heutzutage gibt es weltweit Tausende kompetenter Fachleute. Und sie alle sind inzwischen viel cleverer als zu der Zeit, als ich angefangen habe.

Eine der größten Veränderungen für die Arbeit als Coach in den letzten Jahren ist das Aufkommen von Trainings-Websites wie TrainingPeaks (*www.trainingpeaks.com*). Die Option, sich per Videokonferenz direkt von Angesicht zu Angesicht auszutauschen, hat das Fern-Coaching sehr viel persönlicher gemacht. Bei einigen dieser Dienste spielt ist es wirklich keine Rolle mehr, wo Sie und Ihr Trainer leben, und sei es auf der anderen Seite der Erde. Wenn Sie den Sport noch nicht länger als drei Jahre betreiben, rate ich Ihnen dennoch, vorerst auf einen Coach vor Ort zu setzen. Einige Dinge wie das Erlernen neuer technischer Fertigkeiten lassen sich am besten in einer direkten Trainer-Sportler-Beziehung umsetzen. Aber für fortgeschrittene Triathleten – an die sich dieses Buch richtet – gibt es wenige Gründe, ihren Coach von Angesicht zu Angesicht zu sehen.

Was also ist ein »fortgeschrittener« Triathlet? Es ließe sich vermutlich eine lange Liste mit Merkmalen und Eigenschaften erstellen, an denen sich dies festmachen lässt. Aber lassen sie uns vorerst einfach sagen, ein fortgeschrittener Triathlet ist jemand, der mindestens drei Jahre dabei ist. Das ist lange genug, um den Sport, den eigenen Körper und das Training ziemlich gut kennenzulernen. Sie können sich auch als fortgeschrittener Triathlet weiterhin in erheblichem Maße weiterentwickeln, insbesondere wenn Sie einen Coach haben.

Dieses Buch richtet sich also an den fortgeschrittenen Triathleten, der hohe Leistungen anstrebt. Es ist in sechs Teile untergliedert. Teil I betrachtet, was mentale und physische Fitness sind. Teil II dreht sich um die Prinzipien des Trainings, mit Schwerpunkt auf grundlegenden Konzepten und der Intensität als wichtigstem Element im physischen Training fortgeschrittener, ambitionierter Athleten. Teil III legt die Basis für ein zielgerichtetes Training. Dies ist der vielleicht schwierigste Aspekt für Sportler, die in Eigenregie trainieren. In Teil IV kommen wir dann endlich zur Vorbereitung auf Wettkämpfe, indem wir uns im Detail anschauen, wie Sie Ihre Saison planen und dies immer weiter verfeinern, bis hin zur Planung der einzelnen Trainingseinheiten. Ich halte dies für den Kern dieses Buches. Ein solider Plan ist essenziell für Höchstleistungen. Teil V geht auf den vielleicht am meisten vernachlässigten Aspekt im Training ambitionierter Triathleten ein: das Gleichgewicht von Belastung und Ruhe. Viele in Eigenregie trainierende Sportler machen dabei Fehler, die dazu führen, dass sie ihrem wahren Potenzial niemals nahe kommen. Und schließlich, in Teil VI, stelle ich Themen vor, die von Triathleten oft übersehen werden, obschon sie einen großen Einfluss auf die Leistungen in diesem Sport haben: die Arbeit an der Technik und Kraft, der sinnvolle Einsatz eines Trainingstagebuchs und das Verknüpfen von Training und Lebensstil.

Warum machen Sie Triathlon? Was hat Sie dazu gebracht, mit diesem Sport zu beginnen? Wenn

Sie wie die meisten Triathleten ticken, haben Sie es ausprobiert, weil es interessant aussah, weil Sie etwas für Ihre Fitness tun wollten oder weil Sie die Herausforderung reizt, sich im Wettkampf zu messen. Womöglich kommen Sie auch, so wie ich, ursprünglich von einem anderen Sport, vom Laufen, Radfahren oder Schwimmen, und sahen im Triathlon die Chance, der Monotonie des Trainings für einen einzigen Sport zu entkommen und neue, andere Dinge auszuprobieren. Dies sind gängige Beweggründe, die ich im Laufe der Jahre häufig von Triathleten gehört habe, und ich nehme an, dass es noch viele andere denkbare Motive gibt. Was auch immer Ihr Grund war, Sie sollten ihn sich regelmäßig wieder vor Augen führen, wenn Sie dieses Buch lesen. Warum Sie dies alles machen, ist eine wichtige Frage.

In den folgenden Kapiteln werden wir uns ernsthaft mit der Frage auseinandersetzen, was erforderlich ist, um als Triathlet höchste Leistungen zu erbringen. Und ich meine wirklich *ernsthaft*. Sie werden Dinge lesen, die nur einem Coach einfallen können. Dieses Buch ist im Grunde ein Fortgeschrittenenkurs in Philosophie und Methodik des Triathlontrainings. Mitunter wird es ganz schön ans Eingemachte gehen. Es kann deshalb sein, dass Sie sich gelegentlich neu »erden« müssen, indem Sie sich die oben genannte Frage stellen: Warum machen Sie eigentlich Triathlon? Einige der Dinge, die Sie in diesem Buch lesen werden, funktionieren am besten für Sportler, die den Ehrgeiz haben, auf hohem Niveau bei Wettkämpfen zu bestehen. Womöglich ist das Ihre Sache nicht. Vielleicht lesen Sie dieses Buch nur, um eine Idee davon zu bekommen, was Sie unternehmen können, um Ihr Training ein klein wenig zu verbessern. Es kann sein, dass es Ihnen nicht darauf ankommt, Ihre Altersklasse zu gewinnen, in ein Auswahlteam berufen zu werden oder sich für den Ironman® Hawaii zu qualifizieren. Gleichwohl haben die meisten Triathleten die Ambition, schneller zu sein als je zuvor, und wenn dies nur bedeutet, die persönliche Bestzeit bei einem kleinen Rennen vor Ort um ein paar Minuten zu unterbieten. Was immer auch Ihre Ziele sind, bleiben Sie immer geerdet, indem Sie sich daran erinnern, warum Sie überhaupt Triathlon machen.

Wenn Sie eine frühere Ausgabe der *Trainingsbibel für Triathleten* besitzen, werden Sie einige Unterschiede feststellen. Die Welt des Triathlon-Trainings steht niemals still. Die größten Veränderungen haben mit der Intensität zu tun. Ich habe zwar versucht, das Thema zu vereinfachen, aber das ist keineswegs leicht. In Kapitel 4 gibt es eine Menge komplett neue Inhalte, die Ihnen helfen, Ihr Training und Ihre Wettkampfleistungen zu verbessern.

Und noch etwas, bevor es richtig losgeht: Ich empfehle Ihnen dringend, sich vorher von Ihrem Arzt durchchecken zu lassen, um die Bestätigung zu erhalten, dass Sie tatsächlich bereit sind, hart und lange zu trainieren. Das wird Ihnen Gelassenheit verleihen, wenn Sie sich manchmal fragen sollten, wie sich das ganze Training auf Ihre Gesundheit auswirkt. Unabhängig von Ihrem Alter und Ihrem aktuellen Gesundheitszustand sollten Sie diese Untersuchung jährlich wiederholen lassen.

Seien Sie bereit, der beste Triathlet zu werden, der Sie sein können. Wenn Sie sich die in diesem Buch vermittelten Prinzipien zu eigen machen, ebnen Sie sich selbst den Weg zu individuellen Höchstleistungen in Training und Wettkampf. Lassen Sie uns also loslegen.

— Joe Friel
Boulder, Colorado

DANKSAGUNG

Ein erheblicher Teil der Anerkennung für das, was in diesem Buch zu lesen ist, gebührt den Hunderten von Sportlern, die ich in den vergangenen mehr als 30 Jahren betreut habe. Ihre Kommentare, Fragen, Gedanken und Gefühle waren ein wertvolles Feedback, während sich meine Trainingsphilosophie und Trainingsmethodik im Laufe der Jahre kontinuierlich weiterentwickelt haben. Auch weiterhin stellen mir Athleten immer wieder großartige Fragen, sei es in Trainingslagern, bei Seminaren, in den sozialen Netzwerken, per E-Mail oder auf meinem Blog. Ihre Neugier kennt keine Grenzen und ist ansteckend. Ohne ihr wissbegieriges Interesse und Staunen wären mein Coaching-Ansatz und dieses Buch nicht denkbar gewesen. Ich bin jedem Einzelnen dieser Sportler zu großem Dank verpflichtet.

Ebenso stehe ich in der Schuld etlicher anderer Menschen, die direkt dazu beigetragen haben, dass ich dieses Buch schreiben konnte. In besonderer Weise danke ich: Rob Griffiths, Besitzer und Betreiber von Training Bible Coaching in Großbritannien, für seine Rückmeldungen zu Kapitel 1; Ryan Kohler für die kritische Lektüre des Abschnitts über Laktattests in Kapitel 4; Dr. Andrew Kirkland für seine Kommentare und Erkenntnisse ebenfalls zu Kapitel 4; Nate Koch von Endurance Rehabilitation für seine Hinweise zur medizinischen Untersuchung in Kapitel 5; Dr. Marco Altini für Vorschläge und Korrekturen zur Nutzung der Herzfrequenzvariabilität zur Überwachung des Ruhe- und Regenerationszustands in Kapitel 11; Josh Sutchar, Chief Experience Officer bei Training Heroic, für seine Einschätzung und seine Anregungen zu Kapitel 13.

Wie immer haben die Lektoren und Grafiker des Verlags VeloPress mein Manuskript erheblich lesbarer und leserfreundlicher gemacht. Mein Dank gilt Connie Oehring, Vicki Hopewell und Barbara Gormise. Danke auch an Charlie Layton, die meine groben Skizzen in hervorragende Illustrationen verwandelt hat. Insbesondere möchte ich meinem Verleger Brian McLendon danken, der mich in einer besonders hektischen und arbeitsreichen Phase meines Lebens ermutigt hat.

Und schließlich möchte ich meiner Frau Joyce danken, die sich damit arrangierte, dass ich all die Zeit jeden Morgen um vier am Schreibtisch saß, um Dinge zu recherchieren und zu Papier zu bringen, die mich faszinierten. Ohne ihren Zuspruch, ihr Engagement und ihre Unterstützung über mehr als ein halbes Jahrhundert hätte ich meinen Traum nie verfolgen können.

Mein herzlicher Dank geht an alle, die einen Beitrag geleistet haben. Ihre Unterstützung hat dieses Buch erst möglich gemacht.

TEIL I

KÖRPER UND GEIST

In Teil 1 lernen Sie die Grundlagen der Fitness von Körper und Geist kennen, indem wir uns mit den mentalen und physischen Komponenten des Triathlontrainings auseinandersetzen. Diese Grundlagen werden letztendlich bestimmen, wie gut es bei Ihnen im Training und in den Wettkämpfen läuft.

Los geht's mit Kapitel 1, wo ich zunächst erläutern werde, welches nach meiner Erfahrung die drei wichtigsten mentalen Fähigkeiten für Erfolg im Ausdauersport sind: Hingabe, Selbstvertrauen und Geduld. Zusammen bilden diese drei Qualitäten das, was wir üblicherweise als *mentale Stärke* bezeichnen. Mental starke Athleten sind schwer zu schlagen. Denn sie scheinen immer einen Weg zu finden, auch wenn es nicht rund läuft.

In Kapitel 2 werden Sie dann über die grundlegendsten Elemente des physischen Trainings im Ausdauersport lesen. Hier werden Sie die Trainingsphilosophie kennenlernen, die ich seit mehr als 30 Jahren bei der Arbeit mit Sportlern (aller Leistungsklassen) verfolgt habe. Ebenso werden wir uns den drei Säulen der Ausdauerfitness widmen: aerobe Kapazität, Lakatschwelle und Ökonomie. Alle Ihre Trainingseinheiten zielen darauf ab, dass Sie auf diesen Gebieten besser vorbereitet sind. Außerdem werden wir uns mit den technischen Hilfsmitteln befassen, die Sie eventuell bereits besitzen, und mit der Frage, wie diese eingesetzt werden können, um Ihr Training zu optimieren. Und schließlich schauen wir uns an, was erfolgreiche Triathleten und Triathletinnen im Training machen.

1

MENTALE BEREITSCHAFT

TRAININGSBÜCHER beginnen üblicherweise mit einem Überblick des vorgestellten Fitnessprogramms und es werden einige Grundregeln erläutert, wie dieses umzusetzen ist. Oft steht am Anfang eine Erläuterung zum Material sowie eine kurze Vorstellung der Trainingsprinzipien. Ich möchte lieber auf andere Weise starten. Und zwar möchte ich mit dem beginnen, was meines Erachtens die wichtigste Qualität ist, die ein Sportler entwickeln und fördern muss, bevor er ein Trainingsprogramm aufnimmt. Die Rede ist von mentaler Fitness. Kein Athlet wird je seine Ziele erreichen, wenn er nicht eine tragfähige mentale Strategie und echte Hingabe für den Erfolg mitbringt. Bevor wir uns also anderen Dingen widmen, sollten wir uns zunächst einmal anschauen, warum Sie die Herausforderungen des Triathlonsports auf sich nehmen und wie eine erfolgversprechende mentale Herangehensweise ans Training aussieht.

Das gemeinsame Merkmal aller Höchstleistungs-Triathleten, die ich kennengelernt habe, ist eine »Ich schaffe das«-Einstellung. Für all diese Sportler ist es abgemachte Sache, dass sie Erfolg haben werden. Sie sind absolut überzeugt davon. Das hat mich zu der Auffassung geführt, dass mentale Fitness mindestens ebenso wichtig ist wie körperliche Fitness – vielleicht sogar wichtiger.

Ein mental fitter Athlet findet immer einen Weg.

Das Erreichen hoher Leistungen beginnt mit einem Traum. Und Triathleten haben meist große Träume: Sie träumen davon, was sie in der kommenden Saison erreichen werden – einen Ironman finishen, ein Podiumsplatz beim Heim-Triathlon, die WM-Quali oder ein anderer großer Traum.

Ich weiß nicht, was für Athleten, die Höchstleistungen anstreben, wichtiger ist – der große Traum oder der Wille, ihn zu erreichen. Ich nehme an, es ist Letzteres. Aber beides geht Hand in Hand. Und deshalb glaube ich, dass es für Triathleten unabdinglich ist, neben der körperlichen auch ihre mentale Wettkampfbereitschaft gezielt zu stärken. In der Tat sind sich die körperliche und mentale Fitness dahingehend ähnlich, dass beide beständig mit dem jeweiligen Ziel und Ergebnis vor Augen trainiert werden müssen.

Training, ob nun mental oder physisch, ist eine Aufgabe, der man sich täglich stellen muss. Für beides gibt es harte und leichte Trainingstage. An einigen Tagen wird Ihnen eine innere Stimme einreden: »Du schaffst das nicht.« Das ist ein Tag für das Mentaltraining. Sofern es keine physischen Gründe wie eine Verletzung oder Erschöpfung gibt, müssen Sie Ihre mentalen Widerstände überwinden, um solche Phasen durchzustehen. Ihre mentale Bereitschaft zu trainieren, wenn es keinen fundierten Grund gibt, die angesetzte Trainingseinheit auszulassen, ist es, was letztlich Ausschlag über Ihren Erfolg als Triathlet gibt.

Sportlicher Erfolg stellt sich weder umgehend noch garantiert ein. Große Ziele zu erreichen, verlangt das Beste von Ihnen. Spitzenleistungen sind nicht einfach. Wenn sie es wären, würde jeder Herausragendes leisten. Die meisten Menschen träumen nicht groß. Für viele ist Mittelmaß auch okay. Andere erzählen ständig von ihren Träumen. Von Höchstleistungen, die sie anpeilen. Aber nur wenige haben den Willen, ihre Träume zu erreichen.

Was ist Ihr Traum?

TRÄUME, ZIELE UND MISSIONEN

Spitzenleistungen erfordern, es große Träume zu haben.

Echte Spitzenleistungen sind selten. Zu ihnen gehört, dass man groß träumt. Leider haben die meisten Menschen Träume, die nicht zu Zielen werden, sondern tatsächlich eher Wünsche sind. Jemand, der wirklich einen Traum, ein Ziel und den zugehörigen Plan (mehr dazu später) hat und zudem über den Willen verfügt, dies alles umzusetzen, befindet sich auf einer Mission. Dieser Mensch verfolgt eine Absicht. Wenn dieser Mensch ein Sportler ist, wird er oder sie einen Weg finden, Hindernisse und Rückschläge zu überwinden, da die meisten von ihnen mentaler Art sind.

Ryans Traum

Im Dezember 1997 rief mich ein junger Triathlet an. Sein Name war Ryan Bolton. Er war neu in dem Sport. Aber er hatte einen Traum – einen großen Traum. Das IOC hatte kurz zuvor bekanntgegeben, dass in Sydney 2000 erstmals Olympiamedaillen im Triathlon vergeben würden. Die Aufnahme in den Kreis der olympischen Disziplinen war etwas, das alle von uns, die diesen Sport betrieben, sich seit Jahren gewünscht hatten. Ryans Traum war, sich für die Olympischen Spiele zu qualifizieren und in Sydney für die USA anzutreten. Es würden maximal drei amerikanische Männer dabei sein. Er brauchte einen Coach, um es schaffen zu können. Würde ich sein Trainer werden?

Direkt nach der Ankündigung des IOC erhielt ich mehrere solcher Anfragen von Athleten, die es in die US-Auswahl für Sydney schaffen wollten. Die meisten hatten lediglich den Wunsch und nur eine vage Ahnung, was dies von ihnen verlangen würde. Die meisten hatten bisher auch keine oder nur wenig Erfahrung in diesem Sport. Ryan war anders. Er hatte es nicht nur als Langstreckenläufer auf dem College in die nationale Bestenauswahl geschafft, sondern nach seinem Abschluss auch an mehreren Triathlons teilgenommen und wusste, was erforderlich wäre, um seinen Traum zu erreichen. Er war sehr sachlich und nüchtern während unseres ersten Telefonats. Könnte ich ihm helfen? Normalerweise treffe ich keine Spontanentscheidungen, aber sein immenser Wunsch und Wille, Erfolg zu haben, überzeugten mich, dass er es schaffen könnte. Ich sagte zu.

Um im Frühjahr 2000 bei den Trials des US-Verbands startberechtigt zu sein, würde Ryan weltweit zu den besten 125 Triathleten gehören müssen. Er machte in den ersten beiden Jahren, in denen wir zusammenarbeiteten, große Fortschritte und kletterte in der Weltrangliste auf Platz 25. Die Dinge liefen bestens. Aber im Frühjahr 1999 begannen wir Rückschläge zu erleben, die sich bis in den Winter 1999/2000 fortsetzten. Ryan litt regelmäßig an Infektionen der oberen Atemwege, die oft sein Training unterbrachen. Seine Ärzte konnten die genaue Ursache nicht ermitteln. Wir schränkten sein Training weiterhin ein, um es seinem Körper zu ermöglichen, die Infektionen zu bekämpfen. In der Weltrangliste rutschte er Stück für Stück ab. Im Herbst 1999, nur noch wenige Monate vor dem entscheidenden Qualifikationsrennen, stand er auf Platz 75. Im Winter wurde alles nur noch schlimmer. Wir fanden nie heraus, woran es lag, dass er so oft krank war, aber während eines Großteils des Jahres mussten wir sein Training erheblich einschränken. Im Frühjahr darauf jedoch war er wieder gesund und bereit für die Trials.

Während all der vorangegangenen Monate, als er krank war und sein Traum ihm durch die Finger zu gleiten drohte, blieb Ryan ruhig und selbstbewusst. Er äußerte niemals Zweifel daran, dass er es ins Team schaffen würde. Er war immer entschlossen und optimistisch. Ich hatte nie jemanden betreut, der sich einem Ziel dermaßen verpflichtet hatte und mit einer solchen mentalen Stärke daran arbeitete, es zu erreichen. Schließlich, bei den Trials im Mai, an einem heißen und staubigen Tag in Texas, zog er die Sache aus aussichtsloser Position kommend durch. Er qualifizierte sich für die Spiele. Ein Traum, den er drei Jahre lang gehegt hatte, wurde wahr. Er gehörte beim ersten olympischen Triathlon zum Team USA.

Ryan ist ein Ausnahmeathlet, der sich weiterhin großen Träumen, Zielen und Missionen verschrieb, darunter der Sieg bei einem Ironman. Dieser gelang ihm 2002, als er in Lake Placid die US-Ironman-Meisterschaft gewann.

Wenige gestehen sich zu, was Ryan tat – groß zu träumen. Noch weniger Menschen bringen den Willen auf, zu tun, was erforderlich ist, um große Ziele zu erreichen. Nur selten machen sie aus ihnen eine Mission. Entsprechend groß ist die Wahrscheinlichkeit, dass sie beim ersten Rückschlag das Handtuch werfen.

Erlauben Sie sich, zu träumen! Was wollen Sie als Triathlet erreichen? Heben Sie Ihren Traum auf die nächste Ebene, indem Sie sich ein Ziel setzen. (Einen detaillierten Blick auf das Thema Zielsetzung werfen wir in Kapitel 5.) Sobald Sie ein Ziel haben, muss es zu Ihrer Mission werden. Je herausfordernder ein Ziel ist, desto mehr müssen Sie Ihr Leben darauf ausrichten. Es muss Tag für Tag Ihre Mission sein. Damit diese Mission trotz der unvermeidlichen Rückschläge Realität werden kann, bedarf es noch einer Sache: totaler Hingabe.

Hingabe

Große Ziele zu erreichen, erfordert unerschütterliche Hingabe. Hingabe bedeutet, zu tun, was man sich vorgenommen hat zu tun, auch wenn die Stimmung, in der man es sich vorgenommen hat, längst vorüber ist. Über Wochen, Monate und vielleicht Jahre hinweg bei einem Ziel am Ball zu bleiben, verlangt standhafte Einsatzbereitschaft und Disziplin. Durch totale Hingabe gegenüber Ihrem Ziel – und genau das ist mit einer Mission gemeint – entsteht irgendwann Leidenschaft. Aber Einsatzbereitschaft und Disziplin gehen dieser voraus. Anders gesagt: Vielleicht sind Sie anfangs gar nicht so leidenschaftlich in Bezug auf Ihr Ziel, aber je mehr Einsatzbereitschaft Sie für es aufbringen und je disziplinierter Sie auf es hinarbeiten, desto größer wird Ihre Leidenschaft werden. Die Leidenschaft für sein Ziel war es, die Ryan bei der Stange hielt, als es hoffnungslos zu werden schien.

Vom Erreichen hoher Ziele trennen Sie weniger unzählige Trainingskilometer als vielmehr die paar Zentimeter zwischen Ihren Ohren. Auch Sie sind uneingeschränkt in der Lage, viel mehr zu erreichen, als Sie glauben. Sie benötigen dafür Hingabe, Einsatzbereitschaft und Disziplin. Wird das Training für Ihr Ziel hart werden? Davon ist auszugehen, aber die besten Athleten, die ich in mehr als 30 Jahren trainiert habe, waren alle höchst entschlossen und diszipliniert und blühten gerade in harten Trainingseinheiten auf. Werden Sie auf Ihrem Weg Rückschläge erleben? Höchstwahrscheinlich ja. Es ist nie einfach, nahe der eigenen physischen und mentalen Grenzen zu trainieren.

Sie sind in der Lage, viel mehr zu erreichen, als Sie glauben.

Erfolg beginnt also mit einer Hingabe, die ihrerseits die Einsatzbereitschaft und Disziplin einer Mission erfordert, ehe diese Hingabe irgendwann zu einer Leidenschaft werden kann. Sobald dann Leidenschaft ins Spiel kommt, wird die Zielerreichung im Angesicht von Rückschlägen einfacher. Aber es gibt eine weniger leichte Zeit, in der die Leidenschaft noch nicht groß genug ist und die Mission allein durch Einsatzbereitschaft und Disziplin aufrechterhalten wird. Während dieser Zeit ist vollständige Hingabe gefragt.

Bringen Sie eine totale Hingabe gegenüber Ihrem Ziel auf? Was bedeutet das? Offenkundig hartes Training. Wünsche und hehre Vorsätze machen Sie nicht fitter. Es ist harte Arbeit. Handfeste Maloche. Jeden Tag. Woche für Woche.

Und Sie müssen beim Training auch Intelligenz beweisen. Wollen Sie Erfolg haben, müssen Sie eine Balance aus harten und leichteren Trainingstagen herstellen. Bei Triathleten ist es wahrscheinlicher, dass sie an den leichteren Trainingstagen etwas falsch machen als an den schweren. Darauf werden wir später zurückkommen.

Umso herausfordernder Ihre Mission ist, desto mehr müssen Sie Ihr Leben darauf ausrichten. Das betrifft nicht nur das Training, sondern ebenso die Ernährung und den Schlaf, die Unterstützung seitens Familie und Freunden und vieles mehr. 24 Stunden am Tag, 365 Tage im Jahr. Totale Hingabe. Dieses Buch wird Ihnen helfen, das physische Training richtig hinzubekommen. Der mentale Aspekt aber ist genauso wichtig.

TRAINING FÜR DEN KOPF

Um hohe Ziele zu erreichen, reicht es nicht, den Körper zu trainieren, schnell zu schwimmen, Rad zu fahren und zu laufen. Eine bedeutende Komponente des Trainings betrifft auch die mentale Seite. Genau hier versagen viele Athleten in der Vorbereitung auf ihre Wettkämpfe. Körperlich sind sie bereit für ihr Rennen, aber nicht mental. Sportlicher Erfolg erfordert Selbstvertrauen, mentale Stärke und Geduld. Diese drei geistigen Fertigkeiten sind genauso wichtig wie die körperlichen Fertigkeiten, vielleicht sogar noch wichtiger. Was können Sie unternehmen, um sie zu verbessern? Dies erweist sich häufig als größere Herausforderung als das physische Training. Lassen Sie uns ansehen, was mentales Training erfordert.

Glaube an den Erfolg

In Ihrer Wettkampfvorbereitung wird es fast zwangsläufig Rückschläge geben, diese sollten aber stets als Sprungbrett auf dem Weg zum Erfolg betrachtet werden. Unabhängig vom Leistungsniveau erlebt jeder erfolgreiche Athlet auch mal einen Entwicklungsknick. Wenn dies der Fall ist, müssen Sie ungeachtet dessen selbstbewusst und geduldig bleiben und Ihre mentale Stärke aufrechterhalten. Gelingt Ihnen dies nicht, werden Sie scheitern.

Am Beginn des Trainings, bevor sich Leidenschaft eingestellt hat, steht und fällt die Hingabe beim Auftreten von Rückschlägen mit dem Selbstbewusstsein. Sie werden Ihr Ziel nicht erreichen, wenn Sie nicht daran glauben, es zu können. Sie müssen an den Erfolg glauben. Schaffen Sie das? Glauben Sie wirklich an sich selbst? Sind Sie selbstbewusst, auch wenn es mal nicht so läuft? Selbstbewusstsein ist diese leise, zarte Stimme in Ihrem Hinterkopf, die Ihnen sagt: »Du kannst das.« Leider ist diese positive Stimme nicht immer da, wenn Sie sie brauchen. Eher werden Sie diese negative innere Stimme hören, die Sie gern autoritär anherrscht: »Du schaffst das nicht!« Diese strenge Stimme werden Sie in der Vorbereitung auf Ihren Wettkampf oft vernehmen, v. a. am Tag des Rennens, wenn es darauf ankommt. Sie benötigen in diesen Situationen Selbstbewusstsein, um fokussiert und entschlossen zu bleiben.

Sie wurden als selbstbewusstes Wesen geboren. Als Kind haben Sie eine Menge riskanter Dinge unternommen, weil Sie sicher waren, dass Sie es tun könnten. Warum sonst? Was riskant war, machte Spaß. Leider verlieren die meisten Menschen im Laufe des Lebens ihr Selbstvertrauen. Das wiederholte Erleben von Fehlschlägen lässt es – verstärkt durch den Einfluss negativer Menschen – peu à peu versickern. Die gute Nachricht ist, dass Sie einen Mangel an Selbstbewusstsein im Hinblick auf Ihr Ziel überwinden können. Hier sind zwei einfache Dinge, die Sie tun können, um Selbstvertrauen aufzubauen. Sie sollten beide jeden Tag tun, ohne Ausnahme.

Erfolgserlebnisse speichern. Um Ihr Selbstbewusstsein zu fördern, sollten Sie ein Art *Sparbuch für Erfolgsmomente* einrichten. Es ist ganz einfach. Vermutlich haben Sie wie die meisten Menschen eine Zeit am Tag, zu der es keine Störungen von außen gibt: am Abend, wenn Sie im Bett liegen und das Licht gelöscht haben. Das ist eine gute Gelegenheit, um einmal kurz in sich zu gehen, wie Ihr Training an diesem Tag gelaufen ist. Bewerten Sie Ihre Trainingseinheit(en). Finden Sie eine Sache, die Sie gut hinbekommen haben. Vielleicht waren an einem Anstieg Ihre Kletterbeine gut oder Sie haben ein tolles Intervall absolviert. Oder Sie haben eine harte Einheit erfolgreich durchgezogen. Vielleicht haben Sie sogar eine der besten Einheiten der Saison absolviert. Erleben Sie den Erfolgsmoment des Tages noch mal im Geiste, bis Sie in den Schlaf fallen. Sie haben gerade eine Einzahlung auf Ihr Erfolgssparbuch geleistet.

Einige Einzahlungen werden umfangreich sein, andere klein. Aber es müssen jeden Tag neue Erfolgsmomente auf Ihr Sparbuch kommen. So können Sie immer dann etwas abheben, wenn diese negative, aggressive innere Stimme zu Ihnen spricht. Die Woche eines Wettkampfs ist ein guter Zeitpunkt für Abhebungen, da Sie anfangen werden, in Frage zu stellen, ob Sie wirklich fit für den großen Tag sind. Sobald Sie ein wenig Besorgnis im Hinblick auf das bevorstehende Rennen verspüren, greifen Sie auf einen der Erfolgsmomente von Ihrem Sparbuch zurück. Führen Sie ihn sich lebhaft wieder vor Augen. Wenn die strenge Stimme in Ihrem Kopf sagt: »Du schaffst es nicht«, nehmen Sie gleich noch eine Abhebung vor. Ersticken Sie die negative innere Stimme mit Erfolgsmomenten. Heben Sie etwas ab, wenn irgendjemand beiläufig Zweifel an Ihren Erfolgsaussichten äußert. Heben Sie etwas ab, wenn Sie sich an die Startlinie begeben. Kramen Sie in diesen entscheidenden Situationen die größten Erfolge hervor, die Sie auf Ihr Sparbuch eingezahlt haben. Sagen Sie zu sich selbst: »Ja, ich weiß noch genau, als ich …«

Heben Sie jedoch niemals die schlechten Erfahrungen oder die unwillkommenen Trainingsmomente auf. Nie. Lassen Sie sie einfach sausen, als wären sie Müll. Führen Sie sich negative Dinge nicht wieder vor Augen. Bleiben Sie auf die positiven Erfahrungen fokussiert. Zahlen Sie ausschließlich solche auf Ihr Sparbuch ein. Und heben Sie auch nur sie ab. Glauben Sie mir: Es funktioniert.

So tun als ob – bis es so weit ist. Die zweite Sache, die Sie tun können, um Ihr Selbstvertrauen zu stärken, ist, »so tun, als ob«. Das bedeutet, immer die Haltung und Einstellung eines selbstbewussten Athleten anzunehmen. Immer. Ausnahmslos. Treten Sie auf, als wären Sie zuversichtlich und selbstsicher, auch wenn Sie sich gerade nicht so fühlen. Sie werden erstaunt sein, was das mit Ihrer Selbstwahrnehmung anstellt.

> **Eine selbstbewusste Körperhaltung erzeugt Selbstvertrauen, auch wenn Sie sich im Innern gerade nicht so fühlen.**

Wie sollte sich Ihr Selbstbewusstsein ausdrücken? Schauen Sie sich doch mal bei einem Wettkampf oder bei einem Trainingstreff um und bestimmen Sie die Sportler, die Selbstvertrauen ausstrahlen. Wie agieren sie? Beobachten Sie sie genau. Was Sie vermutlich bemerken werden, ist, dass sie eine aufrechte und stolze Haltung einnehmen. Sie haben den Kopf oben. Sie schauen den Leuten in die Augen, wenn sie sich mit ihnen unterhalten. Sie machen nicht andere schlecht, um sich selbst besser zu fühlen. Ihre Bewegungen wirken geschickt und flüssig – so wie immer bei guten Athleten. Sie sehen weder ängstlich noch nervös aus. Sie sind ganz ruhig. Sie machen durch ihr Auftreten deutlich, dass sie selbstbewusst sind.

Auch wenn Sie sich nicht die ganze Zeit so fühlen mögen, gerade an Wettkampftagen nicht, sollten auch Sie immer selbstbewusst agieren. Tun Sie so, als ob – bis es wirklich so weit ist. Es ist erstaunlich, wie sehr es das Selbstvertrauen mehrt, wenn man eine selbstbewusste Körperhaltung einnimmt und selbstbewusst auftritt, auch wenn man sich gerade nicht so fühlt. Es ist unmöglich, selbstbewusst zu sein, wenn man wie ein Verlierer dasteht und auftritt. Das ist, als würde man Nein sagen und gleichzeitig nicken. Es passt nicht zusammen. Einfach selbstbewusst zu tun, wird Sie durch die schwierigen Momente bringen, in denen Ihr Selbstvertrauen nachlässt. Probieren Sie es.

Mentale Stärke

In jedem Rennen kommt irgendwann die Zeit, dass sich Erfolg oder Niederlage entscheiden. Sie spüren, dass Sie am Limit sind. Erschöpfung setzt ein. Ihr Geist beginnt, sich mit Kompromissen zu arrangieren – vielleicht ist die Zielzeit, auf die Sie so lange hingearbeitet haben, plötzlich nicht mehr so wichtig. Das ist der Schlüsselmoment des gesamten Wettkampfs. Der mental starke Athlet wird ihn überstehen. Ein anderer lässt seine Träume sausen und gibt sich mit weniger zufrieden. Ihm fehlt jene »Der große Tag ist gekommen«-Leidenschaft für seine Ziele, und folglich fehlt seinen Anstrengungen die letzte, entscheidende Entschlossenheit.

> **In jedem Rennen kommt irgendwann die Zeit, dass sich Erfolg oder Niederlage entscheiden.**

Was unterscheidet die beiden? Was ist es, was mental starke Sportler besitzen und andere nicht?

Vor einigen Jahren veröffentlichte Graham Jones, Professor für Leistungspsychologie im Spitzensport, einen Aufsatz im *Harvard Business Review*. Er hatte Olympiateilnehmer dahingehend untersucht, was die Medaillengewinner mental von ihren Kontrahenten unterscheidet. Dr. Jones entdeckte, dass die Olympioniken, die auf dem Podium landeten, die folgenden Dinge taten:

- Sie widmeten ihren Zielen akribische Aufmerksamkeit.
- Sie besaßen einen starken inneren Antrieb, vor der Konkurrenz zu bleiben.
- Sie konzentrierten sich auf Perfektion und Höchstleistungen.
- Sie ließen sich nicht von anderen Menschen oder Sportlern ablenken.
- Sie ließen sich von Misserfolgen nicht aus der Ruhe bringen.
- Sie kamen nach Niederlagen leicht wieder auf die Beine.
- Sie geißelten sich nie selbst.
- Sie zelebrierten ihre Siege.
- Sie analysierten die Gründe ihres Erfolgs.
- Sie waren sehr selbstbewusst, was ihre Fähigkeiten betrifft.

Dr. Jones' Studie förderte zwar noch andere Erkenntnisse zutage, aber gerade die genannten Übereinstimmungen liefern uns eine gute Vorstellung davon, was es bedeutet, mentale Stärke zu besitzen. Es sind dies dieselben Dinge, die wir im Laufe des Kapitels schon mehrfach angesprochen haben: Höchstleistungen, große Träume, Ziele, eine Mission, Hingabe, Einsatzbereitschaft, Disziplin und Selbstvertrauen.

Wie aus der Liste ersichtlich ist, ist mentale Stärke nichts, was sich am Tag des Wettkampfs auf mysteriöse Weise bei wenigen Glücklichen einstellen würde. Es ist vielmehr eine alltägliche Gemütsverfassung in der Vorbereitung auf Ihr Rennen. Es ist jeder Gedanke, den Sie haben; es ist alles, was Sie tagein, tagaus unternehmen. Bei mentaler Stärke ist es nur einfach so, dass sie während harter Wettkämpfe zum Vorschein kommt.

Um mental stark zu sein, benötigen Sie noch eine Sache, die Dr. Jones in seinem Aufsatz ebenfalls andeutet, aber nicht genau benennt: Geduld.

Geduld

Erfolg kommt nicht über Nacht. Nur weil Sie einen Traum, ein Ziel und Hingabe besitzen, heißt das nicht, dass der Erfolg unmittelbar bevorsteht. Triathlon ist ein Geduldssport. Und je länger Ihr Wettkampf ist, desto mehr Geduld ist gefragt. Ein Ironman zum Beispiel ist weniger ein Rennen als vielmehr eine Zerreißprobe für die Geduld. Ich besuche im Jahr etliche Langdistanz-Wettkämpfe. Und ich wundere mich immer wieder aufs Neue, dass es stets einige Teilnehmer gibt, die schon nach dem ersten Kilometer der Radstrecke angestrengt atmen – also sichtbar im anaeroben Bereich sind. Dabei haben sie noch 179 Kilometer zu fahren! Wie kann man so verrückt sein?

Es braucht die höchste Form von Geduld, um ein guter Triathlet zu sein, nicht nur in den Rennen, sondern auch im Training. Eine individuelle Höchstleistung erfordert Monate und Jahre, nicht Stunden und Tage. Geduld ist unabdinglich. Sie müssen bereit sein für einen langen schwierigen Weg, der oft bergauf führt.

Wie geduldig Sie sind, zeigt sich während Ihrer Trainingseinheiten. Ein ungeduldiger Sportler beginnt eine Einheit oder eine Intervall-Serie deutlich zu schnell, lässt dann allmählich nach und bringt die Sache schwach zu Ende. Im Wettkampf hält er es genauso: erst ein viel zu schneller Start, dann als Häuflein Elend ins Ziel humpeln. Dies ist häufig eine direkte Folge davon, dass ein Athlet einer leidenschaftlichen Mission folgt – das Allererste, was man tun muss, um Erfolg zu haben. Aber nun arbeitet die eigene Einsatzbereitschaft und Entschlossenheit gegen einen.

Es braucht die höchste Form von Geduld, um ein guter Triathlet zu sein.

Die Hingabe muss von Geduld unter Kontrolle gehalten werden, wenn Sie Erfolg haben wollen. Ihre hohen Ziele werden Sie nicht in den ersten Minuten eines wichtigen Trainings oder Rennens erreichen. Das erste Intervall wird die Sache nicht für Sie entscheiden. Das, was am Ende der Einheit, der Intervall-Serie oder des Rennens geschieht, macht den Unterschied. Dann kann Erfolg entstehen – oder eben nicht. Es erfordert Geduld, sich unter Kontrolle zu halten und Kräfte für später zu sparen, wenn es wirklich darauf ankommt. Diese Aufgabe bezeichnen wir im Triathlon zumeist als Pacing, aber in Wahrheit geht es um die Kontrolle von Gefühlen. Geduld bedeutet, dass Sie Ihre Emotionen in den ersten Phasen Ihrer jeweiligen Unternehmung im Griff haben.

Wie werden Sie ein geduldiger Triathlet? Dafür gibt es kein einfaches Rezept. Es ist etwas, was Sie jeden Tag bei allem, was Sie im Leben unternehmen, beherzigen müssen. Wenn ich Athleten betreue, die Anzeichen von Ungeduld zeigen und beim ersten Intervall zu schnell loslegen, lasse ich Sie die Trainingseinheit so lange wiederholen, bis sie es richtig hinbekommen. Wenn jemand im Wettkampf zu schnell startet und dann einbricht, besprechen wir im Anschluss ausgiebig die Gründe, warum der betreffende Sportler nicht das erreicht hat, wozu er in der Lage ist. Athleten dabei zu helfen, Geduld zu erlernen, ist die schwierigste Aufgabe, die ich als Coach habe.

Seien Sie sich Ihrer Ungeduld bewusst, wenn Sie lernen, Ihr eigener Coach zu sein. Halten Sie sie unter Kontrolle.

Erinnern Sie sich vor einem harten Rennen oder Training daran, dass Sie sich und Ihre Emotionen anfangs zügeln müssen, um ein starkes Finish hinzulegen. Erinnern Sie sich am Beginn der Saison daran, dass Geduld bedeutet, über Monate hinweg Tag für Tag kleine Schritte auf Ihr Ziel zuzumachen, und dass Sie nicht mit einer Trainingseinheit etwas von jetzt auf gleich erzwingen können.

Geduld ist der mentale Schlüssel zum Erfolg im Triathlon. Wenn Sie keine Geduld entwickeln, sind Sie dazu verdammt, sich vergeblich mit dem Erreichen Ihrer Ziele abzumühen. So einfach ist das.

IHR TEAM

Themenwechsel. Ich möchte Sie mit etwas vertraut machen, das mit dem bisher Gesagten zusammenhängt, aber selbst keine mentale Fähigkeit ist. Es geht dabei um einen weiteren Aspekt Ihrer Herangehensweise an das Training, der zweifellos das Potenzial birgt, Ihr Selbstvertrauen hinsichtlich Ihrer Ziele und gleichzeitig auch Ihre Hingabe zu stärken.

INFOKASTEN 1.1 Bewertung der mentalen Stärke

Lernen Sie Ihre mentale Stärke kennen, indem Sie die folgenden Fragen ehrlich beantworten.

Warum betreiben Sie Triathlon?
Warum unternehmen Sie nicht stattdessen etwas anderes?
Haben Sie in Ihrem Leben neben dem Triathlonsport andere wichtige Hobbys oder Aktivitäten?
Was würden Sie am liebsten in dieser Saison in Ihrem Sport erreichen?
Was ist die wichtigste Sache, die Sie schaffen müssen, um dieses Ziel zu erreichen?
Was steht zwischen Ihnen und dem sportlichen Erfolg in dieser Saison?
Wie zuversichtlich sind Sie, dass Sie Ihr Ziel erreichen werden?
Was war Ihr wichtigstes Ziel in der vergangenen Saison? Haben Sie es erreicht?
Welche Schwierigkeiten mussten Sie für Ihr letztjähriges Saisonziel überwinden?
Oder warum haben Sie es nicht erreicht?
Wenn Sie Ihr letztes Saisonziel nicht erreicht haben, werden Sie es in der Zukunft noch mal versuchen?
Gab es Menschen, die Sie beim Erreichen Ihres letztjährigen Ziels unterstützt haben? Falls ja, wer war das?
Ist es häufig so, dass Sie Trainingseinheiten und Rennen zu schnell angehen und hinterher einbrechen?
Wie oft verpassen Sie geplante Trainingseinheiten und aus welchen Gründen?
Trainieren Sie lieber allein oder mit anderen?
Wie oft trainieren Sie mit anderen Sportlern?
Wie sehr unterstützen Ihre Familie und Ihre Freunde Sie bei Ihren Zielen als Triathlet?

Sehr früh in meiner sportlichen Karriere habe ich gelernt, dass der Aufbau eines »Teams« für die Sportler, die ich betreute, die Chancen auf das Erreichen ihrer Ziele verbesserte und ihre Motivation steigerte. Ich rate Ihnen, es ebenso zu halten. Es ist ein wichtiger Schritt, um Ihre Ziele leichter erreichbar zu machen.

Der Zweck Ihres Teams ist es, Ihnen alle denkbaren Arten von professioneller und sonstiger sportbezogener Unterstützung zukommen zu lassen, die Ihnen helfen, optimal zu trainieren. Ein wichtiger Teil Ihres Teams steht natürlich bereits – Ihre Familie und Ihre Freunde. Ich rate Ihnen dringend, weitere Partner zu ergänzen: einen Coach oder Trainingsberater, einen Physiotherapeuten, einen Sportarzt, einen Masseur und einen Bikefitting-Spezialisten. Weitere professionelle Hilfe, über die nachzudenken ist, wären ein Personal Trainer für die Einheiten im Fitnessstudio, ein Schwimm-Trainer, ein Ernährungsberater, ein Chiropraktiker und ein Sportpsychologe. Je höher Ihre Ziel im Triathlon sind, desto mehr werden Sie davon profitieren, ein solches Team hinter sich zu haben. Jeder dieser Partner wird auf seine eigene Weise dazu beitragen, dass Sie erfolgreich die vielen Herausforderungen meistern, mit denen Sie in der kommenden Saison konfrontiert werden.

Erläutern Sie jedem Mitglied Ihres Teams Ihr Ziel und besprechen Sie dann, wie die betreffende Person Ihnen helfen kann, es zu erreichen. Letztendlich werden Sie vielleicht nicht alle Helfer tatsächlich in Anspruch nehmen. Zum Beispiel kann es sein, dass Sie keinen Arzt benötigen, weil Sie im Laufe der Saison keine Verletzungs- und gesundheitlichen Probleme haben. Aber allein zu wissen, dass bei Bedarf jemand bereitstünde, kommt Ihrem Selbstvertrauen zugute und hilft Ihnen, erfolgreich durch unruhiges Fahrwasser hindurchzukommen, wenn irgendetwas nicht ganz rund läuft.

Unabhängig von deren jeweiligem Beitrag zu Ihrem Erfolg als Sportler sollte es sich bei allen Mitgliedern Ihres Teams um zufriedene, positive und erfolgreiche Menschen handeln, die sich Ihres Ziels vollauf bewusst sind und es ohne Einschränkung unterstützen. Ist irgendjemand dabei, der dieser Beschreibung nicht entspricht, ersetzen Sie ihn durch jemand anderen. Umgeben Sie sich nur mit positiven Menschen, die an Sie glauben. Meiden Sie die Menschen, die es nicht tun.

Der Aufbau eines Teams an Unterstützern verbessert die Chance, Ihr Ziel zu erreichen.

FAZIT: MENTALE BEREITSCHAFT

In diesem Kapitel wurden eine Reihe von mentalen Eigenschaften und Fähigkeiten besprochen, bei denen ich mich stets bemühe, dass jeder von mir betreute Athlet sie entwickelt. Denn sie sind entscheidend für den Erfolg auf höchstem Niveau. Dazu gehören die Verpflichtung gegenüber einem hohen Ziel, das Selbstvertrauen, es zu erreichen, und die Geduld, das Ziel als ein langfristiges Projekt zu betrachten. Zusammen bilden diese drei ein großes Stück von dem, was sich als mentale Stärke bezeichnen lässt. Sportler, die diese Qualitäten besitzen, sind ihren Zielen bereits einen großen Schritt näher gekommen, bevor das körperliche Training überhaupt erst begonnen hat.

Genau wie ich bei den von mir trainierten Athleten den aktuellen Stand ihrer körperlichen Fitness kennen muss, bevor wir unsere Zusammenarbeit beginnen, muss ich auch das derzeitige Niveau ihrer mentalen Fitness kennen. Dazu stelle ich ihnen viele Fragen.

Der Ausgangspunkt ist stets die Frage, wie die betreffenden Personen zum Triathlon gekommen sind und warum sie am Ball geblieben sind. Fallen in den gegebenen Antworten auch mal Begriffe wie *Spaß* oder *Freude*? Das sollten sie. Sprechen die Befragten über die Herausforderung, die der

Sport für sie darstellt? Daraus ergibt sich, dass sie mir davon erzählen, was ihr größtes Saisonziel ist und wie es dazu kam. Wir sprechen über die Saisonziele der vergangenen Jahre und wie sie sich beim Versuch, sie zu erreichen, geschlagen haben. Waren die Ziele offenbar *zu* leicht oder *zu* schwierig umzusetzen? Diese Diskussion offenbart etwas über die Geduld und Beharrlichkeit der jeweiligen Athleten. Ich frage, was erforderlich sein wird, um ihr neues Ziel zu erreichen, und wie das mit ihren derzeitigen körperlichen Fähigkeiten zusammenpasst. Das ist eine Gelegenheit, etwas über ihr Maß an Selbstvertrauen herauszufinden.

Ich befrage sie auch zu ihrem Training. Lassen sie auch mal Trainingseinheiten sausen? Kommt das öfter vor? Welche Situationen sind es üblicherweise, die dem Trainingsplan in die Quere kommen? Die Konsistenz des Trainings ist ein Indikator der Hingabe. Trainiert ein Sportler zusammen mit anderen Athleten? Wie häufig? Ich habe gelernt, dass es Sportlern, die bei fast allen Einheiten einen Trainingspartner an ihrer Seite haben, häufig an Hingabe gegenüber ihrem Ziel mangelt. Für solche Athleten ist eine externe Motivation erforderlich, um den Hintern hochzubekommen. Wie Sie sich vorstellen können, sind diese Gespräche lang und ausführlich.

So eine Besprechung vermittelt mir ein gutes Gefühl dafür, welches Potenzial ein Sportler besitzt, sein Ziel zu erreichen, und welche mentalen Fähigkeiten weiterentwickelt werden müssen. Die Blaupause einer Trainingssaison fängt an, Gestalt anzunehmen, noch bevor ich den Athleten überhaupt einmal schwimmen, Rad fahren oder laufen gesehen habe.

Wie zielorientiert, selbstbewusst und geduldig sind Sie selbst? Der Infokasten 1.1 auf der vorhergehenden Doppelseite listet unter der Überschrift »Bewertung der mentalen Stärke« die Fragen auf, die ich verwende, um zu verstehen, wie ein Athlet tickt. Lesen Sie die Fragen durch und bedenken Sie Ihre Antworten. Seien Sie offen und ehrlich. Sie müssen niemanden beeindrucken. Es geht nur um Sie. Wenn Sie feststellen, dass Ihre »Rüstung« an mentaler Stärke eine Schwachstelle hat, lesen Sie noch mal die entsprechende Passage in diesem Kapitel durch, was Sie unternehmen können, um nachzubessern. Oder lesen Sie ein Buch über mentale Stärke im Sport. Besser noch wäre es, Sie haben einen Coach, einen Trainingsberater oder einen Sportpsychologen in Ihrem Team und vereinbaren einen Termin mit ihm oder ihr, um die mentalen Aspekte des Trainings und der Wettkämpfe zu besprechen.

Es lässt sich nicht von der Hand weisen, dass mentale Fitness für den Erfolg im Sport unabdingbar ist. Sie ist zumindest ebenso wichtig wie alles, was Sie in Ihren Trainingseinheiten unternehmen, wenn nicht sogar wichtiger. Im Rest dieses Buches geht es um das physische Training. Das soll aber nicht heißen, dass Sie das Mentaltraining für erledigt halten sollten. Das ist es niemals. Sie müssen täglich an Ihrer mentalen Fitness arbeiten. Ohne eine solide mentale Fitness wird Ihre körperliche Fitness Sie niemals in die Lage versetzen, Ihr Potenzial als Triathlet auszuschöpfen.

2

KÖRPERLICHE VORBEREITUNG

IN KAPITEL 1 haben Sie über große Träume und den Glauben an sich selbst gelesen. Ein entscheidender Aspekt dabei ist, sich ein herausforderndes Ziel zu setzen. Auf diese Aufgabe werden wir später in Kapitel 5 zurückkommen. Gelingt die Zielsetzung, wird sie Ihrem Training einen Fokus verleihen und Ihnen Tag für Tag helfen zu bestimmen, welche Einheiten Sie unternehmen sollten. Auch wenn Sie womöglich als Triathlet große Ambitionen haben, darf Ihr Ziel nicht so hoch gegriffen sein, dass Sie Ihr ganzes Leben dafür umkrempeln müssen. Schließlich müssen Sie auch noch eine Menge Dinge abseits Ihres Sports geregelt bekommen. Der Großteil Ihres Tages dreht sich zweifellos nicht um Schwimmen, Radfahren und Laufen, sondern um Familie und Freunde, den Job oder den Haushalt. Mit all dem und noch viel mehr müssen Sie Ihr Training in Einklang bringen.

Was bedeutet *in Einklang*? Das hat mit Ihren Prioritäten zu tun, also können nur Sie selbst diese Frage beantworten. Aber eines kann ich Ihnen versichern: Je ambitionierter Ihr Ziel als Triathlet ist, desto mehr muss sich alles in Ihrem Leben darum drehen – in angemessenem Rahmen natürlich. Für die meisten würde es keine großartige Umstellung des Lebensstils bedeuten, wenn das Ziel lediglich lautet, einen Sprint-Triathlon zu beenden. Die Quali für die Ironman-WM auf Hawaii hingegen ist ein riesiges Ziel und würde es erfordern, fast alles im Leben auf diese Herausforderung auszurichten.

Selbst bei einem großen Ziel wie einem Start in Kona muss die Vernunft gewahrt bleiben. Sie werden nicht Ihre Familie verlassen und Ihren Job kündigen, um es zu erreichen (obschon ich solche Fälle kenne). Nichtsdestotrotz werden Sie für ein so hehres Ziel Ihre Grenzen austesten müssen.

In diesem Kapitel werden wir uns der Frage widmen, was in physischer Hinsicht erforderlich ist, um Ihr Triathlonziel zu erreichen. Ich werde Ihnen eine Trainingsphilosophie näherbringen, die darauf ausgerichtet ist, eine hohe Erreichbarkeit Ihres Zieles herzustellen. Außerdem werden wir uns anschauen, wie Sie trainieren sollten, um den größten Nutzen aus Ihren Einheiten zu ziehen, und welche technischen Geräte Ihnen dabei helfen. Der Ausgangspunkt für all das ist eine Frage, die Sie sich bestimmt schon viele Male gestellt haben: Wozu sind Sie im Triathlon fähig?

IHR POTENZIAL ALS TRIATHLET

Bisher haben wir lediglich die bestimmenden mentalen Erfolgsfaktoren im Triathlon betrachtet, wie Hingabe, Selbstvertrauen und mentale Stärke. Von nun an wird es für den Rest dieses Buches um die physischen Erfolgsfaktoren gehen. In diesem und den folgenden drei Kapiteln legen wir den Grundstein für das Verständnis, wie man trainieren sollte. Anschließend werden wir in Kapitel 6 detailliert das entscheidende Thema der körperlichen Leistungsbegrenzer beleuchten. Auf diesen wird ein zentraler Fokus Ihres Trainings liegen, wenn Sie im Saisonverlauf auf Ihr Ziel hinarbeiten. Ihre individuellen Begrenzer und wie Sie diese im Training in Angriff nehmen, bestimmen maßgeblich, auf welche Resultate Sie hoffen dürfen.

Sie besitzen noch Spielraum, um als Triathlet zu wachsen.

Das bringt uns zurück zu der anstehenden Fragestellung: Was ist Ihr Potenzial? Wozu sind Sie in der Lage? Mit dieser Frage wird man jedes Mal konfrontiert, wenn man sich ein angemessenes Saisonziel setzen möchte. Genau genommen muss sich ein Sportler dann fragen: *Was ist angesichts meiner grundlegenden Lebensführung, die ich nicht ändern kann, mein physisches Potenzial, um auf hohem Niveau Leistung zu erbringen? Bin ich in der Lage, mehr zu erreichen als in zurückliegenden Jahren?* Das sind für jeden Athleten schwierige Fragen, sofern man keine Kristallkugel zur Hand hat. Selbst wenn Sie in einem topausgerüsteten Labor von den qualifiziertesten Spezialisten allen verfügbaren Tests unterzogen würden, werden Sie keine definitive Antwort erhalten. Es gibt einfach zu viele Variablen, die sich nicht messen lassen – mentale ebenso wie physische. Aber vermutlich können Sie solche Fragen letztlich selbst besser beantworten als jeder Wissenschaftler. Anstatt mit Hilfe eines Labortests einen Blick in die Zukunft zu werfen, können Sie die Antwort finden, indem Sie den Blick auf die Vergangenheit richten.

Der Ansatzpunkt, um Zielorientierung zu entwickeln, ist Ihre Trainingsphilosophie.

Wenn Ihre üblichen Trainingsabläufe in den letzten Jahren körperlich herausfordernd und sehr strukturiert waren und gleichzeitig auch auf den besten sportwissenschaftlichen Methoden beruhten, wenn Sie zudem voll entschlossen waren, Ihr Programm umzusetzen, ohne Einheiten auszulassen, haben Sie vermutlich wenig Spielraum für Verbesserungen. Dasselbe gilt, wenn Sie einen klugen Coach an Ihrer Seite hatten und dessen Vorgaben gewissenhaft befolgt haben. In diesem Fall reizen Sie Ihr Potenzial aus oder bewegen sich zumindest in dessen Nähe. Aber wenn Ihr Training in der Vergangenheit nicht gut strukturiert oder nicht allzu wissenschaftlich war, wenn Sie viele Einheiten verpasst haben oder wenn das Training nicht sonderlich herausfordernd war, gibt es eine Menge ungenutztes Potenzial.

Vermutlich bewegen Sie sich irgendwo zwischen diesen beiden Extremen. Das heißt, dass Sie noch Spielraum besitzen, als Triathlet zu wachsen. Wie weit Sie von Ihrem maximalen Potenzial entfernt sind, kann niemand mit Sicherheit sagen. Gewiss ist jedoch, dass es sehr viel von Ihnen verlangt, wenn Sie sich in diesem Sport Ihrem Potenzial tatsächlich annähern wollen. Die beiden entscheidenden Punkte dabei sind mentale Stärke und zielgerichtetes Training. Und der Ansatzpunkt, um diese Zielorientierung zu entwickeln, ist Ihre Trainingsphilosophie.

DIE TRAININGSPHILOSOPHIE

Ob bewusst oder nicht, auch Sie haben eine Trainingsphilosophie. Gut möglich, dass Sie noch nie darüber nachgedacht haben. Aber jeder hat eine. Ausgehend von dem, was sie tatsächlich tun (und unabhängig davon, was sie sagen), lautet die Trainingsphilosophie vieler Triathleten: »Es ist nie genug« bzw. »Mehr ist besser«. Dieser Sport zieht viele Perfektionisten an, die mit ihrem Training ihre Grenzen voll ausreizen. Als Trainer bin ich vielen Athleten begegnet, die sich selbst bis zum Zusammenbruch angetrieben haben. Diese Sportler waren häufig völlig erschöpft und manchmal komplett ausgebrannt. Übertraining (mehr dazu in Kapitel 10) ist kein schöner Anblick. Es sind keine Unmengen an körperlichen Strapazen erforderlich, um hohe Ziele zu erreichen. Verstehen Sie mich nicht falsch: Ihr Training wird nicht einfach sein, wenn Sie den Anleitungen aus diesem Buch folgen. Es wird Ihnen mentale und physische Stärke abverlangen. Aber es lässt sich ohne Übertraining bis an den Rand des Zusammenbruchs schaffen. Hier zahlt es sich aus, sich Gedanken über seine Trainingsphilosophie gemacht zu haben.

Ich rate Ihnen zu einer Denkweise in Bezug auf Ihr Training, die sich von Ihrer bisherigen vermutlich deutlich unterscheidet und v. a. im Hinblick auf Ihre Wettkampfleistung erheblich effektiver ist. Alles steht und fällt demnach mit der Konsistenz des Trainings. Mir ist bewusst, dass dies womöglich allzu simpel klingt. Aber wenn Sie sich die im Folgenden beschriebene Trainingsphilosophie zu eigen machen, verspreche ich Ihnen, dass sich Ihre Leistungen als Triathlet verbessern werden, sofern in Ihnen noch ungenutztes Potenzial schlummert. Wenn Sie noch Spielraum besitzen, sich zu steigern, werden Sie sich definitiv verbessern, wenn Sie konsistent trainieren. Das habe ich in der Vergangenheit viele, viele Male erlebt.

Konsistentes Training

Hochmotivierte Sportler trainieren oft zu häufig, zu lang und zu intensiv. »Es ist nie genug. Mehr ist besser.« Ein solches Denken führt zwangsläufig zu Übertraining, Burnout, Krankheit oder Verletzung. In den vergangenen 30 Jahren habe ich vielen Athleten geholfen, sich aus solchen selbstverschuldeten Krisen zu befreien, indem ich Ihnen beigebracht habe, konsistent zu trainieren. Was bedeutet konsistent in diesem Zusammenhang? »Unermüdlich, verlässlich und entschlossen« ist die treffendste Formel für sportlichen Erfolg auf höchstem Niveau. Das lässt sich darauf herunterbrechen, das *Wenigste* an Training zu absolvieren, mit dem man sein Ziel noch erreicht – wohlgemerkt das wenigste, nicht das meiste Training. Mehr als nötig zu machen, bedeutet, Übertraining zu provozieren. Das wird zwangsläufig zu Rückschlägen führen. Die Frage ist nicht ob, sondern lediglich wann.

Wenn Ihre Wettkampfleistungen unregelmäßig sind und Sie glauben, bei den wichtigsten Rennen nicht Ihr Potenzial auszuschöpfen, ist womöglich inkonsistentes Training die Ursache. In der Tat habe ich festgestellt, dass dies häufig ausschlaggebend ist, wenn ambitionierte Athleten glanzlose Darbietungen abliefern. Sind Sie oft müde, wenn eine lange oder intensive Einheit ansteht, liegt das gewiss an der Inkonsistenz Ihres Trainings. Leiden Sie häufig an Krankheit, Verletzungen und dem Gefühl, ausgebrannt zu sein, dann trainieren Sie vermutlich nicht konsistent. Sie müssen lernen, Ihren Einsatzwillen richtig einzuspannen und ihm eine Richtung zu geben. Das ist mentale Stärke. Aber wie gelingt Ihnen das? Um als unermüdlicher, verlässlicher und entschlossener Sportler zu brillieren, muss man als allererstes eine Sache beherzigen, die im Triathlon fehl am Platz zu sein scheint: Maßhalten.

Konsistentes Training beginnt mit Maßhalten.

Maßhalten im Training bedeutet, dass Sie selten Ihre körperlichen Grenzen ausloten. Athleten neigen dazu, sich die härtesten Trainingseinheiten aufzuerlegen, zu denen sie in der Lage sind.

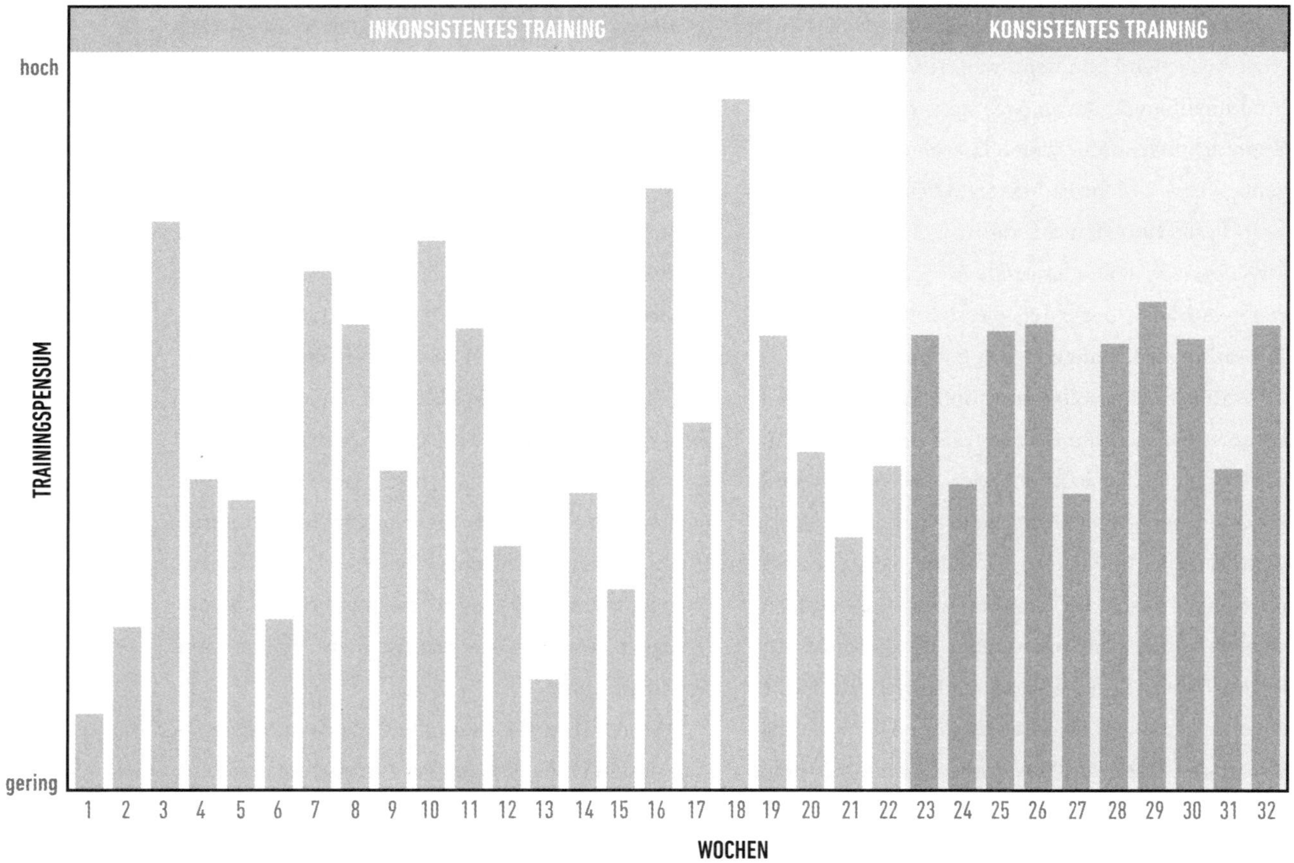

ABBILDUNG 2.1 Inkonsistentes Training für 22 Wochen, gefolgt von 10 Wochen konsistentem Training auf Grundlage eines maßvolleren Ansatzes

Manchmal muss man sich zurückhalten, um einen Schritt nach vorn zu machen.

Die langen Einheiten sind häufig viel zu lang, und die Intensität ist oft viel zu hoch. Viele glauben, Höchstleistungen resultierten daraus, dass man mehrmals die Woche richtig an seine Grenzen geht, und Ausruhen sei nur etwas für Weicheier. Eine solche Denkweise ist ein sicherer Weg, um sein Training gegen die Wand zu fahren. Maßhalten bei der Dauer und Intensität der Einheiten ist das, was Sie anstreben sollten.

Abbildung 2.1 zeigt am Beispiel einer realen Sportlerin, wie inkonsistentes und konsistentes Training in der Praxis aussehen. In den ersten 22 Wochen absolvierte die Athletin immer wieder Wochen mit sehr hohem Trainingspensum. Dieses resultierte aus Einheiten, die häufig zu intensiv und zu lang ausfielen. Als Folge davon erlebte sie häufig extreme Erschöpfungszustände, eine hartnäckige Knieverletzung und eine wiederkehrende Kopfgrippe, was ihren Wochentrainingsplan immer wieder über den Haufen warf und dazu führte, dass sich ihr Leistungsniveau trotz fast sechs Monaten Trainings kaum verbesserte. Das ist es nämlich, was unfreiwillige »Nuller« im Trainingstagebuch anrichten: Es wirft einen zurück. Als die besagte Sportlerin bemerkte, dass sie ihrem Wettkampfziel nicht näher kam, verpflichtete sie einen kompetenten Coach. Ein kluger Schachzug. In den folgenden zehn Wochen ließ ihr Trainer sie Einheiten von moderaterer Intensität und Dauer absolvieren. Das resultierte in einer höheren Konsistenz des Trainings und einer spürbaren Verbesserung Ihrer Fitness und Wettkampfleistungen.

Manchmal muss man sich zurückhalten, um einen Schritt nach vorn zu machen.

Zu beachten ist, dass Maßhalten zwar für eine beständige Verbesserung sorgt, aber selbst ein bewegliches Ziel darstellt. Zum Glück bewegt es sich auf für Sie vorteilhafte Weise: Wenn sich Ihre Fitness verbessert, wird eine Einheit, die einige Wochen zuvor noch eine harte Belastung dargestellt hätte, zu einer maßvollen. Im Laufe einer Saison wird Ihre individuelle Definition, was in Bezug auf die Dauer und Intensität Ihrer Einheiten maßvoll ist, sukzessive ambitionierter. Sie werden fitter und können auf höherem Niveau trainieren.

Dasselbe vollzieht sich von Saison zu Saison. Wenn Sie moderat trainieren, steigt auch auf lange Sicht sukzessive Ihre Fähigkeit, ein hartes Trainingspensum zu bewältigen. Was im vergangenen Monat eine schwere Einheit war, ist nun eine maßvolle; was vergangenes Jahr hart war, ist nun angemessen. All dies hat mit einem entscheidenden Faktor mentaler Stärke zu tun, von dem Sie in Kapitel 1 gelesen haben: Geduld. Sie müssen geduldig sein, um konsistent zu trainieren.

Konsistentes Training resultiert aus Maßhalten. Konsistentes Training bedeutet, dass Sie keine Trainingseinheit verpassen – naja, zumindest nur sehr selten. Lassen Sie uns der Realität ins Auge blicken: Jeder muss hin und wieder ein Training sausen lassen. Das lässt sich nicht verhindern. Sie müssen in Ihrem Leben schließlich eine Menge andere Dinge geregelt bekommen. Aber zu viele »Nuller« im Trainingstagebuch sind ein großes Problem für hohe Ziele. Oft resultieren verpasste Einheiten daraus, dass man zu viel will: zu hohe Intensität, zu große Dauer, zu viele Trainingstermine, zu viele sonstige Dinge des Alltags. Wenn Sie maßvoll trainieren (und leben), werden Sie konsistent. Wenn Sie konsistent sind, werden Sie schneller. Es geht nicht darum, wie hart Ihre Einheiten sind. Es geht darum, wie konsistent Sie trainieren. »Konsistent« sticht »hart« jederzeit aus. In der Tat ist es besser, die falschen Dinge im Training konsistent zu tun als die richtigen Dinge unregelmäßig. Mit anderen Worten: Konsistentes Training ist der Schlüssel zum Erfolg.

Einige Wochen, nachdem ich die Arbeit mit einem Sportler aufgenommen habe, frage ich ihn oder sie, ob das Training nun härter oder leichter ist als zuvor in Eigenregie. Die Antwortet lautet üblicherweise, dass es nun leichter ist.

Fast immer muss ich Athleten dazu bringen, weniger zu machen als früher. Und was glauben Sie, was passiert? Die betreffenden Sportler werden fitter und schneller. Ich richte die Aufmerksamkeit auf die Schwächen, an denen zu arbeiten ist, um beim nächsten Saisonhöhepunkt erfolgreich zu sein.

Wenn Sie sich als Sportler steigern wollen, müssen Sie Ihre wettkampfspezifischen Schwächen kennen und maßvoll und konsistent mit vorrangigem Fokus auf genau diese Aspekte trainieren. Das ist der Schlüssel zum Erfolg – nicht Unmengen an planlosen Trainingseinheiten. Der Weg zu hohen Zielen führt über geduldige Hingabe an ein unnachgiebiges, verlässliches und entschlossenes Training mit Maß.

Wenn Sie sich als Sportler steigern wollen, müssen Sie Ihre wettkampfspezifischen Schwächen kennen.

Was ist maßvolles Training?

Was also bedeutet es, maßvoll zu trainieren? Zunächst einmal heißt *maßvoll*, sich jeweils eine Trainingseinheit vorzunehmen, von der man weiß, dass man sie schafft, weil man kürzlich bereits etwas Entsprechendes absolviert hat (oder etwas, was nah dran war). Mit »nah dran« meine ich, dass die Dauer oder Intensität um nicht mehr als zehn Prozent über der eines zurückliegenden Trainings liegt. Vermeiden Sie große Sprünge beim Schwierigkeitsgrad Ihrer Einheiten.

Zweitens wissen Sie bei einer maßvollen Einheit, dass Sie hinterher rechtzeitig wiederhergestellt

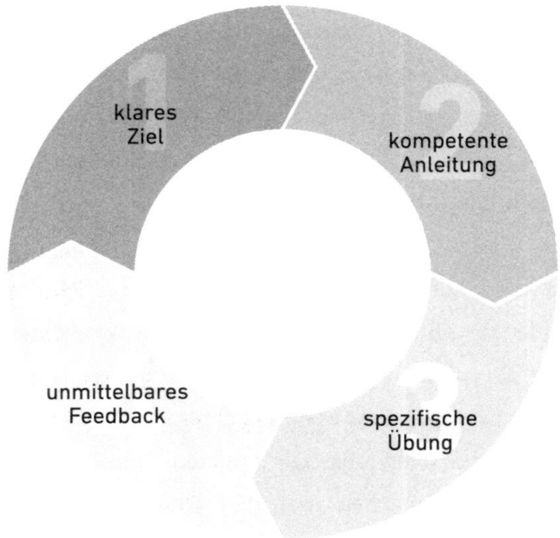

ABBILDUNG 2.2 Zielgerichtetes Training

sind, um das nächste geplante anspruchsvolle Training zu unternehmen.

Drittens dürfen Sie davon ausgehen, dass eine Einheit zu hart war, wenn Sie sich innerhalb von 48 Stunden nicht vollständig erholt haben. In diesem Fall waren Sie nicht bereit für ein solches Training – noch nicht. Sie werden irgendwann so weit sein, dafür müssen Sie aber einen Schritt nach dem anderen machen. Geduld.

Zielgerichtetes Training beginnt mit einer eindeutigen Zielvorgabe für die Saison.

Das soll nicht bedeuten, dass Sie nie über die Zehn-Prozent-Grenze hinausgehen sollten. Einige solcher Einheiten werde ich Ihnen in späteren Kapiteln ans Herz legen, aber diese sind die Ausnahme, denn ein solches Training wird definitiv Ihre Grenzen austesten und muss zum genau richtigen Zeitpunkt eingesetzt werden. So etwas ist nichts, was Sie regelmäßig unternehmen werden.

Maß zu halten, umfasst auch, genau auf seinen Körper zu hören. Er lässt sich nicht zwingen, sich nach einem fixen Plan anzupassen und die gewünschte Fitness zu erreichen, nur weil ein Wettkampf naht. Ihr Körper hat seinen eigenen natürlichen Rhythmus, dem Sie folgen müssen, wenn Sie auf dem Weg zu Ihrem Wettkampfziel vorankommen wollen. Vermutlich wird Ihnen dieser Rhythmus furchtbar langsam vorkommen – so geht es den meisten Sportlern. Am besten ist es, die Einheiten, die härter als gewöhnlich sind, immer nur dann zu unternehmen, wenn Ihr Körper Ihnen sagt, dass es an der Zeit ist. Und das muss nicht unbedingt dann sein, wenn Sie sich es wünschen. Aber Ihr Körper wird Ihnen immer verraten, wenn die Zeit reif ist. In späteren Kapiteln werden wir bei der Betrachtung spezifischer Trainingseinheiten näher auf die biologischen Hinweise eingehen, nach denen Sie Ausschau halten sollen.

ZIELGERICHTETES TRAINING

Nachdem Sie sich Gedanken über Ihre Trainingsphilosophie gemacht haben, besteht die nächste Aufgabe darin, eine adäquate Trainingsmethodik einzuführen. Wenn Sie auf hohem Niveau Erfolg haben wollen, müssen all Ihre Einheiten einem strukturierten und zielgerichteten Ablaufmodell folgen. Ein planloses Training mit eher willkürlich ausgewählten Einheiten mag funktionieren, wenn Ihre Ziele nicht sonderlich herausfordernd sind, aber nicht, wenn Sie das Beste aus sich herausholen wollen. Es gibt vier Schritte, die Sie im täglichen Training befolgen sollten, um dieses möglichst zweckdienlich und effektiv zu gestalten. Abbildung 2.2 veranschaulicht den Ablauf.

Schritt 1: Klares Ziel

Zielgerichtetes Training beginnt mit einer eindeutigen Zielvorgabe für die Saison. Diese legt das wesentliche Resultat fest, das Sie anstreben – den Grund, warum Sie trainieren. Ist das Saisonziel zu vage, bricht der komplette Prozess des zielgerichteten Trainings zusammen. Um eindeutig zu sein, muss eine Zielvorgabe mehrere Kriterien erfüllen. Näheres dazu in Kapitel 5. Dann werden Sie in der Lage sein, Ihr Saisonziel selbst exakt zu bestimmen.

Auch jede einzelne Trainingseinheit sollte eine Zielvorgabe besitzen. Diese bezeichne ich jeweils als *Zweck*, um die beiden Arten von Zielen voneinander abzugrenzen. Der Trainingszweck einer Einheit kann zum Beispiel sein: 20 Minuten in Zone 3 laufen zur Verbesserung der Kraftausdauer. Oder: Eine Stunde locker in Zone 1 Rad fahren zur Regeneration. Der Zweck muss sich nicht immer auf hartes Training im engeren Sinne beziehen. Gelegentlich kann er auch lauten, eine Ausfahrt mit Freunden zu unternehmen und die Zeit zu genießen. Schließlich ist Spaß am Sport vermutlich der Grund, warum Sie ursprünglich mit Triathlon angefangen haben.

Der vorrangige Grund, sich über den Trainingszweck Gedanken zu machen, besteht darin, willkürliches Training zu vermeiden. Regelmäßig das Haus zu verlassen, ohne zu wissen, was genau man tun möchte, ist ein sicherer Weg, wenig zu erreichen und am Wettkampftag unzureichend vorbereitet zu sein. Training ohne Zielvorgabe mündet letztlich in schwachen Leistungen. Vor jeder Einheit sollten Sie sich eine entscheidende Frage stellen: Was ist der Zweck dieses Trainings?

Schritt 2: Kompetente Anleitung

Der Zweck jeder Einheit sollte letztendlich auf Ihr Saisonziel ausgerichtet sein. In der Tat ist Ihr Ziel nichts anderes als die kumulierten täglichen Trainingszwecke, die Sie im Laufe mehrerer Wochen erreicht haben. Dabei sollten die definierten Zwecke einem Muster folgen, das von dort, wo Sie am Anfang der Saison körperlich stehen, zu Ihrem Ziel führt. Dies ist nicht gerade einfach zu gewährleisten, denn es erfordert ein recht gutes Verständnis der sportwissenschaftlichen Zusammenhänge (welches Sie sich im nächsten Kapitel verschaffen können). Bei dieser Aufgabe hilft es enorm, einen kompetenten Experten an seiner Seite zu wissen, der einem klare Richtungen vorgibt, was man tun sollte. Das kann ein Coach sein oder ein vertrauenswürdiger Mentor, der einen Trainingsplan für Sie entwirft. Die meisten Triathleten steigern sich enorm, wenn sie so jemanden hinter sich haben. Im anderen Extrem könnten Sie auch einfach einen fertigen Trainingsplan kaufen und abarbeiten. Seien Sie sich jedoch bewusst, dass solche generischen Pläne nicht speziell für Sie aufgestellt wurden, sondern für einen ziemlich großen Kreis von Athleten, die ähnliche Merkmale aufweisen. Wenn diese Eigenschaften sich zufälligerweise mit den Ihren decken, kann der gekaufte Trainingsplan unter Umständen Ihr kompetenter »Experte« sein.

Der Experte können auch Sie selbst sein, wenn Sie sachkundig in Fragen des Trainings sind. Leider trifft das auf die meisten Athleten nicht zu, weil ihnen die Zeit und der innere Drang fehlen, sich mit sportwissenschaftlichen Zusammenhängen so intensiv auseinanderzusetzen, wie professionelle Trainer es tun. In Eigenregie trainierende Sportler begehen üblicherweise eine Menge Fehler: Oft steht einer ziemlich steilen Lernkurve eine Zielannäherungskurve gegenüber, die aufgrund häufiger Unterbrechungen und Rückschläge flach bleibt. Das soll nicht bedeuten, dass Sie nicht Ihr eigener Coach sein können. Das können Sie durchaus. Ich kenne etliche gute in Eigenregie trainierende Athleten. Dieses Buch wird Ihnen viele Orientierungshilfen an die Hand geben, um einer von ihnen zu werden.

Ohne jegliche kompetente Anleitung sind Ihre Chancen auf ein erfolgreiches Erreichen Ihres ambitionierten Ziels jedoch merklich geschmälert. Der Experte an Ihrer Seite sollte genau verstanden haben, was Sie erreichen wollen, und Ihnen anhand dessen Anleitungen liefern, wie Sie dorthin kommen. Die Anleitungen, die Sie auf täglicher Basis benötigen, sind Antworten auf Fragen wie zum Beispiel: Wie lang sollten die Intervalle sein? Wie sollten die Intensitäten innerhalb einer Einheit variiert werden, um die verschiedenen

Energiesysteme des Körpers anzusprechen? Wie sollten Sie sich bewegen, um Ihre technischen Fertigkeiten zu verbessern? Wann sollte das Krafttraining in Relation zu den Schwimm-, Rad- und Lauf-Einheiten terminiert werden?

Es ist wichtig, bei jeder Trainingseinheit genau zu wissen, was Sie erfüllen müssen.

Wenn Sie neu im Triathlon sind, wird fast alles, was Sie unternehmen, zu einer schnellen Steigerung führen. Aber bei fortgeschrittenen Athleten, die sich für individuelle Höchstleistungen vorbereiten, erfordert das Training mehr, als den Puls in die Höhe zu treiben und schwer zu atmen.

Wer ist der Experte, auf den Sie vertrauen?

Schritt 3: Spezifische Übung

Sobald Sie den Trainingszweck kennen und die ergänzenden Vorgaben, die Ihnen Ihr Experte für die entsprechende Einheit an die Hand gegeben hat, sollten Sie sich bemühen, diese spezifisch umzusetzen. Sie müssen darauf konzentriert bleiben, die Einheit genau so zu absolvieren, wie es geplant war. Eine Ausnahme ist, wenn Sie sich entscheiden, eine Einheit einfacher zu gestalten, weil Sie festgestellt haben, dass Sie noch nicht bereit für sie sind – zum Beispiel weil Sie weitere Regenerationszeit benötigen oder eine solche Belastung aus anderen Gründen zu früh kommt. Den gegenteiligen Weg, also eine Einheit schwerer zu machen als geplant, sollten Sie nicht gehen, ohne zuvor den Experten konsultiert zu haben, der sie entworfen hat. Es kann gute Gründe für den als gering empfundenen Schwierigkeitsgrad geben. Den von mir betreuten Athleten sage ich stets: »Wenn ihr das Gefühl habt, dass ihr eine Einheit lieber leichter gestalten solltet, könnt ihr diese Entscheidung jederzeit treffen und mir hinterher davon erzählen.« Aber ich rate ihnen mit Nachdruck davon ab, eine Einheit herausfordernder zu machen, ohne dies vorher mit mir besprochen zu haben.

Im Allgemeinen sind Sie besser beraten, Ihre Rad- und Lauf-Einheiten allein zu absolvieren.

Es ist wichtig, dass Sie bei jeder Trainingseinheit genau wissen, was Sie umsetzen müssen. Ist die Einheit komplex, machen Sie sich einfach Notizen und nehmen diese mit an den Beckenrand, auf die Straße, die Laufbahn oder den Indoortrainer, so dass Sie gelegentlich nachschauen können, ob Sie alles richtig machen. Oder laden Sie die Trainingseinheit auf Ihre Sportuhr oder Ihren Radcomputer hoch.

Die größte Gefahr, dass Trainingseinheiten nicht vorgabengemäß ausgeführt werden, rührt womöglich von anderen Athleten her. Bei den meisten Einheiten ist es schwer, den Zweck und die weiterführenden Details spezifisch umzusetzen, wenn Ihr Trainingspartner etwas anderes unternehmen möchte. Wenn Sie mit anderen trainieren, ist es ratsam, vorher zu besprechen, welchen Trainingszweck Sie verfolgen. Haben die Kollegen darauf keine Lust, ist es besser, allein zu trainieren. Mit Ausnahme möglicherweise des Schwimmtrainings ist Triathlon sowieso weitgehend ein Solosport. Im Allgemeinen sind Sie besser beraten, Ihre Rad- und Lauf-Einheiten allein zu absolvieren.

Unter dem Strich bleibt festzuhalten: Wenn Sie den geplanten Nutzen aus einer Trainingseinheit ziehen wollen, müssen Sie spezifisch deren beabsichtigten Zweck verfolgen.

Schritt 4: Unmittelbares Feedback

Der effektivste Weg, um Fortschritte zu machen, ist es zweifellos, wenn Sie Ihren Coach (Ihren Experten) beim Training an Ihrer Seite haben. So erhalten Sie ein unmittelbares Feedback, welche Anpassungen ratsam sind, sollten die Dinge nicht so laufen, wie sie sollten. Ein perfektes Beispiel dafür ist der Feinschliff an Ihrer Schwimmtechnik. Wenn jemand am Beckenrand sitzt, der Ihnen gleich sagt, dass Ihre Bewegung beim Wasserfassen unpräzise ist und was Sie ändern müssen, wird Sie das deutlich mehr voranbringen, als wenn Ihr Coach sich einen Tag später alles auf Video ansieht und Ihnen dann eine Rückmeldung gibt. Aber selbst einen Tag später ist besser als nie. Dasselbe gilt für Intervalleinheiten. Die Trainingsdaten direkt nach einer Einheit auszuwerten, ist erheblich effektiver als ein paar Stunden später. Unmittelbare Hinweise durch den Coach sind entscheidend für Ihr Vorankommen. Je schneller Sie Feedback erhalten, umso besser.

Es ist jedoch unwahrscheinlich, dass Ihr Trainer bei all Ihren Trainingseinheiten dabei sein kann. Eine häufige Ausnahme sind Schwimmtrainings im Verein mit einem Coach am Beckenrand oder wöchentliche Einheiten auf der Laufbahn unter Anleitung eines Trainers. Diese sind perfekt, um unmittelbare Rückmeldungen eines Experten zu bekommen. Aber in der Regel wird das Feedback des Coaches mit Verzögerung eintreffen. Je schneller Sie es erhalten, umso schneller werden Sie Fortschritte machen. Das Feedback kann direkt vor Ort im Gespräch erfolgen, aber auch per E-Mail, SMS oder WhatsApp-Nachricht. Ein wöchentliches Telefonat, um die Fortschritte des Trainings zu besprechen, ist die perfekte Gelegenheit, um dem Trainer Fragen zu stellen und sich zu vergewissern, dass Sie bei Ihren Einheiten den vorgesehenen Trainingszweck tatsächlich erfüllen.

Wenn Sie in Eigenregie trainieren, müssen Sie konzentriert bei der Sache bleiben, was Ihr Körper Ihnen während der Trainingseinheiten sagt. Wenn Ihr Geist abschweift, während Sie an Ihrer Schwimmtechnik arbeiten oder Intervalle auf der Laufbahn absolvieren, ist das dasselbe, als würde ein Coach sich einfach während des Trainings verabschieden. Der in Eigenregie trainierende Sportler muss ständig analysieren, was passiert. Das setzt sich nach Ende der Einheit fort: Die Daten der von Ihnen genutzten Geräte sollten Sie so schnell wie möglich auswerten. Auch Videoaufnahmen von Schwimmtechnik-Übungen sollten so rasch wie möglich nach Ende des Trainings angeschaut werden, bevorzugt aber direkt am Beckenrand sofort nach jeder absolvierten Übung. Die entscheidende Frage, die Sie sich immer stellen sollten, lautet: *Habe ich den designierten Trainingszweck der Übung erfüllt?*

Werden bei einer Trainingseinheit alle vier Schritte des zielgerichteten Trainings befolgt, haben Sie einen kompletten Zyklus abgeschlossen, um bei der nächsten Einheit wieder bei Schritt 1 zu beginnen. Aber bevor Sie deren Trainingszweck definieren, müssen Sie Ihren Fortschritt in Relation zu Ihrem Saisonziel bewerten. Wenn Sie wie geplant vorankommen, nehmen Sie die nächste Einheit in Angriff. Falls Sie hingegen eine Tendenz bemerken, dass die Dinge nicht wie geplant laufen, kann es angemessen sein, das Ziel zu überdenken und die Trainingsstrategie entsprechend anzupassen.

TECHNISCHE HILFSMITTEL

Schritt 4 des zielgerichteten Trainings erfordert die Auswertung von Daten. Vielen Sportlern macht das keinen Spaß. Das ist verständlich, denn es ist ermüdende Arbeit. Gerade hier kann es einen großen Unterschied machen, wenn man mit einem Experten zusammenarbeitet. Ein Coach weiß, worauf zu achten ist, und kann es Ihnen erklären. Aber wenn Sie Freude daran haben, nach dem Training Daten zu durchforsten, müssen Sie nur wissen, wonach Sie Ausschau halten müssen.

Wenn Sie in Eigenregie trainieren, müssen Sie konzentriert bei der Sache bleiben, was Ihr Körper Ihnen während der Trainingseinheiten sagt.

Erstens geht es darum, zu bestimmen, ob die Einheit den Trainingszweck erfüllt hat, und zweitens müssen Sie schauen, ob und wie das Training Sie Ihrem Ziel näher gebracht hat. Was also müssen Sie messen und wie machen Sie das am besten? Das bringt uns zu den technischen Hilfsmitteln, also den verschiedenen Geräten zur Erfassung und Analyse von Trainingsdaten.

Im Grunde gibt es bei Ihrem Training nur drei Dinge zu messen: die Häufigkeit, die Dauer und die Intensität. Im nächsten Kapitel werden wir alle drei genau beleuchten. Vorerst genügt es, zwei Aspekte Ihrer Trainingseinheiten kurz zu betrachten: die Dauer und die Intensität.

Es ist hilfreich, über geeignete Geräte zu verfügen, um die Dauer und Intensität exakt zu messen. Die Dauer ist einfach. Dafür genügt eine Stoppuhr. Aber die Intensität zu erfassen, ist ziemlich kompliziert. Hier können fortschrittliche Technologien Ihnen helfen, Ihre Einheiten produktiver zu gestalten: nicht nur bei der Bestimmung der richtigen Intensität während des Trainings, sondern auch anschließend durch unmittelbares Feedback in Form einer Analyse der Trainingseinheit.

Präzise Messungen verschaffen Ihnen einen Wettbewerbsvorteil.

Nicht selten erhitzt allein die Erwähnung des Begriffs Technologie die Gemüter. Es hat schon immer Sportler gegeben, die den Einsatz jeglicher technischer Hilfsmittel partout ablehnen. Als Anfang des 20. Jahrhunderts Schaltungen für Fahrräder erfunden wurden, lehnten nicht wenige Radsportler deren Einsatz ab. Als in den 1930er Jahren Tachometer für Fahrräder aufkamen, gab es Athleten, die dagegen waren. Als in den 1980ern Pulsuhren auf den Markt kamen, wurden sie von vielen vehement verdammt. All diese Neuerungen waren in den Augen einiger nur etwas für Technikfreaks. Völlig gleich, um welche Technologien es geht, manche Leute sind strikt dagegen. Sie halten sich für Puristen, die den wahren Geist des Sports bewahren. Sie mögen keine Zahlen.

Und um die Wahrheit zu sagen, ist tatsächlich nicht jeder auf modernste Hightech-Ausrüstung angewiesen. Einige erfahrene Sportler haben ein sehr gutes Gefühl dafür, wie hart sie sich belasten. In der Tat gibt es Läufer, die ihre aktuelle Pace rein nach Gefühl und anhand ihrer Erfahrung bis auf ein paar Sekunden genau bestimmen können. Wenn ein solcher Sportler in Eigenregie trainiert, stellt es selten ein Problem dar, wenn er keine Geräte zur Intensitätsmessung benutzt. Anders ist es, wenn er einen Trainer oder Berater hat, denn dieser kann anschließend nicht nachvollziehen, was während der Trainingseinheiten passiert ist. Keine aufgezeichneten Daten zu haben, bedeutet auch, dass sich der Sportler noch Wochen später an die Empfindungen während jedes einzelnen Trainings erinnern muss. Nur so kann er die Einheiten vergleichen, seine Fortschritte einschätzen und bestimmen, wie er am besten trainiert. Es ist nicht sehr präzise, aber einige bekommen es auf diese Weise hin, wie ich gelernt habe.

Geräte zur Intensitätsmessung werden jedoch auch allen nach Gefühl trainierenden Athleten definitiv helfen, ihre Fortschritte zu beurteilen und das künftige Training zu gestalten, selbst wenn sie während des Trainings oder Rennens nie aufs Display schauen. Werde ich besser oder nicht? Wie stehe ich im Vergleich zur selben Zeit im vergangenen Jahr? Trainiere ich ausreichend mit wettkampfähnlichen Intensitäten? Wie kann ich das Pacing im Rennen verbessern? Welches Tempo habe ich angeschlagen, als ich beim letzten Mal dasselbe Rennen bestritten habe? Wie bin ich mit Anstiegen und dem Wind zurechtgekommen? Technische Geräte helfen Ihnen, solche Fragen zu beantworten, weil Sie nicht mehr allein auf Ihr Gedächtnis und Vermutungen bauen müssen.

Es gibt drei Geräte zur Intensitätsmessung, die alle Athleten, die ich betreue, besitzen sollten: ein Herzfrequenzmonitor (Pulsuhr), ein Gerät zur Pace- und Distanz-Erfassung beim Laufen (üblicherweise per GPS) und ein Powermeter am Rad. Warum ich diese drei Geräte voraussetze? Weil der Sportler und ich dann viel bessere Daten haben, um Entscheidungen zu treffen. Kann ein Athlet nicht auf exakte Messungen zurückgreifen, ist er gegenüber der Konkurrenz im Nachteil. Wenn Sie individuelle Höchstleistungen anstreben, sollten Sie im Training und Wettkampf die Technologien nutzen können, die Ihnen helfen, dieses Ziel zu erreichen.

Mir ist bewusst, dass Triathlon ein kostspieliger Sport ist und die Anschaffung dieser Geräte die Ausgaben weiter in die Höhe treibt. Aber die Preise für alle empfohlenen Hilfsmittel sinken kontinuierlich. Natürlich können Sie auch die absoluten Topmodelle kaufen und dafür ein kleines Vermögen ausgeben. Aber selbst die günstigsten Geräte liefern Ihnen präzise das, was Sie benötigen – eine reproduzierbare Messung, wie hart Sie sich während des Sports belasten. Alles Geld, was Sie über diese grundlegende Information hinaus ausgeben, investieren Sie letztlich in nette Spielereien, die Sie nicht unbedingt brauchen, aber vielleicht gerne haben möchten. Wenn Ihr Budget knapp bemessen ist, sollten Sie im Verein oder im Sportgeschäft nach günstigen Gebrauchtgeräten fragen. Es gibt immer Athleten, die auf die allerneuesten Technologien umgestiegen sind und ihre alten Geräte zu Geld machen wollen.

Pulsuhren, GPS-Geräte und Powermeter sind nicht perfekt. Sie müssen lernen, wie Sie sie benutzen, und das kann einiges an Zeit und Hirnschmalz erfordern. Auch hier macht die Zusammenarbeit mit einem Experten das Leben einfacher. Natürlich kann es auch passieren, dass man sich allzu sehr auf die Messdaten konzentriert, insbesondere dann, wenn ein Gerät brandneu ist und man dessen Benutzung noch erlernt. Zum Beispiel kann sich durchaus ein Sicherheitsproblem ergeben: Mitten im Straßenverkehr nur auf das Display seines Powermeters zu starren, ist nicht gerade klug.

Es besteht auch die Gefahr, dass Athleten, die sich zu sehr auf die Zahlen fixieren, an Gefühl für die Intensität verlieren. Aus dem oben Gesagten könnten Sie womöglich den Schluss gezogen haben, dass ich kein Freund davon bin, sich in Training und Wettkampf von seinem Körpergefühl leiten zu lassen, aber das ist keineswegs der Fall. Nicht selten lasse ich meine Athleten sogar das Display des Radcomputers oder der Laufuhr abkleben, damit sie rein nach Gefühl trainieren. Das ist ein guter Weg, um die Kunst des Trainierens und Wettkampfs zu erlernen. Wenn Sie ein schlechtes Rennen hatten, nur weil der Akku eines technischen Hilfsmittels am Lenker oder Handgelenk schlappgemacht hat, sind Sie offenbar noch nicht firm in der Kunst des Ausdauersports. Diese »Kunst« hat etwas damit zu tun, was wir als empfundene Anstrengung bezeichnen und mit der sogenannten RPE (Rating of Perceived Exertion) erfassen. Im Detail werden wir in Kapitel 4 auf die Intensitätsmessung eingehen. Dort werde ich Ihnen den richtigen Einsatz der technischen Geräte erläutern und ebenso auch die Verwendung der RPE.

Ich lasse meine Athleten häufiger das Display abkleben, damit sie rein nach Gefühl trainieren.

In diesem Buch wird die Intensität aller Trainingseinheiten anhand der RPE (alle drei Disziplinen), der Pace (Schwimmen und Laufen), der Herzfrequenz (Laufen und Radfahren) und der Leistung in Watt (Radfahren) beschrieben. Einige Trainingsformen erfordern es, mehrere dieser Intensitätsmaße zu vergleichen, zum Beispiel Herzfrequenz und Pace oder Herzfrequenz und Leistung. Sie können diese Einheiten zwar auch absolvieren, wenn Ihnen eines der entsprechenden Geräte fehlt, die Aussagekraft des Feedbacks wird dadurch jedoch erheblich geschmälert.

FAZIT: KÖRPERLICHE VORBEREITUNG

Nun sollten Sie die Grundzutaten kennen, die erforderlich sind, um ein Trainingsprogramm für individuelle Höchstleistungen im Triathlon zu organisieren. Der Ausgangspunkt ist, dass Sie Ihr Wettkampfpotenzial als Triathlet bestimmen, indem Sie rückblickend analysieren, wie Sie in der Vergangenheit trainiert haben. Je weniger

Um das Optimum aus Ihren Anstrengungen herauszuholen, sollte Ihr Programm auf den Grundsätzen des zielgerichteten Trainings beruhen.

strukturiert und konsistent das Training bisher war, umso größer wird Ihr Potenzial für Leistungssteigerungen sein. Natürlich müssen Sie, um dieses Potenzial einzulösen, Ihrem Programm mehr Struktur verleihen und Ihr Bestes geben, möglichst jede Einheit wie geplant zu absolvieren. Damit Sie das Optimum aus Ihren Anstrengungen herausholen können, sollte die Struktur Ihres Programms auf den Grundsätzen des zielgerichteten Trainings beruhen. Das beginnt damit, dass Sie bei jeder Trainingseinheit: a) einen auf Ihr übergeordnetes Ziel ausgerichteten Trainingszweck definiert haben, b) die genauen Trainingsinhalte auf sachkundige Weise festgelegt haben, c) aufmerksam auf die korrekte Umsetzung aller Details achten und d) anschließend so schnell wie möglich eine Rückmeldung erhalten, wie es gelaufen ist.

Letztendlich steht und fällt Ihr Erfolg als Triathlet damit, dass Sie alle vier Schritte des zielgerichteten Trainings stets sorgsam beherzigen und dass Sie regelmäßig (mindestens wöchentlich, besser noch öfter) Ihr Vorankommen bewerten.

Um während des Trainings sicherstellen zu können, dass Sie alle Vorgaben im Detail richtig umsetzen, und um hinterher in den Genuss eines schnellen Feedbacks zu kommen, müssen Sie die Dauer und Intensität der Einheit mit geeigneten Mitteln präzise erfassen. Während sich die Dauer einfach messen lässt, gestaltet sich dies bei der gewiss nicht minder wichtigen Intensität erheblich komplexer. Die Intensität lässt sich am besten mit Geräten erfassen, die während des laufenden Trainings mit Echtzeit-Messungen die richtige Umsetzung der Vorgaben unterstützen und hinterher eine Rückmeldung zum Geleisteten liefern.

Die gängigsten dieser Geräte sind Herzfrequenzmonitore, GPS-Laufuhren und Powermeter. Wollen Sie als Triathlet Ihr höchstes Leistungsvermögen erreichen und Ihr Potenzial ausschöpfen, werden Sie von allen drei Gerätetypen profitieren, wobei je nach Teildisziplin andere Hilfsmittel zum Einsatz kommen. Einige besondere Sportler kommen auch ohne aus, aber diese Athleten sind die absolute Ausnahme. Die meisten von uns werden sich mit Unterstützung dieser Technologien viel schneller steigern.

In Teil II erfahren Sie mehr darüber, warum das so ist.

TEIL II

GRUNDLAGEN DES TRAININGS

Was ist Fitness? Das klingt nach einer einfach zu beantwortenden Frage. Schließlich benutzen Sie und Ihre Trainingspartner den Begriff bestimmt häufig. Was ist mit Erschöpfung? Ich bin sicher, Sie haben es schon mal erlebt, aber was verbirgt sich wirklich dahinter? Dann ist da noch die vielbeschworene Form. Dieser Ausdruck ist ein bisschen vager als die beiden anderen, aber die meisten ernsthaften Athleten scheinen das Konzept verstanden zu haben.

Sind Sie mit dem Begriff der Laktatschwellen vertraut? Haben Sie ein gutes Gefühl dafür, wann Sie diese ganz bestimmten Intensitätsniveaus erreichen und wie sie sich als Referenzpunkte nutzen lassen, um Ihr Training zu optimieren?

Fitness, Erschöpfung, Form, Schwelle und Intensität sind allesamt grundlegende Begriffe der sportwissenschaftlichen Trainingslehre. Und ihnen allen ist gemein, dass sie doch etwas komplizierter sind, als es auf den ersten Blick den Anschein haben mag. Aber machen Sie sich keine Sorgen – ich werde in diesem Teil des Buches nicht versuchen, Sie in einen Sportwissenschaftler zu verwandeln. Es gibt jedoch eine Menge, was wir von der Wissenschaft darüber lernen können, wie und warum wir auf gewisse Weise trainieren sollten. Genau das sollen die beiden folgenden Kapitel leisten.

Wir beginnen in Kapitel 3 damit, uns mit der Wissenschaft des Trainings auseinanderzusetzen, ohne dabei zu sehr in Details einzusteigen. Nach der Lektüre sollten Sie jedoch über ein solides Verständnis verfügen, wie Training wirkt. Kapitel 4 beschäftigt sich dann vertiefend mit dem womöglich entscheidendsten Aspekt des Trainings für individuelle Höchstleistungen: mit der Intensität.

Lassen Sie uns also beginnen, Sie mit den Grundlagen des Trainings vertraut zu machen.

3

GRUNDLEGENDE TRAININGSKONZEPTE

IN DIESEM KAPITEL lernen Sie die grundlegenden Begriffe des Trainings kennen. Jedes der behandelten Themen hat sich aus Erkenntnissen darüber entwickelt, wie der menschliche Körper – insbesondere im Ausdauersport – funktioniert. Gut möglich, dass Sie viele dieser Zusammenhänge eigentlich schon verinnerlicht haben. Vermutlich haben Sie sich jedoch nie viele Gedanken dazu gemacht, weil sie Ihnen allzu simpel und einleuchtend erschienen. Diese Konzepte sind jedoch so entscheidend für den Erfolg im Triathlon, dass Sie jedes einzelne vollumfänglich verstehen und beherrschen müssen. Auf den folgenden Seiten werden Sie zunächst lernen, worum es bei diesen grundlegenden Trainingskonzepten jeweils geht, und in späteren Kapiteln zeige ich Ihnen dann, wie Sie sie anwenden müssen, damit Ihr Training zu den erhofften Resultaten führt. Sobald Sie verstanden haben, wie Sie das alles in der realen Welt des Trainings nutzen können, werden Sie Ihre Fitness und Ihre Wettkampfleistungen signifikant verbessern.

TRAININGSPRINZIPIEN

Bei der Vorbereitung auf einen wichtigen Triathlon gilt es, viele verschiedene Dinge richtig zu machen. Aber alles beginnt damit, dass Sie ein umfassendes Verständnis der vier Grundprinzipien des Trainings erlangen: Überlastung, Spezifität, Umkehrbarkeit und Individualität. Eine effektive Wettkampfvorbereitung erfordert es, sich eng an diese Prinzipien zu halten. Zwar sind diese das Ergebnis wissenschaftlicher Arbeiten, dennoch klingen sie für die meisten Sportler unmittelbar so einleuchtend, dass ich mir sicher bin, dass Sie während dieses Kapitels durchweg zustimmend mit dem Kopf nicken werden. Gelegentlich passieren aber dennoch Fehler im Training, weil ein Grundprinzip nicht vollständig verstanden wurde. Letztlich lässt sich alles im Training auf die genannten vier Prinzipien herunterbrechen, und ein erheblicher Teil von dem, was Sie in diesem Buch noch zu lesen bekommen, beruht auf ihnen. Bei der Lektüre dieses Kapitels sollten Sie überlegen, ob Sie sie in der Vergangenheit immer richtig angewendet haben. Später werde ich Ihnen dann erläutern, wie Sie sie gezielt nutzen, um Ihr Leistungsvermögen als Sportler zu steigern.

Das Prinzip der progressiven Überlastung

Das Pensum ist ein Maß, wie anspruchsvoll Ihre Einheiten sind. Bleibt es immer gleich, wird sich Ihr Körper darauf einstellen und nicht mehr stärker und fitter. Das bedeutet, dass Ihr Leistungsvermögen auf demselben Niveau verharrt. Es gibt Zeiten, wo dies erstrebenswert ist, z. B. kurz vor einem Wettkampf, wenn Sie sich Ihrer Erschöpfung entledigen wollen. Aber meistens ist es erwünscht, dass sich die Fitness positiv entwickelt.

Das Trainingspensum ist ein Maß, wie anspruchsvoll Ihre Einheiten sind.

Damit sich Ihre Fitness im Laufe der Zeit kontinuierlich verbessert, müssen Sie das Trainingspensum nach und nach steigern. Hier kommt der Begriff *Überlastung* ins Spiel. Sie machen Ihre Trainingseinheiten anspruchsvoller. Das geschieht, indem Sie die Häufigkeit, die Dauer oder die Intensität des Trainings erhöhen.

Der andere entscheidende Begriff lautet *progressiv*. Sie dürfen die Schwierigkeit des Trainings nicht in zu großen Schritten oder zu schnell steigern, sonst überfordern Sie Ihren Körper, insbesondere wenn Sie gleichzeitig Ruhe und Regeneration begrenzen, um härter trainieren zu können. Um progressiv zu trainieren, sollten die Steigerungen des Pensums klein ausfallen. Steigerungen bis zehn Prozent werden vom Körper recht gut verkraftet. Wenn eine Trainingsbelastung eindeutig darüber hinausgeht, erhöht sich das Risiko von Verletzungen, Krankheit, Burnout und Übertraining erheblich. Das gilt insbesondere, wenn Sie das Trainingspensum ganz erheblich erhöhen und dies über mehrere Tage hinweg fortsetzen. Dann werden Sie nicht an Fitness zulegen, sondern sehr wahrscheinlich zurückgeworfen werden.

Der Merksatz zur progressiven Überlastung lautet: Gehen Sie bei der Frage, wie schnell die Schwierigkeit des Trainings erhöht werden soll, immer recht konservativ vor. Erinnern Sie sich, was in Kapitel 2 über das *Maßhalten* gesagt wurde? Wenn Sie aufmerksam sind, wird Ihr Körper Ihnen sagen, wann der rechte Moment gekommen ist, um den Schwierigkeits-Regler ein wenig weiter aufzudrehen. In späteren Kapiteln werden wir uns genauer ansehen, wie Sie effektiv auf Ihren Körper hören, um eine angemessene progressive Überlastung sicherzustellen. Das sind genau die Momente, in denen Geduld wichtig ist.

Das Prinzip der Spezifität

Die Veränderungen der physischen Fitness, die sich durch sportliche Betätigung in Ihrem Körper vollziehen, fallen in zwei größere Kategorien: Sportwissenschaftler bezeichnen diese mit den Begriffen *zentral* und *peripher*. Die zentralen Veränderungen sind jene, die vorrangig in Herz, Lunge und Blut erfolgen. Dabei macht es keinen großen Unterschied, welchen Ausdauersport Sie ausüben. Das Herz z. B. kennt keinen Unterschied zwischen Laufen und Radfahren. Unabhängig davon, welche körperliche Anstrengung unternommen wird, pumpt es ganz einfach sauerstoffreiches Blut. Folglich sind die übergreifenden Effekte des Triathlontrainings für die zentralen Systeme exzellent.

Die *periphere* Fitness hat mit den Muskeln zu tun. Ihren Wadenmuskel können Sie nicht hereinlegen. Er kennt den Unterschied zwischen Laufen und Radfahren. Zwar wird er bei beidem beansprucht, jedoch auf unterschiedliche Weise. Folglich können Sie ihn nicht fitter fürs Laufen machen, indem Sie Rad fahren. Dasselbe gilt für alle anderen Muskeln, die als Hauptbeweger (Prime Mover) in den drei Teildisziplinen genutzt werden. Sie alle müssen auf *spezifische* Weise für die jeweilige Sportart trainiert werden. Eine mögliche Ausnahme sind das Krafttraining mit Gewichten und ähnlich gelagerte Übungen im Fitnessstudio. Aber hierfür müssen die Bewegungen der Übungen die Art und Weise, wie der Muskel in der betreffenden Sportart genutzt wird, möglichst exakt nachahmen. Es reicht nicht, einen Muskel mit hohen Gewichten zu belasten. Vielmehr müssen Sie den Muskel unter dieser Last genauso bewegen, wie es während des Schwimmens, Radfahrens oder Laufens der Fall ist. In Kapitel 13 erfahren Sie, wie Sie das Prinzip der Spezifität auf die Muskulatur anwenden.

Was also ist wichtiger: die zentrale oder die periphere Fitness? Wie Sie wohl annehmen, sind beide wichtig. Sie werden als Triathlet niemals hohe Leistungen erreichen, wenn nicht beide Systeme gut trainiert sind. Im Allgemeinen startet die Trainingssaison mit Schwerpunktsetzung auf den zentralen Systemen, um sich dann allmählich auf das Muskelsystem zu verlagern. Anders gesagt: Je näher Ihr wichtigster Wettkampf rückt, desto stärker sollte die Betonung auf der muskulären Fitness liegen, was eine erhöhte Spezifität des Trainings erfordert. Die Anforderungen der Einheiten werden sich mehr und mehr denen des Renntages annähern.

Mir ist aufgefallen, dass Sportler, wenn sie über das Training der Muskulatur reden, damit häufig nur das meinen, was sie im Kraftraum unternehmen. Zwar lässt sich die Fitness der Muskeln dort zweifellos verbessern, wichtiger jedoch ist das Training der Muskeln, das erfolgt, indem Sie schwimmen, Rad fahren und laufen. Sie müssen Ihren Muskeln beibringen, effektiv und effizient zu kontrahieren, indem Sie die Bewegungen Ihres Sports *beim* Sport ausüben. In Kapitel 6 erfahren Sie, worum es bei Trainingseinheiten für die *Kraft* und die *Kraftausdauer* geht. Beide sind eng mit der Aufgabe verknüpft, mittels spezifischer peripherer Übungen das Wettkampfpotenzial zu erreichen.

Letztlich sind Ihre Muskeln dafür verantwortlich, wie schnell Sie im Rennen sind. Denn sie erzeugen die Kraft, die Sie durchs Wasser treibt, die Pedale bewegt und Sie beim Laufen vom Boden abstößt. Die Aufgabe des Herzens, der Lunge und des Blutes ist es, auf die Anforderungen der Muskeln zu reagieren und sie mit dem zu versorgen, was sie für ein kraftvolles Kontrahieren benötigen. In diesem Sinne könnte man schlussfolgern, dass die Muskeln das Sagen haben, während Herz, Lunge und Blut nur tun, was man von ihnen verlangt.

Je kräftiger Ihre Ausdauermuskulatur wird, desto größere Anforderungen stellt sie natürlich auch an die zentralen Systeme. Im Endeffekt ist es also so, dass keines der beiden ohne das andere auskommt. Um als Triathlet Höchstleistungen zu erreichen, müssen Sie es schaffen, dass beide auf Topniveau arbeiten. Beachten Sie aber, dass beide unterschiedlich trainiert werden können. Die zentralen Systeme sprechen gut auf Belastungen an, unabhängig davon, welchen Sport man gerade ausübt. Aber die Muskeln, die womöglich das entscheidende (und von Triathleten öfter vernachlässigte) System sind, erfordern im Training Spezifität. Wenn der Wettkampftag näher rückt, müssen Sie sie trainieren, indem Sie den Sport betreiben, in dem Sie sich steigern wollen, und nicht mittels Ausgleichssportarten, die zwar Ihren Puls auf Trab bringen, aber Ihre Triathlonmuskeln nicht auf *spezifische* Weise beanspruchen.

Letztlich sind Ihre Muskeln dafür verantwortlich, wie schnell Sie im Rennen sind.

In Kapitel 7 und 8 erfahren Sie, wie das Prinzip der Spezifität bei der Planung Ihrer Trainingssaison zum Tragen kommt und wie sich die Inhalte Ihrer Trainingseinheiten infolgedessen im Saisonverlauf ändern werden.

Das Prinzip der Umkehrbarkeit

Umkehrbarkeit hat mit dem Verlust von Fitness zu tun. Es wird während einer Saison viele Zeiten geben, wo dies der Fall ist (manchmal auch unbeabsichtigt, wie wir noch sehen werden). Wann immer Ihr Trainingspensum zurückgeht, hat das negative Auswirkungen auf Ihre Fitness. Deshalb habe ich in Kapitel 2 die Bedeutung der Konsistenz im Training so nachdrücklich betont.

Ein »Nuller« im Trainingstagebuch bedeutet einen Verlust an Fitness.

Ein »Nuller« im Trainingstagebuch bedeutet einen Verlust an Fitness. Bei einer verpassten Trainingseinheit werden die Verluste wahrscheinlich klein sein, vermutlich deutlich unter ein Prozent, aber das Wiedererlangen dieser Fitness bedeutet für gewöhnlich, für jedes verpasste Training zwei oder mehr Einheiten zu absolvieren. Das bedeutet nicht, dass man nie eine angesetzte Trainingseinheit auslassen sollte. Es kommt häufig vor, dass dies notwendig sein wird.

Es kann gelegentlich auch akzeptabel und sogar gut sein, etwas Fitness aufzugeben. Dies betrifft z. B. die Tage unmittelbar nach Ihrem wichtigsten und belastungsreichsten Triathlon des Jahres. Es gibt nicht sehr viele dieser Nach-Wettkampf-Phasen, und das reduzierte Trainingspensum (in der Regel *nicht* gleich ein Haufen »Nuller« in Serie) dauert nur einige Tage. Vorausgesetzt, Sie sind nicht mehrere Tage am Stück verletzt oder krank, erfolgt der wichtigste Verlust an Fitness am Ende Ihrer Saison, wenn Sie sich eine längere – und notwendige – Pause vom fokussierten Training gönnen. Mehr dazu in Kapitel 7.

Der entscheidende Punkt hier ist, dass sich die Fitness immer verändert – manchmal zum Positiven, manchmal zum Negativen. Sie haben die volle Kontrolle, in welche Richtung es geht. Maßvolle Einheiten führen zu einem konsistenten Training, das in höherer Fitness resultiert.

Das Prinzip der Individualität

Sie sind einzigartig. Ich bin sicher, das ist keine große Offenbarung für Sie. Genau wie Sie größer sind als einige Sportler und kleiner als andere, sind Sie auch dahingehend einzigartig, wie schnell Sie schwimmen, Rad fahren und laufen können. Womöglich sind Sie ein toller Läufer, ein erbärmlicher Schwimmer und ein mittelmäßiger Radfahrer – oder irgendeine andere Kombination. Das Wissen darum hilft zu bestimmen, wer Sie als Triathlet sind. Und genau wie Ihre Körpergröße und Ihr Leistungsvermögen in den drei Disziplinen definieren, wer Sie sind, ist Ihre Physiologie auch hinsichtlich vieler weiterer Aspekte einzigartig. Womöglich kommen Sie gut mit Hitze klar oder aber Sie leiden mehr als die meisten anderen, wenn es heiß ist. Womöglich sind Sie an Anstiegen stark, aber nicht so gut, wenn der Kurs bretteben ist. Es könnte sein, dass Ihr Körper die Verpflegung bei langen Wettkämpfen gut verarbeitet, während anderen übel wird, wenn sie die gleichen Sachen essen. Ja, Sie sind fraglos in vielerlei Hinsicht einzigartig.

Weil Sie einzigartig sind, folgt daraus, dass Ihr Training auch einzigartig sein muss.

Weil Sie einzigartig sind, folgt daraus, dass Ihr Training auch einzigartig sein muss. Sie können nicht einfach nachmachen, was Ihr Trainingspartner tut, und die gleichen Ergebnisse erwarten. Auch wenn Ihr Lieblings-Profi ein bestimmtes Training absolviert, bedeutet das nicht, dass es gut für Sie wäre. Das Trainingsprogramm, dem Sie folgen, muss genau *Ihren* Fähigkeiten entsprechen, wollen Sie Ihr Potenzial erreichen. Beginnend mit Kapitel 5 werden Sie Ihre einzigartigen Eigenschaften als Triathlet erforschen und in den Kapiteln 7, 8 und 9 erfahren Sie dann, wie Sie einen Trainingsplan entwerfen, der für *Sie* effektiv ist.

HÄUFIGKEIT, DAUER UND INTENSITÄT

Werfen wir nun einen Blick auf ein anderes Konzept, das Sie vermutlich längst durchschauen, an das Sie aber vielleicht noch nicht viele Gedanken verschwendet haben. Es hat damit zu tun, was sportliche Aktivität definiert; und es zu verstehen, ist eine Grundvoraussetzung, um nachvollziehen zu können, wie das Training zu planen ist.

Unabhängig davon, wie erfahren Sie als Triathlet sind, gibt es drei Dinge, die Sie in Ihrem Training variieren können: Häufigkeit, Dauer und Intensität. Ganz gleich, ob Sie ein mit allen Wassern gewaschener Triathlonveteran sind oder ein blutiger Anfänger: Die drei Trainingsvariablen, die Sie ändern können, um Ihre Fitness zu verbessern, sind: a) wie oft Sie trainieren, b) wie lange Ihre Einheiten dauern und c) wie intensiv diese ausfallen.

Eigentlich gibt es noch eine weitere Sache, die Triathleten beachten müssen – die Sportart, die man in der jeweiligen Trainingseinheit ausübt. Aber das ist ja gewissermaßen vorgegeben, so dass wir es hier nicht als Variable betrachten. In späteren Kapiteln werde ich natürlich darauf eingehen, welche Disziplinen wie zu trainieren sind. Zunächst aber gilt es, ein fundiertes Verständnis der drei grundlegenden Trainingsvariablen zu erlangen: Häufigkeit, Dauer und Intensität.

Häufigkeit

Wie oft trainieren Sie? Für Profis ist es üblich, an den meisten Tagen zwei oder drei Mal zu trainieren und pro Woche auf etwa 18 bis 20 Einheiten zu kommen. Anfänger absolvieren eher ein Training pro Tag – also ungefähr sieben Einheiten in einer Woche. Dafür gibt es offensichtliche Gründe. Weil sie ihrem Potenzial bereits sehr nahe sind, müssen Profis mit großer Frequenz trainieren, um so die kleinen noch möglichen Zugewinne zu aktivieren. Für einen Anfänger wäre so etwas sicherlich katastrophal. Bei jemandem, der neu in diesem Sport ist, werden ein paar Trainingseinheiten pro Woche zu einer deutlichen Verbesserung führen.

Wie oft trainieren *Sie*? Wie viele Einheiten absolvieren *Sie* pro Woche? Für die meisten von uns hängt die Antwort von unserem Lebensstil ab. Für Profis ist es ihr Job, für Wettkämpfe zu trainieren, aber bei Ihnen ist das wahrscheinlich nicht der Fall. Sie haben bestimmt einen Beruf, eine Familie und viele andere wichtige Dinge, die Sie Tag für Tag auf Trab halten. Dennoch schaffen Sie es irgendwie, ein paar Trainingseinheiten in Ihrem vollen Tagesablauf unterzubringen. Für ambitionierte Altersklassen-Athleten ist es durchaus üblich, zwei Einheiten am Tag zu absolvieren und in der Woche auf 10 bis 12 Trainingseinheiten zu kommen. Das ist nicht leicht und stellt große physische und emotionale Anforderungen an einen Sportler.

Entscheidend für Agegrouper ist es also, ihre wertvolle, begrenzte Freizeit optimal zu nutzen. Das bedeutet, die richtige Einheit zur richtigen Zeit zu unternehmen. Es ist kein Spielraum für Trainingsfehler. Sie dürfen nicht nachlässig werden. Jedes Training muss zählen. Deshalb rate ich Ihnen eindringlich, einen detaillierten Plan für Ihr Training aufzustellen. Ich weiß, Planung klingt nicht unbedingt nach Spaß. Aber es ist notwendig, wenn Sie Ihr Potenzial erreichen wollen. Teil IV dieses Buches hilft Ihnen dabei.

Dauer

Die Dauer ist ein Maß für das zeitliche Ausmaß eines Trainings, nicht für seine Distanz. Athleten neigen dazu, in Kilometern zu denken, weil Rennen nach Distanz ausgeschrieben sind. Aber ein erfolgreicher Triathlet wird sich auf einen Wettkampf vorbereiten, indem er bestimmt, wie viel Zeit er dafür braucht. Denn es ist die Renndauer, nicht die Renndistanz, die über den Erfolg entscheidet. Also müssen Sie auch im Training in Stunden und Minuten und nicht in Kilometern denken.

Die Dauer ist ein Maß für das zeitliche Ausmaß eines Trainings, nicht für seine Distanz.

Mit wenigen Ausnahmen beruhen die Trainingseinheiten, über die Sie in diesem Buch lesen, auf Dauer, nicht auf Distanz. Der Grund dafür ist, dass die Intensität eines Trainings spezifisch ist für seine zeitliche Dauer, aber nicht unbedingt für die zurückgelegte Entfernung. Wenn zum Beispiel zwei Läufer an einem 10-Kilometer-Rennen teilnehmen und der eine ist nach 30 Minuten im Ziel, während der andere 60 Minuten braucht, war ihre Intensität nicht die gleiche. Gemessen als Prozentsatz der VO_2max (mehr dazu im nächsten Kapitel), hat der doppelt so schnelle Läufer mit einer viel höheren Intensität gearbeitet. Würden hingegen beide 30 Minuten lang so schnell wie möglich laufen, wären sie bei etwa der gleichen Intensität; der eine würde lediglich eine längere Strecke zurücklegen als der andere. Aber so funktionieren Rennen nicht.

Hier noch ein weiteres Beispiel, das Ihnen ein besseres Verständnis dafür liefern soll, warum es sinnvoll ist, sich im Training an der Dauer zu orientieren: Nehmen wir an, dass Sie bei einer Mitteldistanz an den Start gehen werden. Auf dem Rad haben Sie eine brettebene 90-Kilometer-Strecke zu absolvieren, so dass Sie trainiert haben, dies mit einer bestimmten Intensität zu erledigen. Am Renntag jedoch ist es dann plötzlich extrem windig, so dass die Radstrecke wahrscheinlich 30 Minuten mehr als gedacht in Anspruch nehmen wird. Mit welcher Intensität sollten Sie fahren? Sollten Sie sich an den ursprünglichen Plan halten? Es liegen immer noch genau 90 Radkilometer vor Ihnen. Das hat sich nicht geändert. Oder sollten Sie die Intensität verringern, weil die Dauer länger wird?

Die Antwort lautet, dass Sie die Intensität reduzieren sollten. Intensität ist *immer* direkt abhängig von der Dauer, nicht von der Distanz. Wenn Sie die Intensität beibehalten, das Radfahren aber eine halbe Stunde zusätzlich dauert, werden Sie auf den letzten paar Kilometern vermutlich einbrechen und folglich auf der Laufstrecke furchtbar leiden.

Die zugrundeliegende Regel besagt, dass Intensität und Dauer *umgekehrt* proportional sind. Nimmt das eine zu, nimmt gleichzeitig das andere ab. Dauert ein Wettkampf oder Training länger, wird sich die Intensität, die Sie aufrechterhalten können, verringern. Das liegt auf der Hand. Sie können keinen Marathon mit Ihrer 5-Kilometer-Pace bestreiten. Sie laufen beim Marathon langsamer, weil Sie für eine längere Zeit laufen müssen. Im Grunde bestreiten bei einem 10-Kilometer-Lauf ein 30- und ein 60-Minuten-Läufer zwei unterschiedliche Wettkämpfe, und folglich sollten sie auch auf unterschiedliche Weise trainieren. Wenn ein Rennen aufgrund äußerer Bedingungen wie beispielsweise dem Wind länger dauert als geplant, müssen Sie die Intensität reduzieren. Häufig braucht es seine Zeit, bis Sportler wirklich verinnerlicht haben, dass die Intensität ihrer Trainingseinheiten und Wettkämpfe enger mit deren Dauer als deren Distanz verknüpft ist. Schauen wir uns aber nun den Begriff der Intensität genauer an.

Die zugrundeliegende Regel besagt, dass Intensität und Dauer umgekehrt proportional sind.

Intensität

Häufigkeit und Dauer sind einfach zu messen. Alles, was Sie brauchen, sind ein Kalender und eine Uhr. Die Intensitätsmessung ist deutlich schwieriger. In Kapitel 2 sagte ich, dass ich bei fortgeschrittenen Triathleten, die ich betreue, voraussetze, dass Sie eine Pulsuhr, ein GPS-Gerät und ein Powermeter besitzen. Warum? Weil die Intensität umso entscheidender für die Wettkampfleistung wird, je erfahrener und fitter ein Athlet ist. Anfänger müssen sich auf die Häufigkeit des Trainings konzentrieren, indem sie möglichst oft schwimmen, Rad fahren und laufen. Auch wenn sie es dabei belassen, ohne sich darum zu kümmern, wie lange die Einheiten dauern – kurz ist gut – oder wie schwer diese ausfallen – locker ist vorerst am besten –, werden sie sich in ihrem ersten Jahr enorm steigern. Triathleten in ihrem zweiten und dritten Jahr sollten sich darauf konzentrieren, die Dauer der Einheiten auszudehnen. Im vierten Jahr ist dann die Zeit gekommen, um mehr Gewicht auf die Trainingsintensität zu legen. Bis dahin hat ein Triathlet den Großteil der möglichen Leistungssteigerungen umgesetzt, die sich mittels Häufigkeit und Dauer erzielen lassen. Das bedeutet nicht, dass diese beiden Trainingskomponenten fortan ignoriert werden sollten. Sie sind immer noch wichtig. Für jemanden, der sich auch nach den ersten Jahren als Triathlet weiterentwickeln will, muss die Intensität jedoch nun zum Trainingsschwerpunkt werden.

Zahlreiche Studien bestätigen dies. Dennoch glauben viele erfahrene Triathleten weiterhin, lange Einheiten seien der Schlüssel zum Erfolg. Das liegt zum Teil daran, dass die Dauer einfach und billig zu messen ist und sich viele Sportler früh in ihrer sportlichen Karriere daran gewöhnt haben. Eine genaue Intensitätsmessung ist weder einfach noch billig. Es erfordert einige Übung, bis man gut mit den erforderlichen Geräten umzugehen versteht. Zudem sind diese fraglos teurer als eine Stoppuhr.

In Kapitel 4 werden wir einen genaueren Blick auf die Intensität werfen und ich erläutere Ihnen, wie sie Ihnen hilft, als Triathlet bestmögliche Leistungen zu erreichen.

UMFANG

Umfang ist die Kombination aus Häufigkeit und Dauer. Addieren Sie einfach die Trainingsstunden für eine Woche und Sie haben den Umfang. Wenn Sie in einer Woche zehn Einheiten von je einer Stunde absolvieren, beträgt Ihr Wochenumfang 10 Stunden. Die meisten Triathleten betrachten Ihren Trainingsfortschritt in Bezug auf den Umfang. Fragt man sie, wie es im Training läuft, antworten die meisten, wie viele Wochenstunden sie trainieren. Warum? Weil dieser Wert einfach mess- und nachvollziehbar ist. Dennoch ist, wie oben erläutert, die Intensität für erfahrene Athleten der Schlüssel zum Erfolg.

Das bedeutet nicht, dass der Umfang für fortgeschrittene Triathleten *unwichtig* wäre. Er ist nur weniger wichtig als die Intensität. Bei erfahrenen, leistungsstarken Triathleten ist der Umfang für etwa 40 Prozent der Fitness verantwortlich, während die Intensität die restlichen 60 Prozent ausmacht.

Es liegt folglich auf der Hand, dass Ihr Fokus auf der Intensität Ihres Trainings liegen sollte. Das soll nicht heißen, dass Ihre Einheiten jeweils mit der größtmöglichen Intensität erfolgen sollten. Es gibt verschiedene Intensitätsstufen, die sogenannten *Zonen*, die wir im nächsten Kapitel behandeln werden. Während Ihres Trainings werden Sie alle diese Zonen verwenden. Wie viel Zeit Sie jeder einzelnen Zone widmen, hängt von dem Wettkampf, für den Sie trainieren, Ihren individuellen Anforderungen und der aktuellen Saisonphase ab. Wir werden in den verbleibenden Kapiteln mehrmals auf dieses Konzept zurückkommen, weil es für Ihren Erfolg so entscheidend ist.

DOSIS UND DICHTE

Für bestmögliche Wettkampfleistungen müssen Sie im Training die Schwerpunktsetzung auf Umfang und Intensität richtig hinbekommen. Dies führt uns zu den Begriffen Dosis und Dichte.

Die Dosis hat damit zu tun, wie hart eine Einheit ist. Ein sehr hartes Training wird als *hohe Dosis* bezeichnet. Dies könnte eine Einheit von großer Dauer sein, also ein sehr langes Schwimm-, Rad- oder Lauf-Training. Oder es könnte eine Einheit von sehr hoher Intensität sein, wie Intervalle oder Wiederholungen am Berg. Es könnte auch eine Kombination von Dauer und Intensität sein – z. B. eine lange Ausdauer-Einheit mit moderater Intensität im Rahmen des Ironman-Trainings. Auf der anderen Seite ist eine Einheit mit geringer Dosis in der Regel kurz und von niedriger Intensität.

Der Umfang ist für rund 40 Prozent der Fitness verantwortlich, während die Intensität die restlichen 60 Prozent ausmacht.

Mit Dichte ist gemeint, wie nah die Einheiten hoher Dosis aufeinanderfolgen. Hochdichtes Training bedeutet, dass Ihre härtesten Trainingseinheiten sehr nahe beieinander liegen – vielleicht nur mit einem Tag dazwischen oder sogar an direkt aufeinanderfolgenden Tagen. In der gleichen Weise würde ein Training geringer Dichte bedeuten, dass es zwischen den härtesten Einheiten mehrere Tage mit niedriger Dosis gibt. Der Großteil Ihres Trainings sollte mit geringer Dichte erfolgen, um das Risiko zu verringern, dass es zu Verletzungen, Burnout, Übertraining oder anderen unerwünschten Dingen kommt.

Dosis und Dichte sind nicht für alle Athleten gleich. Gemäß dem Prinzip der Individualität sind beide von Ihren spezifischen Bedürfnissen und Fähigkeiten abhängig. Die Dosis eines jeden Trainings muss auf der Grundlage Ihrer aktuellen Anforderungen gewählt werden. Aber alle fortgeschrittenen Athleten müssen gelegentlich Einheiten hoher Dosis absolvieren, die spezifisch auf ihr Wettkampfziel abgestimmt sind. Die Dauer und Intensität dieser Trainingseinheiten variiert dabei je nach Art des Rennens, für das Sie trainieren. Langdistanz-Triathleten unternehmen in den letzten Wochen vor dem Wettkampf Einheiten mit hoher Dauer und mäßiger Intensität. Bei Kurzstrecken-Triathleten fallen die Einheiten kürzer aus, dafür sind aber die Trainingsintensitäten größer.

Womöglich ist Ihnen dieses Konzept von Dosis und Dichte neu, aber wenn Sie bereits seit ein paar Jahren ernsthaft Triathlon betreiben, dürften Sie es dennoch problemlos nachvollziehen können, da Sie es zweifellos bereits so gehandhabt haben – vielleicht ohne je explizit darüber nachgedacht zu haben. Später, wenn wir uns mit der Periodisierung des Trainings beschäftigen, werden Sie sich ausgiebig Gedanken über die Dosis und Dichte machen, weil diese Parameter letztlich großen Einfluss darauf haben, wie fit Sie werden.

TRAININGSPENSUM

Durch Kombination von Umfang und Intensität ergibt sich das Trainingspensum.

Durch Kombination von Umfang und Intensität ergibt sich das *Trainingspensum*. Einige Triathleten können ein extrem hohes Pensum bewältigen, möglicherweise 20 Stunden in einer Woche, darunter hochintensive Intervalle und andere Einheiten, die ähnlich anspruchsvoll sind. Solche Sportler trainieren mit hoher Dosis und Dichte. Andere hingegen schaffen pro Woche nur eine Handvoll Trainingsstunden und ein oder zwei hochdosierte Einheiten. Der Grund dafür ist oftmals das Individualitätsprinzip. Aber es gibt andere Faktoren, die das Trainingspensum bestimmen, und meist ist dies die verfügbare Zeit.

Wenn Ihr Beruf Sie stark beansprucht, v. a. mit langen Arbeitszeiten, bewegt sich Ihr Pensum wahrscheinlich am unteren Ende des Spektrums. In gleicher Weise bestimmen Familien- und Haushaltspflichten Ihre verfügbare Zeit und somit das Trainingspensum. Solche Faktoren haben großen Einfluss auf den Umfang. Wenn die Trainingsdauer unterhalb dessen liegt, was Sie ohne solche Einschränkungen bewältigen könnten, müssen Sie die Intensität entsprechend erhöhen, um ein adäquates Pensum zu erzeugen. Dies ist ein Dilemma, mit dem viele Altersklassen-Athleten umgehen müssen. Wie Sie es hinbekommen, erfahren Sie in Kapitel 7, wo es um die Periodisierung geht.

SUPERKOMPENSATION

Der Prozess sich abwechselnder Belastung und Ruhe ist notwendig, um an Fitness zuzulegen.

Das Trainingspensum sollte manchmal groß ausfallen. Im Resultat werden Sie häufiger erschöpft sein. Das ist der Grund, warum Ruhe- und Regenerationstage zwischen harten Einheiten vorzusehen sind. Es geschieht während dieser lockeren Tage, dass Ihr Körper tatsächlich fitter wird. Denn hochdosiertes Training erzeugt letztlich nur das Potenzial für Fitness. Verwirklicht wird dieses erst mit dem sich anschließenden Tag geringer Dosis, den Sie entweder als kompletten Ruhetag oder mit einer kurzen, gering dosierten Einheit gestalten. Dieser Prozess sich abwechselnder Belastung und Ruhe ist notwendig, um an Fitness zuzulegen.

Wenn Sie immer nur Belastungen hoher Dichte und Dosis vorsehen und sich nicht regelmäßig erholen, wird dies wahrscheinlich in Übertraining münden (siehe Kapitel 10). Das ist mehr als nur ein wenig Müdigkeit. Übertraining ähnelt sehr einer schweren Erkrankung wie Pfeifferschem Drüsenfieber oder dem chronischen Erschöpfungssyndrom. Sie müssen es unbedingt vermeiden. Ich habe erlebt, wie es ganze Triathlon-Karrieren beendet hat. Andererseits werden Sie auch keine positiven Veränderungen Ihrer Fitness hervorrufen, wenn Sie nur mit niedriger Dosis trainieren und sich häufig Ruhetage gönnen. Denn Sie würden gegen das Prinzip der progressiven Überlastung verstoßen, und Ihre Wettkampfleistungen würden leiden.

Der Prozess des Fitnessaufbaus durch den Wechsel von Belastung und Ruhe heißt *Superkompensation*. Der menschliche Körper ist ein erstaunlicher Organismus, der durch konsequentes Training geformt werden kann, so dass ein Athlet entsteht, der im Sport große Dinge erreichen kann. Superkompensation lässt sich dem Körper aber nicht aufzwingen. Sie können nicht dafür sorgen, dass sie sich schneller vollzieht als von der Natur beabsichtigt. Einige Glückliche wurden mit einer schnellen Reaktionszeit gesegnet. Andere reagieren langsam. Auch hier zeigt sich wieder das Prinzip der Individualität. Der Unterschied zwischen Sportlern mit schneller und langsamer Superkompensation ist wahrscheinlich genetisch bedingt. Deshalb müssen Sie, um Übertraining zu vermeiden und gleichzeitig Ihre Fitness zu verbessern, genau darauf achten, wie Ihr Körper reagiert, und sich hüten, dies künstlich beschleunigen zu wollen.

FITNESS, ERSCHÖPFUNG UND FORM

In diesem Buch habe ich bereits mehrfach die Begriffe *fit* und *Fitness* verwendet. Und ich bin davon ausgegangen, dass diese Ihnen etwas sagen. Im Ausdauersport sprechen wir oft über Fitness, ohne jemals darüber nachzudenken, was genau damit gemeint ist. In Kapitel 6 werden wir uns ausführlich mit dieser Frage auseinandersetzen. Vorerst können wir einfach annehmen, dass Fitness ausdrückt, wie wettkampfbereit ein Athlet ist. Im Folgenden werde ich Ihnen eine Betrachtungsweise der Wettkampfbereitschaft vorstellen, die zwar relativ neu, aber Ihnen dennoch vermutlich bereits vertraut ist, weil Sie sie bestimmt unbewusst schon so angewendet haben. Weiterhin möchte ich auch zwei andere Begriffe beleuchten, die direkt mit der Wettkampfbereitschaft zusammenhängen: Erschöpfung und Form.

Fitness

Für Triathleten gibt es vier gängige Möglichkeiten, Veränderungen der Wettkampfbereitschaft zu bestimmen. Am meisten interessiert uns jene, die mit Wettkampfresultaten zu tun hat. Zeiten und Platzierungen sind das ultimative Maß für ambitionierte Athleten. Haben Sie Ihr Ziel erreicht? Falls ja, waren Sie am Renntag sehr fit. Und es lässt sich schlussfolgern, dass Ihr Training zuvor gut gelaufen sein muss. Wettkampfresultate lügen nicht.

Wettkampfresultate lügen nicht.

Obschon das Erreichen des gesetzten Ziels der ultimative Maßstab sein mag, um die Wettkampfbereitschaft zu messen, hat es doch einen Nachteil: Es kommt ein wenig spät. Vermutlich werden Sie in der Nacht vor dem Rennen ruhiger schlafen, wenn es in den vergangenen Wochen Indikatoren gab, dass Ihre Fitness stetige Zugewinne gemacht hat. Wie also verschaffen Sie sich diese Sicherheit? Hier sind drei weitere gängige Möglichkeiten.

Während Sie sich auf einen Wettkampf vorbereiten, nehmen Sie häufig zur Kenntnis, wie Ihre Einheiten laufen und wie Sie sich während des Trainings fühlen. Dies gibt Ihnen Hinweise darauf, wie sich die Fitness entwickelt: Steigt sie, ist sie sta-

TABELLE 3.1 »Score« für eine 60-minütige Einheit auf Basis der in jeder Trainingszone verbrachten Zeit

A. ZONE UND WERT	B. ZEIT IN DER ZONE (MINUTEN/GERUNDET)	ZONEN-SCORE (A × B)
1	30	30
2	8	16
3	5	15
4	15	60
5	2	10
	gesamt: 60 Minuten	Score der Einheit: 131

bil oder nimmt sie ab? Zwar mag dies ein sehr subjektives Maß sein, dennoch liefert es brauchbare Informationen hinsichtlich Ihrer Fortschritte. Fest darauf bauen können Sie allerdings nicht.

Intensität mal Dauer ergibt den Score der Trainingseinheit.

Wenn Sie ein *objektives* Feedback zu Ihren Fitness-Fortschritten erhalten möchten, können Sie sich einem sportmedizinischen Test unterziehen. Das Laborpersonal wird Sie an Hightech-Geräte anschließen und Sie werden sich mit schrittweise gesteigerter Belastung einige zunehmend zermürbende Minuten lang verausgaben. Wenn es vorbei ist, erhalten Sie dann einen Ausdruck mit einer Reihe von Zahlen, die Ihnen sagen, wie fit Sie sind. Dies ist eine aussagekräftige Information, und wenn ein solcher Test ein paar Mal in einer Saison durchgeführt wird, zeigt er Ihre Fitness-Fortschritte auf, während Sie sich auf Ihr Rennen vorbereiten. Das Problem: Solche Tests gehen ziemlich ins Geld.

Eine vierte Möglichkeit besteht darin, Ihr tägliches Pensum zu messen und dessen Fortschritt im Zeitverlauf zu bestimmen. Dieses Verfahren wendet lediglich Zahlen auf die oben beschriebene »Wie fühlen Sie sich?«-Methode an. Wie bereits erwähnt, ist das Trainingspensum die Kombination aus Umfang und Intensität. Wenn das Pensum zunimmt, steigt auch Ihre Fitness, weil Sie in der Lage sind, eine größere Dosis und eventuell eine höhere Dichte zu verkraften. Das ist ein indirektes Maß für eine Zunahme an Fitness. Fortlaufende Aufzeichnungen Ihres Pensums können Ihnen also sehr viel darüber verraten, wie fit Sie werden. Die Herausforderung ist, die einfach zu messende Dauer mit der Intensität zu kombinieren, die viel schwieriger zu erfassen ist. Und selbst wenn es Ihnen gelingt, die Intensität zu erfassen, wie kombinieren Sie diese dann mit der Dauer? Eine schon länger genutzte Möglichkeit besteht darin, mittels Puls- und Stoppuhr jeden Tag einen Score für die absolvierten Trainingseinheiten zu berechnen. Die Tageswerte werden dann am Ende der Woche addiert, um einen Score für das Wochenpensum zu erhalten, der sich mit den Werten der vorangegangenen Wochen vergleichen lässt.

Und so funktioniert das Ganze: Nach Beendigung des Trainings laden Sie die Daten von der Pulsuhr auf Ihren Rechner. Die dort installierte Software sollte so eingerichtet sein, dass sie anzeigt, wie viel Zeit Sie in den einzelnen Herzfrequenz-Zonen verbracht haben. (Kapitel 4 hilft Ihnen bei deren Einrichtung.) Verwenden Sie das am häufigsten genutzte Fünf-Zonen-System, wird jeder Zone automatisch ein numerischer Wert zugewiesen. Beispielsweise entspricht Zone 1 einem Wert von 1 und die Zone 5 einem Wert von 5. Dann multiplizieren Sie den Wert jeder Zone mit den Minuten, die Sie in dieser Zone verbracht haben. Addieren Sie nun alle Ergebnisse, und Sie haben den Score für die Trainingseinheit. Dasselbe können Sie auch mit einem Leistungsmesser, einem GPS-Gerät oder mit jeder sonstigen Intensitätsmessung machen, für die Sie entsprechende Zonen definiert haben. Tabelle 3.1 veranschaulicht beispielhaft, wie sich eine Einheit mit diesem System bewerten lässt.

Das einstündige Training, das in Tabelle 3.1 gezeigt wird, ergab für die gesamte Einheit eine Punktzahl von 131. In der gleichen Manier würden Sie für jedes Training im Laufe der Woche einen solchen Score ermitteln und dann am Ende der Woche die einzelnen Ergebnisse addieren, um das Wochenpensum zu bestimmen. Dieses Verfahren ist zwar simpel, aber auch zeitraubend.

Einfacher ist es, eine Software zu verwenden, die automatisch den Score Ihrer Einheiten für Sie berechnet, sobald Sie Ihre Pulsuhr (oder Ihr Powermeter oder GPS-Gerät) angeschlossen haben. Die womöglich brauchbarste Lösung wurde von dem Sportwissenschaftler Andrew Coggan entwickelt und findet sich auf der Website von TrainingPeaks. Sein System, der so genannte *Training Stress Score* (TSS), wird von Athleten in vielen Ausdauersportarten genutzt.

Indem Sie Ihr Pensum mit Hilfe eines solchen Systems aufzeichnen, erhalten Sie eine gute Vorstellung davon, wie sich Ihre Fitness entwickelt. Wenn Sie in der Lage sind, Ihr Pensum sukzessive zu erhöhen, können Sie daraus schließen, dass Sie fitter werden. Mit dem PMC-Diagramm (Performance Management Chart) bietet TrainingPeaks ein weiteres Tool, das die Entwicklung Ihres Pensums im Laufe der Saison aufzeigt. Und in ähnlicher Weise offenbart es auch Ihre Erschöpfung.

Erschöpfung

Wenn das Trainingspensum steigt, können Sie davon ausgehen, dass die Fitness zunimmt. Ebenso müssen Sie aber annehmen, dass auch die Erschöpfung wächst. Das hat seine Gründe. Wenn Sie mit größerem Umfang und höherer Intensität trainieren, sind Sie zwangsläufig erschöpft. Auf der anderen Seite büßen Sie Fitness ein, sind aber auch nicht so erschöpft, wenn Sie das Pensum zurückfahren. Fitness und Erschöpfung entwickeln sich parallel in Gleichklang mit dem Pensum. Wenn das eine steigt, steigt auch das andere. Wenn eines abnimmt, nimmt auch das andere ab.

Erschöpfung tritt immer vor Fitness auf. Wer heute ein hartes Training absolviert, wird morgen müde sein. Das können Sie ganz eindeutig spüren. Aber Sie werden nicht schon am nächsten Tag auch eine Änderung der Fitness feststellen können. Die Fitness verändert sich sehr langsam, die Erschöpfung schnell. Das ist eine gute Sache und in Kapitel 8 werden Sie lernen, dies auszunutzen, wenn Sie direkt im Vorfeld eines wichtigen Rennens ein »Tapering« vorsehen. Dessen Zweck besteht darin, Form für den Tag des Wettkampfs zu erzeugen.

Form

Sie werden das Wort *Form* vermutlich häufig hören, v. a. bei TV-Übertragungen, wenn ein Reporter seine Einschätzung kundtut, welche Leistungen ein Sportler zeigt. »Er ist in Form«, heißt es dann, oder aber auch: »Es fehlt ihm an Form.«

Der Begriff der Form soll Ende des 19. Jahrhunderts im Pferderennsport entstanden sein. Wenn man zu einem Rennen ging und eine Wette platzieren wollte, suchte man sich einen »Bookie«, der Buch über die Wetten führte. Dieser Buchmacher stellte eine (als Formular bzw. *form* bezeichnete) Liste zur Verfügung, in der alle Pferde aufgeführt waren, die an diesem Tag starteten, samt ihrer jüngsten Resultate. Dann wählte man eines aus, auf das man sein Geld setzte, weil es laut Form gut drauf zu sein schien. Der Radrennsport, der sich etwa zur gleichen Zeit in Europa verbreitete, war auch ein Wettsport und adoptierte den Begriff. Im Laufe des nächsten Jahrhunderts begannen dann auch andere Sportarten, von Form zu sprechen.

Also was genau bedeutet, in Form zu sein bzw. Form zu haben? Aus dem oben Gesagten kön-

Wenn das Trainingspensum steigt, können Sie davon ausgehen, dass die Fitness zunimmt.

Die einzige Möglichkeit, am Renntag frisch zu sein, ist, sich in den vorhergehenden Tagen auszuruhen.

nen Sie schließen, dass so etwas wie wettkampfbereit gemeint ist. Das wiederum lässt sich so auslegen, dass ein Sportler frisch und ausgeruht ist. Wenn Ihre Erschöpfung groß ist, können Sie nicht in Form sein, egal wie groß Ihre Fitness ist. Die Erschöpfung wird Ihre Leistung ersticken. Die einzige Möglichkeit, am Renntag frisch zu sein, ist, sich in den vorhergehenden Tagen auszuruhen und das zu unternehmen, was wir im Ausdauersport gemeinhin als *Tapering* bezeichnen.

Führen Sie sich noch mal vor Augen, dass sich Fitness und Erschöpfung stets in die gleiche Richtung bewegen. Wenn also Ihre Müdigkeit zurückgeht, was passiert dann mit der Fitness? Auch diese geht zurück. Ich weiß, das klingt beängstigend, gerade unmittelbar im Vorfeld eines Rennens. Wie können Sie einen guten Wettkampf abliefern, wenn Ihre Fitness abnimmt? Der entscheidende Punkt, um dies zu verstehen, wurde auch bereits genannt: Die Erschöpfung verändert sich schneller als die Fitness, wenn Sie sich ausruhen. Während Sie also mit einem Tapering vor einem Wettkampf rasch eine Menge Ermüdung loswerden, wird die Fitness gleichzeitig nur sehr langsam zurückgehen. Am Renntag *fühlen* Sie sich, als hätten Sie an Fitness zugelegt, obwohl dieses Gefühl tatsächlich das Ergebnis einer geringeren Erschöpfung ist. Es spielt keine Rolle – Sie werden in Form sein. In Kapitel 9 zeige ich Ihnen, wie Sie es anstellen, nur ein klein wenig an Fitness einzubüßen und gleichzeitig die komplette Erschöpfung zu beseitigen. Das Verständnis und die richtige Anwendung dieses Konzeptes ist der Schlüssel zu Topleistungen im Wettkampf.

FAZIT: GRUNDLEGENDE TRAININGSKONZEPTE

Puh! Das war eine ganze Menge über etwas, was Sie wahrscheinlich bisher als simple Ideen zum Training betrachtet haben. Aber ich gehe davon aus, dass Sie vielleicht nun auf andere Weise über die vorgestellten Konzepte denken. Und ich hoffe, dass Sie ein tieferes Verständnis von ihnen gewonnen haben. In den folgenden Kapiteln werden wir häufig auf diese Konzepte zurückkommen und Sie werden lernen, diese auf Ihr Training anzuwenden. Ein solides Wissen um die in diesem Kapitel erläuterten Zusammenhänge wird Sie in die Lage versetzen, viele subtile Nuancen des Trainings richtig ein- und wertschätzen zu können.

Training ist nichts anderes als das Zusammenspiel all dieser Konzepte. Es geht nicht nur darum, wie lang die Einheiten sind oder wie viele Stunden Sie trainieren, sondern auch darum, mit welcher Intensität Sie arbeiten. Es geht nicht nur darum, wie hart das Training ist, sondern auch darum, wie dicht die Einheiten aufeinanderfolgen. Das Ziel ist nicht, sich viele harte Trainingsstunden aufzubürden, das Ziel ist Superkompensation durch Ruhe zur rechten Zeit. Fitness ist stets in Bezug auf Erschöpfung und Form zu betrachten, nicht als ein unabhängiges, eigenständiges Ziel. Und all dies gilt es gemäß der Prinzipien des Trainings zusammenzuführen: Überlastung, Spezifität, Umkehrbarkeit und Individualität. Wenn Sie all das richtig hinbekommen, werden Sie Ihre Ziele erreichen.

Haben Sie ein hohes Ziel für die kommende Saison, wird Ihr Erfolg dabei maßgeblich davon abhängen, wie gut Sie die Trainingsintensität steuern. Dies macht ungefähr 60 Prozent Ihrer Wettkampfleistung aus, während die Dauer für den Rest verantwortlich ist. Folglich benötigen Sie ein fundiertes Verständnis der Trainingsintensität. Genau dem widmen wir uns als Nächstes.

4

TRAININGSINTENSITÄT

IN DIESEM KAPITEL werden wir uns intensiv mit einem Thema beschäftigen, dessen Bedeutung selbst vielen Altersklassen-Athleten, die den Sport sehr ernst nehmen, nicht vollständig bewusst ist. Warum ich das glaube? Wenn ich Sportler frage, wie ihr Training läuft, erzählen sie mir fast immer von den Umfängen – wie viele Stunden sie wöchentlich investieren. Nur selten begegnet man jemandem, der diese grundlegende Frage nicht so beantwortet. Dies ist naheliegend, da sich die kumulierte Intensität nur schwer ausdrücken lässt. Eine gute Möglichkeit zur Beantwortung dieser Frage wäre, den im vorigen Kapitel erwähnten Training Stress Score (TSS) zu notieren, der eine Kombination aus Umfang (in Stunden) und Intensität ist. Diese Zahl kombiniert die Trainingsstunden für jeden Tag einer Woche und die Intensität für jeden dieser Tage. Wir werden in Kapitel 7 noch näher darauf eingehen..

Irgendwann sollten Sie in der Lage sein, in einem breiteren Kontext über Ihr Training zu sprechen. In diesem Kapitel beginnen wir unseren Weg dorthin, indem Sie etwas mehr über die Intensität lernen. Es ist ein großes Thema, das sich in vielen nachfolgenden Kapiteln fortsetzt.

INTENSITÄT MESSEN

In Kapitel 3 wurden drei Variablen eingeführt, die Sie bei der Gestaltung Ihres wöchentlichen Trainingspensums variieren können. Die erste war die Häufigkeit – wie oft Sie trainieren. Das ist leicht zu messen. Alles, was Sie brauchen, ist ein Kalender. Sie müssen nur zählen, wie oft Sie in einer Woche geschwommen, Rad gefahren und gelaufen sind, und Sie haben die Häufigkeit. Die Dauer ist auch einfach zu messen. Dafür brauchen Sie nur eine Stoppuhr. Wie lange hat die Einheit gedauert? Wenn Sie die Zeiten aller Einheiten für eine Woche addieren, erhalten Sie den Trainingsumfang, was nichts anderes ist als die Kombination von Häufigkeit und Dauer.

Die Intensität ist anders. Sie ist viel schwieriger zu messen, und dafür benötigen Sie spezielle

Die vier Möglichkeiten, wie ein Triathlet die Trainingsintensität messen kann, sind RPE, Pace, Herzfrequenz und Leistung in Watt.

Instrumente oder Fertigkeiten. Derzeit gibt es vier Möglichkeiten, wie ein Triathlet die Trainingsintensität messen kann, je nach Sportart: empfundene Anstrengung, Pace, Herzfrequenz und Leistung in Watt. Für erfahrene Triathleten, die den Sport seit mehr als drei Jahren betreiben, ist die Intensität der Schlüssel zu hohen Leistungen. Um Ihr Potenzial zu erreichen, müssen Sie die verschiedenen Methoden verstehen und in der Lage sein, sie richtig anzuwenden.

Rating of Perceived Exertion

Die grundlegendste Methode der Intensitätsmessung, die von allen Triathleten beherrscht werden sollte, ist die Bewertung der empfundenen Anstrengung (*Rating of Perceived Exertion*, kurz RPE). Hierzu weisen Sie jedem Training einfach selbst auf einer numerischen Skala einen entsprechenden Intensitätswert zu. Die am weitesten verbreitete Skala ist 0 bis 10. Am unteren Ende bedeutet eine 0 keinerlei Trainingsintensität, und eine 1 zeigt an, dass Sie sich langsam und mit geringer Anstrengung bewegen. Am oberen Ende bedeutet eine 10, dass Sie über die gegebene Dauer alles aus sich herausgeholt haben. Tabelle 4.1 zeigt die gesamte Skala und verrät, in welchem Verhältnis die RPE zu anderen Intensitätsmaßen steht.

Die sachgemäße Verwendung der RPE ist eine Kunst, die man erlernt, indem man sie häufig nutzt. Machen Sie sich während der Trainingseinheiten laufend Gedanken darüber, wie hart sich die Intensität im Moment anfühlt, und nutzen Sie die Skala, um dieser Belastung einen Zahlenwert zuzuordnen. Wenn Sie das regelmäßig machen, werden Sie die RPE irgendwann gut beherrschen. Sie werden vermutlich entdecken, dass es schwieriger ist, Ihre Anstrengung einzuordnen, wenn Sie zusammen mit anderen trainieren. Üblicherweise wird einer Einheit dann eine tendenziell zu niedrige RPE zugewiesen.

Die RPE ist sehr subjektiv. Kein Wunder, denn letztlich ist es ja genau das – Ihre Meinung darüber, wie Sie sich während des Sports fühlen. Um die Intensität präziser zu bestimmen, müssen Sie auch Messinstrumente heranziehen, die objektive Ergebnisse liefern. Die am häufigsten verwendeten sind ein Pulsmesser, ein Gerät zur Pace- und Distanz-Messung z. B. mittels GPS und ein Powermeter. Bereits in Kapitel 2 habe ich dargelegt, wie vorteilhaft solche Tools für Ihr Training sind. Eine präzise Intensitätsmessung ist dermaßen wichtig, dass ich von mir trainierte Athleten verpflichte, diese Geräte zu nutzen. Später in diesem Kapitel gebe ich Ihnen eine kurze Einführung, wie Sie für jedes von ihnen entsprechende Zonen bestimmen. Jedes der drei Geräte erfasst die Intensität in eigener Weise und stellt so Informationen bereit, die mittels der beiden anderen nicht verfügbar sind.

Pace

Die *Pace*, meist gemessen in Minuten pro Kilometer, wird schon genauso lange genutzt, wie Sportler schwimmen, Rad fahren und laufen. Bis ins späte 20. Jahrhundert hinein war sie die einzige Möglichkeit, die Intensität im Ausdauersport präzise zu messen. Jeder Athlet hatte Zugang zu einer Stoppuhr, und um die Intensität der absolvierten Einheiten auszudrücken, verwendete man die Pace: »Ich bin 5 Kilometer in einer 4:45er Pace gelaufen« oder »Ich bin 1.000 Meter in einer 100-Meter-Pace von 1:30 geschwommen«. Nicht so gut funktionierte dies für Radsportler, weil äußere Faktoren wie Wind, Anstiege und Windschatten die Pace (bzw. die Geschwindigkeit in km/h) zu einem recht ungenauen Maß der tatsächlich geleisteten Intensität machten. Infolgedessen war von den drei Teildisziplinen das Training für das Radfahren am wenigsten wissenschaftlich und hing bei der Einschätzung der Intensität stark von der RPE ab. Das Radtraining war enorm subjektiv.

Heute wird die Pace noch immer häufig beim Schwimmen und Laufen verwendet. Weil beim Schwimmen in Bahnen die zurückgelegte Distanz leicht zu erfassen ist und in Sportbädern üblicherweise eine Uhr an der Wand hängt, ist die Pace hier leicht messbar und daher immer noch die vorrangige Art, die Intensität eines Trainings auszudrücken. Für Läufer erwies sich die Pace lange Zeit als etwas weniger sinnvoll, weil es bei den im Training genutzten Wegen nur selten Kilometermarkierungen gibt. Folglich hat sich die Herzfrequenz zum gebräuchlichsten Intensitätsmaß beim Laufen entwickelt. In den letzten Jahren haben Läufer aber auch begonnen, GPS-Geräte zur Bestimmung der Pace zu nutzen. Wie Sie später in diesem Buch lernen werden, sind sowohl Pace (Geschwindigkeit) als auch Herzfrequenz wertvolle Informationen, die einem das Training erleichtern. Ich zeige Ihnen dann auch, wie Sie beide kombinieren, um Ihre aerobe Ausdauer zu trainieren.

Herzfrequenz

Herzfrequenzmonitore gibt es schon seit den späten 1970er Jahren, als sie in Finnland erfunden wurden. Aber es dauerte bis Anfang der 1990er Jahre, dass sie sich auf breiter Front im Ausdauersport durchsetzten und das Gros der Läufer und Radsportler die Technologie annahm. Triathleten gehörten zu den Ersten, die Pulsmesser benutzten, stellten aber fest, dass sie beim Schwimmen nicht sehr gut funktionierten.

Die Herzfrequenz verrät Ihnen, wie intensiv Sie sich anstrengen, aber sie sagt nichts über Ihre Leistung. Der Letzte in einem Rennen kann den gleichen Durchschnittspuls haben wie der Sieger. Es gibt keine Medaillen für hohe Herzfrequenzen. Ihre Herzfrequenz sagt nichts darüber aus, wie schnell Sie sich bewegen; alles, was sie verrät, ist, wie viel Anstrengung in eine Einheit investiert wird. Aber wenn es darum geht, die Anstrengung präzise zu erfassen, ist es das beste Instrument, das wir haben. In dieser Hinsicht ähnelt die Herzfrequenz sehr der RPE, nur ist sie objektiver.

Leistung in Watt

Der mobile Leistungsmesser wurde Ende der 1980er Jahre von einem deutschen Ingenieur erfunden, einem früheren Radsportler. Es dauerte etwa 20 Jahre, bis diese Technologie für Radfahrer und Triathleten zur gängigen Praxis der Intensitätsmessung wurde. Seit die Athleten das Powermeter akzeptieren, hat sich das Radfahren von der unwissenschaftlichsten zur wissenschaftlichsten der drei Teildisziplinen entwickelt. Die Wattmessung hat das Radtraining revolutioniert. Powermeter für das Laufen sind ebenfalls seit mehreren Jahren erhältlich, aber haben sich bis zum jetzigen Zeitpunkt noch richtig durchgesetzt, ebenso wie es auch bei der Wattmessung am Rad lange gedauert hat, bis diese auf breiter Front Akzeptanz gefunden hat.

Ein Rad-Leistungsmesser misst zwei Dinge: die Kraft, die auf das Pedal angewendet wird, und die Geschwindigkeit, mit der die Pedale gedreht werden. Die Pedalkraft wird als *Drehmoment* bezeichnet, die Pedalgeschwindigkeit als *Kadenz.* Die Kombination der beiden wird in *Watt* ausgedrückt. Vorerst genügt der Hinweis, dass Sie im Training und Wettkampf erheblich davon profitieren, wenn Sie lernen, wie man ein Powermeter einsetzt. (Es würde den Rahmen dieses Buches sprengen, in die Details der Wattmessung einzugehen. Ausführliche Informationen finden Sie z. B. in meinem *Praxishandbuch Wattmessung.*).

Ein Powermeter am Rad misst zwei Dinge: die Kraft, die auf das Pedal angewendet wird, und die Kadenz, mit der die Pedale gedreht werden.

Die Herzfrequenz verrät Ihnen, wie intensiv Sie sich anstrengen.

Wie alles zusammenhängt

Tabelle 4.1 liefert einen umfassenden Überblick darüber, wie sich die RPE, die Trainingszonen, die Trainingsdauer und andere mit der Intensität zusammenhängende Metriken zueinander verhalten. Eine wichtige Erkenntnis dabei ist, dass

TABELLE 4.1 **Übersicht über die Trainingsintensitäten**

RATING OF PERCEIVED EXERTION (RPE)	GESPRÄCHSTEST	ALLGEMEINES EMPFINDEN	ZEIT BIS ZUR ERSCHÖPFUNG	TRAININGSZONEN
1	locker unterhalten können	wirklich locker	den ganzen Tag	1
2	Unterhaltung in kurzen Sätzen	sehr locker	weniger als ~8 Stunden	2
3	unvollständige Sätze	locker	weniger als ~5 Stunden	
4	sehr gebrochene Sätze	ein wenig hart	~2–3 Stunden	3
5				
6	angestrengtes Atmen/ Reden fällt schwer	hart	~1–2 Stunden	4
7	nur 2–3 Wörter	sehr hart		
8	nur Silben		weniger als ~30 Minuten	5a
9	unfähig zu sprechen	wirklich, wirklich hart	weniger als ~5 Minuten	5b
10	unfähig zu sprechen	nahe der maximalen Intensität	weniger als ~20 Sekunden	5c

wenn die Dauer (die »Zeit bis zur Erschöpfung«) zunimmt, die RPE und die Trainingszonen zwangsläufig geringer ausfallen. Sie können zum Beispiel keinen Marathon in Ihrer 5-Kilometer-Pace laufen. Das sollte eigentlich klar auf der Hand liegen, dennoch wird dieser Zusammenhang nicht immer verstanden. Im Folgenden noch eine andere Möglichkeit, sich diesen vor Augen zu führen.

Wenn zwei Athleten für eine Olympische Distanz trainieren und der eine für einen solchen Wettkampf in der Regel etwa zwei Stunden und der andere eher vier Stunden braucht, trainieren sie für unterschiedliche Arten von Wettkämpfen. Das bedeutet, dass sie nicht auf die gleiche Weise trainieren sollten. Entscheidend hier ist, dass die Dauer der Schlüssel zur Intensität ist. Ihre Wettkampfdauer bestimmt, wie intensiv Sie bei »harten« Trainingseinheiten trainieren sollten. Sie müssen in Ihrem Training das richtige Verhältnis zwischen Dauer und Intensität finden, um gute Wettkampfleistungen abzuliefern. Abbildung 4.1 veranschaulicht diese Beziehung zwischen RPE, Zonen und Dauer der üblichen Triathlon-Wettkämpfe.

TRAININGSZONEN FESTLEGEN

Um Ihre Trainingszonen festzulegen, müssen Sie in jeder Sportart einige Tests durchführen, um

% DER FUNKTIONALEN SCHWELLEN-HERZFREQUENZ (FTHR)	IN RELATION ZUR LAKTATSCHWELLEN-HERZFREQUENZ (LTHR)	% DER FUNKTIONALEN SCHWELLENLEISTUNG RADFAHREN (FTPo)	% DER FUNKTIONALEN SCHWELLENPACE LAUFEN (FTPa)	ÜBLICHE BEZEICHNUNG	ART DER TRAININGSEINHEIT
weniger als 78% der FTHR	alle Herzfrequenzen unter Zone 2	weniger als 56% der FTPo	mehr als 129% der FTPa	Ausdauer 1 (A1)	sehr langsam und locker (LIT)
78–86%	Herzfrequenz bei LT1 minus 10 BPM	56–75%	114–129%	Ausdauer 2 (A2)	langsam und lange Distanz (LIT)
	LT1				
87–93%	Herzfrequenzen zwischen LT1 und LT2	76–90%	106–113%	Tempo (Te)	»Steady State« oder sehr lange Intervalle (MIT)
	LT2				
94–99%	Herzfrequenz bei LT2 plus 10 BPM	91–105%	101–105%	Kraftausdauer (KA)	lange Intervalle/ kurze Regenerationspausen (HIIT)
100–102%	alle Herzfrequenzen höher als Zone 4	105–120%	90–100%	Aerobe Kapazität (AK)	kurze Intervalle/ gleich lange Regenerationspausen (VHIT)
mehr als 102% der FTHR					
nicht anwendbar	nicht anwendbar	mehr als 120% der FTPo	weniger als 90% der FTPa	Schnelligkeit (S)	kurze Wiederholungen/Sprints/ sehr lange Pausen

Ihre »funktionalen Schwellen« zu bestimmen. Es gibt noch eine weitere Möglichkeit, die Sie nutzen können, nämlich die Blutentnahme zur Laktatmessung, auf die wir gleich zurückkommen werden. Die gebräuchlichste, aber vielleicht nicht die genaueste Methode ist die Ermittlung der funktionalen Schwelle (*Functional Threshold, FT*) mittels eines Feldtests – eine Methode, die Sie leicht selbst durchführen können. Zunächst werden wir uns mit Tests befassen, mit denen Sie Ihre Zonen für die funktionale Schwellenherzfrequenz (*Functional Threshold Heart Rate, FTHR*), die funktionale Schwellenleistung (*Functional Threshold Power, FTPo*) und die funktionale Schwellenpace (*Functional Threshold Pace, FTPa*) ermitteln. Dann werden wir uns mit Laktattests beschäftigen.

Um brauchbare Daten für die Festlegung Ihrer Trainingszonen zu erhalten, müssen die Feldtests in jeder Sportart bei einer »harten« Anstrengung durchgeführt werden (siehe Tabelle 4.1). Lassen Sie uns also mit den Tests zur Festlegung Ihrer Trainingszonen fortfahren.

Pace-Zonen Schwimmen

Es gibt viele Möglichkeiten, einen Pace-Test im Schwimmen durchzuführen. Der Standard-Feldtest, den ich verwende, basiert auf einer

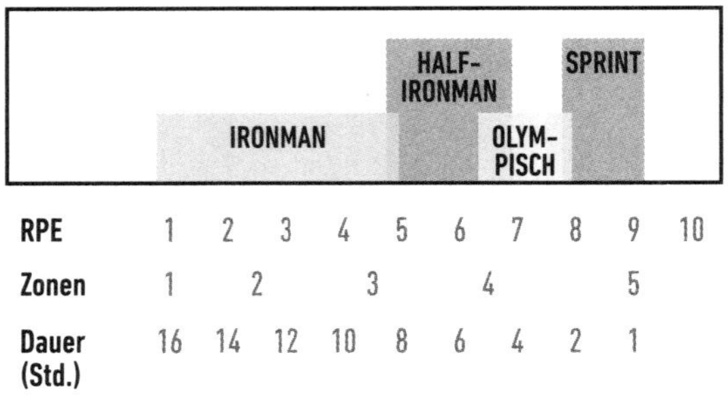

ABBILDUNG 4.1 Triathlon-Wettkampfdistanzen verglichen nach RPE, Intensitätszonen und Dauer

1.000-Meter-Einzelzeitprüfung. Was Sie mit Hilfe dieses Tests ermitteln wollen, ist Ihre *T-Zeit,* d. h. Ihre Durchschnitts-Pace für 100 Meter. Nach dem Aufwärmen schwimmen Sie 1.000 Meter, als ob es ein Rennen wäre. Es kann helfen, wenn jemand am Beckenrand steht und für Sie die Bahnen zählt, weil man leicht den Überblick verlieren kann. Nutzen Sie Tabelle 4.2, um Ihre Pace-Zonen zu ermitteln. Suchen Sie zunächst in der linken Spalte Ihre erzielte 1.000-Meter-Zeit heraus. Weiter rechts in der entsprechenden Zeile finden Sie dann Ihre T-Zeiten für die einzelnen Trainingszonen. Wenn Sie für den Schwimmtest einen Pulsmesser tragen, ermitteln Sie Ihre durchschnittliche Herzfrequenz für den Test und ziehen Sie 5 Prozent ab, um Ihre funktionale Schwellenherzfrequenz beim Schwimmen zu ermitteln. Ausführlichere Informationen zur Durchführung dieses Feldtests finden Sie am Ende von Anhang B bei der Test-Einheit »T2: Pace an der funktionalen Schwelle«. Verwenden Sie dann die Spalte FTHR in Tabelle 4.1, um Ihre Herzfrequenz-Schwimmzonen festzulegen.

Unternehmen Sie einen Feldtest, um Ihre FTHR zu bestimmen.

Herzfrequenz-Zonen Rad/Laufen

Um die Herzfrequenz-Zonen für das Laufen und Radfahren zu bestimmen, greifen wir auf einen 20-Minuten-Test zurück. Bevor ich die Details erläutere, möchte ich noch anmerken, dass Sie keine Formeln zur Bestimmung der Trainingszonen nutzen sollten. Im Internet finden Sie etliche solcher Formeln, die Ihre persönlichen Daten wie Alter, Geschlecht und andere Variablen heranziehen, um Ihre maximale Herzfrequenz zu bestimmen. Sobald Sie auf diese Weise einen Wert berechnet haben, werden Sie dann oft gebeten, einfach einen bestimmten Prozentsatz davon zu nehmen und diesen als Ihre funktionale Schwellenherzfrequenz oder etwas Vergleichbares zu bezeichnen. Die häufigste dieser Formeln zur Bestimmung der maximalen Herzfrequenz lautet: 220 minus Lebensalter. Doch keine von ihnen funktioniert generell für alle Sportler, weil wir nun mal alle einzigartige Individuen sind. (Erinnern Sie sich an das Prinzip der Individualität aus Kapitel 3?) Eine solche Formel mag für einige Athleten zutreffen, aber nicht auf die meisten. Würde man für einen größeren Personenkreis, also zum Beispiel alle Leser dieses Buches, die tatsächlichen maximalen Herzfrequenzen in einem Diagramm darstellen, ergäbe sich eine glockenförmige Kurve. Für die Athleten in der Mitte der Kurve mag eine Formel wie 220 minus Alter recht genaue Werte liefern, aber für alle, die links oder rechts der Kurvenmitte liegen, kommen zunehmend ungenaue Ergebnisse heraus. Und weil Sie nicht wissen, wo Sie selbst auf der Kurve zu verorten sind, erhalten Sie mittels solcher Formeln Zonen-Empfehlungen, die wahrscheinlich um einiges verschoben sind – womöglich um bis zu 20 BPM in die eine oder die andere Richtung. Das bedeutet eine Unsicherheit von immerhin 40 BPM! Sie könnten Ihre maximale Herzfrequenz auch genauso gut schätzen. Die Quintessenz also lautet: Verwenden Sie keine Formeln. Machen Sie einen Feldtest, um Ihre FTHR zu bestimmen.

Der Rad-Test ist in Anhang C beschrieben, der Lauf-Test in Anhang D – beide jeweils im Abschnitt »Tests« unter »T1: Funktionale Schwelle«.

Die Strecken, die Sie für die Tests wählen, sind entscheidend für die Qualität der Daten. Es sollten

Strecken sein, die Sie auch bei zukünftigen Tests jederzeit wieder nutzen können. Für Lauf-Tests ist eine Stadionlaufbahn gut geeignet, da sie flach und sicher ist. Ein guter Parcours für den Rad-Test ist schwieriger zu finden. Suchen Sie nach einer stoppschildfreien Strecke mit breiter Radspur und nur wenigen Kreuzungen und Kurven, die insgesamt flach ist oder leicht bergauf führt (weniger als 3 Prozent Steigung). Sie benötigen vermutlich eine Distanz von 8 bis 16 Kilometern, je nachdem wie schnell Sie sind. Ein solcher 20-Minuten-Test ist auf dem Rad besonders gefährlich, so dass großer Wert auf die Sicherheit der Strecke zu legen ist. Behalten Sie Ihren Kopf während des Tests oben, um Gefahren rechtzeitig zu erkennen, und achten Sie gut auf den Verkehr. Gehen Sie keine Risiken ein, um gute Daten zu erhalten. Sie sollten im Radtraining immer Vorsicht walten lassen, aber umso mehr, wenn ein Test wie dieser ansteht, wo Sie mit vollem Einsatz fahren.

Um sicherzustellen, dass Sie gute Daten erhalten, sollte der Test an einem Tag absolviert werden, an dem Sie gut ausgeruht sind. Gehen Sie es ähnlich wie ein Rennen an, indem Sie das Training in den zwei oder drei Tagen zuvor zurückfahren. Belassen Sie es im Vorfeld bei kurzen Trainingseinheiten.

Egal ob Rad- oder Lauf-Test, wärmen Sie sich zunächst gut auf, bevor Sie den 20-minütigen Feldtest starten. Für die meisten Athleten umfasst das Warm-up gewöhnlich mindestens 20 Minuten steigender Intensität – von einer sehr niedrigen über eine mäßige RPE bis hin zu progressiv ausgedehnten Beschleunigungen, die mit zunehmendem Einsatz erfolgen und Sie jeweils für einige Sekunden über eine RPE von 6 bringen (Tabelle 4.1). Nach einer letzten solchen Anstrengung sollten Sie sich ungefähr 2 Minuten bei niedriger RPE erholen, bevor Sie den 20-Minuten-Test starten.

Beginnen Sie mit einem hohen, aber noch konservativ gewählten Einsatz. Mit anderen Worten: Sie sollten das Gefühl haben, noch zulegen zu können. Der häufigste Fehler bei diesem Test besteht darin, dass man zu schnell loslegt, weil es sich in den ersten paar Minuten so locker anfühlt. Je öfter Sie den Test machen, desto besser werden Sie das Pacing hinbekommen. Die ersten 5 Minuten sollten sich relativ leicht anfühlen. Nach jeweils 5 Minuten entscheiden Sie, ob Sie etwas Tempo herausnehmen oder zulegen sollten. Diese 5-minütigen Änderungen der RPE sollten jeweils klein ausfallen.

Am Ende des 20-Minuten-Tests absolvieren Sie ein leichtes Cool-down, so dass Ihre Herzfrequenz und die Atmung wieder auf Ruheniveau zurückkehren können. Nach der Erholung von der Anstrengung sind Sie dann bereit für den unterhaltsamen Teil der Übung: die Analyse der Daten.

Gehen Sie keine Risiken ein, um gute Daten zu erhalten.

Laden Sie Ihre Herzfrequenz-Daten in Ihre bevorzugte Software und ermitteln Sie die durchschnittliche Herzfrequenz für den 20-Minuten-Test. Subtrahieren Sie 5 Prozent von diesem Wert und Sie erhalten eine gute Schätzung Ihrer FTHR beim Radfahren bzw. Laufen. Verwenden Sie dann Tabelle 4.1, um Ihre Trainingszonen für das Radfahren und das Laufen zu bestimmen.

Watt-Zonen Rad

Wenn Sie ein Powermeter am Rad haben oder einen Indoor-Trainer mit Leistungsmesser verwenden, können Sie Ihre Watt-Trainingszonen durch einen FTPo-Test bestimmen. Tatsächlich müssen Sie nur den oben beschriebenen 20-Minuten-Test zur Bestimmung der Herzfrequenz-Zonen unternehmen, um in denselben Testdaten auch Ihre FTPo zu finden. Es besteht keine Notwendigkeit, dafür einen separaten Test durchzuführen. Alles, was Sie tun müssen, ist, 5 Prozent von Ihrer durchschnittlichen Wattzahl (nicht von der »normalisierten« Leistung) während des 20-Minuten-Tests abzuziehen, um eine gute Schätzung Ihrer FTPo zu

TABELLE 4.2 **Geschätzte Pace-Zonen für das Schwimmen**

ZEIT 1.000 METER	ZONEN (100-METER-PACE IN MIN:SEK)						
	ZONE 1	ZONE 2	ZONE 3	ZONE 4	ZONE 5A	ZONE 5B	ZONE 5C
9:35–9:45	1:13+	1:09–1:12	1:04–1:08	1:01–1:03	0:58–1:00	0:54–0:57	0:53–max
9:46–9:55	1:15+	1:11–1:14	1:06–1:10	1:02–1:05	0:59–1:01	0:55–0:58	0:54–max
9:56–10:06	1:16+	1:12–1:15	1:07–1:11	1:03–1:06	1:00–1:02	0:56–0:59	0:55–max
10:07–10:17	1:17+	1:13–1:16	1:08–1:12	1:04–1:07	1:01–1:03	0:57–1:00	0:56–max
10:18–10:28	1:18+	1:14–1:17	1:09–1:13	1:05–1:08	1:02–1:04	0:58–1:01	0:57–max
10:29–10:40	1:20+	1:15–1:19	1:10–1:14	1:06–1:09	1:03–1:05	0:58–1:02	0:57–max
10:41–10:53	1:22+	1:17–1:21	1:12–1:16	1:08–1:11	1:05–1:07	1:00–1:04	0:59–max
10:54–11:06	1:23+	1:19–1:22	1:13–1:18	1:09–1:12	1:06–1:08	1:01–1:05	1:00–max
11:07–11:18	1:24+	1:20–1:23	1:14–1:19	1:10–1:13	1:07–1:09	1:02–1:06	1:01–max
11:19–11:32	1:26+	1:21–1:25	1:15–1:20	1:11–1:14	1:08–1:10	1:03–1:07	1:02–max
11:33–11:47	1:28+	1:23–1:27	1:17–1:22	1:13–1:16	1:10–1:12	1:05–1:09	1:04–max
11:48–12:03	1:29+	1:24–1:28	1:18–1:23	1:14–1:17	1:11–1:13	1:06–1:10	1:05–max
12:04–12:17	1:32+	1:26–1:31	1:20–1:25	1:16–1:19	1:13–1:15	1:07–1:12	1:06–max
12:18–12:30	1:33+	1:28–1:32	1:22–1:27	1:17–1:21	1:14–1:16	1:08–1:13	1:07–max
12:31–12:52	1:35+	1:30–1:34	1:24–1:29	1:19–1:23	1:16–1:18	1:10–1:15	1:09–max
12:53–13:02	1:38+	1:32–1:37	1:26–1:31	1:21–1:25	1:18–1:20	1:12–1:17	1:11–max
13:03–13:28	1:40+	1:34–1:39	1:28–1:33	1:23–1:27	1:20–1:22	1:14–1:19	1:13–max
13:29–13:47	1:41+	1:36–1:40	1:29–1:35	1:24–1:28	1:21–1:23	1:15–1:20	1:14–max
13:48–14:08	1:45+	1:39–1:44	1:32–1:38	1:27–1:31	1:23–1:26	1:17–1:22	1:16–max
14:09–14:30	1:46+	1:40–1:45	1:33–1:39	1:28–1:32	1:24–1:27	1:18–1:23	1:17–max
14:31–14:51	1:50+	1:44–1:49	1:36–1:43	1:31–1:35	1:27–1:30	1:21–1:26	1:20–max
14:52–15:13	1:52+	1:46–1:51	1:39–1:45	1:33–1:38	1:29–1:32	1:23–1:28	1:22–max
15:14–15:42	1:56+	1:49–1:55	1:42–1:48	1:36–1:41	1:32–1:35	1:25–1:31	1:24–max
15:43–16:08	1:58+	1:52–1:57	1:44–1:51	1:38–1:43	1:34–1:37	1:27–1:33	1:26–max
16:09–16:38	2:02+	1:55–2:01	1:47–1:54	1:41–1:46	1:37–1:40	1:30–1:36	1:29–max
16:39–17:06	2:04+	1:57–2:03	1:49–1:56	1:43–1:48	1:39–1:42	1:32–1:38	1:31–max
17:07–17:38	2:09+	2:02–2:08	1:53–2:01	1:47–1:52	1:43–1:46	1:35–1:42	1:34–max
17:39–18:12	2:13+	2:05–2:12	1:57–2:04	1:50–1:56	1:46–1:49	1:38–1:45	1:37–max
18:13–18:48	2:18+	2:10–2:17	2:01–2:09	1:54–2:00	1:50–1:53	1:42–1:49	1:41–max
18:49–19:26	2:21+	2:13–2:20	2:04–2:12	1:57–2:03	1:53–1:56	1:44–1:52	1:43–max
19:27–20:06	2:26+	2:18–2:25	2:08–2:17	2:01–2:07	1:56–2:00	1:48–1:55	1:47–max
20:07–20:50	2:31+	2:22–2:30	2:12–2:21	2:05–2:11	2:00–2:04	1:52–1:59	1:51–max
20:51–21:37	2:37+	2:28–2:36	2:18–2:27	2:10–2:17	2:05–2:09	1:56–2:04	1:55–max
21:38–22:27	2:42+	2:33–2:41	2:22–2:32	2:14–2:21	2:09–2:13	2:00–2:08	1:59–max
22:28–23:22	2:48+	2:38–2:47	2:27–2:37	2:19–2:26	2:14–2:18	2:04–2:13	2:03–max
23:23–24:31	2:55+	2:45–2:54	2:34–2:44	2:25–2:33	2:20–2:24	2:10–2:19	2:09–max
24:32–25:21	3:02+	2:52–3:01	2:40–2:51	2:31–2:39	2:25–2:30	2:15–2:24	2:14–max

Ermittelt in einem 1.000-Meter-Einzelzeitschwimmen.

erhalten. Verwenden Sie dann Tabelle 4.1, um Ihre Trainingszonen festzulegen. Wie bei der FTHR gilt: Je öfter Sie diesen Test absolvieren, desto genauer werden die Ergebnisse, weil man erst lernen muss, wie man eine solche wettkampfähnliche Solo-Anstrengung richtig angeht.

Pace-Zonen Laufen

Genau wie Ihre Watt-Vorgaben für das Radfahren können Sie auch Ihre Pace für das Laufen aus demselben Test ableiten, den Sie zur Bestimmung Ihrer Lauf-FTHR absolvieren. In den Daten des 20-Minuten-Tests, in diesem Fall in den Aufzeichnungen Ihres GPS-Geräts, finden Sie auch Ihre durchschnittliche Pace (in Minuten pro Kilometer). Berechnen Sie dann Ihre Pace-Zonen mit Hilfe von Tabelle 4.1. Dies geschieht am besten durch die Umwandlung der ermittelten Pace in eine Dezimalzahl. Zum Beispiel würden 4:30 Minuten pro Kilometer einem Wert von 4,5 Minuten entsprechen. *Addieren* Sie nun 5 Prozent, um Ihre FTPa zu bestimmen (beachten Sie, dass Sie *nicht subtrahieren*, wenn Sie mit der Pace statt mit km/h arbeiten). Betrug Ihre Durchschnitts-Pace für den 20-minütigen Lauf-Test beispielsweise 4,5 Minuten, multiplizieren Sie 4,5 mit 0,05 und erhalten 0,225. Die Addition der beiden Werte 0,225 und 4,5 ergibt dann Ihre FTPa. In diesem Beispiel wären es 4,725 Minuten (also circa 4:44 Minuten; 0,725 x 60 Sekunden = 43,5 Sekunden).

Zonenbestimmung per Laktattest

Bis hierhin habe ich Tests beschrieben, mit denen Sie Ihre Herzfrequenz-, Watt- und Pace-Zonen anhand eines Testschwimmens über 1.000 Meter sowie anhand von 20-minütigen Feldtests beim Radfahren und Laufen bestimmen können. Es gibt jedoch auch eine andere Möglichkeit, dies zu tun. Sie können für jede der drei Triathlondisziplinen einen Laktatschwellentest durchführen lassen. Dies ist eine viel genauere Methode zur Festlegung von Trainingszonen als die Verwendung von Prozentsätzen von FTHR, FTPa und FTPo. Ich werde das alles erklären, ohne dabei zu sehr ins Detail zu gehen.

Was hat es mit dem Laktattesten auf sich? Als Ausdauersportler haben Sie wahrscheinlich schon einmal von Laktat gehört. Unter Sportlern herrscht jedoch eine Menge Verwirrung zu diesem Thema. Beginnen wir mit einer Erklärung, was Laktat ist. Die einfachste Beschreibung ist, dass es sich um eine milchige Substanz handelt, die von den Muskeln produziert wird, wenn sie arbeiten. Und da einige Muskeln auch im Schlaf ständig kontrahieren (z. B. das Zwerchfell beim Atmen), befindet sich immer Laktat im Blut, auch wenn es im Ruhezustand nur sehr wenig ist. Im Ruhezustand baut der Körper das Laktat im Blut schneller ab, als es gebildet wird. Mit zunehmender Belastungsintensität – von langsamem Gehen über zügiges Gehen und leichtes Laufen bis hin zu schnellem Laufen – nimmt die Laktatproduktion jedoch sukzessive zu, und irgendwann setzt eine Laktatanreicherung im Blut ein.

Die Messung des Blutlaktats ist eine genaue Methode, um festzustellen, wie hart ein Sportler arbeitet. Bei einem solchen Laktattest wird mit einer Nadel in den Finger oder das Ohrläppchen gestochen, um einen Tropfen Blut zu entnehmen. Dieser wird dann in ein Gerät gegeben, das misst, wie viel Laktat in diesem Tropfen enthalten ist. Diese Menge wird in einer Einheit namens »Millimol Laktat pro Liter« (mmol/L) Blut ausgedrückt. Das ist eine winzige Menge.

Wenn die Trainingsintensität sehr niedrig ist (d. h. RPE 1 bis 3), liegt der Laktatwert unter 2,0 mmol/L. Dieser Wert wird als »aerobe Schwelle« betrachtet, die auch als »Laktatschwelle 1« bzw. LT1 bezeichnet wird. Ein solches Maß an Laktatanreicherung im Blut ist am oberen Ende der Zone

2 für Herzfrequenz, Watt und Pace zu verorten. Intensitäten unterhalb der LT1 sind daher »wirklich locker«, »sehr locker« oder »locker«, wie Tabelle 4.1 zu entnehmen ist. Je höher die Trainingsintensität über Zone 2 hinausgeht, desto mehr Laktat wird produziert. Wenn der Laktatwert dann einen Wert von 4 mmol/l erreicht, wird Ihre Atmung erschwert und Sie empfinden die Anstrengung zunehmend als »hart«. Das ist der Beginn der Zone 4. Diese Phase der Laktatproduktion wird als »Laktatschwelle 2« oder LT2 bezeichnet. (Sowohl LT1 als auch LT2 sind in Tabelle 4.1 in der Spalte »In Relation zur Laktatschwellenherzfrequenz (LTHR)« aufgeführt.) LT2 wird oft auch als »anaerobe Schwelle« bezeichnet, was jedoch irreführend ist, da anaerob »ohne Sauerstoff« bedeutet, was in der Realität sicherlich nicht der Fall ist. Wir werden hier deshalb einfach die Bezeichnung LT2 verwenden.

Die Verwirrung im Zusammenhang mit intensivem Training an und oberhalb der Laktatschwelle LT2 (Zonen 4, 5a, 5b und 5c) hat mit den angeblichen Auswirkungen von Laktat auf den Körper des Sportlers zu tun. Viele Sportler (und sogar einige Trainer) gehen davon aus, dass Laktat Muskelkater verursacht. Das ist nicht der Fall, aber der Mythos hält sich seit Jahrzehnten und will nicht verschwinden.

Ein Laktattest wird in der Regel in einem Labor auf einem Fahrradergometer oder einem Laufband durchgeführt, damit die Belastung kontrolliert werden kann. Unter Anleitung eines erfahrenen Technikers kann der Laktattest beim Laufen jedoch auch auf einer Laufbahn absolviert werden. Das Schwimmtraining wird natürlich immer in einem Schwimmbecken durchgeführt (obwohl einige topmodern ausgerichtete Einrichtungen über spezielle Gegenstrom-Schwimmkanäle für Tests verfügen). Das übliche Testverfahren ist ein sogenannter Stufentest. Nach dem Aufwärmen hält der Sportler einige Minuten lang eine bestimmte leichte Intensität aufrecht. Am Ende dieser »Stufe« wird eine Blutprobe aus einem Finger oder aus dem Ohrläppchen entnommen. Dann wird die Intensität leicht um ein gewisses Maß erhöht und wiederum einige Minuten lang beibehalten, um am Ende erneut eine Blutprobe zu entnehmen, bevor die nächste Stufe begonnen wird. Dies wird so lange fortgesetzt, bis der Sportler eine maximale Intensität erreicht hat und aufhören muss.

Der Techniker schaut sich dann die ermittelten Daten an und berechnet daraus die LT1 und die LT2. (Derselbe Test kann auch zur Bestimmung der VO_2max verwendet werden, worauf wir später noch zu sprechen kommen werden.) Anhand dieser Daten können dann – je nach Sportart und den gesammelten Informationen – Herzfrequenz, Leistung und/oder Pace zur Festlegung von Zonen verwendet werden. In Tabelle 4.1 kann die Spalte »In Relation zur Laktatschwellenherzfrequenz (LTHR)« herangezogen werden, um Ihre Zonen gemäß meinem Sieben-Zonen-System festzulegen.

Unter Umständen können Sie einen Laktattest auch selbst durchführen, aber es braucht einiges an Erfahrung, bis man das Verfahren vollständig beherrscht. Außerdem müssten Sie das entsprechende Equipment für mobile Laktattests anschaffen. Ich würde Ihnen raten, dass eine erfahrene Person den Test für Sie durchführt. Dies könnte jemand in einem örtlichen Fitnessclub sein, dem Sie angehören, ein Trainer, ein Triathlon-, Lauf- oder Fahrradgeschäft, ein Krankenhaus, eine Klinik für Physiotherapie, eine sportmedizinische Klinik oder ein Techniker an einer nahe gelegenen Universität. Nicht alle diese Stellen bieten diesen Service für alle Interessenten an. Hören Sie sich um, wenn Sie an so etwas interessiert sind.

Wenn Sie den Laktattest verwenden, um Ihre Herzfrequenzzonen zu bestimmen, benötigen Sie möglicherweise in den nächsten Monaten keinen weiteren Test, da sich die Herzfrequenz im Laufe einer Saison kaum oder gar nicht ändert. Leistung und Pace hingegen ändern sich, und zwar bei gezieltem Training ziemlich stark. Wenn Sie also einen Laktattest verwenden, um Watt-Zonen für das Radfahren oder Pace-Zonen für das Schwimmen oder Laufen festzulegen, müssen Sie den Test etwa alle sechs Wochen wiederholen. Das ist es, was Laktattests so teuer macht. Die Preisspanne reicht von 100 bis 350 Euro pro Test. Es lohnt sich, sich ein bisschen umzuhören, nicht nur wegen der Kosten, sondern auch wegen der Fähigkeiten, der Expertise und der Erfahrung des Technikers, der den Test durchführt. Ich würde Ihnen empfehlen, einen Laktattest zu unternehmen, um Ihre Herzfrequenz-Zonen für das Radfahren und Laufen festzulegen, und Feldtests, um Watt- und Pace-Zonen für alle drei Sportarten zu ermitteln.

Abstimmung der Zonen

Wenn Sie beim Radfahren sowohl ein Powermeter als auch eine Pulsuhr verwenden oder beim Laufen eine Pulsuhr mit integriertem GPS werden Sie bald feststellen, dass die mittels der obigen Anleitungen festgelegten Zonen nicht immer übereinstimmen. Wenn Sie in der Herzfrequenz-Zone 2 sind, befinden Sie sich nicht unbedingt auch in der Watt-Zone 2 beim Radfahren oder in der Pace-Zone 2 beim Laufen. Dies ist kein Problem in Bezug auf Ihr Herz, Ihre Beine oder die verwendeten Geräte. Es ist nur so, wie es ist. Und das ist auch gut so – wie ich im Folgenden erläutern möchte.

Bei fortgeschrittenen Athleten verändern sich die Herzfrequenz-Zonen, wenn überhaupt, im Laufe der ganzen Saison nur wenig. Auf der anderen Seite ändern sich Watt- und Pace-Zonen signifikant. Wenn Sie besser in Form kommen, verbessern sich Ihre FTPa und FTPo. Sie werden beim Laufen schneller und bringen beim Radfahren mehr Watt auf die Pedale. Dies bedeutet, dass sich folglich alle Ihre Watt-und Pace-Zonen nach oben verschieben. Wenn die Fitness abnimmt, verschlechtern sich entsprechend auch Ihre FTPa und FTPo und die Zonen verschieben sich nach unten. Die Herzfrequenz-Zonen indes bleiben die ganze Zeit konstant. So kann es im Laufe einer Saison mal große und mal kleine Überschneidungen geben – und manchmal sogar gar keine.

Warum ist das so? Betrachten Sie es mal so: Wenn Ihre Watt-Zonen sich nicht veränderten, würden Sie bei gegebenen Herzfrequenzen niemals schneller werden können. Wie Sie später sehen werden, sind Radfahren mit hohen Wattzahlen und schnelles Laufen bei vorgegebener Anstrengung oder Herzfrequenz der Schlüssel, um Verbesserungen der Fitness zu erfassen. Mit anderen Worten: Es wird nie einfacher, Sie werden nur schneller.

INTENSITÄTSVERTEILUNG

Es gibt derzeit eine große Debatte unter Sportwissenschaftlern darüber, wie die Trainingszeit eines Athleten über eine Saison hinweg im Hinblick auf die in Tabelle 4.1 dargestellten Zonen zu verteilen ist. Wie viel Ihrer Trainingszeit sollten Sie in den Zonen 1 und 2, in Zone 3 und in Zone 4 und 5 jeweils verbringen? Einige vertreten die Position, dass Sie meist locker in den Zonen 1 und 2 und gelegentlich hart in den Zonen 4 und 5 trainieren sollten und nur sehr wenig in Zone 3 dazwischen. Dies wird als *polarisiertes Training* bezeichnet.

Bei fortgeschrittenen Athleten ändern sich die Herzfrequenz-Zonen, wenn überhaupt, nur wenig.

Andere hingegen raten, dass das Training auch eine nennenswerte Trainingszeit in Zone 3 umfassen sollte und etwas weniger in den Zonen 4 und 5. Das nennt man *pyramidales Training*.

Angesichts der physischen Trainingsbelastung, die der Triathlonsport mit sich bringt, glaube ich, dass man mit dem polarisierten Ansatz gut beraten ist, um effektiv zu trainieren. In Kapitel 8 zeige ich

Ihnen einen effektiven und einfachen Weg, wie Sie gemäß der polarisierten Methode trainieren können.

Das Problem geht jedoch weit über die Verteilung der Intensität hinaus. Das wichtigste Thema für den Athleten ist die Wettkampfvorbereitung, vor allem in den Aufbau-, Höchstleistungs- und Wettkampfphasen (mehr zur Periodisierung in den Kapiteln 7 und 8). Es gibt einige Wettkampfdauern, die ein Training in Zone 3 erfordern. Abbildung 4.1 zeigt, wie sich die Wettkampfdauer in Relation zu den Intensitätszonen und der RPE verhält.

Beachten Sie, dass die Wettkampf-Intensität für die meisten Athleten hauptsächlich in den Zonen 2, 3 und 4 liegt. Ein Rennen über die Olympische Distanz wird beispielsweise von den meisten Athleten in Zone 4 bestritten. Einige werden jedoch in Zone 3 und andere in Zone 5 laufen. Ihr Training in den späteren Phasen muss die Anforderungen Ihres jeweiligen Wettkampfs widerspiegeln. Während das Training zu Beginn der Saison also weitgehend polarisiert sein sollte, kann das Training in der späten Saison pyramidal sein. All dies hängt natürlich von der Dauer Ihres Wettkampfs ab. Schnelle Athleten bestreiten ihre Wettkämpfe mit einer höheren Intensität als langsamere Athleten. Wir werden auf dieses Thema in Kapitel 7 zurückkommen.

FAZIT: TRAININGSINTENSITÄT

Auf ganz gundlegender Ebene ist das Training für Ausdauersportarten wie Triathlon ziemlich einfach. Unabhängig von Ihrer Erfahrung oder Ihrem Leistungsvermögen basiert es letztlich darauf, drei Dinge zu steuern: die Häufigkeit, Dauer und Intensität des Trainings. Es spielt keine Rolle, ob Sie ein Anfänger sind, der gerade erst mit dem Triathlon begonnen hat, oder ein Profi-Triathlet – das Training läuft letztlich immer auf diese drei Punkte hinaus. Die Art und Weise, wie Sie sie organisieren, hat jedoch großen Einfluss darauf, welche Fortschritte Sie machen. Für Sportler, die schon längere Zeit dabei sind, ist der Schlüssel zum Erfolg im Triathlon die Intensität des Trainings. Das bedeutet nicht, die ganze Zeit mit vollem Einsatz zu arbeiten, vielmehr geht es darum, mit Intensitäten zu trainieren, die der aktuellen Saisonphase und dem Wettkampf, für den Sie trainieren, angemessen sind. Sie werden merken, dass ich dem Training in den Zonen 1 und 2 gehörige Bedeutung zumesse.

Es gibt viele Möglichkeiten, die Intensität zu ermitteln. Am gebräuchlichsten sind derzeit die subjektive Bewertung der empfundenen Anstrengung (RPE) auf einer Skala von 1 bis 10, die Überwachung der Herzfrequenz, die Verwendung eines Powermeters beim Radfahren und die Bestimmung der Lauf-Pace mit Hilfe einer Stoppuhr auf vermessener Strecke oder eines GPS-Geräts.

In diesem Kapitel haben Sie verschiedene funktionale Schwellen kennengelernt: die FTHR beim Radfahren und Laufen, die FTPa beim Schwimmen und Laufen und die FTPo beim Radfahren. Und Sie haben gelernt, wie Sie jeweils einen Feldtest unternehmen können, um Ihre Trainingszonen festzulegen.

Ebenso haben Sie erfahren, dass die verschiedenen Trainingszonen, die Sie in einer bestimmten Sportart verwenden, z. B. Herzfrequenz- und Pace-Zonen beim Laufen oder Puls- und Watt-Zonen beim Radfahren, nicht unbedingt deckungsgleich sind – und auch nicht sein sollten. Wenn sich Ihre Fitness im Lauf der Saison verbessert, werden sich die Zonen weiter auseinanderbewegen. Das liegt daran, dass sich Ihre Pace und Ihre Leistung in Watt verbessern, wenn Ihre FTPa und Ihre FTPo im Saisonverlauf in Folge des Trainings steigen, während die FTHR weitgehend unverändert bleibt. Und das Gegenteil tritt ein, wenn Ihre Fitness zurückgeht, wie es am Saisonende üblich ist.

Sobald Sie Ihre Intensitätszonen für das Training festgelegt haben, sollten Sie beobachten, wie viel Ihrer Trainingszeit Sie in den verschiedenen Zonen 1 bis 5 verbringen. Der Großteil Ihres Trainings sollte auf die Zonen 1 und 2 entfallen. Wenn Sie dies beherzigen, haben Sie den ersten wichtigen Schritt in Richtung eines zielgerichteten Trainings bereits getan. In Teil III werden wir nun tiefer in dieses Thema des zielgerichteten Trainings für individuelle Höchstleistungen einsteigen.

Ein großer Teil des Trainings erfolgt in den Zonen 1 und 2.

TEIL III

ZIELGERICHTETES TRAINING

Mit dem Triathlontraining für individuelle Höchstleistungen ist es wie mit allen anderen Dingen im Leben, in denen Sie sich auszeichnen möchten: Es fängt damit an, sich Ziele zu setzen. Planloses Drauflostrainieren mag funktioniert haben, als Sie noch nicht lange im Triathlonsport dabei waren, aber sobald Sie sich zu einem fortgeschrittenen Athleten entwickelt haben, ist eine solche Vorgehensweise reine Zeitverschwendung und führt nur zu Frust und Enttäuschungen im Wettkampf. Sollten Sie im Wettkampf nicht die Leistungen erreichen, derer Sie sich imstande fühlen, müssen Sie sich vermutlich die Frage stellen, wie zielgerichtet Ihr Training bislang gewesen ist.

Zielgerichtetes Training beginnt logischerweise damit, ein wohlüberlegtes Ziel zu definieren. Ich gehe davon aus, dass Sie bereits eines oder mehrere Ziele haben. Aber ist Ihr Training wirklich auf dieses Ziel ausgerichtet? Damit beschäftigen wir uns in Kapitel 5. In Kapitel 6 widmen wir uns dann der Frage, in welcher Weise Ihre Ziele mit Ihren Trainingseinheiten verknüpft sind, indem wir uns Ihre Leistungsfaktoren und Begrenzer anschauen.

Zielgerichtetes Training ist der vielleicht wichtigste Aspekt, um den jeder bestrebt sein sollte, der Triathlon auf höchstem Niveau bestreiten möchte. Indem Sie angemessene Trainingsvorgaben definieren, diese eng an Ihre leistungslimitierenden Schwächen knüpfen und dann zielgerichtet trainieren, werden Sie Ihre wettkampfspezifische Fitness erheblich verbessern.

5

DER EINSTIEG

IN DIESEM KAPITEL werde ich Sie Schritt für Schritt durch den Prozess begleiten, dem ich folge, wenn ich mit einem Athleten in eine neue Saison starte. Wir halten uns akribisch in *jeder* Saison an diesen Prozess, ganz egal, wie oft wir ihn bereits durchlaufen haben. Das mag übertrieben erscheinen, aber wir gehen so vor, weil sich manche Dinge im Laufe der Zeit nun mal verändern. Sogar eine ganze Menge Dinge. Die wichtigsten Veränderungen gehen in Ihrem Körper vonstatten; er kennt keinen Stillstand. Sämtliche Ihrer physiologischen Systeme befinden sich in einem unablässigen Zustand permanenter Veränderung. Ihr Körper baut sich kontinuierlich neu auf. Manche Veränderungen fallen von einem Jahr zum nächsten so geringfügig aus, dass Sie sich ihrer vielleicht nicht einmal bewusst sind. Aber glauben Sie mir, sie finden statt und sie wirken sich auf Ihre Wettkampfleistungen aus. Andere Veränderungen sind hingegen nicht zu übersehen. Dazu später mehr.

Vieles von dem, was ich Ihnen auf den folgenden Seiten rate, mag Ihnen zunächst müßig erscheinen. Sie werden versucht sein, manches zu überspringen. Aber ich kann Ihnen versichern, dass Sie auf lange Sicht froh sein werden, diese Dinge beherzigt zu haben. Sie werden nicht nur eine Menge darüber lernen, wie Sie als Athlet funktionieren, sondern auch Referenzpunkte erhalten, wie es um Ihre Fitness zu Beginn jeder neuen Saison bestellt war. Dieses Langzeitprotokoll Ihrer Fitness wird sich mit der Zeit, wenn Sie sich als Athlet immer weiterentwickeln, als überaus wertvoll erweisen.

Möglicherweise waren Sie in der vorigen Saison verletzt. Falls dem so ist, hoffe ich, dass Sie inzwischen wieder vollauf genesen und bereit für einen Neubeginn sind. Falls nicht, ist der Übergang von einer Saison zur nächsten der richtige Zeitpunkt, die Verletzung vollständig auszukurieren und die notwendigen Schritte zu unternehmen, um neuerliche Probleme in Zukunft zu vermeiden. Ins Training für eine neue Saison einzusteigen, ist sinnlos, falls Sie noch an einer hartnäckigen Verletzung laborieren. Sie können dadurch nichts gewinnen, aber eine Menge verlieren. Sie sollten mit einem gut erholten und gesunden Körper in eine neue Saison gehen. Sie müssen außerdem tun, was in Ihrer Macht steht, um eine neuerliche Verletzung zu vermeiden. Ich hoffe, manche der Anregungen in diesem Kapitel werden Ihnen dabei helfen.

Es gibt noch andere Gründe, zum Saisoneinstieg das hier erläuterte Prozedere über sich ergehen zu lassen. Vielleicht haben Sie irgendwann im Laufe des letzten Jahres ein neues Rad oder eine neue Komponente angeschafft, z. B. einen Sattel. Wir müssen sicherstellen, dass zur neuen Saison alles passt und korrekt eingestellt ist. Das Gleiche gilt für die Laufschuhe, die Sie derzeit nutzen. Auch kann es sein, dass manche Muskeln im Verlauf der letzten Saison kräftiger geworden sind und andere schwächer. Der Bewegungsumfang diverser Gelenke kann sich vergrößert oder verringert haben. Vielleicht haben Sie ab- oder zugenommen. Auch die technischen Fertigkeiten in jeder der drei Sportarten könnten sich etwas verändert haben.

Zu Beginn einer neuen Saison müssen Sie außerdem wissen, wie fit Sie sind und wie es um Ihre Fitness im Vergleich zu früheren Jahren bestellt ist. Dieser Referenzwert wird Ihnen schließlich helfen, für Ihren Trainingsplan relevante Entscheidungen zu treffen. Darauf kommen wir in Kapitel 7 zurück.

Es ist wichtig, dies alles vor den ersten ernsthaften Trainingseinheiten der neuen Saison berücksichtigt zu haben. Doch was ist, wenn Sie, während Sie dieses Kapitel lesen, bereits mitten in der Saison sind? Was sollten Sie tun, falls es nur noch wenige Wochen bis zu Ihrem nächsten Wettkampf sind? In diesem Fall würde ich Ihnen raten, die Saison quasi von vorn zu beginnen und den Anleitungen hier zu folgen, als würden Sie soeben erst in die Saison einsteigen. Und in mancherlei Hinsicht wird es wirklich wie eine ganz neue Saison sein, wenn Sie die Vorgaben der verbleibenden Kapitel beherzigen.

Falls Sie andererseits derzeit mitten in einer heißen Wettkampfphase stecken, ist es vielleicht das Beste, das empfohlene Einstiegs-Prozedere zu verschieben, bis Sie ein paar Wochen Pause vor Ihrem nächsten wichtigen Rennen haben. Ganz gleich, in welcher Phase der Saison Sie sich gerade befinden, werden Sie die alljährlichen Schritte, die in diesem Kapitel erörtert werden, früher oder später berücksichtigen müssen. Dies wird Ihnen helfen, im Training unmittelbar Fitnesssteigerungen zu erzielen und damit auf lange Sicht auch bessere Wettkampfleistungen zu erbringen.

Beginnen wir nun also damit, Ihre neue – oder laufende – Saison auf eine effektivere Weise zu planen, als Sie es bislang versucht haben. Alles beginnt, ob Sie es glauben oder nicht, mit Träumen.

TRÄUME, ZIELE, TRAININGSVORGABEN UND -ZWECKE

Wenn es um Ziele geht, glauben manche Athleten, dass man grundsätzlich nach den Sternen greifen sollte. Wenn man die nämlich nicht erreicht, so die Denkweise, reicht es immerhin noch bis zum Mond. Ich habe Athleten gekannt, die sich getreu diesem Motto Ziele setzten. Das jedoch hat nur wenig damit zu tun, auf planvolle Weise ein Ziel zu erreichen. Sich viel mehr vorzunehmen, als realistisch ist, wird Ihnen auf lange Sicht nur das Gegenteil dessen bescheren, was Sie möchten. Zu träumen ist gut, aber der Traum darf nicht bedeuten, die Augen zu verschließen und auf ein Wunder zu hoffen.

1961 träumte Präsident Kennedy davon, bis zum Ende des Jahrzehnts einen Menschen auf den Mond und heil wieder zurück zu bringen. Dafür gab es zahlreiche Beweggründe, der wichtigste war vermutlich, im Kalten Krieg die technische Überlegenheit der USA zu demonstrieren. Ungeachtet der Gründe wurde der Traum bald zum größten Ziel der NASA – und zur vielleicht größten technologischen Herausforderung der Menschheitsgeschichte. Sicher auf dem Mond zu landen und sicher wieder zurückzukommen, war eine gewaltige Aufgabe. Aber sie begann als ein Traum.

Bedenken Sie, dass die NASA sich nicht mit der erklärten Absicht ans Werk machte, Menschen auf den nächstgelegenen Stern zu bringen und dann zu hoffen und zu beten, dass sie es irgendwie wenigstens auf den Mond schaffen würden. So funktionieren Ziele nicht. Ein gutes Ziel ist herausfordernd, aber nicht unglaubwürdig. Falls Sie nicht daran glauben, ein Ziel erreichen zu können, dann ist es nicht einmal ein Traum, sondern nur ein Wunsch.

Wünsche sind wertlos. Sie gehen nur selten in Erfüllung. Sie haben keine Substanz. Wenn Sie sich beim Anblick einer Sternschnuppe etwas wünschen, wird nichts passieren. Aber anders als Wünsche können Träume bisweilen in Erfüllung gehen. Sie sind nur einen Schritt davon entfernt, Ziele zu werden. So wie für Kennedy bilden auch für Sie Ihre Träume den Ausgangspunkt für Ihre größten Leistungen. Anfang 1961 war das, was zum größten Ziel der NASA werden sollte, nur ein Traum. Mehr nicht. Aber er wurde bald zum Ziel und binnen ein paar Jahren eine erreichte Leistung.

Welches sind Ihre Träume als Triathlet? Was sind Ihre Ziele?

Ihre Saisonziele

Ihre Ziele bilden stets den Ausgangspunkt für eine neue Saison. Meiner Erfahrung nach sind drei Saisonziele eine angemessene Zahl. Gibt es zu viele Ziele, wird etwas vernachlässigt werden. Sie können sich freilich auch weniger vornehmen, in jedem Fall aber halte ich mehr als drei nicht für ratsam. Am besten funktioniert es, wenn diese Ziele als konkrete Resultate im Wettkampf formuliert werden – also als Leistungen, die Sie im Rennen erreichen möchten. Saisonziele beziehen sich nicht darauf, was Sie irgendwo unterwegs in der Vorbereitung auf einen Wettkampf umsetzen möchten. Ich werde das erklären.

Ebenso wie bei Kennedy nehmen auch Ihre Ziele vermutlich mit Träumen ihren Anfang. Vielleicht träumen Sie schon seit langem davon, als Triathlet einen großen Erfolg zu feiern, z. B. sich für Hawaii zu qualifizieren oder es in ein Auswahl-Team zu schaffen, ein Rennen auf regionaler Ebene zu gewinnen oder Ihre erste Mitteldistanz zu bestehen. Wie machen Sie aus Ihrem Traum ein Ziel? Sie haben das, was ich Ihnen hier erzähle, gewiss schon viele Male gehört, aber ich möchte trotzdem Ihre Erinnerung auffrischen, denn der richtige Einstieg in die neue Saison ist ganz entscheidend.

Ein gutes Ziel ist herausfordernd, aber nicht unglaubwürdig.

Jedes Ziel sollte konkret definiert sein: Was genau möchten Sie in einem bestimmten Rennen erreichen? Erfolge, die Sie auf diesem Weg voranbringen (ein paar Kilo abnehmen, die Leistung in Watt oder die Lauf-Pace steigern etc.), sind keine Ziele, sondern bilden vielmehr den Ausgangspunkt für Trainingsvorgaben. Damit beschäftigen wir uns gleich. Sofern Sie dafür trainieren, im Wettkampf Leistungen auf hohem Niveau zu erbringen, sollten Sie mit Ihrem Ziel auch genau festlegen, was Sie in dem besagten Rennen erreichen möchten.

Ein Ziel sollte messbar sein. Es reicht nicht, sich vorzunehmen, »schneller zu sein«. Ihr Ziel sollte eher so aussehen: »Beim XY-Triathlon am 7. Mai unter 2:20 Stunden bleiben«. Beachten Sie die Berücksichtigung einer konkreten angestrebten Wettkampfzeit. Je enger Sie Ihr Ziel definieren, desto leichter fällt es Ihnen, die ganze Saison über darauf hinzuarbeiten. Insofern ist es besser, sich eine bestimmte Zielzeit vorzunehmen, statt eine Platzierung anzustreben, z. B. Ihre Altersklasse zu gewinnen oder unter die ersten zehn zu kommen. Solche Ziele hängen in gewissem Maße immer davon ab, gegen wen Sie antreten müssen. Sie haben aber nur Einfluss darauf, wie Sie sich gemessen an Ihren Fähigkeiten und Ihrem Training aus der Affäre ziehen. Falls Sie auf einen Konkurrenten treffen, der in dieser Hinsicht mehr als

Ihre Ziele bilden stets den Ausgangspunkt für eine neue Saison.

Sie mitbringt und das Rennen für sich entscheidet, Sie aber Ihre angestrebte Zeit erreichen, können und sollten Sie trotzdem zufrieden sein mit Ihrer Leistung.

Und indem Sie das Ziel mit einem Datum versehen (»7. Mai«), haben Sie sich zugleich einen Terminplan verschafft, den Sie während der gesamten Saison im Auge behalten können. Das hilft Ihnen, sich zu konzentrieren.

Das Ziel muss zudem realistisch sein. Am besten ist es, wenn das Erreichen des Ziels Sie an Ihre geistigen und körperlichen Grenzen bringt. Wenn es zu leicht oder zu schwer ist, werden Sie wahrscheinlich nicht Ihr Bestes geben. Ein unrealistisches Ziel kann demotivierend wirken.

Ihre Trainingsvorgaben

Können Sie Ihre Ziele erreichen? Ein letzter Zweifel sollte in Ihrem Inneren immer vorhanden sein, denn ansonsten ist das Ziel ganz offensichtlich zu leicht und wird keine Herausforderung darstellen und den ganzen Aufwand nicht wert sein. Falls kein Zweifel an Ihrem Erfolg besteht, wird Sie das Ziel nicht fordern, Ihr Training keinem Zweck dienen und Ihr Resultat letztlich bedeutungslos sein.

Der Zweck Ihres Trainings ist es, Ihre Begrenzer zu verbessern.

Falls das Ziel andererseits so ambitioniert ist, dass Sie sich nicht einmal vorstellen können, es zu erreichen, wird Ihr Training wahrscheinlich reine Zeitverschwendung sein. Sie wünschen nur. Wünschen bringt nichts. Sofern Sie erfolgreich sein wollen, müssen Sie triftige Gründe haben, daran zu glauben, das Ziel erreichen zu können. Lassen Sie mich Ihnen dazu eine Geschichte erzählen.

Ich hatte mal einen neuen Schützling, der mir mitteilte, er wolle die Landesmeisterschaft gewinnen. Okay, dachte ich, das ist ein guter Einstieg, um über erreichte Leistungen zu sprechen. Also fragte ich ihn, ob er jemals an einer nationalen Meisterschaft teilgenommen habe. »Nein«, antwortete er. Dann fragte ich, seit wann er Wettkämpfe bestritt. »Ich habe noch nie einen Wettkampf bestritten«, entgegnete er. Wie viel hatte er denn bislang trainiert? »Ich habe noch nie ernsthaft trainiert.« Wow! Ich erinnere mich, gedacht zu haben, dass uns noch lange Diskussionen bevorstehen würden, bis wir zusammen ein anspruchsvolles, aber *nicht* aussichtsloses Ziel definiert hätten. Er hatte keinen Traum, sondern lediglich einen Wunsch. Er wollte nach den Sternen greifen in der Hoffnung, den Mond zu erreichen. Vielleicht würden wir es eines Tages schaffen, bei den Meisterschaften ganz oben auf dem Podium zu landen, aber in seiner ersten Saison im Sport würde das gewiss nicht gelingen.

Dies ist noch etwas, das Sie bedenken sollten: Warum können Sie Ihr Ziel nicht jetzt gleich umsetzen? Das ist eine Frage der Definition. Falls Sie es auf der Stelle umsetzen könnten, würden wir von einer erreichten Leistung sprechen, nicht von einem Ziel. Aber da es ein gewisses Maß an Ungewissheit gibt hinsichtlich Ihrer Fähigkeit, das erstrebte Niveau zu erreichen, gibt es offenbar etwas, das einem unmittelbaren Erfolg im Wege steht: ein *Begrenzer.* Sinn und Zweck Ihres Trainings ist es, die leistungslimitierenden Begrenzer – das, was zwischen Ihnen und dem Erreichen des Ziels steht – zu beheben.

Die untergeordneten Teilziele, die dafür erfüllt werden müssen, nenne ich *Trainingsvorgaben.* Mit dem wichtigen Konzept der Begrenzer werden wir uns ausführlich in Kapitel 6 beschäftigen.

Einstweilen müssen Sie nur verstehen, dass eine Trainingsvorgabe ein kurzfristiges Teilziel ist, das Sie auf dem Weg zu Ihrem übergeordneten Saisonziel erreichen müssen. Vermutlich werden Sie die Umsetzung dieser Vorgaben im Training beobachten können, was Ihnen wiederum anzeigt, dass Sie auf dem richtigen Weg sind und im Hinblick auf Ihr Ziel Fortschritte machen. Eine Vorgabe kann z. B. sein, im Laufe der Saison bei einer bestimmten Trainings- oder Test-Einheit eine bestimmte Zeit, Wattzahl oder Pace zu erreichen. Zum Beispiel können Sie sich vornehmen, ihre funktionale Schwellenleistung (FTPo) zu steigern.

Auch gewisse Lebensumstände oder gar ein mentales Hemmnis können Ihre Leistung einschränken. In diesem Fall werden sich positive Veränderungen zunächst abseits von Schwimmbad, Straße oder Laufbahn bemerkbar machen, später dann aber auch eine maßgebliche Rolle für Ihre Wettkampfleistungen spielen. Auf dies alles kommen wir gleich noch zurück.

Tägliche Trainingszwecke

Die Umsetzung hoher Ziele und Vorgaben ist niemals leicht. Es erfordert Engagement, Schweiß und Geduld. Sie müssen täglich an Ihren Zielen arbeiten und sich ihnen Stück für Stück nähern. Sofern Ihnen dies gelingt, bleibt die Trainingsvorgabe – und schließlich das Ziel – in Reichweite. Peu à peu machen Sie kontinuierliche Fortschritte. Das bedeutet, dass jedes Training und jeder Tag einen Zweck erfüllen müssen. Jede Einheit muss einem bestimmten Aspekt dienen, der Sie weiterbringt. Dementsprechend müssen Sie in jede Einheit mit einem vorgegebenen Trainingszweck gehen. Worauf Sie sich an einem bestimmten Tag konzentrieren, kann etwas sehr Herausforderndes sein, wie z. B. Ihre Wattleistung auf dem Rad oder Ihre Schwimmtechnik zu verbessern. Es kann aber auch etwas Leichtes sein, wie sich vom schweren Training des Vortags zu erholen. Denn auch dies ist maßgeblich für den Erfolg. Was auch immer es ist, Sie sollten jeden Morgen schon beim Aufstehen wissen, was Sie an diesem Tag unternehmen werden, um Ihren Vorgaben und Zielen näherzukommen. Höchstleistung erfordert tägliches Handeln. Je größer Ihr Ziel, desto wichtiger sind die Entscheidungen, die Sie tagtäglich treffen.

Die besten Athleten streben nach kleinen, täglichen Zugewinnen, denn sie wissen, dass diese in der Summe schließlich dazu führen werden, dass sie ihre Saisonziele erreichen. Ebenso gilt: Je größer Ihr Ziel, desto wichtiger wird jede einzelne Entscheidung, die Sie täglich treffen. Dazu gehören Entscheidungen im Hinblick auf Ernährung, Schlaf oder Trainingspartner und auch solche Kleinigkeiten wie das, woran Sie denken. Den Mond zu erreichen, ist nicht einfach.

Einstweilen sollten Sie sich damit begnügen, zu träumen. Was würden Sie in dieser Saison besonders gerne erreichen? Ihre Ziele, Trainingsvorgaben und -zwecke werden sich daraus ergeben. In Kapitel 7 werden Sie aufgefordert, Ihre Ziele und Vorgaben aufzuschreiben. In Kapitel 8 kümmern wir uns dann, wenn wir uns an die Wochenplanung machen, um die täglichen Trainingszwecke.

STANDORTBESTIMMUNG

Was müssen Sie tun, um Ihre Ziele zu erreichen? Je höher Ihre Ziele, desto anspruchsvoller werden die Vorgaben und die bevorstehende Aufgabe ausfallen. Es ist so ähnlich, wie mit dem Auto durch eine große Stadt zu fahren, in der Sie noch nie gewesen sind. Es erfordert ein wenig Planung. Es wäre unklug, sich einfach ins Auto zu setzen und loszufahren, ohne sich eine Route überlegt zu haben. Die grundlegenden Überlegungen bei der Streckenplanung sind folgende: Wo befinde ich mich gerade und wo möchte ich hin? Ohne die Antworten auf beide Fragen zu kennen, ist Ihre Reise zum Scheitern verurteilt. Sie wären allein auf das Glück angewiesen, um das Ziel erfolgreich zu erreichen.

Die besten Athleten streben nach kleinen, täglichen Zugewinnen, um ihre Saisonziele zu erreichen.

Zwar ist es schön, das Glück auf seiner Seite zu haben, aber als verlässliche Trainingsstrategie taugt das wenig. Wie oben erörtert, müssen Sie Ihre Ziele für die Saison genau definieren. Diese nämlich bilden den Bestimmungsort Ihrer Reise. Die andere für die Orientierung maßgebliche Komponente ist zu wissen, wo Sie sich gerade befinden.

Wir werden diese Frage anhand von drei Eckpunkten beleuchten: a) Ihre physische Trainingsbereitschaft, b) Ihre mentale Trainingsbereitschaft und c) Ihr derzeitiger Fitnessstand.

Physische Bewertung

Wenn ich mit Athleten in eine neue Saison einsteige, schicke ich sie fast als Erstes zu einem Physiotherapeuten, damit sie sich einer gründlichen körperlichen Untersuchung unterziehen. Auch Sie sollten es so halten. Ideal wäre es, wenn Sie einen Physiotherapeuten finden, der auf Sportler spezialisiert ist und bereits mit Ausdauerathleten gearbeitet hat. Erkundigen Sie sich bei Ihren Trainingspartnern und in den Fachgeschäften, in denen Sie Ihre Ausrüstung kaufen. Sie brauchen jemanden, der Sie gründlich von Kopf bis Fuß durchcheckt, auf Haltung, Kraft, Gelenkbeweglichkeit, muskuläre Dysbalancen und alle anderen strukturellen Eigenheiten und Ungleichgewichte, die Einfluss auf Ihr physisches Wohl und die Konsistenz Ihres Trainings haben. Sinn der Sache ist es, mögliche Gefahrenherde aufzuspüren und – am allerwichtigsten – zu ermitteln, wie Sie Verletzungen in der kommenden Saison vermeiden.

Hat der Physiotherapeut Ihre spezifischen Schwachstellen aufgespürt, sollte er Ihnen ein Übungsprogramm ans Herz legen, das auch Kräftigungs- und Dehnübungen umfasst. Er kann außerdem Ihre Sitzposition auf dem Rad prüfen und gegebenenfalls korrigieren und Ihnen geeignete Laufschuhe empfehlen. Darüber hinaus hat er vielleicht ein paar wertvolle Tipps für Sie und Ihren Coach, so Sie denn einen haben, welche Arten von Trainingseinheiten Ihren Anforderungen am ehesten entgegenkommen und welche Übungen und Bewegungen Sie besser vermeiden sollten.

Ein solches individuelles Präventionsprogramm ist ebenso wichtig wie Ihre Schwimm-, Rad- und Lauf-Einheiten und sollte die ganze Saison über sorgfältig eingehalten werden. Ein Physiotherapeut, der es gewohnt ist, mit Ausdauerathleten zu arbeiten, wird wissen, dass Ihnen nur begrenzte Zeit zur Verfügung steht, und sollte das korrektive Übungsprogramm so straffen, dass es im vertretbaren Zeitrahmen den größtmöglichen Nutzen bringt. Falls Sie mehrere strukturelle Schwächen aufweisen, sollten Sie gleich einen Termin zur Nachuntersuchung vereinbaren, um Ihre Fortschritte beurteilen zu lassen und gegebenenfalls Anpassungen am Übungsprogramm vorzunehmen. Anhand einer gründlichen körperlichen Untersuchung mögliche Verletzungsherde aufzuspüren und eventuelle Risiken zu minimieren, macht häufig den Unterschied zwischen einer erfolgreichen Wettkampfsaison und einem Jahr voller Rückschläge und Tränen.

Mentale Bewertung

In Kapitel 1 haben Sie über die Bedeutung mentaler Stärke für Höchstleistungen als Triathlet gelesen. Nun ist es so weit, Ihre mentalen Fähigkeiten zu beurteilen. Füllen Sie den Bewertungsbogen in Infokasten 5.1 aus. Antworten Sie absolut ehrlich auf die dort gestellten Fragen. Niemand sonst wird Ihre Resultate erfahren (sofern Sie sie nicht freiwillig mitteilen), es gibt also keinen Grund, etwas zu beschönigen. Wenn Sie damit fertig sind, lesen Sie diesen Abschnitt weiter. Ich warte so lange.

Da Sie dieses Buch lesen, gehe ich davon aus, dass Sie im Hinblick auf die Motivation eine hohe Punktzahl (4 oder 5) erreicht haben. Triathleten sind generell hochmotivierte Menschen. Wenngleich eine hohe Motivation für Training und Wettkämpfe gemeinhin als positive Eigenschaft gewertet wird, hat sie auch eine Schattenseite. Diese kommt zum Vorschein, wenn ein Athlet sich nach einer Phase harten Trainings schwer tut, das Pensum zu verringern und zu regenerieren oder auch nur vor einem Wettkampf ein Tapering zu

INFOKASTEN 5.1 Profil der mentalen Fähigkeiten

Lesen Sie jede der folgenden Aussagen durch und entscheiden Sie sich für eine dieser Möglichkeiten:

1 = NIE 2 = SELTEN 3 = MANCHMAL 4 = HÄUFIG 5 = FÜR GEWÖHNLICH 6 = IMMER

____ 1. Ich glaube, über ein hervorragendes Potenzial als Sportler zu verfügen.
____ 2. Ich trainiere beständig und eifrig.
____ 3. Wenn es im Rennen nicht gut läuft, behalte ich meine positive Einstellung.
____ 4. Während schwerer Rennen male ich mir aus, dass ich mich gut schlage.
____ 5. Vor Wettkämpfen bin ich zuversichtlich und optimistisch.
____ 6. Ich halte mich selbst eher für einen Sieger als für einen Versager.
____ 7. Vor Wettkämpfen bin ich in der Lage, Selbstzweifel auszublenden.
____ 8. Wenn ich am Wettkampfmorgen aufwache, bin ich euphorisch.
____ 9. Ich lerne etwas aus den Rennen, in denen ich nicht gut gewesen bin.
____ 10. Ich kann mir vor Augen führen, wie ich schwere Rennsituationen meistere.
____ 11. Ich kann in Wettkämpfen meine Leistungsfähigkeit ausschöpfen.
____ 12. Es fällt mir leicht, mich selbst zu beschreiben, wie ich trainiere und Wettkämpfe bestreite.
____ 13. Ich habe kein Problem, während langer Rennen konzentriert zu bleiben.
____ 14. Während des Rennens achte ich laufend auf das Maß meiner Erschöpfung.
____ 15. Vor dem Start eines Rennens gehe ich meine Fähigkeiten und die Taktik durch.
____ 16. Ich kann mich gut konzentrieren, während das Rennen voranschreitet.
____ 17. Ich bin bereit, Opfer auf mich zu nehmen, um meine Ziele zu erreichen.
____ 18. Vor einem wichtigen Rennen kann ich mir bildlich vorstellen, gut abzuschneiden.
____ 19. Ich freue mich auf harte Trainingstage.
____ 20. Wenn ich mir vorstelle, wie ich ein Rennen bestreite, fühlt es sich beinahe real an.
____ 21. Ich halte mich selbst für einen harten Gegner.
____ 22. Im Rennen blende ich Ablenkungen aus.
____ 23. Ich setze mir selbst hohe Ziele.
____ 24. Ich mag die Herausforderung schwerer Wettkämpfe.
____ 25. Wenn es im Rennen zur Sache geht, kann ich mich sogar besser konzentrieren.
____ 26. In Wettkämpfen bin ich mental stark.
____ 27. Vor einem Rennen kann ich meine Muskeln entspannen.
____ 28. Trotz Startverzögerungen, schlechtem Wetter etc. bleibe ich positiv eingestellt.
____ 29. Auch in der Woche nach einem miesen Rennen bleibt mein Selbstvertrauen groß.
____ 30. Ich strebe danach, der beste Athlet zu sein, der ich sein kann.

BEWERTUNG: Addieren Sie für jede der folgenden Aussagereihen die vergebenen Punkte und ermitteln Sie dann anhand des Bewertungsschemas unten rechts Ihre Bewertung für die jeweilige mentale Fähigkeit.

FÄHIGKEIT	AUSSAGEN	GESAMT	BEWERTUNG
Motivation	2, 8, 17, 19, 23, 30	________	________
Selbstvertrauen	1, 6, 11, 21, 26, 29	________	________
Positives Denken	3, 5, 9, 24, 27, 28	________	________
Konzentration	7, 13, 14, 16, 22, 25	________	________
Visualisierung	4, 10, 12, 15, 18, 20	________	________

Wie Sie die Bewertung bestimmen:

PUNKTE GESAMT	BEWERTUNG
32–36	5
27–31	4
21–26	3
16–20	2
6–15	1

Selbstvertrauen, positives Denken, Konzentration und Fähigkeit zur Visualisierung spielen eine wichtige Rolle für Ihre Leistung.

unternehmen. Ich kannte Athleten, die so motiviert waren, dass sie sich nur Ruhe und Regeneration gönnten, wenn sie von überwältigender Erschöpfung quasi dazu gezwungen wurden. Ein solches Verhalten führt oft zu Übertraining. Nur wenige Athleten begreifen, wie verheerend Übertraining sich auswirken kann. In Kapitel 10 werden wir uns ausführlich mit dem Thema beschäftigen, einstweilen reicht es festzuhalten, dass Sie lernen müssen, Ihren Enthusiasmus zu zügeln, um auf höchstmöglichem Niveau Wettkämpfe bestreiten zu können.

Auch Selbstvertrauen, Denkgewohnheiten, Konzentration und Fähigkeit zur Visualisierung spielen eine wichtige Rolle für Ihre Leistung. Falls Ihre Selbsteinschätzung für einen dieser Aspekte gering ausfällt (1, 2 oder 3), müssen Sie einen Weg finden, diese mentale Fähigkeit zu verbessern. Die effektivste, aber leider auch teuerste Möglichkeit ist es, die Dienste eines Sportpsychologen in Anspruch zu nehmen. Eine günstigere Alternative ist, sich entsprechende Fachliteratur zu beschaffen. Eine Liste von aktuell erhältlichen Büchern zum Thema finden Sie in Infokasten 5.2.

INFOKASTEN 5.2 Empfohlene Bücher zur Sportpsychologie

Afremow, Jim. *The Champion's Mind: How Great Athletes Think, Train, and Thrive.*

Bell, Jonny. *Sports Psychology: Inside the Athlete's Mind.*

Cox, Richard. *Sport Psychology: Concepts and Applications.*

Gonzalez, Dan. *Die Kunst des mentalen Trainings.*

LeUnes, Arnold. *Sport Psychology.*

Lynch, Jerry. *Tao Sport. Denkender Körper – tanzender Geist. Außergewöhnliches leisten im Alltag, Beruf und Sport.*

Moran, Aidan und John Toner. *A Critical Introduction to Sport Psychology.*

Perry, John. *Sports Psychology – A Complete Introduction.*

Smith, Leif und Todd M. Kays. *Sports Psychology for Dummies.*

Weinberg, Robert. *Foundations of Sport and Exercise Psychology with Web Study Guide.*

Regelmäßige Messungen der richtigen Indikatoren werden Ihre Erfolgsaussichten erheblich verbessern.

Bewertung der Fitness

Es gibt eine alte Weisheit, auf die ich gern verweise, wenn ich mit Athleten arbeite: »Was man nicht messen kann, lässt sich nicht lenken.« Falls Sie in Ihrem Leben etwas verbessern möchten, beginnen Sie damit, es zunächst zu messen, um den aktuellen Stand zu bestimmen. Danach messen Sie es regelmäßig und häufig, um zu ermitteln, wie es sich entwickelt. Die Wahrscheinlichkeit, dass sich etwas verbessert, steigt erheblich, wenn Sie so vorgehen. Falls Sie z. B. möchten, dass Ihre Ersparnisse wachsen, prüfen Sie regelmäßig und häufig Ihr Sparkonto. Falls Sie mehr Zeit mit der Familie verbringen möchten, kontrollieren Sie regelmäßig und häufig, wie Sie Ihre zur Verfügung stehende Zeit verteilen. Falls Sie mehr lesen möchten, behalten Sie regelmäßig und häufig im Auge, wie viele Bücher Sie lesen. Selbst wenn sonst nicht viel passiert – und es können aus dieser simplen Sache viele gute Dinge entstehen –, werden Sie zumindest oft darüber nachdenken, wie Sie sich gemessen an Ihrem Ziel aus der Affäre ziehen. Denken führt zu Handeln. Auf diese Weise werden Sie eher etwas unternehmen, um Ihre finanziellen, familiären oder sonstigen Ziele zu erreichen, als würden Sie nie etwas bemessen.

Auf die gleiche Weise funktioniert es mit Ihren sportlichen Zielen und Vorgaben. Falls Sie regelmäßig und häufig die relevanten Leistungsindikatoren messen, werden diese in Ihrem Denken an oberster Stelle stehen und Sie werden einen Weg finden, sie zu verbessern. Falls Sie nie Messungen vornehmen, werden Sie erst am Renntag her-

INFOKASTEN 5.3 Labortests und ihre Ergebnisse

Im Folgenden werden Messgrößen zur Bestimmung der Fitness aufgeführt, die üblicherweise in Labortests auf Basis einer Atemgas- und/oder Laktatanalyse erfasst werden. Mit wenigen Ausnahmen werden solche Tests nur für das Radfahren und Laufen angeboten, da Einrichtungen für entsprechende Schwimm-Tests sehr selten sind. Herzfrequenz-Messungen kommen beim Radfahren und Laufen zum Einsatz, Pace-Messungen beim Laufen und Leistungs-Messungen mittels Powermeter beim Radfahren.

Übliche Ergebnisse bei der Atemgasanalyse

- aerobe Kapazität (auch als VO_2max bezeichnet): ein Maß, wie viel Sauerstoff ein Athlet bei maximaler aerober Anstrengung nutzen kann
- erste ventilatorische Schwelle (VT1) als Herzfrequenz, Pace oder Leistung in Watt: ein Maß für die geringste Intensität, bei der sich Fortschritte der aeroben Fitness erzielen lassen
- zweite ventilatorische Schwelle (VT2) als Herzfrequenz, Pace oder Leistung in Watt: die Intensität, bei der ein Athlet in den »roten Bereich« kommt, was üblicherweise mit angestrengter Atmung, einer RPE von 6 (auf einer Skala bis 10) und dem Gefühl einer brennenden Muskulatur einhergeht
- die Kalorien, die bei verschiedenen (als Herzfrequenz, Pace oder Watt bestimmten) Intensitätsniveaus verbrannt werden
- die Fähigkeit des Körpers, Fett als Brennstoff zu verwenden und die begrenzten Kohlenhydratspeicher zu schonen

Übliche Ergebnisse bei Laktatuntersuchungen

- Die erste Laktatschwelle LT1 als Herzfrequenz, Pace oder Leistung in Watt ist ein Maß für die geringste Intensität, bei der sich Fortschritte der aeroben Fitness erzielen lassen.
- Die zweite Laktatschwelle LT2 als Herzfrequenz, Pace oder Leistung in Watt ist die Intensität, bei der ein Athlet in den »roten Bereich« kommt, was üblicherweise mit angestrengter Atmung, einer RPE von 6 (auf einer Skala bis 10) und dem Gefühl einer »harten« Anstrengung einhergeht (gemäß Tabelle 4.1).
- Laktatwerte bei bestimmten Intensitäten (nach Herzfrequenz, Pace oder Watt), die anzeigen, wie sehr Sie sich anstrengen, sind eng mit den Trainingszonen verknüpft.

ausfinden, wie Ihre Vorbereitungen gelaufen sind. Dann ist es zu spät. Durch regelmäßige und häufige Messungen der richtigen Indikatoren werden Sie Ihre Erfolgsaussichten erheblich verbessern.

Was also sollten Sie messen und wann sollten Sie dies tun? Es gibt ein paar Indikatoren, die verlässliche Schlüsse darauf zulassen, wie es um Ihre Fitness bestellt ist. Manche lassen sich nur unter Laborbedingungen messen, andere können problemlos in Feldtests ermittelt werden. Wie unterscheiden sich diese beiden Methoden?

Labortests werden normalerweise von Hochschulen, Fitnessstudios, Sportfachgeschäften oder Kliniken durchgeführt (von einem Chiropraktiker,

Orthopäden, Physiotherapeuten oder Sportmediziner). Auch manche Trainer bieten einen solchen Service an. Erkundigen Sie sich, wo bei Ihnen in der Nähe solche Tests möglich sind.

Feldtests können Sie im Schwimmbad, auf der Straße oder Laufbahn und im Fitnessstudio in Eigenregie durchführen. Dabei handelt es sich um einfache Leistungstests, mit denen Sie ebenfalls Ihre Fortschritte erfassen können, aber auf andere Weise, als es in Labortests geschieht. Beide Arten von Tests haben ihre Vor- und Nachteile.

Ein Labortest misst höchst spezifische physiologische Messgrößen der Fitness. Die Genauigkeit solcher Tests ist normalerweise sehr gut. Die Nachteile sind die Kosten, die recht hoch ausfallen können, und die Analyse der hochkomplexen Daten. Bitten Sie den zuständigen Techniker, Ihnen bei der Auswertung zu helfen.

Feldtests kosten nichts. Außerdem haben sie den Vorteil, dass sie Wettkämpfen recht ähnlich sind. Labortests werden normalerweise auf dem Laufband oder einem Rad-Ergometer absolviert, während Feldtests eher die Rennbedingungen im Schwimmen, Radfahren oder Laufen simulieren. Außerdem sind die Ergebnisse generell recht einfach zu interpretieren, weil es meistens nur um einen oder zwei Werte geht, die natürlich direkt mit Ihrer Leistung im Test verknüpft sind. Der große Nachteil von Feldtests ist, dass sie nicht mit der Präzision umzusetzen sind, wie Labortest diese gewährleisten. Im Labor sorgt der Techniker dafür, dass Variablen wie die Ausrüstung und das Aufwärmen in jedem Test gleich bleiben. In Feldtests ist das selten der Fall. So kommen Unwägbarkeiten ins Spiel, die die Resultate beeinflussen und häufig für Abweichungen im Bereich zwischen ein bis drei Prozent sorgen. Kleinere Zugewinne (oder Einbußen) an Fitness können also leicht durch unkontrollierbare Faktoren wie Wetter, Ernährung, Aufwärmen und Streckenwahl verwässert werden.

Testen Sie sich zu Beginn einer neuen Saison und am Ende der Grundlagen- und Aufbauphase.

Es gibt noch andere Überlegungen. Ein Labortest liefert Ihnen eine Menge Informationen darüber, wie Ihr Körper arbeitet und somit, was Sie im Training anstellen können, um Ihre Leistungsfähigkeit zu verbessern. Ein Feldtest dagegen ist eher so etwas wie ein Black-Box-Test: Sie strengen sich an und schauen dann, welche Zahlen dabei herauskommen. Wie die Werte interpretiert werden, liegt bei Ihnen, es sei denn, Sie haben einen Trainer, der Ihnen bei der Auswertung hilft.

Beide Testarten sind wertvoll und ich nutze mit den von mir betreuten Athleten grundsätzlich beide, um mir einen groben Überblick über unsere Ausgangslage zu Beginn einer Saison zu verschaffen. Bei Feldtests sind anschließende Folgetests problemlos (und günstig) möglich, während erneute Labortests stets mit erheblichem Aufwand (und hohen Kosten) verbunden sind.

Infokasten 5.3 gibt Anregungen, welche Tests Sie im Labor durchführen können. Sie können die Liste eingrenzen (und die Kosten verringern), indem Sie sich vorab mit dem Techniker treffen und Ihre Wettkampfziele und Trainingshistorie besprechen. Er kann Ihnen helfen, die Liste Ihren Anforderungen entsprechend einzugrenzen. Toll wäre es, wenn Sie sich sowohl im Radfahren als auch im Laufen testen lassen (im Schwimmen ist dies meist nicht möglich), doch das ist teuer und nimmt viel Zeit in Anspruch. Im Zweifel würde ich eher empfehlen, sich auf dem Rad testen zu lassen, denn es spielt eine größere Rolle für die Wettkampfergebnisse. Der beste Zeitpunkt für Labortests ist der Beginn einer neuen Saison und dann wieder jeweils am Ende der Grundlagen- und Aufbauphase (mehr zu den Phasen in Kapitel 7). Das bedeutet mindestens drei Tests pro Saison; je nach Ihren Wettkampfzielen können noch zwei oder drei weitere hinzukommen. Geht man davon aus, dass ein Test 150 Euro kostet (und teilweise noch erheblich teurer sein kann), reden wir also von 450 bis 900 Euro

INFOKASTEN 5.4 Feldtests und ihre Ergebnisse

Unten sind die gängigen Feldtests im Schwimmen, Radfahren und Laufen aufgelistet. Herzfrequenz-Messungen kommen beim Radfahren und Laufen zum Einsatz, Pace-Messungen beim Laufen und Schwimmen und Watt-Messungen beim Radfahren. Alle Tests sind detailliert in den Anhängen B (Schwimmen), C (Radfahren) und D (Laufen) erläutert. Feldtests für das Krafttraining werden in Kapitel 13 behandelt.

Übliche Feldtests beim Schwimmen

- Funktionale Schwellen-Pace (Schwimm-FTPa): ein 1.000-Meter-Zeitschwimmen, um Pace-Zonen für das Schwimmtraining zu bestimmen und Fortschritte der Schwimm-Fitness abzuschätzen

Übliche Feldtests beim Radfahren

- Funktionale Schwellenleistung (FTPo) und -herzfrequenz (Rad-FTHR): ein 20-minütiger Einzelzeittest, um Watt-Zonen und Herzfrequenz-Zonen für das Radtraining zu bestimmen und Fortschritte der Radfahr-Fitness abzuschätzen
- Leistung/Herzfrequenz-Entkopplung (Pw:HR): »lange« aerobe Ausdauerfahrt, um zu bestimmen, wann die Erschöpfung an einem bestimmten Tag einsetzt
- Effizienzfaktor (Rad-EF): »lange« aerobe Ausdauerfahrt in Zone 2, um im Vergleich mit ähnlichen Einheiten die Fortschritte der aeroben Fitness im Zeitverlauf abzuschätzen

Übliche Feldtests beim Laufen

- Funktionale Schwellen-Pace (Lauf-FTPa) und -Herzfrequenz (Lauf-FTHR): ein 20-minütiger Einzelzeittest, um Pace-Zonen und Herzfrequenz-Zonen für das Lauftraining zu bestimmen und Fortschritte der Lauf-Fitness abzuschätzen
- Pace/Herzfrequenz-Entkopplung (Pa:HR): »langer« aerober Ausdauerlauf, um zu bestimmen, wann die Erschöpfung an einem bestimmten Tag einsetzt
- Effizienzfaktor (Lauf-EF): »langer« aerober Ausdauerlauf an der aeroben Schwelle, um im Vergleich mit ähnlichen Einheiten die Fortschritte der aeroben Fitness abzuschätzen

pro Saison. Ich könnte verstehen, wenn Sie es angesichts solcher Zahlen lieber bei Feldtests belassen.

Feldtests lassen sich leicht in Ihrem Terminplan unterbringen. Genau wie vor Labortests müssen Sie das Training im Vorfeld ein paar Tage zurückschrauben, so wie Sie es auch vor einem B-Wettkampf halten. Erschöpft in einen Fitness-Test zu gehen, würde die Ergebnisse erheblich verzerren. Achten Sie darauf, externe Faktoren, die die Ergebnisse beeinflussen könnten, soweit es geht zu kontrollieren. Außer frisch und ausgeruht zu sein, was das Allerwichtigste ist, gibt es einige andere Faktoren, die Sie von einem Test zum nächsten soweit möglich unverändert beibehalten sollten (und am besten in Ihrem Trainingstagebuch notieren, damit sich die Konsistenz der Testbedingungen einfacher wahren lässt):

- verwendetes Material (insbesondere Radausstattung und Laufschuhe)

- Strecke (wenn möglich in jeder Sportart jeweils immer die gleiche)
- Essen und Trinken vor dem Test
- Aufwärmen
- anfängliche Pace im Test

Das Pacing ist bei Feldtests ganz entscheidend. Legen Sie nicht zu schnell los.

Der letzte Punkt, die Pace, ist für Feldtests besonders wichtig. Fast jeder Athlet geht zu schnell an, wenn er Schwellentests absolviert, wie sie in Infokasten 5.4 beschrieben sind. Aufgrund der schlechten Einteilung lassen die meisten dann in der zweiten Hälfte dramatisch nach. Im Zweifel ist es jeweils besser, zu langsam anzugehen als zu schnell. Ich sollte wohl darauf hinweisen, dass bei solchen Tests gewisse Anfangsschwierigkeiten ganz normal sind. Je öfter Sie die Tests absolvieren, desto besser werden Sie sich das Tempo einteilen.

Ich würde empfehlen, die Tests zur Bestimmung der funktionalen Schwelle gleich zu Beginn hinter sich zu bringen. Das verschafft Ihnen hilfreiche Werte, die solide Rückschlüsse auf Ihren aktuellen Fitnessstand zulassen und anhand deren Sie außerdem Ihre Intensitätszonen nach Herzfrequenz, Watt und Pace bestimmen können. Falls Sie kein Powermeter oder GPS-Gerät besitzen, sollten Sie die Tests trotzdem durchführen und sich darauf konzentrieren, die Herzfrequenz-Zonen zu bestimmen. Die Tests für Entkopplung und Effizienzfaktor werden in Ihr Wochentraining eingebaut, wie Sie in den Kapiteln 6 und 8 sehen werden.

Wie oben erwähnt, sind die besten Zeitpunkte für beide Arten von Tests jeweils nach dem Abschluss einer mehrwöchigen Trainingsphase, z. B. am Ende der Grundlagen- und Aufbauphasen. Und natürlich sollten Sie sich vor dem Beginn einer neuen Saison testen, um Referenzwerte für spätere Tests zu erhalten, so dass Sie Ihren Fortschritt ermessen können. Ein sorgfältig geführtes Trainingstagebuch wird Ihnen helfen, den Überblick über sämtliche Ausgangswerte zu behalten.

TRAININGSVORBEREITUNG

Dieses Kapitel dient dazu, Sie in einer Weise auf eine neue Saison einzustimmen, dass Ihre Erfolgsaussichten sich erheblich verbessern. Bisher haben wir uns mit Ihren Zielen befasst, die Sie in der neuen Saison erreichen möchten, Ihre physische und mentale Bereitschaft für das Training beurteilt und einen Blick auf Tests geworfen, mit denen Sie Ausgangswerte für Ihre Fitness ermitteln. Nun ist es an der Zeit, das Augenmerk verstärkt auf die Teildisziplinen des Triathlons zu richten und dafür zu sorgen, dass Sie jeweils das richtige Material haben und auch sonst gut gerüstet sind, um ein optimales Training zu gewährleisten.

Schwimmen

Das Schwimmen nimmt unter den drei Triathlon-Disziplinen eine Sonderstellung ein, da die Leistung weitgehend davon abhängt, wie gut man die Technik beherrscht. Für die meisten Altersklassen-Athleten spielt die Technik im Schwimmen sogar eine größere Rolle als die Fitness.

Regelmäßiges Feedback ist entscheidend bei der Entwicklung der Schwimmtechnik.

In Kapitel 12 werden wir uns mit den technischen Fertigkeiten beschäftigen, die Sie beherrschen müssen, um sich im Schwimmen zu verbessern. Das Beste, was Sie unternehmen können, um Ihre Schwimmtechnik zu entwickeln, ist, mit jemandem zusammenzuarbeiten, der Ihnen ein regelmäßiges Feedback verschafft. Das kann ein vertrauter Trainingspartner sein, der ein gutes Verständnis der Schwimmtechnik mitbringt, ein Lehrer, den Sie anheuern, Ihr Triathlon-Coach oder der Trainer, der die Schwimmgruppe in Ihrem Verein betreut.

Ein gutes Schwimmprogramm unter Anleitung eines fachkundigen Trainers kann Sie enorm weiterbringen. Suchen Sie sich eine Gruppe, die sich primär auf Triathlon konzentriert und die zu Zeiten trainiert, die Sie gut in Ihrem Tagesablauf unterbringen können. Versuchen Sie, zwei bis drei

Mal die Woche bei solchen Einheiten dabei zu sein. Falls Sie keine geeignete Gruppe finden können, brauchen Sie ein Sportbad, das sich möglichst nahe Ihrer Wohnung oder Arbeitsstätte befindet, um die Anfahrtszeit gering zu halten. Triathlon ist ohnehin sehr zeitintensiv; sofern es sich vermeiden lässt, sollte nicht noch mehr Zeit dafür draufgehen, ständig hin- und herzufahren. Ideal wäre ein Schwimmbad, das bestimmte Tageszeiten für Bahnenschwimmen reserviert, so dass Sie in aller Ruhe an Ihrer Technik arbeiten können. Super wäre es zudem, wenn 25- und 50-Meter-Bahnen zur Verfügung stünden. Die längere Distanz ist hilfreich für die Entwicklung der Ausdauer im Freiwasser.

Apropos Freiwasser: Zugang zu einem See oder dem offenen Meer ist hervorragend dafür geeignet, Ihre Wettkampfqualitäten zu verbessern. Aber Vorsicht: Schwimmen Sie nie allein im offenen Meer. Sorgen Sie stets dafür, mindestens einen weiteren Schwimmer bei sich zu haben. Einige Clubs bieten im Sommer Freiwasser-Schwimmeinheiten in der Gruppe an. Dies ist eine schöne Gelegenheit, sich mit Bedingungen vertraut zu machen, wie sie Ihnen auch im Wettkampf begegnen werden.

Was die Ausrüstung anbelangt, so bin ich kein Freund davon, viel Zubehör anzuhäufen. Pull Buoys können aber sehr hilfreich sein, wenn Sie versuchen, sich bestimmte schwimmtechnische Fertigkeiten anzueignen. Ansonsten brauchen Sie nichts weiter als eine gute Schwimmbrille, eine Badekappe und einen Schwimmanzug.

Radfahren

Ich bin jedes Jahr bei vielen Triathlon-Wettkämpfen zugegen. Ein deprimierender Anblick, der sich mir leider häufig bietet, sind Athleten, die gewiss zig Trainingsstunden in das Rennen und einen Haufen Geld in Ausrüstung und Reisekosten investiert haben, sich aber auf einem falsch angepassten Rad abquälen. Was für eine Verschwendung! Diese armen Kerle haben keine Chance, auch nur annähernd ihr Potenzial auszuschöpfen.

Warum ist die richtige Radanpassung so wichtig? Sie verbringen beim Triathlon etwa die Hälfte des Wettkampfs auf dem Rad. Ein schlecht angepasstes Rad – Sattel zu hoch oder zu niedrig, Sattel zu weit vorn oder hinten, Lenker zu weit oben oder unten etc. – bedeutet, dass der betreffende Fahrer die Kraft nicht optimal auf die Pedale übertragen kann, nicht aerodynamisch genug ist und somit Zeit und Energie verschwendet. Ein trauriger Anblick. Dabei kann dieser Makel mit einem einzigen Besuch bei einem guten Bikefitting-Experten ganz einfach behoben werden.

Sie verbringen beim Triathlon etwa die Hälfte des Wettkampfs auf dem Rad.

Ich lasse jeden von mir betreuten Athleten zu Beginn jeder neuen Saison eine Radanpassung vornehmen, auch wenn er oder sie das gleiche Rad wie im Vorjahr verwendet. Richtig gehört: Wir machen das *jedes Jahr.* Wir suchen stets einen kompetenten Experten auf. Ich würde Ihnen dringend raten, dies ebenfalls zu tun. Nehmen Sie die Anpassung nicht selbst vor. Fragen Sie nicht einen Trainingspartner, Freund oder Verwandten, Ihnen dabei zur Hand zu gehen. Wenden Sie sich an jemanden, der schon öfter mit Triathleten gearbeitet hat. In Kapitel 12 werden wir uns eingehend mit diesem Thema beschäftigen, denn es hat eine Menge mit Ihrer Technik und Leistungsfähigkeit auf dem Rad zu tun.

Was das Material anbelangt, ist die Radstrecke eines Triathlons der teuerste Abschnitt, wie Ihnen fraglos bewusst ist. Für das richtige Rad kann man leicht mehrere tausend Euro hinblättern. Umso mehr sollten Sie sich gut informieren und Preise vergleichen, wenn Sie auf der Suche nach einer neuen Triathlonmaschine sind. Falls Ihr Budget knapp bemessen ist, schauen Sie sich nach gebrauchten Rädern um. In einschlägigen Geschäften finden sich oft Pinnwände, wo Kunden Ihre gebrauchte Ausrüstung anbieten. Viele Vereinsfahrer verkaufen ihre alten Räder, wenn sie ein neues kaufen, und die Unterschiede zwischen top-aktuellen Rädern und den Vorjahresmodellen sind in der Regel unerheblich. Sie können mit einem gebrauchten Rad ein echtes Schnäppchen machen. Achten Sie nur darauf, dass es die richtige Größe hat. Ein Schnäppchen ist nicht viel wert, wenn das Rad nicht perfekt passt. Haben Sie Geduld und schauen Sie sich um, bis Sie ein Rad entdecken, das die richtigen Maße für Sie hat.

Außer einem guten Rad brauchen Sie ein Herzfrequenzmessgerät. Auch zum Kauf eines Leistungsmessers würde ich dringend raten. Vermutlich besitzen Sie bereits eine Pulsuhr, haben sich bislang aber wegen der hohen Kosten womöglich vor dem Kauf eines Powermeters gedrückt. Ich kann es Ihnen nicht verdenken. Inzwischen sind solche Geräte aber deutlich günstiger geworden. Falls Sie sich einen neuen Leistungsmesser schlichtweg nicht leisten können, schauen Sie sich nach einem gebrauchten um. Viele Athleten verkaufen ihren alten, wenn sie sich einen neuen zulegen.

Das andere Problem mit Powermetern ist die Bedienung. Die Daten, die ein solches Gerät liefert, sind ein wenig komplexer als die eines Herzfrequenzmonitors und können ein wenig abschreckend wirken, aber die Handhabung ist recht leicht zu erlernen. Ich habe ein kleines Buch geschrieben, *Praxishandbuch Wattmessung*, das als einfache Einführung gedacht ist. Es wird Ihnen rasch vermitteln, wie Sie Ihren Leistungsmesser benutzen. Ich habe das Buch geschrieben, weil ich überzeugt davon bin, dass ein Powermeter mehr zur Verbesserung Ihrer Leistung beitragen kann als jedes andere Teil der Ausrüstung, einschließlich Aero-Laufrädern. Nicht die Räder, sondern der »Motor« entscheidet über den Ausgang eines Wettkampfs, und der Motor sind Sie. Ein Leistungsmesser hilft Ihnen, Ihr volles Potenzial zu entwickeln.

Ein Powermeter wird mehr zur Verbesserung Ihrer Leistung beitragen als jedes andere Teil der Ausrüstung.

In vielen Gegenden kann das Wetter zum Problem werden, was das Radfahren anbelangt. Regen, Schnee, Hitze, Kälte und Wind können Sie beeinträchtigen, wenn Sie auf der Straße unterwegs sind. Für solche Fälle ist ein Rollentrainer sehr nützlich. Und auch hier erweist sich ein Leistungsmesser als sehr praktisch. Falls Sie einen haben, brauchen Sie keinen teuren Indoortrainer mit integrierter Analysefunktion. Alles, was Sie benötigen, ist etwas, das Widerstand erzeugt. Den Rest erledigt das Powermeter. In den vergangenen Jahren hat sich die Qualiät von Indoortrainern erheblich gesteigert.

Was Sie jetzt noch für das Radtraining brauchen, ist eine geeignete Strecke. Am besten ist ein flacher bis leicht welliger Kurs mit einigen sowohl kurzen als auch langen Anstiegen. Steile Rampen von um die 7 Prozent und sanftere Steigungen mit etwa 3 Prozent eignen sich für Einheiten, mit denen Sie Ihre Kraft auf dem Rad entwickeln. Mehr dazu später. Es kann natürlich sein, dass Sie in einer Gegend leben, die flach ist wie ein Billardtisch. In diesem Fall ist es üblich, statt Anstiegen gezielt den Wind im Training zu nutzen, um an Kraft beim Radfahren zuzulegen.

Die Sicherheit steht auf dem Rad an erster Stelle. Ihre größte Sorge in dieser Hinsicht ist der Verkehr. Am besten fahren Sie dort, wo es eine breite eigene Radspur gibt und nur wenig Verkehr herrscht. Das kann heißen, ein Stück aus der Stadt rausfahren zu müssen. Ich kenne viele Athleten, für die dies zur zweiten Natur geworden ist. Praktische Stecklichter sind nicht teuer und sorgen dafür, dass Sie auf der Straße besser zu sehen sind.

Laufen

Die Frage des Equipments ist beim Laufen relativ simpel. Laufschuhe sind die wichtigste Ausrüstung. Achten Sie darauf, Schuhe zu kaufen, die Ihren besonderen Bedürfnissen gerecht werden. Auch hierbei kann Ihnen ein fachkundiger Physiotherapeut wertvolle Ratschläge erteilen. Ich würde außerdem empfehlen, die Schuhe in einem Fachgeschäft

Ihres Vertrauens zu kaufen, das geschultes Personal beschäftigt, das sich mit Laufen auskennt. Generell ist es eine gute Idee, mehrere Paar für unterschiedlich beschaffene Strecken zu besitzen, z. B. für Asphalt, für die Laufbahn und fürs Gelände. Ersetzen Sie Ihre Laufschuhe beim ersten Anzeichen, dass die alten langsam kaputtgehen. Um die Schuhe auf einen Verschleiß der Stützung zu kontrollieren, stellen Sie sie auf eine flache Oberfläche und begutachten Sie sie von hinten. Falls sich die Schuhe nach innen oder außen neigen, besorgen Sie sich neue. Rechtzeitig neue Schuhe zu kaufen, ist wesentlich günstiger und weniger nervig, als sich wegen einer Verletzung behandeln lassen zu müssen.

Zusätzlich zu den Schuhen sollten Sie sich eine Laufuhr mit GPS zulegen, die gleichzeitig als Herzfrequenzmessgerät fungiert. Es sind ein paar Modelle erhältlich, die nicht nur unmittelbar die Pace und die zurückgelegte Distanz anzeigen, sondern auch Feedback geben über Aspekte der Laufmechanik wie vertikale Oszillation, Bodenkontaktzeit und mehr. Wir kommen auf diese Themen in Kapitel 12 zurück, wenn wir uns mit den technischen Fertigkeiten für die drei Sportarten befassen.

So wie beim Radfahren ist es gut, für das Training sowohl eine flache Strecke zu haben als auch eine Runde mit einigen steilen und sanften Anstiegen. Nutzen Sie die Anstiege, um Ihre Kraft beim Laufen zu verbessern. Auch beim Laufen ist es gut, notfalls drinnen trainieren zu können, auf dem Laufband oder in der Halle.

Krafttraining

In Kapitel 13 werden wir uns ausführlich mit Krafttraining beschäftigen. Besonders nützlich ist es, mit freien Gewichten wie Lang- und Kurzhanteln arbeiten zu können, aber falls Ihnen nur Maschinen zur Verfügung stehen, werden Sie auch damit zurechtkommen. Ideal wäre es, sich daheim einen eigenen Kraftraum einzurichten. So verschwenden Sie keine Zeit für die Anfahrt. Es ist gar nicht so teuer, ein einfaches Heim-Fitnessstudio auszustatten, allerdings könnte es sich als schwierig erweisen, den nötigen Platz dafür zu finden. Ich kenne Athleten, die eine Hälfte Ihrer Doppelgarage umfunktioniert haben. Ein paar Kurzhanteln mit Gewichten von 5 bis 25 Kilogramm, jeweils mit Abstufungen von 5 Kilo, reichen für die meisten Triathleten schon. Dazu eine Bank und ein robuster Rucksack, der mit kleineren Gewichten beschwert werden kann, und schon haben Sie alles beisammen für die grundlegenden Übungen, die ich Ihnen in Kapitel 13 erläutere.

Ersetzen Sie Ihre Laufschuhe beim ersten Anzeichen, dass die alten langsam kaputtgehen.

FAZIT: DER EINSTIEG

In diesem Kapitel habe ich Sie Schritt für Schritt durch den Prozess geführt, den ich anwende, wenn ich mit einem Athleten in eine neue Saison starte. Der Einstieg in eine neue Saison ist eine der seltenen Gelegenheiten, sämtliche Aspekte, die Einfluss auf Ihr Training und Ihre Wettkämpfe haben, einer eingehenden Prüfung zu unterziehen. Ich möchte Ihnen dringend ans Herz legen, sich dieses Kapitel zu Beginn jeder neuen Saison noch einmal anzuschauen. Die Triathleten, die ich im Laufe der Jahre betreut habe, waren jedes Jahr darauf gefasst. Sie wussten, dass sich die Mühe mit besseren Leistungen in der bevorstehenden Saison bezahlt machen würde. So wird es auch Ihnen ergehen.

Den Ausgangspunkt für die neue Wettkampfsaison bildet die Frage, welche Richtung Sie in den vor Ihnen liegenden Monaten einschlagen möchten. Die Antwort hängt von Ihren Träumen ab und lässt sich in Ihre Saisonziele, Ihre Trainingsvorgaben und schließlich in den beabsichtigten Zweck jeder einzelnen Trainingseinheit übersetzen. In späteren Kapiteln werde ich diesen Aspekten etwas mehr Struktur geben und sie in einem Jahrestrainingsplan für Ihre neue Saison zusammenführen. Einstweilen möchte ich, dass Sie sich nur mit Ihren

Den Ausgangspunkt für die neue Wettkampfsaison bildet die Frage, welche Richtung Sie in den vor Ihnen liegenden Monaten einschlagen möchten.

auf Träumen basierenden Zielen befassen. Was haben Sie sich erträumt, was Sie als Triathlet erreichen möchten? Welche leistungsbezogenen Ziele möchten Sie in den kommenden Monaten besonders gerne umsetzen?

Damit Sie diese Ziele erreichen können, müssen Sie gleich zu Beginn den richtigen Weg einschlagen. Dazu gehören zunächst eine Selbstbewertung Ihrer mentalen Stärken und Schwächen als Sportler und ein Plan, diese Schwächen zu beheben. Das Gleiche müssen Sie mit Blick auf Ihren Körper anstellen. Welches sind Ihre physischen Begrenzer? Haben Sie strukturelle Schwächen, die nur darauf lauern, sich als eine Verletzung bemerkbar zu machen und Ihr Training in der kommenden Saison zu behindern? Jeder Athlet hat solche Schwächen. Eine Stunde mit einem Physiotherapeuten zu Beginn der neuen Saison wird dazu beitragen, diese Defizite auszuräumen. Indem Sie Ihre mentalen und physischen Schwächen angehen, gehen Sie mit größeren Erfolgsaussichten als je zuvor in die neue Saison.

Als Nächstes folgt eine Beurteilung Ihrer Fitness. Dazu gehören Tests, um Referenzwerte für jede Sportart zu bestimmen. Der Beginn der Saison ist ein hervorragender Zeitpunkt, um sich im Labor untersuchen zu lassen und präzise zu ermitteln, wie es um Ihre aktuelle Fitness bestellt ist. Die Techniker, die die Tests überwachen, können Ihnen genaue Auskunft darüber erteilen, welches Ihre physiologischen Stärken und Schwächen sind, und außerdem Ratschläge geben, wie Sie Ihre leistungslimitierenden Begrenzer im Training verbessern können. Dies ist außerdem eine gute Phase, um Feldtests in jeder der drei Teildisziplinen zu absolvieren, um Ihre Fitness aus anderer Perspektive zu beleuchten. Zudem können Sie mit Hilfe der Tests Ihre Intensitätszonen nach Herzfrequenz, Watt und Pace bestimmen. Seien Sie sich aber darüber im Klaren, dass Ihre Herzfrequenz-Zonen im Verlauf der kommenden Saison zwar relativ konstant bleiben werden, die Watt- und Pace-Zonen sich aber je nach Fitnessstand verschieben werden. Sie werden diese Tests im Laufe der Saison also mehrfach wiederholen müssen. Auf dieses Thema kommen wir später zurück.

Weil der Rad-Abschnitt eines Triathlons so lang ist im Vergleich mit den beiden anderen Abschnitten, gilt ihm zu Beginn der Saison besonderes Augenmerk. Das Wichtigste, was Sie tun können, um sich zu verbessern, ist, von einem Bikefitting-Experten, der Erfahrungen mit Triathleten hat, eine Radanpassung vornehmen zu lassen. Die Anpassungen, die dabei gemacht werden, haben das Potenzial, Ihre Zeiten auf dem Rad und damit Ihre gesamten Wettkampfleistungen erheblich zu verbessern.

Der letzte Schritt im Rahmen der Vorbereitung auf die neue Saison ist, sicherzustellen, dass Ihnen die Ausrüstung sowie die Trainingsanlagen und -stätten zur Verfügung stehen, die für ein effektives Training in jeder Disziplin erforderlich sind. Achtung: Das kann teuer sein, insbesondere das Equipment fürs Radfahren. Um die Kosten zu dämpfen, könnten Sie erwägen, gebrauchtes Material zu kaufen. Rahmen, Laufräder, Leistungsmesser, Herzfrequenzmessgeräte, GPS-Uhren, Gewichte für den heimischen Kraftraum und andere Trainings- und Wettkampfhilfen lassen sich oftmals günstig Second Hand erwerben. Hören Sie sich um.

Das war's. Sie sind bereit, in die neue Saison einzusteigen. Wenn Sie am Ende des Jahres zurückblicken, werden Sie erkennen, wie sehr es Ihrer Leistung genützt hat, sämtliche der Anregungen in diesem Kapitel zu beherzigen. Nun ist es an der Zeit, mit dem Aufbau Ihrer Fitness für die bevorstehende Wettkampfsaison zu beginnen. Damit befassen wir uns in Kapitel 6.

6

FITNESSAUFBAU

KAPITEL 2 legte dar, warum das Training zielgerichtet sein muss. In Kapitel 5 haben wir mit Hilfe diverser Testverfahren zur Beurteilung Ihres aktuellen Fitnessstands erste Schritte in diese Richtung unternommen. Dieses Kapitel stellt nun Konzepte vor, die der Entwicklung Ihrer Wettkampfbereitschaft dienen und Ihrem Training noch mehr Struktur und Orientierung verleihen. Wir werfen einen Blick auf die wichtigen Begriffe Fitness, Leistungsfaktoren und Begrenzer. Am Ende des Kapitels werden Sie bereit sein, in das konzentrierte Training für die Wettkampfvorbereitung einzusteigen. Der Ausgangspunkt dafür ist, zunächst ein besseres Verständnis eines Begriffes zu entwickeln, der an sich recht simpel erscheint: Fitness.

WAS IST FITNESS?

In Kapitel 3 habe ich Sie mit einer neuen Weise vertraut gemacht, über den Begriff Fitness nachzudenken. Ich brachte die Vorstellung ins Spiel, dass Fitness einfach eine Möglichkeit ist, die Wettkampfbereitschaft auszudrücken. Ein gutes Rennen ist zumindest zum Teil das Resultat starker Fitness. Schwache Fitness führt zu schwachen Ergebnissen. Dann legte ich Ihnen nahe, Fitness als ein Produkt des Trainingspensums zu betrachten, also der Kombination aus Häufigkeit, Dauer und Intensität. Wenn Sie das Pensum im Laufe der Zeit kontinuierlich steigern, steigert sich voraussichtlich auch Ihre Fitness. Sie steigert sich, indem Sie Ihrem Körper gezielte Belastungen auferlegen, an die er sich wiederum anpasst und stärker wird.

Ich erörterte außerdem eine Reihe von Möglichkeiten, Veränderungen der Fitness anhand des Trainingspensums zu ermessen. Eine Methode sah vor, die Minuten zu addieren, die Sie in einer Trainingseinheit in den einzelnen Intensitätszonen nach Herzfrequenz, Pace oder Watt verbringen. Dadurch erhalten Sie einen Trainings-Score für die Einheit, den Sie mit allen anderen Werten der gegebenen Woche addieren können. Wenn sich dieses Trainingspensum von Woche zu Woche steigert, können Sie davon ausgehen, dass auch

Die aerobe Kapazität oder VO_2max ist die Fähigkeit, Sauerstoff zur Energiebereitstellung zu nutzen.

Ihre Fitness sich verbessert. Diese Berechnungen für jedes einzelne Training anzustellen, ist ein recht mühseliges und zeitraubendes Unterfangen, daher legte ich Ihnen die auf TrainingPeaks.com erhältliche Software ans Herz, die eine ähnliche, aber präzisere Methode nutzt, um Ihr Trainingspensum zu messen. Die Software stellt die Daten dann in einem Leistungsdiagramm für den Verlauf Ihrer gesamten Saison dar, so dass Sie Ihre Fitness-Fortschritte jederzeit leicht ablesen können.

Dies ist eine Möglichkeit, Ihre Fitness zu bestimmen, indem Sie Ihr Trainingspensum als Maß nutzen. Aber was, wenn Sie sich eine präzisere Methode zur Messung Ihrer Fitness wünschen, die sich auf Physiologie stützt statt auf Arithmetik, um die Fortschritte genauer zu ermitteln? Hier kommen die Labortests ins Spiel, die wir in Kapitel 5 besprochen haben. Solche Tests messen Ihre Fitness und liefern Ihnen Daten, die Sie mit früheren fitnessbezogenen Messdaten vergleichen können, um so Veränderungen Ihrer Physiologie zu erkennen.

Der Nachteil solcher Labortests sind natürlich die Kosten. Dennoch: Je besser Sie darüber Bescheid wissen, was in solchen Labortests gemessen wird, desto besser verstehen Sie, was Fitness ist und was Sie im Training anstellen müssen, um sich auf Wettkämpfe auf hohem Niveau vorzubereiten.

Was in Labortests gemessen wird, ist eigentlich ganz simpel. Es gibt nur drei grundlegende Elemente, die für die Fitness maßgeblich sind: die aerobe Kapazität, die Laktatschwelle und die Ökonomie. Werfen wir rasch einen Blick auf diese drei Elemente, bevor wir uns mit der Frage beschäftigen, wie Sie sie durch spezifische Trainingseinheiten entwickeln können.

Aerobe Kapazität

Die aerobe Kapazität, auch *VO_2max* genannt, bezeichnet Ihre Fähigkeit, Sauerstoff zur Energiebereitstellung zu nutzen. Je mehr Sauerstoff Ihr Körper verarbeiten kann, desto mehr Energie wird produziert und desto kraftvoller oder schneller sind Sie. Im Wettkampf weisen die schnellsten Athleten zumeist auch die höchste aerobe Kapazität aller Teilnehmer auf. Je weiter hinten ein Athlet platziert ist, desto geringer ist normalerweise seine aerobe Kapazität. Das heißt nicht unbedingt, dass Sie nur anhand Ihrer VO_2max Rückschlüsse darauf ziehen könnten, wie Sie sich im Wettkampf im Vergleich mit der Konkurrenz schlagen werden. Die Platzierungen innerhalb Ihrer Altersklasse ergeben sich nicht durch die bloße Rangfolge der aeroben Kapazität aller Teilnehmer. Die beiden anderen physiologischen Faktoren – die Laktatschwelle und die Ökonomie – spielen ebenfalls eine gewichtige Rolle. Für sich genommen reicht keines der drei Elemente aus, Sie zu einem schnellen Athleten zu machen. Zudem berücksichtigen diese Faktoren keine der anderen im Wettkampf wichtigen Komponenten wie Renneinteilung, Verpflegung, Hitzeanpassung et cetera.

Die Bedeutung dieser anderen Aspekte ändert aber nichts an der Notwendigkeit, Ihre aerobe Kapazität möglichst nach oben zu schrauben; die VO_2max bildet buchstäblich das Herzstück der Triathlonfitness. Veränderungen der aeroben Kapazität wirken sich v. a. darauf aus, wie viel sauerstoffreiches Blut Ihr Herz mit jedem Schlag in die Muskulatur pumpt. Dieses Maß, das *Herzschlagvolumen*, hat großen Einfluss darauf, wie hoch Ihre aerobe Kapazität ist. Eines der Ziele des Trainings ist, es zu steigern.

Grundsätzlich gibt es zwei Möglichkeiten, das Herzschlagvolumen zu vergrößern. Die erste ist, im Training möglichst viele Stunden und Kilometer abzuspulen. Das Herz spricht generell positiv darauf an, ausgiebig mit Intensitäten oberhalb von ungefähr 50 Prozent der VO_2max zu trainieren, indem es effizienter und effektiver wird, was letztlich bedeutet, pro Schlag mehr Blut zu pumpen. Ich werde Sie eine Menge solchen Trainings absolvieren lassen, insbesondere in der Grundlagenphase früh in der Saison.

Die andere Möglichkeit, das Herzschlagvolumen (und somit die aerobe Kapazität) zu steigern, ist, hochintensive Intervalle zu absolvieren, insbesondere mit Wattzahlen bzw. einer Pace im Bereich der in Labortests ermittelten VO_2max. Bei dieser Intensität nähern Sie sich Ihrer maximalen Herzfrequenz, es handelt sich also um sehr hohe Belastungen. Mit dieser Methode erzeugen Sie eher ein höheres Herzschlagvolumen, als würden Sie nur auf das Trainingspensum schauen. Die meisten erfahrenen Athleten nutzen beide Methoden, indem sie sowohl ein hohes Pensum an Ausdauereinheiten (Zone 2) als auch hochintensive Intervalle (Zone 4 und 5) absolvieren. Im weiteren Verlauf dieses und der folgenden Kapitel erfahren Sie, wie Sie beides sinnvoll in Ihr Training integrieren.

Neben dem Herzschlagvolumen tragen andere physiologische Elemente zur aeroben Kapazität bei, wie aerobe Enzyme in den Muskeln, Durchmesser und Vasodilatation der Blutgefäße, Blutvolumen, Hämatokritwert oder Anzahl der roten Blutkörperchen. Dies alles spielt eine Rolle dafür, wie viel Sauerstoff in die Muskulatur transportiert wird, wenn Sie richtig Gas geben.

Auch das Körpergewicht hat eine Menge mit der aeroben Kapazität zu tun. Die Formel zur Bestimmung der VO_2max wird in verbrauchten Milliliter Sauerstoff pro Kilogramm Körpergewicht pro Minute ausgedrückt. Das bedeutet, dass sich Ihre VO_2max erhöht, wenn Sie Körpergewicht verlieren – insbesondere wenn Fett abgebaut wird und nicht sportspezifische Muskulatur. Sie haben dieses Phänomen sicher schon am eigenen Leibe erfahren. Wenn Sie zunehmen, kommen Sie bergauf langsamer voran. Umgekehrt fällt Ihnen die Anstrengung bei jeder gegebenen Wattzahl oder Pace leichter, je weniger Sie auf die Waage bringen. Hier zeigt sich eindeutig die direkte Auswirkung des Körpergewichts auf die aerobe Kapazität.

Sicher kennen Sie den Spruch: »Um ein großer Athlet zu werden, muss man sich die richtigen Eltern aussuchen.« Und tatsächlich: Die aerobe Kapazität hängt weitgehend von den Genen ab. (Studien haben gezeigt, dass eineiige Zwillinge eine fast identische aerobe Kapazität haben.) Grämen Sie sich nicht: Zwar gibt es offenbar eine genetische Obergrenze für Ihre VO_2max, aber mit dem richtigen Training können Sie Ihrem maximalen Potenzial recht nahe kommen. Vergessen Sie zudem nicht, dass es zwei weitere physiologische Faktoren gibt, die für Ihre Ausdauerfitness eine wichtige Rolle spielen: Laktatschwelle und Ökonomie.

Laktatschwelle

Die Laktatschwelle (LT2) haben wir erstmals in Kapitel 4 beleuchtet. Dort erläuterte ich, dass sie einer der beiden Intensitäts-Referenzpunkte ist (die LT1 ist der andere), um die herum Sie die Herzfrequenz, Leistung und Pace im Training verteilen sollten. Dort erklärte ich Ihnen außerdem, wie Sie Ihre Trainingszonen festlegen, indem Sie Ihre funktionale Schwellenleistung als Referenzpunkt verwenden (siehe Tabelle 4.1). Nun schließen wir die Überlegungen zur Laktatschwelle ab, indem wir uns ansehen, welche Rolle sie für Ihre Fitness spielt.

Zwar wird in Triathlon-Magazinen viel über die aerobe Kapazität geschrieben, Triathleten, die für individuelle Höchstleistungen trainieren, sollten den Fokus ihres schweren Trainings aber in erster Linie auf die Laktatschwelle LT2 richten. Ihre VO_2max wird sich nicht mehr groß verändern, sofern Sie seit drei Jahren oder mehr mit hohen Intensitäten trainieren und Wettkämpfe bestreiten. Ihre Laktatschwelle hingegen können Sie möglicherweise noch deutlich anheben.

Triathleten, die für Höchstleistungen trainieren, sollten den Fokus ihres schweren Trainings auf die Laktatschwelle richten.

Was also ist die Laktatschwelle? In Kapitel 4 haben Sie erfahren, dass sie in einem Bereich recht hoher Intensität zu verorten ist, etwa bei einer empfundenen Anstrengung von 6 RPE (auf einer Skala von 1 bis 10). Die LT2 beschreibt den Punkt, an dem Sie in den roten Bereich kommen, wenn die Intensität einer Trainingseinheit steigt. Die meisten austrainierten Triathleten können dieses Maß an Anstrengung etwa eine Stunde lang aufrechterhalten. Aber es ist eine Stunde voller Leiden. Die hohe RPE und das Gefühl des Leidens treten infolge chemischer Vorgänge ein, die sich in der arbeitenden Muskulatur vollziehen, wenn diese an ihre Leistungsgrenzen stößt.

Je höher Ihre Laktatschwelle als Prozentsatz Ihrer aeroben Kapazität ist, desto schneller können Sie schwimmen, Rad fahren und laufen.

Je höher Ihre Laktatschwelle (LT2) als Prozentsatz Ihrer aeroben Kapazität ist, desto schneller können Sie schwimmen, Rad fahren und laufen. Daher liegt in diesem und vielen anderen Kapiteln großes Augenmerk auf Training, das sich positiv auf die Laktatschwelle auswirkt. Sofern Sie regelmäßig und häufig die richtigen Einheiten absolvieren, können Sie Ihre beiden laktatbezogenen Schwellen – LT1 und LT2 – erheblich anheben.

Sie werden vermutlich feststellen, dass Sie in den drei Triathlon-Sportarten eine unterschiedliche Laktatschwelle aufweisen. Deshalb ließ ich Sie in Kapitel 4 Feldtests in allen drei Disziplinen unternehmen, um Ihre Intensitätszonen zu bestimmen. Es ist außerdem einer der Gründe, warum in Kapitel 3 das Prinzip der Spezifität erläutert wurde. Falls Sie Ihre Laktatschwelle im Laufen verbessern möchten, müssen Sie Lauf-Einheiten absolvieren. Mit schweren Schwimm-Einheiten werden Sie nichts erreichen. Das liegt daran, dass die Laktatschwelle weitgehend in der Muskulatur auftritt, und da Sie beim Schwimmen, Radfahren und Laufen unterschiedliche Muskeln beanspruchen, gibt es wenig bis gar keine Überschneidung.

Ökonomie ist ein Maß, wie effizient Sie Sauerstoff verwenden, wenn Sie sich bewegen.

Ökonomie

Das letzte der drei grundlegenden Elemente physiologischer Fitness ist die Ökonomie. Wir wissen über die Ökonomie weniger als über die aerobe Kapazität und die Laktatschwelle, dabei ist sie vielleicht sogar der wichtigste Aspekt der drei. Sie bezieht sich darauf, wie effizient Sie Sauerstoff nutzen, wenn Sie sich bewegen. Den verbrauchten Sauerstoff zu messen, ist nur eine andere Weise, die verbrauchte Energie zu bestimmen. Im menschlichen Körper hängt die Sauerstoffaufnahme unmittelbar mit der Energie zusammen, die Sie verbrauchen, wenn Sie aerob trainieren. Sie können sich das so ähnlich vorstellen, als würde man die Wirtschaftlichkeit eines Autos messen. Beim Auto erfolgt das mittels gefahrenen Kilometern pro Liter Kraftstoff. Beim Körper wird die Ökonomie ausgedrückt als Milliliter Sauerstoff pro Minute.

Die Bedeutung der aeroben Kapazität nimmt mit der Renndistanz ab, während die Ökonomie immer wichtiger wird, je länger der Wettkampf ist. Das liegt daran, dass Sie über größere Distanzen, z. B. bei einem Ironman, mit einem niedrigen Prozentsatz Ihrer aeroben Kapazität arbeiten. Eine hohe VO_2max ist Ihnen dabei also von geringem Nutzen. Aber wenn Sie aufgrund mangelhafter Ökonomie bei jedem Schritt und jeder Pedalumdrehung auch nur ein wenig Energie verschwenden (durch übermäßigen Sauerstoffverbrauch), bedeutet dies in der Summe eine Menge vergeudete Energie – und eine schwache Leistung – auf langen Distanzen.

Es gibt ein paar Aspekte der Ökonomie, die Sie kontrollieren können, aber auch andere, gegen die Sie nichts unternehmen können. Manche sind sogar unvereinbar. Beispielsweise verbessert es die Ökonomie beim Schwimmen, lange Arme und große Füße zu haben. Leider haben Sie darauf keinen Einfluss. Ein Radfahrer mit langen Oberschenkeln in Relation zur Beinlänge ist wahrscheinlich ökonomisch. Beim Laufen hingegen sind lange Oberschenkelknochen hinderlich. Für einen Läufer sind vielmehr lange Schienbeine vorteilhaft. Zudem hilft es beim Laufen, klein und leicht zu sein. Als Triathlet profitieren Sie in ökonomischer Hinsicht von einem hohen Anteil an langsam kontrahierenden Muskelfasern. Diese sind gut für die Ausdauer, während schnell kontrahierende Muskelfasern eher Sprintern dienlich sind. Doch dies sind Aspekte, die weitgehend genetisch bestimmt sind.

Welche Aspekte *können* Sie also kontrollieren, um Ihre Ökonomie zu verbessern und somit weniger Sauerstoff pro Minute zu verbrauchen? Der wohl gängigste Faktor ist die Technik. Sie können die Art und Weise verändern, wie Sie sich bewegen, um weniger Energie zu verschwenden. Sollten Sie beschließen, Veränderungen an Ihrer derzeitigen Technik vorzunehmen, müssen Sie sich darüber im Klaren sein, dass Sie zunächst eine Phase durchmachen werden, in der Sie weniger effizient sind. Dies wird sich durch eine höhere Herzfrequenz und eine etwas schwerere Atmung bei gleicher Wattleistung oder Pace bemerkbar machen. Es kann Wochen oder gar Monate dauern, bis Sie die neue Technik so verinnerlicht haben, dass sie Ihnen ganz natürlich erscheint. Aber sobald Sie es geschafft haben, sollten Sie bei gleicher Herzfrequenz schneller sein als zuvor. Der Aufwand lohnt sich also allemal.

Andere Veränderungen, die günstig für die Lauf- und Radökonomie sind, sind eine Reduzierung des Körpergewichts und der Kauf leichterer Ausrüstung. Weitere Maßnahmen, mit denen Sie die Effizienz verbessern können, sind die Verwendung eines Aerolenkers am Zeitfahrrad, neben weiterem aerodynamischen Material und Zubehör wie speziellen Laufrädern, Helmen und Rahmen. Als Schwimmer können Sie an Ihrer Ökonomie arbeiten, indem Sie die Beweglichkeit Ihrer Schultern, Knie und Sprunggelenke verbessern und insbesondere an Ihrer Fähigkeit feilen, Ihre Zehen zu strecken. Interessanterweise zeigen Studien, dass, entgegen der landläufigen Meinung, eine geringere Beweglichkeit der Sprunggelenke für einen ökonomischeren Laufstil sorgt, weil dies offenbar die Freisetzung der in den Wadenmuskeln gespeicherten Energie verbessert. Dies ist eine weitere der widersprüchlichen Probleme des Triathlonsports: Bisweilen führen Verbesserungen in der einen Disziplin zu Einbußen in einer anderen.

Um die Ökonomie zu verbessern, müssen Sie den Schwerpunkt Ihres Trainings auf Intensität und Häufigkeit verlegen. Studien haben gezeigt, dass Training mit hohen Intensitäten und hohem Tempo der Ökonomie durchweg dienlich ist. Wenn Sie an Ihrer Technik arbeiten, um die Ökonomie zu verbessern, sind Einheiten von langer Dauer meist das genaue Gegenteil dessen, was Sie tun sollten.

Um die Ökonomie zu verbessern, müssen Sie den Schwerpunkt Ihres Trainings auf Intensität und Häufigkeit verlegen.

Eine der besten Methoden, Ihre Technik und somit Ihre Ökonomie zu verbessern, ist, eine Sportart häufig zu absolvieren, insbesondere in kurzen Einheiten. Ein Beispiel: Um mit nur zwei Wochenstunden im Wasser ein ökonomischerer Schwimmer zu werden, trainieren Sie lieber vier Mal die Woche nur jeweils 30 Minuten. Damit werden Sie Ihre Ökonomie rascher verbessern, als würden Sie zwei Mal die Woche je eine Stunde trainieren.

Plyometrisches Training – explosive Sprung- und Hüpfübungen – haben sich ebenfalls als förderlich für die Ökonomie im Radfahren und Laufen erwiesen. Wiederholungen am Berg im Radfahren und Laufen funktionieren ähnlich und kommen ebenfalls der Ökonomie zugute. Daher werden wir auf diese Arten von Trainingseinheiten später noch ausführlich zurückkommen.

Ob traditionelles Krafttraining mit Gewichten die Ökonomie verbessert, ist nach wie vor umstritten. Ich persönlich glaube, dass es nützlich ist, denn ich habe im Laufe der Jahre viele von mir betreute Athleten erlebt, die ihre Leistungen erheblich verbesserten, nachdem sie im Winter Gewichte gestemmt hatten – vorausgesetzt, dass die Übungen, die sie absolvierten, die Bewegungen des Sports nachahmten. Oberarmbeugen werden

Sie wohl kaum zu einem besseren Läufer machen. Step-ups hingegen schon.

DIE LEISTUNGSFAKTOREN

Nun ist es an der Zeit, all die wissenschaftlichen Ausführungen über die drei Prädiktoren der Fitness in die Praxis zu überführen und triathlonspezifische Trainingseinheiten zu gestalten. Dazu gliedere ich sämtliche Einheiten nach sechs Kategorien, den *Leistungsfaktoren*. Jeder dieser Leistungsfaktoren hängt auf die eine oder andere Art und Weise mit der aeroben Kapazität, der Laktatschwelle und der Ökonomie zusammen. Sie lauten:

Ausdauer, Kraft und Schnelligkeit sind das Fundament Ihrer Wettkampffitness.

- Ausdauer
- Kraft
- Schnelligkeit
- Kraftausdauer
- Aerobe Kapazität
- Schnellkraft

Die drei ersten bilden die grundlegenden Leistungsfaktoren, die gut entwickelt sein müssen, bevor Sie sich den anderen drei widmen können, die ich die erweiterten Leistungsfaktoren nenne. Lassen Sie uns die sechs Faktoren kurz einzeln beleuchten. Ich werde im weiteren Verlauf dieses Buchs immer wieder auf diese Begriffe zurückkommen, wenn wir das Training erörtern; es ist also wichtig, ein gewisses Grundverständnis von ihnen zu haben.

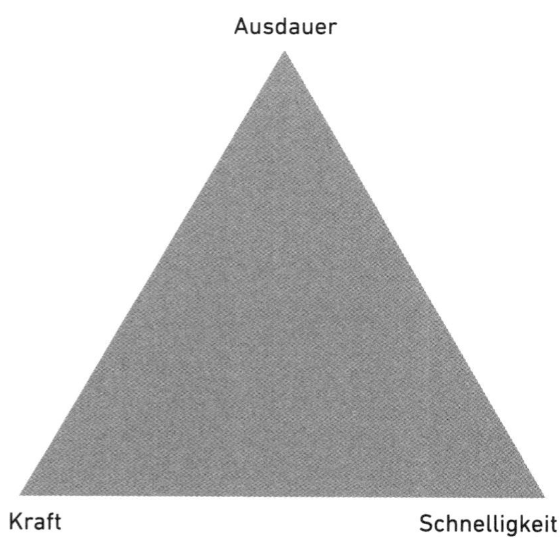

ABBILDUNG 6.1 Grundlegende Leistungsfaktoren

Grundlegende Leistungsfaktoren

Die grundlegenden Leistungsfaktoren – Ausdauer, Kraft und Schnelligkeit – sind so wichtig, weil sie das Fundament bilden, auf dem die Wettkampffitness aufbaut. Je besser entwickelt diese Qualitäten sind, desto größer ist letztlich Ihre Wettkampffitness. Sind Ihre grundlegenden Leistungsfaktoren unzureichend entwickelt, wird Ihr Training der erweiterten Faktoren dürftig ausfallen und Sie werden Ihr Potenzial nicht ausschöpfen.

Die grundlegenden Leistungsfaktoren (Abbildung 6.1) sind generell diejenigen, auf die sich ein Triathlet zu Beginn der Saison (in der Grundlagenphase) konzentrieren und zu denen er nach langen Taperings und nach ausgedehnter Regeneration im Anschluss an Wettkämpfe zurückkehren sollte. In solchen Phasen eingeschränkten Trainings lassen die grundlegenden Leistungsfaktoren allmählich nach und müssen aufgefrischt werden.

Ausdauer ist die Fähigkeit, eine Aktivität bei geringer Intensität lange fortsetzen zu können. Sie wird durch lange, relativ lockere, gleichmäßige Trainingseinheiten in Herzfrequenz-, Pace- oder Watt-Zone 2 (siehe Tabelle 4.1) entwickelt. Solche Einheiten spielen eine wichtige Rolle für die Entwicklung der aeroben Kapazität, denn sie machen einen hohen Anteil des Trainingsumfangs aus (erinnern Sie sich, dass hohe Umfänge die VO_2max verbessern). Ausdauer-Einheiten leisten dies, indem sie mehrere positive Veränderungen Ihrer Physiologie herbeiführen. Zum Beispiel sorgt viel Ausdauertraining dafür, dass manche Ihrer schnell arbeitenden Muskeln (die »Sprintmuskeln«)

beginnen, die Ausdauereigenschaften von langsam arbeitenden Muskeln anzunehmen. Ihr Blut wird besser darin, Sauerstoff in die Muskeln zu bringen. Ihr Körper bildet mehr Kapillaren aus, um das sauerstoffreiche Blut in die Muskeln zu transportieren. Die Muskelzellen nutzen den Sauerstoff, um mehr Enzyme für die Energiegewinnung zu produzieren. Die Liste der Vorzüge, die solches Training für die Ausdauer hat, ist lang. Dies ist ohne jeden Zweifel der wichtigste der sechs Leistungsfaktoren für einen Triathleten. Als Ausdauerathlet müssen sie logischerweise über eine gute Ausdauer verfügen.

Später werden Sie lernen, wie Sie die Ausdauer im Laufe der Saison messen, indem Sie mit Hilfe des sogenannten *Effizienz-Faktors* Ihre Fortschritte bestimmen. Dieser Test verrät Ihnen Woche für Woche, wie Ihre Ausdauer sich entwickelt.

Kraft meint die Fähigkeit, einen Widerstand zu überwinden. Beim Schwimmen erzeugt das Wasser einen Widerstand, weil es ein so dichtes Medium ist. Beim Radfahren und Laufen ist es die Luft, die für den Widerstand sorgt. Bei Gegenwind ist dieser Widerstand sogar noch größer. Wenn Sie bergauf fahren oder laufen, sorgt die Schwerkraft für einen Widerstand. Je besser Sie darin sind, einen solchen Widerstand zu überwinden, desto schneller können Sie schwimmen, Rad fahren und laufen.

In physiologischer Hinsicht bildet die Muskulatur den Schlüssel für diese Fähigkeit, insbesondere die Agonisten für jede Sportart, d. h. die aktiv die Bewegung bestimmenden Muskeln. Sind diese gut entwickelt (aber nicht zu massig), werden Sie sich gut schlagen, wenn der Widerstand hoch ist. Falls die Agonisten aber schwach entwickelt sind, spielt es keine Rolle, wie gut Ihre Ausdauer ist – Sie werden immer langsam sein. Kraft ist eng mit der Ökonomie verknüpft. Falls Sie einen Widerstand leicht überwinden können, dann sind Sie ökonomisch.

Kraft wird durch Training mit Widerständen verbessert: Arbeit mit Gewichten; Radfahren und Laufen mit Gegenwind und an Anstiegen; Schwimmen mit Widerstandsgürtel und anderen Geräten oder bei Wellengang. Das Training ist simpel – aber nicht leicht. Kraft-Einheiten sind in der Regel mit sehr hoher Intensität absolvierte, kurze Intervalle, bei denen Sie gegen eine der oben genannten Arten von Widerstand arbeiten. In der Anfangsphase der Trainingssaison können Sie den Kraftraum aufsuchen. Danach müssen Sie Ihre Einheiten ins Becken und auf die Straße verlegen, um sportspezifischeres Krafttraining zu absolvieren. Natürlich werden Sie Ihre muskuläre Kraft, nachdem Sie sie im Kraftraum aufgebaut und dann in Kraft fürs Schwimmen, Radfahren und Laufen überführt haben, auch weiterhin mit entsprechendem Training erhalten müssen.

Schnelligkeit ist die Fähigkeit, die für eine Sportart notwendigen Bewegungen effizient und effektiv auszuführen. Wie oben erwähnt, ist die Entwicklung der Technik eine der besten Möglichkeiten, die Ökonomie zu verbessern und damit die Fitness zu steigern. Die Bewegungen mancher Sportarten sind sehr komplex und nicht leicht zu erlernen; die Arbeit an der Technik ist aber in jeder Sportart unumgänglich. Im Triathlon ist das Schwimmen die technisch anspruchsvollste Disziplin. Radfahren und Laufen erfordern weniger komplexe Bewegungsabläufe, bar jeder Anforderungen an die Technik sind aber auch sie nicht. Wer sich die technischen Fertigkeiten im Schwimmen, Radfahren und Laufen aneignet, dessen Fitness und Wettkampfleistungen werden sich verbessern, weil er oder sie ökonomischer geworden ist.

Schnelligkeit ist die Fähigkeit, die Bewegungen eines Sports effizient und effektiv auszuführen.

Ich nenne diesen Leistungsfaktor *Schnelligkeit*, weil es darum geht, die Bewegungen, egal wie komplex sie sind, in dem Tempo auszuführen, das für den Wettkampf erforderlich ist. Ich meine damit nicht die Geschwindigkeit, mit der Sie sich fortbewegen, sondern vielmehr wie effizient Ihre Arme und Beine arbeiten. Die hohen Kadenzen, mit denen Sie im Rennen schwimmen, Rad fahren und laufen, müssen technisch sauber ausgeführt werden. Es ist nicht schwer, eine Technik zu beherrschen, solange sie langsam ausgeführt wird. Tatsächlich ist das die Methode, mit der man sich neue Techniken zunächst aneignen sollte – mit geringer Kadenz. Doch auch wenn die Anforderungen des Trainings oder Rennens steigen, müssen Sie in der Lage sein, bei höherer Kadenz eine effiziente Technik aufrechtzuerhalten. Werden Sie bei hohen Kadenzen nachlässig, verschwenden Sie Energie und Ihre Fitness wird darunter leiden.

Kraftausdauer meint die Fähigkeit, einen moderat hohen Einsatz über einen moderat langen Zeitraum beizubehalten.

Schnelligkeit wird durch Technik-Übungen (Drills), schnelle Wiederholungen von wenigen Sekunden Dauer und sportartspezifische Übungen wie plyometrisches Training erlernt und verbessert. Wie im Abschnitt über die Ökonomie erläutert, erlernen Sie eine neue Technik am besten durch kurze, jedoch häufige Einheiten. In Kapitel 12 befassen wir uns mit den vielen Einzelheiten der Schwimm-, Rad- und Lauftechnik.

Erweiterte Leistungsfaktoren

Sobald Sie früh in der Saison Ihre grundlegenden Leistungsfaktoren entwickelt haben, müssen Sie das Training auf die erweiterten Leistungsfaktoren Kraftausdauer, aerobe Kapazität und Schnellkraft verlagern (Abbildung 6.2). Für erfahrene, ambitionierte Triathleten bilden diese den Schlüssel für herausragende Wettkampfleistungen, denn sie beeinflussen maßgeblich, wie schnell Sie sind und wie lange Sie eine hohe Leistung aufrechterhalten können.

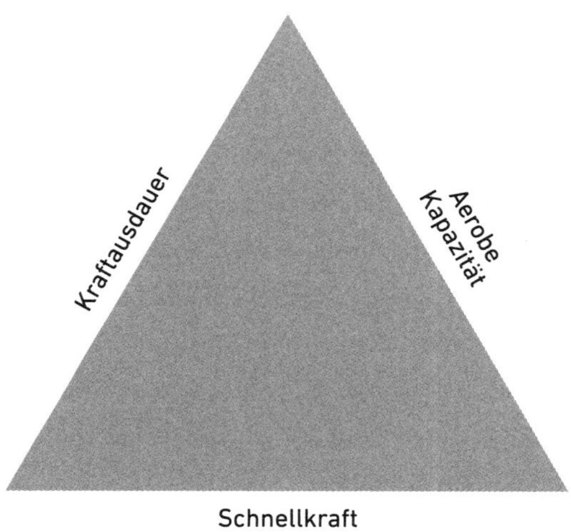

ABBILDUNG 6.2 Erweiterte Leistungsfaktoren

Kraftausdauer ist die Fähigkeit, die letztlich den Ausschlag darüber gibt, wie schnell Sie in einem Triathlon sind. Es ist daher keine Überraschung, dass die Trainingspläne, die wir später erörtern, in den letzten Wochen vor wichtigen Rennen eine beträchtliche Menge an Kraftausdauer-Einheiten vorsehen.

Kraftausdauer meint die Fähigkeit, für einen *moderat* langen Zeitraum mit *moderat* hohem Einsatz zu schwimmen, Rad zu fahren und zu laufen. Die Dauer ist »moderat«, weil sie kürzer ausfällt als das, was Sie in Ausdauer-Einheiten leisten. Die Intensität ist höher als beim Ausdauertraining, aber nicht so groß wie beim Training für die aerobe Kapazität. Wenn Sie Ihre Kraftausdauer trainieren, bewegen Sie sich an oder knapp unterhalb der LT2. Es ist also moderat intensiv.

Ihre Kraftausdauer entwickeln Sie durch lange Intervalle (6 bis 12 Minuten) mit kurzen Erholungspausen oder durch lange, gleichmäßige Belastungen (20 bis 60 Minuten) in den Herzfrequenz-, Watt- oder Pace-Zonen 3 und 4. Dies sind harte Einheiten, doch sie machen sich mit einer deutlich verbesserten Fitness bezahlt. Wie für die Laktatschwelle gilt auch für die Kraftausdauer, dass Sie sportspezifische Einheiten unternehmen müssen. Um die Kraftausdauer für das Laufen zu verbessern, müssen Sie Lauf-Einheiten absolvieren. Mit Schwimm-Intervallen kommen Sie da nicht weiter. Wenn Sie den Anleitungen in den späteren Kapiteln folgen, werden Sie in allen drei Disziplinen eine erhebliche Menge solcher Einheiten absolvieren.

Aerobe Kapazität ist die Fähigkeit, einige Minuten mit sehr hoher Anstrengung, deutlich über der Laktatschwelle (LT2) in den Zonen 5a und 5b, zu arbeiten. Solche Einheiten sind das beste Training, um Ihre $V0_2max$ zu verbessern.

Einheiten für die aerobe Kapazität erfordern kurze – wenige Sekunden bis ein paar Minuten – und sehr intensive Intervalle in den Zonen 5a und 5b mit ebenso langen oder etwas kürzeren Erholungspausen zwischen den Belastungen. Sie sollten das Training für diesen Leistungsfaktor dosiert und mit äußerster Vorsicht angehen. Diese Einheiten haben es in sich; sie sind wahrlich kein Zuckerschlecken. In den Anleitungen, die noch folgen, werden Sie sehen, dass ich solche Trainingseinheiten nur zu wenigen ausgewählten Zeitpunkten in der Saison vorsehe.

Schnellkraft ist die Fähigkeit, für wenige Sekunden mit sehr hoher Leistung zu sprinten. Verbessern lässt sie sich durch sehr kurze Intervalle (weniger als 20 Sekunden) mit maximalem Einsatz und langen Erholungspausen dazwischen (mehrere Minuten). Schnellkraft ist insbesondere im Radsport gefragt, z. B. bei Zielankünften von Flachetappen der Tour de France, aber im Triathlon von eher geringer Bedeutung. Der Ausgang eines Triathlons wird nur selten durch einen Zielsprint entschieden. Die Schnellkraft ist daher derjenige der sechs Leistungsfaktoren, um den Sie sich vermutlich nicht den Kopf zerbrechen müssen.

DIE BEGRENZER BESTIMMEN

In Kapitel 5 machte ich Sie mit dem Konzept der Begrenzer bekannt. Ein Begrenzer ist eine wettkampfspezifische Schwäche, die Sie daran hindert, in einem bestimmten Rennen erfolgreich zu sein. Warum ich von einer »wettkampfspezifischen« Schwäche spreche? Weil nicht alle Ihre Schwäche für Ihre Wettkampfleistungen relevant sind. Schauen wir uns ein Beispiel an. Es kann sein, dass ein Athlet auf dem Rad nicht besonders gut an Anstiegen ist. Das ist definitiv eine Schwäche. Aber falls das wichtigste Rennen dieses Athleten auf einer flachen Strecke stattfindet, stellt diese Schwäche keinen Begrenzer dar. Sie steht einem Erfolg nicht im Wege. Daher sind Begrenzer wettkampfspezifisch. Sie können sich Ihre Begrenzer als ein Missverhältnis zwischen Ihren Defiziten und den Anforderungen des Rennens vorstellen, für das Sie trainieren. Alle Athleten haben Begrenzer, selbst Profis. Es ist nur so, dass sich die Begrenzer bei manchen Athleten deutlicher bemerkbar machen als bei anderen. Das gilt gewiss auch für die drei Teildisziplinen beim Triathlon. Eine oder zwei davon stellen Begrenzer für Sie dar, was bedeutet, dass Sie in einer Disziplin schwächer sind als in einer anderen. Sie könnten z. B. ein herausragender Radfahrer und Läufer sein, aber nur ein mittelprächtiger Schwimmer. In diesem Fall ist Schwimmen ein Begrenzer, denn es ist ein Defizit, das im Wettkampf für Sie ein Problem darstellt. Innerhalb des Schwimmens könnte es wiederum die Schnelligkeit sein, die bessere Leistungen im Wasser verhindert. Sie könnten auch feststellen, dass Ihnen schwerer Seegang im Freiwasser nicht liegt. Aber sofern Ihre wichtigsten Rennen in ruhigen Gewässern ausgetragen werden, stellt dieses Defizit keinen Begrenzer dar.

Ein Begrenzer ist eine spezifische Schwäche, die zwischen Ihnen und Ihrem Ziel steht.

In gleicher Weise könnten Sie Ihre Stärken und Schwächen in allen drei Sportarten unter die Lupe nehmen, um zu beurteilen, bei welchen Leistungsfaktoren Sie Defizite aufweisen. Sobald Sie dies ergründet haben, wissen Sie recht genau, was von nun an einen Schwerpunkt Ihres Trainings bilden sollte.

Wie bestimmen Sie Ihre Begrenzer in jeder Disziplin? Vielleicht haben Sie schon eine recht gute Vorstellung davon, welches Ihre Stärken und Schwächen sind. Zweifellos wissen Sie, welche

INFOKASTEN 6.1 Bewertung der grundlegenden Leistungsfaktoren in den drei Sportarten

Lesen Sie jede der folgenden Aussagen durch und entscheiden Sie jeweils, ob Sie der Auffassung sind, dass diese auf Sie zutrifft oder nicht. Prüfen Sie Ihre Antwort. Wenn Sie sich unsicher sind, folgen Sie Ihrem ursprünglichen Gefühl. Machen Sie das Ganze drei Mal – jeweils einzeln für Schwimmen, Radfahren und Laufen.

X = ICH STIMME ZU O = ICH STIMME NICHT ZU

_____ 1. Ich schwimme/fahre/laufe mit geringer Zug-, Tritt- bzw. Schrittfrequenz.

_____ 2. Ich bevorzuge Rennen mit relativ kurzem Schwimm/Rad/Lauf-Abschnitt.

_____ 3. Werden die Schwimm/Rad/Lauf-Intervalle schneller und kürzer, schlage ich mich besser als die meisten meiner Trainingspartner.

_____ 4. Am Ende sehr langer Schwimm/Rad/Lauf-Einheiten bin ich stärker als meine Trainingspartner.

_____ 5. Im Kraftraum bin ich stärker als die meisten Athleten meiner Größe.

_____ 6. Ich ziehe lange Schwimm/Rad/Lauf-Einheiten den kürzeren vor.

_____ 7. Ich bin besser darin als die meisten meiner Altersklasse, in unruhigem Wasser zu schwimmen bzw. bergauf zu fahren/laufen.

_____ 8. Ich genieße Wochen mit hohen Schwimm/Rad/Lauf-Umfängen.

_____ 9. Ich empfinde meinen Schwimmzug/Tritt/Laufschritt als kurz und schnell.

_____ 10. Ich war bei kurzen, schnellen Schwimm/Rad/Lauf-Einheiten schon immer besser als in langen Ausdauer-Einheiten.

_____ 11. Ich beende lange Schwimm/Rad/Lauf-Einheiten stärker als die meisten meiner Trainingspartner.

_____ 12. Ich bin muskulöser als die meisten Schwimmer/Radfahrer/Läufer meines Alters und Geschlechts.

_____ 13. Mein Oberkörper (Schwimmen) bzw. meine Beine (Radfahren/Laufen) sind kräftig.

_____ 14. Ich empfinde meine Schwimm/Rad/Lauf-Technik als sehr gut.

_____ 15. Am Beginn langer Einheiten bin ich zuversichtlich, was meine Schwimm/Rad/Lauf-Ausdauer betrifft.

BEWERTUNG: Zählen Sie für jede der folgenden Aussage-Reihen die Anzahl der zustimmenden Antworten zusammen, die Sie jeweils oben angekreuzt haben, und notieren Sie diese Zahl an der dafür vorgesehenen Stelle. Machen Sie dies jeweils einzeln für Schwimmen, Radfahren und Laufen.

AUSSAGEN			
	1, 5, 7, 12, 13: Anzahl der »Ich stimme zu«	_____	Kraft
	2, 3, 9, 10, 14: Anzahl der »Ich stimme zu«	_____	Schnelligkeit
	4, 6, 8, 11, 15: Anzahl der »Ich stimme zu«	_____	Ausdauer

BEWERTUNG NACH SPORTART: Tragen Sie unten Ihr Ergebnis für jeden der drei grundlegenden Leistungsfaktoren in den einzelnen Teildisziplinen ein. Je geringer der erzielte Wert, umso größer ist die Wahrscheinlichkeit, dass Sie hier eine Schwäche und womöglich einen Begrenzer aufweisen. Ein Ergebnis von 0 oder 1 weist definitiv auf eine Schwäche hin, eine 4 oder 5 ist ein deutlicher Hinweis auf eine Stärke.

SCHWIMMEN		RADFAHREN		LAUFEN	
Kraft	_____	Kraft	_____	Kraft	_____
Schnelligkeit	_____	Schnelligkeit	_____	Schnelligkeit	_____
Ausdauer	_____	Ausdauer	_____	Ausdauer	_____

der drei Sportarten Ihre stärkste und welche Ihre schwächste ist. Sie ahnen vielleicht sogar, woran das mit Blick auf die Leistungsfaktoren liegen könnte. Infokasten 6.1 liefert einen Schnelltest zur Bestimmung Ihrer Defizite. Beantworten Sie den Katalog simpler, direkter Fragen und lesen Sie dann weiter, was Ihnen die Ergebnisse sagen.

Der Schnelltest ist beileibe nicht der Weisheit letzter Schluss, aber er kann Ihnen helfen, mutmaßliche Schwächen bei den drei grundlegenden Leistungsfaktoren zu bestätigen. Derlei Defizite zu bestimmen, kann recht knifflig sein, insbesondere falls Sie ein erfolgreicher Triathlet sind. Wie Sie anhand des Tests gemerkt haben, gehört zu der Beurteilung mehr, als die schwächste Teildisziplin zu kennen. Der Schlüssel für zielgerichtetes Training ist zu wissen, an welchen der insgesamt neun grundlegenden Leistungsfaktoren (drei pro Sportart) es hapert.

Wie aber ist es mit Schwächen hinsichtlich der erweiterten Leistungsfaktoren? Diese resultieren jeweils aus mangelhaft entwickelten grundlegenden Leistungsfaktoren, über die Sie inzwischen Bescheid wissen sollten. Abbildung 6.3 kann helfen, Ihre Defizite in diesem Bereich aufzuspüren. Wie Sie sehen, befinden sich die drei erweiterten Leistungsfaktoren jeweils an den Seiten des Dreiecks, während die grundlegenden Leistungsfaktoren die Eckpunkte bilden. Jeder der erweiterten Leistungsfaktoren basiert jeweils auf den beiden grundlegenden Faktoren, die die Ecken der Seite bilden. So ist beispielsweise der erweiterte Faktor *Kraftausdauer* das Produkt aus den beiden grundlegenden Faktoren *Ausdauer* und *Kraft*. Falls einer dieser beiden grundlegenden Leistungsfaktoren unzureichend ausgebildet ist, wird auch der resultierende erweiterte Faktor vermutlich schwach entwickelt sein. Wenn entweder Ihre *Ausdauer* oder *Kraft* schwach ist, ist mutmaßlich auch Ihre *Kraftausdauer* zu bemängeln. Und wenn beide, sowohl *Ausdauer* als auch *Kraft*, eine Schwäche darstellen, müssen Sie sogar davon ausgehen, dass auch *Kraftausdauer* eine Schwäche ist.

Indem Sie Ihre Ergebnisse aus Infokasten 6.1 mit Abbildung 6.3 vergleichen, bekommen Sie eine recht genaue Vorstellung davon, welches Ihre Schwächen sind. Das bedeutet wie gesagt nicht zwingend, dass diese Schwächen auch Begrenzer darstellen. Wir kehren gleich noch einmal zu diesem Sachverhalt zurück.

Bei Anfängern sind es normalerweise die grundlegenden Leistungsfaktoren, die Begrenzer darstellen. Darauf sollten Triathlon-Neulinge den Schwerpunkt ihres Trainings legen. Es besteht kein Grund, an den erweiterten Leistungsfaktoren zu arbeiten, solange die grundlegenden Leistungsfaktoren nicht entwickelt sind, was ein bis drei Jahre Grundlagentraining erfordern kann. Für erfahrene Athleten, die mehrere Jahre damit verbracht haben, Ausdauer, Kraft und Schnelligkeit zu entwickeln, sind die erweiterten Leistungsfaktoren Kraftausdauer und aerobe Kapazität häufige Begrenzer. Aber nicht immer. Ein erfahrener Sportler, der sich auf hochintensive Intervalle und

Der Schlüssel für zielgerichtetes Training ist zu wissen, an welchen der insgesamt neun grundlegenden Leistungsfaktoren es hapert.

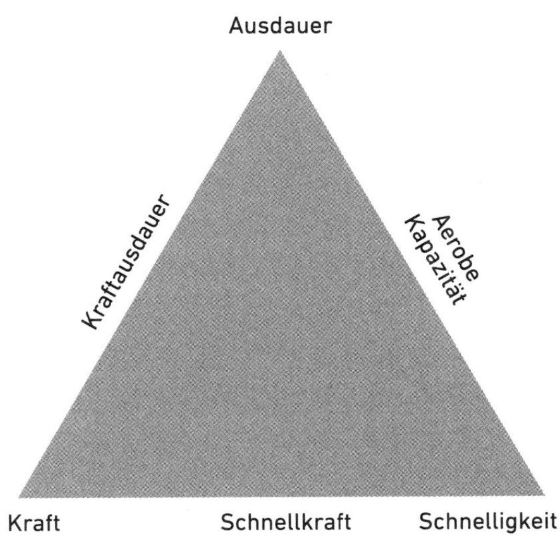

ABBILDUNG 6.3 Das komplette Dreieck der Leistungsfaktoren

Steady-State-Einheiten in Zone 3 konzentriert hat, hat wahrscheinlich Defizite bei den grundlegenden Leistungsfaktoren. Dies ist ein recht häufiges Problem bei in Eigenregie trainierenden Sportlern. Ein Athlet ist niemals so weit fortgeschritten, dass er oder sie das Training der grundlegenden Leistungsfaktoren auslassen könnte. Die besten Profi-Triathleten sind dafür bekannt, dass sie weiterhin an ihre Grundlagen arbeiten.

Ihre Begrenzer können entweder grundlegende oder erweiterte Leistungsfaktoren betreffen.

Es gibt noch zahlreiche andere mögliche Defizite jenseits der sechs Leistungsfaktoren aus Abbildung 6.3, die Ihre Leistungsfähigkeit einschränken könnten. Diese haben größtenteils mit Ihren Lebensumständen zu tun und umfassen solche Aspekte wie inkonsistentes Training, eingeschränkte Trainingszeit, schlechtes Material, mangelhafte Ernährung, mangelndes Selbstvertrauen, ungeeignetes Trainingsumfeld, häufige Erkrankungen oder Verletzungen, Hang zum Übertraining, unangemessene Körperzusammensetzung, unzureichender Schlaf, außergewöhnliche psychische Belastungen, ein körperlich anstrengender Job und vieles mehr. Auch solche Dinge müssen angesprochen werden, wollen Sie als Triathlet auch nur annähernd Ihr Potenzial ausschöpfen. Vermutlich wissen Sie, welche auf Sie zutreffen und was Sie dagegen unternehmen können. Dieses Buch schneidet einige dieser Aspekte an, aber das Hauptaugenmerk gilt Ihren Begrenzern hinsichtlich der grundlegenden und erweiterten Leistungsfaktoren.

LEISTUNGSFAKTOREN UND TRAINING

Fassen wir noch einmal zusammen. Eine sportspezifische Stärke oder Schwäche ist etwas, das Sie aufgrund Ihrer Erfahrung oder anhand von Infokasten 6.1 als etwas bestimmt haben, was Sie im Rennen entweder gut oder nur unzureichend hinbekommen. Im Hinblick auf die grundlegenden Leistungsfaktoren bedeutet dies, dass Sie in den drei Sportarten entweder gute oder schlechte Ausdauer, Kraft und Schnelligkeit aufweisen. Bei fortgeschrittenen Athleten bedeutet eine Stärke oder Schwäche hinsichtlich der erweiterten Leistungsfaktoren, dass Kraftausdauer und aerobe Kapazität gut bzw. nicht ausreichend entwickelt sind.

Ein Begrenzer ist eine wettkampfspezifische Schwäche, die Sie in Ihren wichtigsten Rennen der Saison an noch besseren Leistungen hindert, weil diese Fähigkeit gut entwickelt sein müsste, um in diesen Wettkämpfen Erfolg haben zu können. Ihre Begrenzer können entweder grundlegende oder erweiterte Leistungsfaktoren betreffen. Normalerweise bedeutet jedoch ein schwach entwickelter grundlegender Leistungsfaktor, dass auch einer der erweiterten Faktoren beeinträchtigt ist.

Wettkämpfe stellen hinsichtlich der Leistungsfaktoren spezifische Anforderungen. Falls Sie z. B. einen Ironman bestreiten, für den eine sehr gute Ausdauer erforderlich ist, und Ausdauer zufällig eine Ihrer Schwächen in einer der drei Sportarten ist, dann ist sie auch ein Begrenzer. Bei einem Sprint-Triathlon ist es eher unwahrscheinlich, dass die Ausdauer einen Begrenzer darstellt. Falls auf der Radstrecke anspruchsvolle Anstiege warten und Kraft auf dem Rad eine Ihrer Schwächen ist, dann ist sie ein Begrenzer. Auf flacher Strecke hingegen wird sie vermutlich keinen Begrenzer darstellen, selbst wenn sie eine Schwäche ist. Erfahrene Athleten benötigen ein hohes Maß an aerober Kapazität, wenn sie über kurze Distanzen antreten. Falls die aerobe Kapazität eine Schwäche ist, so ist sie in diesem Fall auch ein Begrenzer. Defizite bei der Kraftausdauer in einer Disziplin stellen mit großer Gewissheit schlicht aufgrund der besonderen Anforderungen des Sports in jeder Art von Triathlon einen Begrenzer dar. Deswegen werden Ihnen in späteren Kapiteln so viele Anregungen und Tipps für das Kraftausdauer-Training begegnen.

Sie werden nie Ihr volles Potenzial als Triathlet ausschöpfen, sofern Sie nicht Ihre Begrenzer verbessern. Inzwischen sollten Sie eine Vorstellung davon haben, welches Ihre Begrenzer sind. Diese zu bestimmen, ist im Übrigen kein negatives Unterfangen; es ist im Gegenteil eine sehr positive Erfahrung, denn sobald es erledigt ist, können Sie gezielt trainieren, um Ihre Begrenzer zu verbessern und Ihre Ziele zu erreichen. So einfach ist das.

Wenn Sie sich daranmachen, Ihre Begrenzer zu bestimmen, lautet die entscheidende Frage, die Sie im Hinterkopf haben sollten: Welche Defizite halten Sie von herausragenden Leistungen ab? Diese Frage zu beantworten, ist entscheidend dafür, Ihre Ziele zu erreichen. Die meisten Athleten stellen sie sich nie. Viele trainieren ohne Sinn und Zweck und machen planlos das, wonach ihnen gerade ist. Die meisten verlegen den Schwerpunkt leider auf das, worin sie bereits gut sind. Gute Kletterer trainieren häufig viel am Berg. Ausdauerstarke Sportler absolvieren oft vorwiegend lange Einheiten. Diesen Athleten ist einfach nicht klar, dass sie nie einen Durchbruch erleben werden, bis sie nicht an den Aspekten arbeiten, die sie ausbremsen. Sich weiterhin nur auf die Stärken zu konzentrieren und die Begrenzer zu ignorieren, bedeutet, dass sich die Leistung wenig bis gar nicht verändern wird.

Kurzum: Um zielgerichtet trainieren zu können, müssen Sie sowohl Ihre Schwächen als auch die Anforderungen des Wettkampfs kennen, auf den Sie sich vorbereiten. Genau so funktioniert ein auf Ihre Begrenzer ausgerichtetes Training.

Und wie sieht es mit Ihren Stärken aus? Was beherrschen Sie in jeder der drei Sportarten bereits recht gut? Wie passt dies in Ihren Trainingsplan? Gewiss wollen Sie Ihre Stärken nicht untergraben oder gar einbüßen, und damit haben Sie ja auch vollkommen recht. Was Ihre Stärken anbelangt, gibt es zwei grundsätzliche Überlegungen. Die erste bezieht sich auf Ihr Training. Manche Einheiten müssen sich an Ihre Stärken richten, so dass diese Ihnen erhalten bleiben. Falls Ausdauer eine Ihrer Stärken ist, müssen Sie die Saison über hin und wieder Ausdauer-Einheiten einstreuen. Jedoch brauchen Sie davon nicht so viele zu absolvieren wie jemand, der Defizite in diesem Bereich hat. Es ist einfacher, eine Stärke zu erhalten, als einen Begrenzer zu verbessern – Sie müssen in Ihrem Training also die angemessene Balance wahren. Das allerdings ist keineswegs einfach. Wir werden später noch darauf zurückkommen, wenn wir uns damit beschäftigen, Ihre tägliche Trainingsroutine festzulegen.

Die andere Überlegung mit Blick auf Ihre Stärken ist die Wahl der Wettkämpfe. Falls Sie sich aussuchen können, welche Triathlons Sie im Laufe der Saison bestreiten möchten, haben Sie vermutlich bessere Erfolgsaussichten, wenn diese Ihren Stärken entgegenkommen. Falls Ausdauer eine Ihrer Stärken ist, werden Sie sich vermutlich bei längeren Distanzen gut aus der Affäre ziehen. Falls Sie über eine gute aerobe Kapazität verfügen, werden Sie sich bei Sprint-Triathlons hervortun. Sind Sie stark am Berg, sollten Sie Rennen mit vielen Anstiegen bestreiten. Erfolg hängt in hohem Maße auch von der Wahl der Wettkämpfe ab. Natürlich haben Sie nicht immer den Luxus, sich Rennen herauszusuchen, die auf Ihre Stärken zugeschnitten sind. Bestimmte Saisonhöhepunkte wie nationale oder internationale Meisterschaften finden nur ein Mal im Jahr statt und es kann sein, dass das Streckenprofil so gar nicht nach Ihrem Geschmack ist. Das ist nicht zu ändern. In solchen Fällen bleiben Ihnen eigentlich nur zwei Möglichkeiten: Entweder verzichten Sie auf den Start oder Sie arbeiten daran, Ihre Begrenzer zu verbessern. Ich vermute, dass Sie sich im Zweifel dafür entscheiden werden, das Rennen zu bestreiten und sich

Wählen Sie Wettkämpfe aus, die gut zu Ihren Stärken passen.

im Training reinzuhängen, um Ihre Begrenzer zu beheben.

Sollten Sie sich vornehmen, einen Wettkampf zu bestreiten, der nicht Ihren Fähigkeiten entspricht, müssen Sie sich zudem eine Strategie rund um Ihre Stärken und Schwächen zurechtlegen. Ihr Ziel muss es sein, Ihre sportspezifischen Stärken auszuspielen und möglichst viel Zeit gutzumachen, während Sie die Verluste auf den Abschnitten, die Ihnen nicht liegen, in Grenzen halten. Das kann eine echte Herausforderung sein, aber es macht den Sport auch so interessant und befriedigend. Unter widrigen Umständen eine starke Leistung abzuliefern, ist ein umso schöneres Erlebnis.

FAZIT: FITNESSAUFBAU

Dieses Kapitel befasste sich mit den Elementen der Fitness, die von der Sportwissenschaft generell als die physiologischen Messgrößen der Ausdauerleistungsfähigkeit erachtet werden: aerobe Kapazität (VO_2max), Laktatschwelle und Ökonomie. Zusammenfassend lässt sich festhalten, dass die aerobe Kapazität weitgehend genetisch vorgegeben ist, optimiert durch konsistentes Training über viele Jahre. Je länger der Wettkampf ist, umso geringer ist die Rolle, die die aerobe Kapazität für die Leistung spielt; dennoch kann es nie schaden, eine hohe VO_2max aufzuweisen. Die Laktatschwelle kann durch entsprechendes Training enorm verbessert werden. Sofern Sie sie auf einen höheren Prozentsatz Ihrer aeroben Kapazität bringen können, sollten Sie kontinuierliche Verbesserungen Ihrer Wettkampfleistungen verzeichnen. Die Ökonomie ist von diesen dreien der vielleicht beste Prädiktor der Leistungsfähigkeit, gibt der Sportwissenschaft aber noch viele Rätsel auf. Einige der Faktoren, die erwiesenermaßen maßgeblich sind, entziehen sich Ihrer Kontrolle, da sie genetisch bedingt sind. Die Variablen, die Sie beeinflussen können, erfordern oftmals viel Zeit und Geduld (z. B. Umstellung der Technik), sind schwer umzusetzen (z. B. Abnehmen) oder teuer (z. B. ein leichteres Rad kaufen).

Wir haben in diesem Kapitel außerdem einen Blick auf die Leistungsfaktoren geworfen. Dies sind diejenigen physiologischen Stärken und Schwächen, die relevant für Ihre Wettkampfleistungen sind: zum einen die grundlegenden Leistungsfaktoren Ausdauer, Kraft und Schnelligkeit, zum anderen die erweiterten Leistungsfaktoren Kraftausdauer, aerobe Kapazität und Schnellkraft. Jeder der Leistungsfaktoren bedingt eine bestimmte Art von Training und hängt auf die eine oder andere Art und Weise mit den drei Messgrößen der Fitness zusammen. Dass Verständnis dieser Leistungsfaktoren wird Ihnen helfen, zu bestimmen, wie Sie für Ihre Wettkämpfe trainieren müssen.

Dies brachte uns auf das Konzept der Begrenzer. Falls ein Wettkampf eine gute Entwicklung eines Leistungsfaktors erfordert, Sie in diesem Bereich aber Defizite aufweisen, so wird Ihr Leistungspotenzial dadurch eingeschränkt. Eines der wichtigsten Ziele des Trainings ist die Verbesserung Ihrer Begrenzer. Darüber hinaus ist wichtig, dass Sie Ihre Stärken erhalten. In den folgenden Kapiteln werden wir uns damit beschäftigen, wie Sie beides bewerkstelligen.

TEIL IV

PLANUNG FÜR WETTKÄMPFE

Ich betrachte diesen Teil als das Herzstück dieses Buchs. Warum das so ist? Weil die Planung das Wichtigste ist, was Sie abgesehen vom eigentlichen Training unternehmen können, um Ihre Leistungsfähigkeit als Triathlet zu verbessern.

Sie werden staunen, wie sehr Ihnen ein schriftlich ausgearbeiteter Plan dabei helfen wird, sich ganz auf das Erreichen Ihrer hochgesteckten Ziele zu konzentrieren. Zu viele Athleten machen nie diese Erfahrung, weil sie einfach keinen Grund sehen, im Voraus zu planen. Manche denken halt nur von Trainingseinheit zu Trainingseinheit, ohne sich Gedanken darüber zu machen, inwieweit sich die Abfolge der Einheiten, die sie absolviert haben, auf ihre derzeitige Fitness auswirken wird oder wie diese bisher absolvierten Einheiten mit zukünftigen zusammenwirken werden, um ein hohes Maß an Wettkampfbereitschaft zu erzeugen. Diese Athleten sind kurzsichtig, sie sehen nur das Heute. Dagegen ist nichts einzuwenden, solange man nur aus Spaß an der Freude trainiert. Sofern es Ihnen aber darum geht, Leistungen auf hohem Niveau zu erreichen, ist ein Plan unerlässlich. In diesem Teil möchte ich Sie daher mit den vielen Feinheiten vertraut machen, die zu berücksichtigen sind, wenn Sie einen Jahrestrainingsplan erstellen und Ihre wöchentlichen Trainingsstunden terminieren.

Die Kapitel 7 und 8 erläutern Schritt für Schritt, wie Sie Ihren Jahrestrainingsplan aufbauen und Ihr wöchentliches Trainingsprogramm gestalten. Die beiden Kapitel beleuchten außerdem in aller Ausführlichkeit die Faktoren, die bei der Ausarbeitung Ihres Plans zu berücksichtigen sind. In Kapitel 9 schauen wir uns dann einige alternative Möglichkeiten an, Ihre Saison und eine typische Trainingswoche zu planen.

Ich möchte Ihnen nahelegen, zunächst alle drei Kapitel in diesem Teil zu lesen, bevor Sie sich daranmachen, Ihren Plan zu skizzieren. Bei der Lektüre der Kapitel 7 und 8 werden Sie vermutlich beginnen, Ihr Training aus neuer Perspektive zu betrachten und es in einem anderen Licht zu sehen, als Sie es in der Vergangenheit getan haben. Dann aber präsentiert Kapitel 9 noch einmal einen ganz neuen Ansatz und legt andere in Betracht zu ziehende Möglichkeiten dar, einen Plan zu erstellen. Wenn Sie Kapitel 9 durchgelesen haben, können Sie anhand Ihrer neu gewonnenen Kenntnisse entscheiden, welches das für Sie beste Trainingssystem ist. Sodann können Sie zu den vorigen Kapiteln zurückkehren, um mit der Planung Ihrer Saison zu beginnen.

Sobald Sie Ihren Jahrestrainingsplan abgeschlossen haben (Anhang A), verfügen Sie über ein nützliches Werkzeug, das ganz dem ähnelt, das ich mit den von mir betreuten Athleten anwende, um sie für hochgesteckte Ziele zu rüsten. Sie werden lernen, sich die gesamte Saison über auf Ihren Jahrestrainingsplan zu stützen, um systematisch auf Ziele hinzuarbeiten, die nun viel eher erreichbar sein werden. In den anschließenden Saisons werden Sie dann auf diesen Plan zurückgreifen und ihn gegebenenfalls modifizieren, um noch höhere Ziele zu erreichen.

Ihr Weg zu Höchstleistungen im Wettkampf beginnt hier.

7

DIE SAISONPLANUNG

DIE PLANUNG WAR ES, die mir damals den Anstoß gab, eine Karriere als Coach einzuschlagen und schließlich Bücher über das Training zu schreiben. Als junger Athlet in den 1970er Jahren setzte ich mir in den Kopf, dass ich in der Lage sein müsste, meine Fitness sukzessive auf ein hohes Niveau zu steigern und meine Wettkampfziele als Läufer zu erreichen, indem ich einen Trainingsplan für die gesamte Saison ausarbeitete, der ein ausgewogenes Maß an Häufigkeit, Dauer und Intensität gewährleistete. Und so machte ich mich daran, meine Saison zu planen.

Mein erster Plan war sehr einfach. Ich nahm einen Kalender zur Hand und legte für die gesamte Vorbereitung auf meinen wichtigsten Wettkampf fest, wie hart das Training in jeder Woche sein würde. Dann nahm ich mir die Wochen einzeln vor und bestimmte, welches die Schlüsseleinheiten sein würden. Ich plante Intervalle, Tempotraining, Berganläufe, lange Läufe, Krafttraining und Regenerationstage ein. Mit der Zeit, während ich mir langsam die beste Art und Weise erarbeitete, die leichten und die schweren Wochen sowie die einzelnen Einheiten zu organisieren, wurden diese anfangs einfachen Pläne immer ausgeklügelter.

Wenig später wurde ich auf ein neues Konzept namens *Periodisierung* aufmerksam. Im Ostblock wurde diese Methode bereits seit 50 Jahren angewandt, aber im Westen fand sie erst ab den 1970er Jahren Verbreitung. Damals war sie revolutionär. Heute planen und trainieren Sportler auf der ganzen Welt mit diesem System. Periodisierung ist eine einfache Weise, die Saison auf Basis klar umrissener Trainingsphasen im Verlauf von Tagen, Wochen, Monaten und sogar Jahren zu planen. Jede Phase erfüllt ihren Zweck und sofern die Phasen auf eine bestimmte Weise strukturiert sind, können sie zu Höchstleistungen in einigen ausgewählten Rennen führen.

In der Praxis erkannte ich bald, dass ich mit der Periodisierung nicht allzeit bereit für Wettkämpfe sein würde. Aber das war okay; ich pickte mir nur einige wenige Rennen in jeder Saison heraus, in denen ich mich gut schlagen wollte. Das bedeutete, dass ich in Kauf nehmen musste, einige Rennen geringer Priorität zu bestreiten, ohne in Höchstform zu sein. An den Tagen aber, an denen ein wichtiges Rennen auf dem Programm stand, würde ich mich in geradezu erstaunlicher Verfassung präsentieren.

Im Laufe der Jahre, während ich Literatur zum Thema studierte, mich mit anderen Athleten und Trainern austauschte, die mit dieser Methode arbeiteten, und mit mir selbst als Versuchskaninchen Experimente anstellte, verbesserte ich mein Periodisierungsmodell immer weiter und wandte es schließlich in meiner Arbeit mit anderen Athleten an. Die Verfeinerung dieses Modells hat sich zu einer lebenslangen Aufgabe entwickelt, da es alle paar Jahre neue relevante Entwicklungen gibt. Zu lernen, wie man sportwissenschaftliche Erkenntnisse auf Planung und Training überträgt, ist ein nie endender Prozess. Seitdem ich die erste Fassung der *Trainingsbibel für Triathleten* schrieb, sind etliche neue Periodisierungskonzepte vorgestellt worden. Zwar sind dieses und das nächste Kapitel den entsprechenden Abschnitten der ursprünglichen *Trainingsbibel* recht ähnlich, doch sind zahlreiche subtile Veränderungen vorgenommen worden. Darüber hinaus gibt es einige neue Periodisierungskonzepte, mit denen wir uns später näher befassen werden.

So hat sich z. B. eine Periodisierungsmethode, die in den 1990er Jahren entwickelt wurde, ab den frühen Nullerjahren unter Elite-Ausdauerathleten weit verbreitet. Diese Methode heißt Blocktraining bzw. *Blockperiodisierung.* In der klassischen Periodisierung werden mehrere Leistungsfaktoren parallel entwickelt. Für die meisten Altersklassen-Athleten reicht diese Methode vollkommen aus. Aber für Elite-Athleten, deren Fitness in den einzelnen Leistungsfaktoren sich nahe an ihrem oberen Limit bewegt, ist die geringe Dichte – der relativ große zeitliche Abstand zwischen den spezifischen Einheiten – ein Problem. Damit ein Elite-Athlet hinsichtlich der einzelnen Leistungsfaktoren Fortschritte machen kann, müssen die jeweiligen Einheiten sehr dicht gestaffelt sein. Das ist aber nicht möglich, wenn in jeder Woche mehrere Leistungsfaktoren trainiert werden.

Höchstleistungen im Wettkampf entstehen nicht auf mysteriöse Weise.

Daher gingen manche Trainer dazu über, sich in jedem mehrwöchigen Trainingsblock auf nur einen Leistungsfaktor (oder höchstens zwei) zu konzentrieren. Sobald dieser gut entwickelt ist, nimmt sich der Athlet dann in einem neuen Block den nächsten Leistungsfaktor vor, während er dem soeben entwickelten Aspekt nun noch gerade genug Trainingszeit widmet, um dessen Erhaltung zu gewährleisten. Dies erwies sich als effektive Periodisierungsmethode für die Elite – aber nicht für die große Mehrheit der Altersklassen-Athleten.

Im Laufe der Jahre sind noch viele andere Periodisierungsmethoden entwickelt und verfeinert worden. Die Methode, die ich Ihnen in diesem Kapitel vorstellen werde, nennt sich *klassische* bzw. *lineare Periodisierung.* Sie ist leicht zu verstehen und umzusetzen. Sie ist schon eine ganze Weile in Umlauf und nach wie vor die am meisten genutzte Variante. Es ist die Methode, die ich vor geraumer Zeit in der ersten *Trainingsbibel* dargelegt habe. Seitdem hat es aber ein paar Verfeinerungen gegeben, die ich im Folgenden erläutern werde. In Kapitel 9 werde ich dann anhand von Fallstudien einige Beispiele anderer Periodisierungsmethoden, einschließlich der Blockperiodisierung, vorstellen.

PERIODISIERUNG DES TRAININGS

Ausgangspunkt aller Planung sollte die Überzeugung sein, dass das Training ein beständiger und gradueller Aufbauprozess sein muss. Höchstleistungen im Rennen stellen sich nicht plötzlich und auf mysteriöse Weise ein. Ihr Körper muss eine Menge Veränderungen durchmachen, um fit für den Wettkampf zu sein. Jede dieser physiologischen Veränderungen braucht Zeit. Sie können Ihren Körper nicht dazu zwingen, gemäß eines von außen vorgegebenen Zeitplans fit zu werden. Stattdessen muss er sanft dazu gebracht werden, ein höheres Leistungsniveau zu erreichen, indem ihm gestattet wird, sich natürlich zu entwickeln.

Um dem gerecht zu werden, *müssen* Sie willens sein, hin und wieder Änderungen hinzunehmen. Ein rigider Plan, der keinen Raum für Tage vorsieht, an denen Sie übermüdet sind, und der die vielen anderen Anforderungen des Alltags außer Acht lässt, ist schlimmer, als gar keinen Plan zu haben. Ihr Plan muss dynamisch sein, um effektiv sein zu können. Sie müssen jeden Tag berücksichtigen, wie Sie sich fühlen. Planungsflexibilität ist entscheidend für Ihren Wettkampferfolg. Die erforderlichen Änderungen bedeuten meist, sich auszuruhen, wenn Ruhe angezeigt ist. Kapitel 11 beschäftigt sich ausführlich mit Ruhe und Regeneration, u. a. mit der »Regeneration nach Bedarf«.

Das zweite Periodisierungskonzept, das Sie verstehen und sich zu eigen machen müssen, hat mit einer schrittweise sich wandelnden Trainingsprogression zu tun. Während die Saison voranschreitet, muss das Training immer wettkampfähnlicher werden. Anders gesagt: Je näher der Tag Ihres wichtigsten Rennens rückt, desto mehr müssen Ihre Einheiten, bezogen auf Ihre Ziele, die Merkmale dieses Wettkampfs annehmen. Ein Beispiel: Falls es Ihr Ziel es, im Rennen eine 4:20er Pace zu laufen, so müssen Sie einige Ihrer Läufe im Vorfeld des Wettkampfs in diesem Tempo absolvieren – und je näher das Rennen rückt, desto mehr solcher Läufe müssen Sie einlegen. Falls die Radstrecke einige Anstiege aufweist, sollten Sie zunehmend am Berg trainieren, wenn es auf die letzten Trainingswochen zugeht. Falls der Schwimmabschnitt im Freiwasser ausgetragen wird, müssen Sie bei Wettkampfintensität in einem See oder im offenen Meer schwimmen, vorzugsweise zusammen mit anderen Triathleten. Falls es am Wettkampftag sehr warm sein soll, müssen Sie in den letzten Wochen vor dem Rennen in der Hitze trainieren. Ihr Ziel in diesen letzten Trainingswochen ist es, Ihre wichtigsten Einheiten so wettkampfähnlich zu gestalten wie möglich.

Während die Saison voranschreitet, muss das Training immer wettkampfähnlicher werden.

Das oben Gesagte bedeutet auch, dass das Training, wenn der Wettkampf noch mehrere Wochen entfernt ist (in der Grundlagenphase), völlig *andersartig* ist als das bevorstehende Rennen. Dieses Konzept ist das Herzstück der Periodisierung – dem Werkzeug, das Sie bei der Planung Ihrer Wettkampfvorbereitung verwenden.

Leistungsfaktoren

Dieser letztgenannte Punkt bringt uns zu einem entscheidenden Prinzip der Periodisierung: zum Timing der Trainingseinheiten nach Leistungsfaktoren. Kapitel 6 stellte das Konzept der Leistungsfaktoren vor und teilte sie in zwei Kategorien ein: grundlegende und erweiterte. Abbildung 7.1 veranschaulicht dies in einem Diagramm. Die

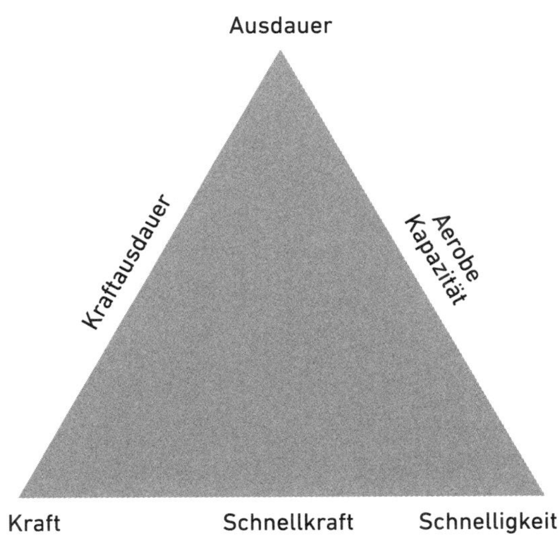

ABBILDUNG 7.1 Grundlegende und erweiterte Leistungsfaktoren

TABELLE 7.1 **Die üblichen Saisonphasen im Modell der linearen Periodisierung**

PHASE	DAUER	ZWECK	VORRANGIGER FOKUS
Vorbereitung	1–4 Wochen	Vorbereitung auf das Training	grundlegende Leistungsfaktoren
Grundlagen	9–12 Wochen	Trainieren für das Training	grundlegende Leistungsfaktoren
Aufbau	6–8 Wochen	Trainieren für den Wettkampf	erweiterte Leistungsfaktoren
Höchstleistung	1–2 Wochen	Tapering für den Wettkampf	erweiterte Leistungsfaktoren
Wettkampf	1–3 Wochen	Erschöpfung abbauen / Fitness schärfen	erweiterte Leistungsfaktoren
Übergang	1–4 Wochen	Ausruhen und Regeneration	grundlegende Leistungsfaktoren

grundlegenden Leistungsfaktoren bilden die Eckpunkte des Dreiecks: Ausdauer, Kraft und Schnelligkeit. An den Seiten des Dreiecks befinden sich die erweiterten Leistungsfaktoren: aerobe Kapazität, Kraftausdauer und Schnellkraft. Die zentrale Erkenntnis aus Kapitel 6 lautet, dass die erweiterten das Produkt der grundlegenden Leistungsfaktoren sind. Falls Sie sich eine gute Kraftausdauer für den Wettkampf wünschen, müssen Sie zunächst Ausdauer und Kraft entwickeln. Ebenso resultiert eine starke aerobe Kapazität aus gut entwickelter Ausdauer und Schnelligkeit. (Wie in Kapitel 6 erörtert, brauchen Triathleten keine Schnellkraft zu trainieren.)

Die Grundlagenphase dient der allgemeinen Vorbereitung, die Aufbauphase der spezifischen Vorbereitung.

Daher beginnen wir bei der linearen Periodisierung die Saison mit den grundlegenden Leistungsfaktoren und verlagern den Schwerpunkt auf die erweiterten, wenn das Training voranschreitet. Der Wechsel vollzieht sich nicht plötzlich, sondern ist vielmehr ein fließender Übergang, bei dem sich beide Kategorien erheblich überschneiden.

Außer als Grundlagenphase wird die Zeit des Jahres, in der die grundlegenden Leistungsfaktoren im Vordergrund stehen, auch als *»allgemeine« Vorbereitungsphase* bezeichnet. Diese Bezeichnung beschreibt eigentlich besser, worum es in dieser Phase geht: sich ganz allgemein auf den späteren Teil der Saison vorzubereiten. Grundsätzlich gilt: In der Grundlagenphase trainieren Sie, zu trainieren. Die anschließende Phase wird von Sportwissenschaftlern *spezifische Vorbereitung* genannt. Sportler sprechen häufig von der *Aufbauphase*. Spezifische Vorbereitung ist ebenfalls eine treffende Bezeichnung, denn sie deutet an, dass der Schwerpunkt auf Einheiten liegt, die spezifisch für den Wettkampf sind, auf den Sie sich vorbereiten, bzw. diesen simulieren. Mit Rücksicht auf den etablierten Sprachgebrauch werde ich weiterhin die Bezeichnungen *Grundlagen* und *Aufbau* verwenden; behalten Sie, wenn die Begriffe Ihnen hier begegnen, aber auch die entsprechenden Definitionen allgemein und spezifisch im Hinterkopf.

Neben Grundlagen und Aufbau müssen noch ein paar andere Phasen verstanden werden, um das Konzept der Planung mittels Periodisierung vollständig zu begreifen. In gängiger Athletensprache sind dies die Phasen *Vorbereitung*, *Höchstleistung (Peak)*, *Wettkampf* und *Übergang*. Tabelle 7.1 listet jede der Phasen in der Reihenfolge auf, in der sie normalerweise in Erscheinung treten, inklusive jeweils einer kurzen Beschreibung.

Betrachten wir dieses allgemein-spezifische Konzept auf eine andere Weise. Es gibt eine wichtige Trainingsprogression, die wir mit dieser Saison-Übersicht verfolgen. Der Ausgangspunkt in der Grundlagenphase bzw. der Phase des allgemeinen Trainings ist der Umfang, also wie viele Stunden Sie zum Beispiel in der Woche trainie-

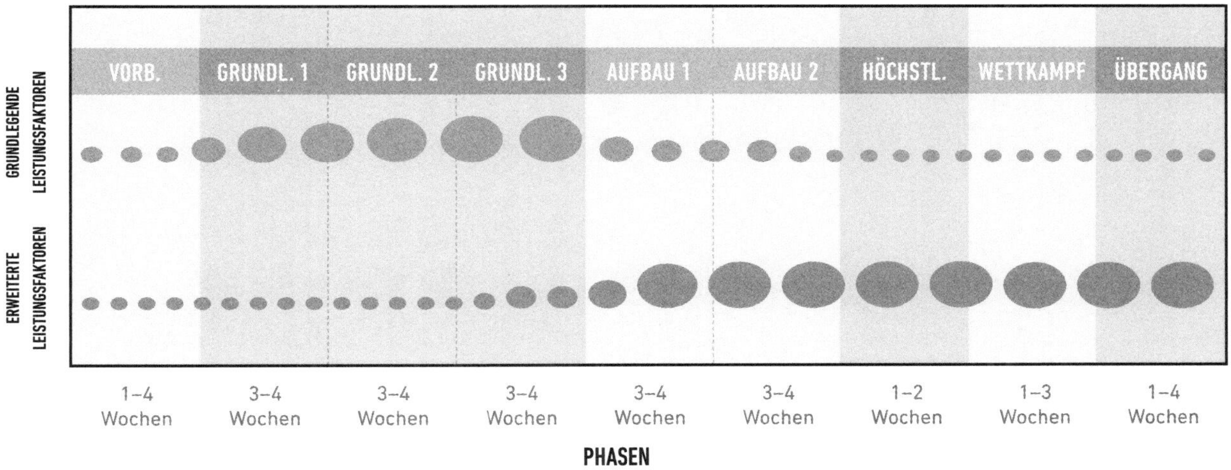

ABBILDUNG 7.2 Vorbereitung auf den ersten Hauptwettkampf der Saison gemäß der linearen Periodisierung

ren. Hierauf liegt der Fokus in der Grundlagenphase bzw. allgemeinen Vorbereitung. Zu diesem Zeitpunkt der Saison spielt es keine Rolle, wie Sie diese Stunden erreichen. Es gibt jetzt keine »Junk Miles«. Es ist zum Beispiel in Ordnung, mit dem Fahrrad zur Arbeit zu fahren, um zusätzlich zu Ihrem normalen Radtraining Umfänge aufzubauen. Sobald Sie Ihren Trainingsumfang auf das gewünschte Niveau gebracht haben, liegt der Schwerpunkt auf der Dauer – wie lange die Trainingseinheiten sind. Es sind vielleicht nun weniger Einheiten, aber sie werden länger. Dies ist immer noch die Grundlagenphase bzw. allgemeine Vorbereitung. Die Einheiten folgen weiterhin meist der Vorgabe »langsam und locker« (Zonen 1 und 2). Sobald auch die Trainingsdauer Ihren Anforderungen entspricht und Sie sich an längere Schwimm-, Rad- und Lauf-Einheiten gewöhnt haben, wird der Schwerpunkt des Trainings auf eine wettkampfähnliche Intensität gelegt und nicht mehr in erster Linie auf Umfang und Dauer. Dies ist das entscheidende Merkmal der Aufbauphase bzw. der Phase des spezifischen Trainings. Eine Analogie hilft, das Konzept zu veranschaulichen. Im Grundlagentraining haben Sie gewissermaßen »einen Kuchen gebacken«. Das war ein langer und anstrengender Prozess. Jetzt, in der Aufbauphase, ist es an der Zeit, den Zuckerguss auf den Kuchen aufzubringen. Das ist nicht einfach, aber es braucht auch nicht so viel Zeit. Sobald sich auch der Zuckerguss auf dem Kuchen befindet, sind Sie bereit für den Wettkampf.

Ihr Plan im Überblick

Mittlerweile sollten Sie eine gute Vorstellung davon haben, was den Schwerpunkt Ihres Trainings bilden sollte: Sie möchten Ihre Defizite minimieren und Ihre erprobten Stärken maximieren. Sie sollten zudem ein generelles Verständnis von den Trainingsphasen haben, die Sie in Ihrem Jahrestrainingsplan (JTP) nutzen werden. Mit diesem Wissen im Hinterkopf werden wir einen Plan erarbeiten, der in der laufenden bzw. kommenden Saison Ihre volle Wettbewerbsfähigkeit herstellt, indem die grundlegenden und erweiterten Leistungsfaktoren entwickelt werden. Dieser Plan wird Ihnen einen Überblick verschaffen, wohin die Reise gehen soll und woran Sie in der Wettkampfvorbereitung arbeiten sollten. Viele der in den vorigen Kapiteln erörterten Konzepte werden jetzt zusammengeführt, um Ihrem Training Ziel und Struktur zu geben.

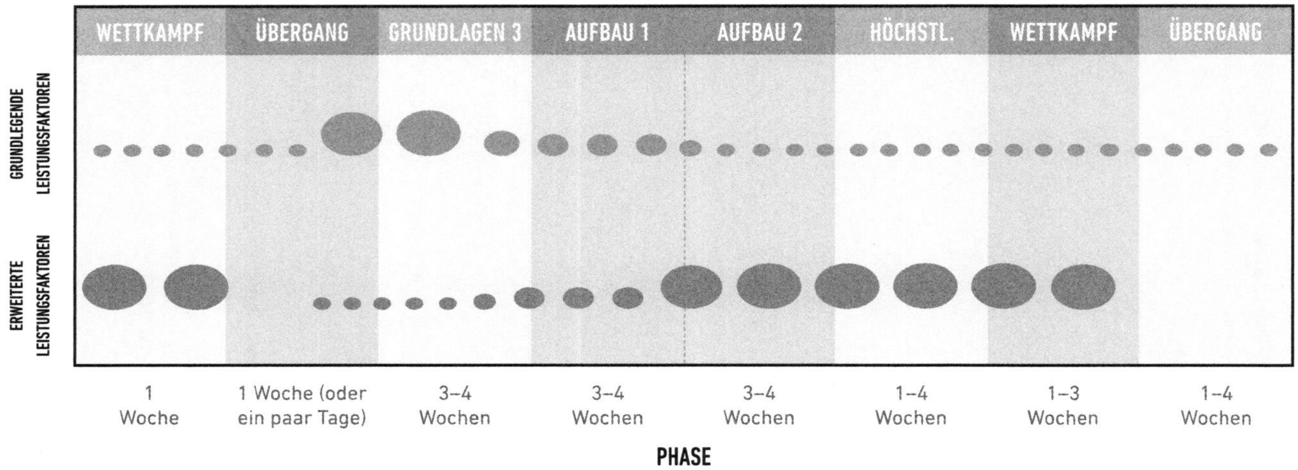

ABBILDUNG 7.3 Vorschlag für einen Plan zur Vorbereitung auf den zweiten oder dritten Hauptwettkampf der Saison, wenn nach dem vorangegangenen Rennen 12 bis 16 Wochen zum Trainieren bleiben

Wenn Sie dieses Kapitel zu Beginn einer ganz neuen Saison aufschlagen, ist Ihr Timing perfekt. Befinden Sie sich hingegen bereits mitten in der Saison, sind die erörterten Dinge zum Teil anzupassen, um Ihren bisherigen Ansatz mit den neuen und womöglich strukturierteren Trainingsmethoden zu verbinden. In jedem Fall werden Sie bis zum Ende dieses Kapitels einen Großteil des JTP für Ihren nächsten wichtigen Wettkampf entwickelt haben. Genau dieselbe Methode werden Sie dann auch in den folgenden Saisons immer wieder nutzen, so dass Sie auf einfache Weise in den Genuss eines Trainingsplans kommen, der Ihnen einen zielgerichteten Fokus für die Saison und solide Fitness am Wettkampftag verschafft. Bewahren Sie Ihre bisherigen Pläne nach Ende einer jeden Saison auf, so dass Sie Aufzeichnungen darüber haben, was Sie in der Vergangenheit unternommen haben. Machen Sie sich außerdem nach Abschluss jeder Saison Notizen, welche Anpassungen Sie auf

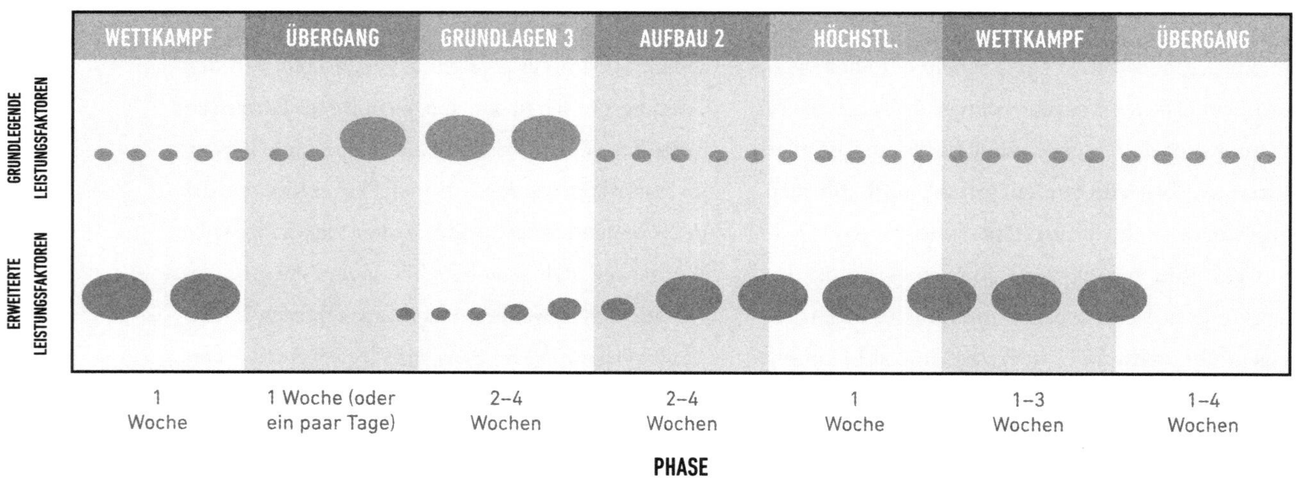

ABBILDUNG 7.4 Vorschlag für einen Plan zur Vorbereitung auf den zweiten oder dritten Hauptwettkampf der Saison, wenn nach dem vorangegangenen Rennen sieben bis elf Wochen zum Trainieren bleiben

Grundlage Ihrer hinzugewonnenen Erkenntnisse vornehmen möchten.

Bevor wir damit beginnen, Ihre Saison zu gestalten, ist es wichtig zu verstehen, wie das Training für die Leistungsfaktoren sich in einen Plan für eine lineare Periodisierung einfügt. Abbildung 7.2 verschafft Ihnen einen Überblick über die Trainingsphasen und unterteilt diese in Teilphasen. Die Grafik veranschaulicht, wie die grundlegenden und erweiterten Leistungsfaktoren in einen Trainingsplan eingebunden werden, wenn Sie sich für das *erste* wichtige Rennen der Saison vorbereiten.

Beachten Sie, dass Abbildung 7.2 nur das Training für den ersten Hauptwettkampf der Saison berücksichtigt. Für die folgenden wichtigen Wettkämpfe müssen Sie, um sich vorzubereiten, nicht noch einmal den kompletten in der Abbildung dargestellten Periodisierungsprozess durchlaufen, denn Sie haben im Laufe der Saison schrittweise Fitness angehäuft. Jedoch geht mit den Phasen rund um den Wettkampf auch ein gewisser Verlust an Fitness einher. Wenn Sie in der Höchstleistungsphase das Pensum verringern und die Übergangsphase nach dem Wettkampf für die Regeneration nutzen, wird Ihre Fitness, selbst wenn das Tapering nur wenige Tage dauert, in gewissem Umfang zurückgehen, insbesondere die grundlegenden Leistungsfaktoren. Die Fitness, die Sie vor dem ersten Hauptwettkampf entwickelt haben, wird nicht gänzlich verloren gehen, aber Sie werden nicht umhinkommen, vor den anstehenden Wettkämpfen ein wenig Grundlagenfitness wiederaufzubauen.

Die Vorbereitung auf folgende Rennen zu planen, gestaltet sich deutlich kniffliger als für den ersten Wettkampf des Jahres. Alles hängt davon ab, wie viel Zeit Ihnen zwischen dem ersten und dem zweiten Rennen zur Verfügung steht. Je mehr Zeit Sie haben, desto leichter fällt die angemessene Vorbereitung. Im Idealfall bleiben Ihnen 12 bis 16 Wochen. Das hieße, dass Sie nach der Auszeit in den paar Tagen nach dem ersten Hauptwettkampf (Übergangsphase) zu ein wenig Grundlagentraining (Grundlagen 3) zurückkehren würden, bevor Sie zu den Phasen Aufbau, Höchstleistung und Wettkampf übergehen. In diesem Fall würde Ihr Periodisierungsplan so wie in Abbildung 7.3 aussehen.

Aller Voraussicht nach wird es Saisons geben, in denen Ihnen weit weniger als zwölf Wochen zwischen wichtigen Rennen zur Verfügung stehen. Je weniger Zeit Ihnen bleibt, desto schwieriger gestaltet sich die Planung. Abbildung 7.4 schlägt einen Plan für den Fall vor, dass nur sieben bis elf Wochen zwischen zwei Hauptwettkämpfen liegen.

Die Vorbereitung auf folgende Rennen zu planen, gestaltet sich deutlich kniffliger als für den ersten Wettkampf des Jahres.

Bei weniger als sieben Wochen zwischen Hauptwettkämpfen, was häufig der Fall sein wird, müssen Sie schwierige Entscheidungen dahingehend treffen, was Sie unternehmen werden, um sich auf das nächste Rennen vorzubereiten. Sie werden im Anschluss an den vorangegangenen Wettkampf weiterhin eine Übergangsphase brauchen. Diese Phase kann unter Umständen auch nur ein paar Tage dauern, je nachdem, wie aufreibend das Rennen war. Langdistanzen erfordern in der Regel eine längere Übergangsphase als kürzere Triathlons.

Nach der Auszeit vom ernsthaften Training in der Übergangsphase sind Sie bereit, wieder ins fokussierte Training einzusteigen. Nun müssen Sie entscheiden, was Sie zu diesem Zeitpunkt dringender brauchen – grundlegende oder erweiterte Fitness. Da nur wenige Wochen bis zum nächsten Wettkampf bleiben, sind beide wichtig. Leider kann ich Ihnen keinen einfachen Plan ans Herz legen, der für alle Athleten in dieser Situation geeignet ist. Selbst für Trainer mit hervorragenden Kenntnissen über Periodisierung und Physiologie ist dies eine knifflige Entscheidung. Zumindest aber kann ich Ihnen ein paar sehr gute Richtlinien mit auf den Weg geben: Folgen Sie ihrem Bauchgefühl und unternehmen Sie dann eine Test-Einheit, um zu überprüfen, ob beides übereinstimmt.

Mit Bauchgefühl meine ich: Fragen Sie sich, wie es Ihrer Einschätzung nach zum derzeitigen Zeitpunkt um Ihre Ausdauer-Fitness bestellt ist. Denken Sie daran: Es ist die Ausdauer, die sowohl für Kraftausdauer als auch aerobe Kapazität maßgeblich ist.

Verzichten Sie nicht auf einen Plan, nur weil Ihre Wettkampfsaison vielleicht schon läuft.

Als objektive Tests können Sie einige Ausdauer-Einheiten in Zone 2 unternehmen (siehe Anhang B, C und D) und die Resultate mit denen identischer Tests vergleichen, die Sie vor dem letzten Wettkampf absolviert haben. Studieren Sie die Testresultate, um zu ermitteln, wo Sie den dringendsten Nachholbedarf haben. Falls Ihre Ausdauer noch gut entwickelt ist, gehen Sie direkt zur Aufbauphase über, mit Schwerpunkt auf Kraftausdauer oder aerober Kapazität, je nachdem, welche Art von Rennen Ihnen nun bevorsteht. Denkbar ist auch, Ausdauer und entweder Kraftausdauer oder aerobe Kapazität in einer Art vermengter Grundlagen-/Aufbauphase zu trainieren, mit einem Schwerpunkt auf dem am meisten benötigten Aspekt.

Natürlich spielt auch die Art des Wettkampfs eine Rolle. Falls als Nächstes eine Kurzdistanz ansteht, können Sie beschließen, den Großteil Ihrer begrenzten Trainingszeit einem bestimmten Leistungsfaktor zu widmen, z. B. der Kraftausdauer. Tatsächlich sollten Sie unabhängig vom Rennen im Zweifel an diesem Leistungsfaktor arbeiten, mit besonderem Schwerpunkt auf der schwächsten Sportart. Geben Sie im bevorstehenden Rennen genau darauf acht, wie Sie sich fühlen, und machen Sie sich Notizen in Ihrem Tagebuch (siehe Kapitel 14), wie Sie hätten trainieren *sollen*, wenn es möglich wäre, die Zeit zurückzudrehen und Änderungen vorzunehmen. Dies wird sich als wertvoll erweisen, wenn Sie das nächste Mal vor einer ähnlichen Entscheidung stehen.

Wenn Sie immer noch unsicher sind, wie Sie für das letzte Rennen Ihrer Saison trainieren sollen, rate ich Ihnen dringend, zur späten Grundlagenphase zurückzukehren, wobei der Schwerpunkt auf der Ausdauer liegt.

IHR JAHRESTRAININGSPLAN

Fangen wir nun an, Ihre Saison zu planen. Wie bereits erwähnt, ist die beste Zeit dafür der Beginn eines neuen Trainingsjahres. Aber womöglich kommen Sie ja erst dazu, während Ihre Wettkampfsaison bereits läuft. Das ist okay. Stellen Sie dann einfach einen Plan für den Rest des Jahres auf.

Es gibt viele Formate, die Sie dafür nutzen können. Sie können einen einfachen Kalender aus Papier verwenden, in den Sie sämtliche Details eintragen, die im Folgenden besprochen werden. Oder Sie führen einen elektronischen Kalender auf Ihrem Computer, in dem Sie schnell und einfach Änderungen vornehmen können. Dazu bietet sich u. a. die JTP-Funktion auf der TrainingPeaks-Website (www.trainingpeaks.com) an, die Abonnenten zur Verfügung steht und genau dem Ablauf folgt, den ich in diesem Kapitel darlege. Die wohl einfachste und gewiss billigste Möglichkeit ist, die Vorlage aus Anhang A zu verwenden. Wegen des Urheberrechts sollte man normalerweise keine Bücher kopieren, ich erteile Ihnen aber die Erlaubnis, den Plan, den Sie dort vorfinden, nach Herzenslust zu vervielfältigen. Falls Sie sich für einen Plan aus Papier entscheiden, benutzen Sie auf jeden Fall einen Bleistift, denn Sie werden im Laufe des Jahres gewiss einige Änderungen vornehmen müssen. Ich habe in meinen mehr als 30 Jahren als Coach noch keinen Plan gesehen, der im Laufe einer ganzen Saison nicht verändert worden wäre.

Bevor wir in die Einzelheiten Ihres Plans einsteigen, lassen Sie uns kurz wiederholen, warum Sie sich das alles überhaupt antun. Sie tun dies nicht, um jemanden zu beeindrucken oder sich gut organisiert zu fühlen (wobei nicht zu verachten ist, welches Selbstvertrauen dieses Gefühl mit sich bringt), sondern um einen dynamischen Leitfaden zu schaffen, an dem Sie sich in der kommenden Saison orientieren können. Es ist wesentlicher leichter, zu Beginn der Saison einen Plan auszuarbeiten als in der Hitze des Gefechts, wenn womöglich der Weitblick fehlt.

Im restlichen Kapitel werde ich mit Ihnen die einzelnen Schritte durchgehen, die bei der Ausarbeitung eines JTP zu berücksichtigen sind. Dies ist ein guter Zeitpunkt, sich eine Kopie des JTP aus Anhang A zu machen, um diesen dann parallel zur Lektüre auszufüllen. Falls Sie an irgendeiner Stelle den Faden verlieren, springen Sie zum Ende dieses Kapitels zu Abbildung 7.5. Dort finden Sie ein Beispiel für einen ausgefüllten Plan.

Wir werden sechs Schritten folgen, um Ihren JTP zu erstellen:

- Legen Sie Ihre Saisonziele fest.
- Definieren Sie Ihre Trainingsvorgaben.
- Bestimmen Sie den Jahrestrainingsumfang.
- Versehen Sie die Rennen mit Prioritäten.
- Teilen Sie die Saison in Phasen ein.
- Schätzen Sie Ihre Wochenumfänge ab.

Am Ende des Kapitels wird ein Großteil Ihres JTP erledigt sein. Um ihn zu vervollständigen, brauchen Sie dann nur noch die wöchentlich zu absolvierenden Trainingseinheiten zu bestimmen. Diesem Thema widmen wir uns in Kapitel 8. Wie bereits erwähnt, könnte es unter Umständen ratsam sein, erst Kapitel 9 durchzulesen und dann hierher zurückzukehren, da Sie dort vielleicht ein für Sie besser geeignetes Trainingsmodell finden.

Schritt 1: Saisonziele

Ganz oben auf dem JTP aus Anhang A finden Sie den Platz, um Ihre Saisonziele einzutragen. Wie Sie die Ziele für eine Wettkampfsaison festlegen, haben Sie in Kapitel 5 erfahren. Falls Sie das Kapitel nicht noch einmal lesen möchten, hier eine kurze Zusammenfassung der wichtigsten Punkte.

Setzen Sie sich höchstens drei Ziele pro Saison. Bei mehr als drei laufen Sie Gefahr, sich zu übernehmen oder angesichts der vielen Details zu verzetteln. Zu viele Ziele machen es schwer, auf das konzentriert zu bleiben, was wirklich wichtig ist. Sich weniger als drei Ziele zu setzen, kann auch eine sinnvolle Option sein und wird Ihnen zu noch größerer Fokussiertheit verhelfen. Reden Sie sich nicht ein, Sie müssten sich unbedingt mindestens drei Ziele vornehmen, um erfolgreich zu sein.

Planungen stellen Sie am besten dann an, wenn Ihnen keine Emotionen in die Quere kommen.

Definieren Sie Ihre Ziele als saisonbezogene Ergebnisse. Was müssen Sie umsetzen, um in den kommenden Jahren mit Genugtuung und Stolz auf das Geleistete zurückzublicken? Bedenken Sie, dass dies nicht die Teilziele sind, die Sie erfüllen müssen, um Ihre übergeordneten Ziele zu erreichen (mit diesen sogenannten Trainingsvorgaben befassen wir uns im nächsten Schritt). Ein ergebnisorientiertes Ziel für einen Triathleten ist etwas Höherrangiges, üblicherweise ein Wettkampfresultat. Es kann auch so etwas sein wie »mich für die XY-Auswahl qualifizieren« oder dergleichen (was freilich in der Regel ein bestimmtes Wettkampfresultat voraussetzt). Ihre Ziele sollten messbar sein.

Die gängige Messgröße im Triathlon ist die bei einem Wettkampf erreichte Zeit, dies wäre also ein naheliegendes Kriterium, wenn Sie Ihre Ziele definieren. Ziele, die auf einem bestimmten Abschneiden in Ihrer Altersklasse beruhen, wie z. B. »Top 3 in Triathlon XY«, hängen zu sehr von Ihrer jeweiligen Konkurrenz ab. Zwar ist eine Podiumsplatzierung eine tolle Leistung, Sie haben aber keinerlei Einfluss darauf, mit wem Sie sich messen und wie fit Ihre Kontrahenten sein werden. Sie können lediglich Ihre eigene Leistung kontrollieren. Ihre Zielsetzung sollte dies berücksichtigen.

Nun ist es also so weit, ganz oben auf dem JTP Ihre Ziele zu notieren. Tragen Sie sie mit Bleistift ein und stellen Sie noch mal sicher, dass sie messbar sind.

Schritt 2: Trainingsvorgaben

Oben auf Ihrem JTP befindet sich ein Feld für vier Trainingsvorgaben, mit denen Sie Ihre Begrenzer ansprechen. In Kapitel 5 habe ich ausführlich die Trainingsvorgaben erläutert, in Kapitel 6 ging es um die Begrenzer. Fassen wir beides noch einmal kurz zusammen.

Trainingsvorgaben sind untergeordnete Teilziele für Ihre Saison. Sofern Sie diese Teilziele erfüllen, können Sie davon ausgehen, auch Ihre Saisonziele zu erreichen. Normalerweise dienen Trainingseinheiten dazu, die definierten Trainingsvorgaben umzusetzen. Diese können aber auch in weniger wichtigen Rennen erfüllt werden, die Sie vor Ihren Hauptwettkämpfen absolvieren.

Trainingsvorgaben sind untergeordnete Teilziele für Ihre Saison.

Zweck der Trainingsvorgaben ist es, Ihre Begrenzer zu beheben oder zu korrigieren, d. h. die wettkampfspezifischen Schwächen, die Sie daran hindern, bestimmte Ziele zu erreichen. In Kapitel 6 haben Sie Ihre Begrenzer bestimmt und Ihre Fitness mit Blick auf die grundlegenden Leistungsfaktoren (Ausdauer, Kraft und Schnelligkeit) und die erweiterten Leistungsfaktoren (Kraftausdauer und aerobe Kapazität) bewertet. Nun ist es an der Zeit, Teilziele festzulegen, um diese Begrenzer zu verbessern.

Eine Trainingsvorgabe ist einfach eine Aussage darüber, in welchem Bereich Sie Schwächen aufweisen und woran Sie erkennen, ob sie behoben sind. Schauen wir uns ein paar konkrete Beispiele für Trainingsvorgaben an, die Defizite im Bereich der grundlegenden Leistungsfaktoren ansprechen. Falls z. B. Ihr Begrenzer beim Schwimmen die Schnelligkeit ist, was unter Triathleten häufig der Fall ist, so könnte eine Trainingsvorgabe sein: »Vor Beginn der Aufbauphase das Durchschnittstempo von mit bequemer Anstrengung geschwommenen Technik-Bahnen steigern.« (Mehr zu dieser Einheit in Kapitel 12.) Ein anderes Beispiel, diesmal mit Blick auf die Ausdauer beim Laufen, könnte sein: »Den Lauf-Effizienzfaktor bis zum 1. März um 10 Prozent verbessern.« (Die Lauf-Effizienzfaktor-Einheit wird in Anhang D erläutert.) Eine Vorgabe für die Kraft könnte sein: »Bis zum Ende von Grundlagen 1 bei Beinpressen das 2,5-Fache des Körpergewichts erreichen.« (Mehr dazu siehe Kapitel 13.)

Einige Beispiele für Trainingsvorgaben für den erweiterten Leistungsfaktor Kraftausdauer: »Bis zum Ende von Aufbau 2 die 1.000 Meter unter 15 Minuten schwimmen.«, »Bis zum 15. April 20 Minuten Radfahren mit 250 Watt normalisierter Leistung.« oder »Vier Wochen vor dem Triathlon über die Olympische Distanz beim 10-Kilometer-Lauf unter 42 Minuten bleiben.« Für den erweiterten Leistungsfaktor aerobe Kapazität könnten Trainingsvorgaben z. B. so aussehen: »Bis zum 30. März beim Schwimmen über 100 Meter unter 80 Sekunden bleiben.«, »1.200 Meter unter 4:30 laufen bis Ende Aufbau 1.« oder »Bis zum 15. April den XY-Anstieg in unter 3 Minuten hochfahren.«

Nun ist es an der Zeit, sich Gedanken über *Ihre* wettkampfspezifischen Schwächen zu machen, wie sie in Kapitel 6 erläutert wurden, und Trainingsvorgaben in Ihren JTP einzutragen, mit denen diese Begrenzer angesprochen werden. Denken Sie daran, dass Sie nicht unbedingt einen Begrenzer in jeder Disziplin und für jeden Leistungsfaktor aufweisen. Beschränken Sie sich auf maximal vier Begrenzer, die sich am ehesten auf Ihre Leistungen in Ihren wichtigsten Rennen auswirken. Sofern Sie diese verbessern, werden Sie Ihre Saisonziele mit hoher Wahrscheinlichkeit erreichen.

Schritt 3: Jahrestrainingsumfang

Ganz oben auf dem JTP finden Sie eine Zeile, in die Sie Ihren jährlichen Trainingsumfang eintragen.

TABELLE 7.2 **Grobe Anhaltspunkte zur Bestimmung des Jahrestrainingsumfangs**

LÄNGSTE RENNDAUER	ZIEL: FINISHEN		ZIEL: BESTLEISTUNG	
	JAHRESSTUNDEN*	TSS*	JAHRESSTUNDEN*	TSS*
bis zu 3 Stunden	300–400	(15.000–17.500)	400–800	(20.000–40.000)
3–8 Stunden	400–500	(17.500–22.500)	600–1.000	(30.000–50.000)
mehr als 8 Stunden	500–700	(22.500–30.000)	800–1.200	(40.000–60.000)

* Empfohlener anzustrebender Bereich

Diese Anhaltspunkte orientieren sich an der erwarteten Dauer des längsten Wettkampfs und dem allgemeinen Ziel für dieses Rennen; der Umfang ist jeweils in Jahresstunden und TSS angegeben.

Dies ist die Summe der Stunden, die Sie im Verlauf einer Saison mit Training verbringen, einschließlich aller Triathlon-, Krafttraining- und Crosstraining-Einheiten. Athleten, die mit dem von Dr. Andrew Coggan entwickelten Training Stress Score (TSS) arbeiten, tragen statt der Stundenzahl den voraussichtlichen TSS-Jahresumfang ein. Das Schöne am TSS ist, dass er neben der Dauer auch die Intensität berücksichtigt. Die Zahl der Jahrestrainingsstunden beachtet natürlich nur den Aspekt der Dauer, und wie in Kapitel 4 erläutert ist eigentlich die Intensität der wichtigere der beiden Faktoren, die den Fitness-Nutzen von Trainingseinheiten bestimmen. Selbst wenn Sie sich bereits mitten in der Saison befinden, sollten Sie aufschreiben, wie viele Trainingsstunden oder welchen TSS Sie für den Rest des Jahres voraussichtlich absolvieren werden.

Wie aber bestimmen Sie Ihre jährlichen Trainingsstunden bzw. Ihren Jahres-TSS? Eine Möglichkeit ist, sich anzuschauen, welchen Gesamtumfang Sie im Vorjahr geleistet haben. Dabei sind wie schon gesagt sämtliche Schwimm-, Rad- und Lauf-Einheiten zu berücksichtigen und dazu die Stunden, die Sie im Kraftraum oder mit Ausgleichssportarten verbringen. Sofern Sie die Umfänge des Vorjahrs erfolgreich bewältigt haben, sollten Sie in Erwägung ziehen, den Umfang in der neuen Saison um 10 Prozent zu steigern. Für Athleten, die sich in den ersten fünf Jahren ihres Triathlon-Trainings befinden, ist das im Allgemeinen eine gute Idee, da sie vermutlich noch Kapazitäten für Steigerungen besitzen. Sollten Sie schon länger als fünf Jahre dabei sein, können Sie die jährlichen Umfänge beibehalten, aber in der neuen Saison mehr wettkampfspezifisches Training absolvieren.

Eine weitere Möglichkeit, die jährlichen Umfänge abzuschätzen, ist es, die üblichen Wochentrainingsstunden bzw. den üblichen Wochen-TSS zu bestimmen und diese Zahl mit 45 zu multiplizieren. Indem Sie nicht 52, sondern eine etwas kleinere Zahl als Multiplikator verwenden, kalkulieren Sie all die Tage ein, an denen Sie nicht trainieren, weil Sie krank oder verletzt sind, regenerieren, berufsbedingt verhindert sind, Urlaub mit der Familie machen oder Auszeiten im Rahmen einer Übergangsphase nehmen. Natürlich hoffen wir alle, von Krankheit und Verletzung verschont zu bleiben, aber leider bleibt so etwas nie ganz aus. Eine dritte Option wäre es, den Jahresumfang basierend auf Ihrem längsten Wettkampf und Ihrer Zielsetzung für dieses Rennen zu ermitteln (siehe Tabelle 7.2).

Der Training Stress Score berücksichtigt neben der Dauer auch die Intensität.

Der Jahrestrainingsumfang vieler Athleten wird nicht dadurch bestimmt, was zu leisten sie imstande wären, sondern vielmehr davon, was ihre Lebensumstände (Beruf, Familie, sonstige Verpflichtungen ...) zulassen. Bei diesen Athleten richten sich die Wochenumfänge danach, wie viel freie Zeit ihnen in der Regel für das Training bleibt. Falls dies auf Sie zutrifft, multiplizieren Sie die Wochen-

TABELLE 7.3 **Wettkampfprioritäten**

PRIORITÄT	MAXIMALE ANZAHL PRO SAISON	BEDEUTSAMKEIT DES WETTKAMPFS	SPEZIELLE VORBEREITUNG
A	3	Von höchster Bedeutung. Entscheidet, ob Ihre Saison erfolgreich war.	Eine Höchstleistungsphase (von 1-2 Wochen) vor der Rennwoche.
B	5	Von zweitrangiger Bedeutung. Dennoch wollen Sie sich gut schlagen.	Trainingsbelastung für 2 bis 3 Tage vor dem Start verringern.
C	unbegrenzt	Von geringster Bedeutung. Dient als Wettkampfeinstimmung, als Test, als harte Einheit oder der Erfahrung.	Keine spezielle Vorbereitung. Gehen Sie das Rennen wie eine Trainingseinheit an.

stunden, die Ihnen normalerweise zur Verfügung stehen, mit 45 und tragen Sie die Summe als geplanten Jahresumfang in Ihren JTP ein.

Die Zahl, die im JTP steht, ist für zeitlich eingeschränkte Athleten eigentlich kaum von Bedeutung, da die Wochenumfänge zumeist kaum Schwankungen unterliegen, ausgenommen vielleicht die Regenerationswochen und Höchstleistungs- und Wettkampfphasen. Womöglich gibt es Tage und Wochen, in denen die Trainingsumfänge erhöht werden können, sofern kurzfristige Veränderungen im Alltag ein wenig Freiraum schaffen. Ansonsten aber wird ein solcher Athlet, da seine Zeit knapp bemessen ist, gefordert sein, vielmehr die Intensität im Laufe der Saison erheblich zu variieren, um die erforderliche Wettkampffitness zu erzeugen. Beachten Sie für diesen Fall, dass der TSS von erheblich größerer Aussagekraft ist als die Zahl der Trainingsstunden, denn er berücksichtigt auch die Intensität. Die Intensität zu steigern oder zu verringern, schlägt sich – auch bei gleichbleibenden Wochenstunden – in einem veränderten TSS nieder: Während sich in einer Woche mit geringer Intensität z. B. 45 TSS-Punkte pro Stunde ergeben können, sind in einer Woche mit hoher Intensität auch 55 Punkte möglich. Ein langfristiger TSS von 50 Punkten pro Stunde ist ein gängiger Durchschnitt. Ein zeitlich eingeschränkter Triathlet kann den wöchentlichen TSS die ganze Saison hindurch abschätzen, indem er ausgehend von der üblichen Zahl zur Verfügung stehender Wochenstunden die geplanten Trainingsumfänge festlegt.

Sie können Ihre Saison beginnen, wann immer Sie es für richtig halten, solange Ihnen genug Zeit für die Vorbereitung auf Ihren ersten Wettkampf bleibt.

Schritt 4: Wettkampf-Prioritäten

Ihre Saison kann beginnen, wann immer Sie es für richtig halten, solange Ihnen genug Zeit für die Vorbereitung auf Ihren ersten Wettkampf bleibt. Zunächst einmal müssen Sie sich natürlich von der vergangenen Saison erholen. Kalkulieren Sie dann rund 24 Wochen ein, um in der neuen Saison die notwendige Wettkampfbereitschaft aufzubauen. Die meisten Athleten auf der Nordhalbkugel steigen irgendwann zwischen Oktober und Januar ins Training ein. Was wir als Nächstes tun werden, ist, in Ihrem JTP diesen Einstieg und die darauffolgenden Wochen entsprechend zu kennzeichnen.

In der Spalte »Woche« markiert Zeile 01 die erste Woche der neuen Saison. Rechts daneben befindet sich die Spalte »Datum«. Dort notieren Sie das Datum des ersten Montags Ihrer Saison. Anschließend tragen Sie darunter fortlaufend die Daten sämtlicher Montage der Saison ein. Wollen Sie z. B. Anfang Oktober einsteigen und der erste Montag ist der 7. Oktober, so schreiben Sie »7.10.« in die erste Zeile der »Datum«-Spalte, in die nächsten Zeilen dann »14.10.«, »21.10.«, »28.10.«, usw., so dass jede Wochenzeile jeweils mit dem Datum eines Montags beginnt.

Nachdem Sie sämtliche Montage der Saison eingetragen haben, vermerken Sie die Rennen, die

Sie absolvieren möchten, an den entsprechenden Terminen in der Spalte »Wettkämpfe«. Es kann sein, dass Ihre geplanten Starts in der neuen Saison noch nicht fest terminiert sind, aber vermutlich haben Sie eine ungefähre Vorstellung davon, wann sie stattfinden, verwenden Sie also diese voraussichtlichen Daten. Ein Beispiel: Nehmen wir an, Sie haben für die kommende Saison ein Rennen am Samstag, dem 11. Mai, geplant. Im JTP taucht dieses in der Zeile auf, die mit »6.5.« gekennzeichnet ist, denn diese Zeile umfasst alle Tage vom 6. Mai (Montag) bis 12. Mai (Sonntag). Falls Sie zwei Wettkämpfe am gleichen Wochenende haben, tragen Sie sie beide in diese Zeile ein.

Sobald Sie alle geplanten Starts in der Spalte »Wettkämpfe« eingetragen haben, weisen Sie jedem einzelnen eine Priorität zu, indem Sie in der Spalte »Pri.« neben dem Namen des Wettkampfs ein »A«, »B« oder »C« schreiben. Tabelle 7.3 wird Ihnen helfen, die Prioritäten zu bestimmen.

Sie werden Ihren Saisonplan rund um Ihre A-Wettkämpfe gestalten, ich würde Ihnen daher sehr ans Herz legen, sich nicht mehr als drei vorzunehmen. Da Sie die Trainingsumfänge in den letzten zwei, drei Wochen vor einem A-Wettkampf verringern, um in Wettkampfform zu kommen, und anschließend im Rahmen der Übergangsphase mindestens ein paar Tage regenerieren, werden Sie durch ein solches Rennen jeweils Fitness einbüßen, insbesondere in Bezug auf die grundlegenden Leistungsfaktoren (mehr zum Thema Form siehe Kapitel 3). Das bedeutet, dass Sie bei der Wahl, wie viele Sie pro Saison absolvieren möchten, konservativ vorgehen sollten. Drei solcher Rennen sind so ziemlich das Maximum dessen, was machbar ist, damit gleichzeitig genügend Zeit bleibt, um die Fitness wiederaufzubauen und vor dem nächsten A-Wettkampf wieder in Topform zu kommen. Je größer die Pausen zwischen A-Wettkämpfen sind, desto besser werden Sie vermutlich abschneiden.

Hinsichtlich der Wettkampfleistung gibt es zwei grundlegende Möglichkeiten, Ihre Saison zu gestalten. Eine besteht darin, wie oben empfohlen, nicht mehr als drei A-Wettkämpfe zu absolvieren, mit jeweils einem Tapering von zwei bis drei Wochen im Vorfeld. Dies führt mit hoher Wahrscheinlichkeit zu Ihrer bestmöglichen Wettkampfleistung. Daneben können Sie einige B-Wettkämpfe absolvieren, vor denen Sie das Training jeweils zwei bis drei Tage lang zurückschrauben, wie in Tabelle 7.3 dargelegt. Betrachten Sie es als eine Art Mini-Tapering, das eine kleine Leistungsspitze erzeugt. Die zweite Möglichkeit ist, auf A-Wettkämpfe gänzlich zu verzichten und stattdessen viele B-Wettkämpfe zu unternehmen, ohne je die absolute Topform zu erreichen. Damit werden Sie wahrscheinlich nicht Ihre bestmögliche Leistung abrufen, möglicherweise aber mehr Freude an Ihrer Wettkampfsaison haben. Ich kenne etliche gute Athleten, die gerne regelmäßig Rennen bestreiten. Das lässt sich machen, wenn Sie keine A-Wettkämpfe einplanen, die jeweils ein langes Tapering im Vorfeld erfordern.

Andererseits besteht auch die Möglichkeit, dass Sie in der ganzen Saison nur einen A-Wettkampf einzuplanen haben. Das wirft eine ganz andere Art von Problem auf. Es braucht rund sechs Monate, um eine Standard-Periodisierung zu durchlaufen. Aber was stellen Sie mit den übrigen sechs Monaten an, wenn Ihnen bis zu zwölf Monate bis zu Ihrem Hauptwettkampf bleiben? Dafür gibt es zwei gängige Lösungen. Die erste (und wahrscheinlich sinnvollste) besteht darin, einfach noch einen zweiten A-Wettkampf zu bestimmen, der rund 12 bis 16 Wochen vor Ihrem wichtigsten Saisonrennen stattfindet. Machen Sie sich daran, plangemäß für diesen ersten A-Wettkampf zu trainieren, inklusive eines Taperings im Vorfeld und einer kurzen Übergangsphase danach. Dies verschafft Ihnen die Gelegenheit zu testen, was Sie

TABELLE 7.4 **Zweck und Dauer der Teilphasen je nach Alter und die jeweilige Dauer der einzuplanenden Regeneration**

PHASE	ZWECK	DAUER (ALTER UNTER 50)	DAUER (ALTER ÜBER 50)	GEPLANTE DAUER REGENERATION
Vorbereitung	Vorbereitung auf das Training: Cross-Training, Kraftraum, funktionale Kraft, allgemeine Athletik	1–4 Wochen	1–4 Wochen	keine Regeneration erforderlich
Grundlagen 1	Allgemeines Training: Ausdauer, Kraft, Schnelligkeit	4 Wochen	3 Wochen	letzte 4–7 Tage von Grundlagen 1
Grundlagen 2	Allgemeines Training: Ausdauer, Kraft, Schnelligkeit, in begrenztem Maße Kraftausdauer	4 Wochen	3 Wochen	letzte 4–7 Tage von Grundlagen 2
Grundlagen 3	Allgemeines Training: Ausdauer, Kraft, Schnelligkeit, mehr Kraftausdauer	4 Wochen	3 Wochen (Grundlagen 3 wiederholen)	letzte 4–7 Tage von Grundlagen 3
Aufbau 1	Spezifisches Training: Kraftausdauer und/oder aerobe Kapazität; Ausdauer, Kraft und Schnelligkeit erhalten	4 Wochen	3 Wochen	letzte 4–7 Tage von Aufbau 1
Aufbau 2	Spezifisches Training: Kraftausdauer und/oder aerobe Kapazität; Ausdauer, Kraft und Schnelligkeit erhalten	4 Wochen	3 Wochen (Aufbau 2 wiederholen)	letzte 4–7 Tage von Aufbau 2
Höchstleistung	Spezifisches Training: alle 72–96 Stunden einen Wettkampfabschnitt simulieren; sonst Einheiten zur Regeneration	1–2 Wochen	1–2 Wochen	keine Regeneration erforderlich
Wettkampf	Spezifisches Training: kurze Intervalle mit mindestens Wettkampfintensität (Zahl täglich abnehmend); Ruhe	1 Woche	1 Woche	keine Regeneration erforderlich
Übergang	Ruhe und aktive Regeneration	1–4 Wochen	1–4 Wochen	keine Regeneration erforderlich

Die geplanten Regenerationspausen vom Training sind am Ende jeder Teilphase einbezogen.

zu leisten imstande sind, während Sie gleichzeitig Ihr Training für A-Wettkämpfe auf den Prüfstand stellen. Die Erkenntnisse, die Sie daraus gewinnen, werden ohne Zweifel zu einer besseren Leistung im wichtigeren Rennen beitragen. Die zweite Möglichkeit, dieses Dilemma zu lösen, ist, in das Grundlagentraining einzusteigen, wie es in diesem Kapitel dargelegt wurde, aber nach Abschluss von Grundlagen 3 nicht mit der Aufbauphase fortzufahren. Stattdessen würden Sie die Phase Grundlagen 3 so lange wiederholen, bis Ihnen noch etwa zwölf Wochen bis zum wichtigsten A-Wettkampf bleiben. Beginnen Sie dann mit der Aufbauphase. Man kann nie zu viel Grundlagenfitness besitzen, diese zweite Variante wird Sie somit ziemlich gut auf das wettkampfspezifische Training vorbereiten, das dem »richtigen« A-Wettkampf vorausgeht.

Grundlagenfitness können Sie nie genug haben.

Beachten Sie in Tabelle 7.3, dass C-Wettkämpfe als Trainingseinheiten behandelt werden, d. h. Sie pausieren vor diesen in gleicher Weise, wie Sie es vor einer harten Einheit tun würden. Die Ergebnisse in diesen Rennen spielen keine Rolle, da Sie ohnehin nicht erwarten können, in Topform oder auch nur wettkampfbereit zu sein. Solche Wettkämpfe werden normalerweise als Generalprobe für A- oder B-Wettkämpfe absolviert, um sich, falls seit dem letzten Start eine Weile vergangen ist, wieder auf die Atmosphäre und Abläufe an Renntagen einzustimmen. Sie können außerdem als Fitnesstest, hartes Training oder gesellige Unternehmung mit Freunden dienen. Anfänger können außerdem wertvolle Erfahrungen sammeln. Wenn Sie noch nicht lange dabei sind, ist die Teilnahme an Wettkämpfen – und zwar so vielen wie möglich –, eine der effektivsten Methoden, sich mit dem A und O des Triathlonsports vertraut zu machen. Das erste Jahr als Triathlet sollte eine reine Lernerfahrung sein. Die Teilnahme an C-Wettkämpfen ist mit das Beste, was Sie tun können, um zu lernen.

Je länger Ihre A-Wettkämpfe sind, desto weniger C-Wettkämpfe sollten Sie bestreiten. Lang- und Mitteldistanzen erfordern viele lange Trainingseinheiten, v. a. auf dem Rad. Da diese meist am Wochenende stattfinden, wenn Sie viel Zeit haben, und weil auch Wettkämpfe üblicherweise am Wochenende stattfinden, werden sich wahrscheinlich Konflikte ergeben. Irgendwo müssen Sie also Abstriche machen. Mein Rat lautet, auf ein paar C-Wettkämpfe zu verzichten. Vermutlich werden Sie besser trainieren, wenn Sie zusätzlich zu Ihrem A-Wettkampf auf der Langstrecke nur ein paar B-Wettkämpfe bestreiten. Ironman-Triathleten würde ich empfehlen, in den letzten zwölf Wochen vor dem A-Wettkampf nur einen B-Wettkampf einzustreuen, vorzugsweise eine Mitteldistanz. Der beste Zeitpunkt für diesen B-Wettkampf ist vermutlich drei bis sieben Wochen vor dem Ironman.

Schritt 5: Saisonphasen

Die nächste Aufgabe bei der Ausarbeitung Ihres JTP ist, die Saison zu periodisieren. Tabelle 7.4 wird Sie durch diesen Prozess geleiten. Sie führt Tabelle 7.1 weiter aus, indem sie die saisonbezogenen Phasen in Teilphasen unterteilt und die Dauer jeder einzelnen Phase nach dem Alter ausrichtet.

Der Tabelle entnehmen Sie, welcher Zielsetzung die einzelnen Teilphasen gemeinhin dienen. Je nach individuellen Anforderungen kann es in jeder gegebenen Phase der Saison aber durchaus ratsam sein, von diesem Schema abzuweichen. Wenn ich z. B. Ironman-Triathleten betreue, lasse ich sie in Grundlagen 3 gegebenenfalls Einheiten für die aerobe Kapazität trainieren, um vor dem Beginn der Aufbauphase, in der die Kraftausdauer einen Schwerpunkt bildet, ihre $V0_2max$ zu verbessern. In der traditionellen linearen Periodisierung wird in der Grundlagenphase gar kein Training für die aerobe Kapazität unternommen. Aber bisweilen kann dies für bestimmte Athleten durchaus sinnvoll sein. Scheuen Sie sich nicht, mit dem in Tabelle 7.4 dargelegten Modell zu experimentieren. Vielleicht stoßen Sie auf etwas, das für gewöhnlich nicht gemacht wird, für Sie aber gut funktioniert. Die einzige verbindliche Regel der Periodisierung, die zu beherzigen ich Ihnen dringend raten würde, ist diese: Je näher Ihr A-Wettkampf rückt, desto mehr sollte Ihr Training die Wettkampfbedingungen simulieren. Ansonsten kann die Periodisierung des Trainings recht flexibel gehandhabt werden.

Je länger Ihre A-Wettkämpfe sind, desto weniger C-Wettkämpfe sollten Sie bestreiten.

Bevor wir fortfahren, möchte ich kurz die altersbezogene Einteilung der Dauer in Tabelle 7.4 erläutern. Die Dauer der Teilphasen hat eigentlich mehr mit dem Regenerationsbedarf als mit dem Alter als solchem zu tun. Die Einteilung nach Alter in Tabelle 7.4 dient lediglich dazu, die Planung zu vereinfachen. Gleichwohl sei angemerkt, dass das Alter nicht immer ein präziser Indikator der Regeneration ist. Lassen Sie mich das ein wenig ausführen. Unabhängig vom Alter sind alle paar Wochen Pausen vom fokussierten und ernsthaften Training nötig, um einen Teil der angesammelten Erschöpfung abzubauen. Manche Athleten brauchen diese Auszeiten häufiger als andere. Wie häufig, hängt von etlichen physiologischen Variablen ab, von denen die wichtigste wohl die Hormonproduktion ist. Wie gut und wie rasch sich ein Sportler von harten Trainingseinheiten erholt, hat eine Menge mit Wachstumshormonen, Testosteron, Östrogen, insulinartigem Wachstumsfaktor etc. zu tun. Diese Hormone nehmen mit dem Alter ab. Je weniger wir von ihnen produzieren, desto langsamer erholen wir uns und dementsprechend häufiger benötigen wir Regenerationspausen vom Training. Irgendwann um das 50. Lebensjahr herum macht sich die verringerte Hormonproduktion bemerkbar. Das ist der Grund, warum ältere Athleten in der Regel häufiger Pausen brauchen als jüngere und warum Tabelle 7.4 zu verschiedenen Zeitpunkten der Saison häufigere Auszeiten für Athleten über 50 vorsieht. Ich habe aber auch viele Athleten jenseits der 50 erlebt, die sich sehr schnell erholen. Ebenso hatte ich mit Athleten unter 50 zu tun, die nur langsam regenerieren. Obwohl die Tabelle sich also am Alter orientiert, um die Dauer der Phasen festzulegen, sind Sie womöglich nicht so einfach einer der beiden Kategorien zuzuordnen. Mit anderen Worten: Überlegen Sie sich gut, wie schnell oder langsam Sie regenerieren, und nutzen Sie die entsprechende Spalte. Lassen Sie sich bei der Entscheidung von vergangenen Erfahrungen mit angesammelter Erschöpfung leiten. Sind Sie in der Lage, drei Wochen lang ernsthaft zu trainieren, bevor Sie eine Erholungspause einlegen, oder sind zwei Wochen besser für Sie?

Arbeiten Sie sich rückwärts vor, wenn Sie die Phasen in Ihren JTP eintragen.

In der Spalte »Geplante Dauer Regeneration« ist mit »letzte 4 bis 7 Tage« in den Grundlagen- und Aufbauphasen eine recht grobe Zeitspanne angegeben. Wie gesagt, manche Athleten regenerieren langsam und brauchen bis zu einer Woche reduziertem Training, bevor Sie wieder ins ernsthafte Training einsteigen, während andere sich rascher erholen und deutlich weniger Tage benötigen. Die Regeneration in einer dieser kurzen Auszeiten kann zudem von einer Teilphase zur nächsten variieren. Betrachten Sie dies also als eine Entscheidung, die Sie nach Bedarf treffen. Falls Sie sich nach vier Tagen noch erschöpft fühlen, nehmen Sie sich einen weiteren Tag – oder mehr – zur Erholung. Mit dem Thema Regeneration werden wir uns in Kapitel 11 noch ausführlicher beschäftigen.

Okay, das waren eine Menge Details vorab. Widmen wir uns jetzt dem zentralen Thema dieses Abschnitts: der Periodisierung Ihrer Saison.

Periodisieren bedeutet, jeder Woche des Jahres in der »Phase«-Spalte Ihres JTP eine Trainingsphase zuzuordnen. Diese Spalte füllen Sie aus, indem Sie sich rückwärts vorarbeiten. Beginnen Sie mit dem ersten A-Wettkampf Ihrer Saison. Tragen Sie in der Zeile Ihres ersten A-Wettkampfs »Wettkampf« in der »Phase«-Spalte ein. Gehen Sie dann eine Zeile nach oben und tragen Sie »Höchstleistung« ein. Gehen Sie eine weitere Zeile nach oben und tragen Sie erneut »Höchstleistung« ein. So bleibt Ihnen Zeit für ein dreiwöchiges Tapering vor dem Wettkampf – zwei Wochen Höchstleistungsphase und eine Woche Wettkampfphase. Manche Athleten kommen unter bestimmten Umständen mit nur zwei Wochen Tapering in bessere Wettkampfform. Auch dies ist ein Aspekt individueller Gegebenheiten, die Sie berücksichtigen müssen, wenn Sie Ihren Plan für die Saison aufstellen. Dazu kann ich Ihnen nicht mehr sagen, als dass es ganz und gar von Ihren persönlichen Erfahrungen abhängt, welches die für Sie beste Vorgehensweise ist. Experimentieren Sie ruhig, um herauszufinden, was für Sie am besten funktioniert. Falls Sie unsicher sind, planen Sie einstweilen eine zweiwöchige Höchstleistungsphase ein.

In die Zeile über der ersten Woche »Höchstleistung« tragen Sie »Aufbau 2« ein. Nun müssen Sie sich, ausgehend von obigen Erörterungen über Regeneration und Alter, überlegen, ob Sie drei- oder vierwöchige Teilphasen einplanen. Falls Sie sich für vierwöchige Teilphasen entscheiden, tragen Sie noch drei weitere Male »Aufbau 2« ein, so dass über Ihrer ersten Woche »Höchstleistung« vier Wochen »Aufbau 2« stehen. Falls Sie dreiwöchige Teilphasen wählen, tragen Sie nur in drei Zeilen »Aufbau 2« ein. Nun machen Sie das gleiche – je drei oder vier Wochen – für die Phasen Aufbau 1, Grundlagen 3, Grundlagen 2 und Grundlagen 1. Beachten Sie, dass die Teilphasen für die Grundlagen- und die Aufbauphasen auch unterschiedlich lang (drei oder vier Wochen) sein können. Manche Athleten erholen sich recht schnell, wenn sie sich, wie in der Grundlagenphase, primär auf die grundlegenden Leistungsfaktoren konzentrieren, aber vergleichsweise langsamer, wenn sie die erweiterten Leistungsfaktoren trainieren. Diese Athleten könnten sich z. B. vornehmen, dreiwöchige Teilphasen in der Aufbauphase und vierwöchige Teilphasen in der Grundlagenphase zu planen. Dies ist wie gesagt eine persönliche Entscheidung, die von Ihren Erfahrungen abhängt. Falls Sie unsicher sind, planen Sie einstweilen Teilphasen von jeweils gleicher Länge ein.

In die Zeile oberhalb Ihrer ersten Woche Grundlagen 1 tragen Sie »Vorbereitung« ein. Diese Phase kann zwischen einer und vier Wochen dauern. Dazu ist anzumerken, dass ich sie manchen der von mir betreuten Athleten zuweilen ganz aus dem Plan gestrichen habe, wenn ihnen vor dem ersten Wettkampf nur eine begrenzte Zahl an Trainingswochen zur Verfügung stand. Auf der anderen Seite habe ich sie auch schon mal auf mehr als vier Wochen ausgedehnt, wenn Athleten überschüssige Zeit bis zum A-Wettkampf hatten und wir aus welchen Gründen auch immer be-

TABELLE 7.5 Wochentrainingsstunden in den einzelnen Teilphasen der Saison

PHASE	WOCHE	JAHRESTRAININGSSTUNDEN																		
		300	350	400	450	500	550	600	650	700	750	800	850	900	950	1.000	1.050	1.100	1.150	1.200
Vorb.	Alle	5,0	6,0	7,0	7,5	8,5	9,0	10,0	11,0	12,0	12,5	13,5	14,5	15,0	16,0	17,0	17,5	18,5	19,5	20,0
Grundl.1	1	6,0	7,0	8,0	9,0	10,0	11,0	12,0	12,5	14,0	14,5	15,5	16,5	17,5	18,5	19,5	20,5	21,5	22,5	23,5
	2	7,0	8,5	9,5	10,5	12,0	13,0	14,5	15,5	16,5	18,0	19,0	20,0	21,5	22,5	24,0	25,0	26,0	27,5	28,5
	3	8,0	9,5	10,5	12,0	13,5	14,5	16,0	17,5	18,5	20,0	21,5	22,5	24,0	25,5	26,5	28,0	29,5	30,5	32,0
	4	4,0	5,0	5,5	6,5	7,0	8,0	8,5	9,0	10,0	10,5	11,5	12,0	12,5	13,5	14,0	14,5	15,5	16,0	17,0
Grundl.2	1	6,5	7,5	8,5	9,5	10,5	12,5	12,5	13,0	14,5	16,0	17,0	18,0	19,0	20,0	21,0	22,0	23,0	24,0	25,0
	2	7,5	9,0	10,0	11,5	12,5	14,0	15,0	16,5	17,5	19,0	20,0	21,5	22,5	24,0	25,0	26,5	27,5	29,0	30,0
	3	8,5	10,0	11,0	12,5	14,0	15,5	17,0	18,0	19,5	21,0	22,5	24,0	25,0	26,5	28,0	29,5	31,0	32,0	33,5
	4	4,5	5,0	5,5	6,5	7,0	8,0	8,5	9,0	10,0	10,5	11,5	12,0	12,5	13,5	14,0	15,0	15,5	16,0	17,0
Grundl.3	1	7,0	8,0	9,0	10,0	11,0	12,5	13,5	14,5	15,5	17,0	18,0	19,0	20,0	21,0	22,5	23,5	25,0	25,5	27,0
	2	8,0	9,5	10,5	12,0	13,5	14,5	16,0	17,0	18,5	20,0	21,5	23,0	24,0	25,0	26,5	28,0	29,5	30,5	32,0
	3	9,0	10,5	11,5	13,0	15,0	16,5	18,0	19,0	20,5	22,0	23,5	25,0	26,5	28,0	29,5	31,0	32,5	33,5	35,0
	4	4,5	5,0	5,5	6,5	7,0	8,0	8,5	9,0	10,0	10,5	11,5	12,0	12,5	13,5	14,0	15,0	15,5	16,0	17,0
Aufbau 1	1	8,0	9,0	10,0	11,5	12,5	14,0	15,5	16,0	17,5	19,0	20,5	21,5	22,5	24,0	25,0	26,5	28,0	29,0	30,0
	2	8,0	9,0	10,0	11,5	12,5	14,0	15,5	16,0	17,5	19,0	20,5	21,5	22,5	24,0	25,0	26,5	28,0	29,0	30,0
	3	8,0	9,0	10,0	11,5	12,5	14,0	15,5	16,0	17,5	19,0	20,5	21,5	22,5	24,0	25,0	26,5	28,0	29,0	30,0
	4	4,5	5,0	5,5	6,5	7,0	8,0	8,5	9,0	10,0	10,5	11,5	12,0	12,5	13,5	14,0	15,0	15,5	16,0	17,0
Aufbau 2	1	7,0	8,5	9,5	10,5	12,0	13,0	14,5	15,5	16,5	18,0	19,0	20,5	21,5	22,5	24,0	25,0	26,5	27,0	28,5
	2	7,0	8,5	9,5	10,5	12,0	13,0	14,5	15,5	16,5	18,0	19,0	20,5	21,5	22,5	24,0	25,0	26,5	27,0	28,5
	3	7,0	8,5	9,5	10,5	12,0	13,0	14,5	15,5	16,5	18,0	19,0	20,5	21,5	22,5	24,0	25,0	26,5	27,0	28,5
	4	4,5	5,0	5,5	6,5	7,0	8,0	8,5	9,0	10,0	10,5	11,5	12,0	12,5	13,5	14,0	15,0	15,5	16,0	17,0
Höchstl.	1	6,5	7,5	8,5	9,5	10,5	11,5	13,0	13,5	14,5	16,0	17,0	18,0	19,0	20,0	21,0	22,0	23,5	24,0	25,0
	2	5,0	6,0	6,5	7,5	8,5	9,5	10,0	11,0	11,5	12,5	13,5	14,5	15,0	16,0	17,0	17,5	18,5	19,0	20,0
Wettk.	Alle	4,5	5,0	5,5	6,5	7,0	8,0	8,5	9,0	10,0	10,5	11,5	12,0	12,5	13,5	14,0	15,0	15,5	16,0	17,0

Wenn Sie sich an Jahrestrainingsstunden orientieren (und nicht am TSS), suchen Sie in der obersten Zeile Ihren Wert heraus. In der entsprechenden Spalte finden Sie darunter die Wochenstunden für alle einzelnen Phasen.

TABELLE 7.6 Wöchentlicher TSS in den einzelnen Teilphasen der Saison

PHASE	WO.	JAHRES-TSS																		
		15.000	17.500	20.000	22.500	25.000	27.500	30.000	32.500	35.000	37.500	40.000	42.500	45.000	47.500	50.000	52.500	55.000	57.500	60.000
Vorb.	alle	240	280	320	360	400	440	480	520	560	600	640	700	720	760	800	840	880	920	960
Grundl.1	1	280	330	380	430	480	520	570	620	670	710	760	810	850	900	950	1.000	1.040	1.090	1.140
	2	310	370	420	470	530	580	630	680	730	780	840	890	950	1.000	1.050	1.100	1.150	1.210	1.260
	3	350	400	460	520	580	630	690	750	810	860	920	980	1.030	1.090	1.150	1.210	1.260	1.320	1.380
	4	240	280	320	360	400	440	480	520	560	600	640	700	720	760	800	840	880	920	960
Grundl.2	1	290	335	380	430	480	520	570	620	670	710	760	810	850	900	950	1.000	1.040	1.090	1.140
	2	330	385	440	500	550	600	660	720	770	820	880	940	990	1.040	1.100	1.150	1.210	1.260	1.320
	3	370	440	500	560	630	690	750	810	880	940	1.000	1.060	1.120	1.190	1.250	1.310	1.370	1.440	1.500
	4	240	280	320	360	400	440	480	520	560	600	640	700	720	760	800	840	880	920	960
Grundl.3	1	330	385	440	500	550	600	660	720	780	820	880	940	990	1.040	1.100	1.150	1.210	1.260	1.320
	2	370	440	500	560	630	690	750	810	880	940	1.000	1.060	1.120	1.190	1.250	1.310	1.370	1.440	1.370
	3	410	475	540	610	680	740	810	880	950	1.010	1.080	1.150	1.210	1.280	1.350	1.420	1.480	1.550	1.620
	4	240	280	320	360	400	440	480	520	560	600	640	700	720	760	800	840	880	920	960
Aufbau 1	1	370	440	500	560	630	690	750	810	880	940	1.000	1.060	1.120	1.190	1.250	1.310	1.370	1.440	1.370
	2	370	440	500	560	630	690	750	810	880	940	1.000	1.060	1.120	1.190	1.250	1.310	1.370	1.440	1.370
	3	370	440	500	560	630	690	750	810	880	940	1.000	1.060	1.120	1.190	1.250	1.310	1.370	1.440	1.370
	4	240	280	320	360	400	440	480	520	560	600	640	700	720	760	800	840	880	920	960
Aufbau 2	1	410	475	540	610	680	740	810	880	950	1.010	1.080	1.150	1.210	1.280	1.350	1.420	1.480	1.550	1.620
	2	410	475	540	610	680	740	810	880	950	1.010	1.080	1.150	1.210	1.280	1.350	1.420	1.480	1.550	1.620
	3	410	475	540	610	680	740	810	880	950	1.010	1.080	1.150	1.210	1.280	1.350	1.420	1.480	1.550	1.620
	4	240	280	320	360	400	440	480	520	560	600	640	700	720	760	800	840	880	920	960
Höchstl.	1	290	335	380	430	480	520	570	620	670	710	760	810	850	900	950	1.000	1.040	1.090	1.140
	2	240	280	320	360	400	440	480	520	560	600	640	700	720	760	800	840	880	920	960
Wettk.	alle	240	280	320	360	400	440	480	520	560	600	640	700	720	760	800	840	880	920	960

Wenn Sie sich am TSS orientieren (und nicht an Jahrestrainingsstunden), suchen Sie in der obersten Zeile Ihren Wert heraus. In der entsprechenden Spalte finden Sie darunter die Wochenstunden für alle Phasen.

schlossen, das Grundlagentraining herauszuzögern. Normalerweise hängt diese Entscheidung davon ab, wie viele Wochen vor dem ersten A-Wettkampf zur Verfügung stehen. Sofern alles genau aufgeht, wird Ihre erste Woche Vorbereitung oder Grundlagen 1 im JTP mit Ihrem geplanten Trainingsbeginn für die kommende Saison zusammenfallen. Mir gefällt es, wenn die Saisonvorbereitung für das erste Rennen mindestens sechs Monate beträgt.

Gehen Sie nun zurück zur Zeile direkt unterhalb der ersten »Wettkampf«-Woche. Es kann sein, dass Ihnen in den folgenden ein oder zwei Wochen ein oder zwei weitere Wettkämpfe bevorstehen. Falls dem so ist, tragen Sie »Wettkampf« für jede dieser Wochen ein, so dass Sie zwei oder drei aufeinanderfolgende Zeilen erhalten, die als Wettkampfphase gekennzeichnet sind. Im Triathlon ist es selten, mehrere A-Wettkämpfe an aufeinanderfolgenden Wochenenden zu haben, aber es kommt vor. Tragen Sie nun »Übergang« für die erste Woche nach Ihrem A-Wettkampf bzw. nach dem letzten der aufeinanderfolgenden A-Wettkämpfe ein. Wie in Tabelle 7.4 vermerkt, kann diese Phase ein paar Tage bis zu vier Wochen dauern. Ich hatte sogar Athleten, die bis zu sechs Wochen einplanten, wenn ihre Saison außergewöhnlich aufreibend war. Falls diese erste Übergangsphase früh in der Saison ansteht, was üblich ist, empfehle ich, nur

JAHRESTRAININGSPLAN

Sportler *Jane Doe*

Jahresumfang *500 Stunden*

Jahr *2024*

WOCHE	DATUM	WETTKÄMPFE	PRI.	PHASE	UMFANG		SCHWIMMEN							RADFAHREN							LAUFEN						
						KRAFTRAUM	AUSDAUER	KRAFT	SCHNELLIGKEIT	KRAFTAUSDAUER	AEROBE KAPAZITÄT	SCHNELLKRAFT	TESTS	AUSDAUER	KRAFT	SCHNELLIGKEIT	KRAFTAUSDAUER	AEROBE KAPAZITÄT	SCHNELLKRAFT	TESTS	AUSDAUER	KRAFT	SCHNELLIGKEIT	KRAFTAUSDAUER	AEROBE KAPAZITÄT	SCHNELLKRAFT	TESTS
01	20.11.			Vorb.	8,5																						
02	27.11.			↓	8,5																						
03	4.12.			Grundl. 1	10,0																						
04	11.12.				12,0																						
05	18.12.				13,5																						
06	25.12.			↓	7,0																						
07	1.1.			Grundl. 2	10,5																						
08	8.1.				12,5																						
09	15.1.				19,0																						
10	22.1.			↓	7,0																						
11	29.1.			Grundl. 3	11,0																						
12	5.2.				13,5																						
13	12.2.	(Trainingslager)			15,0																						
14	19.2.	Sprint Triathlon	C	↓	7,0																						
15	26.2.			Aufbau 1	12,5																						
16	5.3.				12,5																						
17	12.3.				12,5																						
18	19.3.	Olympische Distanz	B	↓	7,0																						
19	26.3.			Aufbau 2	13,0																						
20	3.4.				12,0																						
21	8.4.				12,0																						
22	15.4.	10km-Lauf	B	↓	7,0																						
23	22.4.			Höchstl.	10,5																						
24	29.4.			↓	8,5																						
25	6.5.	Gulf Coast Mitteldistanz	A	Wettk.	7,0																						
26	13.5.			Überg.	-																						

ABBILDUNG 7.5 Beispiel für einen Jahrestrainingsplan (Fortsetzung nächste Seite)

Saisonziele

1. Sub 5:00 bei der Gulf Coast Mitteldistanz
2. Unter 5:10 beim Silverman 70,3
3.

Trainingsvorgaben

1. Beinpresse mit 160kg (3x) bis 1. Januar
2. Rad-FTPo steigern auf 230 Watt bis 23. März
3. 1000m Schwimmen in 15:00 bis 23. April
4. Halbmarathon unter 1:45 bis 23. Juli

WOCHE	DATUM	WETTKÄMPFE	PRI.	PHASE	UMFANG	KRAFTRAUM	SCHWIMMEN							RADFAHREN							LAUFEN						
							AUSDAUER	KRAFT	SCHNELLIGKEIT	KRAFTAUSDAUER	AEROBE KAPAZITÄT	SCHNELLKRAFT	TESTS	AUSDAUER	KRAFT	SCHNELLIGKEIT	KRAFTAUSDAUER	AEROBE KAPAZITÄT	SCHNELLKRAFT	TESTS	AUSDAUER	KRAFT	SCHNELLIGKEIT	KRAFTAUSDAUER	AEROBE KAPAZITÄT	SCHNELLKRAFT	TESTS
27	20.5.			Grundl. 3	11,0																						
28	27.5.			↓	13,5																						
29	3.6.			↓	7,0																						
30	10.6.			Grundl. 3	13,5																						
31	17.6.			↓	15,0																						
32	24.6.			↓	7,0																						
33	1.7.			Grundl. 3	13,5																						
34	8.7.			↓	15,0																						
35	15.7.	Halbmarathon	B	↓	7,0																						
36	22.7.			Aufbau 1	12.5																						
37	29.7.			↓	12,5																						
38	5.8.	Olympische Distanz	C	↓	12,5																						
39	12.8.			↓	7,0																						
40	19.8.			Aufbau 2	12,0																						
41	26.8.			↓	12,0																						
42	2.9.			↓	12,0																						
43	9.9.	Olympische Distanz	B	↓	7,0																						
44	16.9.			Höchstl.	10,5																						
45	23.9.			↓	8,5																						
46	30.9.	Silverman 70.3	A	Wettk.	7,0																						
47	7.10.			Überg.	-																						
48	14.10.				-																						
49	21.10.				-																						
50	28.10.				-																						
51	4.11.																										
52	11.11.																										

ABBILDUNG 7.5 (Fortsetzung)

wenige Tage mit dem fokussierten Training auszusetzen. Das können nur drei oder vier, aber auch sieben Tage sein, je nachdem, wie erschöpft Sie mental und körperlich sind. (Nach dem letzten A-Wettkampf der Saison, werden Sie wahrscheinlich eine wesentlich längere Auszeit benötigen, eher um die vier Wochen.) Der Sinn der Übergangsphase ist, nicht nur Ihrem Körper, sondern auch Ihrem Geist ein wenig Erholung zu gönnen. Ein bisschen Bewegung ist okay, aber trainieren ist verboten. Es geht darum, sich zu erholen und zu regenerieren, indem man sich für ein paar Tage aus der Trainingsroutine ausklinkt. Beachten Sie, dass Langdistanz-Wettkämpfe tendenziell eine längere Übergangsphase erfordern als Kurzdistanz-Rennen.

Anfänger in ihrem ersten Triathlon-Trainingsjahr konzentrieren sich die gesamte Saison über auf die grundlegenden Leistungsfaktoren und absolvieren keine Aufbauphasen. Stattdessen wiederholen sie die Phase Grundlagen 3, die anstelle sämtlicher Aufbau-Teilphasen tritt. Für Anfänger gibt es nichts Wichtigeres als Ausdauer, Technik und Kraft.

Damit sind die Planungen bis zum ersten A-Wettkampf abgeschlossen. Das war im Grunde ziemlich simpel; wir sind einfach einem Schema gefolgt. Für alle anschließenden Wettkämpfe aber müssen Sie Entscheidungen treffen und manche Phasen auslassen. Ein Beispiel: Wenn Sie über den ersten A-Wettkampf hinaus planen, werden Sie die Vorbereitungs-Phase und vermutlich auch Grundlagen 1 und 2 nicht wiederholen. Es kann aber sinnvoll sein, nach der ersten Übergangsphase zu Grundlagen 3 zurückzukehren, falls Ihre Grundlagenfitness, insbesondere die Ausdauer, in den letzten Wochen rund um den A-Wettkampf deutlich nachgelassen hat. Grundlagen 3 zu wiederholen, ist üblich, wenn der erste A-Wettkampf ein kurzes Rennen war und das nächste lang sein wird. Sofern genügend Wochen bis zum zweiten A-Wettkampf bleiben, empfiehlt es sich, Grundlagen 3 sogar zwei Mal zu absolvieren. Falls Ihre Grundlagenfitness zu wünschen übrig lässt, wird dieses Defizit die restliche Saison über das Training und die Wettkämpfe erheblich beeinträchtigen. Sind die grundlegenden Leistungsfaktoren nach dem ersten A-Wettkampf hingegen noch gut entwickelt, empfiehlt es sich, mit einer Phase Aufbau 1 oder Aufbau 2 wieder ins Training einzusteigen. Im Zweifelsfall nehme Sie zumindest eine Phase Grundlagen 3 mit auf.

Seien Sie gewarnt: Lassen Sie die grundlegenden Leistungsfaktoren nicht zu kurz kommen, um mehr hochintensives Training absolvieren zu können. Näheres zur Planung dieser anschließenden Wochen siehe Abbildungen 7.3 und 7.4 sowie die zugehörigen Erläuterungen.

Lassen Sie die grundlegenden Leistungsfaktoren nicht zu kurz kommen, um mehr hochintensives Training absolvieren zu können.

Natürlich ist es so, dass Sie zum jetzigen Zeitpunkt im Grunde nur mutmaßen können, wie es in ein paar Monaten um Ihre Fitness bestellt sein wird. Das ist ein weiterer Grund, warum Ihr JTP sich im Laufe der Saison vermutlich immer mal wieder verändern wird. Einstweilen aber sollten Sie, sofern genügend Wochen zwischen den Wettkämpfen bleiben, Grundlagen 3 als Ausgangspunkt für das Training nach der ersten Übergangsphase der Saison vorsehen.

Vervollständigen Sie die Spalte »Phase« in Ihrem JTP für den Rest der Saison, indem Sie die Teilphasen eintragen, die jeweils den A-Wettkämpfen vorausgehen. Denken Sie außerdem daran, im Rahmen der Vorbereitung auf Ihre B-Wettkämpfe einige Tage reduzierten Trainings einzuplanen. Ein B-Wettkampf am Ende einer Regenerationswoche ist ideal, aber nicht immer möglich. Sollten Sie im weiteren Verlauf befinden, dass Ihr Plan nicht der richtige ist für die anschließenden Rennen, können Sie immer noch Änderungen vornehmen.

Schritt 6: Wochenumfänge

Ein Großteil Ihres JTP ist nun vollständig und Sie sollten eine ungefähre Vorstellung davon haben, wie Ihr Training zu verschiedenen Zeiten der kommenden Saison aussehen wird. Was noch bleibt, ist, den TSS oder die Zahl der Stunden zu definieren, die Sie pro Woche trainieren werden – Ihren Umfang. Sobald die Wochenumfänge stehen, sind Sie so weit, sich den letzten Details zu widmen – den tatsächlichen Trainingseinheiten. Damit befassen wir uns im nächsten Kapitel.

Der Wochenumfang umfasst alle drei Sportarten zuzüglich Kraftraum-Einheiten und Ausgleichssportarten.

Die Tabellen 7.5 und 7.6 helfen Ihnen, die Spalte »Umfang« auszufüllen. Suchen Sie in der obersten Zeile der Tabelle, die Sie verwenden, die »Jahrestrainingsstunden« bzw. den »Jahres-TSS« heraus, die Sie oben in Ihren JTP eingetragen haben. Schauen Sie dann in der entsprechenden Spalte, welchen Umfang Sie pro Woche und Teilphase trainieren sollten. Tragen Sie die Zahlen in die entsprechenden Wochenzeilen der Spalte »Umfang« Ihres JTP ein. Der Wochenumfang ist keine fixe Vorgabe, die es unter allen Umständen einzuhalten gilt. Sie liefert Ihnen vielmehr einen groben Richtwert dafür, wie viel Sie in einer bestimmten Woche trainieren sollten. Dieser Wert kann und sollte gegebenenfalls kurzfristig abgeändert werden, wenn Sie den betreffenden Punkt der Saison erreichen und Ihre jeweilige Situation es erfordert. Wie Sie Ihre tägliche Trainingsdauer bestimmen und zeitnahe Entscheidungen im Hinblick auf Ihre Wochenumfänge treffen, wird Thema in Kapitel 8 sein.

FAZIT: DIE SAISONPLANUNG

Nun, da Sie dieses recht umfangreiche und komplexe Kapitel gelesen haben, werden Sie vermutlich verstehen, dass ich zu Beginn gesagt habe, warum ich es für den wichtigsten Teil dieses Buchs halte. Viele Aspekte aus vorigen Kapiteln werden darin zusammengeführt. Und auch wenn die Ausarbeitung Ihres JTP vielleicht ein wenig mühselig erschien, bin ich sicher, dass Sie feststellen werden, dass sich der Aufwand in der kommenden Saison durch besseres Training und bessere Wettkämpfe bezahlt machen wird. Ihr Plan sollte so ähnlich wie Abbildung 7.5 aussehen – ein Beispiel für den JTP einer Athletin, die auf A-Wettkämpfe über die Mitteldistanz hinarbeitet. Beachten Sie, dass Ihr JTP noch nicht vollständig ist: Was fehlt, ist die Verteilung der Trainingseinheiten in den Spalten »Kraftraum«, »Schwimmen«, »Radfahren« und »Laufen«. Damit beschäftigen wir uns im nächsten Kapitel.

Vielleicht fällt Ihnen die Umstellung schwer, falls Sie noch nie mit einem so detaillierten Plan gearbeitet haben. Viele Sportler tun sich nicht leicht damit, neue Ansätze zu übernehmen, v. a. wenn sie seit Jahren eher aus dem Bauch heraus trainiert haben. Einen Plan zu befolgen, ist fast so, wie einen Coach zu haben. Es fördert das Selbstvertrauen und gibt Ihrem Training eine Richtung. Ich glaube, wenn Sie sich erst mal daran gewöhnt haben, werden Sie feststellen, dass Ihre Trainings- und Wettkampfleistungen sich erheblich verbessern.

Damit Ihr Plan funktioniert, müssen Sie ihn als Prozess begreifen, nicht als starre Vorgabe. Ich empfehle Ihnen dringend, Ihren JTP am Ende jeder Woche zu prüfen und bei Bedarf anzupassen, wenn Sie das Training für die folgende Woche planen. Kapitel 8 zeigt, wie Sie das anstellen. Wenn Ihnen mal die Lust am Organisieren und Planen vergeht, wie es jedem mal passiert, erinnern Sie sich daran, warum Sie das alles machen: um Ihre Ziele zu erreichen und Ihr volles Potenzial als Triathlet auszuschöpfen. Die Zeit, die Sie in Planung investieren, wird sich bezahlt machen. In meinen mehr als 30 Jahren als Coach habe ich zahllose Athleten erlebt, denen es dazu verholfen hat, hohe Ziele zu erreichen.

Nun ist es so weit, alle bisher besprochenen Aspekte zusammenzuführen und das Puzzle im letzten Schritt zu vervollständigen: mit den Details der einzelnen Trainingswochen Ihrer Saison. Wie Sie diese bestimmen, ist das Thema von Kapitel 8.

8

DIE WOCHENPLANUNG

BEVOR WIR in die Einzelheiten des Wochentrainings einsteigen, noch einmal zurück zu einem zentralen Punkt aus Kapitel 7. Wie ich bereits ausgeführt habe, muss Ihr Training sich schrittweise den Rennbedingungen angleichen, je näher der Wettkampf rückt. Das heißt aber nicht, dass nur die Einheiten unmittelbar vor dem Wettkampf ausschlaggebend und Einheiten zu Beginn der Saison nicht so wichtig wären. Denn diese frühen Einheiten verankern die Fitnessgrundlagen, auf denen Sie später in wettkampfspezifischen Einheiten aufbauen. Sofern Ihre Grundlagenphase wunschgemäß verläuft, sollten Sie in der Aufbauphase in der Lage sein, eine Menge wettkampfähnlichen Trainings zu meistern. In der Aufbauphase entwickeln Sie Ihre Fitness weiter, indem Sie Einheiten absolvieren, die hinsichtlich Dauer und Intensität den Wettkampf simulieren. Das ist der Schlüssel, um Höchstleistungen zu erbringen, und der Grund dafür, warum Sie einen Periodisierungsplan erstellen.

Viele Athleten stellen sich Periodisierung als eine rigide Vorgabe vor, der ohne Abweichung Folge geleistet werden muss, unabhängig davon, was ein Athlet erlebt. Oft wird sie als unflexible, unbeugsame Art und Weise zu trainieren dargestellt. Und nach der Lektüre von Kapitel 7, wo ich erläutert habe, wie ein Jahrestrainingsplan üblicherweise erstellt wird, könnte es einem tatsächlich so vorkommen. Mir ging es darum, Ihnen zu helfen, den Einstieg in die Trainingsplanung nach dem traditionellen Modell zu finden. Aber es steht Ihnen frei, Anpassungen vorzunehmen, wo diese erforderlich sind – oder auch einfach, um etwas herumzuexperimentieren. Zum Beispiel könnten Sie zu dem Schluss kommen, dass Sie sehr schnell auf das hochintensive Training der Aufbauphase reagieren, aber mehr aerobe Fitness benötigen. In diesem Fall können Sie ruhig die Aufbauphase um ein paar Wochen verkürzen und die Grundlagenphase entsprechend verlängern. Oder Sie entscheiden, dass Sie nicht so viel Zeit in die Arbeit an Ihrer Schwimmtechnik investieren müssen und den Fokus früher auf intensive Schwimmeinheiten legen sollten. Auch das ist kein Problem. Sehen Sie beim Schwimmen ruhig andere Trainingsphasen vor als beim Radfahren und Laufen. Der Periodisierungsplan für die drei Teildisziplinen muss nicht immer deckungsgleich sein. Seien Sie kreativ, um Ihre individuellen Anforderungen bestmöglich zu berücksichtigen,

Wenn man es richtig angeht, ist die Periodisierung vielmehr ein fließender, kreativer Prozess. Sie können damit anstellen, was immer Ihnen in den Sinn kommt – solange es funktioniert.

Es spricht nichts dagegen, hin und wieder eine zwanglose Saison einzuschieben, in der die Wettkampfresultate nicht so wichtig sind.

Tatsächlich sollten Sie stets nach neuen und besseren Trainingsweisen Ausschau halten und experimentieren. Wären Sie vielleicht schneller, wenn Sie ein paar kleinere Veränderungen an Ihrem JTP oder Wochenablauf vornehmen? Nun, Ihr JTP ist nicht in Stein gemeißelt. Scheuen Sie sich nicht, das, was in Kapitel 7 dargelegt wurde und was Sie hier erfahren, gemäß Ihren Anforderungen zu verändern. Solange Sie die fundamentalen, vielfach bewährten Prinzipien der Periodisierung beibehalten, können Sie hier und da durchaus ein wenig nachjustieren, um Ihren Bedürfnissen gerecht zu werden. Das grundlegendste Prinzip, bei dem ich Ihnen stark rate, nicht daran zu rütteln, ist, das allgemeine Training vor dem spezifischen Training zu erledigen, so wie es zuvor in diesem Buch erläutert wurde. In Kapitel 9 stelle ich Ihnen ein paar Alternativen zum klassischen, linearen Modell der Periodisierung vor, das ich bis hierher behandelt habe.

Manchen Athleten mag das alles womöglich etwas zu viel des Guten erscheinen. Wie ernst Sie es meinen, d. h. wie fokussiert Sie das Training angehen, um Ihre Wettkampfleistungen zu verbessern, hängt von mehreren Faktoren ab. Zunächst einmal davon, wie anspruchsvoll Ihr Wettkampfziel ist. Es ist okay, ab und zu eine längere Pause zu machen und eine lockere Saison einzulegen, in der Sie nur aus Spaß an der Freude Wettkämpfe bestreiten. Falls manche dieser Rennen eher ein geselliges Beisammensein sind und Sie sich um die Ergebnisse nicht scheren, gibt es keinen Anlass, ernsthaft zu trainieren. Im Grunde brauchen Sie nicht mal »richtiges« Training zu betreiben, denn das impliziert normalerweise, definierte Ziele und einen Plan zu haben. Verschaffen Sie sich stattdessen regelmäßig Bewegung mit dem Ziel, es sich gut gehen zu lassen, während Sie einigermaßen fit bleiben. Machen Sie, was Sie wollen und wann Sie es wollen. Es spricht nichts dagegen, hin und wieder eine zwanglose Saison einzuschieben, in der die Wettkampfresultate nicht so wichtig sind.

In Jahren, in denen Sie hohe Ziele anstreben, spiegelt sich das wechselnde Maß der Ernsthaftigkeit, mit der Sie das Training angehen, in Ihrem Periodisierungsplan wider. Die Übergangsphase am Ende der Saison z. B. sollte ganz und gar nicht ernsthaft sein. Sie erholen sich von der Vorsaison. Zu diesem Zeitpunkt brauchen Sie keine geplanten wöchentlichen Abläufe. Im Gegenteil. Haben Sie Spaß. Entspannen Sie sich. Machen Sie, wonach Ihnen ist, wann Ihnen danach ist. Oder nehmen Sie sich den Tag frei. Es gibt keinerlei Struktur. Alles, worauf es ankommt, ist, dass Sie vollkommen erholt sind, wenn Sie wieder ins Training einsteigen. Dann beginnt die Vorbereitungsphase.

Die Vorbereitungsphase ist der nächste Schritt in Ihrer Saison und ebenfalls nicht sonderlich ernsthaft. Sie fangen gerade erst an, ein wenig Struktur in die Sache zu bringen. Die einzigen strukturierten Einheiten finden vorerst im Kraftraum statt. Ansonsten ist es Spiel, kein Training. Die übrigen Einheiten sollten unverbindlich sein. Erlauben Sie sich ein Programm, bei dem Sie unternehmen, was immer Ihnen Spaß macht, z. B. Wandern mit der Familie oder Skilanglauf mit Freunden. Während Sie die Freude an der Bewegung genießen, bauen Sie ganz nebenbei ein wenig allgemeine Fitness auf.

In der Grundlagenphase wird es ernst. Nun beginnen Sie mit anspruchsvolleren Schwimm-, Rad- und Lauf-Einheiten und ernsthaftem Krafttraining. Doch die Einheiten sind zunächst nicht besonders schwierig. Dies ändert sich allmählich im Verlauf von drei Monaten. Mit dem Beginn der Aufbauphase, während die Einheiten zunehmend rennähnlicher werden, sollte Ihr Training schon deutlich zielgerichteter sein. In der Höchstleistungs- und Wettkampfphase gehen Sie dann mit einem Höchstmaß an Ernsthaftigkeit zur Sache, die Einheiten sind gezielt darauf ausgerichtet, Sie für den Wettkampf vorzubereiten.

Sobald Sie den A-Wettkampf hinter sich gebracht haben, ist es an der Zeit, Körper und Geist mit einer weiteren Übergangsphase zu regenerieren. Es kann durchaus sein, dass v. a. Ihr Geist Erholung braucht. Ernsthaftes Training verlangt Ihnen mental einiges ab. Die Übergangsphase dauert wenige Tage bis ein paar Wochen, je nachdem, ob sie mitten in der Saison oder eher an deren Ende ansteht.

Worauf ich hinauswill, ist, dass Planung nicht bedeutet, dass Sie immer auf anspruchsvolles Training und herausragende Wettkampfresultate fokussiert sind. Das Training unterliegt im Laufe eines Jahres einigen Schwankungen. Mag es im Moment auch mühsam erscheinen, so wird die Ausarbeitung eines detaillierten Plans Ihre Chance erheblich verbessern, dass Sie zur richtigen Zeit erfolgreich und leistungsstark sind. Bleiben Sie also weiter am Ball.

PLANUNG DER WÖCHENTLICHEN EINHEITEN

In Kapitel 7 haben Sie die ersten sechs Schritte der Ausarbeitung Ihres JTP unternommen. Jetzt bleibt nur noch, die wöchentlichen Trainingsinhalte zu definieren. Die folgenden Punkte in Ihrem JTP sollten bis hierher erledigt sein: »Jahresumfang«, »Saisonziele«, »Trainingsvorgaben«, eine kalendarische Übersicht der Saison mit dem Datum des Montags, mit dem eine jede Woche beginnt (»Datum«), Ihre »Wettkämpfe« und deren Prioritäten (»Pri.«) sowie eine Aufschlüsselung der Saison nach »Phasen« und »Umfang«. Nun folgt der letzte Schritt, die Planung der wöchentlichen Trainingseinheiten. Dies bedeutet, im JTP für jede Woche das Training im »Kraftraum« sowie die Trainingseinheiten nach Leistungsfaktoren im »Schwimmen«, »Radfahren« und »Laufen« zu ergänzen. Sollten Sie zwischendurch ein Beispiel benötigen, werfen Sie einen Blick auf Abbildung 8.1, die eine Fortführung dessen ist, was Sie in Abbildung 7.5 gesehen haben.

Kraftraum

In Kapitel 13 werde ich Ihnen erläutern, warum Sie *wahrscheinlich* Krafttraining, also Arbeit mit Gewichten, absolvieren sollten. Aus vielerlei Gründen, mit denen wir uns dort befassen, könnten Sie für sich entscheiden, lieber darauf zu verzichten. Gehen wir einstweilen aber davon aus, dass Sie ein periodisiertes Krafttraining absolvieren, dessen Abläufe sich im Laufe der Saison verändern werden, ebenso wie Ihre Einheiten im Schwimmen, Radfahren und Laufen. Die Hauptaufgabe hierbei ist, die beiden Periodisierungspläne aufeinander abzustimmen, indem Sie jede Kraftraumphase in die entsprechende Spalte im JTP eintragen. Vorläufig begnügen wir uns mit ein paar grundlegenden Informationen zu den einzelnen Krafttrainingsphasen. Um die Details kümmern wir uns in Kapitel 13.

Beginnen Sie ganz oben in der Spalte »Kraftraum«. Tragen Sie für jede Phase die Abkürzungen, so wie sie nachfolgend erläutert werden, ein und arbeiten Sie sich Woche für Woche durch die Saison.

Vorbereitung. Tragen Sie jeweils AA (»Anatomische Anpassung«) in die Spalte »Kraftraum« ein. Dies ist die Phase, in der Sie sich mit den verschiedenen Kraft-Übungen vertraut machen, die Sie absolvieren (im Einzelnen werden diese wie gesagt in Kapitel 13 erläutert). Vermutlich werden Sie zwei Wochen AA mit zwei oder drei Einheiten pro

Vermutlich werden Sie zwei Wochen Anatomische Anpassung (AA) mit zwei oder drei Einheiten pro Woche benötigen.

JAHRESTRAININGSPLAN

Sportler *Jane Doe*

Jahresumfang *500 Stunden*

Jahr *2024*

							SCHWIMMEN							RADFAHREN							LAUFEN						
WOCHE	DATUM	WETTKÄMPFE	PRI.	PHASE	UMFANG	KRAFTRAUM	AUSDAUER	KRAFT	SCHNELLIGKEIT	KRAFTAUSDAUER	AEROBE KAPAZITÄT	SCHNELLKRAFT	TESTS	AUSDAUER	KRAFT	SCHNELLIGKEIT	KRAFTAUSDAUER	AEROBE KAPAZITÄT	SCHNELLKRAFT	TESTS	AUSDAUER	KRAFT	SCHNELLIGKEIT	KRAFTAUSDAUER	AEROBE KAPAZITÄT	SCHNELLKRAFT	TESTS
01	20.11.			Vorb.	8,5	AA	X		X					X		X					X		X				
02	27.11.			↓	8,5	AA	X		X				X	X		X				X	X		X				X
03	4.12.			Grundl. 1	10,0	KÜ	X		X					X		X					X		X				
04	11.12.			↓	12,0	KÜ	X		X					X		X					X		X				
05	18.12.			↓	13,5	MK	X		X					X		X					X		X				
06	25.12.			↓	7,0	MK	X		X				X	X		X				X	X		X				X
07	1.1.			Grundl. 2	10,5	MK	X		X	X				X		X					X		X	X			
08	8.1.			↓	12,5	MK	X		X	X				X		X					X		X	X			
09	15.1.			↓	19,0	KE	X	X	X	X				X	X	X	X				X	X	X	X			
10	22.1.			↓	7,0	KE	X		X				X	X		X				X	X		X				X
11	29.1.			Grundl. 3	11,0	KE	X	X	X	X	X			X	X	X	X	X			X	X	X	X	X		
12	5.2.			↓	13,5	KE	X	X	X	X	X			X	X	X	X	X			X	X	X	X	X		
13	12.2.	(Trainingslager)		↓	15,0	KE	X	X	X	X	X			X	X	X	X	X			X	X	X	X	X		
14	19.2.	Sprint Triathlon	C	↓	7,0	KE	X		X				X	X		X				X	X		X				X
15	26.2.			Aufbau 1	12,5	KE	X	X	X	X	X			X	X	X	X	X			X	X	X	X	X		
16	4.3.			↓	12,5	KE	X	X	X	X	X			X	X	X	X	X			X	X	X	X	X		
17	11.3.			↓	12,5	KE	X	X	X	X	X			X	X	X	X	X			X	X	X	X	X		
18	18.3.	Olympische Distanz	B	↓	7,0	KE	X		X				X	X		X				X	X		X				X
19	25.3.			Aufbau 2	13,0	KE	X	X	X	X	X			X	X	X	X	X			X	X	X	X	X		
20	1.4.			↓	12,0	KE	X	X	X	X	X			X	X	X	X	X			X	X	X	X	X		
21	8.4.			↓	12,0	KE	X	X	X	X	X			X	X	X	X	X			X	X	X	X	X		
22	15.4.	10km-Lauf	B	↓	7,0	KE	X		X				X	X		X				X	X		X				X
23	22.4.			Höchstl.	10,5	KE				X							X							X			
24	29.4.			↓	8,5	KE				X							X							X			
25	6.5.	Gulf Coast Mitteldistanz	A	Wettk.	7,0					X							X							X			
26	13.5.			Überg.	-																						

ABBILDUNG 8.1 Beispiel für einen Jahrestrainingsplan

Saisonziele

1. *Sub 5:00 bei der Gulf Coast Mitteldistanz*
2. *Unter 5:10 beim Silverman 70,3*
3.

Trainingsvorgaben

1. *Beinpresse mit 160kg (3x) bis 1. Januar*
2. *Rad-FTP steigern auf 230 Watt bis 26. März*
3. *1000m Schwimmen in 15:00 bis 23. April*
4. *Halbmarathon unter 1:45 bis 23. Juli*

							SCHWIMMEN							RADFAHREN							LAUFEN						
WOCHE	DATUM	WETTKÄMPFE	PRI.	PHASE	UMFANG	KRAFTRAUM	AUSDAUER	KRAFT	SCHNELLIGKEIT	KRAFTAUSDAUER	AEROBE KAPAZITÄT	SCHNELLKRAFT	TESTS	AUSDAUER	KRAFT	SCHNELLIGKEIT	KRAFTAUSDAUER	AEROBE KAPAZITÄT	SCHNELLKRAFT	TESTS	AUSDAUER	KRAFT	SCHNELLIGKEIT	KRAFTAUSDAUER	AEROBE KAPAZITÄT	SCHNELLKRAFT	TESTS
27	*20.5.*			*Grundl. 3*	*11,0*	*MK*	X	X	X	X				X	X	X	X				X	X	X	X			
28	*27.5.*			↓	*13,5*	*MK*	X	X	X	X				X	X	X	X				X	X	X	X			
29	*3.6.*			↓	*7,0*	*MK*	X		X				X	X		X				X	X		X				X
30	*10.6.*			*Grundl. 3*	*13,5*	*KE*	X	X	X	X	X			X	X	X	X	X			X	X	X	X	X		
31	*17.6.*			↓	*15,0*	*KE*	X	X	X	X	X			X	X	X	X	X			X	X	X	X	X		
32	*24.6.*			↓	*7,0*	*KE*	X		X				X	X		X				X	X		X				X
33	*1.7.*			*Grundl. 3*	*13,5*	*KE*	X	X	X	X	X			X	X	X	X	X			X	X	X	X	X		
34	*8.7.*			↓	*15,0*	*KE*	X	X	X	X	X			X	X	X	X	X			X	X	X	X	X		
35	*15.7.*	*Halbmarathon*	*B*	↓	*7,0*	*KE*	X		X				X	X		X				X	X		X				X
36	*22.7.*			*Aufbau 1*	*12.5*	*KE*	X	X	X	X	X			X	X	X	X	X			X	X	X	X	X		
37	*29.7.*			↓	*12,5*	*KE*	X	X	X	X	X			X	X	X	X	X			X	X	X	X	X		
38	*5.8.*	*Olympische Distanz*	*C*	↓	*12,5*	*KE*	X	X	X	X	X			X	X	X	X	X			X	X	X	X	X		
39	*12.8.*			↓	*7,0*	*KE*	X		X				X	X		X				X	X		X				X
40	*19.8.*			*Aufbau 2*	*12,0*	*KE*	X	X	X	X	X			X	X	X	X	X			X	X	X	X	X		
41	*26.8.*			↓	*12,0*	*KE*	X	X	X	X	X			X	X	X	X	X			X	X	X	X	X		
42	*2.9.*			↓	*12,0*	*KE*	X	X	X	X	X			X	X	X	X	X			X	X	X	X	X		
43	*9.9.*	*Olympische Distanz*	*B*	↓	*7,0*	*KE*	X		X				X	X		X				X	X		X				X
44	*16.9.*			*Höchstl.*	*10,5*	*KE*				X							X							X			
45	*23.9.*			↓	*8,5*	*KE*				X							X							X			
46	*30.9.*	*Silverman 70.3*	*A*	*Wettk.*	*7,0*					X							X							X			
47	*7.10.*			*Überg.*	-																						
48	*14.10.*				-																						
49	*21.10.*				-																						
50	*28.10.*				-																						
51	*4.11.*																										
52	*11.11.*																										

(Vermeiden Sie Wochen, in denen sowohl das Pensum der Kraftraum-Einheiten als auch das Pensum der triathlonspezifischen Einheiten hoch ist.)

Woche benötigen. Falls Sie mit einer mehr als zweiwöchigen Vorbereitungsphase planen, notieren Sie KÜ (»Kraft-Übergang«) für die übrigen Wochen ein. Dies ist die Zeit, in der Sie allmählich die Lasten erhöhen und die Wiederholungen verringern. Auch dies erfordert in der Regel zwei Wochen mit insgesamt vier bis sechs Einheiten. Falls keine zwei Wochen in der Vorbereitungsphase verbleiben, notieren Sie KÜ im ersten Teil von Grundlagen 1.

Sie sollten die Maximalkraft-Phase im Kraftraum abgeschlossen haben, bevor Sie ins harte Training in Grundlagen 3 einsteigen.

Grundlagen 1. Tragen Sie vier Wochen MK (»Maximalkraft«) ein – dies sind die härtesten Kraftraum-Einheiten der Saison. Falls Ihnen in Grundlagen 1 keine vier Wochen zur Verfügung stehen, verschieben Sie die übrigen Wochen MK in Grundlagen 2. Sie sollten die MK-Phase abgeschlossen haben, bevor Sie ins harte Schwimm-, Rad- und Lauf-Training in Grundlagen 3 einsteigen. Eine Ausnahme ergibt sich eventuell, wenn Sie mehrere Phasen Grundlagen 3 hintereinander absolvieren. Dies kann der Fall sein, wenn Sie zusätzliche Trainingswochen einschieben müssen, um den Periodisierungsplan mit dem Timing für einen A-Wettkampf abzugleichen.

Vermeiden Sie Wochen, in denen das Pensum sowohl an Kraftraum-Einheiten als auch an triathlonspezifischem Training hoch ist.

Grundlagen 2 und 3, Aufbau 1 und 2, Höchstleistung. Das Krafttraining für die übrigen Phasen im Vorfeld Ihres ersten A-Wettkampfs wird mit KE (»Krafterhaltung«) markiert. Wie der Name schon sagt, geht es in dieser Phase darum, die Kraft zu erhalten, die Sie in MK aufgebaut haben. Während Sie zuvor zwei oder drei Mal die Woche mit Gewichten gearbeitet haben, beschränken Sie sich nun auf eine Einheit pro Woche. Die Kraftraum-Einheiten sind somit nicht nur seltener, sondern auch viel einfacher, so dass Sie im Wasser und auf der Straße umso härter trainieren können. Was Sie vermeiden müssen, sind Wochen, in denen das Pensum sowohl an Kraftraum-Einheiten als auch an triathlonspezifischem Training hoch ist.

Wettkampf. In dieser Phase können Sie die Spalte »Kraftraum« freilassen, sofern sie nur eine Woche dauert. In dieser Woche findet kein Training im Kraftraum statt. Falls Ihnen jedoch zwei oder drei Wettkämpfe in aufeinanderfolgenden Wochen bevorstehen, tragen Sie nur für die zweite Woche KE ein.

Übergang. Lassen Sie die Spalte »Kraftraum« frei. In dieser Phase brauchen Sie keine Gewichte zu stemmen, denn der Fokus liegt auf Ruhe und Erholung.

Sie haben nun ein periodisiertes Krafttrainingsprogramm in Vorbereitung auf Ihren ersten wichtigen Wettkampf der Saison erstellt. Auch in späteren Phasen, wenn Sie für Ihren zweiten und dritten Hauptwettkampf der Saison trainieren, ist es meist eine gute Idee, ein paar Einheiten MK einzustreuen. Natürlich kann es sein, dass Ihnen dazu einfach die Zeit fehlt, weil zwischen Ihren A-Wettkämpfen nur wenige Wochen liegen. In diesem Fall müssen Sie irgendwo Abstriche machen, und der naheliegende Kandidat dafür ist das Training im Kraftraum. Tragen Sie also entweder KE ein oder lassen Sie das Feld frei. Letztlich hängt es von Ihrer verfügbaren Zeit und Ihren Begrenzern ab. Falls Kraft und Kraftausdauer Ihre Begrenzer sind, so kann ein wenig MK nicht schaden. Aber selbstverständlich müssen Sie diese Entscheidung nicht jetzt treffen. Das kann warten bis nach dem ersten A-Wettkampf. Dies ist einer der Momente, in denen das Training in Eigenregie zur Kunst wird, denn es gibt keine Wissenschaft, die uns genau sagen kann, was zu tun ist.

Noch einmal: Sollten Sie beim Unterfangen, Ihr Krafttraining zu periodisieren, einmal den Faden verlieren, schauen Sie sich Abbildung 8.1 als Hilfestellung an.

Schwimm-, Rad- und Lauf-Einheiten

In diesem Abschnitt zeige ich Ihnen, wie Sie Ihre Trainingseinheiten nach Sportart und Leistungsfaktoren gemäß dem gängigen linearen Periodisierungsmodell einteilen. Seien Sie sich aber darüber im Klaren, dass es neben dem linearen Modell noch viele weitere Möglichkeiten gibt, Ihre Einheiten zu planen und zu periodisieren. Dabei sind oftmals individuelle Anpassungen und Kreativität gefragt. In Kapitel 9 werde ich Ihnen einige dieser alternativen Methoden vorstellen.

Im JTP erfolgt die Zuordnung der Trainingseinheiten je Disziplin, indem Sie für jede Woche für die drei Teile Schwimmen, Radfahren und Laufen jeweils ankreuzen, welche Leistungsfaktoren Sie trainieren. Die Leistungsfaktoren wurden in Kapitel 6 erläutert – Ausdauer, Kraft und Schnelligkeit sowie Kraftausdauer und aerobe Kapazität. Beachten Sie, dass in der JTP-Vorlage auch Schnellkraft als Leistungsfaktor für jede Sportart aufgeführt wird; wir lassen sie aber außer Acht, da sie für Wettkämpfe ohne Windschattenfreigabe nur von geringer Bedeutung ist.

Zusätzlich zu den sechs Leistungsfaktoren ist für jede Disziplin eine Spalte namens »Tests« vorgesehen. Zu verschiedenen Zeitpunkten sollten Sie das ganze Jahr hindurch Ihre Trainingszonen auf Genauigkeit prüfen und Ihre Fortschritte messen. Erläuterungen dazu finden Sie in Kapitel 4 und in den Anhängen B, C und D. In der Regel werden solche Tests am Ende einer Regenerationswoche unternommen.

Die Zuordnung der sportartspezifischen Einheiten und Tests ist eine simple, wenn auch etwas mühselige Prozedur. Sie müssen für jede Trainingswoche jeweils ein X in den Spalten der Leistungsfaktoren machen, die Sie in dieser Woche trainieren möchten. Dies wird Ihnen später, wenn es so weit ist, Ihre Einheiten im Einzelnen zu definieren, bei der Entscheidungsfindung helfen. Damit werden wir uns gleich noch näher befassen. Wie gesagt: Verwenden Sie einen Bleistift, falls Sie Ihren JTP auf Papier erstellen, denn Sie werden im Laufe der Saison gewiss Änderungen vornehmen.

Vorbereitung. Wie Sie bereits gelernt haben, ist die Vorbereitungsphase eine recht zwanglose Angelegenheit, in der es v. a. darum geht, Sie nach einer längeren Auszeit in der Übergangsphase auf ein strukturiertes Training einzustimmen. Das einzige ernsthafte Training in dieser Zeit findet im Kraftraum statt. Ihr Fokus sollte nur sein, sich an die Übungen zu gewöhnen und, nach ein paar solcher Einheiten, allmählich zu höheren Lasten für jede Übung überzugehen (wie in Kapitel 13 beschrieben). Die einzigen sportartspezifischen Leistungsfaktoren, die jetzt einbezogen werden sollten, sind »Ausdauer« und »Schnelligkeit«. Machen Sie für jede Woche der Vorbereitungsphase bei allen drei Disziplinen jeweils ein Kreuz in diesen beiden Spalten. Tragen Sie außerdem in der letzten Woche der Vorbereitungsphase ein Kreuz in die Spalte »Tests« ein.

Grundlagen 1. In dieser Phase liegt der Schwerpunkt eindeutig auf dem Training im Kraftraum, denn Sie arbeiten nun mit höheren Lasten und weniger Wiederholungen. Dies bedeutet pro Woche zwei oder drei Mal sehr anstrengende Kraftraum-Einheiten; die sportartspezifischen Einheiten sind dementsprechend recht locker. Machen Sie ebenso wie in der Vorbereitungsphase für jede Woche dieser Phase ein Kreuz in den Spalten »Ausdauer« und »Schnelligkeit«. Kreuzen Sie außerdem in der letzten Woche dieser Phase die Spalte »Tests« an.

Planen Sie regelmäßige Tests ein, um ihre Trainingszonen auf Genauigkeit zu prüfen und Ihre Fortschritte zu messen.

Grundlagen 2. In Grundlagen 2 beginnen Sie, das Training im Kraftraum zurückzuschrauben und mit reduziertem Trainingspensum und nur einer Einheit pro Woche den Schwerpunkt auf die Krafterhaltung zu verlagern. Das verschafft Ihnen mehr Zeit und Energie für das schwimm-, rad- und laufspezifische Training. Die Einheiten in allen drei Disziplinen umfassen nun zusätzlich zur Arbeit an »Ausdauer« und »Schnelligkeit« auch »Kraft« und »Kraftausdauer«. Machen Sie für jede Woche Grundlagen 2 ein Kreuz in diesen Spalten,

Die Kraft-Einheiten dienen nun dazu, die im Kraftraum erarbeitete Muskelkraft in spezifische Kraft für das Schwimmen, Radfahren und Laufen umzuwandeln.

In den Phasen Aufbau 1 und Aufbau 2 richtet sich das Training spezifischer auf Ihren A-Wettkampf aus.

ausgenommen womöglich Kraft-Einheiten, auf die Sie so lange verzichten können, wie Sie noch im Kraftraum an der MK arbeiten. Diese Situation kann gegeben sein, wenn die Vorbereitungsphase kurz war. Abbildung 8.1 veranschaulicht dies.

Die Kraft-Einheiten dienen in dieser Phase dazu, die im Kraftraum erarbeitete Muskelkraft gezielt in spezifische Kraft für das Schwimmen, Radfahren und Laufen umzuwandeln. Während der Leistungsfaktor Kraft zu diesem Zeitpunkt den primären Fokus des Trainings bildet, kommt die Kraftausdauer gerade erst hinzu. Die Einheiten für die Kraftausdauer sind jetzt weder besonders lang noch sonderlich schwierig, aber im Laufe der folgenden Wochen werden sie allmählich zum primären Fokus des Trainings. Kreuzen Sie in der letzten Woche der Phase Grundlagen 2 die Spalten »Ausdauer«, »Schnelligkeit« und »Tests« an.

Grundlagen 3. In dieser Phase wird das Training etwas spezifischer auf die Art von Triathlon, für den Sie trainieren, und auf Ihr Wettkampfniveau ausgerichtet. In gewisser Weise ist es eine Übergangsphase. Bis hierher spielte es eigentlich keine Rolle, ob Sie für einen Sprint-Triathlon oder einen Ironman trainieren. Die Art der Einheiten war mehr oder weniger gleich. Jetzt aber verschiebt sich der Schwerpunkt.

Unabhängig von der Art Ihres Wettkampfs beginnen Sie, indem Sie die Spalten für die Leistungsfaktoren so ausfüllen wie bereits in Grundlagen 2: Ausdauer, Kraft, Schnelligkeit und Kraftausdauer. Ebenso wie zuvor ist die letzte Woche von Grundlagen 3 den Leistungsfaktoren Ausdauer und Schnelligkeit sowie Tests vorbehalten.

Das Hauptaugenmerk des Trainings in dieser Phase gilt Wettkampfdistanz und -niveau. Für Athleten, die Wettkämpfe über die Lang- oder Mitteldistanz bestreiten und sich außerdem zum Ziel setzen, sich auf hohem Niveau zu behaupten, kann es jetzt sehr effektiv sein, einige Einheiten für die aerobe Kapazität einzustreuen. Falls Sie für lange Distanzen und Spitzenzeiten und -platzierungen trainieren, machen Sie, wie in Abbildung 8.1 veranschaulicht, in jeder Woche außer der letzten bei allen drei Sportarten ein Kreuz in der Spalte »Aerobe Kapazität«. Den Gedanken, der dahintersteckt, erläutere ich weiter unten in den Abschnitten über Trainingsabläufe, welche Ihnen womöglich bei der Entscheidungsfindung helfen, ob Sie solche Einheiten in Ihre Grundlagenphase 3 einbeziehen.

Aufbau 1 und 2. Wenn Sie an diesen Punkt in der Saison gelangen, sollte Ihre allgemeine bzw. grundlegende Fitness sehr gut entwickelt sein. Sie sollten kräftig sein und in der Lage, über einen relativ langen Zeitraum technisch einwandfrei zu schwimmen, Rad zu fahren und zu laufen. Aber Sie sind noch lange nicht wettkampfbereit. In den Phasen Aufbau 1 und Aufbau 2 richtet sich das Training spezifischer auf Ihren A-Wettkampf aus. Im Laufe der folgenden Wochen bauen Sie die Fitness auf, die nötig ist, um den Anforderungen Ihres Wettkampfs gerecht zu werden. Während die gewählten Leistungsfaktoren weitgehend die gleichen sind wie in den Grundlagenphasen, werden die einzelnen Einheiten deutlich rennähnlicher.

Kreuzen Sie in Aufbau 1 und Aufbau 2 in jeder Woche mit Ausnahme der jeweils letzten der Teilphase alle fünf relevanten Leistungsfaktor-Spalten für jede der drei Disziplinen an. Dies impliziert natürlich eine Menge Einheiten, doch finden nun ein paar Veränderungen statt, die Ihnen helfen, Ihre Trainingszeit im Griff zu behalten. Die erste ist, dass die Einheiten für Ausdauer, Kraft und Schnelligkeit, so wie Ihre KE-Einheiten im Kraftraum, generell nur der Erhaltung dienen, je nachdem, für welche Art von Wettkampf Sie trainieren. Diese kurzen, der Grundlagenphase ähnelnden Schwimm-, Rad- und Lauf-Einheiten für Ausdauer und Schnelligkeit können also als Teil des Aufwärmens mit fortgeschrittenen Einheiten verschmolzen oder sogar in Regenerations-Einheiten einbezogen werden. Die andere Veränderung, die sich vollzieht und Ihre Gesamttrainingszeit beherrschbar macht, ist, dass mehrere Leistungsfaktoren in einer einzelnen Einheit kombiniert werden. Der Sinn der Sache ist, diese Einheiten wettkampfähnlicher zu gestalten. In einem typischen Triathlon kommt auf jedem Teilabschnitt mehr als nur ein Leistungsfaktor zum Tragen. Wettkämpfe stellen fast immer mannigfache Anforderungen an Sie, wie Flachstücke, Anstiege, Abfahrten, Gegenwind, Kurven, Wellengang, schnelle Startphasen, Zwischensprints, Tempowechsel, Ermüdung und Endspurts. Sie müssen für all diese Aspekte, die im Wettkampf zu erwarten sind, gewappnet sein, indem Sie entsprechend trainieren.

Für Langdistanz-Triathleten ist das Training für die aerobe Kapazität in den Aufbauphasen recht eingeschränkt. Deswegen hatte ich dazu geraten, dass Athleten, die Wettkämpfe über längere Distanzen bestreiten, mit dieser Art Training in Grundlagen 3 beginnen. Sportler, die über die Sprint- und Olympische Distanz antreten, legen in den Aufbauphasen eine größere Betonung auf die aerobe Kapazität. Während also alle Triathleten, ungeachtet der Renndistanz, in dieser Zeit die aerobe Kapazität trainieren, variiert die Menge des Trainings für diesen Leistungsfaktor beträchtlich.

Ebenso wie in der Grundlagenphase, machen Sie für die letzte Woche jeder Aufbauphase ein Kreuz in den Spalten »Ausdauer«, »Schnelligkeit« und »Tests«.

Höchstleistung. Nun verlagert sich das Training auf Einheiten, die sehr genau die Anforderungen Ihres Wettkampfs simulieren, der in zwei oder drei Wochen ansteht. Dies bedeutet größeres Augenmerk auf der im Rennen zu erwartenden Intensität, während die Dauer verringert wird. Ebenso werden Einheiten aus dem Trainingsablauf gestrichen, deren Schwerpunkt auf den grundlegenden Leistungsfaktoren Ausdauer und Kraft liegt. Einheiten für die Schnelligkeit können als Variante zu Regenerations-Einheiten fortgeführt werden. Ausdauer und Kraft sollten inzwischen recht gut entwickelt sein. Wer längere Wettkämpfe anstrebt, absolviert zu diesem Zeitpunkt kein Training für die aerobe Kapazität, die Kollegen von der Kurzdistanz hingegen setzen es fort. Falls Sie also für eine Mitteldistanz oder einen Ironman trainieren, machen Sie in Ihrem JTP für die Höchstleistungsphase nur in der Spalte »Kraftausdauer« ein Kreuz. Trainieren Sie für Sprint-Triathlons oder die Olympische Distanz, machen Sie ein Kreuz für »Kraftausdauer« und für »aerobe Kapazität«. Tests finden in der Höchstleistungsphase nicht statt.

Wettkampf. Der Schwerpunkt der Wettkampfwoche liegt auf Erholung. Die Einheiten sind kurz, aber intensiv. Markieren Sie Ihre Wettkampfwoche in gleicher Weise wie die Höchstleistungsphase. Wie die Höchstleistungs- und Wettkampfwochen im Einzelnen aufgebaut sind, erläutere ich später in diesem Kapitel.

Übergang. Sie haben soeben einen A-Wettkampf bestritten, dies ist also einer der Zeitpunkte in der Saison, an dem Sie sich zurücklehnen und eine Auszeit nehmen. Es gibt kein strukturiertes Training, keine Schlüsseleinheiten und keine festgelegten Umfänge. Der Zweck dieser Phase, die je nach Zeitpunkt der Saison wenige Tage bis mehrere Wochen dauern kann, ist mentale und körperliche Erholung. Planen Sie keine Arbeit an Leistungsfaktoren ein. Lassen Sie die Felder einfach frei. Ein wenig Bewegung kann weiterhin nicht schaden, aber jegliches Training sollte ungeplant und spontan stattfinden und kurz und locker sein. Mehr dazu in Kapitel 11.

Die Planung für spätere Wettkämpfe. Sie haben den einfachen Teil Ihres JTP für die Saison abgeschlossen: die Vorbereitung auf den ersten

Nach Ihrem ersten A-Wettkampf der Saison müssen Sie Ihre aerobe Ausdauer testen.

A-Wettkampf. Der schwierige Part ist, die Trainingseinheiten für die verbleibenden A-Wettkämpfe im weiteren Verlauf der Saison zuzuordnen. Wie das vonstattengeht, verrät Ihnen der Abschnitt »Ihr Plan im Überblick« in Kapitel 7. Kurz zusammengefasst: Die wichtigste Entscheidung, die Sie nach dem ersten A-Wettkampf der Saison treffen müssen, ist, wie gut erhalten Ihre Ausdauer ist. Angesichts der Betonung von Kraftausdauer und aerober Kapazität in den Phasen Aufbau, Höchstleistung und Wettkampf ist es sehr wahrscheinlich, dass Sie ein wenig von Ihrer Ausdauerfitness eingebüßt haben. Sie können dies bestimmen, indem Sie eine A2-Ausdauer-Einheit absolvieren (siehe Anhang B, C und D) und prüfen, wie sich Ihr Effizienzfaktor (EF) gegenüber Ihrer letzten Phase Grundlagen 3 entwickelt hat (die A2-Einheit und der Effizienzfaktor werden in den genannten Anhängen erläutert). Falls er auf etwa dem gleichen Niveau liegt wie zuvor, können Sie direkt zur Aufbauphase in Vorbereitung auf Ihren nächsten A-Wettkampf übergehen. Falls Ihr EF im Radfahren und Laufen um zehn Prozent oder mehr unter dem besten Ergebnis der vorigen Phase Grundlagen 3 liegt, würde ich empfehlen, nach der Übergangsphase im Anschluss an den ersten A-Wettkampf wieder mit Grundlagen 3 einzusteigen und dieses Training fortzuführen, bis Ihr EF um weniger als fünf Prozent unter dem alten Niveau liegt. Den Schwerpunkt sollte die Ausdauer bilden.

Im Beispiel aus Abbildung 8.1 sehen Sie, dass die Athletin neun Wochen lang zu Grundlagen 3 zurückkehrte, um nicht nur Ausdauer, sondern auch Kraft (beachten Sie die MK-Einheiten) und Schnelligkeit wiederaufzubauen. Die letzte Phase Grundlagen 3 gipfelt in einem B-Wettkampf und geht dann direkt über in zwei aufeinanderfolgende Aufbauphasen, zwei Höchstleistungswochen und eine Wettkampfwoche. Dies ist ein nahezu perfekter Plan für den Fall, dass genügend Zeit zwischen den Wettkämpfen bleibt. Das ist wahrscheinlich, wenn es nur zwei A-Wettkämpfe in einer Saison gibt. Sind es aber drei, ist das Timing wesentlich dichter und die Planung wird dementsprechend kniffliger. Auch dies haben wir ausführlich in Kapitel 7 besprochen. Die Abbildungen 7.3 und 7.4 helfen Ihnen bei der Planung für den Fall, dass weniger als 16 Wochen zwischen Wettkämpfen liegen.

Für Rennen nach dem ersten A-Wettkampf der Saison markieren Sie, nachdem Sie die für eine optimale Vorbereitung erforderlichen Phasen eingetragen haben, so wie oben erläutert die Leistungsfaktoren für Schwimmen, Radfahren und Laufen entsprechend Ihrer Wettkampfdistanz und Ihres Wettkampfniveaus. Abbildung 8.1 zeigt Ihnen, wie's gemacht wird.

Progression der Phasen je Sportart

Die insgesamt zwölf Wochen der drei Grundlagenphasen reichen erfahrungsgemäß aus, um die betreffenden Leistungsfaktoren in allen drei Disziplinen zu entwickeln.

Beachten Sie, dass ich bei der Zuordnung der Trainingseinheiten nach Leistungsfaktoren davon ausgegangen bin, dass die Progression der Sportarten synchron verläuft. Mit anderen Worten: Wenn Sie in Phase Grundlagen 3 einsteigen, sind Sie in allen drei Disziplinen bereit, die Arbeit an der Kraftausdauer aufzunehmen. Das muss aber nicht so sein. Aus mancherlei Gründen kann es sein, dass die Entwicklung nicht in allen drei Disziplinen parallel verläuft. Die häufigste Ursache ist, dass Sie in einer Sportart mehr natürliche Veranlagung oder Erfahrung mitbringen, während eine andere einen Begrenzer darstellt. Das bedeutet, dass Sie in jeder Disziplin genau auf Ihre Fortschritte achtgeben und willens sein müssen, Ihren Periodisierungsplan gegebenenfalls zu modifizieren, indem Sie die Länge der Phase ändern, um Ihrem Begrenzer ausreichend Zeit einzuräumen, sich zu verbessern. Dies erreichen Sie am ehesten mit Grundlagentraining. Meiner Erfahrung nach reichen für die meisten Athleten aber die insgesamt zwölf Wochen der drei Grundlagenphasen aus, um die betreffenden

Leistungsfaktoren in allen Disziplinen zu entwickeln. Natürlich werden Fitness und Leistungsvermögen in den drei Sportarten nie genau gleich sein. Eine Sportart wird immer Ihre stärkste sein, während eine andere immer Ihr Begrenzer sein wird. Aber wie schon erläutert, ist eines der wesentlichen Ziele des Trainings, Ihre Begrenzer-Disziplin zu verbessern und die Kluft zwischen dieser und den anderen Disziplinen zu verringern.

Im Endeffekt heißt das, dass es gegebenenfalls nötig ist, in einer der Sportarten zusätzliches Grundlagentraining zu unternehmen, insbesondere für die Ausdauer, während in den beiden anderen bereits fortgeschrittenes Training absolviert wird. Das muss nicht unbedingt aus Ihrem schriftlichen Plan hervorgehen. Diesem zufolge befinden Sie sich möglicherweise in der Aufbauphase, selbst wenn Sie in einer der Disziplinen noch nicht so weit sind. Falls Sie in zwei Disziplinen das Grundlagentraining wiederaufnehmen müssen, ist es vermutlich das Beste, in allen dreien zur Phase Grundlagen 3 zurückzukehren. Das können Sie freilich noch nicht planen, wenn Sie Ihren JTP erstellen. Vielmehr müssen Sie dies im Verlauf der Saison beurteilen und dann gegebenenfalls die erforderlichen Anpassungen vornehmen.

WÖCHENTLICHE UND TÄGLICHE TRAININGSABLÄUFE

In diesem Abschnitt erstellen wir einen Trainingsablauf für jede Woche einer jeden Phase mit Ausnahme von Regenerationswochen und der Übergangs- und Vorbereitungsphasen. Die beiden letztgenannten erfordern keine festen Abläufe, denn sie sollen bewusst unstrukturiert sein. Mit den Abläufen in Regenerationswochen beschäftigen wir uns im Einzelnen in Kapitel 11. Die Tabellen 8.1, 8.2 und 8.3 gegen Ende dieses Abschnitts zeigen Beispiele möglicher Wochenabläufe. Ob sie Ihren Bedürfnissen entsprechen, hängt von Ihren persönlichen Lebensumständen ab. Wie Sie sehen werden, sind etliche Faktoren zu berücksichtigen, wenn Sie individuelle Abläufe planen.

Grundlagen- und Aufbauphase

Sobald ein wöchentliches Trainingsschema definiert ist, kann es normalerweise über etliche Wochen wiederholt werden, solange sich Ihre sonstigen täglichen Abläufe hinsichtlich Beruf, Familie und anderen Verpflichtungen nicht verändern. Kontinuität im Training ist körperlich und mental förderlich. Körper und Geist mögen es, wenn die Routine von Woche zu Woche mehr oder weniger gleich bleibt. Aber wenn eine neue Phase beginnt, kann es nötig sein, den Wochenablauf zu verändern. Der Übergang von der Grundlagen- in die Aufbauphase bringt eine Verlagerung von Intensität und Dauer mit sich, die Anpassungen erforderlich machen kann. Ich würde aber empfehlen, die Phasen so gleichförmig wie möglich zu gestalten, denn das gewährleistet normalerweise konsistentes und effektives Training.

Falls Sie in zwei Disziplinen das Grundlagentraining wiederaufnehmen müssen, ist es vermutlich das Beste, in allen dreien zur Phase Grundlagen 3 zurückzukehren.

Beginnen wir damit, an Ihrem personalisierten Wochenablauf zu arbeiten. Schreiben Sie an Ihrem Computer oder auf einem Blatt Papier die Wochentage in einer Spalte auf der linken Seite untereinander: Montag, Dienstag, Mittwoch, Donnerstag, Freitag, Samstag, Sonntag.

Als Nächstes müssen Sie entscheiden, an welchen Tagen Sie Schwimmen, Radfahren und Laufen trainieren und wann Sie in den Kraftraum gehen. Achten Sie darauf, dass Ihr Plan realistisch ist. Ist er mit Ihren Lebensumständen und zeitlichen Kapazitäten fürs Training vereinbar? Der häufigste Fehler ist, sich eine übermäßig schwere Trainingswoche vorzunehmen, in der zu viele Einheiten eingeplant sind. Ich werde Sie bei der Entscheidungsfindung unterstützen, aber nur Sie selbst können einschätzen, ob das Endprodukt realistisch ist. Wenn es das nicht ist, wäre der ganze Aufwand vergebens.

Ein guter Ausgangspunkt ist, sich anzuschauen, was Sie in der Vergangenheit gemacht haben. Skizzieren Sie grob, wie Ihre Abläufe in letzter Zeit waren. An welchen Tagen haben Sie normalerweise welche Art von Einheiten unternommen? Falls Sie unsicher sind, welches die für Sie beste Einteilung ist, verzagen Sie nicht. Die folgenden Überlegungen werden Ihnen die Entscheidung erleichtern.

Anker-Einheiten

Anker-Einheiten sind an bestimmte Wochentage und Zeiten gebunden.

»Anker« sind die Einheiten, die an bestimmte Wochentage und Zeiten gebunden sind. Tragen Sie diese als erste in Ihren Wochenplan ein und gruppieren Sie alle anderen Einheiten darum herum.

Zwangsläufig bleiben Anker-Einheiten normalerweise von Woche zu Woche gleich. Typische Beispiele für Triathleten sind Gruppenläufe oder -ausfahrten, die an festen Wochentagen terminiert sind, oder Schwimmtraining, das Sie notgedrungen dann absolvieren, wenn das Sportbad zur Verfügung steht. Falls es solche Anker-Einheiten gibt, die zuweilen an bestimmten Tagen in der Woche unternommen werden müssen, tragen Sie sie in den Wochenplan ein, den Sie oben begonnen haben. Damit ist der Anfang Ihres Wochenablaufs gemacht. Falls diese Einheiten außerdem zu festen Uhrzeiten stattfinden, schreiben Sie auch dies auf.

Achten Sie auf die typischen Belastungen, die Anker-Einheiten mit sich bringen, v. a. wenn sie in der Gruppe stattfinden. Wie hart sollten solche Einheiten üblicherweise ausfallen? Sobald Sie eine ganze Woche geplant haben, sehen Sie vielleicht, dass es Tage gibt, an denen Sie gut beraten sind, auf eine langsamere Bahn zu wechseln, bei der Rad-Ausfahrt nur mitzurollen oder sich der gemütlicheren Laufgruppe anzuschließen. Das kann z. B. der Fall sein, wenn kurz vor der Anker-Einheit ein anderes hartes Training anstand. Oder Sie befinden sich in einer Phase der Saison, in der mehrere anspruchsvolle Einheiten pro Woche angezeigt sind. Sie müssen jede Woche im Voraus entscheiden, was Sie sich für das Training in der Gruppe – bzw. jedwede Einheit – vornehmen, und dann bei Ihrem Entschluss bleiben. Hüten Sie sich davor, sich auf Rennspielchen einzulassen, wenn Ihr Plan vorsah, an der Technik oder Ausdauer zu arbeiten. Meiner Erfahrung nach reiben sich Athleten, die regelmäßig in der Gruppe trainieren und ihren Wetteifer nicht im Zaum halten, früher in der Saison auf als diejenigen Sportler, die für sich allein trainieren. Um bis zu Ihrem letzten Wettkampf der Saison mit Enthusiasmus dabei zu bleiben, müssen Sie das Verlangen bändigen, ständig ans Limit zu gehen, wenn Sie in der Gruppe trainieren. Später in diesem Kapitel kehren wir zurück zu der Frage, wie man die bevorstehende Woche im Voraus plant und feinjustiert.

Entwicklungs-Einheiten

Entwicklungs-Einheiten müssen belastungsintensiv genug sein, um ein höheres Maß an Fitness zu erzeugen.

Nachdem Sie die Anker-Einheiten im Wochenplan notiert haben, müssen Sie überlegen, wann Sie die Entwicklungs-Einheiten einplanen. Das sind all jene Einheiten, die belastungsintensiv genug sind, um ein höheres Maß an Fitness zu erzeugen. Das primäre Anliegen ist, diese Einheiten stets ausgeruht und motiviert anzugehen und hinterher einen Tag oder mehr zu regenerieren. Ihr Wochenplan sollte das widerspiegeln. Dies ist einer der Gründe, warum das 5-2-Muster funktioniert.

Für manche Athleten sind die Anker- und Entwicklungs-Einheiten (zumindest teilweise) identisch. Die wöchentlichen Schlüsseleinheiten sind normalerweise hochintensiv oder von langer Dauer und stellen die wichtigsten Einheiten im Hinblick auf Ihre Saisonziele und die Trainingsvorgaben dar. Planen Sie sie so ein, dass Ihnen nach Ihren härtesten Anker-Einheiten ausreichend Zeit zur Regeneration bleibt, um sich bis zur nächsten Entwicklungs-Einheit zu erholen. Entwicklungs-

Einheiten umfassen selbstverständlich alle drei Sportarten sowie in der Phase Grundlagen 1 und eventuell Grundlagen 2 auch die anspruchsvollsten Kraftraum-Einheiten (Kapitel 13 beschäftigt sich ausführlich mit der Arbeit im Kraftraum).

Welche Arten von Entwicklungs-Einheiten Sie in einer bestimmten Woche absolvieren, hängt vom Zeitpunkt der Saison und Ihren Wettkampfzielen ab. Es ist z. B. üblich, in der Grundlagenphase solche Einheiten für die grundlegenden Leistungsfaktoren wie Ausdauer und Kraft zu unternehmen. Die Herausforderung der Ausdauer-Einheiten ergibt sich aus hoher Dauer bei geringer bis moderater Intensität (siehe Anhang B, C und D für weitere Einzelheiten). Die Kraft-Einheiten sind hart aufgrund der Lasten, die sie Ihren Muskeln auferlegen. In der Aufbauphase liegt der Schwerpunkt normalerweise auf den erweiterten Faktoren – Kraftausdauer und aerobe Kapazität. Diese Einheiten sind hart aufgrund der hohen Intensität. Aber solche allgemeinen Aussagen, zu welchem Zeitpunkt der Saison welche Entwicklungs-Einheiten absolviert werden sollten, gelten nicht immer. Beispielsweise habe ich bereits erwähnt, dass es für fortgeschrittene Langdistanz-Triathleten nicht ungewöhnlich ist, in der Phase Grundlagen 3 aerobe Kapazität zu trainieren, um ihre VO_2max zu erhöhen. Später in der Aufbauphase beschränkt sich solches Training auf unregelmäßige Einheiten, die der Erhaltung dienen. Diese Methode, die Intensität vor der Dauer zu betonen, wird z. T. als *umgekehrte Periodisierung* bezeichnet, das ist aber eigentlich nicht korrekt. Periodisierung ist, zumindest nach meiner Definition, gekennzeichnet durch eine generelle Verlagerung der Trainingsinhalte von unspezifischem hin zu zunehmend wettkampfspezifischem Training. Für Langstreckler ist Training für die aerobe Kapazität ganz und gar *nicht* wettkampfähnlich, es stellt also keine Umkehrung dar, wenn es in der Grundlagenphase absolviert wird. Tatsächlich würde es eine umgekehrte Periodisierung darstellen, solche Einheiten in der Aufbauphase zu unternehmen – und wäre von fragwürdigem Nutzen für Ironman- und Mitteldistanz-Athleten, die in dieser Zeit primär wettkampfähnliche Einheiten z. B. für die Kraftausdauer unternehmen müssen.

Zurück zur Planung. Bis hierher sollten Sie Anker- und Entwicklungs-Einheiten für jede der drei Disziplinen an den entsprechenden Tagen in Ihrem Wochenplan notiert haben. Um das Training im Kraftraum an diesem Punkt im Detail planen zu können, bedarf es weiterer Informationen. Wie erwähnt, können Sie in den frühen Abschnitten der Grundlagenphase – Grundlagen 1 und vielleicht frühe Grundlagen 2 – zwei Mal die Woche Gewichte stemmen. Achten Sie darauf, dass zwischen diesen Einheiten mindestens zwei Tage liegen, so dass sie z. B. montags und donnerstags oder dienstags und freitags stattfinden, je nachdem, wie es Ihre Zeit zulässt. Gehen Sie das Training im Kraftraum wie Entwicklungs-Einheiten an, was bedeutet, dass normalerweise ein Tag Regeneration nach jeder Einheit vonnöten sein wird. Nach der frühen Grundlagenphase arbeiten Sie bis zum nächsten Wettkampf nur noch ein Mal die Woche mit Gewichten, am besten mit moderater Intensität, so dass diese Einheiten keine Entwicklungs-Einheiten mehr darstellen.

Nach der frühen Grundlagenphase arbeiten Sie im Kraftraum nur noch mit moderater Intensität.

Der generelle Wochenablauf, den Sie nun erarbeitet haben, sollte sich auf Ihre kompletten Grundlagen- und Aufbauphasen anwenden lassen (mit wenigen Ausnahmen, die wie erwähnt das Training im Kraftraum betreffen). Was Sie nun noch terminieren müssen, sind die Einheiten zur Regeneration und für die Schnelligkeit. Beide sind nicht besonders anstrengend, aber dennoch mitentscheidend für Ihre Leistung im Wettkampf. Falls Sie zwei Einheiten oder mehr am Tag unternehmen, werden sie häufig am gleichen Tag wie Entwicklungs-Einheiten absolviert (mehr dazu unten) und außerdem an den Tagen zwischen Entwicklungs-Einheiten.

Regeneration ist für Ihre Fitness und Ihren Erfolg im Wettkampf ebenso wichtig, wie es die Entwicklungs-Einheiten sind.

Regeneration zwischen Einheiten

In Kapitel 11 werden wir uns ausführlich mit dem Thema kurzfristige Regeneration in schweren Trainingswochen befassen. Einstweilen brauchen Sie sich nur Gedanken darüber zu machen, wie Sie Ihre wöchentlichen Einheiten so planen, dass Ihnen bis zur nächsten Entwicklungs-Einheit ausreichend Zeit bleibt, sich zu erholen. Ermüdet in solche Einheiten zu gehen, ist kontraproduktiv. Wenn Sie erschöpft sind, werden Sie vermutlich keine Entwicklung erleben. Viel wahrscheinlicher werden Sie das Gegenteil erfahren – einen Rückschlag. Regeneration ist für Ihre Fitness und Ihren Erfolg im Wettkampf ebenso wichtig wie die Entwicklungs-Einheiten. Unterschätzen Sie nicht die Bedeutung von lockeren Tagen. Auch diese sind von entscheidender Bedeutung für Ihren Erfolg am Renntag.

Je erfahrener Sie sind, desto mehr können Sie sich in Entwicklungs-Einheiten zumuten. Das liegt daran, dass Sie schneller regenerieren, wenn Sie seit mehreren Jahren im Training sind. Umgekehrt müssen Anfänger, die noch nicht lange ernsthaft trainieren, die Zahl der Entwicklungs-Einheiten pro Woche begrenzen, da sie langsamer regenerieren. Auch das Alter spielt wohl eine Rolle, da sowohl Junioren als auch ältere Athleten vor Entwicklungs-Einheiten längere Auszeiten vom Training brauchen (mehr zum Thema Training und Altern in meinem Buch *Schnell und fit ab 50*). Generell gilt, dass junge Athleten, v. a. zwischen 20 und Anfang 30, die ein paar Jahre dabei sind, in der Regel mehrere Entwicklungs-Einheiten pro Woche einplanen können – vielleicht eine oder zwei pro Disziplin. Seien sie konservativ bei diesen Entscheidungen. Ein häufiger Fehler bei der Trainingsplanung ist, nicht genug Regenerationszeit zwischen Entwicklungs-Einheiten einzuplanen. Infolgedessen gehen die betreffenden Athleten übermüdet in wichtige Einheiten und verzeichnen im Laufe der Saison nur geringe Fortschritte. Es ist deutlich besser, sich etwas zu viel Regeneration gegönnt zu haben, aber eine hervorragende Ausdauer und Schnelligkeit zu besitzen, als zu wenig Regeneration einzuplanen.

Zwei Einheiten am Tag

Unter erfahrenen Altersklassen-Athleten ist es üblich, zwei Einheiten am Tag zu absolvieren. Die meisten Profis leisten regelmäßig deren drei am Tag. Die Anforderungen eines Sports wie Triathlon machen es unausweichlich, mehrmals am Tag zu trainieren, um Leistungen auf höchstem Niveau zu ermöglichen. Falls Sie aber noch Anfänger sind und es erst einmal nur darum geht, einen Triathlon zu beenden, ist mehrmaliges Training am Tag vermutlich nicht nötig. Eine Einheit pro Tag, dazu ein trainingsfreier Tag in jeder Woche, verschafft Ihnen insgesamt sechs Einheiten, also zwei je Disziplin. Zwischen den beiden Einheiten für eine Sportart sollten jeweils zwei Tage Abstand liegen, so dass Sie z. B. am Montag und Donnerstag laufen, am Dienstag und Freitag schwimmen und am Mittwoch und Samstag Rad fahren. Der Sonntag ist frei.

Fortgeschrittenere Triathleten, die seit zwei Jahren oder mehr dabei sind, können für den selben Tag terminierte Einheiten auch als »Bricks« absolvieren, also als Einheiten, die zwei oder mehr Disziplinen kombinieren, z. B. Radfahren und Laufen, Schwimmen und Radfahren oder Schwimmen, Radfahren und Laufen. Solche Bricks können das ganze Jahr über unternommen werden, besonders förderlich sind sie aber in der Aufbauphase, wenn die Entwicklungs-Einheiten immer rennähnlicher werden. Ich betrachte Bricks jeweils als zwei oder sogar drei Einheiten, weil mehrere Disziplinen involviert sind.

Der offensichtliche Vorteil mehrerer Einheiten am Tag ist, dass Sie in einer Woche mehr Training pro Sportart unterbringen können. Das ist bei drei Teildisziplinen umso wichtiger, um Leistungen auf hohem Niveau erreichen zu können. Bei nur einer Einheit am Tag würden Sie in jeder Sportart nur zwei oder drei Einheiten pro Woche schaffen.

Wie alles im Leben hat natürlich auch mehrmaliges tägliches Training eine Kehrseite. Zwei oder drei Einheiten am Tag bedeuten größere Erschöpfung. Manche Athleten stecken das ziemlich gut weg und erholen sich rasch. Andere, v.a. Anfänger, Junioren und Senioren, regenerieren langsamer. Mehrere harte Tage mit Doppel-Einheiten hintereinander können die Qualität Ihres Trainings und somit Ihre Fitness und Leistungsfähigkeit beeinträchtigen. Sie werden schlechter statt besser. Höhere Belastung vergrößert auch die Gefahr, ins Übertraining zu geraten, weil Sie sich in zu kurzer Zeit zu viel zumuten. Das Trainingspensum signifikant zu erhöhen, indem Sie zwei Einheiten am Tag absolvieren, kann dazu führen, dass Sie innerhalb weniger Wochen übertrainiert sind, je nachdem, wie gut Sie Trainingsbelastungen bewältigen (mehr zum Thema Übertraining siehe Kapitel 10).

Zudem steigt durch zwei Einheiten am Tag das Risiko, sich eine Verletzung zuzuziehen, was insbesondere beim Laufen ein häufiges Problem ist. Ich habe viele Triathleten betreut, die diesbezüglich sehr anfällig sind. Es sind kaum Belastungen nötig, um eine Gewebeverletzung heraufzubeschwören, die Sie tage- oder wochenlang lahmlegt. Als zweite Einheit des Tages mit müden Beinen zu laufen, v. a. nach Rad- oder Kraftraum-Training, ist für manche mit hohem Risiko verbunden. Falls Sie derlei Probleme plagen, ist es besser, erst zu laufen, wenn die Beine noch frisch sind, und sich später am Tag aufs Rad zu setzen oder in den Kraftraum zu gehen.

Radfahren bedeutet keine so hohe orthopädische Belastung wie das Laufen, trotzdem ergibt sich auch hier durch zwei Einheiten am Tag ein erhöhtes Verletzungsrisiko. Unter Radfahrern sind es v. a. die Knie, die für Verletzungen durch Überlastung anfällig sind. Das kann an schlechter Tritttechnik, ungewöhnlicher Biomechanik, zu viel Training am Berg mit zu dicken Gängen oder, sehr verbreitet, einem schlecht eingestellten Rad liegen (mehr dazu in späteren Kapiteln).

Mit zwei Einheiten am Tag bringen Sie mehr Training in einer Woche unter, nehmen aber auch höhere Erschöpfung in Kauf.

Verteilung auf Disziplinen

Wie viele Einheiten sollten Sie in einer Grundlagen- oder Aufbauwoche in jeder Sportart absolvieren? Je erfahrener Sie sind und je schneller Sie regenerieren, desto mehr Einheiten können Sie bewältigen. Sehr erfahrenen Triathleten rate ich, in jeder Disziplin mindestens drei Einheiten pro Woche zu absolvieren, mit jeweils mindestens einem Tag Abstand zwischen Einheiten für dieselbe Sportart. Falls Sie mehr als neun Einheiten pro Woche bewältigen können, sollten Sie die »Extra«-Einheiten auf dem Rad oder in Ihrer Begrenzer-Disziplin unternehmen. Warum gerade auf dem Rad? Nun, etwa die Hälfte eines Triathlons verbringen Sie auf dem Rad, es ist demnach die Disziplin, die den größten Anteil an Ihrer Wettkampfleistung hat. Falls Sie jedoch ein starker Radfahrer sind und Ihr Begrenzer Laufen oder Schwimmen ist, kann es ratsam sein, die zusätzliche Trainingszeit für diese Disziplin zu verwenden. Mit diesem Thema beschäftigen wir uns ausführlicher im Abschnitt »Verteilung der Wochenumfänge« ab Seite 128.

Fertigstellung der Wochenabläufe

Sie sollten nun in Ihrem Standard-Wochenablauf für die Grundlagen- und Aufbauphase alle Einheiten verzeichnet haben. Dabei sollten Sie Anker- und Entwicklungs-Einheiten, Regeneration, Doppel-Einheiten, die Verteilung der Disziplinen und v. a. auch Ihre Lebensumstände berücksichtigt haben. Sie müssen verstehen, dass es angesichts von drei Disziplinen, neun Einheiten oder mehr und nur sieben Tagen in der Woche unmöglich ist, einen perfekten Plan zu erstellen. Das macht kurzfristige Änderungen der Standard-Abläufe unumgänglich,

TABELLE 8.1 **Beispiel für eine Standard-Trainingswoche in der späten Grundlagenphase und den Aufbauphasen**

Montag	Kraftraum EE (in der Vorbereitungs- und der frühen Grundlagenphase)	Ruhe und Regeneration
Dienstag	Schwimmen EE (nur nach der frühen Grundlagenphase)	Rad EE (nur nach der frühen Grundlagenphase)
Mittwoch	Laufen (leicht)	Rad leicht
Donnerstag	Schwimmen (leicht)	Kraftraum EE (nur in früher Grundlagenphase; in späteren Phasen zu streichen) oder Rad (leicht; eingeführt nach früher Grundlagenphase)
Freitag	Laufen (leicht)	Ruhe und Regeneration
Samstag	Schwimmen EE	Laufen EE
Sonntag	Rad (leicht)	Laufen (leicht)

um ausreichende Regeneration zu gewährleisten und Ihre verfügbare Zeit optimal einzuteilen. Mehr dazu im weiteren Verlauf dieses Kapitels.

Tabelle 8.1 zeigt, wie eine Woche der Grundlagen- und Aufbauphase eines erfahrenen Athleten aussehen könnte. Ich weiß freilich nicht, wie erfahren Sie als Triathlet oder wie alt Sie sind, wie gut Sie Trainingsbelastungen wegstecken oder welchen Lebenswandel Sie führen. Was Sie hier sehen, ist demnach nur ein Beispiel. Nutzen Sie es, um Ihren eigenen Wochenplan zu optimieren.

Die Höchstleistungsphase beginnt in der Regel zwei bis drei Wochen vor dem A-Wettkampf.

In der Tabelle sind Entwicklungs-Einheiten als »EE« gekennzeichnet. Diese variieren je nach Phase, bedeuten aber in der Regel Training für Ausdauer, Kraft, Kraftausdauer und aerobe Kapazität (siehe Anhang B, C, D und E). Die genaue Art der Einheiten, die *Sie* absolvieren, hängt von Ihren individuellen Stärken und Begrenzern sowie der Saisonphase ab, in der Sie sich befinden. Beachten Sie in diesem Beispiel, dass der Athlet in der frühen Grundlagenphase nur vier Entwicklungs-Einheiten pro Woche unternimmt, zwei davon im Kraftraum. Nach der frühen Grundlagenphase aber, wenn das Krafttraining reduziert wird, absolviert er sechs Entwicklungs-Einheiten: zwei im Schwimmen, drei auf dem Rad und eine fürs Laufen. Diese anspruchsvolleren Einheiten können im Laufe der Grundlagenphase nach und nach einbezogen und in der Aufbauphase dann fester Bestandteil werden. Die nicht als Entwicklungs-Einheiten gekennzeichneten Einheiten dienen der Regeneration, der Arbeit an der Technik oder der Ausdauer. In der Tat sollte der Fokus an den meisten leichten Trainingstagen auf der Ausdauer liegen.

Höchstleistungs- und Wettkampfphasen

Während die Grundlagen- und Aufbauphasen den bei weitem größten Anteil Ihres Trainingsjahrs ausmachen, gibt es, wie Sie in Kapitel 7 erfahren haben, noch andere Phasen, die Struktur benötigen. Dies sind die Höchstleistungs- und Wettkampfphasen, die in den letzten Wochen vor Ihren A-Wettkämpfen auf dem Programm stehen. Diese beiden Phasen können insgesamt zwei bis drei Wochen dauern, je nachdem, auf welche Art von Wettkampf Sie sich vorbereiten, wie das bisherige Training verlaufen ist und wie Ihr Körper auf verringerte Trainingsumfänge reagiert.

Die übrigen in Kapitel 7 erörterten und im JTP berücksichtigten Phasen, also die Vorbereitungs- und die Übergangsphase, kommen ohne geplante Wochenabläufe aus. Es gibt keine festen Termine, denn sie sollen unstrukturiert sein. Es geht nur

TABELLE 8.2 **Beispiel für eine zweiwöchige Höchstleistungsphase**

Montag	Kraftraum (KE*) oder Ruhetag	Ruhe und Regeneration
Dienstag	Schwimmen EE	Rad EE (evtl. als Schwimm-Rad-Brick)
Mittwoch	Laufen	
Donnerstag	Schwimmen	Rad
Freitag	Rad EE	Laufen EE (am besten als Brick)
Samstag	Schwimmen	
Sonntag	Rad	Laufen (als Brick, um den Wechsel einzustudieren)
Montag	Schwimmen EE	Rad EE (evtl. als Schwimm-Rad-Brick)
Dienstag	Rad oder Ruhetag oder Kraftraum (KE)	
Mittwoch	Schwimmen	Laufen
Donnerstag	Rad EE	Laufen EE (am besten als Brick)
Freitag	Schwimmen	
Samstag	Laufen	
Sonntag	Rad EE	Laufen EE (am besten als Brick)

* EE bezeichnet Entwicklungs-Einheiten, KE steht für Krafterhaltung. Nicht-EEs dienen aktiver Regeneration oder Arbeit an technischen Fertigkeiten.

Dieses Beispiel ist für erfahrene Triathleten geeignet, die während der Grundlagen- und Aufbauphase häufig mehr als eine Einheit am Tag absolvieren.

um die allmähliche Rückkehr ins Training (Vorbereitungsphase) bzw. eine Auszeit für Körper und Geist nach dem äußerst strukturierten Training im Vorfeld Ihres letzten A-Wettkampfs (Übergangsphase).

Werfen wir nun einen genaueren Blick auf die Höchstleistungs- und Wettkampfphasen, um zu schauen, wie diese strukturiert werden können, um die bestmögliche Wettkampfleistung zu erzeugen.

Abläufe in der Höchstleistungsphase

Einer der wichtigsten, aber am wenigsten verstandenen Abschnitte der Saison ist die Höchstleistungsphase, die in der Regel zwei bis drei Wochen vor einem A-Wettkampf beginnt. Falls das Training in dieser Phase gut verläuft, können Sie bis zum Wettkampftag in herausragende Form kommen. Falls es hingegen schlecht läuft, kann ein erheblicher Teil der Arbeit, die Sie in der Grundlagen- und Aufbauphase geleistet haben, für die Katz gewesen sein. Es ist eine entscheidende Phase der Saison, in der alles rund laufen muss, damit Sie einen tollen Wettkampf bestreiten können.

Athleten begehen häufig zwei Fehler in der Höchstleistungsphase. Der erste ist, dass das Training zu hart ist. Was Sie brauchen, ist eine Mischung aus Ruhe und hartem Training – mit der Betonung auf Ruhe. Athleten, die in Eigenregie trainieren, vertrauen oftmals nicht darauf, dass das, was sie bis dahin geleistet haben, ausreicht, also neigen sie dazu, sich in den letzten Wochen vor dem Wettkampf zu viel zuzumuten. Andere wiederum ruhen sich zu viel aus und trainieren nicht hart genug, weil sie gehört haben, dass Ruhe größere Fitness erzeugt. Das stimmt so nicht ganz. Ruhe erzeugt vielmehr bessere Form (siehe Kapitel 3), was man auch als Frische bezeichnen kann. Ausruhen führt darüber hinaus zu einem geringfügigen Rückgang der Fitness. Wann immer Sie das Pensum verringern, büßen Sie nach und nach ein wenig Fitness ein, aber das ist okay – Ihre Wettkampfbereitschaft steigt, während die Erschöpfung rasch

Ausruhen bedeutet einen Verlust an Fitness, aber Ihre Wettkampfbereitschaft steigt durch den Abbau von Erschöpfung.

abgebaut wird. Das ist, kurz gesagt, der Zweck der Höchstleistungsphase.

Der Trick ist, die Erschöpfung allmählich zu verringern, die Fitness auf relativ hohem Niveau zu erhalten und die Form kontinuierlich zu steigern. So sind Sie bereit für den Wettkampf und können Ihr maximales Leistungsvermögen abrufen. Das funktioniert wie folgt.

Planen Sie, beginnend zwei bis drei Wochen vor Ihrem A-Wettkampf, alle drei Tage eine Einheit mit Wettkampfintensität ein, die die Rennbedingungen simuliert. Verkürzen Sie im weiteren Verlauf der Höchstleistungsphase diese Einheiten allmählich. Da das Training kürzer ausfällt, verringern sich auch die Wochenumfänge. Das ist gut. Die Umfänge sollten dabei recht rasch abnehmen. Ein Rückgang um 30 bis 50 Prozent pro Woche ist angemessen.

Die Intensität dieser Einheiten sollte etwa dem entsprechen, was im Rennen zu erwarten ist, in jedem Fall aber muss die Intensität mindestens Herzfrequenz-, Pace- bzw. Watt-Zone 4 erreichen, also »hart« ausfallen. Eine solche Intensität ist der Schlüssel zur Erhaltung der Fitness, während Sie die Trainingsumfänge verringern. Die beiden Regenerationstage zwischen den Wettkampfsimulationen sind entscheidend dafür, Erschöpfung abzubauen, während die Form gesteigert wird. Es sollten Einheiten von geringer Intensität und Dauer sein, die zudem im Lauf der Höchstleistungsphase immer kürzer werden. Was Sie in dieser Phase also machen, ist, die beiden Schlüsselelemente Intensität und Ruhe zu mischen, um letztlich Wettkampfbereitschaft für den Renntag zu erzeugen.

Die Woche vor dem Wettkampf ist ganz anders als die übrige Saison und auch als die Höchstleistungsphase.

Für Spezialisten wie Radfahrer oder Läufer ist das ein recht simpler Vorgang. Für Triathleten gestaltet sich der hier geschilderte Prozess etwas komplizierter. So könnte es angebracht sein, das oben beschriebene Tapering-Prozedere je nach Disziplin zu modifizieren. Laufen beispielsweise, das höhere orthopädische Belastungen mit sich bringt, erfordert in der Regel ein längeres Tapering als Radfahren, Radfahren wiederum ein längeres als Schwimmen. Es gibt noch andere Aspekte, die zu berücksichtigen sind: z. B. die Länge des Wettkampfs (lange Rennen bedeuten langes Tapering), wie fit Sie sind (hohe Fitness bedeutet langes Tapering), wie leicht Sie sich verletzen (verletzungsanfällige Athleten sollten ein längeres Tapering einplanen) und wie alt Sie sind (ältere Athleten müssen ein längeres Tapering vorsehen).

Tabelle 8.2 zeigt ein Beispiel, wie eine zweiwöchige Höchstleistungsphase gestaltet werden kann. In diesem Beispiel finden die Entwicklungs-Einheiten in Form von Kraftausdauer-Intervallen statt (siehe Anhang B, C, D und E), sofern die zu erwartende Wettkampfintensität in Herzfrequenz-, Pace- bzw. Watt-Zone Zone 3 oder 4 liegt, und in Form von Intervallen für die aerobe Kapazität, wenn die zu erwartende Wettkampfintensität sehr hoch ist und sich in den Zonen 4 und 5 bewegt. Die »leichten« Nicht-Entwicklungs-Einheiten dienen der Erholung, Regeneration und Technik-Erhaltung. Diese Einheiten werden in den Zonen 1 und 2 absolviert. Sämtliche Einheiten werden im Verlauf der Phase allmählich kürzer. Wie schon in den Grundlagen- und Aufbauphasen kann es sein, dass dieser beispielhafte Ablauf für Sie nicht ohne Modifikationen funktioniert, aber er sollte Ihnen helfen, Ihren eigenen Plan zu erstellen.

Abläufe in der Wettkampfphase

Hinsichtlich der Trainingsinhalte gestaltet sich die Woche vor dem Wettkampf ganz anders als die übrige Saison und auch als die Höchstleistungsphase. Sie sollten die Erholung jetzt sogar noch mehr betonen als zuvor, dennoch müssen Sie auch weiterhin ein bisschen Intensität ins Training bringen, um Ihre Fitness zu erhalten. Worauf Sie nun verzichten können, sind lange Trainingseinheiten. So wenige Tage vor dem Wettkampf wird Ihre Aus-

TABELLE 8.3 **Beispiel für den Ablauf einer Wettkampfphase bei einem Wettkampf am Samstag bzw. Sonntag**

	WETTKAMPF AM SAMSTAG	WETTKAMPF AM SONNTAG
Montag	Schwimmen oder Ruhetag	Schwimmen oder Ruhetag
Dienstag	Schwimmen EE* (5) + Rad EE (3)	Schwimmen EE (5) + Rad EE (3)
Mittwoch	Brick: Rad EE (4) + Laufen EE (2)	Brick: Rad EE (4) + Laufen EE (2)
Donnerstag	Ruhetag oder sehr lockere und kurze Rad-Ausfahrt; möglicher Anreisetag	Schwimmen EE (3) + Laufen EE (1)
Freitag	Schwimmen EE (1) + Rad EE (1) + Laufen EE (1)	Ruhetag oder sehr lockere und kurze Rad-Ausfahrt; möglicher Anreisetag
Samstag	Wettkampf	Schwimmen EE (1) + Rad EE (1) + Laufen EE (1)
Sonntag	Ruhetag	Wettkampf

* EE bezeichnet Entwicklungs-Einheiten. Dies sind 90-Sekunden-Intervalle bei Wettkampf-Intensität (Pace- oder Watt-Zone 3 bis 5 bzw. mindestens als »ein wenig hart« empfundene Anstrengung) mit 3 Minuten Regeneration. Nicht-EEs dienen aktiver Regeneration oder der Erhaltung von Ausdauer und Technik und werden in Zone 1 und 2 absolviert. Bei allen EEs nimmt die Zahl der Intervalle im Lauf der Woche ab. Die empfohlene Intervall-Zahl ist in Klammern angegeben.

Diese Beispiele sind für erfahrene Triathleten geeignet, die während der Grundlagen- und Aufbauphase häufig mehr als eine Einheit am Tag absolvieren.

dauer gut genug sein. Schauen wir uns diese letzte, entscheidende Woche des Trainings im Detail an.

Unternehmen Sie in der Wettkampfwoche drei oder vier Einheiten, in denen Sie nach einem gründlichen Aufwärmen mehrere 90-Sekunden-Intervalle mit jeweils 3-minütiger Erholung absolvieren. Sehen Sie anschließend ein Cool-down vor. Für kurze Wettkämpfe sollte die Intensität als »hart« bis »sehr hart« empfunden werden bzw. in Zone 4 oder 5 nach Watt oder Pace liegen (siehe Kapitel 4 für weitere Einzelheiten zum Thema Intensität). Für längere Distanzen bewegt sich die Intensität in Watt- oder Pace-Zone 3 bzw. ist die empfundene Intensität »ein wenig hart«. Verwenden Sie nicht die Herzfrequenz, um die Intensität dieser Intervalle zu ermessen; dafür sind sie zu kurz. Ihr Herz hätte nicht genug Zeit, auf die Belastung anzusprechen und die avisierte Zone in nur 90 Sekunden zu erreichen.

Im Verlauf der Woche verringern Sie die Anzahl der Intervalle, was bedeutet, dass sich auch die Dauer der einzelnen Einheiten allmählich verkürzt. Tabelle 8.3 zeigt beispielhaft, wie viele Intervalle pro Disziplin an jedem Tag der Woche zu absolvieren sind, je nachdem, ob das Rennen am Samstag oder am Sonntag stattfindet.

Nach meiner Erfahrung sollte der leichteste Tag der Woche zwei Tage vor dem Wettkampf sein. Normalerweise heißt das, einen freien Tag einzulegen oder höchstens eine sehr kurze Einheit bei geringer Intensität zu unternehmen. Oftmals empfiehlt sich dafür der Anreisetag zur Wettkampfstätte, v. a. wenn es ein Rennen über eine kurze Distanz ist. Je länger das Rennen (und je größer Hitze und Höhe im Vergleich zu Ihrem gewohnten Trainingsumfeld), desto eher in der Woche sollten Sie am Austragungsort eintreffen. Beachten Sie, dass am Tag vor dem Wettkampf eine sehr kurze Einheit mit rennähnlicher Intensität vorgesehen ist. Ich empfehle, die drei Disziplinen dabei in der Reihenfolge wie im Rennen zu absolvieren.

Der leichteste Tag der Woche sollte zwei Tage vor dem Wettkampf sein.

Es ist außerdem eine gute Idee, das letzte Schwimmtraining der Woche zur gleichen Zeit zu unternehmen, zu der auch der Start erfolgt, so dass Sie sich mit den Bedingungen im Wasser zur Wettkampfzeit vertraut machen. So bekommen Sie ein Gefühl für die Lichtverhältnisse, Sonnenstand, Orientierungspunkte und dergleichen mehr.

Nehmen Sie nach dem Schwimmen, falls es noch sehr früh ist, ein leichtes Frühstück ein. Gönnen Sie sich eine kurze Verdauungspause und absolvieren Sie dann einen Rad/Lauf-Brick auf der Rennstrecke mit je einem 90-sekündigen Intervall bei Wettkampfintensität pro Disziplin, so wie Sie es die ganze Woche über getan haben. Der Rad-Abschnitt muss inklusive Aufwärmen nicht mehr als 20 Minuten dauern. Nach dieser Belastung sollte ein Übergang zu einem kurzen Lauf von etwa 10 Minuten mit einem 90-sekündigen Intervall erfolgen. Anschließend traben Sie als Cool-down locker aus. Verbringen Sie den Rest des Tages so wenig wie möglich auf den Beinen.

Sie müssen begreifen, dass neben den Trainingseinheiten noch viele andere Faktoren Ihre Wettkampfbereitschaft am Tag des Rennens beeinflussen. Ernährung, Schlaf und Lebenswandel sind wichtig. In dieser Hinsicht sollte alles seinen relativ gewohnten, erholsamen Gang gehen. Egal, wie gut wir alles organisieren, manchmal schlägt das Tapering an und manchmal nicht. Wir sind biologische Organismen, keine Roboter. So ist die Welt nun mal für uns Menschen. Auf jeden Fall sollten Sie vor jedem Wettkampf in Ihrem Trainingstagebuch (siehe Kapitel 14) Protokoll darüber führen, was Sie in den letzten paar Tagen gemacht haben, um sich auf ein wichtiges Rennen vorzubereiten. Wenn alles gut läuft, folgen Sie vor anschließenden Rennen so weit wie möglich dem gleichen Ablauf. Falls es nicht gut läuft, überprüfen Sie, was Sie unternommen haben, und nehmen Sie beim nächsten Mal die erforderlichen Anpassungen vor.

Für fortgeschrittene Athleten, die seit drei Jahren oder mehr trainieren, ist die Intensität der Schlüssel.

Verteilung der Wochenumfänge

Gehen wir einen Schritt zurück und schauen uns noch einmal ein wichtiges Trainingskonzept an, das in den Kapiteln 3 und 4 erörtert wurde. Dort erläuterte ich die jeweilige Bedeutung von Häufigkeit, Dauer und Intensität der Einheiten.

Sie erinnern sich vielleicht, dass für Anfänger die Häufigkeit des Trainings den primären Fokus bilden sollte. Für einen Sportler auf diesem Niveau bedeutet dies eine recht signifikante Umstellung in seinem Alltag. Das größte Hindernis, das er auf seinem Weg zu größerer Fitness überwinden muss, ist sein innerer Schweinehund. Ein solcher Sportler muss einfach nur regelmäßig vor die Tür kommen.

Für Athleten, für die es das zweite oder dritte Jahr im Triathlon ist und die mit der Trainingshäufigkeit kein Problem mehr haben, ist die Dauer die maßgebliche der drei Variablen. Es gilt, die Distanz oder Dauer bestimmter Einheiten auszudehnen, um die Ausdauer zu entwickeln.

Für fortgeschrittene Athleten aber, die seit drei Jahren oder mehr trainieren, ist die Intensität der Schlüssel. Das bedeutet nicht, sich ständig zu verausgaben. Es bedeutet vielmehr, bestimmte Einheiten mit einer Intensität zu absolvieren, die für den geplanten Wettkampf spezifisch ist. Falls Sie im Rennen im Anschluss an den Rad-Abschnitt eine 5-Minuten-Pace laufen wollen, müssen Sie viel mit 5-Minuten-Pace trainieren. Es kann auch sein, dass manche Einheiten etwas intensiver sind und andere sehr langsam. Wenngleich fortgeschrittene Athleten am besten damit fahren, den Fokus auf die Intensität zu legen, heißt das nicht, dass Häufigkeit und Dauer keine Rolle spielen. Ein häufiger Fehler erfahrener Triathleten ist, dass sie auf Kosten der Ausdauer zu viel hochintensives Training unternehmen (Zonen 3, 4 und 5). Die richtige Balance hinzubekommen, kann eine schwierige Herausforderung sein.

Sie haben vielleicht auch noch aus Kapitel 3 im Hinterkopf, dass die Kombination aus Häufigkeit und Dauer als Umfang bezeichnet wird. Der Umfang ergibt sich aus der Anzahl der Kilometer, Stunden oder TSS-Punkte, die in einem bestimm-

TABELLE 8.4 **Tägliche Trainingsstunden**

WOCHEN-STUNDEN	MONTAG	DIENSTAG	MITTWOCH	DONNERSTAG	FREITAG	SAMSTAG	SONNTAG
4:00	0:00	1:00	0:00	1:00	0:00	1:30	0:30
4:30	0:00	1:00	0:00	0:45	0:30	1:30	0:45
5:00	0:00	1:00	0:00	1:00	0:30	1:30	1:00
5:30	0:00	1:00	0:30	1:00	0:30	1:30	1:00
6:00	0:00	1:15	0:30	1:00	0:45	1:30	1:00
6:30	0:00	1:15	0:45	1:00	1:00	1:30	1:00
7:00	0:00	1:30	0:45	1:15	1:00	1:30	1:00
7:30	0:00	1:30	0:45	1:15	1:00	2:00	1:00
8:00	0:00	1:30	1:00	1:15	1:00	2:00	1:15
8:30	0:30	1:30	1:00	1:15	1:00	2:00	1:15
9:00	0:45	1:30	1:00	1:30	1:00	2:00	1:15
9:30	0:45	1:30	1:00	1:30	1:00	2:30	1:15
10:00	0:45	2:00	1:00	1:30	1:00	2:30	1:15
10:30	1:00	2:00	1:00	1:30	1:00	2:30	1:30
11:00	1:00	2:00	1:00	1:30	1:30	2:30	1:30
11:30	1:00	2:00	1:00	1:30	1:30	3:00	1:30
12:00	1:00	2:00	1:00	2:00	1:30	3:00	1:30
12:30	1:00	2:00	1:00	2:00	1:30	3:30	1:30
13:00	1:00	2:30	1:00	2:00	1:30	3:30	1:30
13:30	1:00	2:30	1:00	2:00	1:30	3:30	2:00
14:00	1:00	2:30	1:00	2:00	1:30	4:00	2:00
14:30	1:00	2:30	1:30	2:00	1:30	4:00	2:00
15:00	1:00	2:30	1:30	2:30	1:30	4:00	2:00
15:30	1:00	2:30	1:30	2:30	2:00	4:00	2:00
16:00	1:00	3:00	1:30	2:30	2:00	4:00	2:00
16:30	1:00	3:00	1:30	2:30	2:00	4:00	2:30
17:00	1:00	3:00	2:00	2:30	2:00	4:00	2:30
17:30	1:00	3:00	2:00	2:30	2:00	4:30	2:30
18:00	1:00	3:00	2:00	3:00	2:00	4:30	2:30
18:30	1:00	3:30	2:00	3:00	2:00	4:30	2:30
19:00	1:00	3:30	2:00	3:00	2:30	4:30	2:30
19:30	1:00	3:30	2:00	3:00	2:30	4:30	3:00
20:00	1:00	3:30	2:30	3:00	2:30	4:30	3:00
20:30	1:00	3:30	2:30	3:00	2:30	5:00	3:00
21:00	1:00	3:30	2:30	3:30	2:30	5:00	3:00
21:30	1:00	3:30	2:30	3:30	3:00	5:00	3:00
22:00	1:00	4:00	2:30	3:30	3:00	5:00	3:00
22:30	1:00	4:00	2:30	3:30	3:00	5:00	3:30
23:00	1:30	4:00	2:30	3:30	3:00	5:00	3:30
23:30	1:30	4:00	2:30	3:30	3:00	5:30	3:30
24:00	1:30	4:00	2:30	4:00	3:00	5:30	3:30
24:30	1:30	4:00	2:30	4:00	3:00	5:30	3:30

>

TABELLE 8.4 (Fortsetzung)

WOCHEN-STUNDEN	MONTAG	DIENSTAG	MITTWOCH	DONNERSTAG	FREITAG	SAMSTAG	SONNTAG
25:00	1:30	4:30	2:30	4:00	3:30	5:30	3:30
25:30	1:30	4:30	2:30	4:00	3:30	5:30	4:00
26:00	1:30	4:30	2:30	4:00	3:30	6:00	4:00
26:30	1:30	4:30	3:00	4:00	3:30	6:00	4:00
27:00	1:30	4:30	3:00	4:30	3:30	6:00	4:00
27:30	1:30	4:30	3:00	4:30	4:00	6:00	4:00
28:00	1:30	5:00	3:00	4:30	4:00	6:00	4:00
28:30	1:30	5:00	3:00	4:30	4:00	6:00	4:30
29:00	1:30	5:00	3:30	4:30	4:00	6:00	4:30
29:30	2:00	5:00	3:30	4:30	4:00	6:00	4:30
30:00	2:00	5:00	3:30	5:00	4:00	6:00	4:30
30:30	2:00	5:00	3:30	5:00	4:30	6:00	4:30
31:00	2:00	5:30	3:30	5:00	4:30	6:00	4:30
31:30	2:00	5:30	3:30	5:00	4:30	6:00	5:00
32:00	2:00	5:30	4:00	5:00	4:30	6:00	5:00
32:30	2:00	5:30	4:00	5:30	4:30	6:00	5:00
33:00	2:00	5:30	4:00	5:30	5:00	6:00	5:00
33:30	2:00	6:00	4:00	5:30	5:00	6:00	5:00
34:00	2:00	6:00	4:30	5:30	5:00	6:00	5:00
34:30	2:00	6:00	4:30	5:30	5:00	6:00	5:30
35:00	2:00	6:00	5:00	5:30	5:00	6:00	5:30

Suchen Sie Ihren geplanten Wochenumfang, wie Sie ihn in Ihrem JTP eingetragen haben, in der Spalte »Wochenstunden« heraus. Die Werte rechts davon in derselben Zeile geben die Verteilung dieser Stunden in tägliche Trainingsumfänge vor.

ten Zeitraum absolviert werden. Allzu oft ist dies die Größe, die fortgeschrittene Athleten um jeden Preis zu maximieren versuchen. Das ist ein Fehler, der zu schwachen Leistungen und sogar Übertraining führen kann. Das soll nicht heißen, dass der Wochenumfang unwichtig wäre; es bedeutet nur, dass er weniger wichtig ist als die Intensität. Auch fortgeschrittene Athleten müssen natürlich auf die richtigen Wochenumfänge achten. Zu viel bedeutet, dass Sie ständig erschöpft sind, was schlechte Leistungen in den geplanten Entwicklungs-Einheiten nach sich zieht. Zu wenig und Sie sind nicht austrainiert. Im Zweifel ist Letzteres das geringere Übel. Besser wäre es freilich, den richtigen Umfang hinzubekommen. Diesem Thema widmen wir uns als Nächstes.

Verteilung auf Tagesstunden bzw. -TSS

Wie bekommen Sie den richtigen Trainingsumfang für jeden Tag und jede Woche hin? Der Ausgangspunkt, den ersten Teil dieser Frage zu beantworten, wurde in Kapitel 7 erörtert und in den Tabellen 7.2, 7.5 und 7.6 veranschaulicht. Mithilfe dieser Tabellen notierten Sie oben im JTP Ihren voraussichtlichen »Jahresumfang«. Davon ausgehend trugen Sie in der Spalte »Umfang« die Trainingsstunden bzw. TSS-Vorgaben für jede einzelne Woche ein. Nun gilt es, diese Wochenumfänge auf tägliche Trainingsumfänge und schließlich auf die Dauer der einzelnen Einheiten herunterzubrechen. Das ist eine große Aufgabe, aber sobald Sie sie bewältigt haben, wird Ihr Wochentrainingsplan vollständig sein. Packen wir's also an.

TABELLE 8.5 **Täglicher TSS**

WOCHEN-TSS	MONTAG	DIENSTAG	MITTWOCH	DONNERSTAG	FREITAG	SAMSTAG	SONNTAG
240	0	50	0	50	20	80	40
260	0	50	0	60	20	80	50
280	0	50	20	60	20	80	50
300	0	50	30	60	30	80	50
320	0	60	30	60	40	80	50
340	0	60	30	60	50	90	50
360	0	70	40	60	50	90	50
380	0	70	40	60	50	100	60
400	10	70	50	60	50	100	60
420	30	70	50	60	50	100	60
440	40	70	50	70	50	100	60
460	40	70	50	70	50	120	60
480	40	90	50	70	50	120	60
500	50	90	50	70	50	120	70
520	50	90	50	70	70	120	70
540	50	90	50	70	70	140	70
560	50	90	50	90	70	140	70
580	50	90	50	90	70	160	70
600	50	110	50	90	70	160	70
620	50	110	50	90	70	160	90
640	50	110	50	90	70	180	90
660	50	110	70	90	70	180	90
680	50	110	70	110	70	180	90
700	50	110	70	110	90	180	90
720	50	130	70	110	90	180	90
740	50	130	70	110	90	180	110
760	50	130	90	110	90	180	110
780	50	130	90	110	90	200	110
800	50	130	90	130	90	200	110
820	50	150	90	130	90	200	110
840	50	150	90	130	110	200	110
860	50	150	90	130	110	200	130
880	50	150	110	130	110	200	130
900	50	150	110	130	110	220	130
920	50	150	110	150	110	220	130
940	50	150	110	150	130	220	130
960	50	170	110	150	130	220	130
980	50	170	110	150	130	220	150
1.000	70	170	110	150	130	220	150
1.020	70	170	110	150	130	240	150
1.040	70	170	110	170	130	240	150
1.060	70	170	110	170	150	240	150

>

TABELLE 8.5 (Fortsetzung)

WOCHEN-TSS	MONTAG	DIENSTAG	MITTWOCH	DONNERSTAG	FREITAG	SAMSTAG	SONNTAG
1.080	70	190	110	170	150	240	150
1.100	70	190	110	170	150	240	170
1.120	70	190	110	170	150	260	170
1.140	70	190	130	170	150	260	170
1.160	70	190	130	190	150	260	170
1.180	70	190	130	190	170	260	170
1.200	70	210	130	190	170	260	170
1.220	70	210	130	190	170	260	190
1.240	70	210	150	190	170	260	190
1.260	90	210	150	190	170	260	190
1.280	90	210	150	210	170	260	190
1.300	90	210	150	210	190	260	190
1.320	90	230	150	210	190	260	190
1.340	90	230	150	210	190	260	210
1.360	90	230	170	210	190	260	210
1.380	90	230	170	230	190	260	210
1.400	90	230	170	230	210	260	210
1.420	90	250	170	230	210	260	210
1.440	90	250	190	230	210	260	210
1.460	90	250	190	230	210	260	230
1.480	90	250	210	230	210	260	230
1.500	90	250	210	230	210	280	230
1.520	90	270	210	230	210	280	230
1.540	90	270	210	250	210	280	230
1.560	90	270	210	250	210	280	250
1.580	90	270	210	250	210	300	250
1.600	90	290	210	250	210	300	250
1.620	90	290	210	270	210	300	250

Suchen Sie Ihren geplanten Wochenumfang, wie Sie ihn in Ihrem JTP eingetragen haben, in der Spalte »Wochen-TSS« heraus. Die Werte rechts davon in derselben Zeile geben die Verteilung dieses TSS in tägliche Trainingsumfänge vor.

Die Tabellen 8.4 und 8.5 liefern einen Vorschlag für eine denkbare Aufschlüsselung der »Umfang«-Spalte in Ihrem JTP nach Stunden bzw. TSS für jeden Tag der Woche. Diese Verteilung kann natürlich je nach Ihren persönlichen Bedürfnissen abgeändert werden. Die Tabellen sind an die Wochentage in den Tabellen 8.1, 8.2 und 8.3 gebunden. Falls Sie also dort die täglichen Abläufe verändern, müssen Sie entsprechend auch die Wochentage der Tabellen 8.4 und 8.5 anpassen.

Die Tabellen 8.4 und 8.5 teilen Ihre Wochenumfänge in Tagesstunden bzw. -TSS ein. Beginnen Sie, indem Sie in der linken Spalte der passenden Tabelle die Wochenstunden bzw. den TSS für jede gegebene Woche Ihres JTP heraussuchen. Die TSS-Punkte stimmen dabei vielleicht nicht ganz exakt mit Ihren Vorgaben überein, halten Sie sich also an den nächstbesten Wert. Rechts davon finden Sie die empfohlene Verteilung der Wochenumfänge in Vorgaben für jeden einzelnen Tag. An dem betreffenden Tag sind die genannten Stunden bzw. TSS-Punkte dann noch auf die einzelnen Disziplinen aufzuteilen, in denen Sie eine Trainingseinheit absolvieren. Neben Schwimmen, Radfahren und Laufen sind dabei auch Kraftraum-Einheiten im Wochenumfang berücksichtigt.

Sie müssen diese Tabellen nicht jetzt sofort anwenden, denn der richtige Zeitpunkt, um die Tagesumfänge und die Dauer der einzelnen Einheiten festzulegen, ist während der Planung für die jeweils bevorstehende Woche. Kehren Sie zu diesem Abschnitt zurück, wenn Sie die abschließende Planung für eine Trainingswoche vornehmen, um die Verteilung der Umfänge zu ermitteln. Der nächste Schritt der Wochenplanung ist dann, wie Sie Stunden bzw. TSS nach Disziplinen aufteilen.

Aufteilung der Umfänge auf Disziplinen

Um Ihre Tagesumfänge weiter aufzuschlüsseln auf Stunden- bzw. TSS-Vorgaben für einzelne Schwimm-, Rad-, Lauf- und Kraftraum-Einheiten, müssen Sie zunächst abschätzen, welchen Anteil an der Gesamtzeit die einzelnen Disziplinen bei Ihren A-Wettkämpfen voraussichtlich haben. Bei den meisten Triathleten macht das Schwimmen etwa 10 Prozent aus, das Radfahren etwa 50 Prozent und das Laufen 40 Prozent. Natürlich müssen diese Zahlen nicht exakt der Verteilung entsprechen, die in Ihrem Wettkampf zu erwarten ist. Falls Sie ein sehr starker Läufer sind, entfällt vermutlich weniger als 40 Prozent Ihrer Gesamtzeit auf diesen Abschnitt. Andererseits sind Sie womöglich kein besonders guter Schwimmer, so dass Sie wahrscheinlich mehr als zehn Prozent des Wettkampfs im Wasser verbringen würden. Die gleiche Berechnung können Sie mit dem TSS anstellen. Dies verschafft Ihnen eine recht gute Vorstellung davon, welche Umfänge Sie in einer normalen Trainingswoche den einzelnen Disziplinen durchschnittlich widmen sollten.

Rechnen Sie durch, welche Zeiten in jedem Teilabschnitt Ihres nächsten A-Wettkampfs zu erwarten sind, und legen Sie anhand dessen fest, welchen Prozentsatz Ihrer Trainingszeit oder des TSS Sie in jeder Woche dem Schwimmen, Radfahren und Laufen widmen sollten. Ein Beispiel: Falls Sie davon ausgehen können, 13 Prozent der Gesamtzeit des Rennens mit Schwimmen zu verbringen, empfiehlt es sich, 13 Prozent Ihres Wochenumfangs dem Schwimmen zu widmen. Es kann natürlich sein, dass Sie das Gefühl haben, es bringt Ihnen mehr, einen größeren Anteil Ihrer Umfänge von Ihrer stärksten auf Ihre schwächste Disziplin zu verlagern. Das ist grundsätzlich keine schlechte Idee. Achten Sie nur darauf, nicht so viel Trainingszeit von Ihrer stärksten Disziplin abzuziehen, dass sie zu einer Schwäche wird.

Planung der Trainingswoche

Wie entwerfen Sie Ihren Trainingsplan für die kommende Woche? Dies ist eine Aufgabe, der Sie sich jeweils gegen Ende der Vorwoche widmen sollten. Nun, da Sie eine recht gute Vorstellung davon haben, wie Sie die Wochenumfänge auf die einzelnen Disziplinen aufteilen, geht es nur noch um die Frage, wie lange Sie an den einzelnen Tagen pro Sportart trainieren (inklusive Krafttraining).

Beginnen Sie, indem Sie zunächst die avisierten Stunden bzw. TSS-Punkte, die auf das Training im Kraftraum entfallen, von der Gesamtsumme der Woche in Tabelle 8.4 bzw. 8.5 abziehen. Das ist ein Punkt, der bei der Wochenplanung häufig übersehen wird. Der Rest wird dann, wie im vorigen Abschnitt erläutert, unter Berücksichtigung der jeweiligen Anteile im Wettkampf auf die drei Disziplinen verteilt. Achten Sie darauf, diese Aufteilung anzupassen, indem Sie einen Teil der verbleibenden Wochenumfänge von Ihrer stärksten Disziplin auf Ihre schwächste verlagern. Wie viel, ist Ihre Entscheidung. Ich würde empfehlen, es bei

Die verschiedenen Sportarten eines Bricks werden wie separate Einheiten behandelt, wenngleich sie in einer einzigen, durchgehenden Einheit absolviert werden.

höchstens etwa zehn Prozent zu belassen. Kombinierte Trainingseinheiten bzw. Bricks werfen bei der Planung oft Probleme auf. Für die Zwecke der Wochenplanung werden die verschiedenen Sportarten eines Bricks wie separate Einheiten behandelt, wenngleich sie in einer einzigen, durchgehenden Einheit absolviert werden.

Als Nächstes sind Anker-Einheiten zu berücksichtigen. Notieren Sie jeweils die Wochentage und Uhrzeiten, an denen sie anstehen. Normalerweise gibt es dafür feste Termine und Zeiten. Auch die zeitliche Dauer bzw. der TSS ist zumeist fix oder zumindest planbar. Tragen Sie die Anker-Einheiten in Ihr Trainingstagebuch ein und subtrahieren Sie deren Gesamtdauer bzw. -TSS je Sportart von den geplanten Wochenumfängen für jede Disziplin.

Tragen Sie als Nächstes die Entwicklungs-Einheiten für jede Sportart an den Tagen ein, an denen diese absolviert werden. Denken Sie daran, realistisch zu bleiben. Zu viele solcher Einheiten sind deutlich schlechter als zu wenige. Sie könnten z. B. je eine Entwicklungs-Einheit pro Sportart in jeder Woche einplanen. Das ist für fortgeschrittene Triathleten ein recht normales Pensum. Sie können aber auch beschließen, in Ihrer schwächsten Disziplin eine zusätzliche Entwicklungs-Einheit pro Woche zu unternehmen. Vielleicht sind Sie aber auch auf Elite-Niveau unterwegs und schaffen jede Woche zwei oder mehr Entwicklungs-Einheiten pro Sportart. Dauer bzw. TSS dieser Einheiten sind oft relativ gleichbleibend, vermerken Sie also auch diese zusammen mit den Uhrzeiten, an denen Sie diese härtesten Einheiten absolvieren. Natürlich können manche ihrer Anker- gleichzeitig auch Entwicklungs-Einheiten sein.

Indem Sie die wöchentlichen Stunden bzw. TSS-Punkte, die auf Kraftraum-, Anker- und Entwicklungs-Einheiten entfallen, addieren und diese Summe von Ihrem im JTP vermerkten geplanten Wochenumfang subtrahieren, erhalten Sie die Stunden bzw. TSS-Punkte, die auf die verbleibenden Einheiten aufzuteilen sind. Normalerweise sind das Einheiten von geringer Intensität und Dauer, die der aktiven Regeneration und der Schnelligkeit dienen. Entscheiden Sie, wie Sie den verbleibenden Wochenumfang auf diese Einheiten aufteilen.

Sie haben nun einen detaillierten Wochenplan. Wahrscheinlich kommt Ihnen dieses Prozedere ziemlich langwierig vor, ich bin mir aber sicher, dass Sie schon nach wenigen Wochen in der Lage sein werden, die Planung recht schnell zu erledigen. Gewiss werden Sie feststellen, dass die meisten Ihrer Trainingswochen einem ganz bestimmten Muster folgen. Das macht die Sache recht einfach, wenn Sie erst einmal den Bogen raushaben. Außerdem wird es Ihr Training und letztendlich Ihre Wettkampfleistungen verbessern.

Die einzigen Wochenabläufe und -umfänge, die wir bisher noch nicht behandelt haben, sind die der Regenerationswochen, die ganz entscheidend sind für die Qualität Ihres Trainings und dafür, Übertraining vorzubeugen. Mit der Verteilung der Wochenumfänge in diesen Zeiten beschäftigen wir uns ausführlich in Kapitel 11.

BESONDERE ASPEKTE

Nun, da Sie einen Wochenplan erstellt haben, widmen wir uns den Einzelheiten individueller Trainingseinheiten. Jetzt geht es ans Eingemachte. Zu berücksichtigen sind neben der zeitlichen Zuordnung von Schwimm-, Rad- und Lauf-Einheiten auch die Besonderheiten von Bricks, Einheiten für die aerobe Kapazität beim Langdistanz-Training und der Umgang mit versäumten Einheiten.

Terminierung der Einheiten

Für drei Disziplinen zu trainieren, ist kompliziert und schwierig; wohl nur der Siebenkampf und der Zehnkampf sind so anspruchsvoll wie Triathlon.

Ein ernsthafter Athlet, der Familie, Beruf und viele andere Verpflichtungen hat, kann von dieser Aufgabe schon mal überfordert sein. Deswegen ist eine strukturierte Wochenplanung von so großem Nutzen. Denn sie ermöglicht Ihnen, aus Ihrer begrenzten Zeit und Energie das Beste zu machen.

Die richtigen Einheiten zur richtigen Zeit zu absolvieren, kann eine knifflige Aufgabe sein. Dies zeigt sich an jedem Tag, an dem laut Trainingsplan zwei (oder sogar drei) Einheiten vorgesehen sind. Die Frage, wie Sie diese in Ihrem Alltag unterbringen, würde den Rahmen dieses Buchs sprengen, denn dabei sind Aspekte wie Ihre persönlichen Lebensumstände und Ihr Zeitmanagement zu berücksichtigen. Die meisten Athleten lösen das Problem, indem Sie sich ein Flickwerk einzelner Einheiten zurechtbasteln, die frühmorgens, mittags, abends und am Wochenende anstehen. Viele Triathleten haben neben dem Sport noch einen dicht gepackten Tagesablauf, was das Zeitmanagement zu einem extrem wichtigen Aspekt für das Erreichen individueller Höchstleistungen macht.

Eine Frage der Planung, die wir gleich zu Beginn klären können, bezieht sich auf die optimale Reihenfolge innerhalb eines Tages. Wann sollten Sie Ihre Schwimm-, Rad- und Lauf-Einheiten in Relation zueinander absolvieren? An manchen Tagen nehmen Ihnen die Anker-Einheiten diese Entscheidung ab. Falls Sie beispielsweise mit einer Schwimmgruppe trainieren, die sich frühmorgens an bestimmten Tagen trifft, ergibt sich die Reihenfolge für diesen Tag von selbst. Ähnlich verhält es sich vielleicht auch mit Ihren anderen Anker-Einheiten, z. B. Ihrer Laufgruppe oder Ihrem Radverein, der sich nach der Arbeit zur gemeinsamen Ausfahrt trifft. Aber wie sieht es mit der Reihenfolge der Einheiten aus, falls es keine Anker gibt? Bisweilen wird Ihnen auch dann die Entscheidung abgenommen. Eine Lauf-Einheit ist in der Regel kürzer als ein Rad-Training – oder sogar als eine Schwimm-Einheit, wenn man die Anfahrt zum Schwimmbad mitberücksichtigt –, häufig ist es daher Ihre zur Verfügung stehende Trainingszeit, welche die Reihenfolge bestimmt.

Widmen wir uns zwei Planungsfragen, die ich prinzipiell in meine Überlegungen einbeziehe, wenn ich eine Trainingswoche für einen Athleten gestalte. Die erste dreht sich um die Trainingsintensität und -dauer unter Berücksichtigung von Trainingszweck und Regeneration, wenn zwei Einheiten am Tag auf dem Programm stehen. Die andere betrifft die Planung langer Läufe und Ausfahrten am Wochenende, also zu der Zeit, zu der solche Einheiten von den meisten Triathleten eingeplant werden.

Das Zeitmanagement ist ein wichtiger Aspekt für das Erreichen individueller Höchstleistungen.

Gehen wir einen Schritt zurück. In Kapitel 6 erklärte ich Ihnen, wie wichtig es ist, Ihre Begrenzer zu bestimmen und zu verbessern. Der fundamentalste Begrenzer dabei ist die Begrenzer-Disziplin. Welches ist Ihre schwächste Sportart: Schwimmen, Radfahren oder Laufen? Welche hat den größten Effekt auf Ihre Leistungen, sollten Sie sich verbessern? Falls Sie in allen drei Sportarten gleich stark sind, hat Radfahren, einfach gemessen an der Wettkampfzeit, den größten Effekt, gefolgt von Laufen und Schwimmen. Wir haben diesen Aspekt in diesem Kapitel bereits erörtert, aber jetzt schauen wir uns die Sache aus einer etwas anderen Perspektive an. Falls Sie als Radfahrer nur geringe Defizite aufweisen, verstärkt sich diese Schwäche aufgrund der Zeit, die Sie im Wettkampf auf dem Rad verbringen. Das Gleiche gilt in geringerem Maße für das Laufen. Schwimmen hat den geringsten relativen Einfluss auf die Gesamtwettkampfleistung, weil es nur einen relativ kleinen Teil des Rennens ausmacht. Das heißt nicht, dass es unwichtig wäre; wenn Sie das Zeitlimit für den Schwimm-Abschnitt nicht schaffen, bringt es Ihnen herzlich wenig, ein herausragender Radfahrer oder Läufer zu sein. Sie müssen daher Ihre Begrenzer-Disziplin auf jeden Fall angehen, ungeachtet deren relativer Bedeutung für die Wettkampfleistung.

> Wenn Sie zwei Einheiten am Tag absolvieren, kommt der Begrenzer-Disziplin in der Planung eine besondere Bedeutung zu.

Was das alles mit der Reihenfolge des Trainings an einem bestimmten Tag zu tun hat? Eine ganze Menge. Wenn Sie zwei Einheiten am Tag absolvieren, kommt der Begrenzer-Disziplin in der Planung eine besondere Bedeutung zu. Falls Sie in der einen Sportart deutlich größere Defizite aufweisen als in der anderen, die für diesen Tag geplant ist, sollten Sie dies bei der Trainingsreihenfolge berücksichtigen. Fraglos ist es besser, zunächst die Begrenzer-Disziplin zu trainieren, insbesondere falls Energie und Motivation nach der ersten Einheit vermindert sind; es ist selten effektiv, im erschöpften Zustand an der Verbesserung einer Schwäche zu arbeiten. Das gilt v. a., wenn das entsprechende Training als Entwicklungs-Einheit geplant ist. Es bringt nichts, erschöpft in eine solche Einheit zu gehen. Daher wird die Entwicklungs-Einheit für die Begrenzer-Disziplin am besten als Erstes unternommen.

Falls die erste Einheit des Tages nur der aktiven Regeneration dient – also kurz und von geringer Intensität ist –, müssen Sie sich über die Reihenfolge keine großen Gedanken machen. Wenn Sie kein Morgenmensch sind und dazu neigen, erst in der zweiten Tageshälfte auf Touren zu kommen, sollten Sie indes die Entwicklungs-Einheit für Ihre Begrenzer-Disziplin lieber später am Tag einplanen. In diesem Fall ist es wichtig, dass die erste Einheit locker genug ist, um die Entwicklungs-Einheit für Ihren Begrenzer nicht zu beeinträchtigen.

> Falls Sie beide langen Einheiten am selben Wochenende unternehmen müssen, absolvieren Sie den Lauf am Samstag und die Rad-Ausfahrt am Sonntag.

Die andere häufige Frage, der sich Triathleten stellen müssen, ist die Reihenfolge der langen Rad- und Lauf-Einheiten, die in der Regel am Wochenende absolviert werden. Eine gängige Planungsvariante sieht vor, die lange Ausfahrt am Samstag und den langen Lauf am Sonntag zu unternehmen. Der Gedanke dahinter lautet meistens: *Ich werde erschöpft sein, wenn ich im Wettkampf auf die Laufstrecke gehe; daher muss ich meinen langen Lauf am Sonntag machen, wenn ich noch kaputt bin von der langen Ausfahrt am Samstag.* Aber das ist zu kurz gedacht. Die Erschöpfung, die Sie am Tag nach einer langen Ausfahrt verspüren, ist nicht die gleiche, die Sie im Wettkampf nach dem zweiten Wechsel verspüren. Stattdessen erhöht sich durch einen langen Lauf am Sonntag nach einer langen Ausfahrt am Samstag das Risiko einer Verletzung und zugleich leidet auch die Qualität des Laufs. Laufverletzungen sind unter Triathleten weit verbreitet, und mit müden Beinen zu laufen, ist eine häufige Ursache für Verletzungen. Falls Laufen ein Begrenzer ist, so verspricht es wenig Nutzen, diese Einheit mit schweren Beinen am Sonntag zu absolvieren.

Die bessere Lösung ist, eine der langen Einheiten – wahrscheinlich den Lauf, da er kürzer ist als die lange Rad-Einheit – am Dienstag, Mittwoch oder Donnerstag zu unternehmen. Dadurch gehen Sie, sofern die lange Ausfahrt für das Wochenende geplant ist, mit der nötigen Frische in beide Einheiten. Natürlich hängt das auch davon ab, welche sonstigen Einheiten unter der Woche zu absolvieren sind und ob sie so terminiert werden können, dass sie die Qualität der langen Lauf-Einheit nicht beeinträchtigen.

Falls Sie beide langen Einheiten am selben Wochenende unternehmen müssen, empfehle ich, den Lauf am Samstag und die Rad-Ausfahrt am Sonntag einzuplanen. Eine weitere gängige Lösung ist, die lange Rad-Einheit an einem Wochenende und den langen Lauf am folgenden zu absolvieren. Sie müssen entscheiden, welches die für Ihren Zeitplan beste Lösung ist.

Bricks

Wann sollten Sie Brick-Einheiten absolvieren und wie sollten diese durchgeführt werden? Hier befassen wir uns nur mit durchgängigen Rad/Lauf-Bricks, denn sie stellen die gängigste Variante dar und bergen auch das größte Potenzial, Ihre Wettkampfleistungen zu verbessern. Der kniffligste Aspekt eines Schwimm/Rad-Bricks ist der Wechsel, v. a. das schwierige Unterfangen, schnell aus dem Schwimmanzug zu kommen. (Den ersten Wechsel sollten Sie in der Höchstleistungs- und Wettkampfphase einige Male üben.) Abgesehen davon ist ein Schwimm/Rad-Brick aber bei weitem nicht so schwierig wie ein Rad/Lauf-Brick.

Sie können ein Rad/Lauf-Brick das ganze Jahr über unternehmen, am besten aber in der Aufbauphase, wenn die Einheiten allmählich rennähnlicher werden. In dieser Hinsicht ist ein Brick eine fast perfekte Einheit für die Wettkampfvorbereitung. In der Aufbauphase kann es von Vorteil sein, nach den meisten Rad-Ausfahrten kurze Läufe zu absolvieren, wenn nicht sogar nach allen. Diese Maßnahme wird einiges dazu beitragen, Sie auf einen der schwierigsten Abschnitte des Wettkampfs vorzubereiten – die ersten drei bis fünf Kilometer der Laufstrecke.

15 bis 20 Minuten Laufen nach dem Radfahren reichen schon aus, um die Früchte einer Brick-Einheit zu ernten. Länger zu laufen, mag mental förderlich sein, aber physiologisch ist damit wenig zu gewinnen. Deswegen lasse ich Triathleten im Anschluss an das Rad-Training selten länger als ein paar Minuten laufen, gleichwohl ich solche Läufe häufig für sie vorsehe. Die Ausnahme ist, wenn es gilt, die Angst davor abzulegen, nach einer anstrengenden Radfahrt über eine längere Dauer laufen zu müssen. Selbst dann ist die vorangehende Fahrt kurz, dafür aber meistens intensiv und sieht Kraftausdauer-Intervalle vor (siehe Anhang C). Es im Rahmen von Bricks bei kurzen Rad-Einheiten zu belassen, erhöht die Qualität des anschließenden Laufs und verringert das Verletzungsrisiko. Regelmäßig lange Läufe nach langen Ausfahrten zu bestreiten, ist eine sichere Methode, einen Rückschlag durch Verletzung, Krankheit oder mangelnde Motivation zu erleiden. Im Verlauf der Aufbauphase sind häufige Bricks mit kurzen Läufen wertvoller als einige lange Läufe.

Häufige Bricks mit kurzen Läufen zu absolvieren, stellt in mehrerlei Hinsicht eine gute Übung dar. Zunächst einmal hilft es, Ihre Wechseltechnik zu optimieren. Das beginnt sogar schon, bevor Sie vom Rad steigen. Üben Sie, gegen Ende *jeder* Ausfahrt aus den Radschuhen zu schlüpfen, während diese eingeklickt bleiben. Gewöhnen Sie sich daran, mit den Füßen auf den Schuhen statt in ihnen zu treten. Wie gesagt: Machen Sie das bei jeder Ausfahrt. So sind Ihre Radschuhe noch eingeklickt, wenn Sie Ihre nächste Rad-Einheit beginnen. So können Sie üben, im Fahren hineinzuschlüpfen. Das ist ein Vorgang, mit dem viele Triathleten nach dem Verlassen der Wechselzone ihre liebe Mühe haben. Proben Sie außerdem, nach dem Rad-Abschnitt des Bricks rasch in Ihre Laufschuhe hineinzuschlüpfen. Üben Sie auch dies häufig, damit es im Wettkampf wie von selbst abläuft. Der richtige Zeitpunkt, solche Fertigkeiten zu verfeinern, ist die Aufbauhase und nicht der Wettkampftag.

15 bis 20 Minuten Laufen nach dem Radfahren reichen schon aus, um die Früchte einer Brick-Einheit zu ernten.

Bricks mit kurzen Läufen helfen auch, sich mit dem Gefühl vertraut zu machen, mit Beinen zu laufen, die noch nicht dafür aufgewärmt sind und sich noch vom Rad-Abschnitt erholen. Daran muss man sich in jeder Saison erst wieder gewöhnen. Sie können kurze Bricks auch dazu nutzen, das Pacing zu Beginn des Laufs einzustudieren, wenn sich die Beine wie Gummi anfühlen. Schlagen Sie in der Aufbauphase eine Pace an, wie Sie sie auch im Wettkampf erwarten. Übertreiben Sie es nicht; sobald Sie ein paar Minuten gelaufen und gründlich aufgewärmt sind, lässt der Nutzen für das richtige Pacing nach. Auf der übrigen Laufstrecke im Wettkampf kommt es auf Ausdauer, Kraftausdauer und aerobe Kapazität an, und diese werden am besten in eigenständigen Lauf-Einheiten entwickelt. Das ist ein weiterer Grund, warum Bricks mit kurzen Läufen in der Regel eine bessere Wahl sind als Bricks mit langen Läufen.

Training der aeroben Kapazität

Ich habe in diesem und vorangegangenen Kapiteln mehrfach erwähnt, dass fortgeschrittene Langstreckler erwägen sollten, in der Phase Grundlagen 3 in allen drei Disziplinen Einheiten für die aerobe Kapazität zu absolvieren. Aber wer genau sind »fortgeschrittene« Athleten und was ist eine Einheit für die aerobe Kapazität? Fortgeschrittene Triathleten sind diejenigen, die seit mehr als drei Jahren ernsthaft für diesen Sport trainieren und als Altersklassen-Athleten Wettkämpfe bestreiten. Eine Einheit für die aerobe Kapazität ist eine, die kurze Belastungen (in der Regel weniger als vier Minuten pro Intervall) mit sehr hoher Intensität – deutlich über der Laktatschwelle LT2 – mit kurzen Regenerationsintervallen umfasst. Der primäre Nutzen eines solchen Trainings ist es, die aerobe Kapazität in die Höhe zu treiben (siehe Kapitel 4).

Langdistanz-Triathleten widmen einen Großteil der hochintensiven Trainingszeit in der Aufbauphase der Kraftausdauer.

Warum also empfehle ich nicht auch Kurzstrecken-Triathleten, in der Phase Grundlagen 3 die aerobe Kapazität zu trainieren? Die Antwort bringt uns zurück zu meiner zugrundeliegenden Philosophie der Periodisierung: Das Training sollte mit Fortschreiten der Vorbereitungen zunehmend A-Wettkämpfe simulieren. In der Grundlagenphase entspricht die Belastung im Training weitgehend nicht der im Wettkampf. Die Aufbauphase ist der Zeitpunkt, an dem rennähnliche Einheiten in den Fokus rücken. Deshalb brauchen Kurzdistanz-Triathleten auch nicht vor der Aufbauphase damit anzufangen, denn ihre Einheiten für die aerobe Kapazität entsprechen in etwa den Anforderungen, die im Rennen zu erwarten sind. Folglich bekommen sie in den letzten paar Wochen vor dem Rennen reichlich solches Training. Andererseits unterscheiden sich Einheiten für die aerobe Kapazität deutlich von dem, was in Langdistanz-Triathlons zu erwarten ist – sie sind nicht rennähnlich. Solche Einheiten werden von den betreffenden Athleten demnach am besten vor Beginn der Aufbauphase absolviert.

Die Aufbauphase ist der Zeitpunkt, an dem rennähnliche Einheiten in den Fokus rücken.

In der Regel widmen Langdistanz-Triathleten einen Großteil der hochintensiven Trainingszeit in der Aufbauphase der Kraftausdauer. Indem sie in der Phase Grundlagen 3 auch Einheiten für die aerobe Kapazität unternehmen, bringen sie ihre diesbezüglichen Qualitäten schon vor dem Start der Aufbauphase auf ein hohes Niveau, bevor sie dazu übergehen, diese in den letzten Wochen vor dem Wettkampf mit weniger häufigen Intervallen für die aerobe Kapazität zu erhalten.

Verpasste Trainingseinheiten

In Kapitel 2 erzählte ich Ihnen, wie wichtig konsistentes Training für Höchstleistungen im Wettkampf ist. Dort erwähnte ich außerdem, dass inkonsistentes Training der größte Fehler ist, den die meisten in Eigenregie trainierenden Triathleten begehen. Es ist nicht so, dass die betreffenden Sportler nicht gerne besser trainieren wollten. Es ist leider nur so, dass sie häufig gegen einen noch fundamentaleren Grundsatz intelligenten Trainings verstoßen, der entscheidend für die Konsistenz ist: Maßhalten. Wenn Sie die Trainingsbelastungen – also Häufigkeit, Dauer und Intensität der Einheiten – in konservativem Maße behutsam steigern, werden Sie schließlich Woche für Woche konsistent trainieren. Mit der Zeit führt diese Konsistenz zu herausragender Fitness. Aber falls Sie sich gewaltige Mengen an Training zumuten, mit übermäßig langen oder harten Einheiten, oder eine Regenerationswoche auslassen, erhöhen Sie massiv das Risiko von Verletzungen, Burnout, Krankheit und Übertraining. Jedweder dieser Rückschläge würde eine Unterbrechung Ihrer Trainings-Konsistenz bedeuten. Fitness geht verloren, wann immer das Training auch nur für ein paar Tage unterbrochen wird. Dann müssen Sie im Training einen Schritt zurückgehen und von vorne beginnen. Unter Triathleten ist es nicht unüblich, einen solchen Fehler ein oder zwei Mal pro Saison zu machen; falls das passiert, schöpfen die betreffenden Sportler niemals ihr volles Potenzial aus.

Leider sind Sie, selbst wenn Sie hinsichtlich Training und Regeneration alles richtig machen, nicht vor höherer Gewalt gefeit. So sind Sie vermutlich eine viel beschäftigte Person mit etlichen Verpflichtungen wie Familie, Beruf und dergleichen. Hin und wieder wird Ihnen etwas davon dazwischenfunken. Das ist so sicher wie das Amen in der Kirche. Sie werden auch nicht vermeiden können, sich die eine oder andere Erkältung oder Grippe einzufangen. Das kann mehrmals in der Saison vorkommen. Selbst wenn Sie also Ihr Trainingspensum umsichtig planen, werden Sie vermutlich mehrfach in einer Saison kurzfristige Änderungen am Trainingsplan vornehmen müssen, um solche Zäsuren auszugleichen. Meistens geht es dabei um nicht mehr als ein oder zwei Tage, aber auch längere Unterbrechungen sind nicht auszuschließen. Sehen wir uns an, wie Sie Ihren Trainingsplan modifizieren, wenn Sie geplante Einheiten, ungeachtet der Gründe, versäumt haben.

Drei oder weniger verpasste Tage. Kehren Sie ins Training zurück, als wäre nichts gewesen. Versuchen Sie nicht, die versäumten Einheiten aufzuholen. Mehr Training in wenigen Tagen unterzubringen, erhöht nur das Risiko für weitere Rückschläge und noch mehr verlorene Trainingszeit. Eine Handvoll Einheiten zu verpassen, ist kein großes Problem, solange es nur selten vorkommt.

Vier bis sechs verpasste Tage. Dies ist das vielleicht kniffligste Szenario. Falls die verlorene Zeit einer Krankheit geschuldet ist, wie es recht oft der Fall ist, sind Sie wahrscheinlich nicht in der Lage, sofort wieder ins normale Training einzusteigen, selbst wenn die Symptome abgeklungen sind. Ihre Körperchemie hat sich vermutlich verändert, was Ihre Belastbarkeit beeinträchtigt. Dies kann sich in einer erhöhten Herzfrequenz und größerer empfundener Anstrengung bei normalerweise lockerem bis moderatem Einsatz zeigen. In diesem Fall sollten Sie die Unterbrechung eher wie sieben versäumte Tage behandeln, wenn Sie wieder ins Training zurückkehren (siehe »Ein bis zwei verpasste Wochen« weiter unten).

Falls Sie die vier bis sechs Tage nicht wegen einer Krankheit versäumt haben, sondern eher wegen einer Geschäftsreise oder dergleichen und bereit sind, gleich wieder voll ins Training einzusteigen, müssen Sie ein paar Änderungen an Ihrem Plan vornehmen. Die erste Änderung ist, die versäumte Trainingszeit wie eine Regenerationsphase zu behandeln. Dies ist die beste Möglichkeit, damit umzugehen, trotzdem bringt es das Training für Ihren A-Wettkampf ein wenig aus der Spur. Ihre Trainingsphasen sind nicht mehr darauf abgestimmt, Sie passend zum Wettkampftag in Höchstform zu bringen. Zu viel Fitness ist verloren gegangen.

Betrachten Sie vier bis sechs verpasste Trainingstage als Ruhe- und Regenerations-Pause.

Es gibt ein paar Möglichkeiten, das Dilemma zu lösen. Die erste Option ist, falls Sie sich in einer Grundlagen- oder Aufbauphase befinden, die aktuelle Phase um eine Woche zu verkürzen. Falls Ihr Plan damit nicht wieder abgeglichen ist, wiederholen Sie das Ganze in der folgenden Phase. Die zweite Option ist, die Höchstleistungsphase von zwei Wochen auf eine Woche zu verkürzen. Keine dieser Möglichkeiten ist perfekt. Beide werden zu einer verringerten Wettkampfbereitschaft und möglicherweise einer beeinträchtigten Leistung führen. Aber das ist nun mal der saure Apfel, in den Sie nach knapp einer Woche verpasstem Training beißen müssen. Sie können nicht mehrere Einheiten versäumen und die gleiche Fitness aufweisen, als hätten Sie kein Training verpasst. Leider, aber so ist das Leben nun mal.

TABELLE 8.6A **Beispiel für die Phase Grundlagen 1**

AKTIVITÄT	MONTAG	DIENSTAG	MITTWOCH	DONNERSTAG	FREITAG	SAMSTAG	SONNTAG
Schwimmen		grundlegend		grundlegend		grundlegend	
Radfahren	grundlegend		grundlegend		grundlegend		grundlegend
Laufen		grundlegend	grundlegend			grundlegend	
Kraftraum	MK-Phase			MK-Phase			

TABELLE 8.6B **Beispiel für die Phase Grundlagen 2**

AKTIVITÄT	MONTAG	DIENSTAG	MITTWOCH	DONNERSTAG	FREITAG	SAMSTAG	SONNTAG
Schwimmen		grundlegend		grundlegend		grundlegend	
Radfahren	grundlegend		grundlegend	grundlegend	grundlegend		grundlegend
Laufen		grundlegend	grundlegend			grundlegend	
Kraftraum	KE-Phase						

TABELLE 8.6C **Beispiel für die Phase Grundlagen 3**

AKTIVITÄT	MONTAG	DIENSTAG	MITTWOCH	DONNERSTAG	FREITAG	SAMSTAG	SONNTAG
Schwimmen		erweitert		grundlegend		erweitert	
Radfahren		erweitert	grundlegend	grundlegend	grundlegend		grundlegend
Laufen			grundlegend		grundlegend	erweitert	grundlegend
Kraftraum	KE-Phase						

Wenn Sie eine Trainingswoche verpasst haben, werden Sie zwei oder drei Schlüsseleinheiten nachholen müssen.

Sobald Sie bereit sind, wieder ins Training einzusteigen, werden Sie einen Schritt zurückgehen und wahrscheinlich zwei oder drei verpasste Schlüsseleinheiten nachholen müssen. Entscheiden Sie, welche die gemessen an Ihren Begrenzern wichtigsten sind, und terminieren Sie diese neu. Das kann bedeuten, andere Einheiten im Plan weiter nach hinten zu verschieben. Irgendwo werden Sie Abstriche machen müssen. Sie werden entweder eine verschobene Einheit streichen müssen oder befinden, dass Sie gut genug vorankommen, um eine der verbleibenden Einheiten im Plan auszulassen oder anzupassen.

Es sind einfach zu viele Variablen im Spiel, als dass ich Ihnen genau sagen könnte, wie Sie mit der Situation umgehen sollten. Sie müssen entscheiden, welche der versäumten Einheiten für Ihre Vorbereitungen auf den Wettkampf maßgeblich waren, und dort ansetzen.

Ein bis zwei verpasste Wochen. Falls Sie diese Zeit wegen einer Krankheit versäumt und sich in der Aufbauphase befunden haben, steigen Sie mit dem Trainingsblock Grundlagen 3 wieder ins Training ein. Wenn Sie in einer Grundlagenphase waren, kehren Sie zurück zur vorigen Grundlagenphase oder sogar zur Vorbereitungsphase, falls Sie sich in Grundlagen 1 befunden haben. Verbleiben Sie in dieser Phase drei oder vier Wochen oder so lange, bis Ihre Trainingseinheiten darauf hinweisen, dass Sie wieder an dem Punkt sind, an dem Sie vor der versäumten Trainingszeit angelangt waren. Ob Sie dieses Level erreicht haben, erken-

TABELLE 8.6D **Beispiel für die Phasen Aufbau 1 und 2**

AKTIVITÄT	MONTAG	DIENSTAG	MITTWOCH	DONNERSTAG	FREITAG	SAMSTAG	SONNTAG
Schwimmen		erweitert		grundlegend		erweitert	
Radfahren		erweitert	grundlegend	grundlegend	grundlegend		grundlegend
Laufen			grundlegend			erweitert	grundlegend
Kraftraum	KE-Phase						

TABELLE 8.6E **Beispiel für die Höchstleistungsphase**

AKTIVITÄT	MONTAG	DIENSTAG	MITTWOCH	DONNERSTAG	FREITAG	SAMSTAG	SONNTAG
Schwimmen		erweitert		grundlegend		grundlegend	
Radfahren		erweitert		grundlegend	erweitert	grundlegend	
Laufen			grundlegend		erweitert		grundlegend
Kraftraum	KE-Phase						

TABELLE 8.6F **Beispiel für die Wettkampfphase bei einem Wettkampf am Sonntag**

AKTIVITÄT	MONTAG	DIENSTAG	MITTWOCH	DONNERSTAG	FREITAG	SAMSTAG	SONNTAG
Schwimmen	optional	erweitert		erweitert	Ruhetag	erweitert	Wettkampf
Radfahren		erweitert	erweitert		Ruhetag	erweitert	Wettkampf
Laufen			erweitert	erweitert	Ruhetag	erweitert	Wettkampf
Kraftraum							

nen Sie daran, dass Herzfrequenz und empfundene Anstrengung wieder so mit Pace und Wattleistung übereinstimmen, wie es vor Ihrer Krankheit der Fall war. Im Zweifel warten Sie lieber noch einen oder zwei Tage ab, bevor Sie den nächsten Schritt machen.

Wenn Ihre Trainingswerte und Ihre Kraft sich wieder normalisiert haben, wiederholen Sie die letzte harte Trainingswoche, die Sie vor der Unterbrechung absolviert haben. Falls diese Woche gut verläuft, kehren Sie wieder zu Ihrem ursprünglichen Trainingsplan zurück, beginnen dabei aber an einem späteren Zeitpunkt der Saison. Falls es nicht gut läuft, wiederholen Sie die Testwoche. An einem bestimmten Punkt werden Sie ein bis drei Wochen (oder sogar mehr) des geplanten Trainings streichen müssen. Das könnte bedeuten, Aufbau 2 auszulassen und dazu eventuell die erste Woche der Höchstleistungsphase. Achten Sie aber darauf, auf jeden Fall die komplette Grundlagenphase zu absolvieren.

Mehr als zwei verpasste Wochen. Falls Sie sich in der Aufbauphase befanden, als es zu der Zwangspause kam, kehren Sie zu Grundlagen 3 zurück und beginnen Sie dort von neuem. Wenn Sie erst in der Grundlagenphase waren, gehen Sie ab dem Punkt, an dem Sie unterbrechen mussten, eine Phase zurück und beginnen Sie dort von neuem. Wie bei den vorigen Szenarios werden Sie einen signifikanten Teil Ihres Plans streichen müssen – mindestens zwei Wochen. Die Priorität bei diesen Streichungen lautet, in dieser Reihenfolge:

erste Woche Höchstleistung, Aufbau 2, Aufbau 1. Achten Sie wiederum darauf, alle drei Grundlagenphasen zu absolvieren.

Falls ein Teil Ihrer Trainingszeit der letzten Woche Aufbau 2 oder der Höchstleistungsphase verloren gegangen ist, machen Sie mit dem Training weiter, als wäre nichts gewesen. Aber gehen Sie wie in allen Situationen, in denen Sie Zeit aufgrund einer Krankheit eingebüßt haben, beim Wiedereinstieg sowohl hinsichtlich Dauer als auch Intensität konservativ vor. Verlegen Sie sich auf Einheiten von kurzer bis mittlerer Distanz und einer Intensität vorwiegend in den Trainingszonen 1 und 2, bis Sie sich wieder völlig normal fühlen.

Falls Sie Trainingszeit der letzten Woche Aufbau 2 oder der Höchstleistungsphase verloren haben, machen Sie weiter, als wäre nichts gewesen.

FAZIT: DIE WOCHENPLANUNG

Wie sollte eine typische Trainingswoche in den einzelnen Phasen aussehen? Die Tabellen 8.6a bis 8.6f liefern Beispiele, wie jede Phase angelegt sein könnte. Ihre tatsächlichen Pläne werden aufgrund der Anforderungen, die Ihr Alltag an Sie stellt, vielleicht anders aussehen. Die Beispiele sind als allgemeiner Leitfaden für die Planung Ihrer Trainingswochen gedacht. Die Einheiten sind in diesen Tabellen nach grundlegenden Leistungsfaktoren (Ausdauer, Kraft und Schnelligkeit) und erweiterten Leistungsfaktoren (Kraftausdauer, aerobe Kapazität) unterteilt. (Kapitel 6 erläutert diese Kategorien; die Anhänge B, C, D und E liefern spezifische Einheiten für alle Leistungsfaktoren.) Die Entscheidung, welche spezifische Art von Trainingseinheit an einem bestimmten Tag absolviert werden soll, hängt von Ihren Begrenzern, der Verfügbarkeit (von z. B. Kraftraum und Sportbad) und der Distanz ab, für die Sie trainieren. Beachten Sie, dass die Vorbereitungs- und Übergangsphasen in diesen Beispielen nicht berücksichtigt sind, da sie höchst variabel sind; deren Trainingsinhalte richten sich danach, wie Sie sich jeweils an einem gegebenen Tag fühlen. Das Training in diesen Phasen ist zudem unstrukturiert.

Damit ist das Thema Planung eigentlich unter Dach und Fach. Sie sollten Ihren JTP nun vervollständigt haben bis hinunter auf die Ebene der täglichen Trainingseinheiten nach Leistungsfaktoren. Sie sollten außerdem ein gutes Verständnis dafür entwickelt haben, wie Sie Trainingseinheiten für Grundlagen-, Aufbau-, Höchstleistungs- und Wettkampfphasen zuweisen. Wenn Sie zum ersten Mal einen JTP bis auf diesen Grad an Detailliertheit erarbeiten, ist dies eine mühselige und zeitraubende Aufgabe. Aber sobald Sie es einmal hinter sich gebracht und das Wie und Warum verstanden haben, wird es Ihnen in kommenden Saisons viel leichter fallen. Das Wichtigste aber ist, dass Sie nun einen Plan für die bevorstehende Saison haben, der Sie auf dem Weg hin zur Umsetzung Ihrer Ziele auf Kurs hält. Der Schlüssel dabei ist, Ihren Plan jede Woche zurate zu ziehen und als Leitfaden zu nutzen, um tägliche und wöchentliche Entscheidungen hinsichtlich Ihres Trainings zu treffen.

Fassen wir noch einmal kurz die wesentlichen Punkte aus Kapitel 8 zusammen. Dazu möchte ich Ihre Aufmerksamkeit wieder auf die Abbildungen und Tabellen in diesem Kapitel lenken, denn sie veranschaulichen einige zentrale Themen. Abbildung 8.1 dient als Beispiel dafür, wie Sie Ihren JTP gestalten; die Tabellen 8.1, 8.2 und 8.3 helfen Ihnen bei der Terminierung täglicher Trainingseinheiten je Phase. Nutzen Sie die Tabellen als Leitfaden, an dem Sie sich bei der Ausarbeitung Ihres Plans orientieren können. Die Tabellen 8.4 und 8.5 liefern eine Anleitung für die Aufschlüsselung Ihrer wöchentlichen in tägliche Trainingsumfänge nach Stunden bzw. TSS. Dieser Umfang kann weiter unterteilt werden in die Dauer bzw. den TSS einzelner Einheiten, indem Sie den Anleitungen im

Abschnitt »Aufteilung der Umfänge auf Disziplinen« in diesem Kapitel folgen. All dies wird Ihnen dabei helfen, auf die gleiche Weise einen personalisierten Trainingsplan auszuarbeiten, wie es Triathlon-Trainer auf Top-Niveau tun.

Nun müssen Sie den Plan nur noch umsetzen, indem Sie ihn in der Saison jeden Tag zurate ziehen, wenn Sie sich auf Ihre Wettkämpfe vorbereiten. Die wichtigste verbleibende Aufgabe ist, Ihren Plan immer auf dem neuesten Stand zu halten. Lediglich einmal einen Plan aufzustellen, ist nicht genug. Er muss revidiert und überarbeitet werden. Ich habe bislang noch keinen Athleten erlebt, der eine ganze Saison durchlaufen hätte, ohne Änderungen an seinem Trainingsplan vorzunehmen.

An dieser Stelle möchte ich meinen Rat aus der Einführung zu Teil IV bekräftigen: Falls Sie Kapitel 7 und 8 soeben zum ersten Mal durchgearbeitet haben oder im Rahmen der Vorbereitung auf kommende Saisons wiederholen, sollten Sie, bevor Sie letzte Hand an Ihre Jahres-, Wochen- und Tagestrainingspläne legen, das folgende Kapitel lesen. In Kapitel 9 erfahren Sie von alternativen Möglichkeiten, das Training zu terminieren, die Sie vielleicht veranlassen könnten, den Plan, den Sie ausarbeiten, zu überdenken und zu verfeinern.

9

PLANUNGS-ALTERNATIVEN

IN DEN BEIDEN vorangegangenen Kapiteln beschäftigten wir uns mit einer Weise, eine Saison zu planen, wie sie unter Athleten sämtlicher Sportarten auf der ganzen Welt am weitesten verbreitet ist. Das heißt aber nicht unbedingt, dass dieses Modell, das Training zu organisieren, auch für Sie das richtige ist. Es gibt noch viele andere Möglichkeiten, die genauso gut sein mögen, wenn nicht sogar besser. Manche Athleten sprechen in gewünschter Weise auf das in den beiden Kapiteln 7 und 8 vorgestellte Modell der Periodisierung an, andere verzeichnen mit dem gleichen Plan hingegen Leistungseinbußen. In diesem Kapitel stelle ich ein paar Alternativen zum klassischen Modell der linearen Periodisierung vor.

Woher wissen Sie, welches das für Sie geeignete Modell ist? Es gibt nur eine Möglichkeit, das herauszufinden: Sie müssen experimentieren. Aber Vorsicht: Die Erkenntnisse, die Sie dabei gewinnen, gelten nicht unbedingt für alle Zeit. Gut möglich, dass Sie in der nächsten Saison – oder sogar schon in ein paar Wochen – feststellen, dass das, was einmal gut funktioniert hat, nicht mehr effektiv zu sein scheint. Mit dem eigenen Training zu experimentieren, ist ein nie endender Prozess.

Die einzigen Dinge, die Jahr für Jahr wirklich konstant bleiben, sind die generellen Prinzipien des Trainings, die ich in Kapitel 3 erläutert habe:

- **Progressive Überlastung:** Das Trainingspensum muss mit der Zeit schrittweise gesteigert werden, um größere Fitness zu erzeugen.
- **Spezifität:** Die Art der Trainingseinheiten, die Sie unternehmen, müssen dem Wettkampf ähnlich sein, für den Sie trainieren.
- **Umkehrbarkeit:** Fitness geht verloren, wenn das Trainingspensum verringert wird, was bisweilen in geringem Maße erforderlich ist, um für den Wettkampf »in Form« zu kommen oder von hartem Training zu regenerieren.
- **Individualität:** Ihre Trainingsanforderungen sind in mancherlei Hinsicht – sowohl

physisch als auch mental – einzigartig, und dementsprechend muss auch Ihr Training auf Ihre individuellen Bedürfnisse zugeschnitten sein.

Je näher der Tag des Rennens rückt, desto mehr müssen Ihre Trainingseinheiten den A-Wettkampf simulieren.

Es gibt noch ein weiteres wichtiges Prinzip, das Sie berücksichtigen müssen: Je näher der Tag des Rennens rückt, desto mehr müssen Ihre Trainingseinheiten den A-Wettkampf simulieren, für den Sie trainieren. Diese Maßgabe ähnelt dem oben genannten Prinzip der Spezifität. Falls Sie anders trainieren, als es die Anforderungen des Wettkampfs verlangen, wird Ihnen das Prinzip der Umkehrbarkeit einen Strich durch die Rechnung machen. Sie werden wettkampfspezifische Fitness einbüßen. Das kann z. B. passieren, wenn Sie im Vorfeld des Rennens aufhören, mit Wettkampfintensität zu trainieren, und sich stattdessen auf Ausdauer-Einheiten verlegen. Das Resultat wird sein, dass Sie zwar besser darin werden, über einen langen Zeitraum langsam zu laufen, aber nicht mit der gewünschten Wettkampfintensität über die Distanz des Rennens. Unabhängig davon also, für welches Periodisierungsmodell Sie sich nach dem Studium dieses Kapitels entscheiden, müssen Sie stets gut darauf achten, wie wettkampfspezifisch Ihre Einheiten im Verlauf der Saison werden, insbesondere in den letzten Wochen vor dem Rennen.

Wie Sie in Kapitel 3 gelernt haben, sind die einzigen Trainingsvariablen, die im Laufe einer Saison verändert werden können, die Häufigkeit, Dauer und Intensität Ihrer Einheiten. Abgesehen vom Modus (Schwimmen, Radfahren, Laufen) gibt es sonst nichts, was angepasst werden müsste – ganz gleich, wie groß Ihre Erfahrung und Ihr Leistungsvermögen sind. Diese drei Variablen bilden den Kern Ihrer Saisonplanung. Periodisierung ist nichts weiter als das Management dieser drei Größen, um zur richtigen Zeit bereit für den Wettkampf zu sein.

Dieses Kapitel stellt einige Alternativen vor, so dass Sie entsprechend Ihrer persönlichen Anforderungen bestimmen können, wie Sie die drei Variablen im Saisonverlauf organisieren. Sie können sich natürlich dafür entscheiden, einfach bei dem Periodisierungsmodell zu bleiben, das in den vorigen Kapiteln erörtert wurde. Falls Sie zuvor noch nie einem Trainingsplan gefolgt sind, ist das ein guter Ausgangspunkt. Oder vielleicht haben Sie das lineare Modell ja in einer zurückliegenden Saison genutzt und möchten nun etwas anderes ausprobieren. Falls dem so ist, beginnen Sie einfach mit demjenigen der unten beschriebenen Ansätze, der Sie am meisten anspricht. Wenn Sie feststellen, dass er nicht Ihren Anforderungen gerecht wird, versuchen Sie etwas anderes, bis Sie auf etwas stoßen, was passt.

LINEARE ALTERNATIVEN DER PERIODISIERUNG

Kapitel 7 führte Sie Schritt für Schritt durch den Prozess, basierend auf dem Modell, das die Sportwissenschaft als *lineare Periodisierung* bezeichnet, einen Jahrestrainingsplan zu entwickeln. Der Name deutet auf einen geradlinigen und recht simplen Vorgang hin, bei dem Sie zunächst die Ausdauer entwickeln (Grundlagenphase), danach den Schwerpunkt auf wettkampfspezifische Intensität verlagern (Aufbauphase), bevor Sie die Dauer der Einheiten verringern (Höchstleistungsphase) und schließlich regenerieren, um für das Rennen in Form zu kommen (Wettkampfphase).

Die lineare Periodisierung ist das klassische Modell, das seit den 1960er Jahren von Athleten in zahlreichen Sportarten – von Bodybuildern bis Triathleten – angewandt wird. Es bietet zahlreiche Vorteile. Beispielsweise ist es ein bewährtes System, das seit Jahrzehnten genutzt und verfeinert wurde, anders als andere Systeme, die relativ neu und noch immer nicht für jeden Sport klar definiert sind. Das Modell birgt ein geringes Risiko für Übertraining, weil die Progression allmählich vonstattengeht und Regenerationsphasen eingeplant sind. Man muss kein Sportwissenschaftler sein, um es zu begreifen. Lineare Periodisierung ist simpel und auch für Anfänger verständlich. Es ist einfach, Fortschritte zu messen, weil es klar definierte Leistungsvorgaben gibt, die in jeder Phase unabhängig entwickelt werden. Dadurch bleiben Athleten motiviert und auf Kurs, um ihre Ziele zu erreichen.

Im ausgehenden 20. Jahrhundert stellten Athleten, Trainer und Sportwissenschaftler viele andere Ansätze der Periodisierung vor, um besonderen Anforderungen gerecht zu werden und gleichzeitig den Schwächen zu begegnen, die im klassischen System ausgemacht wurden. Als das größte Manko galt der Umstand, dass mit dem linearen Modell nur eine begrenzte Zahl an A-Wettkämpfen pro Saison möglich war – normalerweise zwei oder drei. Damit einher ging das Problem, dass eine solche Leistungsspitze über einen Zeitraum von höchstens ein bis drei Wochen aufrechterhalten werden konnte. Das lineare Modell ist außerdem für erfahrene Elite-Athleten bei weitem nicht so effektiv wie für Anfänger und Sportler, die erst ein paar Jahre dabei sind. Darüber hinaus empfinden viele Athleten die lineare Periodisierung als monoton, denn das Training bleibt meistens über Wochen weitgehend gleich. Zudem ergibt sich für Triathleten das Problem, in mehreren Sportarten gleichzeitig Fortschritte machen zu müssen, was sich in einem linearen System als schwierig erweisen kann, da sich die Leistungsfaktoren in den drei Disziplinen nicht immer gleich entwickeln. Das sorgt für einen ziemlich verwirrenden Plan.

Wie können Sie mit diesen Schwächen umgehen und dennoch zum Wettkampftag in Top-Form kommen? Beginnen wir, indem wir ein paar kleine, aber signifikante Änderungen am linearen Modell vornehmen, um Ihren Bedürfnissen eventuell besser gerecht zu werden. Danach schauen wir uns im weiteren Verlauf des Kapitels ein paar nichtlineare Alternativen an. Überlegen Sie zwischendurch, inwieweit sich jede der vorgestellten Methoden in Anbetracht Ihrer Lebensumstände umsetzen ließe, womit Sie in der Vergangenheit gut gefahren sind und was Ihnen derzeit zusagt.

Lineare Periodisierung birgt ein geringes Risiko für Übertraining.

Es wäre nachlässig, nicht darauf hinzuweisen, dass ein Periodisierungsplan eventuell gar nicht nötig ist. Die Alternative lautet willkürliches Training – trainieren Sie, was Sie wollen und wann Sie es wollen. Das klingt nicht besonders strukturiert, ist für manche Triathleten aber offenbar gar nicht verkehrt. Willkürliches Training funktioniert sogar ziemlich gut für Anfänger, für die es nur darum geht, regelmäßig zu trainieren und gut gelaunt das Ziel zu erreichen. Sogar manche herausragende Routiniers scheinen so zu trainieren. Aber wenngleich Letztere keinem schriftlich festgehaltenen Schema folgen und alle Entscheidungen scheinbar aus dem Bauch heraus treffen, haben sie sehr wohl einen festen Plan im Kopf: Diese Sportler wissen, was sie zu tun haben und in welcher Reihenfolge sie die Leistungsfaktoren entwickeln müssen. Eine solche Vorgehensweise ist für erfahrene Triathleten geeignet, die seit vielen Jahren dabei sind und eine sehr genaue Vorstellung davon haben, womit sie am besten fahren. Die meisten anderen aber sind gut beraten, sich an einen schriftlichen Plan zu halten, um die vielen Fallstricke auf dem Weg zu Höchstleistungen im Wettkampf zu umgehen.

Mit all dem im Hinterkopf werfen wir nun einen Blick auf ein paar gebräuchliche Methoden, die lineare Periodisierung zu modifizieren, um sie besser auf Ihre Bedürfnisse zuzuschneiden.

Periodisierung mit begrenzter Zeit

Das vielleicht häufigste Problem, das sich ernsthaften Altersklassen-Athleten stellt, die einem simplen linearen Periodisierungsplan folgen wollen, ist die begrenzte Zeit, die ihnen für das Training zur Verfügung steht. Die Tabellen 8.4 und 8.5 zeigen empfohlene Wochenumfänge für die ganze Saison, basierend auf den Jahrestrainingsumfängen aus den Tabellen 7.2, 7.5 und 7.6. So weit, so simpel. Aber was macht man, wenn man zwar physisch in der Lage wäre, hohe Jahres- und Wochenumfänge zu leisten, die Lebensumstände es aber nicht zulassen? Womöglich machen es Ihnen die zeitlichen Einschränkungen, die Beruf, Familie und andere Verpflichtungen mit sich bringen, schlichtweg unmöglich, mit hohen Umfängen zu trainieren.

Schauen wir uns anhand eines Beispiels an, wie sich dieses häufige Problem lösen lässt. Nehmen wir an, eine Athletin befindet, dass sie 600 Trainingsstunden im Jahr meistern kann. Annähernd so viel hat sie in der Vergangenheit schon geschafft, das scheint also eine ganz vernünftige Schätzung zu sein. Ausgehend von diesem Jahresumfang von 600 Stunden sollte sie in der Lage sein, im Schnitt rund 13 Stunden pro Woche zu trainieren, darunter eine umfangreiche Trainingswoche mit ca. 18 Stunden in der dritten Woche der Phase Grundlagen 3 (gemäß Tabelle 7.5). Das wird sie zwar an ihre Grenzen bringen, gemessen an ihrer Trainingskapazität scheint es aber realistisch. Aber was ist, wenn sie wegen eingeschränkter Trainingszeit so viele Wochenstunden nicht leisten kann? Vielleicht sind 15 Stunden pro Woche das Maximum dessen, was sie, unter Berücksichtigung aller sonstigen Verpflichtungen, schafft. Tabelle 7.5 sieht als Vorbereitung auf den ersten Wettkampf der Saison immerhin sieben Wochen mit mehr als 15 Trainingsstunden vor. Wie soll sie damit umgehen?

Wenn die Dauer sinkt, kann die Intensität gesteigert werden.

Zunächst einmal wäre es keine gute Idee, den Jahresumfang auf 500 Stunden zu verringern, selbst wenn die umfangreichste Woche dann 15 Stunden betrüge. Warum nicht? Ganz einfach, weil der Trainingsplan dann zu leicht für sie wäre. Zwar würde das Trainingspensum nach wie vor dem Prinzip des progressiven Trainings Rechnung tragen, in den meisten Wochen wäre es aber nicht hoch genug, um größere Fitness zu entwickeln. Der Wochenumfang wäre für einen Großteil der Saison viel zu gering für die Anforderungen der betreffenden Athletin.

Die bessere Option ist es, stattdessen an dem Plan von 600 Jahresstunden festzuhalten, die Wochenumfänge aber auf 15 Stunden zu begrenzen, wenn die sieben Wochen mit größeren Umfängen anstehen.

Würde das keinen Verlust an Fitness nach sich ziehen? Natürlich, die Sportlerin könnte potenziell ein höheres Maß an Fitness erreichen, würde sie diese paar umfangreicheren Wochen einschieben. Was soll sie also tun? Viele Möglichkeiten hat sie wahrlich nicht. Der Ansatzpunkt sollte sein, zunächst ganz einfach die längsten Einheiten dieser umfangreichen Wochen zu verkürzen. Als Nächstes kann sie sich überlegen, gleichzeitig die Intensität mancher dieser Einheiten leicht zu erhöhen. Eine lockere Regenerationsausfahrt in Zone 1 ist angesichts dieser Kürzungen dann möglicherweise nicht mehr erforderlich. Es dürfte außer Frage stehen, dass sie physisch mehr bewältigen könnte, sie könnte also in Erwägung ziehen, die Intensität auf Zone 2 zu steigern. Grundsätzlich gilt: Verringert sich die Dauer, kann die Intensität erhöht werden. Ich kann Ihnen nicht genau sagen, welche Ihrer Einheiten dafür in Frage kämen – oder ob Sie es überhaupt machen sollten. An dieser Stelle kommt wieder die Kunst des Trainierens in Eigenregie ins Spiel. Letztlich muss die Athletin dann, wenn diese kritischen Wochen mit höheren Umfängen anstehen, beurteilen, wie sie sich fühlt und wie das Training gelaufen ist, und die entsprechenden Entscheidungen treffen. Mein genereller Rat an sie wäre, bei der Steigerung der Intensität in diesen modifizierten Wochen konservativ vorzugehen.

Eine Intensitätszone höher bei einigen ausgewählten Einheiten reicht vollkommen aus.

Eine andere Lösung, die für die betreffende Sportlerin vielleicht in Frage kommt, ist es, die »überschüssigen« Stunden einer verkürzten, umfangreichen Woche auf eine Woche mit weniger großen Umfängen zu verschieben. Im obigen Beispiel würden dadurch fast alle Wochen der Grundlagenphase zu 15-Stunden-Wochen werden. Das Gleiche könnte sie in der Aufbauphase tun, so dass sich der Umfang ebenfalls durchweg erhöht; in diesem Fall würde die Gesamttrainingszeit gegenüber dem ursprünglichen Standardplan gleichbleiben.

Besser ist es freilich, die Umfänge aus Tabelle 7.5 unverändert zu übernehmen, aber für zeitlich eingeschränkte Athleten sind solche Notlösungen vermutlich besser, als von vornherein mit einem verringerten Jahresumfang zu planen. Beachten Sie, dass ich mich im Beispiel auf Stunden bezogen habe, aber natürlich können die Anpassungen in gleicher Weise vorgenommen werden, falls Sie nach TSS-Umfängen trainieren, wie in Tabelle 7.6 veranschaulicht.

Crash-Phasen

Viele Athleten machen die Erfahrung, dass ihre Fitness nach mehreren Tagen harten Trainings und anschließender Regeneration merklich ansteigt. Tatsächlich haben etliche Studien in den letzten 30 Jahren bestätigt, dass diese Art des Trainings sehr effektiv darin ist, in kurzer Zeit ein hohes Maß an Fitness zu erzeugen. Allerdings ist diese Methode, die Fitness zu steigern, auch mit einigem Risiko verbunden. Was ich in diesem Abschnitt darlege, richtet sich ausschließlich an Athleten, die seit mehreren Jahren ernsthaft trainieren und ein hohes Leistungsniveau erreicht haben. Alle anderen sollten sich davor hüten, insbesondere Anfänger und Athleten in den ersten etwa drei Jahren des Triathlontrainings. Statt fitter zu werden, könnten ihnen am Ende Übertraining, Krankheit oder Verletzung blühen.

Wenn man sich in diese Trainingsmethode festbeißt und dabei den Bogen überspannt, sind solche negativen Folgen nicht weniger wahrscheinlich als der erhoffte Anstieg der Fitness. Deswegen spreche ich von einer *Crash-Phase*. Ich hoffe, dass ich mit dieser Bezeichnung Ihre Aufmerksamkeit erregt habe, denn diese Art von Training zu übertreiben, kann bedeuten, die ganze Saison und womöglich sogar die komplette Triathlonkarriere zu ruinieren. Ich habe genau das erlebt. Aber wenn die Methode mit Bedacht verwendet wird, kann sie einen ziemlich effektiven Periodisierungs-Ansatz darstellen, v. a. für Anhänger des linearen Modells.

Wie also wenden Sie Crash-Training korrekt an? Entscheidend ist, nur wenige aufeinanderfolgende Tage solchen Trainings vorzusehen und außerdem zu begrenzen, wie häufig Sie auf diese Weise trainieren. Ebenso wichtig ist, dass Sie bereit sind, eine solche Trainingsphase beim ersten Anzeichen, dass es nicht wie gewünscht läuft, sofort abzubrechen. Werfen wir einen genaueren Blick auf diese Einschränkungen.

Eine Crash-Phase besteht aus mehreren aufeinanderfolgenden Tagen mit deutlich gesteigertem Trainingspensum. Gängig sind ein paar Tage bis eine Woche. Eine solche Phase sollte selten mehr als zehn Tage dauern; das gilt auch für Athleten, die in der Lage sind, ein schweres Trainingspensum zu bewältigen. Am oberen Ende des Spektrums dürften fünf Tage am wahrscheinlichsten geeignet sein, der Fitness bei überschaubarem Übertrainings-Risiko einen Schub zu verpassen.

Eine Crash-Phase besteht aus mehreren aufeinanderfolgenden Tagen mit deutlich gesteigertem Trainingspensum.

Das Trainingspensum kann gesteigert werden, indem Sie Trainingsumfang oder -intensität während der Crash-Tage erhöhen. Die gängigere Option ist, den Umfang zu steigern. Dies empfehle ich sehr erfahrenen Athleten. Üblich ist dabei eine Erhöhung der Stunden oder des TSS um rund

TABELLE 9.1 **Beispiel für ein 6-tägiges Crash-Training gefolgt von 4 Tagen Regeneration gemäß linearer Periodisierung**

	AKTIVITÄT	MONTAG	DIENSTAG	MITTWOCH	DONNERSTAG	FREITAG	SAMSTAG	SONNTAG
Woche 1	Schwimmen		hoch*		hoch		hoch	
Crash	Radfahren			hoch	hoch	hoch		hoch
	Laufen		hoch	gering			hoch	
	Kraftraum	KE-Phase						
Woche 2	Schwimmen		gering			nächste Phase		
Regeneration	Radfahren			gering				
	Laufen				gering			
	Kraftraum	KE-Phase						

* Die Angaben »hoch« und »gering« beziehen sich auf Dauer und Intensität der Trainingseinheiten. Bei den meisten, wenn nicht sogar allen der als als »hoch« gekennteichneten Einheiten sollte der Fokus auf der Dauer liegen.

50 Prozent dessen, was ursprünglich im linearen Periodisierungsplan (siehe Tabellen 7.5 und 7.6 für die entsprechenden Wochenumfänge) geplant war. Falls Sie sich entscheiden, die Trainingsintensität zu erhöhen, bleiben Sie beim ursprünglich geplanten Umfang und absolvieren Sie an mehreren aufeinanderfolgenden Tagen eine Einheit mit höherer Intensität. Beim Großteil dieser intensiveren Einheiten sollte es sich um Kraftausdauer-Training handeln.

Die meisten der schweren Einheiten einer Crash-Phase sollten auf Radfahren oder Schwimmen entfallen.

Die meisten der umfangreichen und hochintensiven Einheiten in der Crash-Phase sollten auf Radfahren oder Schwimmen entfallen. Bei Lauf-Einheiten mit hohen Belastungen ist größte Vorsicht geboten, denn dies ist die Disziplin, in der Triathleten sich am ehesten eine Verletzung zuziehen, wenn sie an ihre Grenzen gehen. Dies gilt es nach Möglichkeit zu verhindern.

Für die meisten Athleten, die für einen A-Wettkampf trainieren, sind die besten Zeiten, eine Crash-Phase vorzusehen, die dritte Woche Grundlagen 3 und die dritte Woche Aufbau 2 (siehe Tabellen 7.5 und 7.6). Beide markieren die Höhepunkte des Trainingspensums im Rahmen der Wettkampfvorbereitung und gehen jeweils einer Regenerationsphase voraus. In dieser Hinsicht ist das Timing fast perfekt. Eine Möglichkeit wäre es, eine Crash-Phase mit hohem Umfang in Grundlagen 3 und eine weitere mit hoher Intensität in Aufbau 2 zu absolvieren. Die einzelnen Crash-Phasen können fünf bis sieben Tage dauern, anschließend folgt unmittelbar eine Regenerationsphase von in der Regel drei bis fünf Tagen. Tabelle 9.1 zeigt ein Beispiel, wie eine sechstägige Crash-Phase gefolgt von vier Tagen Regeneration aussehen könnte. *Hoch* bedeutet entweder hoher Umfang oder hohe Intensität, je nach Crash-Phase, für die Sie sich entscheiden. *Gering* meint, das sowohl Umfang als auch Intensität leicht ausfallen oder es sich sogar um einen trainingsfreien Tag handelt.

Viele Athleten legen eine Crash-Phase im Rahmen von Trainingslagern ein. Das ist eine gute Möglichkeit, die Motivation für ein so anspruchsvolles Training zu erzeugen. Passen Sie aber auf, dass Ihre Motivation Sie nicht dazu verleitet, Ihre Grenzen zu überschreiten. Es ist keine Schande, auch mal eine Gruppen-Einheit auszulassen. Wenn ich ein Trainingslager abhalte, ermuntere ich die Sportler stets dazu, sich einen Tag frei zu nehmen oder das Pensum erheblich zu verringern, falls sie sich besonders erschöpft fühlen. Noch einmal: Seien Sie vorsichtig mit solchem Training.

Invertierte Wochen

Vielleicht ist Ihnen in den Tabellen 7.5 und 7.6 aufgefallen, dass die wöchentlichen Umfänge in den drei Grundlagenphasen sukzessive leicht erhöht werden. In der 500-Stunden-Spalte von Tabelle 7.5 beispielsweise sieht diese Steigerung wie folgt aus:

Woche 1: 11,0
Woche 2: 13,5
Woche 3: 15,0

Machen Sie sich bitte bewusst, dass die Wochenstunden (bzw. TSS-Punkte, falls Sie danach trainieren) nicht präzise eingehalten werden müssen. Es sind lediglich Näherungswerte. Generell habe ich aber die Erfahrung gemacht, dass die meisten Athleten in der Lage sind, die vorgegebenen Wochenumfänge recht genau zu erreichen, wenn sie nach einem Plan arbeiten. Wie Sie Tabelle 7.5 außerdem entnehmen können, fallen die wöchentlichen Steigerungen umso deutlicher aus – um vier bis fünf Stunden pro Woche –, je größer der angesetzte Jahresumfang ist. In gleicher Weise erhöhen sich in Tabelle 7.6 auch die entsprechenden TSS-Werte beträchtlich.

Ich habe in meinen mehr als drei Jahrzehnten als Coach etliche Athleten erlebt, die derlei wöchentliche Steigerungen als übermäßig anstrengend empfanden. Oft waren sie vollkommen fertig, wenn die dritte Woche anstand. Das Problem war dabei weniger die dritte Woche als solche, als vielmehr die Akkumulation der wöchentlichen Trainingsumfänge. Je mehr die Umfänge gesteigert wurden, desto mehr büßte das Training an Qualität ein. Erfahrungsgemäß fahren diese Athleten zuweilen besser damit, die wöchentliche Steigerung der Trainingsstunden umzukehren, d. h. der Umfang fällt in der ersten Woche einer vierwöchigen Phase am größten aus und wird dann sukzessive verringert. Ich weiß nicht, ob diese Methode einen physischen oder psychologischen Effekt hat, ich kann aber bestätigen, dass ein schrittweise verringerter Wochenumfang die Kapazität mancher Athleten für hartes Training zu verbessern scheint. Für den 500-Stunden-Umfang aus obigem Beispiel sähe die Progression der wöchentlichen Trainingsstunden in Grundlagen 3 dann folgendermaßen aus:

Woche 1: 15,0
Woche 2: 13,5
Woche 3: 11,0

Auf den ersten Blick mag das kaum der Rede wert sein, aber es könnte einen großen Unterschied dahingehend machen, wie sich die Qualität Ihres Trainings im Laufe der Phase entwickelt.

Eine weitere Option für Athleten, die sich mit der kumulativen Steigerung des Trainingsumfangs im Lauf von drei Wochen nach wie vor schwer tun, ist es, das Format von vier Wochen auf drei zu verkürzen, wobei die letzten paar Tage weiterhin der Regeneration vorbehalten sind. Genaueres dazu im nächsten Abschnitt über »langsam regenerierende Athleten«.

Ein schrittweise verringerter Wochenumfang scheint die Kapazität mancher Athleten für hartes Training zu verbessern.

Langsam regenerierende Athleten

In Kapitel 11 kümmern wir uns ausführlich um die Details der Regenerationsphasen, die am Ende jeder Phase Grundlagen 1, Grundlagen 2, Grundlagen 3, Aufbau 1 und Aufbau 2 anstehen. Fürs Erste möchte ich Ihnen einige Periodisierungs-Alternativen im Zusammenhang mit der Regeneration vorstellen, die große Auswirkungen auf die Qualität Ihres Trainings haben können.

Eine der wichtigsten Fragen bei der Gestaltung eines Periodisierungsplans, unabhängig davon, welche Art Sie verwenden, hat damit zu tun, wie schnell Sie sich von hartem Training erholen, insbesondere in den Grundlagen- und Aufbauphasen. Manche Athleten regenerieren rasch. Diese Sportler kommen normalerweise gut mit

TABELLE 9.2 **Anpassung der Grundlagen- und Aufbauphasen für Athleten mit langsamer Regeneration**

PHASE	WOCHE
Grundlagen 1	Woche 1
	Woche 2
	Woche 4
Grundlagen 2	Woche 1
	Woche 2
	Woche 4
Grundlagen 3	Woche 1
	Woche 2
	Woche 4
Grundlagen 3	Woche 2
	Woche 3
	Woche 4
Aufbau 1	Woche 1
	Woche 2
	Woche 4
Aufbau 2	Woche 1
	Woche 2
	Woche 4
Aufbau 2	Woche 2
	Woche 3
	Woche 4

einem Plan zurecht, der vierwöchige Grundlagen- und Aufbau-Teilphasen vorsieht, wie in Kapitel 7 beschrieben und in den Abbildungen 7.5 und 8.1 veranschaulicht. In den ersten ca. drei Wochen (es können etwas mehr als 21 Tage sein – mehr dazu in Kapitel 11) jeder vierwöchigen Teilphase, arbeiten schnell regenerierende Athleten mit hohen Trainingsbelastungen – je nach Phase entweder im Hinblick auf Dauer oder Intensität. Anschließend nehmen sie eine Auszeit, die in der Regel drei bis fünf Tage dauert.

Woher also wissen Sie, ob Sie ein schnell oder langsam regenerierender Athlet sind? Wie erschöpft fühlen Sie sich normalerweise nach zwei Wochen harten Trainings? Falls Sie auch bei einer noch ausstehenden Woche schweren Trainings noch voll motiviert sind, regenerieren Sie vermutlich schnell. Falls Sie sich häufig erschöpft fühlen und die Qualität Ihres Trainings in der dritten Woche nachlässt, regenerieren Sie langsam.

Zwei Gruppen von Athleten, die normalerweise langsam regenerieren, sind Anfänger und Athleten jenseits der 50. Das ist aber nicht immer so. Ich habe auch betreffende Sportler trainiert, die schnell regenerierten und kein Problem hatten, vor einer mehrtägigen Pause drei Wochen hochwertiges Training zu absolvieren. Und ich habe auch fortgeschrittene Athleten unter 50 betreut, die langsam regenerierten. Sie müssen in dieser Frage ehrlich zu sich sein. In der dritten Woche in Folge sehr lange oder intensive Trainingseinheiten zu unternehmen, obwohl Sie sehr erschöpft sind, ist kontraproduktiv. Falls Ihnen das häufiger widerfährt, würde ich Ihnen dringend raten, in Ihrem JTP auf dreiwöchige Teilphasen umzusteigen. Das bedeutet jeweils etwa zwei Wochen schweres Training, gefolgt von einigen Tagen Regeneration.

Tabelle 9.2 zeigt, wie dies gemacht wird, indem die Anzahl der Wochen in einer Grundlagen- oder Aufbau-Teilphase verringert wird. Beachten Sie, dass in dieser Tabelle die Teilphasen Grundlagen 3 und Aufbau 2 wiederholt werden, so dass die Gesamttrainingszeit vor dem Wettkampf nicht verkürzt wird. Indem Sie diese Periodisierungs-Alternative nutzen, wenn Sie sich auf Ihren ersten Wettkampf der Saison vorbereiten, kommen Sie auf insgesamt 21 Trainingswochen in den Grundlagen- und Aufbauphasen, während es bei standardmäßigen vierwöchigen Grundlagen- und Aufbau-Teilphasen nur 20 Wochen wären. Der aufgeführte Wochenumfang ist der gleiche wie in den Tabellen 7.5 und 7.6 empfohlen. Anders gesagt: Suchen Sie für jede genannte Woche den Umfang für die entsprechende Woche (z. B. Grundlagen 1, Woche 4) in Tabelle 7.5 oder 7.6 heraus, je nachdem, wonach Sie den Umfang bestimmen – entweder Stunden oder TSS. Die Zahl der Wochen in den anderen

Phasen – Vorbereitung, Höchstleistung und Wettkampf – bleibt unverändert.

NICHTLINEARE ALTERNATIVEN

Bis hierher haben wir einige Möglichkeiten untersucht, den in Kapitel 7 und 8 vorgestellten linearen Periodisierungsplan dahingehend zu verändern, dass er Ihren individuellen Trainings- und Alltagsbedürfnissen besser Rechnung trägt. Ich hoffe, dass Sie unter den Vorschlägen etwas gefunden haben, was Ihren Anforderungen entspricht, denn die lineare Periodisierung stellt – selbst mit den vorgeschlagenen Anpassungen – das einfachste und bequemste Modell dar, an das Sie sich halten können. Es kann aber sein, dass die lineare Periodisierung nicht die ideale Lösung für Sie ist. Oder vielleicht möchten Sie ein wenig experimentieren, um zu schauen, ob es etwas gibt, was für Ihre besonderen Anforderungen noch besser geeignet ist. Eingedenk dessen schauen wir uns nun zwei nichtlineare Planungsmodelle an. Beide Methoden verfolgen einen etwas anderen Ansatz hinsichtlich der Dauer und Intensität der Einheiten und stellen die gängigsten nichtlinearen Optionen dar, die von vielen leistungsstarken Athleten genutzt werden.

Wir werfen zunächst einen Blick auf die *wellenförmige Periodisierung* und anschließend betrachten wir die *Block-Periodisierung*. Beide Ansätze unterscheiden sich erheblich von dem, was Sie bisher gelesen haben. Aber ebenso wie die lineare Periodisierung bieten sie beträchtlichen Spielraum für das, was Sie in Ihren Trainingseinheiten im Einzelnen anstellen und wie Sie die Methode umsetzen, um einen Plan zu entwerfen.

Wellenförmige Periodisierung

Wie der Name schon vermuten lässt, basiert diese Methode darauf, die Trainingsvariablen im Laufe einer Saison wechselweise zu steigern und zu reduzieren. Im Ausdauersport ist sie nur wenig verbreitet, unter Gewichthebern erfreut sie sich aber großer Beliebtheit. Warum diese Methode trotzdem etwas für Sie sein könnte? Nun, möglicherweise steht Ihnen einfach nicht in jeder Woche die nötige Zeit zur Verfügung, um mit linearer Periodisierung adäquat Fitness aufbauen zu können. Es kann auch sein, dass Ihnen einfach danach ist, mehr Abwechslung in Ihre Trainingsroutine zu bringen. Vielleicht empfinden Sie es als etwas ermüdend, Woche für Woche an den gleichen Tagen die immer gleichen Einheiten zu absolvieren. Alle paar Tage die Karten neu zu mischen, kann sich positiv auf Enthusiasmus und Motivation fürs Training auswirken. (Es gibt außerdem ein paar Studien, denen zufolge die wellenförmige Periodisierung größere Fitness erzeugt als die lineare Periodisierung. Treffen Sie Ihre Entscheidung aber nicht aufgrund dieser Hoffnung; ein Großteil der Forschung zum Thema beschäftigt sich schwerpunktmäßig mit Krafttraining und lässt sich möglicherweise nicht ohne weiteres auf den Ausdauersport übertragen.)

Wie erwähnt wird das Training bei der wellenförmigen Periodisierung häufig und regelmäßig umgestellt. Das kann unsere beiden »alten Bekannten« Dauer und Intensität betreffen oder auch zwei der drei Sportarten im Triathlon. Schauen wir uns zunächst die letztgenannte Möglichkeit an, denn ich glaube, dass sie die für die meisten Triathleten aussichtsreichste Alternative ist.

Auf die Sportart bezogene wellenförmige Periodisierung bedeutet, alle paar Tage den Schwerpunkt auf eine andere der drei Disziplinen zu verlagern.

Die Umstellung bedeutet in diesem Fall, alle paar Tage die Schwerpunktsetzung auf eine andere der Disziplinen Schwimmen, Radfahren oder Laufen zu verlagern. Üblich ist dabei der wöchentliche Wechsel des Fokus. Am häufigsten wird die Methode so angewandt, dass ein Athlet seine Aufmerksamkeit auf zwei der drei Sportarten konzentriert und diesen beiden jeweils alternierend ein hohes bzw. geringes Pensum zuweist, während das

TABELLE 9.3 **Die ersten drei Wochen eines vierwöchigen Trainingsplans für Grundlagen- und Aufbauphasen mit abwechselndem Rad- und Lauf-Schwerpunkt**

WOCHE 1	MONTAG	DIENSTAG	MITTWOCH	DONNERSTAG	FREITAG	SAMSTAG	SONNTAG
Schwimmen		schwer*		schwer		leicht	schwer
Radfahren	leicht		schwer	schwer	leicht		schwer
Laufen		leicht	leicht			leicht	
Kraftraum	KE-Phase						
WOCHE 2	**MONTAG**	**DIENSTAG**	**MITTWOCH**	**DONNERSTAG**	**FREITAG**	**SAMSTAG**	**SONNTAG**
Schwimmen		schwer		schwer		leicht	
Radfahren			leicht		leicht		
Laufen		leicht	schwer		schwer		schwer
Kraftraum	KE-Phase						
WOCHE 3	**MONTAG**	**DIENSTAG**	**MITTWOCH**	**DONNERSTAG**	**FREITAG**	**SAMSTAG**	**SONNTAG**
Schwimmen		schwer		schwer		leicht	
Radfahren	leicht		schwer	schwer	leicht		schwer
Laufen		leicht	leicht			leicht	
Kraftraum	KE-Phase						

* Die Angaben »schwer« und »leicht« beziehen sich auf Dauer und Intensität der Trainingseinheiten.

Diese Teilphasen legen den Schwerpunkt im wöchentlichen Wechsel auf das Rad- oder das Lauf-Training, während die Schwimm-Einheiten unverändert bleiben.

Pensum für die dritte Disziplin weitgehend gleichbleibend ist.

Es gibt gute Gründe anzunehmen, dass dieses System funktioniert, wenngleich es durch die Forschung bislang nicht belegt worden ist. Die meisten Triathleten stimmen überein, dass es sehr schwierig ist, sich in drei Disziplinen gleichzeitig zu verbessern. Viele Routiniers haben die Erfahrung gemacht, dass Fortschritte in zwei Sportarten häufig mit Einbußen in der dritten einhergehen. Wie löst nun die wellenförmige Periodisierung dieses Dilemma?

Lassen Sie uns diese Wellenbewegung anhand eines Beispiels anschauen. Nehmen wir an, dass Radfahren und Laufen die beiden Disziplinen sind, auf die Sie den Fokus richten wollen, indem Sie die Trainingsumfänge abwechseln, die Sie den beiden jede Woche widmen. Demnach würden Sie in einer Woche viel Rad fahren, kaum laufen und dazu ein wenig schwimmen. In der darauffolgenden Woche kehren Sie den Schwerpunkt um: viel Laufen, wenig Radfahren, Schwimm-Umfänge in etwa gleichbleibend.

Dieses Muster funktioniert in der Tat ziemlich gut, ganz gleich, wo Ihre Stärken und Schwächen liegen. Selbst wenn Schwimmen Ihr größter Begrenzer ist, ist es dennoch eine gute Wahl, sich auf Radfahren und Laufen zu konzentrieren, denn rund 80 bis 90 Prozent Ihrer Gesamtwettkampfzeit entfällt auf diese beiden Disziplinen. Ihre Aufmerksamkeit in jeder Woche abwechselnd einer dieser beiden Sportarten zu widmen, wird sich vermutlich mit besseren Wettkampfzeiten bezahlt machen, da Sie sich jede Woche nur auf zwei Sportarten konzentrieren müssen. Auch im Hinblick auf die Konsistenz des Trainings kann sich ein gleichmäßiges Schwimm-Pensum als sinnvolle Strategie erweisen.

TABELLE 9.4 Die ersten drei Wochen eines vierwöchigen Trainingsplans für Grundlagen- und Aufbauphasen gemäß wellenförmiger Periodisierung

WOCHE 1	MONTAG	DIENSTAG	MITTWOCH	DONNERSTAG	FREITAG	SAMSTAG	SONNTAG
Schwimmen		Dauer*		Dauer		Dauer	
Radfahren			Dauer	Dauer	Dauer		Dauer
Laufen		Dauer	Dauer			Dauer	
Kraftraum	KE-Phase						
WOCHE 2	**MONTAG**	**DIENSTAG**	**MITTWOCH**	**DONNERSTAG**	**FREITAG**	**SAMSTAG**	**SONNTAG**
Schwimmen		Intensität		Intensität		Dauer	
Radfahren		Intensität	Dauer	Intensität	Dauer	Intensität	Dauer
Laufen			Dauer		Dauer	Intensität	
Kraftraum	KE-Phase						
WOCHE 3	**MONTAG**	**DIENSTAG**	**MITTWOCH**	**DONNERSTAG**	**FREITAG**	**SAMSTAG**	**SONNTAG**
Schwimmen		Dauer		Dauer		Dauer	
Radfahren			Dauer	Dauer	Dauer		Dauer
Laufen		Dauer	Dauer			Dauer	
Kraftraum	KE-Phase						

* Die Angaben »Dauer« und »Intensität« beziehen sich auf den Schwerpunkt der jeweiligen Trainingseinheit.

Diese Teilphasen legen den Schwerpunkt in allen Disziplinen im wöchentlichen Wechsel auf Dauer oder auf Intensität.

Der Plan für ein solches wellenförmiges System könnte in etwa so aussehen wie das, was Sie in Tabelle 9.3 vorfinden. Dies ist ein Beispiel für eine vierwöchige Grundlagen- oder Aufbau-Teilphase. Bedenken Sie, dass dies lediglich eine Richtschnur ist und keine Anleitung dafür, wie Sie trainieren *sollten.* Es gibt etliche verschiedene Möglichkeiten, einen wellenförmigen Plan aufzustellen.

Beachten Sie, dass in einem Plan, der in den Grundlagen- und Aufbauphasen vierwöchige Teilphasen vorsieht, einer der beiden Sportarten in den ersten drei Wochen eine größere Gewichtung zuteilwerden wird. Im Beispiel aus Tabelle 9.5 gilt dies für das Radfahren, das sowohl in der ersten als auch der dritten Woche den Schwerpunkt bildet. Dieses Beispiel wäre also am besten für einen Athleten geeignet, der ein starker Läufer ist, sich aber auf dem Rad verbessern muss. Natürlich ließe sich das gleiche wellenförmige Muster auch von einem langsam regenerierenden Athleten anwenden, der mit dreiwöchigen Teilphasen arbeitet. In diesem Fall läge auf den beiden Disziplinen die gleiche Gewichtung.

Die andere Möglichkeit wellenförmiger Periodisierung beruht darauf, den Schwerpunkt ungeachtet der jeweiligen Trainingsphase (Grundlagen oder Aufbau) abwechselnd auf Intensität und Dauer zu legen. Dies ist die gängigere Variante in Ausdauersportarten, in denen nur eine Disziplin trainiert wird. (Läufer, Radfahrer und Schwimmer haben es ganz schön leicht, nicht wahr?)

Die übliche Weise, Intensität und Dauer zu alternieren, zielt darauf ab, eine Woche ähnlich wie in der Grundlagenphase zu gestalten und die folgende Woche dann ähnlich wie in der Aufbauphase. Das sorgt für ein abwechslungsreiches und damit vielleicht angenehmeres Training. Es bedeutet außerdem, fast das ganze Jahr hindurch

Der abwechselnde Fokus auf Dauer und Intensität sorgt für ein abwechslungsreicheres und damit vielleicht als angenehmer empfundenes Training.

Die Block-Periodisierung wurde konzipiert, um das Problem abnehmender Grenzerträge im Training zu lösen.

Einheiten von hoher Dauer sollten eine geringe Intensität aufweisen.

hohe Intensität und Dauer zu absolvieren. Falls Sie vierwöchige Teilphasen nutzen, in denen die letzte Woche der Regeneration vorbehalten ist, kommen Sie auf zwei Wochen mit entweder hohem Umfang oder hoher Intensität und nur eine Woche mit dem gegenteiligen Schwerpunkt. Triathleten, die kürzere Distanzen trainieren, würde ich empfehlen, zwei Wochen mit hoher Dauer in der Grundlagenphase und zwei Wochen mit hoher Intensität in der Aufbauphase einzuplanen. Langstrecken-Athleten können in Erwägung ziehen, es umgekehrt zu halten, also zwei Wochen mit hoher Intensität in den Grundlagenphasen und zwei Wochen mit hohen Umfängen in den Aufbauphasen. Tabelle 9.4 veranschaulicht einen Plan für einen Kurzdistanz-Spezialisten mit wellenförmig wechselnder Schwerpunktsetzung auf Dauer und Intensität. Tauschen Sie diese einfach aus, um einen Plan mit umgekehrter Periodisierung zu erhalten.

Die Vorgabe »Dauer« in Tabelle 9.4 bedeutet nicht, dass alle Einheiten gleich lang müssen. Manche sollten gewiss länger ausfallen als andere. Wie lang eine einzelne Einheit in einer Disziplin ist und wie viele Einheiten von langer Dauer Sie in einer Woche schaffen können, hängt davon ab, wie gut Sie in der Lage sind, Training mit hohen Umfängen zu bewältigen. Das Gleiche gilt für die Einheiten mit Schwerpunktsetzung auf der Intensität. In dieser Hinsicht kann sich ein solches Trainingsmodell als sehr riskant erweisen für Athleten, die meinen, alle Einheiten müssten entweder sehr lang oder sehr intensiv sein. Grundsätzlich gilt bei dieser Methode, dass Einheiten von hoher Dauer eine geringe Intensität aufweisen sollten (z. B. Zone 1 oder 2), während Einheiten mit hoher Intensität sehr kurz sein müssen – in Relation dazu, was »schwer« und »leicht« für Sie bedeuten. Im Rahmen einer wellenförmigen Periodisierung zu versuchen, für eine bestimmte Trainingseinheit sowohl eine hohe Dauer als auch eine hohe Intensität aufrechtzuhalten, führt fast unweigerlich zu Verletzungen, Burnout oder Übertraining.

Block-Periodisierung

Dies ist die neueste Periodisierungsmethode. Sie wurde in den 1980er Jahren vom russischen Sportwissenschaftler Wladimir Issurin entwickelt, der sie für absolute Spitzensportler wie z. B. Olympiateilnehmer konzipierte. Aber sie ist inzwischen auch von vielen Sportlern erfolgreich genutzt worden, die sich nicht ganz auf diesem Niveau bewegen.

Die Block-Periodisierung wurde konzipiert, um das Problem abnehmender Grenzerträge im Training zu lösen. Je mehr man sich in Relation zu den besten Sportlern der Welt einem extrem hohen Niveau nähert, desto schwieriger ist es, noch Fortschritte zu machen. Trainingserträge sind schwer zu realisieren und fallen bisweilen winzig aus, dennoch sind sie erfolgsentscheidend. Die Herausforderung, auch nur geringe Fortschritte zu erzielen, ist umso größer für einen Top-Triathleten, der einem linearen Periodisierungsplan folgt und in einer Woche unterschiedliche Kategorien von Trainingseinheiten zu kombinieren hat. Es gibt keine ausreichend gebündelten Belastungsreize für einen einzelnen Leistungsfaktor, wenn man versucht, mehrere gleichzeitig zu entwickeln.

Ein Spitzensportler wird wahrscheinlich eher Fitnessgewinne erzielen, indem er sich auf nur eine Kategorie von Trainingseinheiten je Teilphase bzw. *Block* beschränkt. Zu versuchen, mehr als einen Faktor gleichzeitig zu entwickeln, vermindert den physiologischen Effekt eines harten Trainings. Innerhalb eines Blocks jedoch mit ähnlich gearteten Einheiten wiederholt die gleichen Trainingsreize zu setzen, führt rasch zu positiven Ergebnissen. Ein Beispiel: In einer Studie, die Block-Periodisierung und lineare Periodisierung gegenüberstellte, brauchten Athleten mit

TABELLE 9.5 **Beispiel für dominante und sekundäre Leistungsfaktoren im Saisonverlauf bei der Block-Periodisierung**

BLOCK	WOCHEN	DOMINANTER FAKTOR	SEKUNDÄRER FAKTOR (ERHALTUNG)
Vorbereitung	1–4	(Vorbereitung auf das Training)	Kraft
frühe Grundlagen	4–6	Kraft	Schnelligkeit
späte Grundlagen	4–6	Ausdauer	Kraft
früher Aufbau	4	Kraftausdauer	Ausdauer
später Aufbau	4	aerobe Kapazität	Kraftausdauer
Höchstleistung	1–2	(wettkampfähnliche Einheiten)	(Regeneration zwischen Einheiten)
Wettkampf	1	(Training mit Wettkampf-Intensität)	(Umfang reduzieren)
Übergang	1–4	(Ruhe und Regeneration)	Ausdauer

Zu entwickelnde Leistungsfaktoren und deren empfohlene Reihenfolge in der Vorbereitung auf einen A-Wettkampf.

TABELLE 9.6 **Beispiel für eine Woche der Grundlagen- oder Aufbauphasen gemäß Block-Periodisierung**

WOCHE 1	MONTAG	DIENSTAG	MITTWOCH	DONNERSTAG	FREITAG	SAMSTAG	SONNTAG
Schwimmen		dominant*	Erhaltung	dominant	Erhaltung	dominant	Erhaltung
Radfahren		dominant	Erhaltung	dominant	Erhaltung	dominant	Erhaltung
Laufen		dominant	Erhaltung	dominant		dominant	Erhaltung
Kraftraum	KE-Phase						

* Empfehlungen für dominante Faktoren und sekundäre Faktoren können Tabelle 9.5 entnommen werden.

Elite-Triathleten, die mit Block-Periodisierung arbeiten, sind üblicherweise in der Lage, hohe Trainingsumfänge zu verkraften – deshalb die große Anzahl an Trainingseinheiten in diesem Beispiel.

Ersterer nur halb so viele Wochen, um das gleiche Maß an Fitness zu erzielen wie mit dem linearen Modell.

Warum ist diese Methode dann nicht auch für Sportler, die sich nicht ganz auf diesem Niveau bewegen, die beste? Äußerst fortgeschrittene Athleten verfügen über eine Fitness-Grundlage, die sie im Laufe vieler Jahre entwickelt haben: Selbst in schlechten Jahren sind sie verglichen mit Durchschnittssportlern noch extrem fit. Sämtliche ihrer Leistungsfaktoren sind gut entwickelt. Wie können fortgeschrittene Athleten dieses letzte Quäntchen an Steigerung herausholen? Je weiter ein Sportler sein Potenzial ausgeschöpft hat, desto schwieriger ist es, Gewinne zu erzielen. Das aber ist nicht der Fall für Athleten, die erst ein paar Jahre dabei sind, und erst recht nicht für Anfänger. Diese Sportler haben noch reichlich Spielraum, um ihre Fitness und ihr Leistungsvermögen zu verbessern. Sie brauchen kein hochfokussiertes Training, um erhebliche Zugewinne zu erzielen.

Würden solche Athleten ihr Training über mehrere Wochen auf nur einen Leistungsfaktor pro Woche fokussieren, wie ich es äußerst fortgeschrittenen Athleten hier empfehle, würden die Faktoren, die nicht trainiert werden, recht schnell darunter leiden. Diese Methode ist also sicher nicht für Sportler geeignet, die noch nicht lange ernsthaft trainieren bzw. in hochklassigen Wettkämpfen wie nationalen oder internationalen Meisterschaften *nicht* für vordere Plätze in ihren Altersklassen in Frage kommen.

Block-Periodisierung funktioniert am besten mit einer schwerpunktbezogenen Progression der Trainingseinheiten, die einem linearen Pfad folgt.

Die Block-Periodisierung scheint am besten zu funktionieren, wenn es eine schwerpunktbezogene Progression der Trainingseinheiten gibt, die einem mehr oder weniger linearen Pfad folgt. Mit anderen Worten: In der Grundlagenphase liegt die Betonung des Trainings weiterhin auf den grundlegenden Leistungsfaktoren, während in der Aufbauphase eine Verlagerung hin zu den erweiterten Leistungsfaktoren erfolgt.

Tabelle 9.5 liefert ein mögliches Schema für die Planung der Trainingseinheiten im Laufe einer Saison mit Block-Periodisierung. Ich verwende hier die Begriffe *früh* und *spät*, um die Progression zu beschreiben, da sich die linearen Definitionen Grundlagen 1, 2 und 3 sowie Aufbau 1 und 2 nicht ohne weiteres auf dieses Modell übertragen lassen. Der Athlet schreitet zum nächsten Block fort, sobald der im Fokus stehende bzw. »dominante« Faktor für gut entwickelt befunden wird. Die Wochenumfänge, die Sie in dieser Tabelle sehen, sind demnach nur grobe Anhaltspunkte.

Manche Athleten brauchen möglicherweise mehr oder weniger Zeit, um die Ziele in einem bestimmten Block zu erreichen. Während der dominante Leistungsfaktor entwickelt wird, zielt das Training für den sekundären Leistungsfaktor auf dessen Erhaltung ab, was bedeutet, dass für diesen weniger Einheiten vorzusehen sind. Was wir üblicherweise als Vorbereitungs-, Höchstleistungs-, Wettkampf- und Übergangsphase bezeichnen, bleibt unverändert so wie in Kapitel 7 beschrieben.

Tabelle 9.6 liefert ein Beispiel, wie eine Trainingswoche der Grundlagen- und Aufbauphasen mit Block-Periodisierung organisiert werden kann. In diesem Beispiel werden 18 Einheiten in der Woche eingeplant, häufig drei am Tag. Offenkundig ist ein solches Schema für starke Elite-Triathleten gedacht, die in der Lage sind, gewaltige Trainingsumfänge zu bewältigen. Die meisten fortgeschrittenen Athleten, die einem Blocktrainingsplan folgen, werden deutlich weniger Einheiten pro Woche einplanen.

PERIODISIERUNG NACH BEDARF

Viele Athleten denken, dass die Periodisierung ein starres System ist, bei dem ein Trainingsplan erstellt und dann ohne Rücksicht auf andere Faktoren peinlich genau eingehalten wird. Dem ist keineswegs so, aber es kann schwierig sein, mitten in der Saison eine Anpassung vorzunehmen, wenn der Plan Ihnen sagt, dass Sie eine bestimmte Art von Training absolvieren sollen, aber etwas in Ihnen sagt: »Lass es lieber bleiben.« Es kann mehrere Faktoren geben, die es erforderlich machen, vom Plan abzuweichen, z. B. Unwohlsein, eine schmerzende Achillessehne oder eine hohe Terminbelastung. Leider fühlen sich die meisten von uns gezwungen, sich an den Plan zu halten, ungeachtet nachteiliger Entwicklungen, die sich womöglich seit der Erstellung des Plans ergeben haben. Dies alles sind gängige Trainingshindernisse, die in unserem Leben auftauchen und die im Laufe der Saison berücksichtigt werden müssen. Ein weiterer Faktor, der jedoch selten berücksichtigt wird, ist die Adaptation an das Training – also wie sich Ihre Fitness durch das Training verändert. Und doch ist gerade dies ja der Hauptgrund, warum Sie überhaupt einen Plan haben.

Das Grundproblem besteht darin, dass der Plan davon ausgeht, dass Ihr Körper (und Ihr Geist) zu einem bestimmten Zeitpunkt ein bestimmtes Fitnessniveau erreichen wird, wenn Sie sich an den Plan halten. Das mag sehr wohl der Fall sein, muss es aber nicht. In der Vergangenheit bestand das Problem bei dieser Art Annahme darin, dass es kaum Daten gab, die bestätigen konnten, dass die erhoffte Adaptation (Fitness) eingetreten war. Das ändert sich nun dank neuer Technologien. Das Powermeter beim Radfahren und Laufuhren mit Distanz- und Pace-Messung per GPS haben fraglos bereits dafür gesorgt, dass man bei der Einschätzung der Fitness nicht mehr so sehr auf Mutmaßungen angewiesen ist wie früher. Diese inzwischen sehr verbreiteten, fast zur Grundausstattung gehörenden Geräte (und es werden noch weitere folgen) ermöglichen es Triathleten, ihre Fitnessveränderungen genauer zu messen – sofern man denn weiß, was genau man messen muss. Wie also gelingt Ihnen das?

Schauen wir uns dazu ein Beispiel an. Im Grundlagentraining ist einer der wichtigsten Indikatoren für Ihr aktuelles Leistungsvermögen, den Sie messen möchten, die aerobe Fitness. Durch die Verwendung eines Herzfrequenzmessgeräts zusammen mit einem Powermeter oder einer GPS-Laufuhr können Sie leicht Ihren »Effizienzfaktor« (EF) messen, der ein guter Indikator für Veränderungen der aeroben Fitness ist. Einzelheiten zur Verwendung dieser Messgröße finden Sie in Anhang C (Radfahren) und Anhang D (Laufen) unter »A2: Ausdauer«

Wir verfügen nicht für alle möglichen Leistungskennzahlen, die Sie sich wünschen, über vergleichbare Metriken, aber mit der Erfindung und Verbreitung weiterer neuer Datenerfassungsgeräte kommen wir diesem Tag immer näher. Es gibt aber auch andere Indikatoren für Veränderungen der Fitness, die Sie unter Umständen in den Eintragungen oben in Ihrem Jahrestrainingsplan finden können. Wenn Sie dort z. B. konkrete Trainingvorgaben festgelegt haben, so wie es in Abbildung 8.1 getan wurde, verfügen Sie über physische Ziele, deren Erreichen Sie anhand der entsprechenden Daten überprüfen können. Diese Daten auf dem Weg zur Erfüllung der Trainingsvorgaben genau im Auge zu behalten, hilft Ihnen, Ihre Fitnessfortschritte zu erfassen. Wenn Sie eine Trainingsvorgabe erfolgreich umgesetzt haben, ist es dann an der Zeit, Ihr Training im Hinblick auf die drei wichtigsten Faktoren – Häufigkeit, Dauer und Intensität – entsprechend anzupassen.

Dies bringt uns zurück zum Grundkonzept der Periodisierung nach Bedarf. Indem Sie regelmäßig und häufig Ihre Adaptationen messen und Ihr Training nur dann ändern, wenn es offensichtlich ist, dass Sie für die nächsten Schritte bereit sind, können Sie Ihr Training viel gezielter und spezifischer auf Ihre Bedürfnisse abstimmen. Mit diesem Konzept verbunden ist die »Regeneration nach Bedarf«, auf die ich in Kapitel 11 eingehen werde.

EINE EINFACHE LÖSUNG

Nachdem Sie dieses und die vorangegangenen beiden Kapitel durchgelesen haben, fühlen Sie sich vielleicht ein wenig überfordert von der Masse an Informationen zur Periodisierung. Es gibt wahrlich eine Menge Dinge zu berücksichtigen bei der Gestaltung Ihrer Saison. Aber die Planung muss nicht so detailliert und komplex sein, wie es diese Kapitel erscheinen lassen. Falls Sie lieber nicht allzu tief in die planerischen und sportwissenschaftlichen Details einsteigen möchten, sondern nur auf eine einfache Möglichkeit der Planung aus sind, ist dies der richtige Abschnitt für Sie.

Wie ich zuvor erläutert habe, lässt sich Periodisierung in einem einfach Satz zusammenfassen: *Je näher Ihr Wettkampf zeitlich rückt, desto rennähnlicher müssen Ihre Trainingseinheiten werden.* Für Anfänger bedeutet dies, allmählich die Häufigkeit der Schwimm-, Rad- und Lauf-Einheiten pro Woche zu steigern. Athleten, die erst ein paar Jahre dabei sind, sollten die Dauer der Einheiten erhöhen, so dass diese so lang wie der Wettkampf oder etwas länger sind. Und für Routiniers, die alle Anforderungen an Trainingsdauer und -häufigkeit beherrschen, gilt es, in Schlüsseleinheiten mit rennähnlicher Intensität zu Werke zu gehen.

Mehr brauchen Sie über Periodisierung im Grunde nicht zu wissen. Wenn Sie sich an diese Vorgaben halten, werden Sie gut zurechtkommen, auch ohne sich mit einem komplexen Planungssystem befassen zu müssen. Denn letzten Endes ist die entscheidende Frage: Sind Sie bereit für den Wettkampf? Falls Sie diese Frage mit ja beantworten können – was Sie tun können, sofern Ihre Einheiten rennähnlicher werden –, werden Sie eine tolle Leistung bringen. Falls Sie sich dessen nicht sicher sind, haben Sie Ihre Einheiten nicht wettkampfähnlich genug gestaltet.

Erstellen Sie eine Standard-Trainingswoche und halten Sie diese im Saisonverlauf so weit es geht bei.

Die einfache Lösung für die Periodisierung Ihrer Saison fängt damit an, eine Standard-Trainingswoche zu erstellen, die mit Ihrem Alltag vereinbar ist, und diese dann so weit es geht beizubehalten, wenn Sie die einzelnen Saisonphasen durchlaufen. Das ist alles. Na ja, streng genommen ist es ein bisschen mehr. Schauen wir uns die Sache genauer an.

Falls Sie den Sport schon länger betreiben, haben Sie vermutlich schon so etwas wie eine Standard-Trainingswoche, die prima zu Ihren Lebensumständen passt. Wir sollten aber sicherstellen, dass diese Woche auch eines der Grundprinzipien des Trainings befolgt, über die Sie in Kapitel 3 gelesen haben: Umkehrbarkeit. Im Wesentlichen besagt dieses Prinzip, dass Ihre erzielten Fitnessgewinne zu schwinden beginnen, wenn Sie mehrere Tage mit dem Training aussetzen. Sie fangen an, Fitness einzubüßen. Diesen beklagenswerten Zustand können Sie vermeiden, indem Sie bei der Gestaltung ihrer Standard-Trainingswoche zwei Regeln beachten.

Die erste Regel lautet, dass Sie jede Woche mindestens zwei Einheiten pro Disziplin absolvieren sollten. Drei oder mehr ist besser, aber nur, solange es nicht mehr sind, als Sie verkraften können. Triathlon-Anfänger unternehmen normalerweise zwei Einheiten pro Disziplin in der Woche, und Triathleten, die seit einigen Jahren dabei sind, deren drei. Routiniers bestreiten in der Regel drei Trainingseinheiten oder mehr pro Disziplin und Woche. Zwölf Einheiten in der Woche oder mehr sind durchaus üblich für äußerst fortgeschrittene Triathleten.

Die zweite Regel besagt, dass die zwei oder drei (oder mehr) Einheiten jeder Disziplin über die Woche verteilt werden sollten. Soll heißen: Sie sollten sie nicht an aufeinanderfolgenden Tagen einplanen und dann mehrere Tage verstreichen lassen, bevor diese Sportart wieder auf dem Programm steht. Sind die Einheiten einer Disziplin zu weit verstreut, setzt das Prinzip der Umkehrbarkeit ein. Zwei Schwimm-Einheiten in einer Woche könnten beispielsweise am Dienstag und Samstag stattfinden, aber nicht am Freitag und Samstag. Drei Einheiten könnten auf Dienstag, Donnerstag und Samstag verteilt werden, nicht aber auf Donnerstag, Freitag und Samstag. Das Gleiche gilt fürs Radfahren und Laufen. Streuen Sie die Einheiten.

Sobald Sie Ihre Standardwoche konzipiert haben, müssen Sie sie nur noch über zwei oder drei Wochen wiederholen, bevor Sie sich dann mehrere Tage Regeneration gönnen, wie in Kapitel 11 erörtert. Im weiteren Verlauf der Saison bleibt Ihre Standardwoche weitgehend unverändert. Die einzige Änderung, die seit einigen Jahren aktive Triathleten vornehmen sollten, besteht darin, die Dauer einiger weniger Schlüsseleinheiten schrittweise und vorsichtig zu erhöhen, so dass sie bis zum Wettkampftag in der Lage sind, die Renndauer locker zu bewältigen.

Für fortgeschrittene Triathleten gestaltet sich die Planung nur wenig komplexer. Auf diesem Niveau beginnen Sie früh in der Saison damit, die Dauer der Trainingseinheiten zu steigern. Verlängern Sie die Einheiten alle paar Wochen ein wenig, während die Intensität gering bleibt und sich weitgehend im Bereich von Zone 1 und 2 bewegt. Das ist die Grundlagenphase. Nachdem die grundlegenden Leistungsfaktoren in allen Disziplinen gut entwickelt sind, erhöhen Sie in der Aufbauphase die Zeitspanne, die Sie mit rennähnlicher Intensität trainieren, während Sie die Gesamtdauer der Einheiten verringern. Die Dauer zu verringern, wenn die Intensität erhöht wird, sorgt dafür, dass die Einheiten nicht so hart werden, dass sich die Regeneration hinauszögern würde. Es kann ratsam sein, es bei einer Einheit mit Wettkampfintensität pro Disziplin und Woche zu belassen. Manche fortgeschrittene Triathleten sind in der Lage, ein paar mehr zu bewältigen.

Fortgeschrittene Triathleten sollten beachten, dass die Steigerung der Intensität nicht bedeutet, jede Woche eine Art »Rennen« zu bestreiten, wenn die Schlüsseleinheiten anstehen. Die Kombination aus Dauer und Intensität ist normalerweise nicht so groß, wie sie im Wettkampf sein wird. Bei Sprintdistanzen ist es möglich, die einzelnen Abschnitte mit annähernd rennähnlicher Dauer und Intensität zu absolvieren. Für längere Distanzen ist das aber keine realistische Option und würde wahrscheinlich im Übertraining münden.

Wenn Sie für einen längeren Triathlon trainieren, sollten Sie mit Ihren Trainingseinheiten Abschnitte des Wettkampfs simulieren. Falls Sie sich z. B. auf eine Mitteldistanz vorbereiten, könnten Sie eine Rad-Einheit unternehmen, die 60 bis 70 Prozent des zeitlichen Umfangs bzw. der TSS-Werte entspricht, die Sie sich für den Wettkampf vorgenommen haben. Indem Sie dabei einige lange Intervalle mit Wettkampf-Intensität einstreuen, simulieren Sie einen wesentlichen Teil des Rennens. In gleicher Weise sollten Sie im Schwimmen und Laufen vorgehen. Achten Sie unbedingt darauf, zwischen den wettkampfähnlichen Einheiten jeder Woche lockere Regenerations-Einheiten einzuplanen. Diese sollten ungefähr halb so lang sein wie Ihre längsten Schwimm-, Rad- und Lauf-Einheiten und weitgehend in Zone 1 mit einigen Abschnitten in Zone 2 absolviert werden.

Wenn Sie eine Standard-Trainingswoche erarbeiten und entsprechend Ihrer Triathlon-Erfahrung den oben dargelegten Maßgaben folgen, müssen Sie darüber hinaus nur noch, wie in Kapitel 7 beschrieben, ein Tapering einplanen, sprich: in den letzten zwei oder drei Wochen vor dem Wettkampf den Umfang verringern, indem Sie die Dauer aller Einheiten verkürzen. Mit dieser vereinfachten Periodisierungsmethode werden Sie Ihre Fitness verbessern, Ihr Selbstvertrauen stärken und hochmotiviert an den Start gehen.

FAZIT: PLANUNGS-ALTERNATIVEN

Wir haben in Teil IV eine Menge Stoff behandelt. Sie sollten jetzt eine recht gute Vorstellung davon haben, welches Periodisierungsmodell am besten zu Ihren individuellen Bedürfnissen passt. Nun ist es so weit, dieses System zu nutzen, um Ihre Saison zu planen. Falls Sie sich dafür entscheiden, ein lineares Periodisierungsmodell zu verwenden – die unter Athleten aller Leistungsklassen gebräuchlichste Methode –, kehren Sie zu den Kapiteln 7 und 8 zurück und folgen Sie Schritt für Schritt den Anleitungen. Sollten Sie beschließen, einen modifizierten linearen Plan zu nutzen, wie in diesem Kapitel erläutert, nehmen Sie nach Bedarf die nötigen Anpassungen vor. Für die nichtlinearen Methoden wird es ein wenig kniffliger sein, sämtliche Details herauszuarbeiten, aber Athleten, die sich für ein solches System entscheiden, sind in der Regel erfahren genug, um zu wissen, wie sie ihren Plan entsprechend umgestalten.

Wie bereits erwähnt, sollten Sie sich darüber im Klaren sein, dass der Plan, den Sie aufstellen,

Bewahren Sie sich die Flexibilität im Training.

nicht in Stein gemeißelt ist. Sie müssen flexibel sein in Ihrem Training. Wenn Sie im Lauf der Saison Ihre Fortschritte prüfen, behalten Sie stets im Hinterkopf, dass der Plan gegebenenfalls angepasst werden muss. Ich habe in meinen mehr als 30 Jahren als Trainer keinen einzigen Athleten erlebt, der durch eine ganze Saison gekommen ist, ohne seinen Plan abwandeln zu müssen. Irgendetwas muss immer abgeändert werden. Der häufigste Grund für Änderungen sind Unterbrechungen aufgrund von Krankheiten oder alltagsbedingten Zwischenfällen wie z. B. unerwarteten Geschäftsterminen oder dergleichen.

Wenn Sie angefangen haben, Ihren Plan umzusetzen, werden Sie möglicherweise irgendwann feststellen, dass Ihre Fitness sich nicht wie gewünscht entwickelt oder sich einfach nicht richtig anfühlt. Falls dem so ist, verändern Sie Ihren Plan, um ihn besser auf Ihre Bedürfnisse abzustimmen.

Grundsätzlich gilt, dass Sie willens sein müssen, Veränderungen vorzunehmen. Nur weil Ihr Plan an einem bestimmten Tag eine bestimmte Trainingseinheit vorsieht, heißt das nicht, dass diese absolviert werden *muss*. Vielleicht gibt es eine bessere Möglichkeit. Nehmen Sie nach Bedarf Anpassungen und Änderungen vor. Halten Sie aber alles, was Sie unternehmen, stets in Ihrem Trainingstagebuch fest. So haben Sie, wenn es so weit ist, die kommende Saison zu planen, Aufzeichnungen darüber, was funktioniert und was nicht. Ein schriftlicher Plan für diese Saison wird sich als unschätzbar erweisen, wenn es an der Zeit ist, den Plan für Ihre nächste Saison zu gestalten. Und ich verspreche Ihnen, dass es mit jedem Mal leichter wird.

TEIL V

BELASTUNG, RUHE, UND REGENERATION

Für allzu viele Triathleten ist das Training ein eindimensionaler Kraftakt, der sich nur um Trainingseinheiten dreht, vor allem um schwere. Dies bedeutet große Belastungen, aber wenig Ruhe und Regeneration. Im Allgemeinen gilt: Anspruchsvolle Einheiten bringen Belastungen mit sich, danach folgen Ruhe und Regeneration. Letztere bezieht sich v. a. auf die lockeren Einheiten, die zudem die Kapazität fortgeschrittener Athleten verbessern, sich anzupassen und fitter zu werden.

Aber Training für hohe Leistungen geht eigentlich weit über Belastung, Ruhe und Regeneration hinaus. Zum Training gehören auch täglich getroffene Entscheidungen in Bezug auf scheinbar nebensächliche Dinge wie z. B. die Frage, wann Sie schlafen gehen, welche Lebensmittel Sie zu sich nehmen sollten und welche nicht, ob Sie die Treppe oder den Fahrstuhl benutzen, welche Bücher Sie lesen, welche Filme Sie sehen und mit wem Sie Ihre Zeit verbringen.

Je höher Sie Ihre Ziele im Triathlon stecken, desto mehr Aspekte gibt es in Ihrem Leben, die sich diesen Zielen unterordnen müssen. Das kann sogar für Freunde und Familie gelten. Ich möchte damit keineswegs sagen, dass Sie sich wie ein Despot aufführen müssen, aber alle, die Ihnen nahestehen, sollten den Weg akzeptieren, den Sie einschlagen. Das Training für individuelle Höchstleistungen umfasst auch Ihre Einstellung zum Leben im Allgemeinen. Einige Studien haben gezeigt, dass Athleten mit positiver Einstellung eher ihre Ziele erreichen als Sportler mit negativer Einstellung.

Ihr Denken und Handeln bestimmen, wer Sie sind. Aus diesem Grund hat alles in Ihrem Leben Einfluss auf Ihre Leistungen als Triathlet. Die Philosophie und Methodik Ihrer Lebensführung entscheiden über den Ausgang Ihrer Wettkämpfe. Aber keine Sorge. Ich werde nicht den Versuch unternehmen, Ihr komplettes Leben umzukrempeln. Stattdessen möchte ich in den beiden nächsten Kapiteln darauf eingehen, wie ein für hohe Leistungen trainierender Athlet sich den drei Punkten Belastung, Ruhe und Regeneration sowie deren Gleichgewicht annehmen sollte.

10

TRAININGSBELASTUNG

WAS GENAU ist Training? Ich habe diesen Begriff in diesem Buch bereits recht häufig benutzt, aber wie lautet seine genaue Definition? Auf grundlegender Ebene ist Training die Kombination aus Belastung und Ruhe:

Training = Belastung + Ruhe

Hart und leicht. Viel und wenig. Yin und Yang. Wie bei Neutronen und Protonen gilt: Ohne das eine ist das andere nicht stabil. Beide sind notwendig. Aber es reicht nicht, bloß eine willkürliche Menge von beidem einzuplanen. Es bedarf eines Ausgleichs zwischen Belastung und Ruhe. Kontinuierliches Training mit hohen Belastungen ohne das entsprechende Gegengewicht aus Ruhe führt nur zu Problemen und nicht zu tollen Leistungen. In diesem Kapitel befassen wir uns v. a. mit dem Faktor Belastung in dieser Gleichung. In Kapitel 11 geht es dann um Ruhe und Regeneration.

Was also ist Belastung? In der Humanbiologie ist Belastung bzw. Stress die vorhersehbare Reaktion auf einen äußeren Reiz bzw. Stressor. Diese Reaktion kann gut oder schlecht sein – Eustress oder Distress. Im Triathlon ist der Stressor die Trainingseinheit. Es beginnt jeweils als Eustress (positiver Stress): Das Produkt jeder Einheit ist, wie in Kapitel 3 erläutert, größere Fitness und größere Erschöpfung. Das ist gesund. Aber übermäßige körperliche Aktivität kann zu Distress (negativer Stress) in Form von Übertraining führen, was neben *erhöhter Erschöpfung* paradoxerweise auch zu *verringerter Fitness* führt – eine ungesunde Reaktion. Wenn dies geschieht, gibt es definitiv ein Problem. Distress kann bei überambitionierten Athleten zudem Verletzungen, Krankheit und Burnout zur Folge haben. Dies alles sind gesundheitsbezogene Merkmale übermäßiger Belastung.

Wie viel Belastung Sie ertragen können, ohne Distress zu erfahren, hängt von zwei Faktoren ab. Derjenige, über den wir wenig bis gar keine Kontrolle haben, sind die Gene. Leider ist das Leben in dieser Hinsicht nicht fair. Manche Menschen sind mit Genen gesegnet, die sie ohne Distress auf hohem Niveau trainieren lassen. Andere haben weniger Glück, und falls es Sie beruhigt: Die meisten Menschen fallen in diese Kategorie. Für Elite-Athleten gilt, dass dies oft der entscheidende Punkt ist, der sie aus der Masse heraushebt.

Aber die Gene sind nicht die einzige Einflussgröße in Bezug auf Distress. Die andere maßgebliche Komponente sind Faktoren, die sich aus Ihrer Lebensführung ergeben – darunter fallen auch Aspekte wie Ihre Erfahrung im Sport, Ihre aerobe und muskuläre Fitness, physische und emotionale Anforderungen Ihres Alltags und die verwendete Trainingsmethodik. Sie haben bis zu einem gewissen Grad die Kontrolle über diese lebenswandelspezifischen Stressoren. Jedoch lassen sie sich nicht immer ohne weiteres verändern, zumindest nicht ohne dass es sich auf andere Lebensbereiche wie Ihre Finanzen oder Beziehungen auswirkt. So gehe ich z. B. nicht davon aus, dass Sie Ihren Job hinschmeißen, um mehr trainieren zu können. Sollte aber eine Veränderung hinsichtlich eines oder mehrerer dieser Faktoren zu erhöhtem Stress führen, so kann ich Ihnen versichern, dass Anpassungen notwendig sind, um Unheil zu verhindern.

Beim Ertrag geht es um die erhofften Zugewinne, die aus intelligentem Training resultieren.

Für die meisten Altersklassen-Athleten ist das Training fast immer derjenige Aspekt der Lebensführung, der am einfachsten umzugestalten ist, um Distress zu vermeiden. Falls Job, Familie, Gesundheit, Finanzen, Lebensumstände oder ein anderer wichtiger Aspekt im Leben eine zu große Belastung werden, ist das Training der Stressor, der umgehend verringert werden muss. Sich weiterhin großen Mehrfachbelastungen auszusetzen, ist der sichere Weg ins Verderben, sowohl in Ihrem Alltag als auch hinsichtlich Ihrer Wettkampfleistungen.

In diesem Kapitel beschäftigen wir uns mit Trainingsbelastungen und der Frage, wie Sie gewährleisten, dass diese Eustress und nicht Distress verursachen. Dazu schauen wir uns zwei Themenpaare an, die eng mit dem Yin und Yang des Trainings verknüpft sind: Risiko und Ertrag sowie Overreaching und Übertraining.

RISIKO UND ERTRAG

Vor ein paar Jahren verbrachte ein 62-jähriger Athlet, der mich als Coach angeheuert hatte, einige Tage bei mir daheim in Arizona. Ich ließ eine allgemeine Beurteilung seiner physischen und technischen Fähigkeiten vornehmen und wir stellten sein Leistungsvermögen in allen drei Sportarten auf die Probe. Darüber hinaus wurde er von einem Physiotherapeuten auf etwaige Verletzungsrisiken untersucht und erhielt eine fachmännische Rad-Anpassung. Parallel dazu besprachen wir meine Trainingsphilosophie und die Richtung, die wir einschlagen mussten, um ihn fit zu machen für sein großes Ziel: die Qualifikation für die Ironman-WM.

Tom ist ein analytischer Typ, der sich gerne ausführlich mit den Details des Trainings beschäftigt. In einem unserer Gespräche ging es um das Wechselspiel von Risiko und Ertrag der Einheiten. Risiko bezieht sich auf die Gefahr von Rückschlägen durch Verletzung, Krankheit, Burnout und Übertraining, die auftreten können, wenn zu viel intensives Training in zu kurzer Zeit unternommen wird. Ertrag dreht sich um die erhofften Zugewinne, die aus intelligentem Training resultieren.

Tom gab zu, sich noch nie auf diese Weise mit dem Thema befasst zu haben. Das Gleiche gilt leider für die meisten Athleten, dabei ist ein gewisses Verständnis dieses Sachverhalts eine wichtige Voraussetzung für intelligentes Training. Aufgrund dessen, was Tom mir über seine zurückliegende Wettkampfsaison berichtete, kam ich zu dem Schluss, dass seine fehlenden Kenntnisse über ausgewogenes Training die Hauptursache dafür waren, dass es ihm in den drei Jahren, seitdem er Ironman-Distanzen bestritt, nicht gelungen war, sich für Hawaii zu qualifizieren. Er erlebte zahlreiche körperliche Rückschläge, zumeist in Form von Verletzungen und Krankheiten, wodurch seinem Training die Konsistenz fehlte. Kaum dass er anfing, merkliche Verbesserungen seiner Leistung zu verzeichnen, wurde er erneut durch Verletzung oder Krankheit ausgebremst. Anhand der Tests, denen ich ihn unterzog, konnte ich erkennen, dass in ihm großes Potenzial für die Langdistanz schlummerte. Sein Begrenzer war, dass er in den Einheiten allzu enthusiastisch und aggressiv zu Werke ging. Als in Eigenregie trainierender Athlet erlebte er ein zu hohes Maß an Belastung, insbesondere im Hinblick auf die Dichte des Trainings; seine schweren Einheiten lagen zeitlich zu eng beieinander. Das ist ein häufiger Fehler.

Alle Sportler sind darauf aus, ihre Fitness zu verbessern, indem sie die Belastungen erhöhen, die sie ihrem Körper auferlegen. Das Maß der Belastung variiert üblicherweise zwischen sehr niedrig und sehr hoch. Die Einheiten mit den niedrigsten Belastungen sind kurz, locker und wenig anstrengend. Belastungsintensives Training ist das genaue Gegenteil davon. Es umfasst grundsätzlich entweder sehr lange Dauer, hohe Intensität, hohe Dichte oder eine Kombination dieser drei Faktoren. Ich gab Tom ein Beispiel aus der Zeit mehr als 35 Jahre zuvor, als ich noch jünger und dümmer war und morgens mit einem Freund einen Marathon lief und dann nachmittags noch einmal zehn Meilen hinterherschob. Das Tempo war beide Male vielleicht nicht hoch und die Intensität folglich gering, aber wegen der langen Dauer war es dennoch riskant. Damals zahlte ich oft den Preis für derlei »Training«, indem ich mit längeren Zwangspausen aufgrund von Krankheiten und Verletzungen zu kämpfen hatte. Leider musste ich erst solche Dinge erleben, um anzufangen, die Wechselwirkung zwischen Risiko und Ertrag des Trainings zu begreifen.

Abbildung 10.1 verdeutlicht, wie sich Risiko und Ertrag des Trainings zueinander verhalten.

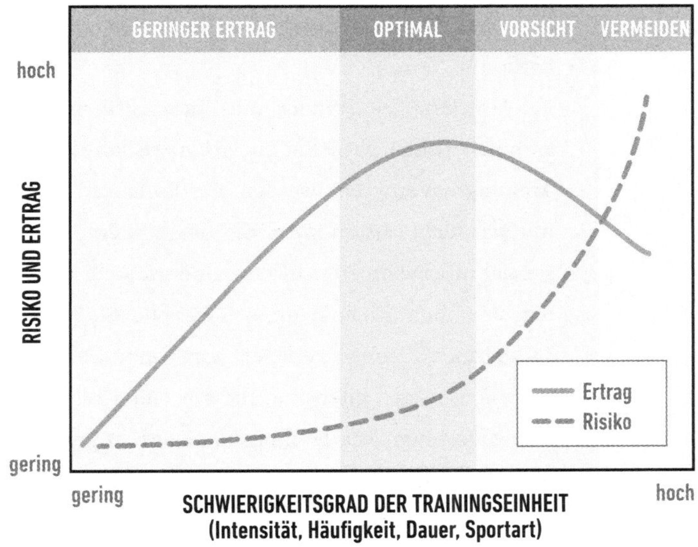

ABBILDUNG 10.1 Risiko und Ertrag des Trainings

Von links nach rechts erhöht sich der Schwierigkeitsgrad der Einheiten, während sich das Maß von Risiko und Ertrag von unten nach oben steigert. Sie könnten auch einfach die Begrifflichkeiten in Abbildung 10.1 leicht verändern und erhielten so eine grundlegende Anleitung für den Handel am Aktienmarkt. Blue Chips, die für langsames, aber konsistentes Wachstum bekannt sind, sind generell mit geringem Risiko behaftet. In solche Aktien zu investieren, wird nur sehr langsam Erträge abwerfen, dafür laufen Sie kaum Gefahr, sich zu ruinieren. Andererseits ist eine Aktie, die großes Potenzial für üppige Profite birgt – z. B. ein Start-up-Unternehmen, das an einer neuen Technologie arbeitet – auch mit einem hohen Maß an Risiko verbunden. Sie könnten binnen kurzer Zeit ein Vermögen machen oder aber alles verlieren.

Mit dem Training verhält es sich im Grunde genauso: Geringes Risiko bedeutet geringer Ertrag, und hohes Risiko bedeutet hoher Ertrag. So wie Investitionen am Aktienmarkt kann sich auch das Training potenziell in beide Richtungen entwickeln. Der Trick ist, die richtige Balance zu finden. Seine wiederholten Rückschläge machten deut-

Geringes Risiko bedeutet geringer Ertrag, und hohes Risiko bedeutet hoher Ertrag.

lich, dass Tom nicht die richtige Balance gefunden hatte.

Athleten, die ständig mit Rückschlägen zu kämpfen haben, weil Sie zu viel in risikoreiches Training investieren, werden ihr Potenzial vermutlich nicht ausschöpfen. Sie brechen ein, weil sie sich übernehmen. Auf der anderen Seite werden aber auch Athleten, die sich ausschließlich auf risikoarmes Training verlegen, z. B. kurze Einheiten mit geringer Intensität, nie auf einen grünen Zweig kommen. Das Training ist nicht hart genug. Auch Sie müssen etwas riskieren, um auf höchstem Niveau mithalten zu können. Aber Sie müssen das Risiko stets kontrollieren, um erfolgreich zu sein.

Was also ist riskantes Training? Zunächst einmal ist das Laufen aufgrund der orthopädischen Belastungen der vielleicht riskanteste Ausdauersport überhaupt. Nur wenige Läufer haben das Glück, in ihrer Karriere von Verletzungen verschont zu bleiben. Weiche, aber dennoch feste Untergründe wie Waldboden, Gras und Schotter mindern das Risiko ein wenig.

Riskant ist das Laufen zudem aufgrund der exzentrischen Muskelkontraktionen, bei denen ein Muskel verlängert wird, während er sich zu kürzen versucht. Das klingt unmöglich, aber stellen Sie sich einmal bildlich eine »umgekehrte« Hantelübung mit dem Oberarm vor, bei der Sie das Gewicht nicht heben, sondern langsam senken. Während dies geschieht, verlängert sich der Bizeps, der sich aber gleichzeitig zu kürzen versucht, um zu verhindern, dass die Last zu schnell gesenkt wird. Die Belastung, die auf den Muskel einwirkt, ist enorm. Die Waden- und Oberschenkelmuskulatur eines Läufers macht diese Zerreißprobe mit jedem Schritt durch. Deswegen schmerzen Läufermuskeln nach einem Marathon so sehr. Im Grunde werden die Muskeln permanent auseinandergerissen.

Radfahren und Schwimmen hingegen beruhen primär auf »konzentrischen« Kontraktionen, d. h. der Muskel wird kürzer, während er kontrahiert. Stellen Sie sich dazu vor, wie Sie Armbeugen mit einer schweren Kurzhantel absolvieren, also das Gewicht von Hüft- auf Schulterhöhe heben. Die Belastung für den Muskel fällt bei dieser Art Bewegung deutlich geringer aus. Er wird nicht auseinandergezogen, das Verletzungsrisiko ist somit kleiner.

Das bedeutet nicht, dass Sie nicht laufen sollten. Es heißt lediglich, dass Sie hinsichtlich Dosierung und Dichte des Lauftrainings konservativ vorgehen müssen.

Schwimmen ist für die meisten Triathleten die unbedenklichste Sportart. Zwar treten auch bei Schwimmern Überlastungsverletzungen auf (v. a. in der Schulter), doch die Häufigkeit solcher Probleme ist im Vergleich mit Läufern gering. Schlechte Technik und der Gebrauch von Hilfsmitteln wie Paddles, Widerstandsgürteln oder Zugseilen erhöhen das Risiko für Schwimmer. Aber auch hier gilt, dass Sie deswegen nicht auf das Training verzichten, sondern lediglich behutsam vorgehen sollten.

Ähnlich sieht es beim Radfahren aus. Hier sind es aber insbesondere die Knie, die durch zu hohe Trainingsbelastungen Schaden nehmen können. Ein schlechtes Set-up birgt das größte Risiko für Radfahrer. Häufige Fehler, die für die Knie besonders schädlich sein können, sind ein zu niedriger oder zu weit nach vorn verschobener Sattel. Ein weiterer Risikofaktor ist das Treten zu großer Gänge, v. a. an Anstiegen in sitzender Position. Eine unangemessene Schaltung, sprich: eine unzureichende Auswahl genügend kleiner Gänge, führt häufig zu Knieschmerzen und einem verletzungsbedingten Verlust wertvoller Trainingszeit. Auch hier gilt: Große Gänge und niedrige Trittfrequenzen sind nicht tabu. Es gibt Zeiten, in denen dies eine effektive Trainingsstrategie ist. Seien Sie aber zurückhaltend mit solchem Training, um das Risiko im Griff zu behalten.

Plyometrische Übungen, die in Kapitel 13 erörtert werden, können eine riskante, aber potenziell ertragreiche Aktivität sein. Solche Sprung- und Hüpf-Übungen sind dazu gedacht, die Muskelkraft zu verbessern. Zu den riskantesten plyometrischen Übungen zählen Sprünge hinab von Objekten oder hohen Plattformen. Sprünge vom Boden auf eine kniehohe Kiste sind wesentlich weniger riskant, versprechen aber auch geringere Erträge.

Auch Krafttraining (siehe Kapitel 13) ist riskant, v. a. wenn die Lasten schwer sind und die Zahl der Wiederholungen gering. Richtig umgesetzt, birgt dieses Muster aber ebenfalls großes Potenzial für Erträge. Andere riskante Aktivitäten, die sich bezahlt machen können, sind schneller als üblich absolvierte Sprints, Training an Anstiegen jeglicher Art und Wettkämpfe in der Frühphase der Saison, bevor die Fitness gut entwickelt ist.

Beachten Sie, dass ich Ihnen *keinesfalls* davon abraten will, riskante, potenziell ertragreiche Trainingseinheiten zu absolvieren. Der Schlüssel zum Erfolg ist, behutsam mit risikoarmen Varianten, d. h. niedrige Dosierung und geringe Dichte, anzufangen und die Belastungen dann langsam über einen relativ großen Zeitraum sukzessive zu steigern. Beginnen Sie Ihre plyometrischen Übungen z. B. mit Hüpfern auf eine niedrige Plattform oder Seilspringen. Haben Sie vor allem Geduld. Sie müssen Ihrem Körper gestatten, sich langsam und allmählich anzupassen. Wenn Sie versuchen, Ihren Körper zu Anpassungsleistungen zu zwingen, erhöht sich nur das Verletzungsrisiko.

Die Beschäftigung mit Risiko und Ertrag hat Tom die Augen geöffnet. Er lernte die wichtige Lektion, dass es ganz entscheidend ist, im Zweifel lieber Vorsicht walten zu lassen, um das Risiko zu kontrollieren und dennoch die Erträge des Trainings einzufahren. Bisher hatte er das genaue Gegenteil getan und versucht, so viel Training wie möglich zu bolzen. Das hatte zur Folge, dass sein Training inkonsistent war. Durch unsere Gespräche erfuhr ich außerdem einiges über seine Belastbarkeit für hartes Training, über die Gründe für seine häufigen Erkrankungen und Verletzungen und über die typischen Warnzeichen, die sich bei ihm einstellten, wenn das Risiko zu groß war. Aufgrund dessen und der Erkenntnisse, die wir durch die gemeinsame Arbeit in diesen paar Tagen gewonnen hatten, entschieden wir uns, einem linearen Periodisierungsplan mit neuntägigen »Trainingswochen« zu folgen. Dies ermöglichte uns, langsam Fitness aufzubauen und das Risiko eines Rückschlags gering zu halten.

Das andere Problem, das Tom sich selbst eingebrockt hatte, war, dass er sich nicht genug Zeit gegeben hat, um das Maß an Fitness zu erreichen, das für die Hawaii-Qualifikation notwendig ist. Er hatte sich für einen Ironman angemeldet, der relativ früh in der Saison anstand. Bis zum Wettkampf blieben uns gerade vier Monate Zeit. Wir beschlossen daher, dieses Rennen nur um der Erfahrung willen zu bestreiten und stattdessen einen Triathlon zu Beginn der folgenden Saison für die Qualifikation ins Auge zu fassen. Diese Strategie gestattete ihm, mit der richtigen Dichte zu trainieren, um Rückschläge zu vermeiden. Der Plan ging auf. In diesem zweiten Wettkampf erreichte er sein Ziel.

Beginnen Sie mit risikoarmen Varianten und steigern Sie dann sukzessive die Dosierung und Dichte.

ÜBERTRAINING UND OVERREACHING

Viele Triathleten haben eine völlig falsche Vorstellung davon, was Übertraining bedeutet. Manche Sportler absolvieren ein paar Tage lang harte Einheiten und behaupten dann, sie seien übertrainiert. Was sie eigentlich meinen, ist, dass sie erschöpft sind. Die meisten sind sich gar nicht darüber im Klaren, was es mit dem Zustand des Übertrainings auf sich hat. Das ist nicht schlimm, denn den meisten Sportwissenschaftlern geht es genauso. Übertraining ist schwer zu definieren, da die Anzeichen nicht eindeutig sind – selten sind zwei Athleten von den gleichen Symptomen betroffen.

In Wahrheit ist Übertraining eine ernsthafte medizinische Störung. Nur sehr wenige Athleten sind jemals wirklich übertrainiert, auch wenn die meisten meinen, schon davon betroffen gewesen zu sein. Um diesen bedauernswerten Zustand zu erreichen, muss man so extrem motiviert sein, dass man auch angesichts merklicher Anzeichen nachlassender Gesundheit und überwältigender Erschöpfung immer weitertrainiert. Wenn Sie wahrhaftig übertrainiert sind, ist es schon eine Leistung, morgens überhaupt aus dem Bett zu kommen.

Übertraining ist eine ernsthafte medizinische Störung.

Es ist wichtig, sich zu vergegenwärtigen, dass Fitness und Gesundheit nicht das Gleiche sind. Es ist möglich, sehr fit zu sein, zumindest in Relation zur Gesamtbevölkerung, und dennoch nicht gesund. Vielmehr kann es leicht passieren, dass die Jagd nach Fitness die Gesundheit sogar beeinträchtigt. Ich habe Triathleten erlebt, die so übertrainiert waren, dass sie ständig kränkelten und trotzdem tapfer weitermachten. Ich weiß von einem Profi, den es einen Teil seiner Karriere kostete, im Training immer bis zum Anschlag zu gehen. Selbst nachdem er von den Symptomen genesen war und schon seit zwei Jahren wieder Wettkämpfe bestritt, war er nie wieder derselbe. Er war schließlich gezwungen, seine Karriere vorzeitig zu beenden.

Jeder Athlet hat mit Erschöpfung zu kämpfen, denn physische Belastung ist erforderlich, um Fitness zu entwickeln.

Übertraining darf man unter keinen Umständen auf die leichte Schulter nehmen. Es ist so ziemlich das Schlimmste, was einem ernsthaften Athleten widerfahren kann. Und doch ist es paradoxerweise etwas, mit dem man stets flirten muss, um ein hohes Maß an Fitness zu erzielen. Es ist ein Risiko, das in Kauf genommen werden muss. Der Schlüssel ist, zu wissen, wie man Erträge einfährt, während man gleichzeitig Rückschläge vermeidet. Mit Übertraining zu flirten, nennt sich *Overreaching* bzw. Überbelastung. Es bildet den Kern des Trainings für hohe Leistungen. Wie also gelingt es Ihnen, sich zu überbelasten, ohne ins Übertraining zu geraten?

Übertraining

Die Symptome des Übertrainings sind zahlreich, doch treten bei betroffenen Athleten selten die gleichen auf. Das macht eine präzise Definition schwierig. In physiologischer Hinsicht sind Erschöpfung und schlechte Leistungen die einzigen Symptome, die in fast jedem Fall zu beobachten sind. Diese Anzeichen können aber auch auftreten, ohne dass ein Übertrainings-Syndrom vorliegt. Das macht es so knifflig, den Zustand genau zu diagnostizieren.

Erschöpfung ist womöglich das aussagekräftigere der beiden genannten Symptome. Jeder Athlet hat mit Erschöpfung zu kämpfen, denn physische Belastung ist erforderlich, um Fitness zu entwickeln. Dieser als Overreaching bezeichnete Prozess ist ein notwendiger Bestandteil jedes Trainingsprogramms. Die Gefahr des Übertrainings erhöht sich immens, wenn ein Sportler die mit dem Overreaching einhergehende Erschöpfung ignoriert und weiter mit hohen Belastungen und unzureichender Erholung und Regeneration trainiert. Junge Athleten können viele Wochen lang überaus engagiert und bis zur Erschöpfung trainieren, ehe sie in den Zustand des Übertrainings geraten. Ältere Athleten und solche, die den Sport noch nicht lange betreiben, können im schlimmsten Fall in weniger als drei Wochen ins Übertraining geraten.

Ein Sportler kann die angesammelte Erschöpfung des Overreaching abbauen, indem er sich Ruhe gönnt oder ein paar Tage lang nur leicht trainiert. Danach kann er wieder ins belastungsintensive Training zurückkehren. Aber sobald das Übertrainings-Syndrom vom Körper Besitz ergriffen hat, wird er die Müdigkeit nicht mehr so einfach

TABELLE 10.1 **Übliche Symptome von Übertraining unterteilt nach Kategorien**

KATEGORIE	ÜBLICHE SYMPTOME
physisch	Ruhepuls höher oder niedriger als gewöhnlich Gewichtsverlust größerer Hunger als normal Appetitlosigkeit Lethargie unruhiger Schlaf, Schlafstörungen chronische Müdigkeit Muskelschmerzen Muskel- und Gelenkverletzungen kleinere Wunden verheilen langsam Menstruationsstörungen
Leistungsfähigkeit	erheblich verringerte Leistungsfähigkeit in harten Trainingseinheiten geringere Wattzahlen bei gegebener Herzfrequenz (Radfahren) langsame Schwimm- und Lauf-Pace in Relation zur Anstrengung Unfähigkeit, Traingseinheiten plangemäß zu bewältigen verringerte Muskelkraft verminderte Koordination verschlechterte Schwimm-, Rad-, Lauftechnik
psychisch	launisch, mürrisch, empfindlich Apathie geringe Trainingsmotivation verminderte Konzentrationsfähigkeit verringertes Selbstwertgefühl sehr hohes Maß an Wettkampfnervosität verringerter Wettkampfehrgeiz Depression
physiologisch	geringe Laktatspitzenwerte niedrige Herzfrequenz bei hoher Wattleistung oder Pace hohe Herzfrequenz bei geringen bis moderaten Intensitäten hohe empfundene Anstrengung bei gegebener Wattleistung oder Pace geringe oder hohe Herzfrequenzvariabilität erhöhter Sauerstoffverbrauch während submaximaler Belastung verringerte Kapazität für maximale körperliche Anstrengung
immunologisch	erhöhte Anfälligkeit für Erkältungen, Grippe und Allergien geschwollene Lymphknoten bakterieller Infekt unnormale Werte für weiße Blutkörperchen im Differentialblutbild
biochemisch	verringerte Konzentration von Muskelglykogen erhöhter Cortisol-Spiegel niedriger Serum-Ferritin-Spiegel verringerte Knochenmineraldichte

Wenn Sie übertrainiert sind, hat kurzfristige Ruhe keinen Nutzen.

los. Die Folge können Lustlosigkeit, Übellaunigkeit und fehlende Motivation sein. Diese häufigen psychischen Symptome werden in der Regel am ehesten vom Partner oder von engen Freunden wahrgenommen. Aber es gibt noch andere Anzeichen dafür, dass etwas nicht stimmt.

Tabelle 10.1 listet gängige Symptome des Übertrainings auf. Beachten Sie, dass im konkreten Fall nicht alle auftreten. Tatsächlich wird ein übertrainierter Athlet sich nur einiger weniger der genannten Symptome bewusst sein. Beachten Sie außerdem, dass einige Anzeichen einander widersprechen, z. B. »größerer Hunger als normal« und »Appetitlosigkeit«. Dies ist dem Verlauf der Symptome von den frühen zu den späten Stadien der Erkrankung geschuldet. Viele der gängigen Symptome können auch bei Erkrankungen wie dem chronischen Erschöpfungssyndrom, der Lyme-Krankheit oder den frühen Stadien der infektiösen Mononukleose auftreten. Überhaupt sollte sich jeder Sportler, der neben einem der anderen Symptome aus Tabelle 10.1 noch tiefe und anhaltende Erschöpfung verspürt, sich ärztlich auf diese und andere, ähnliche Erkrankungen untersuchen lassen. Das übliche Vorgehen, um Übertraining zu diagnostizieren, ist, mögliche Erkrankungen mit ähnlichen Symptomen auszuschließen.

Overreaching ist nichts anderes als behutsam gehandhabtes Übertraining.

Exzessives Training, das unter ernsthaften Triathleten allzu verbreitet ist, kann Übertraining erzeugen. Um dies zu vermeiden, ist es erforderlich, regelmäßig mehrere Tage Regeneration vorzusehen. Wie oft die Regenerationsphasen eingelegt werden und wie lange sie dauern sollten, hängt vom einzelnen Athleten ab und muss nach dem Prinzip von Versuch und Irrtum ermittelt werden. Mehr zu diesem Thema im nächsten Kapitel.

Overreaching

Wie oben bereits erwähnt, ist es notwendig, mit dem Übertraining zu flirten, um das größtmögliche Maß an Fitness zu erreichen. Ein solches Overreaching ist eigentlich fast das Gleiche wie Übertraining. Aber eben nur fast. Nach ein paar Tagen harten Trainings werden Sie definitiv erschöpft sein. Und sofern Sie lange genug auf die gleiche Weise weitertrainieren, werden Sie früher oder später übertrainiert sein. Den Unterschied machen Ruhe und Regeneration. Beim Overreaching erholt sich der Körper vollständig, wenn Sie es ein paar Tage lockerer angehen lassen. Falls Sie aber übertrainiert sind, hat kurzfristige Ruhe keinen Nutzen. Die Erschöpfung und andere Symptome bleiben bestehen, selbst wenn Sie nur lockere Einheiten unternehmen oder sogar ein paar Tage mit dem Training aussetzen.

Im Grunde ist Overreaching nichts anderes als behutsam gehandhabtes Übertraining. Wenn Sie mit hohem Pensum trainieren, müssen Sie beständig darauf achten, wie Körper und Geist auf die Belastungen reagieren. Die wichtigste Frage, die Sie sich tagtäglich stellen müssen, lautet: Wie fühle ich mich heute? Falls Sie sich an mehreren Tagen in Folge übermüdet fühlen, dann brauchen Sie Ruhe und Regeneration.

Overreaching wird durch eine ausgewogene Mischung aus Ruhe und Belastung erreicht. Aus diesem Grund räumt dieses Buch dem Thema Periodisierung einen so hohen Stellenwert ein. Periodisiertes Training nämlich sieht einen Plan vor, der eine Balance zwischen belastungsintensiven Tagen mit hartem Training und Phasen der Ruhe und Regeneration herstellt. Der Plan, den Sie in Teil IV erstellt haben, sollte kurze Ruhe- und Regenerationspausen umfassen (mehr dazu in Kapitel 11), die in der Regel etwa alle drei oder vier Wochen auf dem Programm stehen, dazu kommen Ruhe- und Regenerationstage nach A-Wettkämpfen sowie ausgedehnte Ruhe und Regeneration nach Beendigung der Wettkampfsaison. Der Gedanke dahinter, so viele Auszeiten vom ernsthaften Training vorzu-

TABELLE 10.2 **Progressives Voranschreiten von Overreaching (Überbelastung) und Übertraining**

PROGRESSION	PHASE	ÜBLICHE SYMPTOME
1	moderates Overreaching	hohe empfundene Erschöpfung minimale Veränderung des Leistungsvermögens Training wiederhergestellt nach 24–36 Stunden Ausruhen Leistungsvermögen im Anschluss an das Ausruhen verbessert
2	funktionales Overreaching	sehr hohe empfundene Erschöpfung Rückgang des Leistungsvermögens denkbar Training erst nach mehreren Tagen Ausruhen wiederhergestellt Leistungsvermögen im Anschluss an das Ausruhen verbessert
3	nichtfunktionales Overreaching	sehr hohe empfundene Erschöpfung offensichtlicher Rückgang des Leistungsvermögens Training erst nach mehreren Tagen Ausruhen wiederhergestellt keine Leistungssteigerung im Anschluss an das Ausruhen
4	Übertrainings-Syndrom	äußerst intensive empfundene Anstrengung chronisch schwächelndes Leistungsvermögen mehr als ein Monat Ausruhen erforderlich, um Erschöpfung abzulegen und Training wiederherzustellen Leistungsvermögen nach Regeneration erheblich gesunken Wettkampfsaison abgehakt

sehen, ist, Sie davor zu bewahren, in den Zustand des Übertrainings zu geraten. Sofern Ihr Training angemessen hart ist, werden die vorgesehenen Pausen in etwa zum richtigen Zeitpunkt erfolgen.

Tabelle 10.2 stellt die übliche Progression vom gesunden und leistungsfördernden Overreaching zum ungesunden und leistungsmindernden Übertraining dar.

Manche Trainingsformen, die für Sie in Frage kommen, sind im Hinblick auf Übertraining gewiss riskant. In Kapitel 9 beschrieb ich eine Trainingsmethode namens *Crash-Training*. Zur Erinnerung: Diese Methode sieht vor, mehrere Tage hintereinander mit hohem Pensum zu trainieren, bevor eine Pause eingelegt wird. Der Ertrag ist potenziell immens, aber an ein solches Training sollten Sie sich wenn überhaupt nur in wenigen, weit auseinanderliegenden Wochen im Jahr heranwagen. Zwar wird mit einer Crash-Phase rasch Fitness aufgebaut, Sie könnten aber auch ins Übertraining geraten und sich die ganze Saison ruinieren. Crashing ist ein perfektes Beispiel für die Wechselwirkung von Risiko und Ertrag. Um Übertraining durch solche riskanten Methoden zu vermeiden, müssen Sie lernen, auf Ihre Trainingsleistungen und das Maß Ihrer Erschöpfung genau acht zu geben. Sollte sie das Maß überschreiten, das Sie erfahrungsgemäß als normal bezeichnen würden, ist es an der Zeit, sich zurückzunehmen und zu pausieren.

VERLETZUNG UND KRANKHEIT

Neben dem in Tabelle 10.1 beschriebenen Übertrainings-Syndrom sind Erkrankungen und Verletzungen häufige Gründe für Trainingsunterbrechungen. Wenn Sie krank oder verletzt sind, ist es normalerweise das Beste, das Training einzustellen. Die Entscheidung hängt letztlich davon ab, wie schwer es Sie erwischt hat. Es kann sein, dass eine Verletzung nur das Training in einer Sportart beeinträchtigt. In diesem Fall können Sie das Training in den anderen beiden Disziplinen fortsetzen, sofern die Verletzung dadurch nicht verschlimmert wird. Ebenso ist lockere Bewegung bedenkenlos möglich, wenn Sie eine Erkältung haben, die nicht mit Fieber einhergeht und Sie nur oberhalb des Halses beeinträchtigt, wie eine laufende Nase. Geben Sie in beiden Fällen genau acht darauf, wie Sie sich fühlen, und seien Sie darauf eingestellt, sich gegebenenfalls noch mehr zurückzunehmen.

Zu wissen, wann eine schwere Trainingseinheit abgebrochen werden sollte, ist ebenfalls wichtig, um Rückschläge zu vermeiden. Wenn ich mit einem meiner Schützlinge ein hartes Training angehe, das ihm alles abverlangt, wie z. B. Intervalle, gehört es zu meinen Aufgaben als Coach, sehr genau darauf zu achten, wie der Sportler die Belastung wegsteckt. Außer ihn zu motivieren und ihm Feedback zu geben, bin ich außerdem dafür da, die Einheit unter Umständen vorzeitig zu beenden, falls ich der Meinung bin, dass das Risiko, sich zu verletzen oder das Immunsystem zu beeinträchtigen, zu groß wird. Im Allgemeinen kann ich erkennen, ob der Athlet an seine Grenzen stößt und das Risiko zu groß ist. Die saubere Technik lässt nach. Die gefühlte Anstrengung wird zu groß. Die Leistungsfähigkeit schwindet. Dem Athleten fällt es schwer, innerhalb der Einheit zu regenerieren. Beim ersten Anzeichen eines dieser Signale ist es an der Zeit, Vorsicht walten zu lassen und aufzuhören.

Zu wissen, wann eine schwere Trainingseinheit abgebrochen werden sollte, ist entscheidend, um Rückschläge zu vermeiden.

Falls Sie keinen Coach haben, der Ihnen diese Aufgabe abnehmen kann, müssen Sie solche Entscheidungen selbst treffen. Generell würde ich Ihnen Folgendes empfehlen: Sobald Sie in einer Intervall-Einheit das Gefühl haben, nur noch eine schwere Belastung packen zu können, brechen Sie die Einheit ab und beginnen Sie mit dem Cool-down. Verzichten Sie auf die letzte Belastung. Das Gleiche gilt für die letzten paar Minuten einer harten Steady-State-Einheit sowie die letzten zehn Prozent einer sehr langen Ausdauer-Einheit. Dies sind riskante Momente, in denen Sie erwägen sollten, das Training vorzeitig abzubrechen, falls Sie in Schwierigkeiten geraten. Krankheit und Verletzung sind vielleicht bereits im Anmarsch. Seien Sie besonders vorsichtig, wenn Ihre Fitness außergewöhnlich hoch ist, so wie in den letzten Wochen vor einem A-Wettkampf.

Eines der größten Probleme, mit dem Athleten zu kämpfen haben, wenn sie besser aufhören sollten, ist Gier – man möchte so viel Fitness wie nur irgend möglich erreichen und zwar *jetzt und sofort*. Um ein leistungsstarker Ausdauersportler zu werden, müssen Sie sich hüten, etwas überstürzen zu wollen. Geduld ist der Schlüssel zu konsistentem Training. Athleten, die sich von der Gier mitreißen lassen, kann es passieren, dass sie im Laufe einer Saison mehr Fitness einbüßen als aufbauen, weil sie mehrfach von Krankheit und Verletzungen zurückgeworfen werden. Geduldig zu sein, gestattet dem Körper, sich vollständig anzupassen und stärker zu werden. Ganz gleich, wann Ihr Wettkampf bevorsteht: Ihr Körper hält sich nicht an einen künstlichen Zeitplan. Fitness braucht Zeit.

Allzu gieriges Training führt dazu, dass Sie Ihren Körper über seine physiologischen Grenzen hinaus beanspruchen. Um Ihnen Einhalt zu gebieten, kann er dann nur mit Übertraining, Krankheit oder Verletzung reagieren. Dies sind häufige Anzeichen von Gier und Ungeduld im Training.

Lebensstil und Stress

Es ist nicht ungewöhnlich, dass sich Sportler für eine Saison ein hohes Ziel setzen, eines, das sie an ihre Grenzen bringt, aber erreichbar ist, und es dann nicht schaffen. Das ist deprimierend. Und es passiert recht häufig. Wenn Sie in der vergangenen Saison solche nicht erreichten Ziele gehabt haben, liegt die Ursache für Ihr Scheitern üblicherweise an einem der beide folgenden Dinge: Entweder haben Sie sich Ziele gesetzt, die über Ihre Fähigkeiten hinausgehen, oder Sie haben zu viel um die Ohren, was dem Training in die Quere kommt. Nach meiner Erfahrung mit Altersklassenathleten auf allen Leistungsniveaus ist Letzteres der häufigere Grund. Die meisten Athleten sind körperlich und mental in der Lage, relativ hohe Ziele zu erreichen – wahrscheinlich sogar höhere Ziele, als sie selbst sich vorstellen können –, aber ihr Lebensstil kommt ihnen in die Quere.

Wenn ich bei einem Athleten auf ein solches Problem stoße, stelle ich Fragen. Die aufschlussreichste Frage ist in der Regel: »Wie viel Schlaf bekommst du nachts?« Viele Sportler schlafen einfach zu wenig – und sie sind nicht selten sogar stolz darauf. Ein häufiger Kommentar, den ich zu dem Thema zu hören bekomme, lautet: »Schlafen kann ich noch genug, wenn ich tot bin.« Es ist wirklich erstaunlich, wie viele Athleten den Schlaf auf diese Weise betrachten – als nichts weiter als ein Ärgernis, das sie bei allem, was sie in ihrem Alltag erledigen wollen, behindert. Das ist bedauerlich, denn tatsächlich verhält es sich so, dass man im Schlaf fitter wird. Das harte Training, das Sie heute absolviert haben, macht Sie nicht fitter. Das geschieht erst in der folgenden Nacht, wenn Sie schlafen. Während des Schlafs werden anabole Hormone wie Wachstumshormon, Testosteron, Östrogen, insulinähnlicher Wachstumsfaktor und viele andere freigesetzt. Dies geschieht während der kompletten Nachtruhe, während wir rund 90-minütige Phasen durchlaufen, in denen diese »aufbauenden« Hormone in intermittierenden Wellen freigesetzt werden. In dieser Zeit geschieht es, das Sie fitter werden. Wenn Sie die Anzahl der Wellen reduzieren, indem Sie spät zu Bett gehen und sich einen Wecker stellen, um früh aufzuwachen, verschenken Sie einfach freiwillig einen Teil des Fitnesspotenzials, das Sie durch das harte Training geschaffen haben.

Wenn ich diese Frage stelle und der betreffende Sportler mir sagt, dass er nachts weniger als sieben Stunden schläft, ist die Wahrscheinlichkeit groß, dass er aus diesem Grund seine Ziele nicht erreicht. Selbst wenn Athleten mir sagen, dass sie das am Wochenende durch Ausschlafen wettmachen würden, bleibt das Problem dennoch dasselbe. Zu wenig Schlaf und zu viel Stress.

Für unzureichenden Schlaf kann es viele Gründe geben, aber der häufigste Grund für hart arbeitende Sportler ist, dass sie in ihrem Leben einfach zu viel um die Ohren haben.

Die zweite Frage, die ich Athleten stelle, lautet: »Um wie viel Uhr gehst du ins Bett?« Die Antwort lautet oft, dass sie etwa um Mitternacht schlafen gehen. Ich: »Warum so spät?« Sportler: »Ich habe halt jeden Tag eine Menge Dinge zu erledigen und muss auch noch Zeit mit meiner Familie verbringen.« Und genau das ist das Problem – zu viele Dinge, die man erledigen will. Zeit mit der Familie zu verbringen, ist nicht das Problem. Es kann nicht sein, dass ein Sportler, der mit hohem Umfang trainiert und hohe Ziele verfolgt, daneben so viel in seinem Leben zu tun hat, dass die einzige Lösung darin besteht, die Schlafenszeit zu reduzieren. Ist das bei Ihnen der Fall? Wenn ja, dann möchte ich Ihnen die schnelle Lösung verraten – machen Sie weniger.

Ich weiß, Sie *müssen* all diese Dinge erledigen. Nun, dann muss sich etwas ändern. Entweder müssen Sie künftig weniger »Dinge« in Ihrem Leben haben oder Sie müssen sich niedrigere Ziele setzen. Man kann nicht beides haben. Wenn mir der betreffende Sportler nach diesen Erläuterungen nicht schon frustriert den Rücken zugewandt hat und stattdessen bereit ist, ernsthaft darüber zu reden, erkläre ich ihm meinen Lösungsvorschlag.

Und dieser besteht darin, dass man nur drei Dinge in seinem Leben haben darf, wenn man ein hohes Ziel erreichen will. Diese drei Dinge sind: 1. die Familie, die Sie nicht im Stich lassen werden, um Ihr Ziel zu erreichen; 2. Ihre berufliche Karriere, die Sie nicht aufgeben werden; und 3. das Training. Das war's. Sonst nichts. Sportler: »Aber ich möchte mich im Vorstand unserer Wohnungseigentümergemeinschaft engagieren.« Ich: »Großartig! Aber lass uns damit warten, bis du dich für den Ironman Hawaii qualifiziert hast.« Sportler: »Aber ich möchte anfangen, Golf zu spielen.« Ich: »Super! Das kannst du gleich nach deinem Podiumsplatz bei den Landesmeisterschaften machen.« Die Liste der Dinge, die Athleten in ihrem Leben erreichen wollen, kann riesig sein. Es mag sich um außergewöhnliche Menschen handeln, aber sie sind nicht Superman oder Superwoman. Für jeden von uns gibt es Grenzen.

Ich denke, Sie verstehen, worauf ich hinauswill. Wenn Sie versuchen, zu viel in Ihr tägliches Leben zu packen, muss unweigerlich etwas darunter leiden. Das ist fast immer der Schlaf. Und genau das ist das Schlimmste, was Sie tun können, wenn Sie ein sportliches Ziel wirklich erreichen wollen. Die Lösung, die ich hier skizziert habe, ist keine einfache, aber es ist die einzige.

FAZIT: TRAININGSBELASTUNG

Sie benötigen Geduld, um als Athlet Höchstleistungen zu erreichen.

Die richtige Balance aus Belastung und Ruhe herzustellen, um ein hohes Maß an Fitness zu erzeugen, ist so ähnlich wie die Herausforderung, eine Blume heranzuziehen. Mit der richtigen Menge an Nährstoffen im Boden und gerade genug Wasser wird die Blume gedeihen und erblühen. Zu viel von einem dieser ansonsten förderlichen Dinge und die Pflanze verwelkt und kann ihr Potenzial nicht ausschöpfen. Trainingsbelastungen zu nutzen, um Fitness zu entwickeln, folgt einem ähnlichen Schema. Zu viel davon und Sie verkümmern.

Das richtige Maß an Trainingsreizen zu bestimmen, ist weitgehend eine Sache Ihrer Erfahrung. Es gibt keine allgemeingültige Formel dafür, wie lang, häufig oder intensiv Ihre Einheiten sein sollten. Sie müssen mit der Zeit Ihre eigene Formel ermitteln. Das mag für den Moment etwas vage klingen, doch Sie werden es schon merken, wenn Sie sich in einem Training zu viel zugemutet oder zu viele Einheiten in zu kurzer Zeit absolviert haben. Das häufigste Symptom ist, dass Ihre Regeneration mehr als 36 Stunden beansprucht. Falls Sie sich auch 48 Stunden nach dem Training noch erschöpft fühlen, können Sie davon ausgehen, dass es zu hart war. *Erschöpft* heißt in diesem Fall, dass Sie nicht in der Lage wären, die gleiche oder eine ähnlich anspruchsvolle Einheit zu bewältigen. Sie haben Stufe 2 erreicht – funktionales Overreaching (Tabelle 10.2). Mit der Zeit, wenn sich Ihre Fitness mit geduldigem Training allmählich verbessert, wird freilich aus einer einstmals zu schweren Einheit der Stufe 2 ein moderates Training der Stufe 1.

Es gibt Zeiten, in denen ein erfahrener Triathlet beschließen kann, ein Risiko einzugehen und eine Stufe-2-Einheit oder sogar mehrere solcher Einheiten in rascher Folge zu unternehmen, so wie es in einer Crash-Woche üblich ist. Doch dieses Risiko muss sorgfältig abgewogen und die Erschöpfung genau beobachtet werden. Auch in solchen Phasen ist es wichtig, mit Augenmaß zu Werke zu gehen, um Verletzungen, Krankheiten und Übertraining zu vermeiden. Falls Sie Ihrem Körper auch nur wenige Tage lang etwas zu viel abverlangen, können Sie sich die ganze Saison ruinieren. Geduld ist stets angezeigt, v. a. bei so riskantem Training.

Sollten Sie andererseits nach zwei oder drei Wochen Training in der Grundlagen- oder Aufbauphase nicht erschöpft sein, trainieren Sie nicht hart genug. Sie haben zu wenig riskiert, um Erträge zu erzielen. Wie in Kapitel 3 erläutert, entwickeln sich Fitness und Erschöpfung in die gleiche Richtung. Falls nie Erschöpfung eintritt, wird auch keine Fitness erzeugt. Um fitter zu werden, müssen Sie häufig erschöpft sein. Müdigkeit ist also wünschenswert und nicht etwas, das gänzlich vermieden werden sollte. Die einzige Frage dabei ist, wie lange die Erschöpfung währt.

Setzen Sie Ihre Erschöpfung behutsam ein. Verschwenden Sie sie nicht für Einheiten, die nicht Ihren individuellen Bedürfnissen gerecht werden. Ein typisches Beispiel dafür sind Gruppenausfahrten mit dem Rad. Diese entwickeln sich häufig zu kriterienartigen Straßenrennen, die Ihnen sicher auch vertraut sind, die aber nur wenig mit dem Rad-Abschnitt eines Triathlons gemein haben. Der Ausgang solcher Straßenrennen wird durch wiederholte Maximalbelastungen deutlich jenseits der Laktatschwelle (LT2) bestimmt. Die Radstrecke beim Triathlon könnte kaum unterschiedlicher sein. Hier hängt der Erfolg von einer gleichbleibenden Belastung knapp unterhalb der LT2 ab – und nicht davon, sich in kurzen Sprints aufzureiben. So etwas kann zwar durchaus Spaß machen, aber häufige harte Gruppenausfahrten zusammen mit Straßenradsportlern erhöhen das Risiko einer Verletzung und tragen wenig dazu bei, Sie zu einem besseren Triathleten zu machen. Denken Sie an die oberste Regel des Trainings für individuelle Höchstleistungen: Je näher der Wettkampf rückt, desto rennähnlicher muss das Training werden.

Dieses Kapitel beschäftigte sich mit der ersten der beiden Komponenten, die maßgeblich für die Fitness sind: Belastung. Im nächsten Kapitel schauen wir uns die andere Komponente an: Ruhe.

11

RUHE UND REGENERATION

IN KAPITEL 10 haben Sie darüber gelesen, was passieren kann, wenn dem Training die nötige Balance abhandenkommt und es zu hohe Belastung bei zu wenig Erholung gibt: Verletzung, Krankheit und Übertraining. Diese drei bilden das fitnessfressende »Monster«, mit dem Sie es zu tun bekommen, wenn Sie zu sehr auf Trainingsbelastung fixiert sind. Falls Sie ständig das Maß dessen überschreiten, was förderlich und gesund wäre, ist es ziemlich wahrscheinlich, dass eines dieser drei Schreckgespenster früher oder später an Ihre Tür klopfen wird. Und wenn das passiert, bedeutet das geringere Fitness und schwächere Leistungen. Nichts Gutes kommt dabei heraus. Der Schlüssel, um solche desaströsen Einbrüche zu vermeiden, ist angemessene Ruhe und Regeneration.

Die gute Nachricht ist, dass Ruhe und Regeneration ihrerseits Fitnesszugewinne vorantreiben. Es ist nicht so, dass Sie während des Trainings fitter würden. Hartes Training erzeugt vielmehr nur das Potenzial für größere Fitness. Wenn auf eine schwere Einheit ein paar Stunden Ruhe und Regeneration folgen, erhält Ihr Körper die Gelegenheit, sich an die Belastungen anzupassen und kräftiger zu werden. Wie viele Stunden Regeneration nötig sind, hängt vom Maß der vorausgegangenen Trainingsbelastung ab. Falls die Einheit nur etwas schwieriger war als das, was Ihr Körper bereits zu leisten gewohnt ist, werden Sie voraussichtlich in 48 Stunden bereit für das nächste belastungsintensive Training sein. Einheiten, die deutlich über das hinausgehen, was Ihrer aktuellen Anpassungsfähigkeit entspricht, erfordern eine längere Phase der Ruhe und Regeneration. Sie sollten solche Einheiten aber nicht allzu häufig unternehmen, denn sie verlangen Ihnen zu viel ab und beanspruchen zu viel Regenerationszeit, die von Ihrem sonstigen Training abgeht.

Die Begriffe *Ruhe* und *Regeneration* fallen in diesem Buch ziemlich häufig. Was bedeuten sie im Zusammenhang mit dem Training? Ruhe ist eine Phase, in der Sie nicht trainieren. Es ist eine Auszeit. Ein freier Tag. Es finden keine Trainingseinheiten statt. Während der Regeneration werden bestimmte Dinge unternommen, um den Anpassungsprozess des Körpers zu beschleunigen. Das kann z. B. eine leichte, lockere Einheit sein. Wie Sie später in diesem Kapitel erfahren werden, stimuliert lockeres Training bei manchen Sportlern sogar die Anpassung.

Andere, ähnliche Begriffe, die Ihnen begegnen werden, sind *passive* und *aktive* Regeneration. Passive Regeneration ist eine andere Bezeichnung für das, was ich Ruhe nenne – es erfolgt kein Training. Aktive Regeneration meint, eine lockere Einheit zu unternehmen, die deutlich unter dem Maß dessen liegt, was Sie zu leisten in der Lage sind. Es bedeutet keine Belastung für den Körper.

Zwei oder mehr solcher Warnzeichen beim Aufwachen reichen vielleicht schon aus, um es an diesem Tag lieber ruhig angehen zu lassen.

Die beste Methode, Probleme wie Krankheit, Verletzungen und Übertraining zu vermeiden, ist es, die Erschöpfung genau im Auge zu behalten, nach einer schweren Trainingseinheit das zu tun, was die Regeneration begünstigt, und sich stets Ruhe zu gönnen, wenn es angezeigt ist. In diesem Kapitel werden wir uns ausführlicher mit diesen Themen beschäftigen, damit Ihr Training kontinuierlich gemäß Ihren Zielen voranschreiten kann. Ruhe und Regeneration sind für den Erfolg im Triathlon ebenso wichtig wie harte Trainingseinheiten. Wenn Sie nur eins von beidem beherzigen, werden Sie Ihr Potenzial nicht erreichen.

MORGENDLICHE WARNZEICHEN

Woran erkennen Sie, dass Sie sich zu viel zumuten? In Kapitel 10 habe ich Ihnen erklärt, dass Sie, um Fitness zu gewinnen, mit Belastungen trainieren müssen, die zum Übertraining führen würden, wenn Sie im gleichen Maß weitermachten. Das ist ein hohes Maß an Belastung, und natürlich sollten Sie lange, bevor sich Übertraining einstellt, eine Pause von harten Trainingseinheiten einlegen. Aber woher wissen Sie, wann es Zeit für eine Pause ist? Schließlich können außer Schwimmen, Radfahren und Laufen noch andere Faktoren in Ihrem Leben zu der Belastung beitragen, die Sie verspüren, und einen vorzeitigen Einbruch herbeiführen. Diese anderen Faktoren können mit Ihrem Beruf zu tun haben, mit Ihrer Familie, Ihren Finanzen oder einer Reihe anderer Aspekte, die in Ihrem Leben von Belang sind. Gibt es eine sichere Methode, um zu erkennen, dass Sie Ihre Grenzen erreicht haben und eine Pause brauchen?

Die kurze Antwort lautet nein. Es gibt leider nichts, was Ihnen mit vollkommener Gewissheit anzeigen würde, dass Sie Ihre Grenzen überschreiten. Es gibt lediglich schwache Anzeichen, die darauf hindeuten, dass etwas nicht stimmt. Ich nenne sie *morgendliche Warnzeichen*, weil sie sich am deutlichsten bemerkbar machen, wenn Sie morgens aufwachen. Machen Sie es sich zur Gewohnheit, sich jeden Morgen auf ein paar dieser Anzeichen hin zu überprüfen. Das verschafft Ihnen ein Feedback darüber, wie gut Sie regenerieren. Hin und wieder merken Sie vielleicht, dass etwas nicht in Ordnung ist. Dem ist so, wenn sich mehrere Warnzeichen gleichzeitig bemerkbar machen. Einzelne Warnzeichen können freilich auch auftreten, wenn eigentlich alles rund läuft und Sie nicht Gefahr laufen, einen Einbruch zu erleben. Erst die Gesamtheit mehrerer Warnzeichen teilt Ihnen mit, dass Ruhe und Regeneration vonnöten sind.

Die Tabelle 11.1 listet eine Reihe gängiger morgendlicher Warnzeichen auf. Suchen Sie sich ein paar heraus, auf die Sie sich täglich überprüfen möchten. Mit der Zeit sollten Sie einschätzen können, welches die für Sie besten Indikatoren sind. Haben Sie jeden Morgen, wenn Sie aufwachen, ein Auge darauf, wie es um sie bestellt ist.

Noch einmal: Nur eins dieser Warnzeichen für sich genommen ist, sofern es nicht extrem ausgeprägt ist, vermutlich noch kein Anlass, eine Auszeit zu nehmen. Aber zwei oder mehr solcher Warn-

TABELLE 11.1 **Übliche morgendliche Warnzeichen für Stress**

INDIKATOREN	WARNZEICHEN
Schlaf	von geringer Qualität und/oder unangemessener Länge
allgemeines Befinden	sehr erschöpft, sehr gestresst
Stimmung	ungewöhnlich mürrisch, verstimmt
Appetit	vermindert
Motivation zum Training	ungewöhnlich gering
Muskeln, Gelenke	Schmerzen
Aufwachpuls	außerhalb des normalen Bereichs, zu hoch oder zu niedrig
Vergleich der Herzfrequenz im Stehen und Liegen	erhöhte Abweichung
Herzfrequenzvariabilität	außerhalb des normalen Bereichs

Diese Symptome zeigen an, dass die Belastung zu hoch ist und womöglich Ruhe und Regeneration angezeigt sind.

zeichen beim Aufwachen reichen vielleicht schon aus, Sie dazu zu bewegen, es an diesem Tag ruhig angehen zu lassen. Allein die Erfahrung kann Ihnen sagen, welches die für Sie verlässlichsten Indikatoren sind und wie viele davon auf die Notwendigkeit schließen lassen, das Training zu verringern. Wie alles andere in der Welt des Trainings fallen die Warnzeichen, die auf einen Ruhe- und Regenerationsbedarf hindeuten, sehr individuell aus.

HERZFREQUENZ-VARIABILITÄT

Einer der besten Indikatoren für die Trainingsbereitschaft ist die Herzfrequenzvariabilität (HRV). Dies ist ein Maß für den Rhythmus Ihres Herzschlags und insbesondere dafür, wie viel Variabilität zwischen den Schlägen besteht. Denn entgegen der landläufigen Meinung ist der Rhythmus nicht konstant. Er wird von Ihrem Nervensystem gesteuert, das vor allem dafür bekannt ist, in Stresssituationen Ihre »Fight or Flight«-Reaktion zu steuern. Im Ruhezustand moduliert der parasympathische Zweig des Nervensystems, der für Ihren Ruhe- und Erholungszustand zuständig ist, den Herzrhythmus, und seine Aktivität kann durch Messung der HRV erfasst werden. Grundsätzlich gibt die HRV Aufschluss darüber, wie Ihr Körper mit Stress umgeht, sei es durch Training oder andere Aspekte Ihres Lebens. Die Messung ist einfach zu erledigen, dauert nicht lange (eine Minute), erfordert nur minimale Ausrüstung (die Kamera Ihres Telefons) und eine App (wie HRV4Training). Ich empfehle dringend, diese Methode täglich anzuwenden, um Ihren Ruhe- und Erholungszustand sowie Ihre Trainingsbereitschaft zu ermitteln.

SCHNELLER REGENERIEREN

Was können Sie tun, damit morgendliche Warnzeichen gar nicht erst auftreten? Besser, als darauf zu warten, dass sich mehrere Warnzeichen einstellen, und dann einen trainingsfreien Tag einzulegen, ist es, solche Warnzeichen gar nicht erst zuzulassen, zumindest nicht in diesem Ausmaß. Für ernsthafte Athleten dreht sich der Alltag tatsächlich mehr um Regeneration als um die Trainingsbelastung. Sie können täglich zwei oder drei Stunden dem Training widmen, aber die restlichen Stunden des Tages sind ausschließlich der Regeneration vorbehalten. Falls Sie es derzeit anders handhaben, ist Ihr Training nicht adäquat. Sie könnten Leistungen auf

Früher zu Bett zu gehen, würde Ihre Leistungsfähigkeit im Training und Wettkampf mit großer Wahrscheinlichkeit verbessern.

»Stehe niemals, wenn du dich anlehnen kannst; lehne dich niemals an, wenn du sitzen kannst; sitze nie, wenn du liegen kannst.«

höherem Niveau erbringen, indem Sie sich einen Großteil des Tages auf die rasche Regeneration von den Trainingseinheiten konzentrieren.

Während der Abschnitte des Tages, die nicht dem Training gewidmet sind, sondern der Arbeit, Familie und Freunden oder was auch immer Sie vorhaben, ist es unerlässlich, die Regeneration stets im Hinterkopf zu haben. Dies sollte Ihnen praktisch zur zweiten Natur werden. Möglicherweise halten Sie es ja längst so. Aber falls nicht, müssen Sie es sich, bis auch Sie diese fortgeschrittene Stufe im Leben eines ernsthaften Triathleten erreicht haben, zur Aufgabe machen, ganz bewusst zu regenerieren. Dadurch beschleunigen Sie den Regenerationsprozess, der es Ihnen ermöglicht, immer anspruchsvollere Einheiten zu unternehmen, was wiederum zu größerer Fitness und schließlich besseren Wettkampfleistungen führt.

Es gibt ein altes Sprichwort unter ambitionierten Sportlern: »Stehe niemals, wenn du dich anlehnen kannst; lehne dich niemals an, wenn du sitzen kannst; sitze nie, wenn du liegen kannst.« Ohne darüber nachzudenken, wird jeder ernsthafte Athlet diese Regel den ganzen Tag hindurch beherzigen, um die Regeneration in kleinem Umfang zu fördern. Dies ist ein gutes Beispiel dafür, stets die Regeneration im Hinterkopf zu haben.

Daneben gibt es noch viele weitere Möglichkeiten, die Regeneration zu fördern. Überlegen Sie, während Sie die folgenden Absätze durchlesen, wie Sie die Anregungen jeweils in Ihren Tagesablauf integrieren können.

Schlaf

Sie besitzen bereits das beste Hilfsmittel, das man sich für die Regeneration wünschen kann: ein Bett. Nichts ist besser. Der Sinn des Schlafs ist das Wachstum und die Verjüngung des Körpers: der Muskulatur, des Skeletts, des Immun- und Nervensystems und anderer Systeme. Schlaf ist Ihr primäres Mittel, sich von der Trainingsbelastung zu erholen.

Wie im vorigen Kapitel dargelegt, ist Schlaf entscheidend für sportlichen Erfolg, trotzdem versagen sich viele Athleten genug Schlaf, um mehr Zeit für andere Dinge in ihrem Leben zu haben. Unter Sportlern ist es durchaus üblich, bis spätabends fernzusehen und sich den Wecker zu stellen, um morgens vor der Arbeit noch eine Trainingseinheit unterzubringen. Falls Sie auf einen Wecker angewiesen sind, um morgens aufzuwachen, bekommen Sie vermutlich zu wenig Schlaf – oder zu wenig Erholung. Früher zu Bett zu gehen, würde Ihre Leistungsfähigkeit im Training und Wettkampf mit großer Wahrscheinlichkeit verbessern. Diese eine Veränderung kann sich in vielfacher Weise positiv auf Ihr Leben auswirken, beispielsweise durch bessere Gesundheit und eine positivere Lebenseinstellung. Schlaf ist Ihr wirksamstes Regenerationsinstrument.

Schlaf ist für die Regeneration deswegen so effektiv, weil Ihr Körper während des Schlafs anabole (gewebebildende) Hormone freisetzt, die die Reparatur der Muskeln und Knochen fördern, das Immunsystem stärken, hartnäckige Verletzungen heilen, leere Energiespeicher wiederauffüllen und vieles mehr. Falls Sie Ihren Schlaf künstlich verkürzen, verzichten Sie möglicherweise jeden Tag auf einen Teil Ihrer wichtigsten Regenerationsmethode. Und dabei nützt es auch nichts, den verlorenen Schlaf am Wochenende »aufholen« zu wollen. So funktioniert Ihr Körper einfach nicht. Er arbeitet am besten, wenn Sie ihm jeden Tag die für die Wiederherstellung nötige Erholung gönnen. Ihren natürlichen Schlafzyklus chronisch zu verkürzen, wird sich langfristig wahrscheinlich negativ auf Ihre sportliche und persönliche Entwicklung auswirken.

Selbst wenn Sie nachts genug schlafen, ist das Beste, was Sie für Ihre sportliche Entwicklung tun können, zu schlafen, wann immer es möglich ist. Deswegen legen Triathlon-Profis im Laufe des Tages regelmäßig ein Nickerchen ein. Vielleicht ist es Ihnen nicht möglich, sich tagsüber mal kurz hinzulegen; falls dem so ist, wird Ihr Nachtschlaf umso wichtiger.

Es gibt einige Dinge, die Sie tun können, um die Schlafzeit zu maximieren. Ich gehe davon aus, dass Sie mit den gängigen Empfehlungen bereits vertraut sind – kein Koffein ab dem späten Nachmittag, kein hartes Training in den letzten vier Stunden vor dem Zubettgehen, ein ruhiges und entspanntes Umfeld vor dem Schlafengehen, regelmäßige Schlafenszeiten und Nachtruhe in einem dunklen, kühlen Raum. Das sind alles sinnvolle Gepflogenheiten, und es gibt noch ein paar mehr.

Manche Athleten nehmen abends ein Melatonin-Ergänzungsmittel, um besser in den Schlaf zu finden. Ich rate davon ab, denn wenn ein Ergänzungsmittel exogen (von außerhalb des Körpers) zugeführt wird, reagiert der Körper normalerweise, indem er die natürliche Produktion des gewünschten Stoffs mindert oder sogar einstellt und darüber hinaus möglicherweise auch weniger empfindlich dafür wird. Eine alternative Lösung, die sich in manchen Studien als wirksam erwiesen hat, besteht darin, abends ein Glas Sauerkirschsaft zu trinken. Klingt seltsam, scheint aber zu funktionieren. Die Probanden dieser Studien verzeichneten nach der Einnahme von Kirschsaft eine höhere Melatonin-Produktion und besseren Schlaf als eine Vergleichsgruppe, die lediglich ein Placebo-Getränk zu sich nahm.

Auch wann Sie zu Abend essen und was Sie zu sich nehmen, kann Ihren natürlichen Schlaf beeinträchtigen. Zunächst einmal sollten Sie abends wenig Alkohol trinken, denn das führt zu einer Art Rebound-Effekt, der Sie nach einem ansonsten guten Schlaf später aufwachen lässt. Auch ein spätes Abendessen oder ein Snack vor dem Zubettgehen kann die Schlafqualität beeinträchtigen. Sie sollten also wahrscheinlich unmittelbar, bevor Sie sich schlafen legen, nichts mehr essen. Auch die Art der Speisen, die Sie abends zu sich nehmen, wirkt sich auf die Schlafqualität aus. Eine Studie der University of North Dakota zeigte, dass Probanden, die vor dem Schlafengehen eine proteinreiche Mahlzeit zu sich nahmen, die wenigsten Schlafunterbrechungen hatten. Eine kohlenhydratreiche Mahlzeit sorgte für den am wenigsten erholsamen Schlaf.

Tatsächlich ist die Ernährung die zweitwichtigste Komponente einer effektiven Regeneration. Widmen wir uns als Nächstes also dem Thema Nährstoffzufuhr und Leistung.

Ernährung

Die Nährstoffe in Ihrem Essen stellen die Bausteine bereit, die Ihr Körper für die Verjüngung nach harten Trainingseinheiten verwendet. Fast der gesamte Wiederaufbau findet statt, während Sie schlafen, und die Qualität dessen, was Sie zu sich nehmen, ist entscheidend für die Regeneration. In dem alten Sprichwort »man ist, was man isst« steckt durchaus viel Wahres. Falls Sie Kalorien verschwenden, indem Sie nährstoffarmes Junk-Food zu sich nehmen, wird es Ihrem Körper schwerfallen, verletzte Muskeln zu reparieren, das Immunsystem wiederherzustellen, Knochen aufzubauen und Verletzungen auszuheilen. Als Sie jünger waren, sind Sie vielleicht noch damit durchgekommen, viel Junk-Food zu essen, aber Erwachsene erleben eine allmähliche Verschlechterung ihrer Gesundheit, wenn sie sich auf diese Weise ernähren.

Belastungsintensives Training erhöht den Bedarf an hochwertiger Kost. Sie können eine schlechte Ernährung nicht durch Aufnahme von Vitaminen und anderen Ergänzungsmitteln ausgleichen, ganz egal, wie »wissenschaftlich erwiesen« deren Nutzen angeblich sein mag. Wenn es darum geht, den Ernährungsbedarf von Menschen

Belastungsintensives Training erhöht den Bedarf an hochwertiger Kost.

Die Nährstoffdichte ist einer der Hauptgründe dafür, warum Sie besser beraten sind, Ihr Essen selbst zuzubereiten.

zu decken, hängt die Wissenschaft richtigem Essen noch um Millionen Jahre hinterher.

Was Sie zu sich nehmen, muss die Makronährstoffe Protein (Eiweiß), Kohlenhydrate und Fett sowie die Mikronährstoffe Vitamine, Mineralien und Phytamine (sekundäre Pflanzenstoffe) enthalten. Die Reichhaltigkeit der Nahrung, die Sie zu sich nehmen, entscheidet darüber, wie schnell und wie vollständig Sie von harten Trainingseinheiten regenerieren. Während Junk-Food zwar Makronährstoffe bereitstellt, enthält es so gut wie keine Mikronährstoffe. Das liegt daran, dass die Bestandteile industriell verarbeitet wurden und durch diesen Prozess die Mikronährstoffe verloren gehen. Je mehr Ihre Nahrung ihrem natürlichen Zustand entspricht und je weniger sie verarbeitet wurde, bevor sie auf den Teller kommt, desto besser ist sie für Ihre Gesundheit und Regeneration.

Ebenfalls kontraproduktiv für die Regeneration ist es, sich auf Sportnahrung in Form von Pulver, Riegeln oder Pillen zu verlegen. Ebenso wie beim Junk-Food können Sie daraus zwar Makronährstoffe beziehen, aber Mikronährstoffe sind aufgrund der Verarbeitungsprozesse kaum enthalten. Selbst wenn fachkundige Ernährungswissenschaftler versuchen, Produkte um Mikronährstoffe zu ergänzen, ist das nicht das, was Mutter Natur vorgesehen hat, und auch selten so effektiv. Und nur weil ein Wissenschaftler an der Entwicklung beteiligt war, heißt das nicht, dass das Zeug aus der Verpackung besser wäre als richtige Lebensmittel. Das ist es nicht.

Der einzige Grund, Pulver, Riegel, Gels und andere auf Sportler zugeschnittene Ernährungsprodukte zu sich zu nehmen, ist Bequemlichkeit. Zum Beispiel kann es nach einer harten Schwimm-Einheit am Samstagmorgen bequem sein, auf dem Heimweg einen Proteinriegel zu essen, bevor Sie sich zu einer langen Ausfahrt aufs Rad schwingen. Der Riegel enthält einige Makronährstoffe, die Ihnen helfen, die zweite Einheit des Tages durchzustehen. Aber selbst für diesen Fall gibt es andere Möglichkeiten. Eine Tüte Rosinen oder ein Stück Obst im Auto sind ebenfalls bequem, dazu viel billiger und reicher an Mikronährstoffen. Alternativen gibt es immer.

Die Nährstoffdichte ist einer der Hauptgründe dafür, warum Sie besser beraten sind, Ihre eigenen Lebensmittel im Laden zu kaufen und selbst zuzubereiten. Fertig verarbeitete Nahrungsmittel – die Pulver und Riegel für Sportler – liefern Ihnen einfach nicht die geballte Menge an Mikronährstoffen, die Sie aus frischen Lebensmitteln beziehen können. Echtes Essen, das sich noch weitgehend im natürlichen Zustand befindet, kostet weniger und trägt dazu bei, dass Sie vollständiger regenerieren. Lebensmittel wie Obst, Gemüse, tierische Produkte, Beeren, Nüsse und Samen sind die wirksamste Methode, Ihren Trainingszielen näherzukommen und Ihre allgemeine Gesundheit zu fördern.

Ebenso wie bei Ihren regelmäßigen Mahlzeiten ist es auch unmittelbar nach dem Training wichtig, nährstoffreiche, echte Lebensmittel zu sich zu nehmen, und wahrscheinlich ist das ein Aspekt, den zu beherzigen den meisten Athleten gut zu Gesicht stünde, um ihre Regeneration und Gesundheit zu verbessern. Verplempern Sie nicht Ihr sauer verdientes Geld für verarbeitete Lebensmittel, selbst wenn diese sich speziell an Sportler richten. Geben Sie nichts auf die Behauptungen, wie viele Profis ein bestimmtes Produkt angeblich nutzen. Diese Athleten machen so etwas um des Geldes willen, nicht wegen der so tollen leistungsfördernden Wirkung.

In Ihren Mahlzeiten die richtige Balance zu finden, kann eine echte Herausforderung sein. Triathleten nehmen normalerweise reichlich Kohlenhydrate zu sich – vermutlich zu viele, v. a. im Hinblick auf Zucker, der ganz oben auf der Liste der Inhaltsstoffe in den meisten Gels, Riegeln und Sportgetränken steht. Meiner Erfahrung nach nehmen viele

Athleten zu wenig Eiweiß und Fett zu sich. Fett wird in westlichen Gesellschaften seit den 1970er Jahren geradezu verteufelt, weswegen viele gesundheitsbewusste Athleten diesen Makronährstoff meiden wie die Pest. Doch das ist ein Fehler. Fett ist notwendig für die Gesundheit und sollte Bestandteil Ihrer Mahlzeiten sein. Viele Ultra-Ausdauerathleten haben sogar festgestellt, dass eine fettreiche Ernährung das Leistungsvermögen verbessert: Man läuft weniger Gefahr, einen Hungerast zu erleiden, wenn man zur Energiegewinnung v. a. Fett verbrennt. Selbst der magerste Athlet verfügt theoretisch über ausreichende Fettreserven, um mehrere Tage über die Runden zu kommen. Und da Sportler, die sich an Fett als Energielieferanten angepasst haben, im Wettkampf weniger essen müssen, eliminieren sie auch das Risiko von Magenproblemen. Das ist insbesondere auf der Langdistanz von Vorteil.

Falls Sie sich kohlenhydratreich ernähren, wie es unter Ausdauersportlern heutzutage weit verbreitet ist, müssen Sie unmittelbar nach einem belastungsintensiven Training etwas kohlenhydratreiche Kost zu sich nehmen. Das könnte z. B. bei einer Einheit der Fall sein, die deutlich länger oder intensiver ist als üblich. Wie viele Kohlenhydrate Sie zu sich nehmen sollten, gleicht ein wenig einem Ratespiel. Es hängt davon ab, wie hart die Einheit war, wie groß Sie sind, wann Sie Ihre letzte Mahlzeit zu sich genommen haben, was Sie damals gegessen haben und was und wie viel Sie während des Trainings gegessen und getrunken haben.

Ihre Erfahrung spielt eine große Rolle bei der Entscheidung, was Sie nach dem Training zu sich nehmen sollten. Studien deuten darauf hin, dass die Aufnahme von Kost mit hoher glykämischer Last – d. h. der Zucker in der Nahrung gelangt schnell ins Blut – für Sportler, die einer kohlenhydratreichen Ernährung folgen, eine sehr effektive Methode ist, um nach schweren Einheiten die Glykogenspeicher wiederaufzufüllen. Gute Quellen dafür sind u. a. Obst (v. a. Bananen und Rosinen), Fruchtsäfte, Kartoffeln, Getreide und Nudeln.

Die Forschung besagt, dass ca. 1 bis 1,85 g Kohlenhydrate pro Kilogramm Körpergewicht die richtige Menge ist, die man nach einer harten Einheit pro Stunde Training zu sich nehmen sollte. Für einen 56 kg schweren Sportler hieße das 56 bis 103,6 g Kohlenhydrate pro Stunde. Ein 68 kg schwerer Athlet bräuchte 68 bis 125,8 g pro Stunde, ein 77 kg schwerer 77 bis 142,5 g. Um Ihnen eine Vorstellung zu geben, was das in Bezug auf konkrete Speisen bedeutet: Eine mittelgroße Banane enthält etwa 28,3 g Kohlenhydrate, ein Glas Orangensaft etwa die gleiche Menge. Mixen Sie beides zusammen, erhalten Sie einen Smoothie aus richtiger Nahrung mit rund 57 g Kohlenhydrate, der viel weniger kostet als ein in hohem Maße industriell verarbeiteter Recovery-Drink in Pulverform.

> **Selbst der magerste Athlet verfügt über ausreichende Fettreserven, um mehrere Tage über die Runden zu kommen.**

Etwas in dieser Art können Sie unmittelbar im Anschluss an das Training und dann bis fünf Stunden danach stündlich trinken. So genau müssen Sie es mit den Portionen allerdings nicht nehmen. Bei der Frage, wie viel genau Sie benötigen und für wie lange, sind einfach zu viele Variablen im Spiel, als dass man sie eindeutig beantworten könnte. Achten Sie genau darauf, wie gut Sie nach bestimmten Einheiten regenerieren und was Sie gegessen haben, um eine empfehlenswerte Kohlenhydratzufuhr für künftige vergleichbare Einheiten zu ermitteln. Halten Sie alles in Ihrem Trainingstagebuch fest, um in Zukunft gute Entscheidungen treffen zu können.

> **Ihre Erfahrung spielt eine große Rolle bei der Entscheidung, was Sie nach dem Training zu sich nehmen sollten.**

Falls Sie sich hingegen an eine kohlenhydratarme, fettreiche Ernährung halten, ist die Nahrungsaufnahme unmittelbar nach dem Training nicht ganz so entscheidend wie für die Kohlenhydratjünger. Denn Sie verbrennen dann in Ihren Einheiten eine Menge Fett, während Sie die Glykogenspeicher schonen. Somit brauchen Sie danach auch keine besonderen Anstrengungen unternehmen, um Ihre Speicher aufzufüllen. Kehren Sie einfach zu Ihrer gewohnten Kost zurück, um Ihren Hunger zu stillen. Die Aufstockung der Fettspeicher geht dann ganz automatisch vonstatten.

Proteine spielen ebenfalls eine wichtige Rolle für Ihre Gesundheit und Regeneration. Etliche Studien zeigen, dass die Einnahme von ein wenig Eiweiß nach einer sehr belastungsintensiven Einheit, wie z. B. Intervallen oder Krafttraining mit schweren Lasten, förderlich ist für den Wiederaufbau der Muskeln. Der Großteil der Studien, die die Rolle des Proteins für die Regeneration untersuchte, arbeitete mit Probanden, die im Anschluss an ein hartes Training alle drei bis vier Stunden 10 bis 30 Gramm Eiweiß zu sich nahmen. Einen Teil dieses Proteins erhalten Sie natürlich über Ihre Mahlzeiten. Aber welche proteinreichen Lebensmittel bieten sich unmittelbar nach einer Einheit an? Ein großes gekochtes Ei enthält etwa 7 Gramm Eiweiß, ein Viertel Liter Milch etwa die gleiche Menge. Mit drei Esslöffeln Erdnussbutter (ca. 45 g) nehmen Sie ca. 14 Gramm Eiweiß zu sich, mit 85 Gramm Cheddar-Käse um die 21 Gramm. Wie für die Kohlenhydrate gilt: Wie viel Sie nach einem harten Training benötigen, hängt von Länge und Intensität der Einheit sowie von der Körpergröße ab.

Eiweiß nach einer belastungsintensiven Einheit fördert den Wiederaufbau der Muskeln.

Andere Studien haben ergeben, dass die Einnahme ähnlicher Mengen an Protein kurz vor dem Zubettgehen ebenfalls die Regenerationsfähigkeit des Körpers verbessert und den Wiederaufbau der Muskeln nach einem harten Trainingstag fördert. Wie bereits erwähnt, kann es sogar für einen besseren Schlaf sorgen, vor dem Zubettgehen ein wenig Eiweiß zu sich zu nehmen.

Flüssigkeit

Ein weiterer wichtiger Faktor für die Regeneration nach einem harten Training ist der Wasserhaushalt. Sie werden sich wahrscheinlich nicht vollständig erholen, sofern Sie nicht das Wasser ersetzen, das Sie während der Einheit größtenteils durch Schwitzen verloren haben. Aber verglichen mit fester Nahrung ist dieser Punkt relativ simpel. Alles, was Sie tun müssen, ist, regelmäßig Flüssigkeit zu sich zu nehmen, um in den Stunden nach dem Training Ihren Durst zu stillen. Es besteht wahrlich kein Grund, sich vor und nach der Einheit auf die Waage zu stellen und dann die exakte Menge an Flüssigkeit »nachzutanken«. Alle Tiere (und dazu gehören auch wir als *Homo sapiens*) haben einen sehr empfindlichen Durst-Mechanismus. In Studien mit Leistungssportlern, die über mehrere Tage lediglich getrunken haben, um ihren Durst zu stillen, haben diese so ihren Flüssigkeitsverlust ausgeglichen und ihr Köpergewicht gehalten. Sie müssen nicht messen und aufzeichnen, wie viel Sie trinken. Sie müssen nur darauf achten, wie Sie sich fühlen. Falls Sie Durst haben, trinken Sie. Falls Sie keinen Durst haben, trinken Sie nicht. So einfach ist das. Die Regeneration von hartem Training ist schon komplex genug. Es gibt keinen Grund, die Sache noch komplizierter zu machen.

Es gibt eine mögliche Ausnahme für diese einfache Lösung, und zwar hängt sie mit dem Altern zusammen. In einigen Studien zeigte sich, dass das Durstgefühl bei älteren Menschen im Vergleich mit jüngeren Testpersonen abnimmt. Allerdings waren die Probanden in diesen Studien keine Sportler. Es mag sein, dass ältere Athleten empfindlicher als Nicht-Sportler auf Veränderungen des Flüssigkeitshaushalts reagieren. Aber falls Sie jenseits der 60 sind, sind Sie gewiss gut beraten, nach einer Trainingseinheit gut darauf achtzugeben, ausreichend zu trinken, gegebenenfalls etwas mehr, als nötig wäre, um Ihren Durst zu stillen. Wie viel genau Sie trinken sollten, kann ich Ihnen leider nicht sagen. Ich kann Ihnen aber dringend empfehlen, es nicht zu übertreiben, denn eine exzessive Flüssigkeitszufuhr über den Durst hinaus hat sich als nicht förderlich für die Leistung erwiesen. Und wenn Sie ständig trinken, auch wenn Sie nicht durstig sind, können Sie sich noch viel größere Probleme einhandeln, allen voran Hyponatriämie. Dabei handelt es sich um einen gefährlich niedrigen Natriumspiegel im Blut, der zu schwachen Leistungen, Kollaps und sogar zum Tod führen kann.

Und was sollten Sie trinken? Die einfachste Lösung ist die beste: Wasser. Aber selbstverständlich trägt auch ein kohlenhydratreiches Getränk wie der oben empfohlene Orangensaft-Bananen-Smoothie zum Ausgleich des Flüssigkeitshaushalts bei.

Wie es scheint, ist an der alten Weisheit, dass Kaffee und alkoholische Getränke eine Dehydrierung herbeiführen, nichts dran. Zahlreiche Studien deuten darauf hin, dass beide in positiver Weise zur Hydrierung beitragen. Das heißt aber natürlich nicht, dass Sie zu Kaffee oder Bier greifen *sollten*, um zu regenerieren. Ich wollte diesen Irrtum nur ausräumen.

Aktive Regeneration

Ich habe in diesem Kapitel bereits erwähnt, dass ein wenig leichtes Training der Regeneration mancher Athleten dienlich sein kann. In Studien, die diese Methode untersuchten, waren es generell erfahrene Routiniers, die auf diese Weise eine raschere Regeneration verzeichneten. Eine weitere Voraussetzung ist offenbar ein hohes Maß an Fitness. Für Sie bedeutet das, sofern Sie den Sport seit mehr als drei Jahren betreiben: Aktive Erholung in Form einer lockeren Einheit am gleichen Tag und eventuell einer weiteren entspannten Einheit am folgenden Tag lohnt sich am ehesten in der Grundlagen-, Aufbau- und Höchstleistungsphase, wenn die Fitness gut entwickelt sein sollte. Etwas weniger effektiv ist es vermutlich in der Vorbereitungsphase zu Beginn der Saison oder nach einer Auszeit von regelmäßigem Training. Das Gleiche müsste demnach gelten, wenn Sie aufgrund einer Verletzung oder Krankheit pausieren mussten und eine signifikante Menge an Fitness eingebüßt haben. Falls Sie unsicher sind, was Sie tun sollen, ist vollkommene Ruhe das Beste.

Wenn Sie sich entscheiden, ein lockeres Training zu unternehmen, sollten Sie folgende Regeln beachten. Eine Einheit zur aktiven Regeneration ist dadurch gekennzeichnet, dass sie den Systemen des Körpers keine weiteren Belastungen auferlegt. Das bedeutet, es wirklich ruhig angehen zu lassen. Die Einheit sollte kürzer ausfallen als ein durchschnittliches Training und die Intensität sollte sich im Bereich von Zone 1 bewegen, unabhängig davon, ob Sie nach Herzfrequenz, Watt, Pace oder empfundener Anstrengung trainieren (siehe Kapitel 4). Mit anderen Worten: Es sollte wirklich entspannt zugehen. Um dies zu gewährleisten, sollten Sie sich bei der aktiven Regeneration am besten nicht mit anderen zusammentun. Es wird Ihnen leichter fallen, es wirklich locker angehen zu lassen, wenn Sie für sich allein schwimmen, Rad fahren oder laufen.

Eine Einheit zur aktiven Regeneration ist dadurch gekennzeichnet, dass sie den Systemen des Körpers keine weiteren Belastungen auferlegt.

Manche Arten von Trainingseinheiten sind für die aktive Regeneration besser geeignet als andere. Am besten geeignet ist normalerweise das Schwimmen. Ein wenig Schwimmen zur aktiven Erholung ist eine hervorragende Gelegenheit, um an der Technik zu arbeiten. Falls Ihre Beine schwer sind von einer harten Ausfahrt mit dem Rad oder einem anstrengenden Lauf, kann es hilfreich sein, einen Pull Buoy zu verwenden. Eine entspannte Rad-Einheit in flachem Terrain oder auf dem Indoortrainer ist in der Regel die zweitbeste Option. Vom Laufen zur aktiven Regeneration würde ich abraten, sofern Sie nicht schon seit vielen Jahren dabei sind und in der Vergangenheit nicht mit laufbedingten Verletzungen zu kämpfen hatten. Für die meisten Triathleten bedeutet Laufen schlichtweg eine zu große orthopädische Belastung, als dass es der Regeneration dienlich sein könnte. Selbst wenn Sie zu den wenigen Glücklichen zählen, die nicht zu Verletzungen neigen, ist es besser, das Risiko gering zu halten, indem Sie es bei einem sehr kurzen, sehr lockeren Lauf belassen, bevorzugt auf weichem Untergrund wie Gras, Sand oder Schotter.

Weitere Regenerationshilfen

Es gibt noch ein paar andere Dinge, die Sie versuchen können, um die Regeneration zu beschleunigen. Beliebte Regenerationsmethoden, die alle ihre Befürworter und Gegner haben, sind z. B. Wechselbäder, Beine hochlegen, Schaumstoffrollen, Massagen und Stretching. Forschungsstudien sind sich hinsichtlich des Nutzens jeweils uneins, und nicht alle Athleten sprechen gleichermaßen positiv auf die genannten Dinge an. In jedem Fall ist der Nutzen hinsichtlich der Regeneration, falls es für Sie einen hat, jeweils recht klein im Vergleich mit Schlaf und richtiger Ernährung. Aber vielleicht ist etwas dabei, was für Sie gut funktioniert. Falls dem so ist, nutzen Sie es, wann immer Sie nach Ihren belastungsintensivsten Trainingseinheiten die Zeit dafür finden. Denken Sie aber immer daran, dass Schlaf und Ernährung das Wichtigste sind. Kümmern Sie sich zuerst darum. Versuchen Sie nicht, die Grundlagen wie einen guten Schlaf und eine gesunde Ernährung durch eine oder mehrere dieser Methoden zu *ersetzen*.

Entscheidend ist es, dass Sie auf Ihren Nachtschlaf und Ihre Ernährung achten.

Es gibt zwei Regenerationshilfen mit Kompressionswirkung, die weithin Verwendung finden. Viele Sportler schwören darauf, ohne recht zu verstehen, wie sie funktionieren und wie sie richtig benutzt werden. Meiner Erfahrung nach sind sie, sofern korrekt angewendet, der Regeneration durchaus dienlich. Hier ein kurzer Überblick, der einige der Missverständnisse rund um das Thema hoffentlich ausräumen wird.

Kompressionskleidung

Hierbei handelt es sich um Sportbekleidung wie Strümpfe, Beinlinge für Unter- und Oberschenkel, Unterwäsche, Tights und Ganzkörper-Anzüge, die von Sportlern getragen werden und die Regeneration verbessern sollen. Manche Verfechter von Kompressionskleidung behaupten außerdem, dass es der Leistung zuträglich sei, während des Trainings oder Wettkampfs solche Kleidung zu tragen, insbesondere Kompressionsstrümpfe.

Kompressionskleidung gibt es schon eine ganze Weile als medizinisches Produkt, das bei Erkrankungen wie Krampfadern, Venenthrombose oder Lungenembolie die Durchblutung fördern soll. Anfang der Nullerjahre begannen einige Triathleten damit, sie während und nach dem Wettkampf zu tragen, um die Leistung zu verbessern und die Regeneration zu beschleunigen. Wenige Jahre später waren sie im Triathlon ein vertrauter Anblick.

Ob es funktioniert? Sorgt Kompressionskleidung wirklich für bessere Wettkampfleistungen und schnellere Regeneration? Zwar gibt es dazu eine Menge Forschungen, eindeutige Antworten gibt es aber nicht. Zum Teil liegt das daran, dass die Studien den Schwerpunkt nicht auf eine einzelne Sportart oder Aktivität legten, sondern sich stattdessen ein breites Spektrum anschauten, u. a. Fußball, Wandern, Walking, Gewichtheben, Basketball, Netball, Sprinten, plyometrische Übungen und einige mehr.

Auch die Art der untersuchten Kompressionskleidung unterschied sich deutlich, nicht nur hinsichtlich des Körperteils, an dem sie getragen wird, sondern auch hinsichtlich des Drucks, den sie auf die Muskeln ausübt. Hinzu kommt, dass verschiedene Bewertungsschemata zur Einordnung der Kompressionswirkung existieren.

Das alles führt zu recht schwammigen Ergebnissen. Selbst wenn die untersuchte Sportart mit Triathlon zu tun hatte, wie Radfahren oder Laufen, waren die Resultate mal positiv und mal negativ. In solchen Fällen, wenn die Resultate von ansonsten ähnlich gelagerten Studien in ihrer Aussage variieren, können wir davon ausgehen, dass der Nutzen, falls es überhaupt einen gibt, vermutlich recht klein ist. Nach meinem Dafürhalten ist die leistungsfördernde Wirkung von Kompressionskleidung im Wettkampf bestenfalls minimal und vermutlich nicht existent. Wahrscheinlich kostet es mehr Zeit, die Kleidung in der Wechselzone anzulegen, als Sie durch deren Tragen gewinnen werden, sofern Sie dadurch überhaupt etwas gutmachen.

Was die Regeneration betrifft, glaube ich aber, dass solche Kleidung durchaus von Nutzen sein kann. Ein Großteil der Forschung stützt diese Vermutung. Ich habe mit vielen Athleten gesprochen, die verschiedene Arten von Kompressionskleidung ausprobiert haben, sowohl während des Trainings als auch im Rahmen der Regeneration. Hinsichtlich der Leistungsfähigkeit gingen ihre Meinungen auseinander, aber die meisten hatten das Gefühl, dass die Regeneration rascher abläuft. Könnte dies einem Placebo-Effekt geschuldet sein? Möglich. Aber dagegen ist ja nichts einzuwenden. Letztlich kommt es darauf an, was für Sie gut funktioniert.

Es könnte also durchaus förderlich sein, in den Stunden unmittelbar nach einer Einheit Kompressionskleidung zu tragen, um die Regeneration zu unterstützen. Es ist zumindest einen Versuch wert.

Pneumatische Kompression

Hilfsmittel für die pneumatische Kompression sind im Grund nichts weiter als leistungsstärkere Varianten von Kompressionskleidung und dazu gedacht, nach belastungsintensivem Training benutzt zu werden, um die Regeneration zu beschleunigen. Zumeist handelt es sich um Manschetten, die über das Bein gestülpt werden und bis zur Hüfte reichen. Solche Geräte sorgen sowohl für Kompression als auch für eine Art Massage. Sie bestehen aus Kammern, die eine nach der anderen mittels einer Pumpe von den Zehen bis zur Hüfte mit Luft gefüllt und dann wieder entleert werden, was (theoretisch) dem Kreislauf helfen soll, Stoffwechselprodukte aus den Muskeln zu entsorgen.

Solche Geräte sind ziemlich teuer. Viele Fitnessstudios und Triathlon-Geschäfte bieten daher den Service, sie gegen eine Gebühr zu nutzen.

Ob sie funktionieren? Es scheint Konsens zu sein, dass sie es tatsächlich tun. Andererseits könnte es sich, wie bei anderen Regenerationshilfen, um einen Placebo-Effekt handeln. Die Forschungsergebnisse hinsichtlich ihrer Wirksamkeit fallen generell positiv aus. Mein persönlicher Eindruck nach ausgiebigem Gebrauch eines dieser Produkte ist, dass sie förderlich sind. Nicht jeder stimmt darin mit mir überein.

Es könnte förderlich sein, in den Stunden unmittelbar nach einer Einheit Kompressionskleidung zu tragen, um die Regeneration zu unterstützen.

GEPLANTE REGENERATION

Fassen wir noch einmal zusammen. Die wichtigste Lehre dieses Kapitels ist, dass Ihr Körper sich durch Ruhe und Regeneration an harte Trainingseinheiten anpasst. Ich kann das gar nicht oft genug wiederholen. Dies ist die über allem stehende Erkenntnis, die Sie sich zu Herzen nehmen müssen.

Es geschieht durch Ruhe und Regeneration, dass sich Ihr Körper an harte Trainingseinheiten anpasst.

Die adaptiven Vorzüge von Ruhe und Regeneration sind mannigfaltig. Kraft und Ausdauer verbessern sich. Das Herzschlagvolumen (die Menge Blut, die das Herz mit jedem Schlag pumpt) steigert sich. Die winzigen bluttransportierenden Kapillarbetten in den Muskeln vergrößern sich, so dass Ihr Herz mehr Sauerstoff und Energie transportieren kann. Das Blutvolumen steigt, was ebenfalls den Sauerstofftransport verbessert. Eine Zunahme aerober Enzyme trägt zur Verbesserung Ihrer Ausdauer bei. Glykogenspeicher werden wiederaufgefüllt, was härtere Einheiten an den Folgetagen ermöglicht. Dies sind nur ein paar der positiven physiologischen Veränderungen, die sich aus der Regeneration ergeben. Mit häufiger und regelmäßiger Ruhe und Erholung werden Sie enorme physiologische Zugewinne erzielen.

TABELLE 11.2 **Eine typische 5-tägige Regenerationswoche**

	MONTAG	DIENSTAG	MITTWOCH	DONNERSTAG	FREITAG	SAMSTAG	SONNTAG
Zweck	Ruhe/Regen.	Regeneration	Regeneration	Regeneration	Regeneration	Test	Test
Einheit	Ruhetag	Schwimmen	Radfahren	Laufen	Schwimmen	Lauf-Test	Rad-Test
optionale zweite Einheit	Kraftraum	Laufen	Schwimmen	Radfahren	Radfahren	Schwimm-Test	(keine)

Dementsprechend besteht der größte Fehler, den Sie begehen können, darin, in einer Woche, die für Ruhe und Regeneration vorgesehen war, weiterhin zu trainieren. Athleten tun dies häufig, weil sie meinen, in den letzten paar Wochen vor einem Wettkampf noch zusätzliche Fitness gewinnen zu müssen. Das ist ein großer Fehler. Selbst wenn Sie keinen kompletten Einbruch erleben sollten, wird Ihr Training auf jeden Fall an Qualität einbüßen und die Erschöpfung wird zunehmen. Das Resultat wird eine schlechtere Wettkampfleistung sein.

Die meisten fortgeschrittenen Athleten schaffen es, in weniger als sieben Tagen zu regenerieren und wieder bereit fürs Training zu sein.

Ein weiterer häufiger Fehler ist, an Tagen, die eigentlich locker sein sollten, zu schwere Einheiten zu unternehmen. Das hieße z. B., nicht wie vorgesehen in Zone 1, sondern in Zone 3 zu trainieren. Oder aber aus einem kurzen, für aktive Regeneration vorgesehenen Training wird eine lange Ausdauer-Einheit. Solche Änderungen vorzunehmen, scheint auf den ersten Blick vielleicht eine gute Sache zu sein, da es bekanntlich die Fitness verbessert, das durchschnittliche Pensum zu steigern. Und generell stimmt das ja auch, trotzdem sollten die Einheiten an einem Regenerationstag nicht schwerer ausfallen als geplant. Diese Tage *müssen locker sein*.

Lockere Einheiten wirklich locker anzugehen, ist gerade in Regenerationswochen notwendig. In Kapitel 7 bin ich mit Ihnen Schritt für Schritt den Prozess durchgegangen, einen Jahrestrainingsplan zu erstellen. Einer der Schritte bestand darin, alle drei oder vier Wochen Auszeiten vom Training einzuplanen. Sie sehen dies in den Tabellen 7.5 und 7.6, wo in Woche 4 jeder Phase der Umfang in Stunden bzw. der TSS im Vergleich zu den Vorwochen der gleichen Phase deutlich verringert wird. Dies sind die geplanten Regenerationswochen.

Regenerationswochen

Regenerationswochen sind selten sieben Tage lang. Die meisten fortgeschrittenen Athleten schaffen es, in weniger als sieben Tagen zu regenerieren und wieder bereit fürs Training zu sein. Normalerweise reicht es aus, das Trainingspensum drei bis fünf Tage lang zu verringern. In diesen regelmäßig wiederkehrenden Pausen von hartem Training bauen Sie die angesammelte Erschöpfung ab, so dass Ihr Körper wieder bereit ist, die nächste Phase in Angriff zu nehmen.

Wie sollte eine Regenerationswoche aussehen? Wie Sie sich vorstellen können, spielen dabei eine Reihe von Faktoren eine Rolle, u. a. Ihre Erfahrung, Ihre derzeitige Fitness sowie die Belastungen der vorangegangenen Trainingswochen. Sie könnten z. B. entscheiden, nur drei Tage einzuplanen, da die vorherigen zwei oder drei Wochen Training nicht besonders hart waren. Andererseits könnten Sie echt erledigt sein und daher eine fünftägige Pause einlegen. Sie selbst können während der laufenden Regenerationswochen noch entsprechende Entscheidungen fällen, indem Sie abwägen, wie Ihr Körper auf die Pause anspricht.

Unabhängig von der Länge der Pause erfolgt die Planung der Regenerationswochen generell nach einem bestimmten Muster. Tabelle 11.2 veranschaulicht, wie eine fünftägige Regenerationswoche aussehen könnte. Diese kann problemlos in eine drei- oder viertägige Pause vom ernsthaften Training umgestaltet werden.

Beachten Sie, dass für die meisten Tage eine »optionale zweite Einheit« aufgeführt ist. Falls Sie in einer »normalen« Trainingswoche häufig drei Einheiten am Tag unternehmen, absolvieren Sie in einer Regenerationswoche nicht mehr als zwei. Wenn zwei Einheiten am Tag Ihre Norm sind, planen Sie in einer Regenerationswoche nur eine Einheit am Tag. Sofern Sie für gewöhnlich nur eine Einheit am Tag absolvieren, belassen Sie es dabei auch in einer Regenerationswoche, planen Sie auf jeden Fall aber auch einen trainingsfreien Tag ein. Ich empfehle ungeachtet Ihres sonstigen Zeitplans, den einen oder anderen Tag mit nur einer Trainingseinheit vorzusehen. Wer normalerweise mehr als 14 Einheiten in der Woche absolviert, könnte sich entscheiden, jeweils am Montag nur eine sehr leichte Einheit zu unternehmen. Im Zweifel verzichten Sie besser ganz darauf. Sie werden in dieser Woche vermutlich schneller regenerieren, wenn Sie einen Tag einplanen, an dem keine Schwimm-, Rad- oder Lauf-Einheit stattfindet.

In Kapitel 9 erläuterte ich, dass die zwei bis drei Wochen vor einer Regenerationspause 17 bis 25 Tage dauern können. Das liegt daran, dass Regenerationswochen selten volle sieben Tage dauern. Wenn Sie z. B. mit dreiwöchigen Phasen trainieren, d. h. zwei Wochen fokussiertes, hartes Training gefolgt von mehreren Tagen Ruhe und Regeneration, und für Ihre Trainingspause vier Tage einplanen, dann wird die nächste Phase ernsthaften Trainings 17 Tage dauern (21 minus 4). Legen Sie eine fünftägige Pause ein, dauert das fokussierte Training entsprechend 16 Tage. Wenn Sie normalerweise mit vierwöchigen Phasen arbeiten und Ihre Regenerationspausen drei Tage beanspruchen, summiert sich die Gesamtzeit für Ihr ernsthaftes Training auf 25 Tage (28 minus 3).

Dies alles bedeutet, dass die Anzahl der Tage, die hochwertigem Training gewidmet sind, von Phase zu Phase variieren kann, je nachdem, wie lang Ihre Regenerationspausen ausfallen. Sie können die entsprechende Entscheidung während der Pause treffen, indem Sie abwägen, wie gut Sie regenerieren.

Ausruhen und Tests

Beachten Sie in Tabelle 11.2, dass die letzten beiden Tage der Woche für Tests vorgesehen sind. Dies ist der ideale Zeitpunkt, um Ihre Fortschritte zu messen, denn Sie sind ausgeruht und bereit loszulegen. Welche und wie viele Tests Sie durchführen, ist ganz Ihnen überlassen. Sie könnten sich z. B. entscheiden, in allen drei Sportarten einen Test zu absolvieren. Davon geht Tabelle 11.2 aus. Oder aber Sie beschließen, sich nur in einer oder zwei Sportarten zu testen. Es kann auch Momente geben, in denen Sie sich entschließen, gar keine Tests zu unternehmen und direkt wieder ins ernsthafte Training einzusteigen. Hinsichtlich der Frage, welche Leistungsfaktoren Sie innerhalb einer gegebenen Disziplin testen sollten, helfen Ihnen die entsprechenden Anleitungen in den Anhängen B, C und D weiter.

Regeneration nach Bedarf

Die meisten Athleten fahren am besten damit, Regenerationsphasen als Bestandteil ihres Gesamttrainingsplans vorzusehen. Pausen müssen aber nicht zwingend im Voraus geplant werden. Athleten, die seit vielen Jahren dabei sind und ein gutes Gespür dafür entwickelt haben, wann sie eine Auszeit von ernsthaftem Training benötigen, können Pausen rein anhand ihrer Erfahrung einlegen. Das meine ich mit *Regeneration nach Bedarf.* Wenn morgendliche Warnzeichen darauf hindeuten, dass Sie an Ihre Grenzen stoßen, gehen Sie einfach davon aus, dass Sie eine Pause benötigen. Dies kann jederzeit der Fall sein und ist an keinen festen Zeitplan gebunden.

Wenn Sie merken, dass es Zeit ist, eine Trainingspause einzulegen, weil Sie offensichtlich Ruhe brauchen, sollten Sie den Trainingsumfang stark reduzieren und alle hochintensiven Einheiten streichen, bis Sie wieder bereit sind, normal zu trainieren. Der wichtigste Trainingstyp in einer Ruhe- und Erholungswoche ist A1, also eine Regenerations-Einheit in Zone 1. Diese sollte im Vergleich zu dem, was Sie normalerweise in einer Trainingswoche machen, kurz ausfallen. Die andere Alternative sind Technik-Übungen für das Schwimmen.

Auf die morgendlichen Warnzeichen angemessen zu reagieren, ist eine Fähigkeit, die den meisten von uns nicht gegeben ist, weil sie erfordert, ganz genau darauf zu achten, wie sämtliche Köpersysteme auf das Training ansprechen. Die meisten von uns sind viel zu zielorientiert und denken zu linear, als dass wir plötzlich entscheiden würden, dass es gerade jetzt an der Zeit ist, eine Pause einzulegen. Wenn wir nicht im Voraus regelmäßige Pausen einplanen, laufen wir Gefahr, einfach weiterzumachen, egal wie erschöpft wir sein mögen. Am Ende sind wir krank, verletzt oder übertrainiert.

Regeneration nach Bedarf ist die optimale Methode, die Regeneration zu managen.

Regeneration nach Bedarf ist die optimale Methode, die Regeneration zu managen. Sie eignet sich am besten für Sportler, die von einem Trainer betreut werden, mit dem sie täglich persönlichen Umgang haben. Ein erfahrener Coach braucht mit einem Athleten nur zu reden oder ihn zu sehen, um zu erkennen, ob er eine Pause benötigt. Die meisten Sportler aber, die in Eigenregie trainieren, sind emotional so sehr auf ihre Ziele fixiert, dass sie ihren aktuellen körperlichen Zustand außer Acht lassen und nicht in der Lage sind, einmal innezuhalten und ihre Gesamtsituation zu beurteilen. Falls auch Sie in diese Kategorie fallen und nicht mit einem Coach arbeiten, ist es das Beste, wenn Sie Ihre Regenerationswochen im Voraus planen.

RUHE UND REGENERATION IN DER WETTKAMPFWOCHE

Es scheint, dass Athleten bisweilen viel härter trainieren als nötig und sich weniger ausruhen, als sie sollten, sogar vor A-Wettkämpfen. Nehmen Sie z. B. Emil Zatopek. Der tschechische Langstreckenläufer der 1940er und 1950er Jahre gilt als einer der größten Läufer aller Zeiten. Wenn es um die Trainingsintensität ging, war er unerbittlich. Er hielt nichts davon, langsam zu laufen. Im Gegenteil gilt er als einer der ersten Ausdauersportler, die mit belastungsintensiven Intervallen trainiert haben. Diese Herangehensweise verhalf ihm zu 18 Weltrekorden und fünf olympischen Medaillen. Bei den Spielen 1952 in Helsinki gewann er über 5.000 und 10.000 Meter und stellte auf beiden Strecken neue Weltrekorde auf. Dann entschloss er sich in letzter Minute, auch noch den Marathon zu laufen, was er noch nie getan hatte. Er gewann auch diesen, wiederum in olympischer Rekordzeit.

Zatopek wird häufig als der am härtesten trainierende Läufer aller Zeiten bezeichnet. Wie die meisten Sportler seiner Generation hielt er wenig davon, sich vor dem Wettkampf auszuruhen. Aber Zatopek ist auch ein gutes Beispiel dafür, wie eine Pause zur richtigen Zeit die Wettkampfbereitschaft eines Athleten steigern kann – also das, was wir in Kapitel 3 als Form bezeichnet haben. Wie Zatopek bei dem Wettkampf feststellte, der ihm den Durchbruch bescherte, ist eine Zwangspause manchmal genau das, was benötigt wird.

1950 trainierte Zatopek für die Europameisterschaften, als er zwei Wochen vor dem Wettkampf erkrankte. Es wurde eine Lebensmittelvergiftung diagnostiziert und er wurde ins Krankenhaus eingeliefert, wo er mehrere Tage ans Bett gefesselt war.

Nur zwei Tage vor der EM, die damals als zweitwichtigster Wettkampf nach den Olympischen Spielen galt, wurde er aus dem Krankenhaus entlassen. Gegen den Rat seiner Ärzte trat er sowohl über 5.000 als auch über 10.000 Meter an. Obwohl er mehrere Tage nicht trainiert hatte, gewann er beide Rennen. Dabei überrundete er über 10.000 Meter die Konkurrenz, über 5.000 Meter siegte er mit 23 Sekunden Vorsprung. In beiden Rennen lief er die jeweils zweitschnellste Zeit, die je gemessen wurde. Das war zwei Jahre vor dem Höhepunkt seiner Karriere in Helsinki. Hatte vielleicht die erzwungene Pause etwas mit seinem Erfolg in dieser Woche zu tun? Angesichts seiner Neigung, bis unmittelbar vor dem Wettkampf zu trainieren, vermute ich es. Er lernte eine wertvolle Lektion und ruhte sich von da an vor jedem Rennen aus, auch bei den Olympischen Spielen 1952.

Ebenso kannte ich Athleten aus verschiedenen Sportarten, die wenige Tage oder Wochen vor einem Wettkampf leicht verletzt oder erkrankt waren und anschließend eine persönliche Bestleistung aufstellten. Sie waren gezwungen, sich auszuruhen. Ich nenne das den »Zatopek-Effekt«. Manchmal muss der Körper sagen: »Es reicht!«, um in Form zu kommen.

Ruhe ist eine Art Wunderheilmittel gegen zu viel Training. Auf sich allein gestellt neigen Sportler fast immer dazu, bis wenige Tage vor dem Wettkampf noch größere Umfänge zu bolzen, sich noch mehr reinzuhängen und noch länger zu trainieren. Die meisten von ihnen sind herausragende Beispiele puritanischer Arbeitsmoral. Mehr ist demnach grundsätzlich besser. Nur selten berücksichtigen sie die Notwendigkeit, es dem Körper zu ermöglichen, all die angesammelte Erschöpfung vom Training rechtzeitig aufzufangen.

Falls Sie ein fortgeschrittener, in Eigenregie trainierender Athlet sind, kann es durchaus sein, dass Sie sich vor A-Wettkämpfen nicht ausreichend Ruhe und Regeneration gönnen. Das erlebe ich allzu häufig. Aber genau dann müssen Sie ausruhen und regenerieren. Das Tapering dauert, abhängig von vielen Variablen, normalerweise eine bis drei Wochen. Je wichtiger das Rennen, desto länger ist wahrscheinlich das Tapering, das Sie benötigen. Je fitter Sie sind, desto länger darf das Tapering sein. Je länger das Rennen, desto länger das Tapering. Bei Wettkämpfen gegen Ende der Saison kann ein längeres Tapering förderlicher sein als früher im Jahr. Die Dauer des Taperings hängt zudem von der Disziplin ab. Laufen beispielsweise erfordert ein längeres Tapering als Radfahren, da der Körper beim Laufen größeren orthopädischen Belastungen ausgesetzt ist. Radfahren wiederum erfordert ein längeres Tapering als Schwimmen. Dies alles wird ausführlich in den Kapiteln 7 und 8 erläutert.

Manchmal muss der Körper sagen: »Es reicht!«, um in Form zu kommen.

Ein Minimal-Tapering bedeutet etwa zwei bis drei Tage stark verringerter Aktivität. Das entspricht einer Maßnahme, wie Sie sie z. B. vor einem B-Wettkampf ergreifen würden. Es ist gerade genug, um die Erschöpfung abzubauen. Aber vor einem A-Wettkampf benötigen Sie ein längeres Tapering. Das kann zwei oder drei Wochen sukzessive verringertes Training bedeuten, v. a. hinsichtlich der Dauer und somit der Umfänge. Tabelle 8.2 liefert einen Leitfaden für ein Tapering in der Höchstleistungsphase, die rund eine Woche vor dem Wettkampf endet. Tabelle 8.3 veranschaulicht, wie das Training in der letzten Woche vor dem Rennen aussehen könnte. Das Beispiel in Tabelle 8.3 zeigt einen stark reduzierten Umfang des Trainings, wie Sie es in der Grundlagen- und Aufbauphase vermutlich absolviert haben, denn dies ist die letzte Chance, leistungsmindernde Erschöpfung abzulegen, und Sie sollten sie gut nutzen.

Ein Minimal-Tapering bedeutet etwa zwei bis drei Tage stark verringerter Aktivität.

Gehen Sie am Abend vor dem Rennen ungefähr zu der Zeit zu Bett, zu der Sie auch sonst schlafen gehen. Es kann sein, dass Sie Probleme haben,

Lassen Sie sich nicht beunruhigen, falls Sie eine schlaflose Nacht erleben.

einzuschlafen. Das ist bei Sportlern aller Leistungsklassen nichts Ungewöhnliches, aber unter Athleten mit geringer Wettkampferfahrung sicherlich etwas verbreiterter. Lassen Sie sich nicht beunruhigen, falls Sie eine schlaflose Nacht erleben. Eine Studie der University of Texas an männlichen und weiblichen Radfahrern zeigte, dass 25 bis 30 Stunden Schlafentzug keinen Verlust der Ausdauerleistungsfähigkeit nach sich ziehen. Das Gleiche gilt vermutlich auch für Schwimmen und Laufen.

RUHE UND REGENERATION IN DER ÜBERGANGSPHASE

Auch nach dem Wettkampf benötigen Sie eine Auszeit von intensiven, körperlich und mental anspruchsvollen Einheiten, bevor Sie das Training vor dem nächsten Wettkampf wieder steigern. Dies ist die Übergangsphase – eine Zeit stark verringerter körperlicher Aktivität. Wie lang diese Phase dauert, hängt vom Zeitpunkt in der Saison ab, und davon, wann Ihr nächstes Rennen ansteht. Nach einem A-Wettkampf zu Anfang oder mitten in der Saison dauert diese kurze Auszeit vom Training drei bis sieben Tage, je nachdem, wie viel Ihnen das Rennen und die Vorbereitung abverlangt haben. Nach dem letzten Wettkampf der Saison sollten Sie zwei bis sechs Wochen für den Übergang einplanen.

Die Übergangsphase ist keineswegs eine Zeit, um sich auf die faule Haut zu legen. Ganz ähnlich wie die Regenerationspausen, die Sie die ganze Saison hindurch alle drei bis vier Wochen eingelegt haben, ist dies eine Phase, in der Intensität und Umfang stark eingeschränkt werden. Sinn und Zweck der Pause ist, Ihren Körper auszuruhen und Ihren Geist zu erfrischen. Es ist ein guter Zeitpunkt, sich der Familie zu widmen oder Dinge zu unternehmen, zu denen Sie sonst nicht kommen.

Ein paar zwanglose Einheiten einhergehend mit dem einen oder anderen freien Tag sind in dieser Phase sinnvoll, um ein wenig aerobe Fitness zu erhalten und außerdem Ihren Bewegungstrieb zu stillen. In dieser Zeit des Jahres ist es am besten, keinen Plan zu haben. Entscheiden Sie Tag für Tag, welchen Aktivitäten Sie sich widmen wollen und ob Sie überhaupt etwas machen möchten. Sie könnten mit einem Kumpel eine lockere Ausfahrt unternehmen. Es muss aber nicht immer Schwimmen, Radfahren oder Laufen sein. Sie könnten ein wenig mit der Familie Wandern gehen oder mit Freunden Basketball oder Tennis spielen. Werden Sie nicht vollkommen untätig. Bewegen Sie sich an den meisten Tagen ein bisschen, lassen Sie aber die Finger von dem fokussierten Training, das Sie die ganze vorangegangene Saison über unternommen haben.

Wie lang sollte diese Übergangsphase am Ende der Saison dauern? Dass es an der Zeit ist, wieder ins Training einzusteigen, wissen Sie, wenn Sie über keinerlei Schmerzen und Wehwehchen mehr klagen, wenn Sie so ausgeruht sind, dass Sie vielleicht anfangen, ein wenig an Gewicht zuzulegen, und wenn Sie beginnen, sich wieder nach richtigem Training zu sehnen. Dann ist der Zeitpunkt gekommen, eine neue Saison zu beginnen.

FAZIT: RUHE UND REGENERATION

Die wichtigste Botschaft dieses Kapitels lautet, dass Sie regelmäßige Regenerationspausen benötigen, um auf hohem Niveau trainieren zu können. Ohne diese Pausen werden Sie früher oder später einen Einbruch erleben, der Ihre Saison ruinieren kann. Im Laufe des Jahres gibt es mehrere Zeitpunkte, an denen es wichtig ist, das Training zurückzuschrauben und sogar ganze Tage komplett auszusetzen. Die häufigsten und vielleicht wichtigsten sind die Regenerationsphasen im Anschluss an zwei oder drei Wochen schweren Trainings.

Bedenken Sie, dass eine Regenerationswoche nicht unbedingt sieben Tage dauern muss. Manche Athleten regenerieren schnell und befinden, dass sie schon nach drei Tagen wieder bereit sind loszulegen. Andere benötigen fünf Tage oder mehr. Ältere Athleten brauchen eher längere Regenerationspausen als junge. Ebenso brauchen weniger fitte Athleten längere Pausen als austrainierte Sportler. Was für Sie am besten ist, kann Ihnen nur die Erfahrung sagen. Begreifen Sie aber auch, dass Regeneration keine konstante Größe ist und nicht immer die gleiche Anzahl an Tagen vonnöten ist, um die Erschöpfung abzulegen. Auch wenn nach einer Trainingsphase drei Tage ausreichen, kann es durchaus vorkommen, dass Sie sich beim nächsten Mal nach drei Tagen Pause noch erschöpft fühlen und dementsprechend mehr Ruhe und Regeneration benötigen.

Wenn Ihr Training extrem fokussiert ist, wie in den Grundlagen- und Aufbauphasen, sammelt sich langsam aber sicher Erschöpfung an. Nach einem lockeren Trainingstag, der mehrmals in einer Woche anstehen kann, wird ein Teil dieser kurzfristigen Müdigkeit abgelegt, aber nicht alles. Was im Laufe dieser Trainingsphasen jeweils passiert, ist, dass sich die Erschöpfung allmählich ansammelt. Diese Akkumulation vollzieht sich so langsam, dass Sie sich ihrer vielleicht nicht einmal bewusst sind. Dies gilt v. a. dann, wenn Sie sich auf ein wichtiges Rennen vorbereiten und das Bedürfnis verspüren, ein paar zusätzliche Einheiten einzuschieben. In einem solchen Moment beschließen Sie möglicherweise, eine Regenerationsphase zu verschieben oder sogar auszulassen. Dies kann sich leicht als der fatale Fehler erweisen, der Ihnen die Saison ruiniert. Lassen Sie diese Pause nicht aus, um mehr hartes Training absolvieren zu können. Sie würden es wahrscheinlich bereuen.

Sie müssen überlegen, wie viele tägliche Einheiten Sie in diesen längeren Regenerationspausen unternehmen wollen. Der Ausgangspunkt ist, jeden Tag eine Einheit weniger als üblich zu absolvieren. Falls Sie also normalerweise eine Einheit pro Tag in jeder Sportart unternehmen, streichen Sie an jedem Regenerationstag eine der drei Einheiten und variieren Sie, in welchen beiden Disziplinen Sie jeweils trainieren. Wenn Sie normalerweise zwei Einheiten am Tag absolvieren, belassen Sie es bei einer. Sofern Sie normalerweise nur eine Einheit unternehmen, setzen Sie einige Tage auch komplett mit dem Training aus. Falls Sie während dieser Tage merken, nicht rasch zu regenerieren, sollten Sie sogar noch weniger Training vorsehen. Der Zweck der Übung ist, sich der Erschöpfung zu entledigen, und nicht etwa, mehr Fitness aufzubauen. Weniger ist jetzt besser.

Am zweitwichtigsten sind die lockeren Tage, die die gesamte Saison hindurch in jeder Woche einbezogen werden. Diese können geplant sein, beispielsweise wenn im Anschluss an einen schweren Trainingstag routinemäßig ein lockerer oder sogar freier Tag eingelegt wird. Erfahrene und sehr selbstreflektierte Athleten können lockere Tage je nach Bedarf einlegen. Mit anderen Worten: Wenn er spürt, dass er eine Pause braucht, kann ein feinfühliger Athlet sich spontan für einen lockeren Tag entscheiden, ganz gleich, was der Plan vorsieht. Die morgendlichen Warnzeichen aus Tabelle 11.1 helfen, solche Entscheidungen zu treffen.

Was genau einen »lockeren« Trainingstag ausmacht, hängt vom jeweiligen Athleten ab. Erinnern Sie sich aus Kapitel 3, dass die beiden einzigen Trainingsvariablen, die Sie verändern können, um eine Einheit leichter oder schwerer zu machen, Dauer und Intensität sind. Was die Intensität betrifft, ist es ganz einfach, einen lockeren Tag zu definieren: Das entspricht einem Training in Zone 1. Mit der Dauer ist es ein bisschen kniffliger. Falls Sie Leistungssportler sind und mehr als 30 Stunden in der Woche trainieren, kann eine Einheit mit lockerer

Was genau einen »lockeren« Trainingstag ausmacht, hängt vom jeweiligen Athleten ab.

Dauer eine zweistündige Ausfahrt bedeuten. Aber falls Sie nur sechs Stunden pro Woche trainieren, würde eine lockere Dauer eher um die 20 Minuten bedeuten.

Zwei weitere Zeitpunkte in der Saison, in der Ruhe und Regeneration von maßgeblicher Bedeutung sind, sind die Wochen unmittelbar vor und nach einem A-Wettkampf. Wenn Sie vor einem wichtigen Rennen nicht eine beträchtliche Menge an Erschöpfung abbauen, werden Sie wahrscheinlich eine schwache Vorstellung abliefern. Tabelle 8.3 schlägt eine Möglichkeit vor, wie Sie dies anstellen und gleichzeitig ein hohes Maß an Fitness erhalten können. Sie müssen für sich ein individuelles Muster für eine Wettkampfwoche austüfteln, das für Sie funktioniert und auf das Sie jedes Mal zurückgreifen können.

Eine Ruhe- und Regenerationspause in der Woche nach einem anstrengenden A-Wettkampf – insbesondere einem Wettkampf, der auf einige Wochen hochkonzentrierten Trainings folgte – ermöglicht Ihnen, sich physisch und mental zu verjüngen, bevor Sie in die Vorbereitung auf das nächste Rennen einsteigen. Eine Pause nach einem Rennen dauert während der Saison normalerweise drei bis sieben Tage. Nach dem letzten Wettkampf der Saison kann sie bis zu sechs Wochen dauern. Aber selbst das ist möglicherweise nicht lang genug. Ich habe mal eine Athletin betreut, die mit voller Konzentration für ihren ersten Ironman trainierte, den Streckenrekord in ihrer Altersklasse brach und danach sechs Monate Pause von fokussiertem Training brauchte. Sie war vollkommen fix und fertig.

Adäquate Ruhe und Regeneration, unabhängig vom Zeitpunkt der Saison, ist größtenteils eine Sache von Versuch und Irrtum. Der Schlüssel dafür, das richtige Maß zu finden, ist, konservativ vorzugehen. Im Zweifel haben Sie mehr davon, zu wenig zu trainieren als zu viel. Lieber ein bisschen untertrainiert, aber dafür motiviert, als ständig müde und apathisch.

TEIL VI

DER ENTSCHEIDENDE UNTERSCHIED

In Teil VI widmen wir uns drei Herausforderungen des Trainings, die Triathleten oft vernachlässigen: die Arbeit an der Schnelligkeit und Kraft und das Führen eines Trainingstagebuchs. Vermutlich ist es der knapp bemessenen Zeit geschuldet, dass diese Aspekte häufig zu kurz kommen. Die meisten Triathleten sind viel beschäftigte Menschen, die versuchen, rund um Familie, Beruf und ihre anderen Verpflichtungen noch zwei Einheiten am Tag unterzubringen. Viele haben vermutlich das Gefühl, irgendwo einfach Abstriche machen zu müssen, aber in diesem Teil dieses Buches möchte ich Ihnen zeigen, wie Sie diese drei Trainingsinstrumente in Ihrem vollgepackten Leben unterkriegen können.

Es steht außer Frage, dass Sie bessere Wettkampfzeiten erzielen werden, wenn Sie Ihre Schwimm-, Rad- und Lauftechnik verbessern. Um das zu erreichen, brauchen Sie Ihre Trainingswoche nicht um zusätzliche Einheiten zu ergänzen. In Kapitel 12 zeige ich Ihnen, wie Sie Ihr Training zu Beginn der Saison so periodisieren, dass Sie technisch besser werden, und danach verrate ich Ihnen, wie Sie die neu erworbenen Fertigkeiten im Laufe der Saison erhalten. Sicher freut es Sie zu hören, dass es bei weitem nicht so viel Trainingszeit erfordert, diese Fertigkeiten zu wahren, wie dafür benötigt wird, sie zunächst zu entwickeln. Hinsichtlich der Erhaltung ist das Aufwärmen zu Beginn einer Einheit der ideale Zeitpunkt, um an Ihrer Technik zu arbeiten. Sofern Sie den hier vorgestellten Leitfaden zur Entwicklung Ihrer technischen Fertigkeiten beherzigen und einen Trainingsplan erstellen, so wie es in den Kapiteln 7, 8 und 9 erläutert wird, werden Sie die knapp bemessene Zeit, die Ihnen fürs Training zur Verfügung steht, nicht mehr beanspruchen müssen als zuvor.

In ganz ähnlicher Weise erläutere ich in Kapitel 13, wie Sie Kraft aufbauen, indem Sie sich an Ihren Periodisierungsplan aus Teil IV halten. Die Besuche im Kraftraum sind für gewöhnlich die neben dem Schwimmen, Radfahren und Laufen zeitaufwendigsten Einheiten. Das muss aber nicht sein. Zwar ist es Ihrer Leistung dienlich, Ihre Kraft durch Arbeit mit Gewichten zu entwickeln, doch gibt es triathlonspezifische Alternativen, die keine Zeit im Kraftraum erfordern. Wie Sie sehen werden, können Sie mit leicht abgewandelten Schwimm-, Rad- und Lauf-Einheiten fast die gleichen Ergebnisse erzielen.

In Kapitel 14 werden Sie erfahren, warum ein Trainingstagebuch das wertvollste Hilfsmittel für einen ernsthaften Triathleten ist. Ich zeige Ihnen, wie Sie es anwenden, um Ihre Saison zu planen. Damit Sie nicht übermäßig viel Zeit dafür verwenden müssen, über Ihren Trainingsdaten zu brüten, erläutere ich Ihnen weiterhin, was sich hinsichtlich Ihrer Trainingseinheiten und Wettkämpfe wirklich aufzuschreiben lohnt. Wenn es gut geführt ist, wird sich Ihr Tagebuch als unschätzbar darin erweisen, Sie im Hinblick auf Ihre Saisonziele auf Kurs zu halten.

In Teil VI geht es darum, der Konkurrenz den entscheidenden Schritt voraus zu sein, indem Sie lernen, die scheinbar kleinen Dinge zu tun, die so wichtig sind, um individuelle Höchstleistungen zu erreichen.

12

SCHNELLIGKEIT

KAPITEL 6 stellte das Konzept der Leistungsfaktoren vor, die Sie trainieren müssen, um hohe Wettkampfleistungen zu erreichen. Die drei grundlegenden Faktoren sind Ausdauer, Kraft und Schnelligkeit, die drei erweiterten sind Kraftausdauer, aerobe Kapazität und Schnellkraft. Auch den Einheiten in den Anhängen B bis E liegen diese Leistungsfaktoren zugrunde. Angesichts der Gegebenheiten in Triathlons mit Windschattenverbot, die den primären Schwerpunkt dieses Buchs bilden, wird die Schnellkraft nicht berücksichtigt, denn es kommt selten vor, dass ein solcher Wettkampf durch einen Zielsprint entschieden wird.

Von den übrigen Leistungsfaktoren ist es meistens die Schnelligkeit, die am ehesten vernachlässigt wird. Dabei ist es gerade diese Qualität, die Sie vermutlich verbessern müssten. Ich sehe Triathleten generell nur dann an der Schnelligkeit arbeiten, wenn sie »Drills«, also gezielte technische Einzel-Übungen, absolvieren. Aber selbst dann verstehen viele von ihnen oft gar nicht so recht, was der Zweck dieser Übungen ist. Zudem führen sie sie häufig mit mangelhafter Technik aus. Gerade Schwimm-Drills müssen sehr präzise ausgeführt werden, ansonsten sind sie Zeitverschwendung.

Nur selten sehe ich Triathleten an ihrer Rad- oder Lauftechnik arbeiten. Die meisten scheinen zu glauben, dass diese Sportarten mit technischen Fertigkeiten nichts zu tun haben. Doch wenn Sie sich dort beim Training in der Gruppe mal Ihre Mitstreiter anschauen, werden Sie problemlos erkennen können, wer eine gute Technik aufweist und wer nicht. Die Bewegungsabläufe technisch versierter Sportler sind geschmeidig und scheinbar mühelos. Es ist deutlich zu sehen, dass sie keine Energie verschwenden. Athleten mit schlechter Technik wirken hingegen schludrig, und die Anstrengung ist ihnen anzumerken. Die Energieverschwendung ist nicht zu übersehen.

Schnelle Athleten verfügen i. d. R. über eine gute Technik, mit der sie während der Bewegung Energie sparen. Sie sind effizient. Langsame Athleten sind zum Teil deswegen langsam, weil ihre Technik schlecht ist. Sie verschwenden Energie und sind ineffizient. An der Schnelligkeit und damit an der Effizienz zu arbeiten, birgt für die meisten Athleten großes Potenzial, ihre Leistungen zu verbessern.

EFFIZIENTE BEWEGUNGEN

Wahrscheinlich sind Sie in einer Disziplin ökonomischer als in den beiden anderen.

Sie erinnern sich vielleicht aus Kapitel 6, dass es drei physiologische Indikatoren der Fitness gibt: aerobe Kapazität (VO_2max), Laktatschwelle (LT2) und Ökonomie. Eines der obersten Trainingsziele ist, eine hohe aerobe Kapazität zu entwickeln, so dass Sie in der Lage sind, viel Sauerstoff bereitzustellen, um die für die Bewegung erforderliche Energie zu liefern. Ihre Laktatschwelle sollte bei einem hohen Prozentsatz Ihrer VO_2max liegen. Und Sie müssen ökonomisch sein, so dass Sie beim Schwimmen, Radfahren und Laufen möglichst wenig Energie verschwenden. (Wir erörtern in diesem Kapitel zwar die technischen Fertigkeiten, aber eigentlich geht es um die Ökonomie – eine gute Technik bedeutet, ökonomisch zu sein.)

In Kapitel 6 haben wir uns ausführlich mit der Ökonomie beschäftigt. Manche der bestimmenden Faktoren entziehen sich Ihrer Kontrolle, wie die Größe Ihres Oberkörpers, die Länge Ihrer Arme und Beine oder die Größe Ihrer Hände und Füße. Triathlon ist so anspruchsvoll, weil Ihr Körper möglicherweise für eine der drei Sportarten perfekt proportioniert ist, nicht aber für die anderen beiden. Für das Schwimmen bilden ein langer Oberkörper und lange Arme gute Voraussetzungen, sich ökonomisch im Wasser zu bewegen. Aber fürs Laufen sind ein kurzer Rumpf und lange Beine besser, v. a. lange Schienbeinknochen. Die langen Arme, die Ihnen beim Schwimmen gute Dienste leisten, erweisen sich beim Laufen als nachteilig. Und selbstverständlich sind für das Radfahren wiederum ganz andere körperliche Voraussetzungen wünschenswert, wie z. B. lange Oberschenkelknochen. Den idealen Triathlon-Körper gibt es offenbar nicht und wahrscheinlich sind Sie in einer Disziplin ökonomischer als in den beiden anderen. So ergeht es allen Triathleten.

Über manche dieser physiologischen Faktoren der Ökonomie haben Sie indes eine gewisse Kontrolle, allen voran die Bewegungsabläufe. Wer aufgrund mangelhafter Bewegungsabläufe Energie verschwendet, dem fehlt es an Effizienz. Egal, wie gut Ihr Körper für Schwimmen, Radfahren und Laufen geeignet sein mag: Falls Ihre Bewegungsabläufe schlecht sind, werden Sie Sauerstoff und Energie vergeuden. Sie sind ineffizient. Das bedeutet, im Rennen mehr Nahrung aufnehmen zu müssen, um den Energiebedarf zu decken, v. a. auf langen Distanzen, wo die Verpflegung ganz entscheidend ist für die Leistung. Wenn die Nahrungsaufnahme im Wettkampf gesteigert wird, erhöht sich das Risiko von Verdauungsproblemen, die sich in Völlegefühl und Unwohlsein äußern. Je länger das Rennen, desto wichtiger sind effiziente Bewegungsabläufe. Bei einem Sprint-Triathlon können Sie eine Menge Energie verschwenden und damit durchkommen – nicht aber bei einem Ironman.

In diesem Kapitel möchte ich Ihnen nahebringen, wie Sie die Effizienz Ihrer Bewegungen in allen drei Sportarten verbessern, indem Sie an Ihrer Schnelligkeit arbeiten. Wir beginnen mit dem Schwimmen, da es die Disziplin ist, in der technische Fertigkeiten die größte Rolle spielen. Zuvor möchte ich Ihnen noch eine bewährte Abfolge zur Arbeit an der Technik ans Herz legen, mit der Sie sicherstellen, dass diese ausreichend entwickelt ist.

ARBEIT AN DER TECHNIK

In diesem Kapitel stelle ich einige neue technische Fertigkeiten für die drei Disziplinen vor. Manche davon mögen dem widersprechen, was Ihnen bisher beigebracht worden ist, und neue Bewegungsmuster für

Sie bedeuten. Und einige werden Sie wahrscheinlich nicht nur körperlich, sondern auch mental fordern. Aber im Laufe vieler Jahre habe ich verstanden, dass die vorgestellten Fertigkeiten sowohl effektiv als auch effizient sind. Sobald man sie beherrscht, haben sie das Potenzial, Sie als Triathlet nicht nur schneller, sondern auch effizienter zu machen.

Diese Fertigkeiten zu erlernen, ist mental schwierig, weil Sie sich womöglich von Mustern verabschieden müssen, die Ihnen jahrelang beigebracht worden sind. Falls Sie bereits in allen drei Disziplinen schnell und effizient sind, gibt es keinen Grund, etwas zu ändern. Wenn Ihre Wettkampfleistungen aber deutlich unter dem liegen, was Sie sich eigentlich zutrauen, sollten Sie auf jeden Fall in Erwägung ziehen, Ihre Technik zu verändern. Es wird einige Wochen dauern, dies umzusetzen.

Der beste Zeitpunkt dafür ist während der Vorbereitungsphase zu Beginn der Saison, aber das Erlernen neuer Fertigkeiten kann sich ohne weiteres bis in die frühe Grundlagenphase hineinziehen. Seien Sie darauf gefasst, dass Sie anfangs langsamer und sogar eine Zeitlang weniger effizient sein werden. Das ist normal. Wenn Sie alte, fest verankerte Bewegungsabläufe verändern, wird sich Ihr Körper zunächst dagegen sträuben. Es wird sich seltsam anfühlen und Ihre Herzfrequenz wird vermutlich höher sein als normal. Bleiben Sie am Ball. Irgendwann wendet sich das Blatt. Sie werden schneller werden und weniger Energie verschwenden.

Wenn Sie eine neue Technik erlernen, gibt es eine feste Abfolge, an die Sie sich halten sollten. Dies wird Ihnen helfen, die Technik zu verfeinern. Achten Sie darauf, dass Sie den jeweiligen Schritt richtig beherrschen, bevor Sie zum nächsten übergehen. Manche werden sich Ihnen recht schnell erschließen, möglicherweise in einer einzigen Übungseinheit, für andere hingegen werden Sie länger brauchen. Beginnen Sie jede Übungseinheit, indem Sie die vorige Lektion wiederholen, um der Muskulatur und dem Nervensystem in Erinnerung zu rufen, was Sie tun möchten.

Das beste Trainings-Tool für die Verbesserung der Technik sind Videoaufnahmen. Lassen Sie jemanden kurze Videos aufnehmen, wie Sie schwimmen, Rad fahren und laufen. Schauen Sie sich die Aufnahmen direkt während der Trainingseinheit kurz an und nehmen Sie dann umgehend kleine Anpassungen an Ihren Bewegungsmustern vor. Schauen Sie sich die Videos nach dem Ende der Einheit dann noch mal in Ruhe genauer an, um zu sehen, wie Sie sich bewegen, und überlegen Sie, wie Sie Verbesserungen erreichen könnten. Und vor der nächsten Trainingseinheit in der entsprechenden Disziplin sollten Sie sich die Aufnahmen noch einmal ansehen, um die erforderlichen Anpassungen zu verinnerlichen, bevor Sie loslegen. Wie sollten Ihre Bewegungen in dem betreffenden Sport optimalerweise aussehen? Darauf gehe ich etwas später in diesem Kapitel noch genauer ein. Es kann auch hilfreich sein, im Internet nach Videos von technisch starken Triathleten zu suchen, die Sie imitieren können. Denken Sie daran, dass die Verbesserung Ihrer technischen Fertigkeiten ein langfristiger Prozess ist, der sich letztlich durch bessere Wettkampfzeiten auszahlen wird.

Wenn Sie Änderungen an der Technik vornehmen, müssen Sie darauf gefasst sein, dass Sie anfangs langsamer und sogar eine Zeitlang weniger effizient sein werden.

Schritt 1: Beobachten. Der erste Schritt beim Erlernen einer neuen Technik ist, andere Athleten zu beobachten, die diese beherrschen. Schauen Sie sich gute Schwimmer, Radfahrer und Läufer an. Achten Sie darauf, wie sie sich bewegen. Achten Sie v. a. auf ihre Bewegungen bei der jeweiligen Fertigkeit, die Sie sich aneignen möchten. Ein guter Zeitpunkt für solche Studien ist unmittelbar vor Ihren eigenen Übungen. Schauen Sie z. B., bevor Sie selbst ins Becken steigen, ein paar Minuten einem guten *Freiwasser*-Schwimmer zu (die Betonung auf Freiwasser erläutere ich gleich noch). Beachten Sie die Gelenkwinkel und den Rhythmus. Behalten Sie

Der erste Schritt beim Erlernen einer neuen Technik ist, andere Athleten zu beobachten, die diese beherrschen.

dieses Bild im Kopf, wenn Sie damit beginnen, an Ihrer Technik zu arbeiten. Eine andere Möglichkeit ist, kurze Videos von Athleten zu drehen, die eine Technik ausüben, die Sie erlernen möchten. Schauen Sie sich das entsprechende Video an, bevor Sie mit Ihrer Einheit beginnen. Behalten Sie dieses Bild im Kopf, wenn Sie üben.

Schritt 2: Langsam bewegen. Der zweite Schritt ist, die Bewegung langsam auszuführen, während Sie sich gleichzeitig dabei beobachten. Isolieren Sie die Bewegung und vollführen Sie sie losgelöst vom Kontext der Bewegung des gesamten Körpers. Sie bewegen nur einen Körperteil, während der Rest Ihres Körpers unbewegt bleibt. Falls es ein Arm oder Bein ist, wechseln Sie die Seiten ab. Wenn Sie an einer Schwimmtechnik arbeiten, üben Sie sie am Beckenrand, nicht im Wasser. Beim Laufen müssen Sie sich für die Balance eventuell an etwas festhalten, während Ihr Fuß oder Bein langsam die gewünschten Bewegungen ausführt. Um Schritt 2 zu meistern, brauchen Sie vielleicht nur eine einzige Einheit, er sollte aber über mehrere Wochen Teil des Aufwärmens sein, wann immer Sie eine Einheit in der jeweiligen Sportart absolvieren.

Erschöpfung ist der Feind der Arbeit an der Technik.

Schritt 3: Assimilieren. Sobald Sie die Technik beherrschen, indem Sie sie immer wieder langsam isoliert und sich dabei selbst beobachtend ausgeführt haben, ist es so weit, sie im Kontext des Sports anzuwenden. Konzentrieren Sie sich also während des Schwimmens, Radfahrens oder Laufens darauf, die maßgeblichen Bewegungen des betreffenden Körperteils korrekt auszuführen. Achten Sie z. B. genau auf nur einen Arm oder einen Fuß. Ignorieren Sie alles andere, was Ihr Körper gleichzeitig anstellen mag. Meistern Sie die korrekte Bewegung dieses einen Körperteils, bevor Sie an etwas anderem arbeiten. Benutzen Sie im Becken einen Pull Buoy, wenn Sie mit den Armen arbeiten, so dass Sie sich ganz darauf konzentrieren können. Führen Sie die Bewegungen in diesem Schritt langsam aus. Beobachten Sie, falls möglich, den Körperteil während der Bewegung. Auf lange Sicht müssen Sie lernen, ohne hinzusehen zu erspüren, was der fragliche Körperteil macht. Schritt 3 kann einige Tage in Anspruch nehmen. Wenn Sie ihn gemeistert haben, sollten Sie diese Zeitlupen-Bewegung mit einem Körperteil aber weiterhin als Teil des Aufwärmens absolvieren.

Schritt 4: Schneller werden. Sobald Sie die Bewegung in Zeitlupe beherrschen, was ein paar Einheiten dauern mag, können Sie langsam das Tempo erhöhen. Teilen Sie die Einheit in kurze Segmente ein, die zunächst einige Sekunden dauern und schrittweise auf wenige Minuten ausgedehnt werden. Nach jeder dieser kurzen Wiederholungen ruhen Sie sich aus, damit sich keine Ermüdung einstellt. Erschöpfung ist der Feind der Arbeit an der Technik. Wenn Sie in dieser Phase lange, durchgängige Schwimm-, Rad- oder Lauf-Einheiten unternehmen, würde die Technik darunter leiden, denn Sie würden in alte Bewegungsmuster zurückfallen. Kurze Wiederholungen, bei denen Sie sich ganz auf die Technik konzentrieren, und lange Ruhepausen nach jeder Wiederholung sind unerlässlich. In dieser Phase kann es mehrere Wochen dauern, bis eine Fertigkeit vollständig entwickelt ist.

Schritt 5: Distanz steigern. Nachdem Sie mehrere Wochen damit verbracht haben, sich mit kurzen Wiederholungen und langen Ruhepausen die Bewegung anzueignen, bringen Sie nun allmählich Ausdauer – und damit Erschöpfung – ins Spiel. Ab jetzt unternehmen Sie lange Schwimm-, Rad- und Lauf-Einheiten. In diesem Schritt geht es darum, sich weiter auf die korrekten Bewegungsabläufe zu konzentrieren, wenn Sie ermüden. Beim ersten Anzeichen, dass die Technik nachlässt, legen Sie eine Pause ein, um sich zu erholen. Setzen Sie dann die Einheit fort, während Sie sich weiter auf die Technik konzentrieren. Auch dieser Schritt kann mehrere Wochen in Anspruch nehmen.

Schritt 6: Den Druck erhöhen. Dies ist der ultimative Test, wie gut Ihre Technik entwickelt ist. Sind Sie in der Lage, die gewünschten Bewegungsabläufe im Wettkampf umzusetzen? Um sich zu testen, bestreiten Sie einen C-Wettkampf mit dem Ziel, die neu entwickelte Technik unter Rennbedingungen beizubehalten. Achten Sie beim entsprechenden Teilabschnitt genau auf Ihre neue Technik. Beurteilen Sie anschließend, wie Sie sich geschlagen haben. Waren Sie in der Lage, die neue Technik durchgängig aufrechtzuerhalten? Falls dem so ist, beherrschen Sie sie vollständig. Wenn Sie nachgelassen haben und in alte Bewegungsmuster verfallen sind, müssen Sie einen Schritt zurückgehen und weiter daran arbeiten.

SCHWIMMTECHNIK

Viele Jahre lang habe ich als Coach einwöchige Trainingscamps für Triathleten angeboten. Was dabei immer wieder auffiel, war, wie miserabel die Schwimmtechnik vieler Triathleten ist. Beim Schwimmen ist die Technik wichtiger als die »Fitness«. Wenn Ihre Technik nur mäßig ist, können Sie im Becken stundenlang Intervalle und Tempo bolzen, ohne jemals schneller zu werden. Für die meisten Triathleten ist die Ökonomie, also eine gute Schwimmtechnik, der Schlüssel zu besseren Schwimmzeiten.

In meinen Camps haben wir die ganze Woche damit verbracht, ausschließlich an der Schwimmtechnik zu arbeiten. Es begann mit einem 500-Meter-Zeitschwimmen, um einen Ausgangswert zu erhalten. Am letzten Tag, nach etlichen Einheiten mit Fokus auf der Technik, haben wir das Zeitschwimmen dann wiederholt. Etwa 90 Prozent der Teilnehmer schwammen nun schneller, ohne inzwischen je an ihrer aeroben Kapazität oder Laktatschwelle gearbeitet zu haben. Und das alles am Ende einer schweren Woche mit 25 Trainingsstunden; das Maß an Erschöpfung war also hoch. Ich vermute, dass die zehn Prozent, die nicht schneller schwammen, einfach ausgepowert waren. Bisweilen erzählten sie mir später, dass auch sie, nachdem sie wieder zu Hause waren und sich ausgeruht hatten, nun tatsächlich schneller schwammen. Ich weiß also, dass das, was ich Ihnen hier beibringen möchte, auch in der Praxis funktioniert.

Nun kommt die bereits angesprochene mentale Herausforderung ins Spiel. Ich werde Ihnen Techniken vermitteln, die vermutlich dem widersprechen, was Ihnen beigebracht worden ist. Sie werden sich entscheiden müssen: Halten Sie an dem fest, was Sie bislang gemacht haben, oder nehmen Sie eine drastische Veränderung Ihrer Schwimmtechnik vor? Falls Sie mit Ihrer alten Methode gut gefahren sind – also bereits schnell und effizient sind –, besteht keine Veranlassung, etwas zu ändern. Aber wenn Sie seit Jahren trainieren, ohne im Wasser deutlich schneller zu werden, ist es an der Zeit, Ihre Technik zu überdenken.

Schnellere Schwimmzeiten hängen weit mehr von Ihrer Technik ab als von Ihrer Fitness.

Was ich Ihnen hier beibringen möchte, ist, wie Sie ein guter *Freiwasser*-Schwimmer werden. Das ist etwas anderes als ein guter Beckenschwimmer, wie wir gleich erörtern werden.

Ihr Ziel ist es, im Wettkampf schneller zu schwimmen. Werden Sie plötzlich zum besten Schwimmer Ihrer Masters-Gruppe? Vermutlich nicht. Werden Sie sämtliche Altersklassen-Rekorde brechen? Wohl kaum. Was Sie aber schaffen werden, ist, in einem Triathlon eher aus dem Wasser zu kommen, ohne dafür härter trainieren zu müssen. Das habe ich bei vielen Triathleten erlebt. Denn schnellere Schwimmzeiten hängen weit mehr von Ihrer Technik ab als von Ihrer Fitness.

Mag sein, dass Sie skeptisch sind. Vielleicht bekommen Sie zu hören, dass das, was ich Ihnen hier erläutere, falsch sei. Wenn Sie diese mentale Hürde nicht überwinden können oder mit Ihren Schwimmleistungen schon rundum zufrieden sind, können Sie diesen Abschnitt gern auslassen und zur Radtechnik weiterblättern. Aber wenn Sie im Wettkampf schneller schwimmen möchten, ohne härter trainieren zu müssen, dann lesen Sie weiter.

HALC

Trainer verzetteln sich häufig in den Einzelheiten des Trainings, v. a. im Hinblick auf die Entwicklung der Technik. Wir wissen eine Menge und möchten diese Kenntnisse an unsere Schützlinge weitergeben. Auch ich kann mich davon nicht freisprechen. Wenn es ums Schwimmen geht, versuchen wir, jeden Makel in der Zugtechnik anzusprechen und zu korrigieren – egal, wie unbedeutend und klein die Veränderung auch ausfallen mag. Sollten z. B. die Finger beim Armzug offen oder geschlossen sein? Ich habe Trainer erlebt, die ganze Schwimm-Einheiten nur diesem winzigen Aspekt gewidmet haben. Aber eine solche Veränderung ist Kleinkram. Sie ist die Zeit nicht wert, die Sie damit zubringen, sie zu »korrigieren«. Stattdessen sollten Sie Ihre wertvolle Trainingszeit den Veränderungen widmen, die Ihnen wirklich *viel* bringen.

Wie sieht es mit dem Beinschlag aus? Wie viele Stunden verbringen Sie jede Saison mit dem Kickboard? Ein kraftvoller Beinschlag ist nur dann wichtig, wenn Sie beschleunigen müssen. Im Becken geschieht das nach jeder Wende, aber im Freiwasser nur beim Start und an einer Wendemarke. Dabei geht es selbst beim Ironman nur um wenige Sekunden. Beim Freiwasserschwimmen dient der Beinschlag vornehmlich dazu, den Körper in der Balance zu halten, ähnlich wie die Arme beim Laufen. Die Zeit, die Sie mit einem Kickboard trainieren, könnten Sie folglich besser dazu nutzen, an Aspekten zu arbeiten, mit denen Sie im Wettkampf mehrere Minuten gutmachen können.

Beim Freiwasserschwimmen dient der Beinschlag vornehmlich dazu, den Körper in der Balance zu halten, ähnlich wie die Arme beim Laufen.

Es sind nur vier Dinge, die Sie beherrschen müssen, um ein schnellerer und effizienterer Freiwasserschwimmer zu werden. Zusammengenommen nenne ich sie die HALC-Fertigkeiten:

- Haltung
- Ausrichtung
- Länge
- Catch

Sofern Sie sich diese vier Elemente aneignen und den *ganzen* anderen Kram ignorieren, mit dem Sie Ihre wertvolle Trainingszeit vertun könnten, werden Sie ein schnellerer Freiwasserschwimmer. Es ist mehr als wahrscheinlich, dass Sie zumindest einen oder zwei dieser vier Aspekte bereits richtig beherrschen. Dementsprechend bräuchten Sie nur an zwei oder drei der HALC-Elemente zu arbeiten, um ein besserer Schwimmer zu werden.

Nachfolgend erläutere ich also nacheinander die vier grundlegenden technischen Fertigkeiten für das Freiwasserschwimmen. Überlegen Sie beim Lesen jeweils, ob Sie sie bereits beherrschen. Falls Sie nicht sicher sind, lassen Sie sich beim Schwimmen filmen, sowohl von vorn als auch von der Seite, so dass Sie es besser prüfen können. Am besten geeignet sind Unterwasser-Aufnahmen. Sich beim Schwimmen filmen zu lassen, ist aber in jedem Fall sehr nützlich und sollte häufig gemacht werden. In meinen Camps fertigen wir für jeden Teilnehmer bei jeder Einheit ein Video an.

Sie müssen die vier HALC-Elemente in der hier behandelten Reihenfolge erlernen, da jede Fertigkeit auf der jeweils vorhergehenden aufbaut. Zudem werden die Übungen etwas schwieriger, je weiter Sie voranschreiten.

Das Erlernen einer neuen technischen Fertigkeit geht schneller, wenn man die Bewegungen der

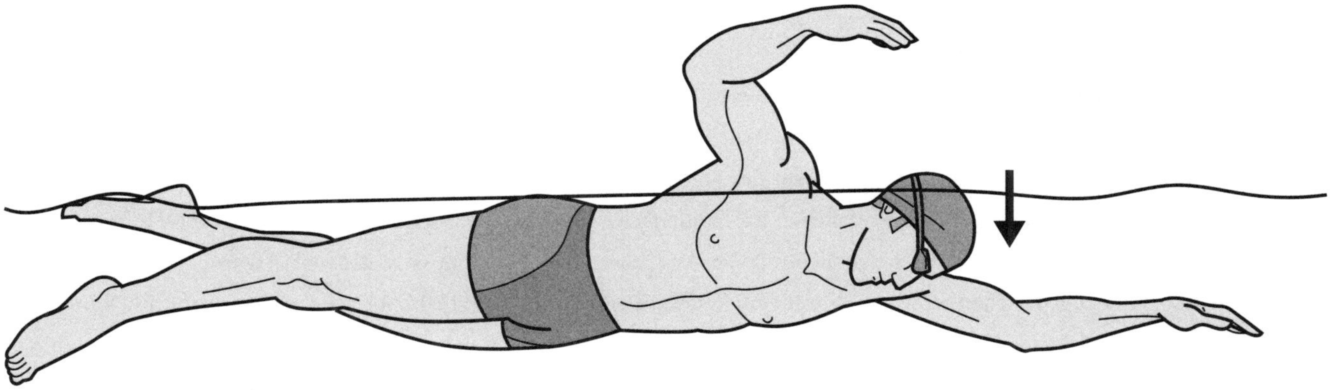

ABBILDUNG 12.1 Schwimmhaltung mit nach unten gerichteter Nase.

Techniküebung ein wenig übertreibt. Im Folgenden lernen Sie eine Menge über Bewegungen, die Sie ökonomischer und schneller machen

Haltung

Beim Beckenschwimmen haben die meisten Triathleten den Kopf erhoben und den Blick auf die vor ihnen liegende Wand gerichtet. Dabei sinkt die Hüfte im Wasser ab, da sich die Wirbelsäule verlängert. Je tiefer die Hüfte absinkt, desto größer der Widerstand. Dieser wirkt sich genauso aus wie der größere Luftwiderstand, den Sie verspüren, wenn Sie sich auf dem Rad aufsetzen: Sie werden erheblich langsamer. Aber ebenso, wie Sie schneller werden, indem Sie sich auf dem Rad auf den Aerolenker legen, werden Sie auch umgehend schneller schwimmen, sobald Sie sich die richtige Haltung angeeignet haben.

Der erhobene Kopf vergrößert nicht nur den Widerstand, sondern behindert auch die Sauerstoffaufnahme, erschwert die Atmung beim Kraulen und erhöht die Belastung auf Ihrer Nacken- und Schultermuskulatur. Um zu verstehen, was ich meine, stehen Sie doch einmal kurz auf und blicken Sie ein paar Sekunden lang zur Decke. Je höher Sie aufschauen müssen, desto mehr spüren Sie, wie sich das Becken vorschiebt, die Atmung erschwert wird und die Muskeln sich anspannen. All das macht Sie zu einem langsamen Schwimmer.

Um Ihre Haltung zu verbessern, richten Sie Ihre Nase auf den Boden des Beckens. Abbildung 12.1 zeigt, wie es geht. Die Schwimmleine sorgt dafür, dass Sie weiter geradeaus schwimmen. Sie werden es zunächst als unangenehm empfinden, nach unten zu schauen, denn wir sehen gerne, was auf uns zukommt. Um zu sehen, wohin Sie schwimmen, verdrehen Sie, während Sie die Nase weiter auf den Boden richten, die Augen nach oben, als würden Sie versuchen, über einen Brillenrand hinwegzulugen. Im Freiwasser werden Sie freilich häufig kurz den Blick heben, um sich zu orientieren. Das würden Sie ungeachtet der Kopfhaltung tun. Es ist also nichts zu gewinnen und eine Menge zu verlieren, indem man nach vorne schaut. Halten Sie Ihre Nase nach unten gerichtet. Es braucht wahrscheinlich nur eine Einheit, um sich an die richtige Haltung zu gewöhnen. Beginnen Sie mit einer Trockenübung am Beckenrand, bevor Sie ins Wasser steigen: Beugen Sie sich im Stehen aus der Hüfte vor und führen Sie ein paar Schwimmzüge aus, wobei Sie darauf achten, dass Ihre Nase nach unten zeigt. Sie werden diese Trockenübung vor jedem Training wiederholen müssen, um sie zu verinnerlichen. Wahrscheinlich werden Sie schon bis zur nächsten Schwimm-Einheit so weit sein, zum nächsten Element übergehen zu können: dem A in HALC.

Sie werden umgehend schneller schwimmen, sobald Sie sich die richtige Haltung angeeignet haben.

Hand und Arm müssen in die richtige Richtung weisen, wenn sie ins Wasser eintauchen.

Ausrichtung

Beginnen Sie mit der Arbeit an diesem Element nicht, bevor Sie die Haltung wirklich beherrschen – so dass Sie dieses Element der Schwimmtechnik umsetzen, ohne darüber nachzudenken. Die meisten Triathleten tun sich mit der Ausrichtung ein bisschen schwerer als mit der Haltung. Die Ausrichtung hat mit dem Winkel zu tun, mit dem Ihre Hände und Arme in Relation zur Schwimmrichtung ins Wasser eintauchen. Und zwar sollten diese beim Eintauchen in die Richtung weisen, in die Sie schwimmen. Viele Triathleten greifen über, d. h. die Arme kreuzen die Linie der gewünschten Schwimmrichtung. Das ist, als würde beim Laufen ein Bein unmittelbar vor dem Fußaufsatz das andere Bein kreuzen. Das wäre irrsinnig ineffizient, trotzdem machen viele Triathleten beim Schwimmen etwas ganz Ähnliches. Ein fataler Fehler.

Sie werden als Schwimmer nicht annähernd Ihr Potenzial ausschöpfen, solange Hände und Arme beim Eintauchen nicht in die richtige Richtung weisen. Dazu sollte die Hand vor der Schulter eintauchen, nicht vor dem Kopf. Die meisten Triathleten, denen dieser Fehler unterläuft, sind sich gar nicht bewusst, dass sie übergreifen: Man meint, dass die Hand sich an der richtigen Stelle befindet, einfach weil man es tausende Male auf diese Weise gemacht hat. Um zu prüfen, ob Sie übergreifen, lassen Sie sich beim Schwimmen von vorne filmen. Achten Sie darauf, wo Ihre Hände ins Wasser eintauchen. Es kann sein, dass Sie mit beiden Armen übergreifen oder bloß mit einem. Falls es nur einer ist, merken Sie sich welcher. Wenn Sie nicht übergreifen, können Sie zum nächsten Element übergehen: der Länge.

Die Trockenübung für die Ausrichtung ist recht simpel. Stellen Sie sich am Beckenrand hin, beugen Sie sich mit korrekter Kopfhaltung aus der Hüfte vor und strecken Sie dann den Arm vor Ihrer Schulter aus, als würden Sie einen Zug einleiten. Blicken Sie auf und prüfen Sie, wo sich Ihre Hand befindet. Sie sollte vor Ihrer Schulter sein und nicht übergreifen. Machen Sie dies einzeln mit jedem Arm. Eine Variante dieser Übung beginnt mit der gleichen Ausgangshaltung, aus der Hüfte vorgebeugt. Führen Sie einen Armzug durch die Luft aus. Diesmal aber schauen Sie nicht auf, sondern lassen von einem Trainingspartner Ihre Hand- und Armposition korrigieren. Entwickeln Sie ein Gefühl dafür, welches die korrekte Position ist. Sobald sie korrigiert ist, versuchen Sie es langsam noch einmal und schauen Sie, ob es Ihnen gelingt, Hand und Arm in die gleiche korrekte Position zu bringen. Machen Sie dies mit beiden Armen. Wiederholen Sie die Übung mehrere Male, während Ihr Trainingspartner Sie weiter kontrolliert. Sobald Sie die Trockenübung gemeistert haben, können Sie die Technik im Wasser ausprobieren.

Eine einfache Übung im Wasser, um die Ausrichtung zu erlernen, ist der Pinguin-Drill. Schwimmen Sie eine Bahn im Becken, während Sie versuchen, Hände und Arme deutlich mehr als schulterbreit auseinander einzutauchen. Lassen Sie sich dabei filmen, wie Sie wie ein Pinguin schwimmen. Schauen Sie sich das Video an, um zu prüfen, wo Ihre Hände jetzt ins Wasser eintauchen. Die meisten Athleten mit schwacher Ausrichtung werden feststellen, dass die Hände nun genau da sind, wo sie sein sollten – vor den Schultern. Falls es auch Ihnen so geht, gibt es eine einfache Lösung: Schwimmen Sie immer den Pinguin-Drill. Die ersten paar Einheiten wird sich das komisch anfühlen, aber Sie werden sich bald daran gewöhnen und dadurch schließlich schneller schwimmen.

Länge

Sobald Haltung und Ausrichtung gut etabliert sind, können Sie dazu übergehen, an der Länge zu arbeiten. Diese ist etwas schwieriger zu meistern, aber ein unerlässliches Element, um schneller schwimmen zu können. Wenige Triathleten haben beim Schwimmen eine gute Länge. Häufig ist sie hinsichtlich der Effizienz eine Schwachstelle.

Wie der Name andeutet, hat Länge damit zu tun, wie lang Ihr Körper im Wasser ist, von den Fingerspitzen bis zu den Zehen. Schnelle Schwimmer sind bei jedem Zug sehr lang und schmal, genau wie ein Schnellboot. Viele Triathleten schwimmen leider eher wie ein Schlepper – der kurz und breit ist. Sind Arme und Hände nicht ausreichend gestreckt, hat man mit einer Menge Wasserwiderstand zu kämpfen. Dieser resultiert daraus, dass die betreffenden Athleten nie stromlinienförmig sind: Die Schultern werden parallel zum Beckenrand gehalten, auf den man zuschwimmt. Und weil die Schultern in dieser Position verbleiben, gilt das Gleiche auch für die Hüften. Folglich ist der Körper so kurz und breit wie ein Schlepper. Das erhöht den Widerstand und erschwert das Atmen.

Um mehr wie ein Schnellboot zu schwimmen, müssen Sie sich im Wasser länger und schmaler machen. Beginnen Sie erneut mit Trockenübungen. Stellen Sie sich mit dem Gesicht wenige Zentimeter vor einer Wand auf. Mit dem einen Arm an der Seite, strecken Sie den anderen Arm über Ihren Kopf aus, so als würden Sie einen Armzug machen, und legen Sie die Hand an die Wand. Versuchen Sie dies einzeln mit beiden Armen. Falls Sie wie die meisten Triathleten sind, nehmen Sie automatisch die Schlepperposition ein, wenn Sie einen Arm nach oben strecken. Hüfte und Schultern sind weiter parallel zur Wand ausgerichtet.

Nehmen Sie nun die Schnellboot-Position ein, indem Sie die eine Hand noch weiter strecken und sich so lang und schmal machen, wie es geht. Dazu stellen Sie sich auf die Zehenspitzen und strecken die Hand so weit nach oben wie möglich. Dies führt dazu, dass Ihre Schulter kippt und Ihre Hüfte rotiert. (Schauen Sie nicht nach oben. Denken Sie an Ihre Haltung.) Jetzt sind Sie ein Schnellboot. Beachten Sie, dass Ihre Hüfte rotiert, ohne dass Sie überhaupt darauf achten mussten. Es findet keine bewusste Drehung der Hüfte statt; stattdessen rotiert sie, weil Sie Ihre Hand und Ihren Arm nach oben ausstrecken. Das ist wie bei einem Werfer im Baseball, dessen Hüfte rotiert, wenn er einen Fastball wirft: Er denkt nicht an die Hüfte, sondern ist darauf konzentriert, seinen Arm zu strecken. Die Hüfte folgt der Bewegung des Arms. Ebenso verhält es sich beim Schwimmen. Sofern Ihr Arm voll ausgestreckt ist, wird Ihre Hüfte rotieren und Ihre Schulter kippen.

Schnelle Schwimmer sind wie Schnellboote: bei jedem Zug sehr lang und schmal.

Bringen Sie diese Technik nun ins Wasser, indem Sie die beiden folgenden Technikübungen absolvieren. Ich empfehle, einen Pull Buoy zu verwenden, so dass Sie sich ganz auf Ihren Oberkörper konzentrieren können.

Der erste ist der Slap-Drill. Dabei simulieren Sie die Arm- und Handbewegung eines Baseball-Werfers. Schwimmen Sie eine Bahn, indem Sie den Arm jeweils über dem Wasser ausstrecken und so mit der Hand ins Wasser schlagen, als würden Sie einen Baseball werfen. Wenn Ihre Hand ins Wasser schlägt, sollte Ihr Arm voll ausgestreckt sein. Sie müssen dabei nicht elegant aussehen, es ist schließlich kein Synchronschwimmen. Gehen Sie bei der Armbewegung energisch zur Sache. Wenn Sie es hinbekommen, weit genug vor der Schulter ins Wasser zu schlagen – sich also wirklich lang machen –, wird Ihre Schulter kippen und Ihre Hüfte rotieren. Lassen Sie sich von vorne und von der Seite filmen, um zu prüfen, ob Sie es richtig machen. Falls nicht, müssen Sie sich dem nächsten Drill zuwenden.

Sofern Ihr Arm voll ausgestreckt ist, wird Ihre Hüfte rotieren und Ihre Schulter kippen.

Dies ist der Bauch-zur-Wand-Drill. Schwimmen Sie erneut eine Bahn und versuchen Sie, sich bei jedem Armzug lang zu machen. Um sich genauer bewusst zu sein, was Schultern und Hüfte tun, konzentrieren Sie sich darauf, dass Ihr Bauchnabel bei jedem Zug Richtung Seitenwand zeigt. Drehen Sie den Bauchnabel abwechselnd zur lin-

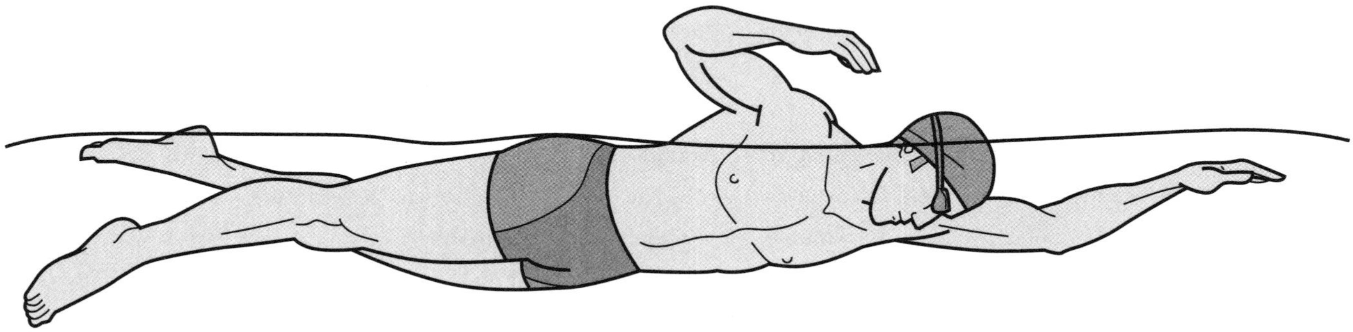

ABBILDUNG 12.2 Der »Todesstoß«. Beachten Sie, dass sich der Ellbogen tiefer als das Handgelenk befindet.

ken und zur rechten Wand, vor und zurück, auf der ganzen Länge bis zum Ende der Bahn. Behalten Sie Ihr normales Atemmuster bei. Sie sollten nun von Seite zu Seite rollen, die Hand bei jedem Zug weit vor Ihnen ausgestreckt.

Sobald Sie den langen Armzug beherrschen, werden Sie nicht mehr mit der Hand ins Wasser schlagen oder den Bauchnabel zur Seitenwand drehen. Dies sind nur übertriebene Bewegungen, die Ihnen dabei helfen sollen, eine für viele recht schwierige Technik zu erlernen.

Lassen Sie sich wiederum von einem Trainingspartner filmen, um zu kontrollieren, ob Sie sich bei jedem Armzug strecken und rollen. Je häufiger Sie Videoaufnahmen machen und analysieren, desto eher werden Sie die Technik beherrschen.

Catch

Bestimmt haben Sie schon oft zu hören bekommen, dass Sie an Ihrem Catch, dem Wasserfassen, arbeiten müssen. Dies ist ein häufiger Schwachpunkt unter Triathleten. Wenn es an der Zeit ist, die Schwimmtechnik zu entwickeln, lehren viele Trainer leider eine Methode, die es schwer macht, sich einen vernünftigen Catch anzueignen. Auch ich habe mich dahingehend versündigt. Dahinter steckt nach wie vor das Gruppendenken: Wenn alle es so machen, wird es schon in Ordnung sein.

Was den Catch bei der traditionellen Schwimmtechnik so schwierig macht, ist der Umstand, dass Ihre Hand nahe am Kopf eintauchen soll. Weiterhin hat man Ihnen vermutlich beigebracht, im Wasser den Arm so zu strecken, als wollten Sie in

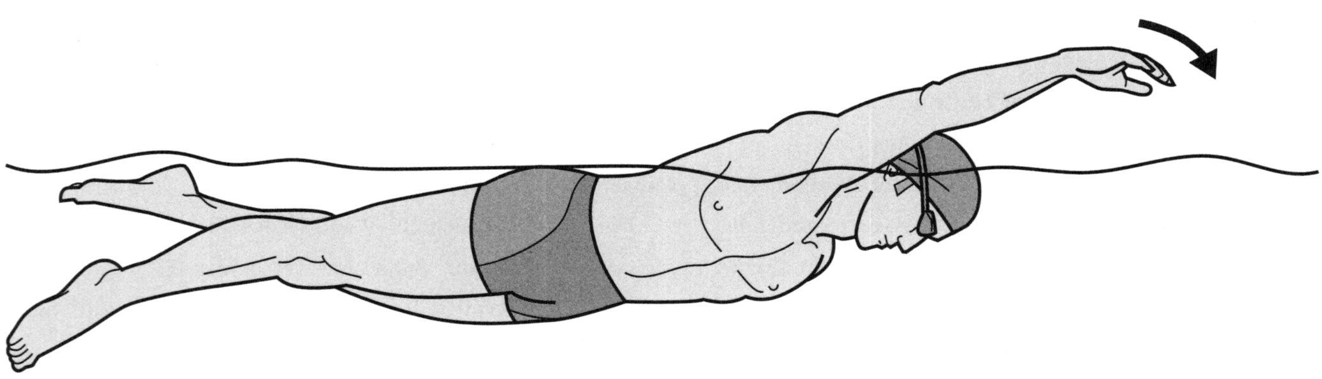

ABBILDUNG 12.3 Der Catch beginnt, bevor die Hand ins Wasser eintaucht. Beachten Sie, dass die Finger bereits beginnen, nach unten zu weisen. Sobald die Finger ins Wasser eintauchen, ziehen Sie Arm und Hand mit zum Beckenboden weisenden Fingern nach unten und hinten.

einen Ärmel schlüpfen oder in einen Briefkasten greifen. Und bestimmt haben Sie gelernt, dass ein hoher, angewinkelter Ellenbogen unerlässlich ist für eine korrekte Eintauchposition. Ich ließ meine Schützlinge früher den »Reißverschluss« üben, um einen hohen Ellenbogen zu erreichen. Dabei wies ich sie an, die Hand am Körper entlang nach vorn zu führen, ganz so, als würden sie einen Reißverschluss zuziehen. All das läuft jedoch auf eine Technik heraus, die für das Freiwasserschwimmen denkbar schlecht geeignet ist.

Was also ist so falsch daran? Hätten Sie im Alter von sieben Jahren als Wettkampfschwimmer damit angefangen, sich diese Bewegungsabläufe anzueignen, hätten Sie es wahrscheinlich irgendwie hinbekommen, einen brauchbaren Catch zu entwickeln. Aber da Sie vermutlich erst später mit dem Schwimmen angefangen haben, bleibt die Sache mit dem Catch ein Mysterium.

Was also hat es mit dem Catch auf sich? Wenn Sie im Becken schwimmen, erfolgt der Catch, wenn Ihre Handfläche in der Zugphase in Richtung der Wand zeigt, von der Sie sich wegbewegen. Das hinzubekommen, wenn die Hand nah am Kopf ins Wasser eintaucht und Arme und Finger nach vorne ausgestreckt sind, ist natürlich ziemlich schwierig. Es sind eine ganze Reihe komplexer Bewegungsabläufe erforderlich, damit das Wasserfassen gelingt. Das größte Problem beim traditionellen Eintauchmanöver ist, dass, sobald der Arm gestreckt ist und die Finger nach vorn zeigen, der Ellenbogen tiefer liegt als das Handgelenk. Ich nenne das den »Todesstoß«, denn sobald Sie diese Position einnehmen – Ellenbogen tiefer als das Handgelenk – ist es um den Vortrieb geschehen (siehe Abbildung 12.2). Die einzige Chance, in dieser Lage voranzukommen, ist der Beinschlag. Das ist eine enorme Energieverschwendung. Und wenn Sie versuchen, sich bei jedem Zug länger zu machen, wie es Ihnen vermutlich beigebracht worden ist, wird dadurch der Todesstoß noch verschärft und es fällt Ihnen umso schwerer, den Catch zu erlernen.

Dabei ist es eigentlich gar nicht schwer, den Catch zu erlernen. Der kniffligste Part ist, die eingebrannten Bewegungsmuster abzulegen, die den Todesstoß herbeiführen. Beginnen Sie also, indem Sie alles vergessen, was Ihnen über hohe Ellenbogen und Eintauchen der Hand nah am Kopf erzählt worden ist. Denn damit fängt der Todesstoß an. Nur wenige gute Freiwasserschwimmer machen es so. Die meisten benutzen einen Armzug mit hoher Hand und nicht etwa hohem Ellenbogen während der Rückführbewegung über dem Wasser. Achten Sie darauf, wenn Sie das nächste Mal als Zuschauer bei einem Triathlon sind, wie die Profis schwimmen. Sie werden viele hohe Hände und durchgestreckte Ellenbogen über dem Wasser sehen.

Warum die hohe Hand? Weil dies, zusammen mit der Streckung über dem Wasser (nicht *durch* das Wasser; denken Sie an das L in HALC) und dem Eintauchen mit den Fingerspitzen zuerst, den Todesstoß eliminiert und *unmittelbar* einen Catch herbeiführt. Wenn Ihnen das gelingt, brauchen Sie, anders als beim Todesstoß, keinen kräftigen Beinschlag für den Vortrieb. Die Vorwärtsbewegung ergibt sich durch den Catch, so wie es sein soll.

Abbildung 12.3 veranschaulicht, wie die richtige Länge kombiniert mit dem Eintauchen der Fingerspitzen einen Catch erzeugt. Sobald die Hand ins Wasser eintaucht, ist die Handfläche auf die Wand hinter Ihnen gerichtet, nicht auf den Beckenboden. Wenn Sie Hand und Arm nun nach unten und hinten ziehen, profitieren Sie von einem effektiven Zug, der so lang ist wie Ihr ganzer Arm. Triathleten, die sich den Todesstoß angewöhnt haben, haben meistens einen Zug, der nur wenige Zentimeter lang ist, weil sie es nicht hinbekommen, die Handfläche nach hinten auszurichten, bevor diese unter dem Brustkorb ist.

Wenn Sie im Becken schwimmen, erfolgt der Catch, wenn Ihre Handfläche in der Zugphase in Richtung der Wand zeigt, von der Sie sich wegbewegen.

Sie müssen das Wasser fassen, um vorwärtszukommen.

Die meisten richtig guten Beckenschwimmer haben schon als Jungspunde gelernt, den Todesstoß zu vermeiden. Das können auch Sie noch erlernen, aber es gehört schon ein bisschen mehr dazu, als sich bloß über dem Wasser statt durch es hindurch zu strecken und die Finger zuerst einzutauchen.

Um die richtige Catch-Technik zu entwickeln, sollten Sie erneut auf dem Trockenen beginnen. Stellen Sie sich aus der Hüfte vorgebeugt hin, die Arme angelegt. Führen Sie mit einem Arm einen Zug aus, der Ellenbogen bleibt dabei gestreckt. Strecken Sie sich. Um die Länge zu maximieren, sollte die Schulter beim Zug kippen. Wenn der Arm voll ausgestreckt ist, richten Sie die Finger auf den Boden. Das ist der Catch. Ziehen Sie den Arm nach unten und hinten. Schauen Sie auf, um zu kontrollieren, wo sich Hand und Arm befinden. Versuchen Sie das Gleiche mit dem anderen Arm. Verbleiben Sie in dieser Haltung und vergewissern Sie sich mit Hilfe eines Trainingspartners, dass Ihre Finger bei ausgestrecktem Arm nach unten zeigen. Wiederholen Sie die Trockenübung langsam und mehrmals mit jedem Arm, um die Technik zu verinnerlichen. Begeben Sie sich dann ins Wasser.

Hier können Sie sich, wenn es Startblöcke gibt, die gewünschte Position auf folgende Weise schnell noch mal einprägen: Recken Sie aus dem Wasser heraus beide Hände nach oben und legen Sie die Handflächen auf den Block. Das ist die Catch-Position. Nutzen Sie sie, um sich ein wenig aus dem Wasser zu heben, als wären Sie im Begriff, das Becken zu verlassen. Spüren Sie die Kraft, die Sie in dieser Position entfalten. Richten Sie die Finger nun zur Decke, statt sie auf den Block zu legen. Das ist die Todesstoß-Position. Ganz offensichtlich haben Sie keine Chance, sich aus dem Wasser zu drücken, ohne die Hände auf den Block zu legen. Beim Schwimmen ist es ganz ähnlich. Sie können sich nicht vorwärts durchs Wasser bewegen, wenn Ihre Finger direkt nach vorn gerichtet sind. Sie müssen das Wasser fassen, um vorwärtszu-' kommen.

Nun müssen Sie die Catch-Technik beim Schwimmen erlernen. Inzwischen sollten Sie Haltung, Ausrichtung und Länge beherrschen. Manchmal stelle ich in dieser Phase der Technik-Entwicklung fest, dass Athleten wieder in alte Muster verfallen, v. a. im Hinblick auf die Länge. Ein kurzer Zug sorgt für einen kraftlosen Catch. Wir beginnen daher mit einer Technikübung, die Länge und Catch kombiniert: der Windmühlen-Drill.

Benutzen Sie anfangs einen Pull Buoy, wenn Sie diesen Drill erlernen. Ihr Ziel ist es, wie eine Windmühle zu schwimmen. Soll heißen: Ihre Arme bleiben gesteckt, die Ellenbogen werden *niemals* angewinkelt, weder im Wasser noch darüber. Wenn Arm und Hand hoch über dem Wasser ausschwingen, strecken Sie sich, so wie beim Slap-Drill, nur dass Sie jetzt, statt auf das Wasser zu schlagen, die Finger nach unten richten, um einen Catch zu erhalten. Abbildung 12.3 zeigt, wie es gemacht wird. Achten Sie darauf, beim Wasserfassen eine gute Haltung zu bewahren und sich, mit gekippten Schultern und leicht rotierender Hüfte, in Richtung der vor Ihnen liegenden Wand zu strecken.

Sobald Sie neben Haltung, Ausrichtung und Länge den Windmühlen-Drill beherrschen, werden Sie dabei schneller schwimmen, als Sie früher mit der verbreiteten Todesstoß-Technik geschwommen sind. Einige der von mir betreuten Triathleten sind mit dem Windmühlen-Drill so viel besser als vorher geschwommen, dass ich Ihnen riet, einfach immer auf diese Weise zu schwimmen.

Training der vier HALC-Elemente

Sie wissen jetzt, wie ich Triathleten in meinen Trainingscamps zu besseren Schwimmern mache, indem ich sie nur an ihrer Technik feilen lasse. Der Schlüssel ist, sich voll und ganz der Arbeit an den HALC-Elementen zu verschreiben. Dazu müssen

Sie zunächst beurteilen, welche der vier Elemente Sie bereits beherrschen, und sich dann den übrigen widmen, indem Sie sie eines nach dem anderen durchgehen – von H über A und L bis C. Ein Beispiel: Falls Sie schon eine gute Haltung aufweisen, sollten Sie sich darauf konzentrieren, die Ausrichtung zu meistern, bevor Sie zur Länge und schließlich zum Catch übergehen. Gehen Sie auf keinen Fall zum nächsten Element über, ehe Sie das vorherige richtig beherrschen.

Das kann eine Weile dauern. Wäre ich Ihr Trainer, würde ich vier Wochen – etwa 12 bis 16 Schwimm-Einheiten – nur dafür veranschlagen, die HALC-Elemente zu erlernen, indem Sie die oben beschriebenen Drills absolvieren.

Achten Sie darauf, jede dieser Einheiten in gleicher Weise anzugehen. Üben Sie das HALC-Element, das Sie sich für den Tag vorgenommen haben, zunächst auf dem Trockenen. Sobald Sie ein Gefühl dafür entwickelt haben, begeben Sie sich ins Wasser. Nun schwimmen Sie eine Bahnlänge in langsamem Tempo. Steigern Sie das Tempo im Laufe der Einheit allmählich, verausgaben Sie sich aber nicht. Während Sie Ihre Bahnen schwimmen, konzentrieren Sie sich ganz auf das Element, das Sie verbessern möchten. Denken Sie an nichts anderes. Sie brauchen auch keine Zeiten zu stoppen. Warten Sie damit, bis Sie am Ende alle vier HALC-Elemente beherrschen.

Ruhen Sie sich nach jeder Bahn kurz am Beckenrand aus. Lassen Sie sich dabei so viel Zeit, wie Sie mögen. Verkürzen Sie nicht die Pausen, um so womöglich Ihre Ausdauer zu verbessern. Das würde nur zu Lasten der neuen Technik gehen. Wenn Sie am Beckenrand innehalten, können Sie Ihre Gedanken ein wenig schweifen lassen. Schauen Sie sich um, was die anderen Schwimmer so treiben. Denken Sie an alles Mögliche, nur nicht an Ihre Schwimmleistungen. Sie könnten sich darüber Gedanken machen, was Sie zu Abend essen möchten oder wie Ihre gestrige Ausfahrt auf dem Rad gelaufen ist. Ruhen Sie sich aus und entspannen Sie sich. Ihre Atmung sollte sich beruhigen. Wenn Sie bereit sind, die nächste Bahn zu absolvieren, konzentrieren Sie sich mental wieder ganz auf das HALC-Element, an dem Sie arbeiten. Auf nichts sonst. Schwimmen Sie erneut eine Bahn, bei der Sie sich ganz auf die richtigen Bewegungsabläufe konzentrieren. Halten Sie dann wieder inne und ruhen Sie sich vollkommen aus. Denken Sie an alles außer ans Schwimmen. Wiederholen Sie dies wieder und wieder im Verlauf der gesamten Einheit. Diese Einheit nennt sich *Technik-Bahnen* und wird in Anhang B unter »S1« erläutert.

Die größten Zugewinne resultieren aus den vier HALC-Fertigkeiten: Haltung, Ausrichtung, Länge und Catch.

Zerbrechen Sie sich in einer HALC-Einheit nicht den Kopf darüber, ob Ihre Finger geöffnet oder geschlossen sind, was Ihr Beinschlag macht, dass Sie Ihren Armzug »abschließen«, den Arm in einen »Ärmel« stecken oder dergleichen, was Ihnen als »wichtig« verkauft worden ist. Sobald Sie die HALC-Elemente verinnerlicht haben, können Sie zu solchen nachrangigen Aspekten der Schwimmtechnik zurückkehren, um die kleinen Zugewinne zu erzielen, die diese versprechen. Einstweilen aber arbeiten Sie nur an den vier zentralen Punkten: Haltung, Ausrichtung, Länge und Catch.

Der ideale Zeitpunkt für die HALC-Einheiten ist die Phase Grundlagen 1 zu Saisonbeginn. Aber egal, in welcher Phase der Saison Sie sich befinden, wird sich die Arbeit an besserer Schwimmtechnik durch bessere Zeiten bezahlt machen. Indem Sie 12 bis 16 Einheiten hintereinander nur einzelne Technik-Bahnen schwimmen, können Sie sich ganz auf den Aspekt konzentrieren, den Sie entwickeln möchten. Sobald Sie das HALC-Element beherrschen, an dem Sie arbeiten, gehen Sie zum nächsten über. Gehen Sie gegebenenfalls hin und wieder einen Schritt zurück, um sich zu vergewissern, dass Sie nicht in alte Muster verfallen.

Wenn Sie sich nach einer Bahn am Beckenrand ausruhen, können Sie Ihre Gedanken ein wenig schweifen lassen.

Regelmäßige Videoaufnahmen werden Ihnen zeigen, ob Sie Fortschritte machen. Nach vier Wochen konzentrierter Arbeit an den HALC-Elementen werden Sie schneller schwimmen, ohne je etwas anderes getan zu haben, als nur Technik-Bahnen zu schwimmen, und ohne schwere Intervalle bolzen zu müssen. Sie werden außerdem eine wichtige Lektion gelernt haben: Wenn es ums Schwimmen geht, ist die richtige Technik viel wichtiger als das, was wir gemeinhin Fitness nennen.

RADTECHNIK

Während Schwimmen in hohem Maße auf Technik beruht, ist Radfahren diejenige der drei Triathlon-Disziplinen, für die dieser Aspekt die geringste Bedeutung hat. Das heißt nicht, dass Technik beim Radfahren keine Rolle spielt. Sie ist nur weniger ausschlaggebend für die Leistung als beim Schwimmen. Auf dem Rad gibt es vier primäre Elemente, die Sie beherrschen müssen: Tritt-, Kurven-, Kletter- und Abfahrttechnik. Zum Glück ist das recht einfach. Sie können aber zwei Dinge tun, die Ihnen bei den vier Fertigkeiten zugutekommen.

Bikefitting

Den Ausgangspunkt bilden keine Technikübungen, sondern die richtige Radanpassung. Das Bikefitting ist sozusagen das Radfahr-Pendant zu den HALC-Elementen. Ebenso wie beim Schwimmen ist die beste Zeit dafür der Saisonbeginn; der ideale Zeitpunkt ist die Phase Grundlagen 1. Dies ist wichtiger als alles andere, was Sie im Laufe der Saison auf dem Rad noch anstellen werden. Mit einem optimal angepassten Rad wird sich nicht nur Ihre Technik erheblich verbessern, sondern auch die Qualität Ihrer harten Rad-Einheiten, so dass Sie größere Fitness-Erträge einfahren werden.

Ein optimal angepasstes Rad wird die Qualität Ihrer harten Einheiten signifikant steigern.

Die richtige Anpassung ist so wichtig, dass Sie sie jedes Jahr vornehmen lassen sollten, selbst wenn Sie dasselbe, bereits angepasste Rad verwenden wie im Vorjahr. Es kann immer Veränderungen geben. So könnten Sie z. B. altersbedingt, aber auch durch Krafttraining weniger beweglich sein als früher. Oder Sie sind sogar beweglicher, weil Sie viel Zeit darauf verwendet haben, an Ihrem Bewegungsumfang zu arbeiten oder an Yoga-Kursen teilgenommen haben. Vielleicht hatten Sie in der Vorsaison auf längeren Strecken mit einem verspannten Rücken zu kämpfen und mussten sich häufig aufsetzen. Vielleicht haben Sie sich eine hartnäckige Verletzung zugezogen oder sind von einer genesen. Vielleicht haben Sie sich dieses Jahr eine andere Distanz für Ihre A-Wettkämpfe vorgenommen. Vielleicht bekommen Sie bei langen Ausfahrten Sitzbeschwerden oder Sie haben einen neuen Sattel oder einen neuen Vorbau. Eine Menge Dinge könnten sich verändert haben. Selbst wenn Ihnen kein guter Grund dafür einfällt, lassen Sie Ihr Rad trotzdem anpassen. Mit der richtigen Anpassung gewinnen Sie im Rennen mehr Zeit, als jede noch so teure Ausrüstung Ihnen einbringen könnte. Den Zeit- und Kostenaufwand ist es allemal wert.

Es kann sein, dass der Bikefitting-Experte Ihnen mitteilen wird, dass das Rad, das Sie bisher gefahren sind, gar nicht zu Ihnen passt. Vielleicht ist der Rahmen zu groß oder zu klein. Ich hoffe natürlich, dass dem nicht so ist, denn neue Rahmen sind teuer. Leider sehe ich bei fast jedem Wettkampf Fahrer, die sich in dieser bedauerlichen Lage befinden. Falls Sie den Kauf eines neuen Rahmens ins Auge fassen, ziehen Sie jemanden zurate, der sich gut mit der Materie auskennt, so wie Sie sich auch beim Kauf eines neuen Autos zuvor gut beraten lassen würden. Ein Schnäppchen für ein neues Rad wird leicht zum Fehlkauf, wenn die Maße nicht stimmen.

Die Anpassung sollte grundsätzlich von einem Experten vorgenommen werden. Bitten Sie bloß nicht Ihren Ehe- oder Trainingspartner, das zu übernehmen (sofern er oder sie dies nicht beruflich macht). Suchen Sie sich außerdem jemanden, der mit dem Bikefitting für Triathleten vertraut ist, denn das ist etwas anderes, als Renn- oder Zeitfahrräder anzupassen. Straßenradsportler müssen nicht absteigen und laufen. Die meisten Fachgeschäfte, die auf Triathlon spezialisiert sind, beschäftigen einen entsprechend geschulten Experten oder können Ihnen zumindest einen empfehlen.

Früher war das Bikefitting eine Kunst, heute ist es weitgehend eine Wissenschaft. Ein geschulter Experte wird dafür sorgen, dass Ihr Rad optimal auf Ihre individuellen biomechanischen Bedürfnisse abgestimmt ist. Er wird die für Sie einzigartige Balance aus Sicherheit, Komfort, Leistung und Aerodynamik berücksichtigen. Sie werden lernen, wie man richtig auf dem Sattel sitzt (viele machen es falsch), welches die korrekte Haltung von Kopf, Rücken und Hüfte ist und wie Sie ganz einfach schneller werden. Das ist gut investiertes Geld.

Festzuhalten ist, dass Sie sich mit der richtigen Rad-Anpassung als Radfahrer verbessern werden, noch bevor Sie auch nur eine Sekunde trainiert haben. Sie werden weniger Energie verschwenden und kraftvoller treten. Außerdem wird sich das Risiko, sich eine radbedingte Verletzung zuzuziehen, erheblich verringern. Falls Sie es wirklich ernst damit meinen, Ihre Leistungen auf dem Rad zu verbessern, können Sie Ihr Geld gar nicht sinnvoller investieren als in ein Bikefitting. Nach einer oder zwei Stunden ist die Sache erledigt und Sie werden ein viel besserer Radfahrer sein.

Radfahren im Gelände

Geländetouren mit dem Mountainbike oder Cyclocross-Rad sind eine der besten Methoden, um den richtigen Tritt und Fertigkeiten wie Kurventechnik, Klettern und Abfahrten zu erlernen. Der beste Zeitpunkt dafür sind die Vorbereitungsphase und die Phase Grundlagen 1 zu Beginn des Trainingsjahrs. Für die meisten Triathleten bedeutet das den Spätherbst und die frühen Wintermonate, wenn die Tage kurz sind und das Wetter eher unerbittlich. Das ist eine gute Zeit, um abseits der Straße zu fahren. Zwar werden Sie im Gelände langsamer unterwegs sein, aber Sie können in kürzerer Zeit mehr erreichen, v. a. im Hinblick auf die Technik.

Radfahren im Gelände ist deshalb so gut für die Technik, weil sämtliche Bewegungen überbetont und langsamer ausgeführt werden. Schauen wir uns als Beispiel die Tritttechnik an, wenn es bergauf geht. Auf einem Triathlon-Rad können Sie am Anstieg nachlässig treten und werden trotzdem irgendwie oben ankommen. Im Gelände abseits der Straße jedoch müssen Sie sehr präzise treten, v. a. auf lockerem Untergrund wie Schotter oder Sand. Wenn Sie einfach nur möglichst kraftvoll treten, rutscht auf lockerem Untergrund das Hinterrad weg und Sie werden sich in Zeitlupe auf die Nase legen. Sie müssen daher lernen, während der Pedalierbewegung möglichst gleichmäßigen Druck auf die Pedale zu bringen. Das ist eine Technik, die sich bezahlt machen wird, wenn Sie in der Phase Grundlagen 2 wieder auf die Straße zurückkehren.

Ein Mountainbike oder Cyclocross-Rad hilft Ihnen, Ihre Kurven-, Kletter- und Abfahrttechnik zu verfeinern.

Einen ähnlichen Nutzen erreichen Sie auch hinsichtlich der anderen Fertigkeiten, wie Kurven- und Abfahrttechnik. Indem Sie sich auf lockerem Untergrund bei geringem Tempo um Hindernisse herum Ihren Weg bahnen, lernen Sie, Ihr Rad besser zu beherrschen. Ohne eine einzige Drill-Übung zu absolvieren, wird Ihre Technik sich erheblich verbessern. Außerdem macht es Spaß und bietet eine willkommene Abwechslung von der üblichen Routine des Radtrainings.

LAUFTECHNIK

Was die Bedeutung der technischen Fähigkeiten betrifft, liegt das Laufen in der Mitte der drei Disziplinen. Die Technik ist nicht so maßgeblich wie beim Schwimmen, aber wichtiger als beim

ABBILDUNG 12.4 (links)
Guter Fußaufsatz von vorne betrachtet

ABBILDUNG 12.5 (rechts)
Guter Fußaufsatz in der Seitenansicht

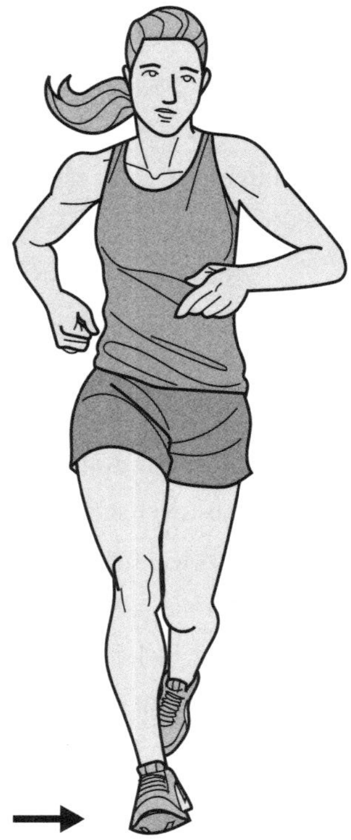

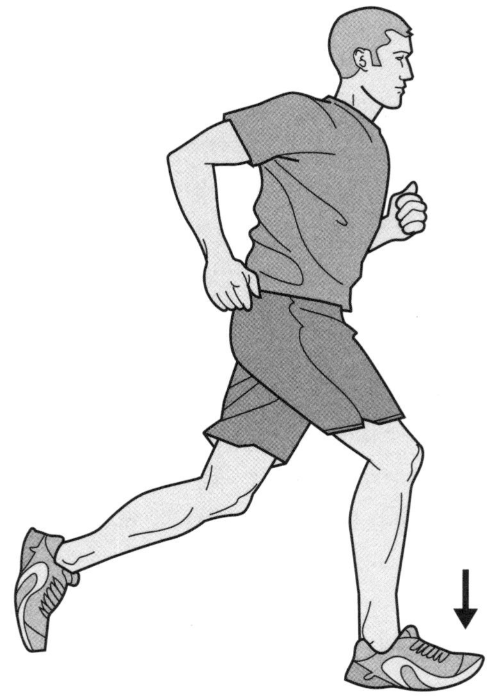

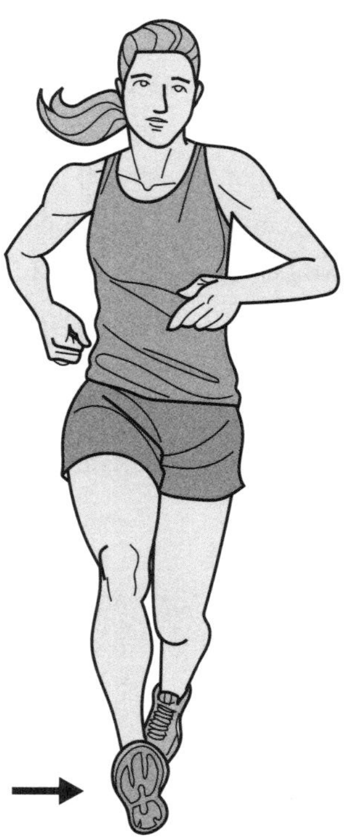

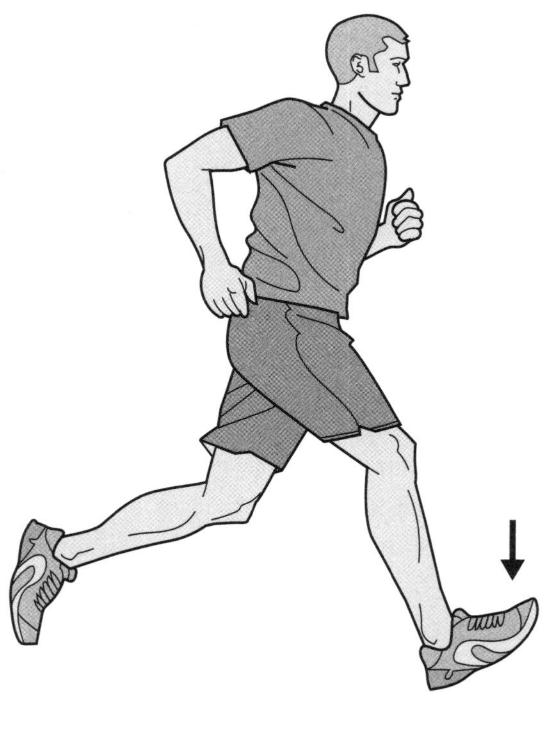

ABBILDUNG 12.6 (links)
Schlechter Fußaufsatz von vorne betrachtet

ABBILDUNG 12.7 (rechts)
Schlechter Fußaufsatz in der Seitenansicht

Radfahren. Wie bei der Schwimmtechnik reicht es, sich auf einige wenige Aspekte zu konzentrieren. Wir könnten uns an dieser Stelle mit etlichen Einzelaspekten der Lauftechnik beschäftigen, aber die meisten würden bestenfalls eine Verbesserung um ein, zwei Prozent ausmachen. Dazu zählt u. a., inwieweit Ihr Ellenbogen beim Laufen angewinkelt ist, wie Ihre Arme in Relation zur Körpermitte schwingen, wie gerade oder gekrümmt Ihre Wirbelsäule ist, auf welchen Punkt Ihr Blick konzentriert ist und viele weitere Aspekte, in denen wir Trainer uns oft verzetteln, wenn wir die Lauftechnik vermitteln.

Beim Laufen besitzt jedoch nur eine technische Fertigkeit das Potenzial, eine *erhebliche* Leistungssteigerung zu bewirken. Dabei geht es darum, wie Sie beim Laufen Ihren Fuß auf dem Boden aufsetzen. Es gibt zahlreiche Meinungen darüber, wie dies am besten gemacht wird – und auch darüber, welche Rolle es für Ihre Laufleistung spielt. Aber so wie die meisten guten Freiwasserschwimmer einen HALC-Zug verwenden, nutzen die meisten guten Triathleten einen ganz ähnlichen Fußaufsatz.

Die Abbildungen 12.4 und 12.5 veranschaulichen aus zwei Perspektiven einen guten Fußaufsatz beim Laufen. Beachten Sie, dass der vordere Fuß in beiden Abbildungen soeben im Begriff ist, auf den Boden aufzusetzen. Die Füße sind außerdem in beiden Abbildungen fast parallel zum Untergrund. Beide gezeigten Läufer haben einen fast perfekten Fußaufsatz. Ganz so perfekt müssen Sie gar nicht sein. Die Ferse kann zuerst auf den Boden treffen, solange der Ballen fast zur gleichen Zeit aufsetzt. Mit anderen Worten: Ein Aufsetzen mit der Ferse ist okay, solange sich der Vorfuß im selben Moment nicht mehr als 2 cm über dem Boden befindet.

Die Abbildungen 12.6 und 12.7 zeigen, wie manche Triathleten laufen – mit ausgeprägtem Fersenaufsatz und dem Vorfuß deutlich über dem Boden. Der zeitliche Unterschied zwischen dem Aufsetzen des Vorfußes in den Beispielen macht nur Bruchteile von Sekunden aus, aber diese Bruchteile sind wichtig, wenn es um Laufeffizienz geht. Setzt der Fuß weitgehend flach auf dem Boden auf, wird potenzielle Energie in den Wadenmuskeln gespeichert, so wie bei einem Gummiband, das gestreckt wird. Aus der Position mit flachem Fuß heraus wird diese Energie rasch freigesetzt, was dazu beiträgt, dass Sie effizienter laufen, als wenn Ihr Vorfuß etwas später auf dem Boden aufträfe. Bei einem überbetonten Fersenaufsatz wie in Abbildung 12.7, mit so angewinkeltem Fuß, dass die Zehen himmelwärts zeigen, wird hingegen keine Energie gespeichert, da die Wadenmuskulatur nicht rasch gestreckt wird. In diesem Fall arbeitet der Fuß eher wie ein Schaukelstuhl und hindert die Wadenmuskeln daran, wie ein Gummiband zu funktionieren.

Bei der Arbeit an der Lauftechnik kann man sich auf einige wenige Aspekte konzentrieren.

Sie können sich mit einer einfachen Übung klarmachen, wie sich das anfühlt. Stellen Sie sich in Laufhaltung hin – die Knie leicht gebeugt, Ihr Gewicht ruht auf den Fußballen. Hüpfen Sie nun auf und ab, jeweils nur wenige Zentimeter hoch, und landen Sie stets mit flachem Fuß. Achten Sie darauf, wie mühelos dies ist. Führen Sie nun die gleiche Übung aus, nur dass Sie jetzt auf der Ferse landen. Der Unterschied ist frappierend. Es bedeutet erheblich mehr Anstrengung, auf der Ferse zu landen statt auf dem flachen Fuß. Ein Großteil des Unterschieds, den Sie wahrnehmen, hat mit der Freisetzung (flacher Fuß) oder Vergeudung (Fersenaufsatz) gespeicherter Energie zu tun.

Die Ferse kann zuerst auf den Boden treffen, solange der Ballen fast zur gleichen Zeit aufsetzt.

Im Laufe meiner mehr als 30-jährigen Arbeit mit Triathleten habe ich die Beobachtung gemacht, dass sich der Fußaufsatz insgesamt deutlich verbessert hat. Früher liefen die meisten meiner Schützlinge mit ausgeprägtem Fersenaufsatz. Heute ist bei den meisten eine relativ flache Fußhaltung zu sehen. Freilich heißt das nicht, dass auch Sie einen guten Fußaufsatz haben. Um dies zu überprüfen, lassen Sie sich beim Laufen von vorne und von der

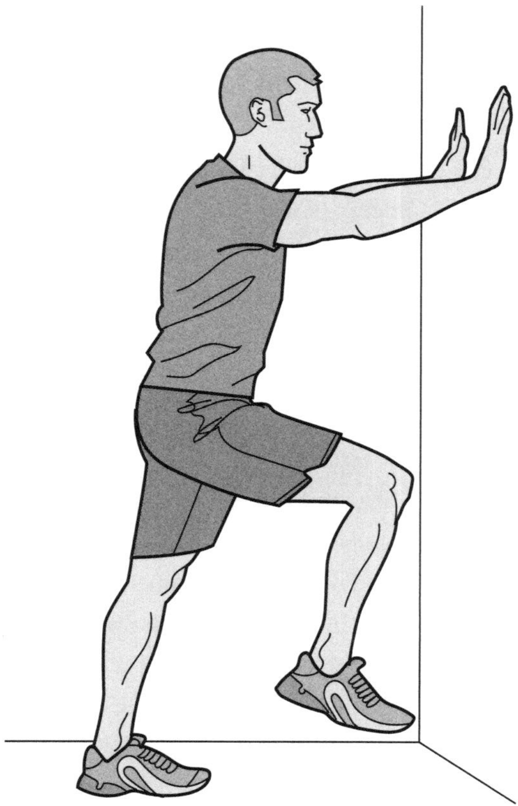

ABBILDUNG 12.8 Der »Fuß fallen lassen«-Drill

Um den Fußaufsatz zu trainieren, fangen Sie mit »Trockenübungen« an und schreiten sukzessive zu wettkampfähnlicheren Bewegungen fort.

Seite filmen. Von vorn sollte nur wenig von der Sohle des vorderen Fußes zu sehen sein. (Abbildungen 12.4 und 12.6). In der Seitenansicht sollte sich der vordere Fuß unmittelbar vor dem Aufsatz fast parallel zum Boden befinden, statt dass die Zehen himmelwärts zeigen (Abbildungen 12.5 und 12.7).

Fuß fallen lassen

Falls die Videos Ihnen eine ausgezeichnete Fußhaltung bescheinigen, ist Ihre Laufeffizienz vermutlich recht gut. Falls Sie aber einen schlechten Fußaufsatz beobachten, müssen Sie etwas unternehmen, um es zu korrigieren. Fangen Sie wie beim Schwimmen mit »Trockenübungen« an und schreiten Sie sukzessive zu schnelleren, wettkampfähnlicheren Bewegungen fort.

Der erste Drill ist simpel. Stellen Sie sich im Abstand von etwa 50 cm mit dem Gesicht zur Wand auf. Legen Sie die Hände an die Wand, so dass Sie sich leicht an ihr abstützen. Heben Sie nun Ihren rechten Fuß vom Boden, als würden Sie einen Laufschritt ausführen, und lassen Sie Ihn dann wieder auf den Boden fallen (Abbildung 12.8). Der rechte Fuß sollte gerade herunterfallen und vor Ihrem linken Fuß aufsetzen – nicht daneben. Wiederholen Sie dies mehrmals mit beiden Füßen. Achten Sie genau darauf, was Ihre Füße und Knie machen. Beachten Sie, dass die Wand nicht zulässt, dass Sie mit dem rechten Fuß ausschwingen, was zu einem überbetonten Fersenaufsatz führen würde. Wenn der Fuß vom Boden gehoben wird, wird das Knie deutlich gebeugt, wobei der erhobene Fuß direkt unterhalb des Knies hängt – nicht davor. Dies ist die Fuß- und Beinposition, die in den Abbildungen 12.4 und 12.5 zu sehen ist. Mit dem Fuß auszuschwingen, würde einen überbetonten Fersenaufsatz bewirken, wie in Abbildung 12.7 deutlich wird.

Strides

Der Strides-Drill funktioniert ganz ähnlich wie die Technik-Bahnen beim Schwimmen.

Sobald Sie das Fallenlassen des Fußes beherrschen, können Sie mit Strides fortfahren. Strides funktionieren ganz ähnlich wie die Technik-Bahnen beim Schwimmen. Die Übung wird am besten auf einem weichen Untergrund wie z. B. Rasen durchgeführt. Gut geeignet ist ein Park oder Fußballplatz, wo Sie etwas mehr als 100 Meter geradeaus laufen können. Leicht abschüssiges Gelände wäre ideal. Beginnen Sie, indem Sie ein Mal die Länge des Platzes in lockerem Aufwärmtempo laufen. Achten Sie genau auf Ihren vorderen Fuß und Ihr Knie. Der Fuß sollte sich wie beim vorigen Drill direkt unterhalb des Knies heben und senken. Konzentrieren Sie sich ganz allein darauf. Drehen Sie um und gehen Sie zum Ausgangspunkt zurück. Jawohl: Gehen Sie! Laufen Sie *nicht*. Dies dient als eine lange Erholungspause, ganz so wie bei Technik-Bahnen im Schwimmen.

Sobald Sie wieder am Ausgangspunkt angelangt sind, machen Sie kehrt und laufen Sie erneut einmal die Länge des Platzes. Absolvieren Sie vier bis acht solcher Strides in jeder Einheit. Jeder sollte etwas schneller sein als der vorige, beginnen Sie also langsam. Konzentrieren Sie sich auf Ihre Fußhaltung – unterhalb des Knies und flach, so wie beim Fuß-fallen-lassen-Drill. Lassen Sie sich bei dieser Übung von der Seite filmen. Prüfen Sie, ob Sie mit einem fast flachen Fuß aufsetzen. Schwingen Sie nicht mit den Füßen aus. Videoaufnahmen zeigen Ihnen, ob Sie Fortschritte machen, lassen Sie sich also regelmäßig filmen.

Eine fortgeschrittene Variante der Strides funktioniert folgendermaßen: Laufen Sie wie oben beschrieben, nur dass Sie jetzt die Schritte mitzählen. Zählen Sie beispielsweise jedes Mal mit, wenn Ihr rechter Fuß auf dem Boden aufsetzt. Benutzen Sie eine Uhr, um die Zeit zu messen und zählen Sie gleichzeitig die Schritte. Laufen Sie 20 Sekunden auf dem weichen Untergrund. Das Ziel ist es, 30 Schrittzyklen in diesen 20 Sekunden zu erreichen. Das entspricht einer Frequenz von insgesamt 180 Schritten pro Minute. Achten Sie auch bei dieser Übung weiter auf einen flachen Fußaufsatz.

Skipping

Nun ergänzen wir eine weitere Übung, die mit Strides kombiniert werden kann: Skipping, d. h. Kniehebeläufe. Als Kind haben Sie das bestimmt oft gemacht. Jedes Kind hüpft gerne so im Laufen, ganz einfach, weil es Spaß macht. Als Sie jung waren, haben Sie das ganz selbstverständlich getan, aber womöglich ist es inzwischen eine Weile her, dass Sie einen Kniehebelauf gemacht haben, es kann also ein wenig dauern, sich das Bewegungsmuster wieder anzueignen. Doch die Übung ist die Mühe wert. Skipping lehrt Sie, die Füße flach und unterhalb der Knie zu halten, und zwar ohne hinzuschauen, wozu viele neigen, wenn sie Strides absolvieren. Das ist anfangs in Ordnung, sollte aber irgendwann vermieden werden. Abbildung 12.9 zeigt, wie Skipping funktioniert. Im Grunde ist es nichts weiter als ein Hopsen mit einem Bein, wobei der andere Fuß hoch erhoben ist. Heben Sie immer abwechselnd das linke und das rechte Knie. Absolvieren Sie nach jeder Strides-Übung rund 20 Sekunden Skipping, bevor Sie zum Ausgangspunkt zurückgehen.

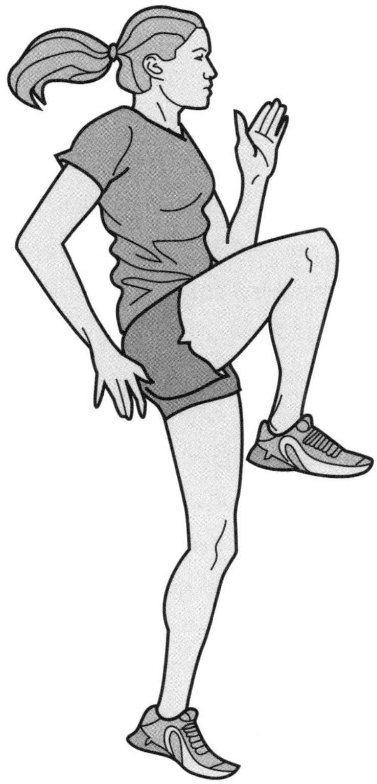

ABBILDUNG 12.9 Skipping

Strides für Fortgeschrittene

Nach ein paar Strides-plus-Skipping-Serien sind Sie bereit für einen fortgeschrittenen Drill, der Ihrer Lauf-Leistung zugutekommt. Laufen Sie wie zuvor eine Bahn auf Ihrer gewohnten Strecke und stoppen Sie die Zeit wie oben beschrieben. Wenn Sie kehrtmachen, um zum Ausgangspunkt zurückzukehren, beginnen Sie mit dem Skipping. Dieses modifizieren wir jetzt aber ein wenig. Dafür kommen zwei Varianten in Frage: Bei der ersten versuchen Sie, 20 Sekunden lang die Knie so hoch wie möglich zu nehmen. Bei der anderen versuchen Sie, mit jedem Skipping-Schritt so weit wie möglich zu kommen. Dies ist eine Form plyometrischer Übungen, mit denen wir uns in Kapitel 13 noch ausführlicher beschäftigen werden.

Alle Triathleten, egal wie fortgeschritten, können ihre Schnelligkeit verbessern.

Die letzte Phase in der Progression des Strides-Skipping-Drills besteht darin, die Übung barfuß zu unternehmen. Das sorgt für kräftigere Füße und Unterschenkel, so dass Sie schneller laufen können und außerdem das Risiko einer laufbedingten Verletzung verringern. Seien Sie sich aber darüber im Klaren, dass dieser sehr fortgeschrittene Lauf-Drill auch eine Verletzung verursachen kann. Damit sind wir wieder beim Thema Risiko und Ertrag des Trainings, das wir in Kapitel 10 erörtert hatten. Gehen Sie mit äußerster Vorsicht vor, wenn Sie barfuß laufen. Die größte Sorge ist, in einen scharfen Gegenstand o. Ä. zu treten. Nehmen Sie die Laufstrecke vor der Übung genau in Augenschein, um sicherzustellen, dass es nichts gibt, an dem Sie sich verletzen könnten. Achten Sie auch auf Hundehaufen. Laufen Sie außerdem auf keinen Fall, wenn Sie eine Schnittwunde im Fuß haben, egal wie klein sie sein mag.

An diese letzte Strides-Variante sollten Sie sich erst heranwagen, wenn Sie etliche solcher Einheiten mit Schuhen absolviert haben. Die letzten Male, bevor Sie es barfuß probieren, sollten Sie in Minimalschuhen unternehmen. Dahinter steckt der Gedanke, die Füße nach und nach zu kräftigen, statt die Sache zu überstürzen und eine Verletzung zu riskieren. Geduld! Steigen Sie, sowohl mit Minimalschuhen als auch barfuß, zunächst mit einer geringen Anzahl an Strides ein. Falls Sie mit normalen Laufschuhen acht Wiederholungen absolviert haben, belassen Sie es bei vier, wenn Sie zum ersten Mal die extrem leichten Schuhe benutzen. Steigern Sie sich allmählich wieder auf acht Strides, bevor Sie dazu übergehen, barfuß zu laufen. Auch dabei sollten Sie es zum Einstieg bei vier Wiederholungen der plyometrischen Strides-Skipping-Übung belassen.

Kräftigen Sie Ihre Füße nach und nach, anstatt die Entwicklung übers Knie zu brechen

FAZIT: SCHNELLIGKEIT

Allen Triathleten, egal wie fortgeschritten sie sein mögen, stünde es gut zu Gesicht, an ihrer Schnelligkeit zu arbeiten. In den späten 1990er und frühen 2000er Jahren betreute ich mit Ryan Bolton einen der schnellsten Läufer, die es damals im Profi-Triathlon gab. Außer mit ihm an seiner Schwimm- und Radtechnik zu feilen, ließ ich ihn außerdem jede Woche Strides absolvieren. Man kann immer noch schneller werden, aber solange es an der Technik hapert, sind die Chancen, sich durch harte Einheiten zu verbessern, stark vermindert.

Eine gut entwickelte Schnelligkeit fängt mit den grundlegendsten Bewegungen in der jeweiligen Disziplin an. Das gilt insbesondere für das Schwimmen. Die wertvolle Trainingszeit im Becken minimalen Verbesserungen zu widmen, ist schön und gut, wenn Sie zu den herausragenden Schwimmern Ihres Landes zählen. Falls dem aber nicht so ist, müssen Sie sich zunächst die grundlegenden Elemente des Freiwasserschwimmens aneignen, bevor Sie sich an die fortgeschrittenen Techniken heranwagen. Die grundlegenden Elemente sind Haltung, Ausrichtung, Länge und Catch – kurz HALC. Sobald Sie diese vier Elemente beherrschen, können Sie dann auch die winzigen Anpassungen vornehmen, die Sie möglicherweise in die absolute Spitze unter den Schwimmern bringen. Konzentrieren Sie sich bis dahin nur darauf, die HALC-Elemente zu erlernen. Der beste Zeitpunkt dafür ist die Phase Grundlagen 1 zu Beginn der Saison. Gleichwohl ist es nie zu spät, damit anzufangen.

Als diejenige der drei Sportarten, bei der es am wenigsten auf technische Fertigkeiten ankommt, ist das Radfahren relativ leicht zu meistern. Der Ausgangspunkt ist, von einem Experten, der oft mit Triathleten arbeitet, ein Bikefitting vornehmen zu lassen, und zwar vor jeder neuen Saison, selbst wenn Sie das gleiche Rad wie im Vorjahr nutzen und es damals bereits angepasst wurde. Es ändert sich immer etwas. Die Athleten, die ich betreue, lassen ihr Rad grundsätzlich vor jeder neuen Saison anpassen. Die Phase Grundlagen 1 ist ein guter Zeitpunkt dafür. Fahren Sie in der Vorbereitungsphase und der Phase Grundlagen 1 so viel wie möglich im Gelände, um Ihren Tritt und Ihre fahrtechnischen Fertigkeiten zu verfeinern. So verbessern Sie nicht nur effektiv Ihre Technik, es macht auch eine Menge Spaß und bietet zur richtigen Zeit des Jahres eine willkommene Abwechslung vom Training auf der Straße.

Das grundlegendste Element der Lauftechnik ist der Fußaufsatz. Alle schnellen Läufer setzen ihren Fuß in ähnlicher Weise auf den Boden auf: entweder flach oder leicht auf der Ferse (manche landen auf dem Vorfuß, aber davon würde ich Ihnen abraten, sofern Sie nicht seit vielen Jahren auf diese Weise laufen). Keiner der Besten läuft so, dass die Zehen seines vorderen Fußes nach oben zeigen, weil der Fuß sich deutlich vor dem Knie befindet. Falls Sie mit überbetontem Fersenaufsatz laufen, müssen Sie dies abstellen, bevor auch nur daran zu denken ist, sich als Läufer weiterzuentwickeln. Schwere Einheiten nützen wenig, wenn Sie mit dem Fuß vor dem Knie auf dem Boden aufsetzen. Das ist eine Bremsbewegung, die dazu führt, dass Sie langsamer laufen und mehr Energie aufwenden als nötig. Auch für die Arbeit an der Lauftechnik ist die Phase Grundlagen 1 der ideale Zeitpunkt. Wie bei den anderen Disziplinen gilt aber auch für das Laufen, dass Sie in jeder Saisonphase immer an der Technik arbeiten können und sollen.

Wenn Sie die erläuterten Schwimm-, Rad- und Lauftechniken beherrschen, ist es damit jedoch nicht getan. Technische Fertigkeiten neigen leider dazu, sich mit der Zeit zu verschlechtern. Leicht kann es passieren, dass Sie unbewusst in alte Muster zurückfallen. Technikübungen sollten das ganze Jahr über Bestandteil jeder Trainingswoche und jeder Einheit bleiben. Die Verfeinerung der Technik ist nie abgeschlossen. Weiterhin daran zu arbeiten, sie zu verbessern, wird den Nutzen Ihrer anderen harten Trainingseinheiten noch erhöhen. Opfern Sie im Training niemals eine gute Technik, um schneller zu sein. Die Technik ist für Ihre Leistung von maßgeblicher Bedeutung.

13

KRAFT

TRAINING DIENT NICHT NUR Ihrem Herzen und Ihrer Lunge. Beide sind zweifellos wichtig für Ihr Leistungsvermögen, aber letzten Endes ist es Ihre Muskulatur, die Sie schnell macht. Wissenschaftliche Studien haben immer wieder bestätigt, dass sich auf allen Anstrengungsniveaus das erreichte Tempo erhöht, wenn der Leistungsfaktor Kraft verbessert wird.

Auch die Ökonomie verbessert sich mit größerer Muskelkraft. Im vorigen Kapitel haben Sie darüber gelesen, wie eine bessere Technik Sie effizienter macht, weil dies den Energieverbrauch beim Schwimmen, Radfahren und Laufen verringert. Die Technik zählt zu den Dingen, auf die Sie einen gewissen Einfluss haben, wenn es darum geht, ökonomischer zu werden. Ein anderes dieser kontrollierbaren Elemente ist die Muskelkraft.

In diesem Kapitel beschäftigen wir uns mit zwei weiteren Formen des Trainings, um Tempo und Ökonomie zu verbessern: plyometrische Übungen und Krafttraining. Beide Methoden habe ich im Laufe der Jahre mit zahlreichen Athleten angewandt und dabei konsistente Verbesserungen der Fitness und Leistung beobachtet. Denn beide stärken das neuromuskuläre System auf eine Weise, wie es traditionelles Ausdauertraining nicht vermag.

NEUROMUSKULÄRES TRAINING

Ihr neuromuskuläres System besteht aus Nerven und Muskeln. Es funktioniert ähnlich wie ein Computer. Die Muskulatur – die Festplatte – macht zwar die Arbeit, aber sie macht nur, was die Nerven – die Software – ihr sagen. Sowohl der Computer als auch Ihr Körper sind auf beides angewiesen, um richtig funktionieren zu können. Das Gehirn sendet mittels der Nerven Signale an die Muskeln, und Sie bewegen sich auf eine bestimmte Art und Weise. Je öfter ein paar ausgewählte Nerven bestimmte Muskeln stimulieren, desto besser führen Sie eine bestimmte Bewegung aus. Das ist fast wie ein Trampelpfad durch ein brachliegendes Areal, der sich mit der Zeit bildet. Anfangs kann man auf dem Gelände alle möglichen Richtungen einschlagen, aber sofern viele Leute ihn regelmäßig benutzen, bildet sich mit der Zeit der beste Weg heraus. Je öfter er benutzt wird, desto besser wird der Pfad. Das ist im Grunde das, was ich Ihnen im vorigen Kapitel erläutert habe, als ich Ihnen z. B. ans Herz legte, Technik-Bahnen zu schwimmen, wobei Sie sich nur auf ein HALC-Element konzentrieren und nach jeder Bahn eine Pause einlegen. Dadurch legen Sie Nervenbahnen an, um bestimmte Muskeln zur richtigen Zeit und auf die richtige Weise zu aktivieren. Stete Wiederholung verbessert die Beherrschung einer bestimmten Bewegung.

Stete Wiederholung verbessert die Beherrschung einer bestimmten Bewegung.

Das Gleiche passiert mit der Muskelkraft. Dazu gehört, wie viele Muskelfasern gleichzeitig stimuliert werden. Je öfter Sie bestimmte Nerven nutzen, um Muskeln kraftvoll kontrahieren zu lassen, desto schneller und ökonomischer werden Sie. Der Pfad wird breit und ausgetreten. Unzureichend trainierte Athleten können nur einen kleinen Teil ihrer verfügbaren Muskeln einsetzen. Der Pfad ist schmal und nicht ausgetreten. Das macht die betreffenden Sportler langsam. Ihnen fehlt die Muskelkraft, die sich daraus ergibt, viele starke Muskelfasern in der richtigen Sequenz und im richtigen Moment kontrahieren zu lassen.

Sportwissenschaftler gingen früher davon aus, dass allein die Größe der Muskeln die Kraft einer Person bestimmt. Krafttraining zielte dementsprechend darauf ab, große Muskeln zu entwickeln. Seit den 1980er Jahren aber zeigt die Forschung über das Krafttraining, dass das Nervensystem eine zentrale Rolle dabei spielt, wie kräftig ein Athlet ist. Zwar können Sie weiterhin davon ausgehen, dass große Muskeln kraftvoll sind, aber die Größe ist nicht der einzige Faktor, der über das Maß an Kraft bestimmt. Zudem kommt Krafttraining, sofern es aus Sicht eines Ausdauerathleten korrekt durchgeführt wird, auch der Leistung zugute (gemeint ist hier die Leistung, wie sie in Watt gemessen wird), weil es das Nervensystem lehrt, effektiv zu arbeiten.

Das Nervensystem spielt eine zentrale Rolle dabei, wie kräftig ein Athlet ist.

Darüber hinaus hängen Koordination und Timing der Innervation (Nervenstimulation) der verschiedenen Muskeln, die an einer bestimmten Bewegung wie z. B. dem Pedaltritt beim Radfahren beteiligt sind, davon ab, wie gut und ausgiebig trainiert das Nervensystem ist. Um die erforderliche Leistung zu entwickeln, müssen Sie gezielte Kraftübungen absolvieren, die möglichst genau die triathlonspezifischen Bewegungsmuster nachvollziehen sollten, die Sie verbessern möchten.

Womöglich vollzieht sich noch mehr in den Nerven, was Ausschlag darüber gibt, wie gut Sie sich in einem Triathlon schlagen, und sich zudem durch die Arbeit mit Gewichten verbessern lässt. Das neuromuskuläre System kann während langer Ausdauerbelastung ermüden. Ich schätze, Sie können ein Lied davon singen. Normalerweise machen wir müde Muskeln für solche Erschöpfung verantwortlich. Demnach widersetzt sich die Muskulatur der Innervation. Aber ebenso könnte es sein, dass es vielmehr die Nerven sind oder sogar das Gehirn, die müde werden. Sie als Sportler sind sich der Ermüdung, die in der Muskulatur auftritt, nur stärker bewusst als der Ermüdung der Nerven und des Gehirns. Die Sportwissenschaft versucht noch immer herauszufinden, was genau Erschöpfung ist. Was wir wissen, ist, dass ein Muskel mit guter Ausdauer in der Lage ist, der Erschöpfung zu widerstehen, was auch immer deren Ursache ist.

In diesem Kapitel möchte ich Ihnen zwei Trainingswerkzeuge nahebringen, mit denen Sie

Ihr neuromuskuläres System verbessern, so dass Sie letztlich mehr Kraft besitzen und in der Lage sind, über einen längeren Zeitraum schneller zu sein. Diese Werkzeuge sind plyometrische Übungen und Krafttraining. Beide haben das Potenzial, große Leistungssteigerungen zu erzeugen. Erinnern Sie sich aber an das, was ich Ihnen in Kapitel 10 gesagt habe: Große Erträge sind fast immer auch mit hohem Risiko verbunden. Für plyometrische Übungen und Krafttraining gilt das ganz gewiss. Zwar haben sie das Potenzial, Ihre Leistungen zu verbessern, beide können aber auch zu Verletzungen führen. Die häufigste Ursache für solche Rückschläge ist Ungeduld – ein Sportler stürzt sich Hals über Kopf in solche Übungen und mutet sich zu viel zu. Allzu häufig werden Dosierung (wie hart) und Dichte (wie oft) der Einheiten über das Maß dessen gesteigert, was unbedenklich ist, und die Folge ist eine Verletzung eines anfälligen Körperteils – sei es Knie, Rücken, Fuß et cetera. Sie müssen behutsam und konservativ vorgehen, wenn Sie sich an eine dieser beiden Trainingsformen heranwagen.

Wenngleich das Training riskant ist, werden Sie Verletzungen vermutlich vermeiden, wenn Sie den Anleitungen für plyometrische Übungen und Krafttraining in diesem Kapitel folgen. Achten Sie aber ungeachtet dessen, was ich Ihnen erzähle, immer auf die Signale Ihres Körpers. Beim ersten Anzeichen, dass die körperliche Belastung und Anstrengung einer solchen Einheit zu groß ist, müssen Sie innehalten und beurteilen, wie es Ihnen ergeht. Anzeichen von Überlastung und Überanstrengung deuten in der Regel darauf hin, dass Sie Ihrem Körper nicht ausreichend Zeit geben, sich an die Belastung zu gewöhnen. Sie machen zu schnell zu viel. Es dauert einige Wochen, um mit plyometrischen Übungen und Krafttraining Erträge zu erzielen. Erholen Sie sich, steigen Sie dann mit geringerer Belastung wieder ein und gestatten Sie Ihrem Körper, sich langsam anzupassen.

DIE MUSKULATUR

In Ihrem Körper gibt es verschiedene Arten von Muskeln. Auf ganz grundlegender Ebene sind sie unterteilt in schnell arbeitende und langsam arbeitende Muskelfasertypen. Die langsam arbeitenden Fasern sind Ihre Ausdauermuskeln. Diese sind nicht besonders kraftvoll, aber sie halten lange durch und können immer wieder kontrahieren, bevor sie ermüden. Schnell arbeitende Muskeln sind das genaue Gegenteil. Sie kontrahieren sehr kräftig, ermüden aber rasch. Jeder Triathlet besitzt eine einzigartige Mischung dieser grundlegenden Muskeltypen. Manche Sportler verfügen über viele schnell arbeitende Muskelfasern und sind daher recht kräftig. Andere sind mit langsam arbeitenden Muskeltypen gesegnet und halten somit lange durch. Zu berücksichtigen ist, dass wir im gesamten Körper verschiedene Mischungen von Muskelfasertypen besitzen.

Sie müssen behutsam und konservativ vorgehen, wenn Sie sich an Krafttraining und plyometrische Übungen heranwagen.

Welche Mischung Sie mitbringen, wurde Ihnen buchstäblich in die Wiege gelegt. Sie können sie aber ein wenig verändern. Durch viele lange Einheiten mit moderater Intensität kann ein Athlet mit überwiegend schnell arbeitenden Muskelfasern einen Teil davon dazu bringen, die Merkmale von langsam arbeitenden Fasern anzunehmen. Auch das Gegenteil ist möglich. Mit Krafttraining nehmen manche Muskelfasern die Kraftmerkmale schnell arbeitender Fasern an.

Das alles bedeutet, dass Sie abwägen müssen, ob es mit Blick auf Ihre Triathlonleistungen sinnvoll ist, Krafttraining zu unternehmen. Ich habe ein paar Triathleten betreut, die ursprünglich vom Bodybuilding oder Gewichtheben kamen, wofür sie körperlich gut geeignet waren. Diese Sportler hatten es definitiv nicht mehr nötig, den Leistungsfaktor Kraft noch weiter zu entwickeln, indem sie Gewichte stemmten. Was sie benötigten, war Ausdauertraining. Die meisten Triathleten aber, die ich im Laufe der letzten mehr als 30 Jahre trainiert habe, profitierten erheblich davon, ihre Kraft und Power gezielt zu verbessern.

Plyometrisches Training umfasst explosive Sprung- und Hüpfübungen.

In welche Kategorie fallen Sie? Sind Sie von Natur aus ein kraftvoller Athlet mit großen Muskeln und der Veranlagung, mit gezieltem Krafttraining leicht an Muskelmasse zuzulegen? Falls ja, ist Krafttraining mit hohen Lasten nichts für Sie, wollen Sie Ihre Triathlonleistungen verbessern. Falls Sie beschließen, Gewichte zu stemmen, was in Ihrem Fall nicht unbedingt nötig ist, belassen Sie es bei leichten Lasten mit vielen Wiederholungen. Falls Sie andererseits ektomorph gebaut sind, d. h. zierlich und mit relativ kleinen Muskeln, wird Krafttraining wahrscheinlich dazu beitragen, Sie schneller zu machen.

Generell lässt sich sagen, dass außer den ektomorphen Typen v. a. Frauen und Athleten jenseits der 50 von Krafttraining profitieren. Gehen Sie aber nicht einfach davon aus, dass dies auf Sie zutrifft, nur weil Sie zu einer dieser Gruppen von Athleten gehören. Ich habe mit vielen Athleten gearbeitet, die nicht so leicht einer Kategorie zuzuordnen waren. Falls Sie unsicher sind, können Sie an sich nichts tun, außer Krafttraining zu absolvieren und abzuwarten, was passiert. Gut möglich, dass Sie positiv überrascht werden und merken, dass Sie kräftiger und schneller werden. Oder aber Sie stellen fest, dass Sie von der Arbeit mit Gewichten zu viel Masse aufbauen.

Plyometrische Übungen sind besonders geeignet, um die Leistung und die Schnelligkeit im Laufen zu verbessern.

Schauen wir uns nun im Einzelnen an, was es mit plyometrischen Übungen und Krafttraining auf sich hat und wie Sie beides nutzen können, um Ihre Leistungen zu verbessern.

PLYOMETRISCHE ÜBUNGEN

Plyometrisches Training umfasst explosive Sprung- und Hüpfübungen. Bereits in Kapitel 12 wurde diese Trainingsform kurz angesprochen, als ich die Strides-Drills erläutert habe. Als womöglich ideale Trainingseinheit, um die Laufeffizienz zu verbessern, verbinden plyometrische Übungen schnelles, technisches Laufen auf weichen Untergründen wie etwa Rasen mit Hüpf- und Sprungübungen zwischen den Läufen. Zwar deuten einige Studien darauf hin, dass plyometrisches Training auch dem Radfahren dienlich ist, so ist es doch am wirksamsten, wenn es darum geht, die Leistung und die Schnelligkeit für das Laufen zu verbessern. Es schult das neuromuskuläre System, schnelle und kraftvolle Kontraktionen zu vollziehen. Und das wird Sie als Läufer schneller machen.

Rein biomechanisch betrachtet können Sie drei Dinge tun, um schneller zu laufen. Eine Möglichkeit ist, die Schrittlänge zu erhöhen. Eine andere ist, die Schrittfrequenz zu steigern. Die dritte ist, die Kontaktzeit mit dem Boden zu verringern, d. h. wie lange der Fuß nach dem unmittelbaren Aufsetzen den Boden berührt. Wir sprechen hier nur von Millisekunden, aber schnelle Läufer weisen eine deutlich kürzere Kontaktzeit auf als langsame. Tatsächlich ist jeder der drei Faktoren für sich genommen recht geringfügig, aber zusammengenommen können sie bei einem langen Lauf mehrere Minuten ausmachen.

Sie könnten eine Menge Ihrer kostbaren Trainingszeit darauf verwenden, plyometrische Übungen zu absolvieren, aber das ist nicht nötig. Da die Änderungen, die Sie mit dieser Trainingsform am neuromuskulären System vornehmen, klein ausfallen und es etliche Wochen dauern wird, bevor Sie erkennbare Verbesserungen der Schrittlänge, Schrittfrequenz und Bodenkontaktzeit feststellen, würde ich Ihnen zu einer langfristigen Herangehensweise raten. Zu versuchen, den Körper zu raschen Anpassungsleistungen zu zwingen, führt unweigerlich zu Verletzungen. In der frühen Grundlagenphase, wenn Sie an der Laufeffizienz arbeiten, zwei bis drei Mal in der Woche eine kombinierte Einheit aus Strides und plyometrischen Übungen zu absolvieren – mit etwa acht Strides à 20 Sekunden pro Einheit –, hält das Risiko gering und ermöglicht eine vollständige Anpassung. Nach sechs bis acht Wochen solchen Trainings können Sie sich darauf verlegen, nur noch an der Erhaltung zu arbeiten, mit einer oder zwei solcher Einheiten pro Woche für den Rest der Vorbereitung bis zum nächsten A-Wettkampf.

Die Kombination aus Strides und plyometrischen Übungen kann als eigenständige Trainingseinheit absolviert werden, einschließlich eines gründlichen Aufwärmens davor und eines Cooldowns danach, oder aber als Teil des Aufwärmens für eine andere Lauf-Einheit. Solches Training sollten Sie nur dann unternehmen, wenn Sie frisch und ausgeruht sind. Wenn Sie erschöpft sind, würde diese Trainingsform nur dazu führen, dass Ihr Körper weniger Kraft entwickelt – also das Gegenteil dessen, was Sie zu erreichen versuchen.

Ein weiterer Vorzug plyometrischen Trainings sind kräftigere und verletzungsresistentere Füße und Unterschenkel. Abbildung 12.9 zeigt, wie der Skipping-Drill aussieht. Gehen Sie die oben beschriebene kombinierte Einheit zunächst mit Ihren normalen Trainingsschuhen an, bevor Sie nach ein paar solcher Einheiten auf leichtere Schuhe umsteigen. Sind Ihre Füße und Unterschenkel schließlich kräftig genug, sollten Sie in der Lage sein, sämtliche Übungen barfuß zu unternehmen. Auch an dieser Stelle der Warnhinweis: Absolvieren Sie diese Trainingsform stets auf weichem Untergrund, wie z. B. Rasen. Bevor Sie barfuß loslaufen, vergewissern Sie sich, dass sich keine scharfen Gegenstände oder Hundehaufen auf der Strecke befinden. Zudem sollten Sie die Übung nicht unternehmen, falls Sie eine Schnittwunde am Fuß haben.

Grundsätzlich sollte diese kombinierte Einheit aus Strides und plyometrischen Übungen fester Bestandteil Ihres Trainings und sogar diejenige Lauf-Einheit sein, die Sie am häufigsten absolvieren. Sie wird Ihre Laufschnelligkeit verbessern, indem Sie sie ökonomischer macht. Was Sie hingegen *nicht* tun sollten, ist, zu versuchen, eine größere Schrittlänge oder geringere Bodenkontaktzeit zu erzwingen. Das macht Sie nur langsamer und weniger effizient. Haben Sie Geduld und gestatten Sie Ihrem Körper, die Veränderungen allmählich zu vollziehen. Diese werden zunächst kaum wahrnehmbar sein. Bleiben Sie am Ball, um die erhofften Erträge einzufahren.

Falls schlechtes Wetter Sie an einem Tag, an dem sie draußen Strides unternehmen wollten, dazu zwingt, drinnen zu trainieren, können Sie die 20-sekündigen Technikläufe auch auf dem Laufband unternehmen. Plyometrische Übungen auf dem Laufband sind hingegen keine gute Idee. Springen Sie stattdessen lieber Seil. Einbeiniges und zweibeiniges Seilspringen ist eine einfache Form plyometrischen Trainings. Es zwingt Sie, bei einer raschen Hüpfbewegung auf den Fußballen zu balancieren.

KRAFTTRAINING

Widmen wir uns nun einer anderen Möglichkeit, Ihr Leistungsvermögen durch eine weitere Verbesserung Ihres neuromuskulären Systems zu steigern. In den letzten 20 Jahren ist Krafttraining zu einer verbreiteten Trainingsform unter Triathleten geworden. Ein Trainingsprogramm, das nur aus Ausdauer-Aktivitäten besteht, wird Ihre Kraft zwar verbessern, das hat aber seine Grenzen. Die Obergrenze dessen, was Sie durch solches Trai-

Krafttraining kommt auch Ihrer Effizienz zugute.

ning an Kraft entwickeln können, ist recht niedrig im Vergleich zu dem, was durch regelmäßiges Krafttraining möglich ist. Wenn es Ihnen gelingt, Ihre Kraft ein wenig über das Maß dessen hinaus zu verbessern, was Sie allein durch Ausdauertraining erzielen würden, kommt das Ihrer Leistung in Watt und Ihrer Effizienz zugute. Das bedeutet größere Geschwindigkeit und weniger verbrauchte Energie. Der übliche Ansatz, um dies zu bewerkstelligen, ist die gezielte Arbeit mit Gewichten.

Abgesehen von größerer Kraft gibt es noch einige Gründe mehr, warum diese Trainingsfom Ihren Wettkampfaussichten zugute kommt. Der wichtigste ist die Leistung in Watt. Diese spielt im Ausdauersport eine wichtige Rolle, will ein Athlet ein hohes Maß an Wettbewerbsfähigkeit erreichen. Physikalisch betrachtet ist Leistung das Produkt aus Kraft und Geschwindigkeit:

$$\text{Kraft} \times \text{Geschwindigkeit} = \text{Leistung}$$

Kraft resultiert aus neuromuskulärer Stärke und kann mit Krafttraining leicht entwickelt werden. Geschwindigkeit hat mit hoher Kadenz zu tun. Während Sie mit Hilfe der Drills aus Kapitel 12 Ihre Kadenz verbessern können, widmen wir uns in diesem Abschnitt nun der Komponente Kraft.

Die Arbeit mit Gewichten erhöht die Knochendichte.

Ein weiterer Grund für die Arbeit mit Gewichten ist die Prävention von Verletzungen. Eine Analyse wissenschaftlicher Studien zum Krafttraining mit insgesamt 26.610 Probanden ergab, dass diese Trainingsform das Verletzungsrisiko um etwa die Hälfte reduziert. Was wir normalerweise für die beste Methode halten, um Verletzungen zu verhüten – Dehnübungen – erwies sich hingegen in dieser Hinsicht als vollkommen sinnlos. Schädigungen des Weichgewebes sind das größte Hemmnis für konsistentes Training. Durch die Arbeit mit Gewichten werden Sie also nicht nur kräftiger, Sie verringern auch das Risiko, wertvolle Trainingszeit zu verlieren. Neue Studien haben außerdem ergeben, dass Krafttraining die Erschöpfung in den späteren Phasen langer Ausdauerwettkämpfe verringert. Die Kombination aus größerer Leistung und größerer Ausdauer hilft Ihnen, bei Ihren Triathlons ein starkes Finish hinzulegen. Und schließlich erhöht die Arbeit mit Gewichten die Knochendichte. Dies ist ein wesentlicher Nutzen v. a. für Senioren, die in der Regel anfällig sind für Osteopenie (Minderung der Knochendichte) und Osteoporose.

Seit mehr als 30 Jahren lasse ich Ausdauerathleten aus einer Vielzahl an Sportarten gezielt Krafttraining mit Gewichten absolvieren. Meiner Erfahrung nach ist dies die neben den primären sportartspezifischen Einheiten effektivste Form des Trainings.

Die Sprache des Krafttrainings

Bevor wir uns im Einzelnen damit befassen, wie Sie die Arbeit mit Gewichten in Ihr Trainingsprogramm einbeziehen, ist es wichtig, sich mit der Sprache des Krafttrainings vertraut zu machen. Im Folgenden erläutere ich einige der Begriffe, die Ihnen bei der Beschreibung empfohlener Kraftraum-Übungen begegnen werden.

Freie Gewichte und Maschinen. Die Abbildungen, die das folgende Programm illustrieren, zeigen einen Athleten, der für viele Übungen freie Gewichte verwendet, darunter Kniebeugen (Abbildung 13.1) und Step-ups (Abbildung 13.4). Freie Gewichte müssen während der Übung in den Händen gehalten und balanciert werden. Das Balancieren der Lasten hilft, die Kraft kleiner und tief liegender Muskeln zu verbessern, aber es ist riskant. Sie könnten stürzen oder ein Gewicht fallen lassen. Manche der anderen vorgestellten Übungen zeigen den Athleten bei der Arbeit mit Maschinen, wie z. B. bei Beinpressen (Abbildung 13.6) und Beinbeugen (Abbildung 13.7). Balance ist für diese Maschinen nicht erforderlich, sie sind also deutlich gefahrloser. Der Nachteil ist allerdings, dass die kleinen Muskeln, die zur Balance beitragen, nicht gestärkt werden. Falls die Arbeit mit Gewichten Neuland für Sie ist, sind Sie wahrscheinlich besser beraten, erst einmal Maschinen zu verwenden.

Sätze und Wiederholungen. Ein Krafttraining besteht aus mehreren Übungen, die dem Aufbau der Kraft dienen. Jede Übung besteht aus mehreren Wiederholungen. Nehmen wir an, die aktuelle Krafttrainingsphase sieht 8 bis 12 Wiederholungen vor. Diese bilden dann einen Satz (bzw. eine Serie). Eine Vorgabe kann z. B. lauten, drei Sätze mit je zehn Wiederholungen und einer kurzen Erholungspause nach jedem Satz zu absolvieren.

Lasten. Dies bezieht sich darauf, wie schwer die Gewichte sind, die Sie stemmen. Im Verlauf jeder Krafttrainingsphase werden die Lasten gesteigert, während die Wiederholungen für jede Übung verringert werden. Wenn Sie die Lasten im Verlauf mehrerer Wochen allmählich erhöhen, passt sich Ihr Körper nach und nach an und wird kräftiger.

Maximalgewicht (1RM). Wie groß die Last in einem gegebenen Satz ist, richtet sich normalerweise danach, wie schwer die größte Last ist, die Sie bei einer Übung ein Mal heben können. Dieses Maximalgewicht für eine Wiederholung wird als *1RM* (= 1 Repetition Maximum) bezeichnet. Die Lasten für die einzelnen Übungen werden dann nach einem Prozentsatz Ihres jeweiligen 1RM festgesetzt. Sie könnten beispielsweise angewiesen werden, eine Last zu verwenden, die 80 Prozent Ihres 1RM ausmacht. Das Problem dabei ist, dass Sie in regelmäßigen Abständen eine maximale Anstrengung bringen müssen, um Ihr 1RM zu ermitteln. Das ist riskant. Sie könnten sich verletzen. Wenn Sie über große Erfahrung im Kraftraum verfügen, ist das Risiko vermutlich relativ gering. Falls die Arbeit mit Gewichten aber noch relatives Neuland für Sie ist, würde ich eine weniger riskante Methode empfehlen.

TABELLE 13.1 **Bestimmung des Maximalgewichts (1RM)**

WIEDERHOLUNGEN	FAKTOR
4	0,90
5	0,875
6	0,85
7	0,825
8	0,80
9	0,775
10	0,75

Finden Sie heraus, wie viele Wiederholungen Sie von einer bestimmten Übung schaffen. Teilen Sie dann die Last für diese Übung durch den entsprechenden Faktor, um Ihr 1RM zu bestimmen.

Die Lasten für das hier erläuterte Programm können Sie anhand von Tabelle 13.1 bestimmen. Wählen Sie eine Last, von der Sie glauben, dass Sie sie in einer gegebenen Übung nur vier bis zehn Mal bewältigen können. Ermitteln Sie dann, wie viele Wiederholungen Sie mit dieser Last schaffen. Suchen Sie in der linken Spalte der Tabelle die Zahl der Wiederholungen heraus, rechts daneben finden Sie einen entsprechenden Faktor. Um Ihren mutmaßlichen 1RM für die Übung zu bestimmen, teilen Sie die Last, die Sie gehoben haben, durch diesen Wert. Ein Beispiel: Nehmen wir an, Sie haben neun Kniebeugen mit einer Last von 40 Kilogramm absolviert. Der Faktor für 9 ist 0,775. Teilt man 40 durch 0,775, ergibt sich ein berechnetes 1RM von circa 51,5 Kilo. Dies ist eine wesentlich weniger riskante Methode, um für jede Übung Ihr jeweiliges 1RM zu ermitteln.

Eine andere Möglichkeit bestünde darin, zunächst einfach eine Vermutung anzustellen und dann zu schauen, wie viele Wiederholungen

Sie schaffen. Falls Sie mehr schaffen als erwartet, erhöhen Sie die Last und versuchen Sie es noch mal. So haben Sie rasch die richtige Last für diese Übung bestimmt. Von da an korrigieren Sie die Last nach oben oder unten, je nachdem, wie viele Wiederholungen Sie in einer gegebenen Phase zu absolvieren haben.

Regenerationszeit / Pausen. Für jede der Phasen des Krafttrainingsprogramms ist aufgelistet, wie viele Minuten Sie nach jedem Satz pausieren sollten. Sinn der Sache ist, zu gewährleisten, dass Sie ausreichend erholt sind, bevor Sie sich an den nächsten Satz machen. Falls die Pausen zu kurz sind, werden Sie nicht die Last heben können, zu der Sie für die vorgegebene Anzahl an Wiederholungen in der Lage wären. Dadurch gerät die Übung zu einer Ausdauer-Einheit. Da Sie außerhalb des Kraftraums schon genug Ausdauertraining betreiben, ist dies von geringem Nutzen. Um Kraft zu entwickeln, müssen Sie in der Lage sein, sich mit jedem Satz zu fordern. Das setzt voraus, dass Sie jede Übung ausreichend erholt angehen.

Um Kraft zu entwickeln, müssen Sie jede Übung erholt angehen.

Spotter. Bei manchen Übungen wie z. B. Kniebeugen kommen ziemlich hohe Lasten als freie Gewichte zum Einsatz. Im Hinblick auf die Balance kann das zu einem echten Problem werden. Es ist sinnvoll, einen Trainingspartner zu haben – einen »Spotter« –, der Ihnen mit den Lasten assistiert und Sie durch die Übung begleitet. So verringert sich das Risiko, dass Sie stürzen oder das Gewicht fallen lassen.

Konzentrische und exzentrische Kontraktionen. Muskeln arbeiten immer auf eine von zwei Weisen: konzentrisch oder exzentrisch. Bei einer konzentrischen Kontraktion wird der Muskel verkürzt, wenn die Last gestemmt wird. Das ist wie bei einer Oberarmbeuge mit einer Kurzhantel; wenn Sie das Gewicht anheben, verkürzt sich der Muskel. Bei einer exzentrischen Kontraktion verlängert sich der Muskel, wenn das Gewicht gesenkt wird. Stellen Sie sich eine Oberarmbeuge vor, bei der Sie mit dem Gewicht nahe der Schulter beginnen, dort wo es sich befand, als Sie die konzentrische Hebung vollendet haben. Senken Sie nun langsam das Gewicht bis auf Hüfthöhe. Wenn Sie das tun, verlängert sich der Muskel, wenn sich das Ellenbogengelenk öffnet. Der Muskel streckt sich bei dem Versuch, das sich senkende Gewicht zu kontrollieren. Jede Kraftübung hat eine konzentrische und eine exzentrische Komponente. Sie heben das Gewicht (konzentrisch), dann setzen Sie es wieder ab (exzentrisch).

Sie können viel größere Lasten bewältigen, wenn Sie exzentrische (das Gewicht senken) Übungen absolvieren. Aber exzentrische Übungen bedeuten auch deutlich höhere Belastungen für den Muskel, sofern die Last groß genug ist. Es ist außerdem in der Regel eine riskante Bewegung. Das Gewicht muss also sehr behutsam wieder abgesetzt werden.

Bewegungstempo. Manche der Bewegungen, über die Sie im folgenden Programm lesen, sehen *ballistische* Bewegungen vor. Diese werden häufig als »explosive« Hebungen beschrieben. Mit anderen Worten: Die konzentrischen Teile werden sehr schnell ausgeführt – so schnell, wie Sie die Last bewegen können. Die Lasten sind dabei deutlich geringer als diejenigen, die für die herkömmlicheren langsamen Bewegungen verwendet werden, die mit schweren Gewichten absolviert werden. Ein gutes Maß für ballistische Lasten sind in der Regel 50 Prozent des 1RM oder weniger. Solche Übungen eignen sich besser dafür, um die Fähigkeit zu entwickeln, schnell Kraft zu erzeugen, wie dies z. B. beim Laufen erforderlich ist. Der Fuß sollte möglichst kurz den Boden berühren, damit Sie schnell laufen können, *viel* kürzer als die Zeit, die Sie auf dem Fahrrad für eine vollständige Abwärtsbewegung des Pedals brauchen, selbst bei sehr hoher Trittfrequenz. Daher empfehle ich, wie Sie später sehen werden, ballistische Bewegungen mit leichten Lasten für laufspezifische Übungen und langsame Bewegungen mit schweren Lasten für radspezifische Übungen. Die Forschung zeigt, dass sowohl leichte ballistische Übungen als auch schwere langsame Übungen die potenzielle Leistung fürs Laufen verbessern. Allerdings gibt es nicht viele Studien über ballistische Übungen.

Wenn Sie ballistische Übungen absolvieren, ist die konzentrische Kontraktion (das Gewicht heben) diejenige Bewegung, die explosiv umgesetzt wird; der exzentrische Teil (das Gewicht senken) wird langsam ausgeführt.

Sportspezifische Bewegungen. Es hat wenig Sinn, Übungen zu absolvieren, die nicht die Bewegungen des Sports nachvollziehen, in dem Sie stärker werden möchten. Was Ihr Ziel anbelangt, im Wettkampf besser abzuschneiden, wären solche Übungen reine Zeitverschwendung. Oberarmbeugen z. B. werden Sie nicht zu einem besseren Radfahrer machen. Beinstrecker kommen der Sache schon etwas näher. Aber als Übungen, die die Bewegungen replizieren, die Sie beim Pedalieren auf dem Rad ausführen, bieten sich v. a. Kniebeugen, Beinpressen und Step-ups an.

Mehrgelenk-Übungen. Bei den drei Teildisziplinen des Triathlonsports sind zahlreiche Gelenke im Spiel, die aktiviert werden, indem Muskeln gleichzeitig kontrahieren. Denken Sie erneut an die Pedalierbewegung auf dem Rad. Wenn Sie das Pedal treten, streckt sich das Knie nicht isoliert von Hüfte und Sprunggelenk, sondern sie bewegen sich alle gleichzeitig. Deswegen sind Beinstrecker für den Aufbau radspezifischer Kraft nicht so effektiv wie Kniebeugen und einige andere Übungen, die ich noch vorstellen werde. Wenn Sie daran arbeiten, größere Kraft und Leistung für die Vorwärtsbewegung in einem gegebenen Sport zu entwickeln, ist es sinnvoll, Übungen zu absolvieren, die sämtliche der primären Gelenke einbeziehen, die an dieser Bewegung beteiligt sind.

Muskuläres Gleichgewicht. Die Ausnahme von der obigen Regel für Mehrgelenk-Übungen tritt ein, wenn es darum geht, muskuläre Ungleichgewichte zu beheben. Gelenkbewegungen werden stets von zwei oder drei Muskeln kontrolliert. Der für die Bewegung eines Gelenks maßgebliche Muskel wird als *Agonist* bezeichnet. Wenn der Agonist arbeitet, entspannen sich die anderen für das Gelenk zuständigen Muskeln. Dies sind die *Antagonisten*. Das Ellenbogengelenk beispielsweise wird von zwei Muskeln gesteuert: dem Bizeps und dem Trizeps. Wenn Sie eine Oberarmbeuge ausführen, ist der Bizeps der Agonist und der Trizeps der Antagonist. Wenn Sie aber Liegestütze absolvieren, wird der Trizeps zum Agonisten und der Bizeps zum Antagonisten.

Die besten Kraftraum-Übungen für Triathleten ahmen die Bewegungen der drei Sportarten nach.

Es sollte ein gesundes Kräfteverhältnis zwischen den beiden herrschen. Falls der Agonist zu kräftig wird, besteht die Gefahr, den Antagonisten zu schädigen. Daher ist es manchmal eine gute Idee, den Antagonisten zu kräftigen, um ihn vor einer Verletzung zu schützen. Das beste Beispiel dafür im Triathlon ist der vierköpfige Beinstrecker im Oberschenkel, der durch Übungen wie Kniebeugen sehr kräftig werden kann. Das ist mit einem gewissen Risiko für die rückseitige Oberschenkelmuskulatur verbunden, die die Antagonisten bildet, wenn Sie laufen oder Rad fahren. Sie können die Antagonisten kräftigen, indem Sie Muskelisolations- statt Mehrgelenk-Übungen absolvieren. Daher finden Sie im folgenden Programm u. a. Beinbeugen, um die rückseitige Oberschenkelmuskulatur zu kräftigen. Zudem sind die Lasten und Wiederholungen für die beim Triathlon maßgeblichen Antagonisten nicht in jeder Phase die gleichen wie für die Agonisten.

Andere Erwägungen bezüglich des Krafttrainings

Die Arbeit mit Gewichten ist nicht weniger komplex als Schwimmen, Radfahren und Laufen. Die folgenden Leitlinien werden Ihnen helfen, Verletzungen zu vermeiden und gleichzeitig das Potenzial für signifikante Kraft- und Leistungszugewinne zu vergrößern.

Kraftraum-Einheiten sollten gleichmäßig über die Woche verteilt werden.

Verteilung der Trainingseinheiten. Kraftraum-Einheiten sollten so gleichmäßig wie möglich über die Woche verteilt werden. Wenn Sie z. B. zwei oder drei solcher Einheiten pro Woche absolvieren, wie in der frühen Grundlagenphase empfohlen, und diese zu rasch aufeinanderfolgen, würde dies auch mehrere aufeinanderfolgende Tage bedeuten, an denen kein Krafttraining ansteht. Das ist in Ordnung, solange Sie in der Krafterhaltungs-Phase sind, aber kontraproduktiv, wenn Sie versuchen, Kraft aufzubauen. Zu große Abstände machen es schwierig, Gewinne zu erzielen, weil Sie nach mehreren Tagen ohne Arbeit mit Gewichten wieder Kraft einbüßen. Wenn Sie die Einheiten so gleichmäßig wie möglich über die Woche verteilen, gibt das den Muskeln einerseits die Gelegenheit, sich anzupassen, was während ein paar Tagen Regeneration geschieht, ohne dass Sie andererseits so viel Zeit ohne Arbeit mit Gewichten verstreichen lassen, dass Zugewinne verloren gehen. So fahren Sie z. B. besser damit, zwei wöchentliche Einheiten im Kraftraum am Montag und Freitag einzuplanen statt am Montag und Dienstag. Falls Sie drei Mal die Woche mit Gewichten arbeiten, sind Einheiten am Dienstag, Donnerstag und Samstag besser als am Dienstag, Mittwoch und Donnerstag.

Absolvieren Sie nach anspruchsvollen Einheiten ein Cool-down, indem Sie noch ein paar Minuten aufs Ergometer, Spinningbike oder Laufband gehen.

Warm-up und Cool-down. Ebenso wie vor Schwimm-, Rad- und Lauf-Einheiten sollten Sie sich vor dem Krafttraining gründlich aufwärmen. Und auch ein anschließendes Cool-down ist genau wie in den drei Triathlon-Sportarten vorteilhaft. Beginnen wir mit dem Aufwärmen.

Das Aufwärmen für das Krafttraining vollzieht sich in zwei Phasen. Die erste dient dazu, die Blutversorgung zu den Muskeln anzuregen, die bald durch das Heben schwerer Gewichte beansprucht werden. Wie Sie sehen werden, sind bei den meisten der folgenden Übungen die Beine gefragt. Sie können die Durchblutung der Beine verbessern, indem Sie sich auf einem Rad-Ergometer, Spinningbike oder Laufband aufwärmen, sofern Ihnen solche Geräte zur Verfügung stehen. Es sind nur fünf bis 15 Minuten schrittweise gesteigerter aerober Bewegung nötig, um dies zu erreichen. Danach sind Sie *fast* so weit, die erste Kraftübung zu absolvieren.

Die zweite Phase des Aufwärmens besteht darin, sich mit ein paar Wiederholungen mit leichter Last auf die Bewegungsabläufe der Übung einzustimmen. Falls Sie beispielsweise Kniebeugen machen, absolvieren Sie zunächst ein paar Wiederholungen nur mit Körpergewicht. Betonen Sie dabei die Technik. Jetzt sind Sie bereit, mit der Übung zu beginnen. Wiederholen Sie die zweite Warm-up-Phase vor jeder anschließenden Übung.

Absolvieren Sie nach anspruchsvollen Einheiten auch jeweils ein Cool-down, indem Sie sich noch ein paar Minuten auf ein Rad-Ergometer oder Spinningbike setzen oder aufs Laufband gehen (fünf Minuten reichen vollkommen aus). Das Rad ist meiner Ansicht nach die bessere der beiden Optionen. Wahrscheinlich haben Sie ein paar Übungen für die Beine absolviert, was gelegentlich dazu führt, die Trittmechanik und -frequenz zu beeinträchtigen. Ein paar Minuten Spinning mit guter Technik und relativ hoher Kadenz hilft, die neuromuskulären Aktivierungsmuster wiederherzustellen.

Reihenfolge der Übungen. Wie Sie im weiteren Verlauf dieses Kapitels sehen werden, gibt es eine bevorzugte Reihenfolge für die Kraftübungen. Ich empfehle, die Übungen mit den schwersten Lasten zuerst zu absolvieren. Es ist besser (und sicherer), schwere Lasten zu heben, wenn Sie noch frisch sind, als wenn bereits Erschöpfung eingesetzt hat. Es ist außerdem sicherer, die Muskelgruppen und Bewegungen abzuwechseln. Beispielsweise sollten Sie es vermeiden, zwei Übungen für die Beinachsenstreckung (Hüfte, Knie und Sprunggelenk), also z. B. Kniebeugen und Step-ups, hintereinander zu absolvieren. Besser ist es, zwischendurch eine Übung einzuschieben, die andere Bewegungen und Muskelgruppen beansprucht.

Einstieg in eine neue Phase des Krafttrainings. Wenn Sie eine neue Phase des Krafttrainings beginnen, in der Sie mit schwereren Lasten als zuvor arbeiten, seien Sie vorsichtig bei der Wahl der Gewichte für die erste Einheit. Zwar ist es in bestimmten Phasen in der Saison eine gute Idee, sich mit höheren Lasten auf die Probe zu stellen, aber die erste Einheit ist dafür der falsche Zeitpunkt. Heben Sie sich das für eine der folgenden Einheiten im Kraftraum auf, wenn Sie eine bessere Vorstellung davon haben, was Sie sich zumuten können.

Neue Übungen. Falls Sie unsicher sind, wie eine bestimmte Übung auszuführen ist, lassen Sie es sich von einem erfahrenen Kollegen zeigen. Krafttraining ist definitiv mit hohem Risiko und hohem Ertrag verbunden. Das Risiko, sich eine Verletzung zuzuziehen, indem Sie die Übung nicht korrekt ausführen, ist recht hoch. Falsche Technik ist bei vielen der Übungen, insbesondere denjenigen, die mit hohen Lasten verbunden sind, eine sichere Methode, sich zu verletzen. Bitten Sie um Hilfe. Sie können sich auch beim Heben filmen lassen und dann im Internet nach Beispielen für gute Technik suchen, um sich mit anderen zu vergleichen.

Absolvieren Sie die Übungen mit den schwersten Lasten zuerst.

Heben bis zur Erschöpfung. Sie haben sicher von der Praktik gehört, so lange zu heben, bis Sie die Last nicht mehr stemmen können; diese Methode ist unter ambitionierten Gewichthebern ziemlich verbreitet. Viele absolvieren regelmäßig so viele Wiederholungen einer gegebenen Übung, bis sie nicht mehr in der Lage sind, das Gewicht ein letztes Mal zu heben, und Hilfe brauchen, es abzusetzen. Das mag für diese Cracks schön und gut sein, Triathleten würde ich aber davon abraten. Das Risiko ist viel zu hoch. Geben Sie acht darauf, wie sich Ihre Muskeln bei jeder Übung anfühlen, und hören Sie eine oder zwei Wiederholungen, bevor Sie nicht mehr können, auf. Das bisschen Kraft, das Sie dadurch gewännen, indem Sie bis zur Erschöpfung weitermachen würden, ist nicht der Rede wert und das Verletzungsrisiko wäre erheblich größer.

Verfügbare Zeit. Das hier dargelegte Krafttrainingsprogramm geht davon aus, dass Ihnen, so wie den meisten Triathleten, aufgrund sonstiger Verpflichtungen nur begrenzte Trainingszeit zur Verfügung steht. Deswegen sind es nur einige wenige Übungen. Es sind diejenigen, die am ehesten Leistungssteigerungen versprechen. Machen Sie ruhig mehr, falls Ihnen danach ist und Sie die nötige Zeit und Energie aufbringen.

Richtige Lebensmittel liefern Ihnen ausreichend Eiweiß – Sie müssen nicht zu Nahrungsergänzungsmitteln greifen.

Muskelmasse. Manche Athleten, v. a. junge Männer, bauen schnell und massiv Muskelmasse auf, wenn sie mit Gewichten arbeiten. Das ist zwar gut für die Kraft, aber nicht unbedingt für die Erfolgsaussichten im Triathlon. Ab einem bestimmten Punkt wird die Zunahme an Muskelmasse den Leistungen abträglich sein – ein guter Grund, das Krafttraining und die Zahl der Übungen, die Sie im Rahmen Ihres Programms absolvieren, zu begrenzen. Es ist zudem der Grund, warum ich dazu rate, für die ernsthafte Arbeit mit Gewichten nur wenige Wochen zu veranschlagen. Wenn diese Wochen vorüber sind, wechselt das Krafttraining vom Aufbau- in den Erhaltungsmodus.

Auch die Lasten spielen hierbei eine Rolle. Das Programm, das ich unten empfehle, steigert sich im Verlauf weniger Wochen hin zu höheren Lasten, die mit weniger Wiederholungen gehoben werden. Manche Studien deuten darauf hin, dass durch geringere Lasten mit einer hohen Zahl an Wiederholungen, die bis zur Erschöpfung absolviert werden, etwa die gleiche Kraft entwickelt wird, aber die hohe Zahl der Wiederholungen eher dazu führt, überschüssige Muskelmasse aufzubauen. Und das Problem, zu wenig auf die Waage zu bringen, haben nur sehr wenige Triathleten.

Krafttraining und Ernährung. Auch was und wann Sie essen, spielt für das Krafttraining eine Rolle. Wie viel Sie essen, hängt von Ihrer Körpergröße und dem Schwierigkeitsgrad der Einheit ab. Studien deuten darauf hin, dass es der Kraftentwicklung förderlich ist, am besten unmittelbar nach dem Training im Kraftraum, auf jeden Fall aber binnen drei Stunden danach, 10 bis 25 Gramm leucinreiches Eiweiß zu sich zu nehmen. Das hilft Ihrem Körper, das Gewebe wieder aufzubauen, das durch die Belastung beim Heben schwerer Lasten aufgelöst wurde.

Der Eiweißlieferant muss kein teures, angeblich wissenschaftliches Spezialprodukt sein. Richtige Lebensmittel reichen vollkommen aus. Gängige protein- und leucinreiche Nahrungsmittel, die Sie als schnellen Snack im Kühlschrank lagern können und die rund 10 Gramm Protein sowie etwa 1.000 Milligramm Leucin enthalten, sind gekochte Eier (zwei Stück, mittelgroß), Cheddar-Käse (um die 45 Gramm) und Milch (etwa 300 ml).

Besondere Anforderungen einzelner Gruppen von Sportlern. Nachwuchssportler unter 18 Jahren sollten bei der Arbeit mit Gewichten besonders vorsichtig sein. Die Wachstumsfugen der Knochen befinden sich bei jungen Menschen bisweilen noch in der Entwicklung und könnten durch die Arbeit mit schweren Lasten Schaden nehmen. Dies gilt insbesondere für Junioren unter 16 Jahren, doch gibt es hinsichtlich der körperlichen Reife erhebliche Unterschiede in diesem Alter.

Das heißt nicht, dass Junioren gar keine Gewichte stemmen sollten. Interessierten jungen Sportlern würde ich empfehlen, im Alter von etwa zwölf Jahren ein Programm mit sehr leichten Lasten und Schwerpunkt auf der Technik und der Durchführung gängiger Kraftübungen aufzunehmen. Auch ballistische Übungen mit sehr leichten Lasten könnten in diesem Alter sinnvoll sein. Wie bei allen sportlichen Aktivitäten für Jugendliche sollte der Spaß im Vordergrund stehen. In dieser Phase der Entwicklung sind Trainingspläne und strikte Routine nicht zu empfehlen.

Triathleten jenseits der 50 profitieren möglicherweise am meisten von der Arbeit mit Gewichten. Die Leistungsfähigkeit älterer Ausdauersportler wird oftmals durch den Verlust an Muskelmasse eingeschränkt. Wahrscheinlich lässt außerdem die Dichte der Knochen nach, wodurch sie anfällig für Frakturen sind. Krafttraining führt wahrscheinlich zu einer deutlichen Verbesserung der Muskelkraft und sorgt außerdem für den Wiederaufbau der Knochen.

Jüngere Elite-Triathleten, weibliche wie männliche, die schon seit geraumer Zeit trainieren und Wettkämpfe bestreiten, benötigen wahrscheinlich nicht so viel Krafttraining wie Senioren. Diese Sportler verzeichnen durch diese Trainingsform, wenn überhaupt, vermutlich eine deutlich geringere Leistungssteigerung. Dank ihrer Jugend bringen sie naturgemäß viel Kraft mit. Zudem ist schon die Tatsache, dass sie auf so hohem Niveau Wettkämpfe bestreiten, ein Beleg ihrer herausragenden Physiologie.

Wer noch nicht lange im Triathlon dabei ist, wird von Krafttraining aller Voraussicht nach erheblich profitieren. Das häufigste Problem für Anfänger ist, überhaupt die Zeit zu finden. In der Regel bringt das erste Jahr in diesem Sport erhebliche Veränderungen für den Alltag mit sich, und allein das Schwimmen, Radfahren und Laufen in einem sinnvollen Zeitplan unterzubringen, stellt eine Herausforderung dar. Noch eine weitere sportliche Aktivität zu berücksichtigen, mag da wie ein Ding der Unmöglichkeit erscheinen. Wenngleich ein Krafttrainingsprogramm ihrer Entwicklung als Triathlet gewiss förderlich wäre, verzeichnen Neulinge in der Regel allein durch das Training in den drei Sportarten erhebliche Leistungssteigerungen. Falls Sie noch Triathlon-Anfänger sind, empfehle ich Ihnen, auf die Maximalkraft-Phase (MK) zu verzichten, die später in diesem Kapitel beschrieben wird. Sie werden auch ohne diese Phase erhebliche Zugewinne verzeichnen und gleichzeitig das Risiko einer Verletzung signifikant verringern.

Das Krafttrainingsprogramm

In diesem Abschnitt stelle ich Ihnen die besten Kraftraum-Übungen je Sportart vor. Nachdem alle drei Disziplinen behandelt worden sind, erläutere ich Ihnen dann noch im Detail die verschiedenen Phasen des Kraftraumtrainings und einen sinnvollen Ablauf der Übungen. Wie bei allen Trainingsformen, egal in welcher Sportart, gibt es etliche Möglichkeiten, die gewünschten Ergebnisse zu erzielen. Falls Sie bereits ein Krafttrainingsprogramm haben, mit dem Sie in der Vergangenheit gute Erfahrungen gemacht haben, bleiben Sie dabei. Wenn Sie glauben, dass sportspezifische Kraftdefizite einen Begrenzer für Sie darstellen, sollten Sie dringend in Betracht ziehen, das hier hier vorgestellte Programm in Ihren Periodisierungsplan, wie in den Kapiteln 7, 8 und 9 erörtert, aufzunehmen.

Wenn auf den folgenden Seiten die einzelnen Kraftraum-Übungen für die drei Sportarten vorgestellt werden, so geschieht dies in der Reihenfolge, in der ein solches Training am ehesten von Nutzen ist: erst Radfahren, dann Laufen, dann Schwimmen.

Radfahren

Krafttraining mit schweren Lasten hat sich für das Radfahren in vielen wissenschaftlichen Studien als äußerst effektiv erwiesen. Falls der Rad-Abschnitt eines Triathlons einen Begrenzer für Sie darstellt, werden Sie von dem hier beschriebenen Krafttraining aller Voraussicht nach erheblich profitieren. Ob Radfahren ein Begrenzer für Sie ist, lässt sich leicht herausfinden: Schauen Sie sich an, wie Sie auf jedem Abschnitt des Triathlons – Schwimmen, Radfahren, Laufen – innerhalb Ihrer Altersgruppe jeweils abgeschnitten haben. Falls Sie im Schwimmen und Laufen beständig Teilzeiten in den Top 10 erreichen, auf dem Rad aber meistens hinterherhecheln, verhindert das Radfahren eine noch bessere Platzierung. Kraftraumtraining sollte Sie in dieser Hinsicht erheblich weiterbringen.

Der Schlüssel dazu, mittels Krafttraining erhebliche Zugewinne zu erzielen, besteht darin, sich mit Übungen, die primär der Beinachsenstreckung aus Hüfte, Knie und Sprunggelenk dienen, allmählich hin zu schweren Lasten mit einer geringen Zahl an Wiederholungen zu steigern. Diese Streckung imitiert die grundlegende Bewegung, die Sie beim Radfahren voranbringt. Die Leistung in Watt, die Sie erzeugen, ergibt sich teilweise daraus, wie viel Kraft Sie beim Treten in der Druckphase aufbringen. Je mehr Kraft Sie generieren können, ohne die gefühlte Anstrengung zu steigern, desto schneller sind Sie auf dem Rad. Sie werden außerdem besser klettern. Natürlich ist die Muskelkraft nicht der einzige Aspekt, der über die Leistung auf dem Rad bestimmt. Die andere Komponente ist die Trittfrequenz. Das haben wir in Kapitel 12 erörtert. An dieser Stelle konzentrieren wir uns aber darauf, wie Sie Kraft entwickeln, indem Sie jene Muskeln stärken, die Hüfte, Knie und Sprunggelenk strecken.

Es gibt sechs gängige Kraftraum-Übungen zur Entwicklung der für diese Gelenke zuständigen Muskeln. Diese sprechen unterschiedliche Muskelgruppen an, sind aber alle der Muskelkraft fürs Pedalieren förderlich. Die auf den folgenden Seiten beschriebenen Übungen sind: beidbeinige Kniebeugen, einbeinige Kniebeugen, Kreuzheben, Step-ups, Ausfallschritte und Beinpressen. Wählen Sie eine oder zwei der Übungen aus, die Sie in jeder Einheit im Kraftraum ausführen möchten. Oder aber Sie beschließen um der Abwechslung willen, sich im Laufe der Saison an mehreren zu versuchen. Beachten Sie, dass die ersten fünf Übungen mit freien Gewichten arbeiten. Viele Sportstudios und Fitnessclubs verfügen über Maschinen, die Sie stattdessen verwenden können, falls Sie das mit freien Gewichten verbundene Risiko scheuen.

Beinbeugen dienen nicht der Verbesserung der Kraft fürs Radfahren. Ihr Zweck ist es, Dysbalancen im Kraftverhältnis zwischen dem Quadrizeps in der vorderen Oberschenkelmuskulatur und der ischiocruralen Muskulatur im rückwärtigen Oberschenkel auszugleichen.

Beidbeinige Kniebeugen

Beidbeinige Kniebeugen (Abbildung 13.1) sind die unter erfahrenen Athleten wohl verbreitetste Übung für die Hüft-Knie-Sprunggelenk-Streckung. Die Abbildung zeigt einen Athleten, der eine Langhantel verwendet, aber die Übung kann ebenso gut mit einer Kurzhantel in jeder Hand oder sogar mit einem beschwerten Rucksack ausgeführt werden. Die folgende Anleitung wird Ihnen helfen, die Bewegung zu lernen, falls Sie die Übung noch nie gemacht haben.

- → Erwägen Sie, einen Hüftgurt zu tragen, um Ihren Rücken zu schonen, insbesondere in der MK-Phase.
- → Stellen Sie sich mit einer Langhantel knapp oberhalb der Schulterblätter (oder einer Kurzhantel in jeder Hand) auf. Ihre Füße haben denselben Abstand wie auf den Pedalen beim Radfahren (18–20 cm), und die Zehen zeigen direkt nach vorn, wie sie es beim Pedalieren tun würden.
- → Nehmen Sie den Kopf hoch und strecken Sie den Rücken.
- → Gehen Sie in die Kniebeuge, bis Ihre Oberschenkel beinahe parallel zum Boden sind. Ihr Knie ist nun ungefähr so gebeugt wie in der 2-Uhr-Position beim Pedaltritt.
- → Die Knie zeigen direkt nach vorn und sind über den Füßen, wenn Sie in die Knie gehen.
- → Kehren Sie in die Ausgangsposition zurück. Der Rücken bleibt dabei gestreckt und der Blick nach vorn gerichtet, so dass Ihr Kopf erhoben ist. Schauen Sie nicht nach unten.

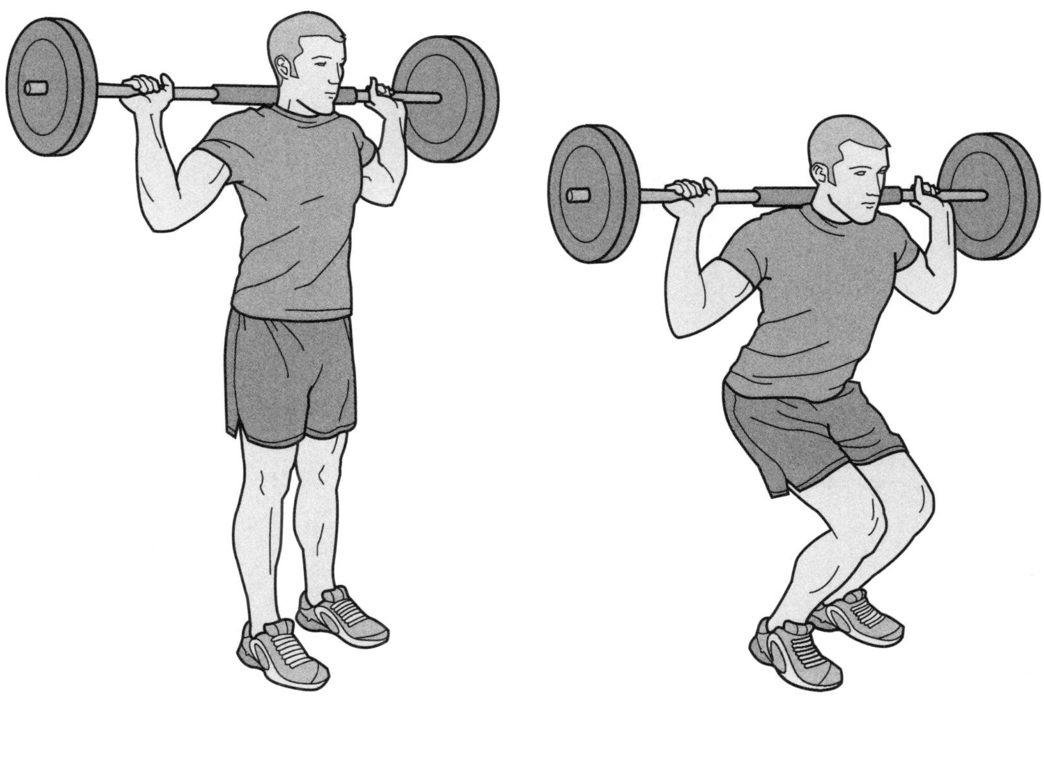

ABBILDUNG 13.1 Beidbeinige Kniebeugen

Einbeinige Kniebeugen

Der Vorteil von *einbeinigen Kniebeugen* gegenüber der beidbeinigen Variante ist, dass die Last deutlich leichter sein darf, was das Verletzungsrisiko verringert. Auf der anderen Seite erfordert die Übung gute Balance, da Sie auf nur einem Bein stehen, während das andere hinter Ihnen abgestützt wird, wie in Abbildung 13.2 zu sehen.

- Stellen Sie sich mit einer Kurzhantel in jeder Hand (oder einer Langhantel direkt oberhalb der Schulterblätter) in etwa 60 cm Abstand mit dem Rücken zu einer Bank oder einer anderen etwa kniehohen Plattform auf.
- Schwingen Sie einen Fuß nach hinten und legen Sie dessen Spann auf die Bank.
- Beugen Sie mit gestrecktem Rücken und erhobenem Kopf das vordere Bein, bis sich Ihr Oberschenkel fast parallel zum Boden befindet. Das Knie sollte in etwa so gebeugt sein wie in der 2-Uhr-Position einer Pedalumdrehung. Gegebenenfalls müssen Sie den Abstand zur Bank korrigieren, um den richtigen Kniewinkel zu erhalten.
- Kehren Sie mit weiterhin gestrecktem Rücken und nach vorn (nicht nach unten) gerichtetem Blick in die Ausgangsposition zurück.
- Wiederholen Sie die Übung in gleicher Weise mit dem anderen Bein.

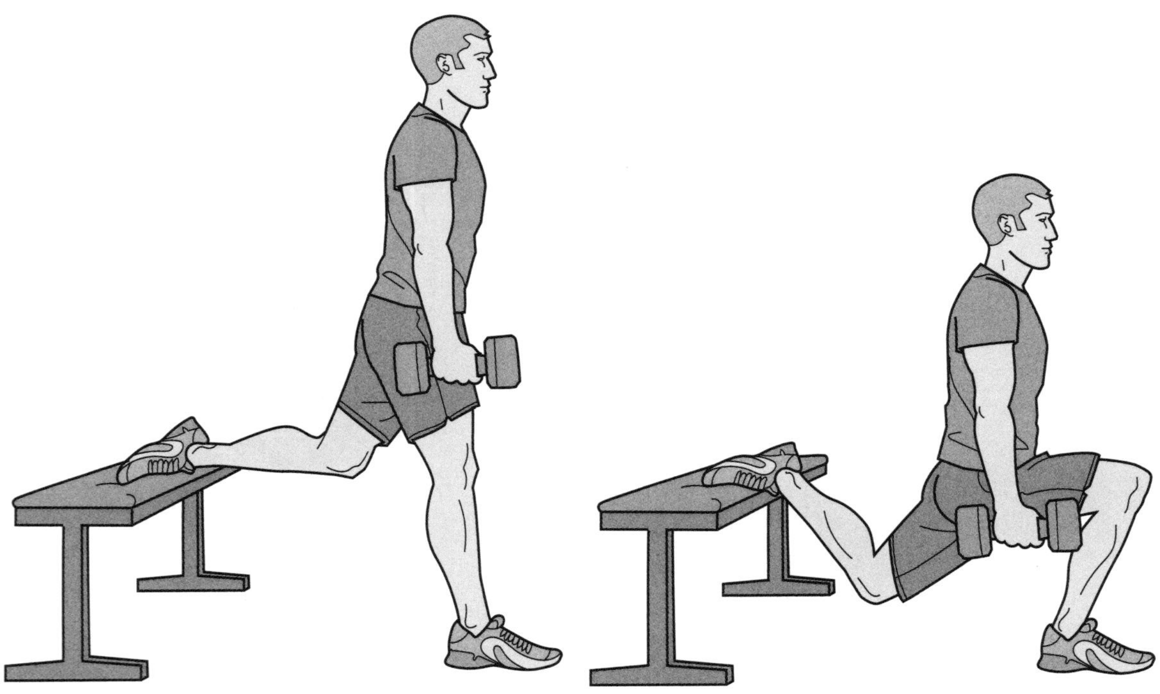

ABBILDUNG 13.2 Einbeinige Kniebeugen

Kreuzheben

Kreuzheben ist eine hervorragende Übung, um Kraft für die Beinstreckung zu entwickeln; allerdings ist sie ein bisschen riskanter als Kniebeugen, da Anfänger beim Heben häufig v. a. Ihre Rückenmuskulatur statt der Beine einsetzen. Vermutlich werden Sie anfangs fachmännische Hilfe brauchen, um es richtig hinzubekommen. Problematisch ist außerdem, dass die Scheiben auf der Hantel bei recht leichten Lasten, wie Sie sie zu Beginn verwenden sollten, einen recht kleinen Durchmesser haben, so dass Sie ziemlich tief in die Knie gehen müssen. Manche Studios haben Ablagen oder andere Hilfsmittel, die eine höhere Ausgangsposition ermöglichen. Sie können diese Übung auch mit Kurzhanteln ausführen, was für Anfänger vielleicht sogar besser ist. Abbildung 13.3 veranschaulicht, wie Kreuzheben funktioniert.

- Stellen Sie sich mit dem Gesicht zur Hantel auf; die Füße befinden sich etwa im selben Abstand wie auf den Pedalen beim Radfahren (18–20 cm).
- Beginnen Sie aus der Hocke und mit gebeugten Knien, so dass sich Ihre Oberschenkel fast parallel zum Boden befinden.
- Greifen Sie mit durchgestrecktem Rücken, erhobenem Kopf und nach vorn (nie nach unten) gerichtetem Blick herunter und fassen Sie die Hantel mit beiden Händen. Die Hände sollten etwas weiter auseinander sein als Ihre Füße.
- Stehen Sie auf, wobei nur Ihre Beine die schwere Hebearbeit verrichten, nicht Ihr Rücken.
- Kehren Sie in die Ausgangsposition zurück, indem Sie Ihre Beine einsetzen, während der Rücken gestreckt, der Kopf erhoben und der Blick nach vorn gerichtet bleiben.

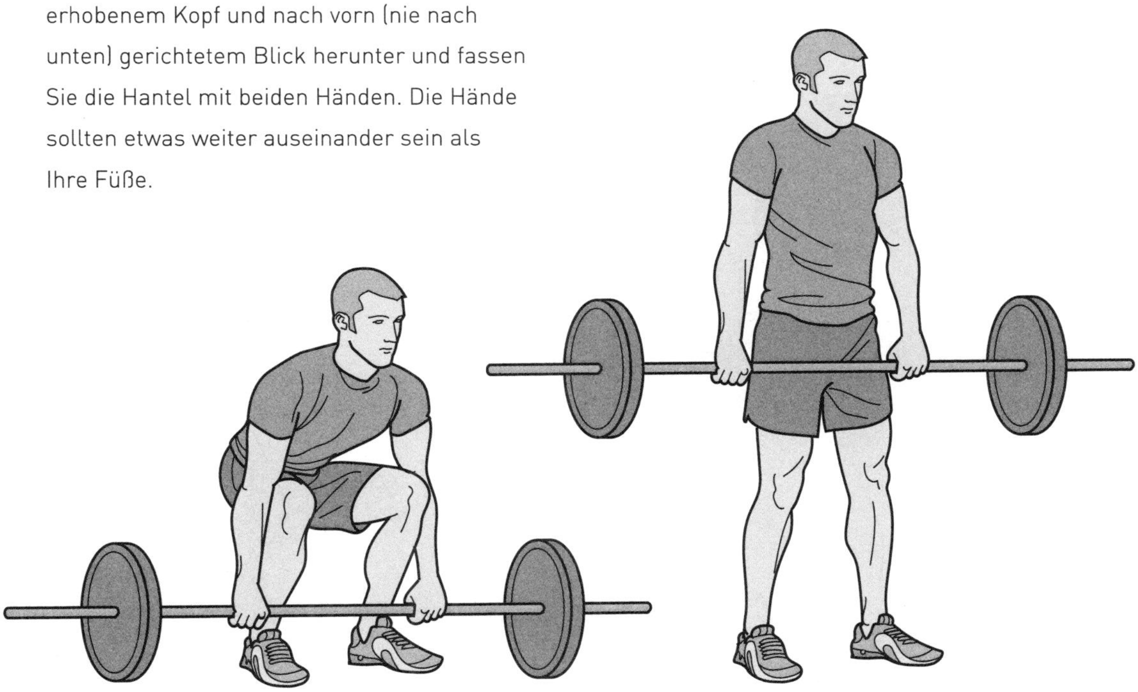

ABBILDUNG 13.3 Kreuzheben

Step-ups

Step-ups sind eine gängige Übung, die Ihnen, leicht verändert, später noch im Abschnitt über das Laufen begegnen wird. Auch diese Übung eignet sich hervorragend, um Kraft für die Beinstreckung zu entwickeln. Abbildung 13.4 zeigt, wie's gemacht wird. Der dargestellte Athlet benutzt eine Langhantel, Sie können aber auch Kurzhanteln verwenden, was etwas sicherer ist, da der Schwerpunkt niedriger liegt. Bei dieser Übung ist es wichtig, dass die Höhe der Bank oder Plattform passt. Sie sollten versuchen, die Position Ihrer Beine beim Pedalieren zu replizieren, wenn sich ein Pedal am oberen und das andere am unteren Totpunkt befindet.

- → Stellen Sie sich mit einer Langhantel direkt oberhalb der Schulterblätter (oder einer Kurzhantel in jeder Hand) vor einer niedrigen (ca. 33–38 cm hohen) Bank oder sonstigen Plattform auf. Große Athleten benötigen eine höhere Bank als kleine Athleten.
- → Setzen Sie einen Fuß auf die Bank. Ihr erhobenes Knie sollte sich knapp unterhalb der Hüfte befinden, so dass Ihr Oberschenkel fast parallel zum Boden ist.
- → Steigen Sie mit getrecktem Rücken, erhobenem Kopf und nach vorn (nicht nach unten) gerichtetem Blick auf die Bank, so dass sich beide Füße darauf befinden.
- → Kehren Sie mit demselben Fuß wieder in die Ausgangsposition zurück und wiederholen Sie die Übung.

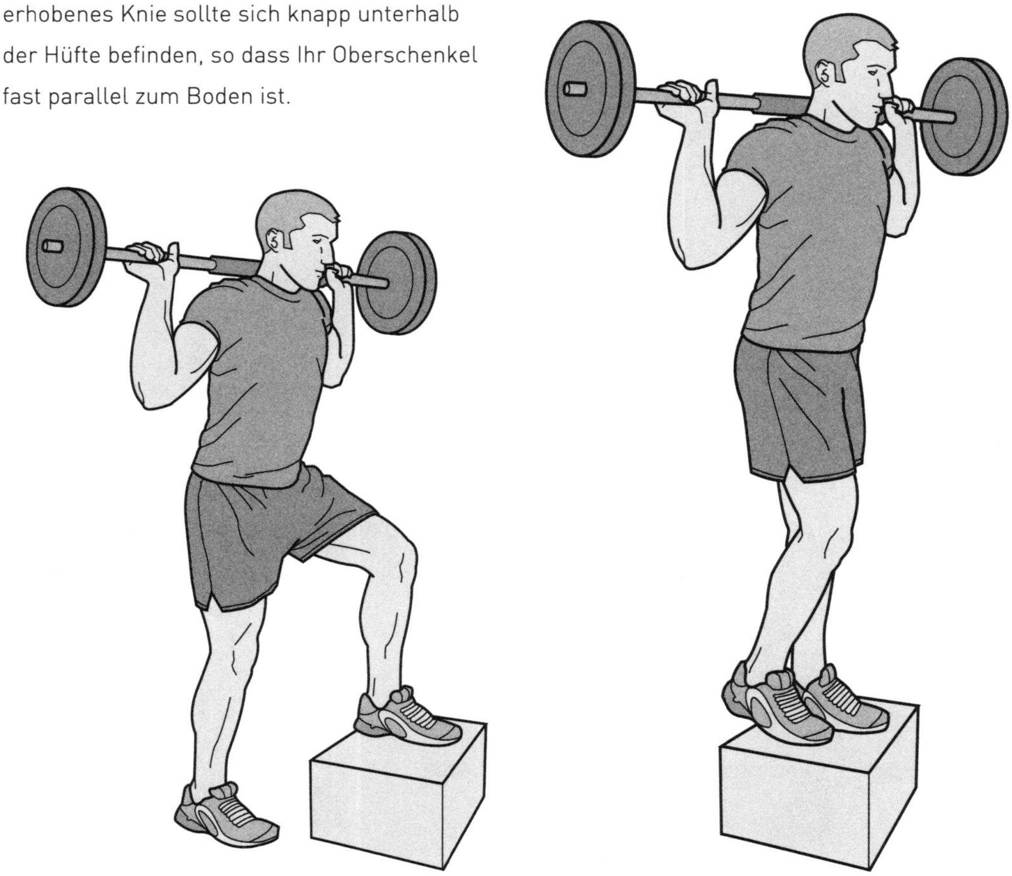

ABBILDUNG 13.4 Step-ups

Ausfallschritte

Für *Ausfallschritte* benötigen Sie, wie der Name schon vermuten lässt, ziemlich viel Platz. Es ist eine einfache Übung, sie erfordert aber, dass Sie die Schrittlänge jedes Mal richtig hinbekommen. Ist die Schrittlänge zu kurz, kommen Sie nicht tief genug; ist sie zu lang, wird der Hüftbeuger des hinteren Beins über die Maßen beansprucht. Abbildung 13.5 zeigt, wie's gemacht wird.

- Stellen Sie sich aufrecht hin, mit den Füßen nebeneinander und einer Kurzhantel in jeder Hand (oder einer Langhantel direkt oberhalb der Schulterblätter).
- Machen Sie mit einem Bein einen Schritt nach vorn, wobei Sie den Fuß flach und genau nach vorn weisend auf den Boden setzen. Das Knie sollte sich direkt über dem vorderen Fuß befinden und Ihr Gewicht weitgehend auf diesem Bein lasten. Das hintere Bein hilft Ihnen, das Gleichgewicht zu halten.
- Senken Sie Ihren Körper, bis sich der vordere Oberschenkel fast parallel zum Boden befindet. Das hintere Knie sollte fast den Boden berühren.
- Stehen Sie auf und ziehen Sie den hinteren Fuß vor, so dass Sie in die Ausgangsposition zurückkehren.
- Machen Sie weiter mit einem Ausfallschritt mit dem anderen Bein.
- Halten Sie während der gesamten Bewegung den Rücken stets gestreckt und den Kopf erhoben.

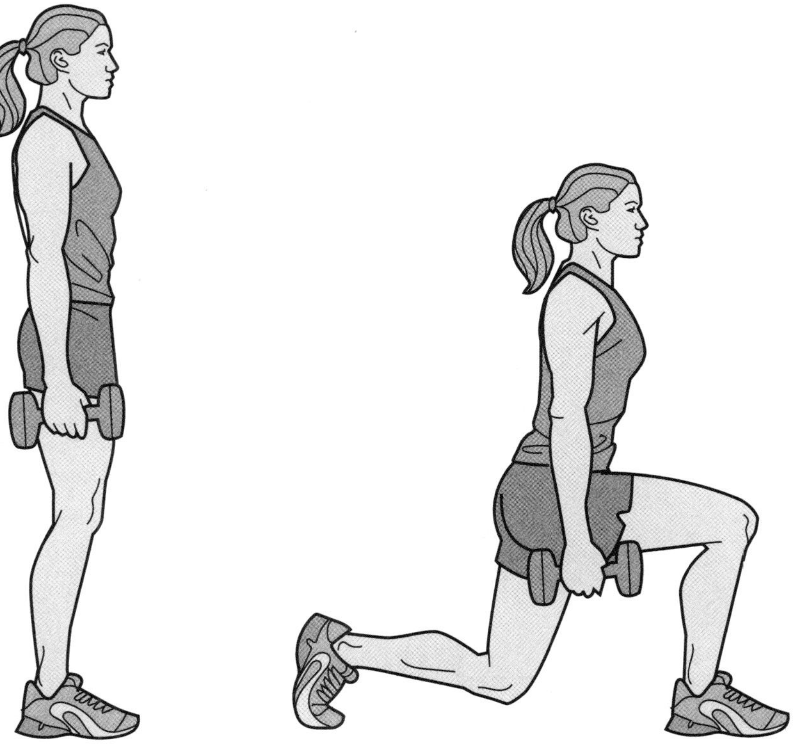

ABBILDUNG 13.5 Ausfallschritte

Beinpressen

Beinpressen sind die wahrscheinlich sicherste Übung für die Beinstreckung, da sie mit einer Maschine ausgeführt werden und es nicht erfordern, schwere Lasten zu balancieren. Jedoch dürfen die Lasten viel schwerer sein als bei den anderen Übungen, nicht nur weil sie nicht balanciert werden müssen, sondern auch, weil Sie nicht mehr Ihr eigenes Körpergewicht stemmen müssen. Dementsprechend kann größeres externes Gewicht hinzugefügt werden. Abbildung 13.6 veranschaulicht die Übung.

→ Stellen Sie Ihre Füße auf die Platte, so dass sie etwa im Pedalabstand auseinander sind (18–20 cm). Die Füße zeigen direkt nach vorn, sind also nicht ausgestellt.
→ Mit der Platte in niedriger Position sollten Ihre Knie nun ungefähr so gebeugt sein wie in der 2-Uhr-Position einer Pedalumdrehung. Das heißt, dass der Winkel der Knie etwas größer als 90 Grad ist. Manche Maschinen haben eine praktische Arretiervorrichtung, so dass die Platte nicht zu tief rutschen kann.
→ Drücken Sie die Platte nach oben, bis Ihre Knie fast, aber nicht ganz durchgestreckt sind.
→ Lassen Sie die Platte zurück in die Ausgangsposition herab.
→ Ihre Knie sollten während der gesamten Übung eine Linie mit Ihren Beinen bilden – also niemals nach innen oder außen gestellt sein.

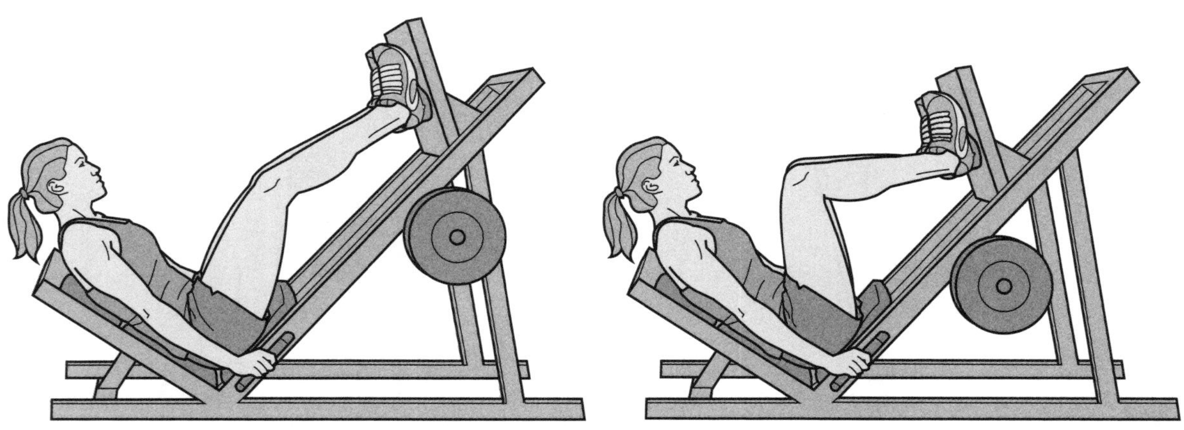

ABBILDUNG 13.6 Beinpressen

Beinbeugen

Der Zweck von *Beinbeugen* ist es, Verletzungen der hinteren Oberschenkelmuskulatur zu vermeiden, die aus einem Ungleichgewicht zwischen dieser und der vorderen Oberschenkelmuskulatur resultieren. Letztere ist grundsätzlich kräftiger – wohl doppelt so stark wie die drei rückwärtigen Schenkelbeuger – und ein solches Ungleichgewicht kann leicht zu Verletzungen führen. Manche Studien deuten darauf hin, dass es für Frauen besonders ratsam ist, ihre Schenkelbeuger zu kräftigen, da bei ihnen das Ungleichgewicht noch größer als bei Männern ausfallen kann. Sich nur auf die Kräftigung der Beinstreckung zu konzentrieren, kann das Problem noch verschärfen. Abbildung 13.7 zeigt eine gängige Beinbeugen-Übung an einer Maschine. Alternativ können Sie auch ein Zugband benutzen, wie in Abbildung 13.8 veranschaulicht.

→ Stellen Sie sich auf die Plattform und führen Sie ein Bein zurück, bis es das Polster berührt.

→ Beugen Sie das Bein, bis das Kniegelenk in etwa einen rechten Winkel bildet. Kehren Sie in die Ausgangsposition zurück.

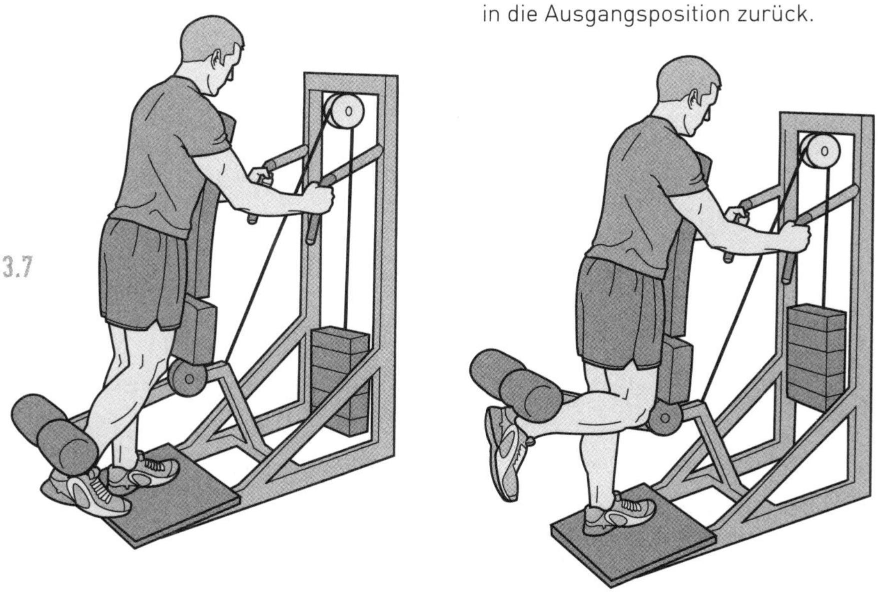

ABBILDUNG 13.7 Beinbeugen

→ Legen Sie die Schlaufe des Zugbands um ein Sprunggelenk.

→ Beugen Sie, auf dem Bauch liegend, Ihr Bein, bis das Knie fast einen rechten Winkel bildet. Kehren Sie in die Ausgangsposition zurück.

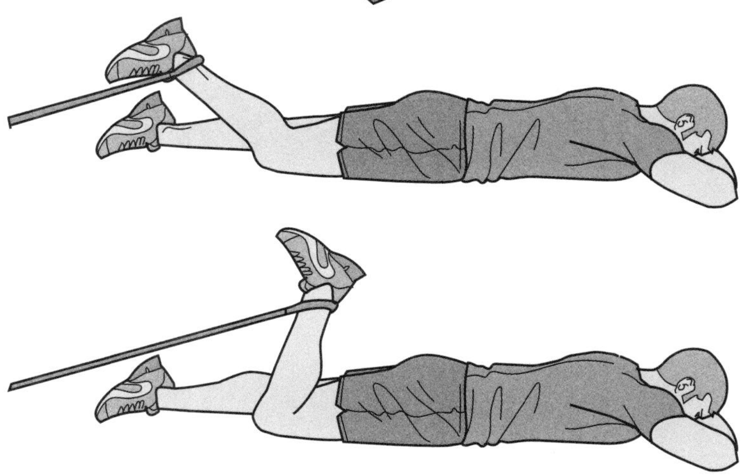

ABBILDUNG 13.8 Beinbeugen im Liegen

Eine kurze Bodenkontaktzeit ist das gemeinsame Merkmal schneller Läufer.

Später in diesem Kapitel erfahren Sie, wie viele Sätze und Wiederholungen der unterschiedlichen Übungen Sie zu verschiedenen Zeitpunkten der Saison absolvieren sollten. Beachten Sie, dass Beinbeugen in manchen Phasen mit geringeren Lasten und mehr Wiederholungen unternommen werden sollten.

Laufen

Zwar scheint das Radfahren im größeren Maße von Krafttraining zu profitieren, aber auch für das Laufen ist es von Nutzen. Falls Sie eine oder mehrere der obigen Übungen für die Beinstreckung absolvieren (parallel zu Beinbeugen), werden Sie sich auch als Läufer verbessern. Ich glaube aber, dass Sie beim Laufen sogar noch größere Zugewinne erzielen können, indem Sie ballistisches Krafttraining mit geringeren Lasten absolvieren. Sie stehen also erneut vor einer Wahl, die Sie ausgehend von Ihren Wettkampfleistungen treffen können. Falls Laufen keinen Begrenzer für Sie darstellt, haben Sie möglicherweise kaum einen Nutzen davon, mehr Übungen im Kraftraum zu absolvieren. Ist aber das Laufen einer Ihrer Begrenzer, würde ich Ihnen dringend empfehlen, eine der folgenden Übungen zu berücksichtigen.

Wie im Abschnitt »Die Sprache des Krafttrainings« erwähnt, werden ballistische Übungen sehr schnell ausgeführt. Die Absicht dahinter ist, die muskuläre Leistung zu steigern. Beim Laufen macht sich das mit einer geringeren Bodenkontaktzeit bezahlt. Wie Sie in Kapitel 12 gelesen haben, ist eine kurze Bodenkontaktzeit ein Merkmal schneller Läufer. Zusammen mit den plyometrischen Übungen, die ich Ihnen im Strides-Drill in Kapitel 12 ans Herz gelegt habe, werden Ihnen die folgenden Übungen helfen, die Zeitspanne, die Ihr Fuß den Boden berührt, zu verkürzen und somit schneller zu werden.

Arbeiten Sie mit geringen Lasten, wann immer Sie ballistisches Krafttraining unternehmen. Verwenden Sie für die folgenden Übungen 50 Prozent Ihres 1RM oder weniger. Seien Sie sich bewusst, dass explosive Bewegungen, auch wenn Sie mit geringen Lasten unternommen werden, zu Verletzungen aufgrund von schlechter Technik oder Überbeanspruchung führen können. Wärmen Sie sich vor diesen Übungen mit sehr geringer Last auf, gegebenenfalls nur mit dem Körpergewicht, bevor Sie in den folgenden Sätzen dann zu etwas schwereren Lasten übergehen.

Es gibt zwei ballistische Übungen zur Kraftentwicklung, die ich Läufern empfehle: Power-Step-ups und Power-Clean. Die Abbildungen 13.9 und 13.10 zeigen die jeweiligen Bewegungsabläufe. Wählen Sie eine davon aus, die Sie neben den oben beschriebenen Übungen fürs Radfahren absolvieren, falls Sie mit Krafttraining Ihre Laufleistungen verbessern möchten.

Power-Step-ups

Der einzige Unterschied zwischen den Step-ups in Abbildung 13.4 und den hier gezeigten *Power-Step-ups* ist die kleinere Last und das Tempo der Bewegung. Für Power-Step-ups eignen sich Kurzhanteln besser als Langhanteln, da sie eine bessere Balance gewährleisten und die Arme frei sind, um die Bewegung zu unterstützen. Abbildung 13.9 zeigt, wie diese Übung durchgeführt wird.

- → Stellen Sie, mit einer leichten Kurzhantel in jeder Hand, einen Fuß auf eine stabile, etwa 33–38 cm hohe Plattform.
- → Strecken Sie den Rücken und richten Sie den Blick nach vorn (nicht nach unten).
- → Steigen Sie mit einer schnellen und explosiven Bewegung auf die Plattform, indem Sie das hintere Bein nach oben und nach vorn ziehen, so dass sich das Knie am Ende fast auf Höhe der Taille befindet.
- → Kehren Sie langsam in die Ausgangsposition zurück und wiederholen Sie die Bewegung. Pausieren Sie zwischen den Step-ups etwa fünf Sekunden lang mit dem Fuß auf dem Boden. Kraftentwicklung erfordert Regeneration.

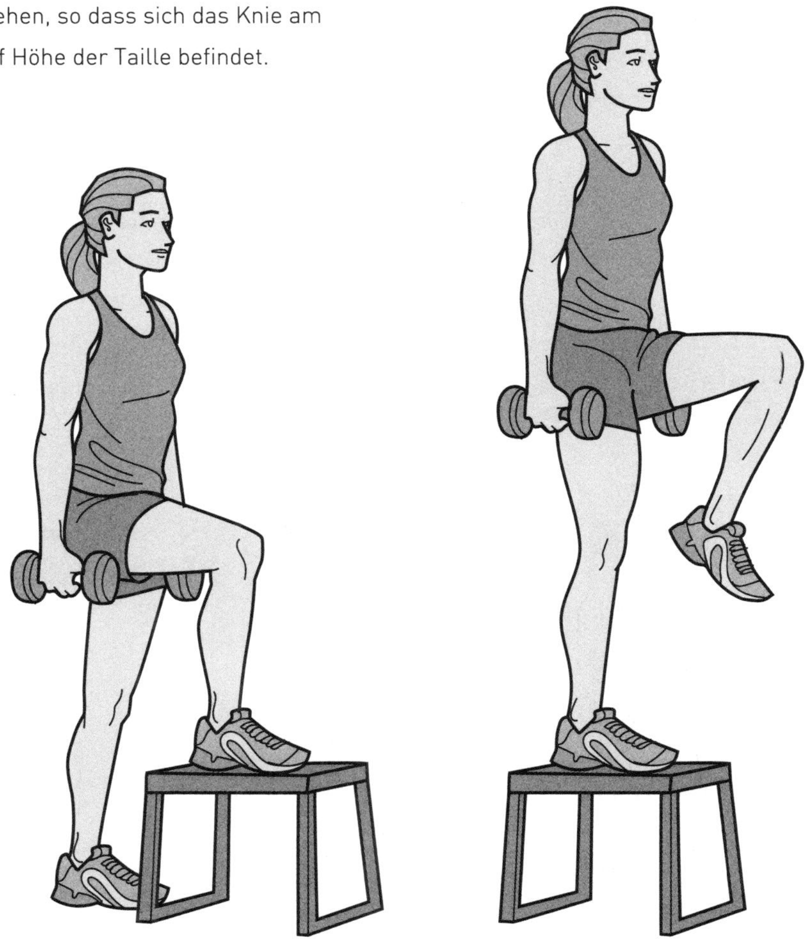

ABBILDUNG 13.9 Power-Step-ups

Power-Clean

Der *Power-Clean* (Standumsetzen) ist eine fortgeschrittene Übung zur Kraftentwicklung, für die Sie eine komplexe Bewegung beherrschen müssen, die explosiv ausgeführt wird. Am besten proben Sie die Übung zunächst langsam und mit sehr geringer Last. Dafür reicht anfangs schon so etwas wie ein Besenstiel. Danach gehen Sie zu einer Hantelstange über und dann eventuell zu einer Stange mit Scheiben. Die Last ist stets geringer als 50 Prozent des 1 RM. Falls Sie unsicher sind, wie groß das Gewicht sein sollte, gehen Sie auf Nummer sicher: besser zu wenig als zu viel. Die Übung muss technisch sauber ausgeführt werden, um das Risiko von Rückenverletzungen zu minimieren. Falls die Arbeit mit Gewichten noch neu für Sie ist, ist es vermutlich ratsam, auf diese Übung zu verzichten. Für Anfänger sind Power-Step-ups die wahrscheinlich bessere Wahl. Abbildung 13.10 zeigt, wie der Power-Clean funktioniert.

- Beginnen Sie mit der Hantelstange auf mittlerer Schienbeinhöhe. Ihre Knie sind gebeugt, Ihr Kopf erhoben, der Blick nach vorn gerichtet (nicht nach unten). Ihr Gesäß befindet sich in etwa auf gleicher Höhe mit Ihren Knien.
- Greifen Sie die Hantel so, dass Ihre Handflächen nach unten und ihre Fingerknöchel nach vorn zeigen.
- Bringen Sie die Hantel in einer durchgängigen, explosiven Bewegung der Arme und Beine auf Oberschenkelhöhe (Ihre Fersen können sich dabei durchaus vom Boden lösen) und fahren Sie dann fort, die Hantel weiter bis auf Schulterhöhe zu heben. Die Ellenbogen sind ausgestellt. Drehen Sie die Arme ohne innezuhalten so, dass die Hantel auf Ihren Händen ruht und die Ellenbogen sich unter der Hantel befinden. Noch einmal: Es muss eine durchgängige Bewegung der Hantel von den Schienbeinen zu den Schultern sein. Die Hebung muss primär durch die Beine erfolgen – nicht durch den Rücken.
- Setzen Sie das Gewicht langsam ab. Benutzen Sie auch dabei die Beine, nicht den Rücken; ruhen Sie sich ein paar Sekunden aus und wiederholen Sie die Übung. Regeneration ist wichtig.

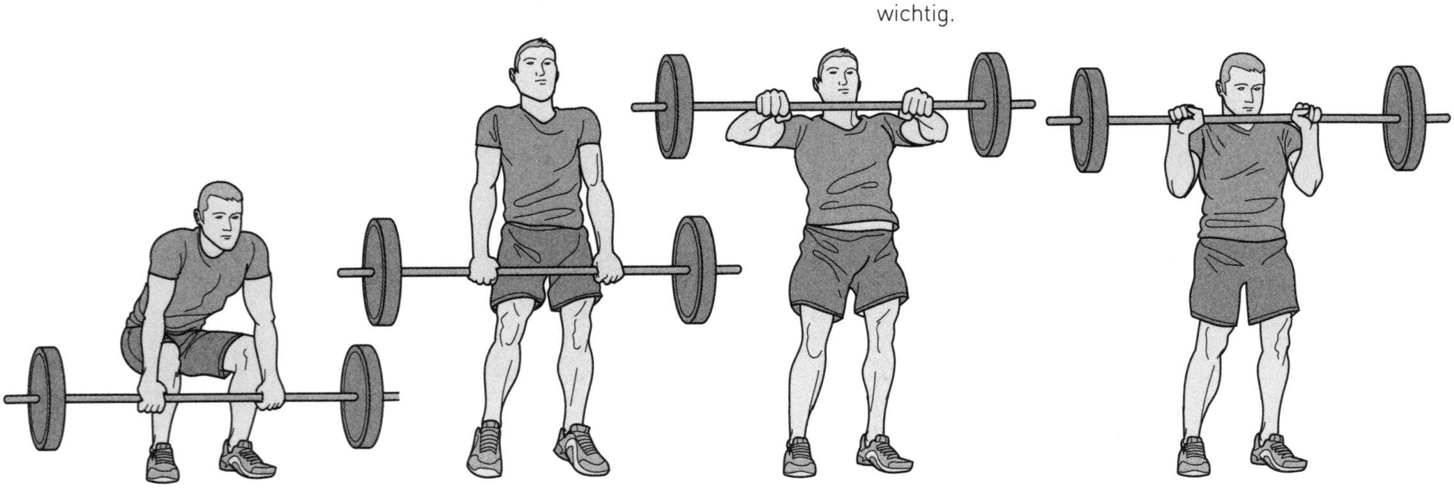

ABBILDUNG 13.10 Power-Clean

Schwimmen

Ich habe an anderer Stelle bereits betont, wie wichtig es ist, bei der Arbeit mit Gewichten die sportartspezifischen Bewegungsabläufe nachzuahmen. Kraft aufzubauen für Bewegungen, die mit der richtigen Technik für den Sport nichts zu tun haben, ist reine Zeitverschwendung. Denn Sie entwickeln so letztlich Kraft für eine Bewegung, die Sie nicht brauchen. Ihre Leistungen werden sich nicht verbessern. Dies bringt uns zu dem Problem, Kraft fürs Schwimmen zu entwickeln. Wie zu Beginn des Abschnitts erläutert, stelle ich die Übungen in der Reihenfolge der Sportarten vor, wie sie am ehesten von solchem Training profitieren. Meiner Erfahrung nach ist für die meisten Triathleten das Schwimmen diejenige Disziplin, für die Krafttraining den geringsten Nutzen hat.

Der primäre Grund dafür ist, dass die Schwimmpositionen, die Sie einnehmen müssen, im Kraftraum nur sehr schwer zu replizieren sind. Erinnern Sie sich an die HALC-Elemente aus Kapitel 12. Das L stand für die Länge. Sobald Sie dieses Element beherrschen, werden Sie feststellen, dass Ihr Körper leicht auf der Längsachse rotiert. Abbildung 13.11 veranschaulicht diese Position. Dies ist die »Schnellboot«-Position, die ich in Kapitel 12 beschrieben habe. Es ist sehr schwierig, diese Position auf dem Trockenen zu simulieren. V. a. bei Übungen wie Liegestützen und Latzügen geraten Sie vielmehr in die rotationsfreie »Schlepper«-Position, die es beim Schwimmen zu vermeiden gilt. Das alles bedeutet, dass Sie Kraft aufbauen für Bewegungen, die Sie vermeiden sollten, da Sie durch sie langsamer werden würden.

Es gibt nur eine Trockenübung, für die das nicht gilt, aber sie erfordert keinerlei Gewichte. Wie in der bereits vorgestellten alternativen Beinbeuger-Übung (Abbildung 13.8) können Sie ein Zugband bzw. einen Expander benutzen, um in der Schnellboot-Position Kraft zu entwickeln. Die Übung nennt sich »Catch and Pull«.

Kraft aufzubauen für Bewegungen, die mit der richtigen Technik für den Sport nichts zu tun haben, ist Zeitverschwendung.

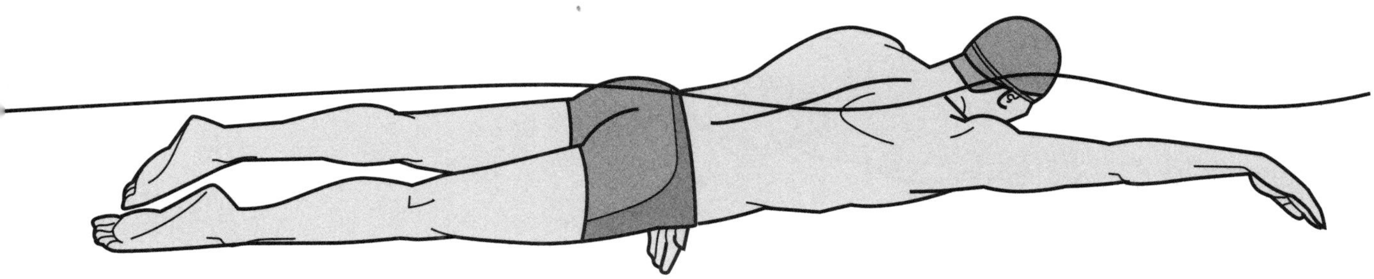

ABBILDUNG 13.11 Die »Schnellboot«-Position beim Kraulschwimmzug. Beachten Sie die Körperrotation.

Catch and Pull

Ich mag diese Übung, weil Sie die Schwimmkraft verbessert und gleichzeitig die HALC-Technik festigt. Sie kann außerdem als gute Aufwärmübung vor dem Wettkampf dienen, wenn Sie nicht die Möglichkeit haben, vor dem Start ins Wasser zu steigen. Abbildung 13.12 zeigt, wie die Catch-and-Pull-Übung funktioniert.

- → Stellen Sie sich im entsprechenden Abstand vor die Verankerung eines mit nur einer Hand zu greifenden Zugbands (bzw. Expanders). Fassen Sie die Schlaufe des Bandes (bzw. den Griff des Expanders) in der »Catch«-Position: angewinkeltes Handgelenk, die Finger zeigen nach unten.
- → Legen Sie die andere Hand auf die Hüfte.
- → Drehen Sie den Oberkörper so, dass Sie eine lange, gestreckte Position einnehmen, mit leicht zum gestreckten Arm geneigtem Oberkörper.
- → Ziehen Sie den gestreckten Arm zurück und nach unten, als würden Sie Wasser fassen. Ihre Finger zeigen dabei nach unten. (Vermeiden Sie den »Todesstoß«!)
- → Ziehen Sie weiter, bis sich Ihre Hand unterhalb Ihrer Taille befindet. Drehen Sie, während Hand und Arm sich nach hinten bewegen, Ihre Schultern weiter, bis sie parallel zum Boden sind.
- → Um die Last zu erhöhen, stellen Sie sich in etwas größerem Abstand von der Verankerung auf.

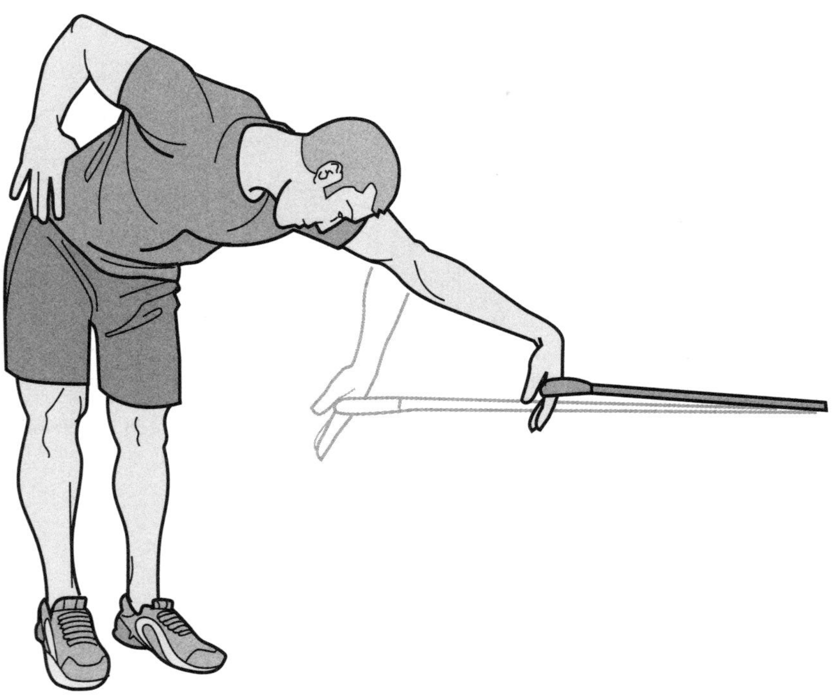

ABBILDUNG 13.12 Die Catch-and-Pull-Übung

Sportartspezifische Alternativen zum Kraftraumtraining

Ich habe zahlreiche Athleten betreut, die nur ungern in den Kraftraum gingen, um Gewichte zu stemmen. Es gab außerdem einige, die kein Fitnessstudio in der Nähe hatten oder denen schlichtweg die Zeit fehlte, um Krafttraining zu absolvieren.

Wie sieht es mit Ihnen aus? Können Sie eine Einheit im Kraftraum in Ihrem Terminkalender unterbringen? Was ist, wenn Sie zwar die Zeit haben, um Krafttraining zu absolvieren, aber kein Fitnessstudio in der Nähe ist? Eine Möglichkeit wäre, sich daheim mit ein paar Hanteln und einer justierbaren Plattform, einem Rucksack, der mit Gewichten beschwert werden kann, Trainingsbändern und Gewichthebergürtel einen eigenen Kraftraum einzurichten. Wenn Sie ein wenig stöbern, bekommen Sie für ein paar hundert Euro alles, was Sie brauchen, um Ihre Garage, Ihren Keller oder einen anderen Raum in ein sehr praktisches Fitnessstudio zu verwandeln. Problem gelöst.

Was ist, wenn Sie einfach nicht gerne Gewichte heben und lieber schwimmen, Rad fahren oder laufen würden? Sollten Sie trotzdem mit Gewichten arbeiten? Die Antwort hängt davon ab, warum Sie Triathlon betreiben. Falls Sie es aus Spaß an der Freude tun, wie ich vermute, brauchen Sie nichts tun, was Ihnen keinen Spaß macht. Das kann bedeuten, auf Krafttraining zu verzichten. Machen Sie nichts, was Ihnen einfach keine Freude bereitet.

Natürlich müssen Sie sich darüber im Klaren sein, dass Sie, wenn Sie aus einem dieser Gründe kein Krafttraining betreiben, vermutlich nicht Ihr volles Potenzial als Triathlet ausschöpfen werden. Krafttraining hat nun mal viele Vorzüge, wie Sie in diesem Kapitel erfahren haben. Wäre es nicht toll, die gleichen Erträge einzufahren, obwohl Sie auf die Arbeit mit Gewichten verzichten? Nun, bis zu einem gewissen Umfang können Sie das sogar. Es gibt Schwimm-, Rad- und Lauf-Einheiten, mit denen Sie Kraft entwickeln können, ohne ein einziges Gewicht stemmen zu müssen. Sie werden dadurch stärker und kraftvoller, gleichwohl sind diese Einheiten nicht ganz so effektiv wie dezidiertes Krafttraining. Schauen wir uns an, wie Sie das anstellen können, indem wir uns mit den drei Sportarten erneut in der bekannten Reihenfolge befassen, die sich am Nutzen eines solchen Trainings orientiert: erst Radfahren, dann Laufen und schließlich Schwimmen.

Seien Sie sich bewusst, dass das, was ich Ihnen hier vermittle, zwar deutliche Kraftzugewinne verspricht, aber auch mit Risiken verbunden ist. Ebenso wie Kraftraumtraining bedeuten auch die Alternativen erhebliche Belastungen für Ihre Muskeln, Sehnen und Gelenke. Eine risikolose Möglichkeit, Kraft zu entwickeln, gibt es nicht. Das ist ziemlich offensichtlich, wenn Sie Gewichte stemmen, aber vielleicht nicht ganz so augenfällig beim Schwimmen, Radfahren oder Laufen. Aber das Risiko ist nach wie vor da. Eine solche Einheit zu absolvieren, kann eine Verletzung verursachen und Ihrem Training auf Tage, wenn nicht gar Wochen einen Riegel vorschieben. Radfahren geht mit großen Belastungen für die Knie einher. Falls Sie anfällig für Knieverletzungen sind, sollten Sie auf die unten erläuterte Rad-Einheit besser verzichten. Bei Läufern gilt das Augenmerk v. a. den Unterschenkeln und Füßen, bei Schwimmern den Schultern.

Bei jeder dieser Übungen sind Vorsicht und Bedacht geboten. Maßhalten ist das Stichwort. Wenn Sie eine der Übungen zum ersten Mal unternehmen, belassen Sie es bei zwei oder drei Wiederholungen und verausgaben Sie sich nicht über die Maßen. Bei jeder folgenden Einheit können Sie die Zahl der Wiederholungen und den Einsatz allmählich steigern, während Ihr Körper sich an die Belastungen anpasst. Und selbstverständlich sollten Sie sich stets gründlich aufwärmen, bevor Sie eine dieser Einheiten unternehmen.

Radfahren

Wir beginnen mit Radfahren, weil es die Sportart ist, für die Krafttraining den größten Nutzen verspricht. Ich nenne die Einheit *Kraft-Wiederholungen*. Es ist die einfachste Rad-Einheit für die Kraftentwicklung. Dafür benötigen Sie einen relativ kurzen, steilen Anstieg und große Übersetzungen. Für diese Übung ist ein Leistungsmessgerät sehr nützlich, da es Ihnen ein unmittelbares Feedback über die erbrachte Leistung verschafft. Falls Sie kein Powermeter besitzen, müssen Sie nach Gefühl gehen, was keine besonders präzise Methode ist, wenn es z. B. darum geht, Ihre Fortschritte über einen gewissen Zeitraum zu bestimmen. Eine Pulsuhr ist für diese Einheit hingegen nutzlos.

Wie Kraft-Wiederholungen im Einzelnen durchgeführt werden, lesen Sie im Anhang C unter »Kraft«. Die erste dort aufgeführte Einheit nennt sich »K1 Kraft-Wiederholungen«.

Diese Einheit sieht drei Serien mit je drei Wiederholungen vor. Jede Serie nimmt, inklusive Regenerationspausen, 10 bis 20 Minuten in Anspruch. Drei Serien dauern also mit Aufwärmen und Abkühlen mindestens 45 und möglicherweise bis zu 90 Minuten. Steigen Sie auch hier konservativ mit nur einer Serie ein und ergänzen Sie dann allmählich weitere.

Ermüdung macht sich oftmals erst am nächsten Tag in Form sehr erschöpfter Muskeln bemerkbar.

Ich empfehle, es am Folgetag bei einem lockeren Training zu belassen. Die K1-Einheit mag nicht sonderlich anspruchsvoll erscheinen, während Sie sie absolvieren, aber Ermüdung macht sich oftmals erst am nächsten Tag bemerkbar – in Form sehr erschöpfter und womöglich schmerzender Muskeln.

Laufen

Auch Kraft-Wiederholungen fürs Laufen stellen für Triathleten, die ungern Gewichte heben, eine Alternative für die Entwicklung des Leistungsfaktors Kraft dar. Ebenso wie die entsprechende Trainingsform auf dem Rad kann diese Einheit in der frühen Grundlagenphase parallel zum Training im Kraftraum absolviert werden. Eine solche Kombination bringt jedoch große Belastungen für die Beine mit sich und sollte, wenn überhaupt, mit Vorsicht angegangen werden. Ich werde Ihnen außerdem eine alternative Variante der Kraft-Wiederholungen erläutern, bei der eine Gewichtsweste zum Einsatz kommt – dies verspricht größere Erträge in Form größerer Kraft, birgt aber auch ein höheres Verletzungsrisiko. Wie bei der oben beschriebenen K1-Einheit auf dem Rad müssen Sie im Hinblick auf die Anzahl der Wiederholungen und (sofern Sie eine Gewichtsweste tragen) auf die Last beim ersten Mal Vorsicht walten lassen. Steigen Sie mit beidem jeweils auf niedrigem Niveau ein und nehmen Sie im Verlauf der folgenden Einheiten behutsame Steigerungen vor.

Mit dieser Trainingsform können Sie eine Menge laufspezifischer Kraft entwickeln, mit der Sie, im Verbund mit dem Strides-Drill aus Kapitel 12 und generellem Lauftraining, schließlich zu einem kraftvolleren und schnelleren Läufer werden. Ebenso wie auf dem Rad benötigen Sie einen steilen Anstieg. Er darf recht kurz sein, 10 bis 15 Meter reichen oft schon. Am besten eignet sich ein grasbewachsener Hang, denn der weiche Untergrund fängt etwas von der Belastung auf, die auf die Beine wirkt, und vermindert so das Verletzungsrisiko. Falls Sie beschließen, die Einheit mit einer Gewichtsweste zu unternehmen, warten Sie damit ab, bis Sie sie zuvor zwei oder drei Mal ohne absolviert haben.

Ein paar Dinge sind zu beachten, wenn Sie eine Gewichtsweste kaufen. Zunächst einmal muss sie natürlich gut sitzen. Die Weste sollte recht eng anliegen, so dass sie beim Laufen nicht hin- und herrutscht, aber auch nicht so eng, dass sie die Atmung behindert. Schauen Sie nach einer Weste mit Klettverschlüssen, so dass der Sitz korrigiert werden kann. Wählen Sie außerdem eine Weste, bei der sich das Gewicht variieren lässt. Für die Kraft-Wiederholungen fürs Laufen werden Sie voraussichtlich 5 bis 10 Prozent Ihres Körpergewichts verwenden. Die Weste kann auch beim Gewichtheben im heimischen Kraftraum genutzt werden, es empfiehlt sich also ein Modell, bei dem sich das Gewicht auf deutlich mehr als 10 Prozent des Körpergewichts erhöhen lässt. Im heimischen Kraftraum kann eine Gewichtsweste z. B. einen Rucksack ersetzen, den Sie eventuell für Übungen wie Kniebeugen und Step-ups brauchen. Für solche Übungen empfiehlt sich eine Weste, die wesentlich größere Lasten im Bereich von 14 bis 23 Kilogramm zulässt. Eine Erläuterung, wie die K1-Einheit für das Laufen im Einzelnen funktioniert, finden Sie in Anhang D im Abschnitt »Kraft«.

Ich möchte Sie erneut ermahnen, bei dieser Einheit äußerste Vorsicht walten zu lassen. Wie alle Trainingsformen, die große Erträge versprechen, ist sie mit erheblichem Risiko verbunden. Sie müssen dieses Risiko so gut es geht kontrollieren. Falls Sie zu irgendeinem Zeitpunkt der Einheit eine ungewohnte Spannung in einem Muskel, einer Sehne oder einem Gelenk im Bein verspüren, brechen Sie sie umgehend ab. Kein etwaiger Zugewinn an Lauf-Fitness ist es wert, eine Verletzung zu riskieren. Seien Sie vorsichtig und konservativ mit Kraft-Wiederholungen, v. a. wenn Sie eine Gewichtsweste benutzen.

Egal ob fürs Radfahren oder Laufen, sollten Sie die Kraft-Wiederholungen höchstens ein Mal pro Woche in jeder Disziplin absolvieren. Innerhalb von sechs Wochen sollten Sie sich während der K1-Einheit deutlich stärker fühlen. Falls Sie ein Leistungsmessgerät am Rad montiert haben, können Sie die Verbesserung sehr präzise als Steigerung Ihrer Maximalleistung bestimmen. Beim Laufen sollten Sie, sofern Sie in jeder Einheit den gleichen Anstieg und Startpunkt wählen, mit einer gewissen Zahl an Schritten immer weiter hinaufkommen. Das ließe darauf schließen, dass Sie stärker werden. Diese letztgenannte Methode zur Messung des Fortschritts funktioniert ähnlich auch auf dem Rad, falls Sie kein Powermeter besitzen sollten.

Schwimmen

Auch für fortgeschrittene Triathleten, die größere Kraft für das Schwimmen aufbauen möchten, gibt es Alternativen zum Training im Kraftraum. Ich habe Ihnen bereits erzählt, wie Sie mit Hilfe eines Zugbands bzw. Expanders Kraft entwickeln können, während Sie gleichzeitig die Positionen der HALC-Technik simulieren (Catch and Pull). Die Schwimmposition und -bewegungen genau zu imitieren, ist der Schlüssel dazu, um auch mit Übungen auf dem Trockenen effektiv Kraft zu entwickeln. Die beste Methode, das Schwimmen nachzuahmen, ist aber natürlich Schwimmen. Dementsprechend erzielen Sie den größten neuromuskulären Nutzen mit Drills im Becken statt mit Übungen auf dem Trockenen.

Im Hinblick auf das Schwimmen ist für die meisten Triathleten die Technik die maßgebliche Komponente des Leistungsvermögens. Es hat wenig Nutzen, größere Kraft zu entwickeln, bevor Sie nicht die richtigen Bewegungsabläufe verinnerlicht haben. Falls Sie planen oder dabei sind, auf die in Kapitel 12 erörterte HALC-Methode umzusteigen, würde ich Ihnen raten, einstweilen kein Krafttraining zu absolvieren, bis Sie die neue Technik sicher beherrschen. Konzentrieren Sie sich in diesen Wochen des Schwimmtrainings ganz auf die Technik-Bahnen, die ich in diesem Kapitel vorgestellt habe (und die auch noch mal in Anhang B unter der Überschrift »Schnelligkeit« als Einheit »S1« erläutert werden).

Beim Schwimmen ist die Technik die maßgebliche Komponente des Leistungsvermögens.

Sie können Ihre neue HALC-Technik als gut verankert betrachten, wenn Sie sie umsetzen, ohne sich bewusst darauf konzentrieren zu müssen. Am besten können Sie sich dessen vergewissern, indem Sie sich von vorne und von der Seite filmen lassen. Sobald Sie die Bewegungsmuster verinnerlicht haben, können Sie mit einem Zugband bzw. Expander auf dem Trockenen oder mit einer gezielten Einheit im Becken schwimmspezifische Kraft aufbauen. Ausführlich beschrieben wird dies in Anhang B im Abschnitt »Kraft« unter »K1«. Einfach gesagt, handelt es sich dabei um leicht modifizierte Technik-Bahnen. Logischerweise können Sie für die Arbeit an der schwimmspezifischen Kraft keine Anstiege nutzen, um so wie beim Radfahren und Laufen den positiven Nutzen aus der Überwindung der Schwerkraft zu ziehen. Stattdessen können Sie Paddles verwenden oder ein T-Shirt tragen. Die Paddles betonen beim Armzug den Catch und simulieren die Expander-Übung auf dem Trockenen. Ein T-Shirt erhöht den Widerstand und zwingt Sie dazu, sich mehr ins Zeug zu legen, um diesen zu überwinden, so dass Sie größere schwimmspezifische Kraft entwickeln.

Ein T-Shirt erhöht den Widerstand und zwingt Sie dazu, sich mehr ins Zeug zu legen.

Absolvieren Sie einfach, egal ob mit Paddles oder T-Shirt, wie zuvor Technik-Bahnen, nur diesmal mit größerem Widerstand. Seien Sie sich aber bewusst, dass diese Trainingsform, wie alle Kraft-Wiederholungen, mit einem gewissen Risiko verbunden ist. Das gilt v. a. für die Schultern, falls es bei Ihnen noch an der Länge (dem L in HALC) hapert, Sie also wie ein Schlepper schwimmen. Sie müssen diesen Drill mit Vorsicht angehen und sich außerdem stets 10 bis 15 Minuten im Becken gründlich aufwärmen, bevor Sie die Intensität nach ein paar Technik-Bahnen ohne Paddles oder T-Shirt allmählich steigern. Dieser Teil der Einheit dient dazu, die HALC-Technik noch mal zu festigen, bevor Sie dann bereit sind für die Kraft-Wiederholungen.

Um die Dinge nicht zu verkomplizieren, empfehle ich die Kraft-Wiederholungen mit je drei Serien à drei Wiederholungen zu absolvieren, mit langen Pausen zwischen den Wiederholungen und noch längerer Regeneration zwischen den Serien (mehr dazu siehe Einheit »S1« in Anhang B). Steigen Sie wie bei den Kraft-Wiederholungen für das Radfahren und Laufen behutsam ein und unternehmen Sie beim ersten Mal nur eine Serie, bevor Sie deren Anzahl im Laufe von ein paar Wochen allmählich steigern.

Einige fortgeschrittene Athleten sind womöglich in der Lage, das K1-Schwimmen zwei oder drei Mal pro Woche als Teil einer anderen, längeren Einheit zu absolvieren. Wer erst seit zwei oder drei Jahren im Triathlon dabei ist, sollte es wahrscheinlich bei einem oder zwei solcher Einheiten pro Woche belassen. Entscheiden Sie sich im Zweifel für die vorsichtigere Variante. Anfänger sollten auf diese Trainingsform in ihrem ersten Triathlon-Jahr noch gänzlich verzichten und sich stattdessen auf die Verfeinerung ihrer Schwimmtechnik konzentrieren.

Core-Kraft

Core-Kraft kann man auch als die Kraft des Rumpfes betrachten.

Sicher haben Sie schon viel über Core-Training gehört und sind mit den grundlegenden Übungen vertraut. Allerdings habe ich festgestellt, dass viele Athleten gar nicht wissen, was es mit dem Begriff »Core« genau auf sich hat. Viele scheinen sich darunter eine kräftige Bauchmuskulatur vorzustellen, es geht aber weit darüber hinaus. Core-Kraft kann man auch als *Rumpfkraft* bezeichnen. Dazu gehören die kleinen und großen Muskelgruppen von den Achseln bis zum Unterleib. Diese Core-Muskulatur stabilisiert die Wirbelsäule, unterstützt Schulter und Hüfte und sorgt für den Krafttransfer zwischen Armen und Beinen. Eine kräftige Core-Muskulatur gewährleistet, dass Sie Kraftzugewinne in den Armen und Beinen effektiv nutzen können. Gute Core-Kraft verringert außerdem die Wahrscheinlichkeit, Probleme im unteren Rückenbereich zu bekommen, die leider allzu verbreitet sind. Ihre Core-Kraft ist wie das Fundament eines Hauses. Je solider und kräftiger es ist, desto stabiler wird das Gebäude sein, das darauf errichtet wird.

Core-Kraft ist wie das Fundament eines Hauses.

Mangelnde Core-Kraft kann sich auf mehrere Weisen bemerkbar machen. Am deutlichsten beim Laufen: Hier offenbart sie sich dadurch, dass die Hüfte auf der Seite des Schwungbeins hängt, während gleichzeitig das Knie des Stützbeins leicht nach innen kippt, egal wie der Fuß aufgesetzt wird. V. a. beim Laufen begünstigt eine unzureichende Core-Kraft häufig auch Verletzungen.

Beim Schwimmen und Radfahren macht sich eine schlechte Core-Kraft weniger stark bemerkbar, wirkt sich aber auch hier auf die Technik aus. Beim Schwimmen kann es zum »Schwänzeln« führen, d. h. Beine und Hüfte wackeln beim Catch hin und her. Bisweilen liegt das aber auch an mangelhafter Zugtechnik, das ist oft schwer zu unterscheiden. Auf dem Rad kann sich mangelnde Core-Kraft durch ein Schaukeln der Schultern und Wirbelsäule in der Druckphase der Pedalierbewegung bemerkbar machen, selbst wenn der Sattel die richtige Höhe hat und der betreffende Fahrer nicht übertrieben in die Pedale stampft. Dieses Schaukeln wird besonders bei Bergauf-Passagen deutlich, die im Sitzen gefahren werden.

Es besteht kaum Zweifel, dass sich mangelnde Core-Kraft, selbst wenn es im Bewegungsablauf des Athleten nicht ersichtlich ist, in allen drei Disziplinen negativ auf den Leistungsfaktor Kraft auswirkt. Eine schwache Core-Muskulatur zu haben, aber dafür kräftige Arme und Beine, ist so, als würde man aus einem Kanu eine Kanone abfeuern.

Woher wissen Sie, ob Sie über ausreichende Core-Kraft verfügen? Eine Möglichkeit ist, einen Physiotherapeuten zu konsultieren. Suchen Sie sich jemanden, der viel mit Ausdauersportlern arbeitet, und bitten Sie ihn oder sie, Sie von Kopf bis Fuß zu untersuchen und Mängel und Dysbalancen aufzuspüren, die Ihre Leistungsfähigkeit mindern oder zu Verletzungen führen können. Beherzigen Sie die Maßnahmen, die Ihnen der Therapeut empfiehlt, um die ermittelten Defizite zu beseitigen. Diese Maßnahmen können z. B. Übungen sein, die der Kräftigung, Beweglichkeit oder Haltung dienen. Dies ist wohl die beste Methode, sie hat aber ihren Preis. Ich lasse jeden Athleten, den ich betreue, in jedem Winter von einem Physiotherapeuten untersuchen. Das verschafft uns einen perfekten Einstieg ins Krafttraining.

Eine andere Möglichkeit, Ihre Core-Kraft zu bewerten, ist, sich beim Laufen filmen zu lassen. Achten Sie darauf, ob sich Ihre Hüfte wie oben beschrieben senkt. Trainieren Sie auf dem Laufband und lassen Sie sich von hinten filmen. Stecken Sie das Shirt in die Hose, so dass Sie im Video den Bund sehen und prüfen können, ob er sich beim Durchschwingen hebt und senkt. Optimal ist es, wenn er sich bei jedem Schritt kaum bewegt. Achten Sie außerdem darauf, ob das Knie des Stützbeins leicht nach innen kippt. Vermutlich müssen Sie sich das Video mehrmals in Zeitlupe ansehen, um die unerwünschten Bewegungen aufzuspüren.

Schauen wir uns nun ein paar gängige Übungen zum Aufbau der Core-Kraft an. Ich zeige Ihnen nur einige wenige Beispiele; es gibt noch viele weitere, ähnliche Übungen. Sie können diese leicht in Ihrem Krafttraining unterbringen, egal ob Sie im Kraftraum arbeiten oder auf sportartspezifische Alternativen setzen. Die Übungen können auch als eigenständige Einheit nach einer Schwimm-, Rad- oder Lauf-Einheit absolviert werden.

Die grundlegendste Core-Übung ist der Unterarmstütz (Plank). Der Unterarmstütz in Seitenlage (Side Plank) spricht eine andere Core-Muskelgruppe an, und der Unterarmstütz mit Kurzhantel ist eine fortgeschrittene Übung, welche die Core-Muskulatur stärker beansprucht.

Unterarmstütz (Plank)

Entscheidend bei dieser Übung ist es, eine gerade Linie vom Kopf bis zu den Zehen zu bilden, ohne die Hüfte zu heben oder sacken zu lassen. Sie werden beim ersten Mal vielleicht Hilfe benötigen, um diese Position einzunehmen.

- Legen Sie sich bäuchlings hin, so dass Ihr Gewicht auf Ihren Zehen, Hüften und Ellenbogen ruht. Ihre Ellenbogen sind schulterbreit auseinander und befinden sich direkt unter Ihren Schultern.
- Ihre Arme zeigen ab den Ellenbogen direkt nach vorn oder leicht nach innen.
- Richten Sie sich auf den Zehen und Ellenbogen auf wie in Abbildung 13.13 zu sehen. Ihr Körper sollte eine gerade Linie vom Kopf bis zu den Zehen bilden, ohne dass sich die Hüfte senkt oder hebt.
- Verharren Sie etwa 30 Sekunden in dieser Position. Dies entspricht einer Wiederholung.
- Senken Sie die Hüfte und ruhen Sie sich nach der Übung etwa eine Minute lang aus und wiederholen Sie sie dann.
- Absolvieren Sie drei Wiederholungen pro Einheit.

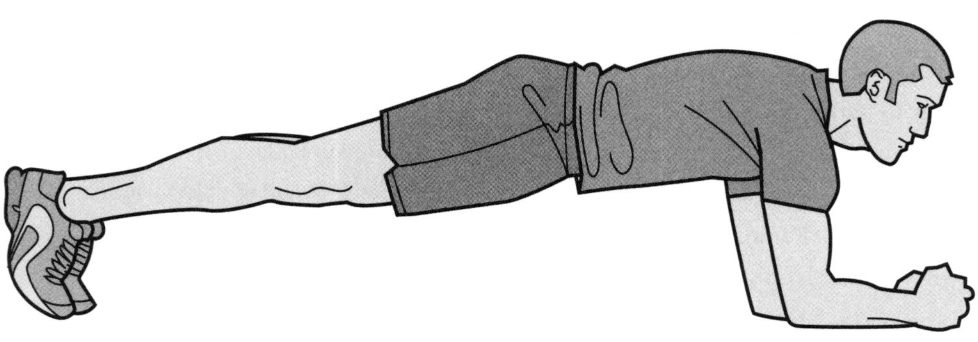

ABBILDUNG 13.13 Unterarmstütz

Unterarmstütz in Seitenlage (Side Plank)

Diese Übung ist keine Variation des Plank, denn Sie spricht eine andere Core-Muskelgruppe an. Ersetzen Sie also nicht einfach die eine Übung durch die andere; führen Sie stattdessen beide Übungen hintereinander aus.

- Beginnen Sie in Seitenlage, mit der Hüfte am Boden, den Füßen geschlossen und auf dem angewinkelten Ellenbogen ruhendem Oberkörper.
- Heben Sie die Hüfte, so dass Ihr Körpergewicht auf der Seite des unteren Fußes und auf dem Ellenbogen ruht wie in Abbildung 13.14 zu sehen.
- Beine, Hüfte, Schulter und Kopf sollten eine gerade Linie bilden.
- Ihre freie Hand kann, wie auf der Abbildung dargestellt, erhoben sein oder auf der Hüfte ruhen.
- Halten Sie die Position 30 Sekunden lang. Ruhen Sie sich danach eine Minute aus und wiederholen Sie die Übung noch zwei Mal.
- Wechseln Sie auf die andere Seite und wiederholen Sie das Ganze.

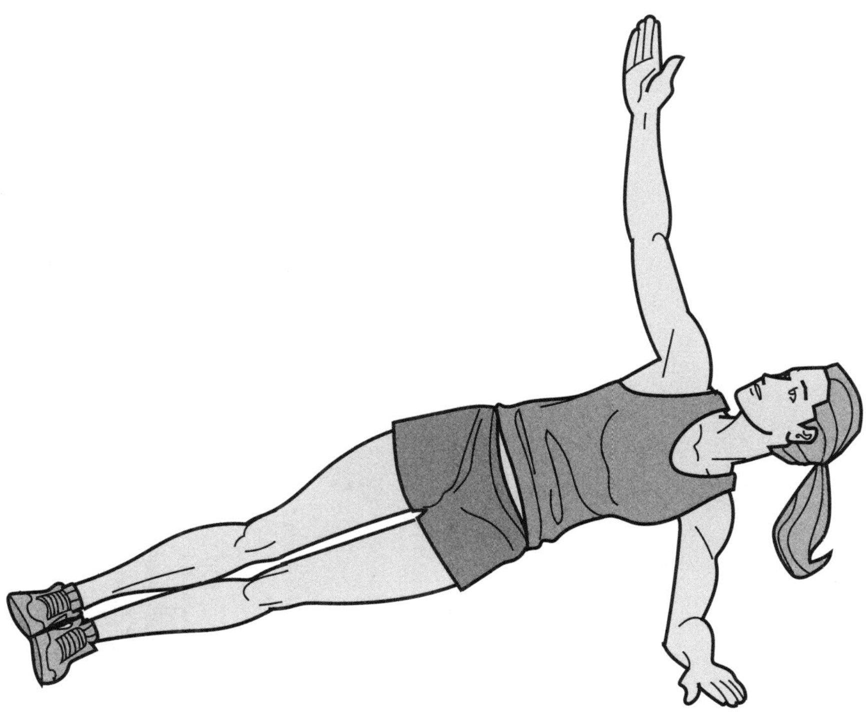

ABBILDUNG 13.14 Unterarmstütz in Seitenlage

Unterarmstütz mit Kurzhanteln

Diese Übung ist etwas schwieriger und fortgeschrittener als der Plank aus Abbildung 13.13. Sie müssen also zunächst den einfachen Unterarmstütz beherrschen, bevor Sie sich an den Unterarmstütz mit Kurzhanteln heranwagen.

- Nehmen Sie die gleiche Ausgangsposition wie beim Plank ein, statt aber auf den Ellenbogen zu ruhen, bleiben die Arme gestreckt und Ihr Gewicht ruht auf den Händen, während Sie leichte Kurzhanteln halten.
- Ihre Füße sind etwa hüftweit auseinander.
- Während Sie eine gerade Linie vom Kopf bis zu den Zehen beibehalten, heben Sie eine der Hanteln bis an die Schulter wie in Abbildung 13.15 dargestellt.
- Senken Sie die Hantel langsam wieder zu Boden.
- Machen Sie das Gleiche mit dem anderen Arm. Das entspricht dann einer Wiederholung.
- Absolvieren Sie fünf Wiederholungen und ruhen Sie sich dann eine Minute aus, bevor Sie die Übung wiederholen. Absolvieren Sie drei solcher Serien pro Einheit.

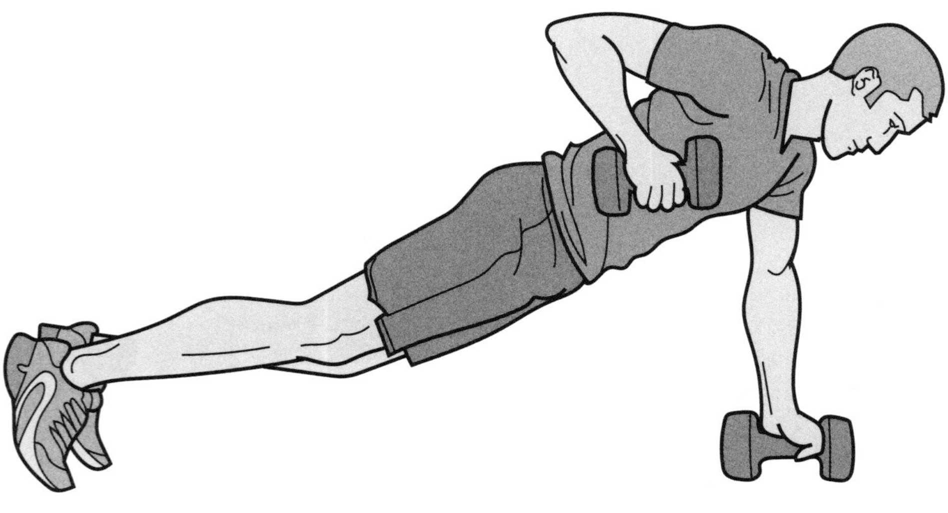

ABBILDUNG 13.15 Unterarmstütz mit Kurzhanteln

PERIODISIERUNG DES NEUROMUSKULÄREN TRAININGS

Unabhängig davon, ob Sie traditionelle Arbeit mit Gewichten oder ein alternatives Programm zur Kraftentwicklung absolvieren, müssen Sie dafür sorgen, dass es sich mit Ihrem sonstigen Training vereinbaren lässt. Das bringt uns wieder zu den Kapiteln 7, 8 und 9, wo Sie damit begonnen haben, einen Trainingsplan für Ihre Saison auszuarbeiten. Nun ist es an der Zeit, das Krafttraining in diesen Plan einzubinden. Die erste Überlegung ist dabei wie immer, nicht so viele belastungsintensive Einheiten an aufeinanderfolgenden Tagen einzuplanen, dass Sie chronisch erschöpft wären; das würde die Qualität und den Nutzen Ihres Trainings erheblich mindern. Um dies zuverlässig zu gewährleisten, empfehle ich dringend, einen Periodisierungsplan zu erstellen.

Kraft und Periodisierung

Sie haben vermutlich bemerkt, dass die Zahl der Kraftübungen recht begrenzt ist. Ich empfahl Ihnen, nur sechs oder sieben Übungen im Kraftraum zu absolvieren – eine oder zwei Übungen für die Beinachsenstreckung aus Hüfte, Knie und Sprunggelenk, eine fürs Laufen, die Catch-and-Pull-Übung fürs Schwimmen und zwei Übungen für die Core-Kraft. Zusammen ergibt das eine Einheit von etwa 45 bis 60 Minuten Dauer. Dass ich Ihnen rate, nur wenige Kraftraum-Übungen einzuplanen, hat zwei Gründe: Zum einen gehe ich davon aus, dass Sie einen engen Terminplan haben und es nicht leicht ist, neben Schwimmen, Radfahren und Laufen noch Zeit für den Kraftraum zu finden (und dabei sind Familie, Beruf und sonstige Verpflichtungen noch gar nicht berücksichtigt). Zum anderen halte ich es für sinnvoller, sich auf die Übungen zu konzentrieren, die den größten Nutzen versprechen, statt eine ganze Bandbreite an Kraftraum-Übungen zu absolvieren und zu hoffen, dass irgendetwas davon anschlägt.

Wenn Sie schon viele Jahre dabei sind, haben Sie vermutlich längst ein Krafttrainingsprogramm, das für Sie funktioniert, sowohl im Hinblick auf Ihren Terminkalender als auch Ihre Wettkampfleistungen. Falls dem so ist, brauchen Sie nichts zu verändern. Machen Sie einfach weiter mit dem, was Sie bisher getan haben. Falls aber noch Verbesserungspotenzial da ist und Sie glauben, größere Kraft ist der Schlüssel dazu, ziehen Sie das Kraftraumtraining oder die sportartspezifischen Alternativen in Betracht, die ich oben erläutert habe.

Begrenzen Sie Ihr Kraftraum-Training, um übermäßige Erschöpfung zu vermeiden.

Sie können sich auch einzelne Aspekte herauspicken, die Sie ausgehend von Ihren Begrenzern in Ihr derzeitiges Trainingsprogramm einbinden. Falls Sie z. B. ein passabler Schwimmer und Läufer sind, im Radfahren aber noch Luft nach oben ist, könnten Sie sich auf die Übungen für die Hüft-Knie-Sprunggelenk-Streckung, Beinbeugen und Kraft-Wiederholungen auf dem Rad konzentrieren. Das würde die Trainingszeit, die Sie pro Woche insgesamt der Kraft widmen, erheblich verringern, während es den Schwerpunkt auf den Aspekt legt, der Ihnen am ehesten eine Leistungssteigerung verspricht.

Ganz gleich, für welche Mischung aus Kraftraumtraining und sportartspezifischen Alternativen Sie sich entscheiden, muss diese in einer Weise auf Ihr sonstiges Programm abgestimmt sein, dass die Erschöpfung beherrschbar bleibt. Deswegen rate ich mit so großem Nachdruck dazu, einen Periodisierungsplan zu verwenden. Dies ist der Aspekt des Krafttrainings, den wir bislang noch nicht behandelt haben. In den Kapiteln 8 und 9 sprach ich mehrfach davon, Krafttraining einzubeziehen, wenn Sie Ihren Jahrestrainingsplan erstellen. Diese Kapitel lieferten auch Anregungen, wie Sie solches Training die Saison über in Ihren

TABELLE 13.2 **Die Phasen des Krafttrainings und ihr jeweiliger Zweck**

PHASE DES KRAFTTRAININGS	ZWECK
Anatomische Anpassung (AA)	Gewöhnung an die einzelnen Übungen
Kraft-Übergang (KÜ)	schrittweise Anpassung an schwerere Lasten
Maximalkraft (MK)	Kraftaufbau
Krafterhaltung (KE)	Erhaltung der in MK erzielten Kraftzugewinne

Plan einarbeiten können (siehe Abbildung 8.1 sowie die Tabellen 8.1, 8.2, 8.6, 9.1, 9.4, und 9.7). Nun ist es an der Zeit, ein wenig mehr ins Detail zu gehen. Das beginnt damit, sich klarzumachen, was Sie mit neuromuskulärem Training erreichen möchten und wann Sie es erreichen müssen. Schauen wir uns also etwas genauer die Periodisierung des Kraftraumtrainings und der sportartspezifischen Alternativen an, die im Hinblick auf die Planung weitgehend gleich behandelt werden können.

Core-Training kann das ganze Jahr über, ohne Rücksicht auf Belange der Periodisierung, unternommen werden.

Periodisierung des Kraftraumtrainings

Kapitel 8 legte die verschiedenen Phasen des Kraftraumtrainings dar und zeigte Ihnen, wie Sie diese in Ihren Periodisierungsplan für die Saison einbeziehen. Tabelle 13.2 liefert noch mal eine Zusammenfassung dessen, was Sie dort gelesen haben.

Tabelle 13.3 fasst das Programm für die Entwicklung der neuromuskulären Kraft zusammen, das zuvor in diesem Kapitel unter der Überschrift »Das Krafttrainingsprogramm« erläutert wurde. Beachten Sie, dass diese Tabelle auch die ballistischen Übungen einbezieht, die in diesem Kapitel im Abschnitt über das Laufen beschrieben wurden, nicht aber Übungen für die Core-Kraft. Das Core-Training nämlich kann das ganze Jahr über, ohne Rücksicht auf Belange der Periodisierung, unternommen werden.

Um die besten Ergebnisse zu erzielen, würde ich empfehlen, Kraftraum-Einheiten unmittelbar nach dem Schwimmen, Radfahren oder Laufen

TABELLE 13.3 **Detaillierte Vorgaben für die einzelnen Phasen des Krafttrainings**

KRAFTTRAININGS-PHASE	PHASE	EINHEITEN GESAMT	EINHEITEN PRO WOCHE	LAST (% 1RM)	SÄTZE PRO EINHEIT	WIEDERH. PRO SATZ	PAUSEN (IN MINUTEN)
Anatomische Anpassung (AA)	Vorb.	4–6	2–3	40–60	3–5	15–20	1–1,5
Kraft-Übergang (KÜ) & ballistisch	Vorb.	4–6	2–3	70–80	3–5	8–12	2–3
Maximalkraft (MK) & ballistisch	Grundl. 1	8–12	2–3	85–95	3–4	3–6	3–4
Krafterhaltung (KE) & ballistisch	Grundl. 2 Grundl. 3 Aufbau 1 Aufbau 2 Höchstl.	keine Vorgabe	1	60, 85	2	12, 6	1–2

TABELLE 13.4 **Periodisierung der Kraft-Wiederholungen für Schwimmen, Radfahren und Laufen**

PHASE	EINHEITEN GESAMT	EINHEITEN PRO WOCHE	SERIEN PRO EINHEIT	WIEDERH. PRO SERIE
Vorbereitung	4–6	2–3	1	3
Vorbereitung	4–6	2–3	2	3
Grundlagen 1 (evtl. noch frühe Grundlagen 2)	8–12	2–3	3–4	3–6
Grundlagen 2 Grundlagen 3 Aufbau 1 Aufbau 2 Höchstleistung	keine Vorgabe	1	1	3

zu absolvieren. Falls das nicht möglich ist und Sie die Übungen vor einer anderen Einheit machen müssen, sollten Sie sehr vorsichtig sein, denn die Beanspruchung und Ermüdung der Muskeln kann das folgende sportartspezifische Training erheblich beeinträchtigen. Wenn Sie beispielsweise direkt nach dem Krafttraining eine Schwimm-Einheit einplanen, wird die Technik wahrscheinlich darunter leiden. Das ist kontraproduktiv, wenn es darum geht, neue Schwimmtechniken zu erlernen. Sollten Sie vor dem Laufen Gewichte heben, kann die Ermüdung ebenfalls die Technik beeinträchtigen und das Verletzungsrisiko erhöhen.

Falls es sich nicht vermeiden lässt, die Arbeit mit Gewichten vor einer anderen Einheit des Tages zu verrichten, ist es vermutlich das Beste, wenn diese Einheit eine lockere Regenerationsfahrt ist. Dabei ist die Gefahr wesentlich geringer, dass Ihre Leistung oder Ihr Wohlbefinden leiden. In jedem Fall wäre es ratsam, dass zwischen den Einheiten mehrere Stunden liegen. Falls Sie z. B. frühmorgens Gewichte stemmen und dann später am Tag schwimmen, Rad fahren oder laufen, wird dies, wenn überhaupt, wohl nur geringe Konsequenzen haben.

Periodisierung der sportartspezifischen Kraft-Einheiten

Die Kraft-Wiederholungen im Schwimmen, Radfahren und Laufen dienen dazu, in ähnlicher Weise neuromuskuläre Kraft zu entwickeln wie bei der Arbeit mit Gewichten, nur dass keine Zeit im Kraftraum verbracht wird. Im Hinblick auf die Periodisierung wird diese Trainingsform aber weitgehend wie Kraftraum-Einheiten behandelt, denn die orthopädischen Belastungen, die mit ihnen einhergehen, sind ebenfalls ziemlich groß. Daher sollte solches Training in einer Phase der Saison absolviert werden, wenn die sonstigen Trainingsbelastungen gering ausfallen – also in der Vorbereitungsphase und in den frühen Grundlagenphasen. Tabelle 13.4 schlägt ein Periodisierungsmuster für die gesamte Saison vor. Wie Sie sehen werden, sind die einzigen Variablen dabei, wie oft solche Einheiten unternommen werden und wie viele Serien in den einzelnen Phasen pro Einheit vorzusehen sind.

Es empfiehlt sich, Kraftraum-Einheiten nach dem Schwimmen, Radfahren oder Laufen zu absolvieren, nicht davor.

Wie zuvor in den Erörterungen über Kraft-Wiederholungen erwähnt, können diese in eine Schwimm-, Rad- oder Lauf-Einheit einbezogen werden, in der Sie auch an anderen Faktoren arbeiten. Um das Verletzungsrisiko zu mindern, sollten die Kraft-Wiederholungen aber zu Beginn der Einheit unmittelbar nach dem Aufwärmen angegangen werden. Falls Sie z. B. ein Rad-Training unternehmen, dessen Schwerpunkt primär auf der Ausdauer liegt, können Sie sich 15 bis 30 Minuten warmfahren, einige Serien Kraft-Wiederholungen absolvieren und dann mit dem Hauptteil fortfahren.

PRIORITÄTENSETZUNG BEIM KRAFTTRAINING

Sämtliches neuromuskuläre Training und alle Ausdauer-Einheiten in einem einzigen Plan zu verschmelzen, ist für Triathleten zwar überaus sinnvoll, aber auch ziemlich komplex. Schwimmen, Radfahren und Laufen sowie plyometrische Übungen, Kraftraumtraining und alternative sportartspezifische Kraft-Einheiten unter einen Hut zu bringen, erfordert eine Menge Zeit und Aufwand. Vermutlich werden Sie nicht alles schaffen können, Sie werden also abwägen müssen, wie viel Zeit und Energie Ihnen für das Training zur Verfügung steht, welche Begrenzer und Einschränkungen vorliegen und was demzufolge jeweils das Wichtigste ist, woran Sie arbeiten können.

Falls es Ihnen an Zeit fehlt, konzentrieren Sie sich auf Ihre Begrenzer-Disziplin.

Der Ausweg aus dieser Zwickmühle hängt von Ihren Begrenzern ab, wie sie in Kapitel 6 beschrieben wurden. Die erste Überlegung ist, welche Disziplin Ihren größten Begrenzer darstellt und inwieweit ein Kraftzuwachs und plyometrisches Training dabei Abhilfe schaffen können. Im Hinblick auf Ihre Begrenzer sollte Ihre primäre Sorge das Radfahren sein, denn es macht ungefähr die Hälfte Ihrer Gesamtzeit im Wettkampf aus. Falls Sie sich also nicht entscheiden können, welche von zwei oder drei Sportarten Ihr größter Begrenzer ist, ist die Antwort ganz einfach: das Radfahren.

Falls Sie bereits ein sehr starker Radfahrer sind, sollten Sie sich stattdessen auf Schwimmen und Laufen konzentrieren. Von diesen beiden sollten Sie im Zweifel den Fokus auf das Laufen legen, denn es macht aller Voraussicht nach einen größeren Anteil Ihrer Gesamtzeit im Wettkampf aus als das Schwimmen und hat demzufolge einen größeren Einfluss auf Ihre Resultate.

Noch einmal: Sie müssen nicht alles machen. Falls das Radfahren Ihr primärer Begrenzer ist, könnten Sie überlegen, Arbeit mit Gewichten einzuplanen oder Kraft-Wiederholungen auf dem Rad zu absolvieren. Falls es das Laufen ist, dem Sie mehr Zeit und Energie widmen müssen, sollten Sie in Erwägung ziehen, neben normalem Lauftraining auch plyometrische Übungen oder ballistisches Krafttraining, eventuell zusätzlich zu Kraft-Wiederholungen, einzuplanen. Falls es ganz eindeutig das Schwimmen ist, das Sie an besseren Leistungen hindert, so lautet die Lösung vermutlich, an Ihrer Schwimmeffizienz zu arbeiten. Damit wären wir wieder beim Thema HALC, das wir in Kapitel 12 erörtert haben. Es hat wenig Sinn, an der Schwimmkraft zu arbeiten, wenn Ihre Technik noch unzureichend ist. Sobald Sie Ihre Technik verbessert haben, kann es dann unter Umständen sinnvoll sein, spezielles Krafttraining für das Schwimmen zu absolvieren.

Falls Ihnen die Zeit fehlt oder Sie aus anderen Gründen nicht in der Lage sind, sämtliches in diesen und den vorigen Kapiteln empfohlene Training zu bewältigen, konzentrieren Sie sich auf Ihre Begrenzer-Disziplin und halten Sie sich an die Aspekte, die gemessen an Zeit und Aufwand am ehesten Verbesserungen versprechen. Das muss nicht unbedingt die Kraft sein. Die anderen Optionen sind laut Kapitel 6: Ausdauer, Schnelligkeit, aerobe Kapazität und Kraftausdauer.

FAZIT: KRAFT

Von den fünf Faktoren, die für die Verbesserung der Leistungsfähigkeit im Triathlon maßgeblich sind, sind dies die drei grundlegenden: Ausdauer, Schnelligkeit und Kraft. Dieses Kapitel beschäftigte sich mit dem letzten dieser drei Faktoren. Die Kraft ist normalerweise der erste der fünf Leistungsfaktoren, der in der Frühphase der Saison schwerpunktmäßig entwickelt wird, um ihn dann mit verringerter Trainingshäufigkeit bis zum ersten A-Wettkampf des Jahres zu erhalten.

Unter Krafttraining wird gemeinhin die Arbeit mit Gewichten verstanden, aber plyometrische Übungen und alternative Kraftübungen im Rahmen von Schwimm-, Rad- und Lauf-Einheiten können ebenfalls Teil Ihres Plans sein. Plyometrische Übungen können insbesondere für das Laufen von großem Nutzen sein, denn sie lehren das Nervensystem, die Muskeln in einer Weise anzusprechen, die die Kraft verbessert. Alternative sportartspezifische Einheiten für die Entwicklung der Kraft, hier als »Kraft-Wiederholungen« bezeichnet, können anstelle der Arbeit mit Gewichten verrichtet werden oder, falls die Kraft der größte Begrenzer in einer Sportart ist, es ergänzen.

Von den drei Optionen für die Kraftentwicklung ist die Arbeit mit Gewichten diejenige, deren Nutzen von der Forschung am umfassendsten untersucht und gestützt worden ist. Um positive Resultate zu erzielen, müssen Kraftraum-Übungen in einer Weise ausgeführt werden, dass sie die Bewegungen der Sportart nachvollziehen, in der Sie Ihre Kraft verbessern wollen. Für das Radfahren und Laufen gelten Übungen für die Beinachsenstreckung aus Hüfte, Knie und Sprunggelenk als besonders effektiv. Die Bewegungsabläufe beim Schwimmen sind mit herkömmlichen Kraftraum-Übungen nur sehr schwer zu simulieren. Eher als Gewichte bieten sich hier Zugbänder bzw. Expander an, die es ermöglichen, eine schwimmähnlichere Position einzunehmen. Beim Laufen sind ballistische Kraftübungen eine gute Alternative zum Krafttraining mit hohen Lasten.

Die größte Herausforderung für die meisten Triathleten ist es, Kraft-Einheiten, egal welcher Art, in Ihrer verfügbaren Trainingszeit unterzubringen. Sie lösen diese Herausforderung am besten, indem Sie bestimmen, welches Ihre größte Begrenzer-Disziplin ist und inwieweit unzureichende Kraft dabei eine Rolle spielt. Die Wettkampfleistungen der meisten Triathleten profitieren davon, die neuromuskuläre Kraft in der schwächsten Disziplin bzw. den schwächsten Disziplinen zu steigern. Sofern sich die Arbeit an der Kraft auf diese Sportart konzentriert, hält sich die dafür erforderliche Trainingszeit in Grenzen. Die andere Möglichkeit, dem Problem begrenzter Zeit zu begegnen, ist, den Schwerpunkt des neuromuskulären Trainings in die Frühphase der Saison zu legen, insbesondere in die Vorbereitungsphase und die Phase Grundlagen 1, wenn Schwimmen, Radfahren und Laufen Ihre Zeit noch nicht ganz so sehr in Anspruch nehmen.

Sobald Sie die Kraft in der Frühphase der Saison mit zwei oder drei Einheiten pro Woche entwickelt haben, können Sie sich darauf beschränken, die erzielten Kraftzugewinne zu erhalten. Das bedeutet, die entsprechenden Einheiten nur noch ein Mal pro Woche in sehr kurzer Form und einer Weise zu unternehmen, die Ihre primären Schwimm-, Rad- und Lauf-Einheiten nicht beeinträchtigt. Aber vernachlässigen Sie diese Trainingsform nicht: Damit Ihre Kraft gut erhalten bleibt, müssen Sie diese eine Kraft-Einheit pro Woche bis zu Ihrem nächsten A-Wettkampf kontinuierlich beibehalten.

14

DAS TRAININGSTAGEBUCH

DIESES BUCH DREHT SICH rund ums Training, aber Sinn und Zweck des Trainings ist es natürlich, Wettkämpfe zu bestreiten. Das Beste, was Sie neben Schwimm-, Rad-, Lauf- und Krafttraining unternehmen können, um Leistungen auf höherem Niveau zu erbringen, ist es meiner Erfahrung nach, ein detailliertes Trainingstagebuch zu führen. In diesem Tagebuch werden Sie einen ersten Plan für die Saison skizzieren, die Einzelheiten Ihrer Trainingseinheiten notieren, Ihre Trainingsfortschritte bewerten und Ihre Wettkampfresultate aufzeichnen. Am Ende der Saison, wenn Sie beginnen, sich Gedanken über die bevorstehende Saison zu machen, wird Ihr Tagebuch Ihnen dann die Antworten auf viele Fragen liefern, einschließlich der wichtigsten Frage von allen: Was kann ich tun, um im nächsten Jahr besser zu sein? Die Antwort steht in Ihrem Trainingstagebuch. Ohne ein solches wären Sie allein auf Ihr Gedächtnis angewiesen, und die eigenen Erinnerungen sind naturgemäß nicht immer so klar und zuverlässig wie gewünscht.

Das Trainingstagebuch erfüllt keinen Selbstzweck. Falls Sie lediglich die Daten der absolvierten Einheiten notieren, diese aber nie analysieren und zurate ziehen, um zu beurteilen, wie das Training läuft, werden Sie kaum einen Nutzen davon haben. Dann ist es eher ein Protokoll als ein Tagebuch. Der Unterschied zwischen einem Protokoll und einem Tagebuch ist, dass in ein Tagebuch all die Überlegungen einfließen, die Sie über das anstellen, was Sie aufgezeichnet haben; es ist eine Zusammenstellung Ihrer Reaktionen, Gedanken, Schlussfolgerungen, Fragen, Sorgen und vieles mehr. Ein Protokoll ist nur ein Haufen Zahlen.

Ein Tagebuch nimmt Sie mit auf eine Reise der Selbsterkenntnis. Ein Protokoll ist nur eine Aufzeichnung dessen, was Sie getan haben. Ein sorgfältig geführtes Tagebuch gestattet Ihnen, Ihr Training zu planen, bei Bedarf die Details jeder Ihrer zurückliegenden Einheiten und Wettkämpfe abzurufen, Selbstvertrauen zu entwickeln und verantwortungsvoll zu handeln. Ein Tagebuch leistet mit anderen Worten das, was auch ein guter

Coach leisten würde. Für das Training in Eigenregie gibt es gewiss kein besseres Hilfsmittel.

Für das Trainingstagebuch kommen verschiedene Formate in Frage. Die simpelste Form ist die klassische Variante mit Papier und Stift. Ein simples Notizbuch reicht völlig aus. Sie können aber auch ein elektronisches Tagebuch führen, das Sie auf dem Computer speichern. Die dritte Möglichkeit ist ein Online-Tagebuch. Dafür stehen im Internet etliche Angebote zur Wahl, die Sie teils kostenlos, teils gegen einen kleinen monatlichen Beitrag nutzen können. Mit einer raschen Suche im Web dürften Sie leicht fündig werden. Manche zahlungspflichtige Dienste bieten leistungsfähige Tools für Planung und Analyse, die Ihnen ähnlich wie ein Coach dabei helfen, trainingsrelevante Entscheidungen zu treffen. Wenn Sie es wirklich ernst mit Ihren Wettkämpfen meinen, ist das genau das Richtige für Sie.

Es ist Ihr Trainingstagebuch, mit dem Sie die Vorbereitung auf die neue Saison beginnen.

Ein Trainingstagebuch muss nicht komplex sein, um effektiv zu sein. In seiner einfachsten Form ist es eine Auflistung Ihrer Ziele und Trainingsvorgaben, gefolgt von einem Saisonplan, den für die jeweilige Woche geplanten Einheiten, einer Chronik aller absolvierten Einheiten, den Wettkampfergebnissen und Ihren jeweiligen Gedanken zu diesen Themen. Das Tagebuch kann zudem als Frühwarnsystem dienen, um Verletzungen und anderen Rückschlägen vorzubeugen (mehr dazu unten). Aus all diesen Gründen glaube ich, dass ein sorgfältig geführtes Trainingstagebuch das Beste ist, was sie neben dem eigentlichen Training in Angriff nehmen können.

DIE PLANUNG MIT EINEM TRAININGSTAGEBUCH

In den Kapiteln 7, 8 und 9 habe ich Ihnen erläutert, wie ich als Coach die Saison eines Athleten plane. Sie haben verschiedene Periodisierungsmodelle kennengelernt, die Ihnen helfen können, Ihre Saison rund um Ihre wichtigen Wettkämpfe herum zu organisieren. Mit dem Umfang des Trainings (den Sie nach Wochenstunden oder TSS ermessen können) haben wir uns ebenso befasst wie mit der Frage, wie dieser Umfang auf das Jahr aufgeteilt werden kann. Ausführlich ging es zudem darum, wie Sie eine effektive Trainingswoche gestalten. Dies alles sollte in Ihrem Tagebuch vermerkt sein.

Es ist Ihr Trainingstagebuch, mit dem Sie die Vorbereitung auf die neue Saison beginnen. Sobald Sie anfangen, sich über die bevorstehende Saison Gedanken zu machen, ist es so weit, in die Planung einzusteigen. Nehmen Sie sich ein Stündchen Zeit, um Ihre Ziele und Trainingsvorgaben in Ihr Tagebuch einzutragen (mehr dazu siehe Kapitel 5). Notieren Sie das Modell, das Sie für die Periodisierung nutzen (siehe Kapitel 7 und 9), tragen Sie Ihre A-Wettkämpfe in die entsprechenden Kalenderwochen ein, schreiben Sie die wöchentlichen Umfänge auf, die Sie im Rahmen der Vorbereitung auf Ihren ersten Wettkampf bewältigen müssen (siehe Tabelle 8.4 und 8.5), und erstellen Sie einen Wochentrainingsablauf, den Sie in Ihrem Terminplan unterbringen können (siehe Kapitel 8). Beim ersten Mal wird das eine Weile in Anspruch nehmen, aber die Mühe wird sich die ganze Saison über bezahlt machen. Sobald Sie ins Trainingsjahr eingestiegen sind, werden die meisten trainingsrelevanten Entscheidungen, die Sie zu fällen haben, bereits getroffen worden sein. Alles, was Sie noch tun müssen, ist, den Anleitungen zu folgen, die in Ihrem Tagebuch dargelegt sind. Dadurch sparen Sie im Laufe des Jahres eine Menge Zeit und haben den Kopf frei für das eigentliche Training.

Mit einem Trainingstagebuch ist die Planung der Einheiten für die anstehende Woche ein Klacks. Nehmen Sie am Ende einer jeden Woche Ihr Tagebuch zur Hand und planen Sie die täglichen Einheiten für jede Sportart. Nutzen Sie die Buchstaben-Nummern-Kürzel aus den Anhängen B, C, D und E, um Ihre Schwimm-, Rad- und Lauf-Einheiten einzutragen. Falls Sie außerdem Kraftraumtraining betreiben, notieren Sie auch dafür jeweils den Tag oder die Tage und die Art des Einheiten (AA, KÜ, MK oder KE) wie in Kapitel 13 beschrieben. Tragen Sie dann die geplante Dauer bzw. den geplanten TSS für jede Einheit ein. Abbildung 14.1 veranschaulicht das gesamte Prozedere. Ihre langfristige Planung haben Sie bereits zu Beginn der Saison erledigt, die Planung für die jeweils nächste Woche dauert also nur wenige Minuten. Genau zu wissen, was Sie jeden Tag unternehmen werden, verschafft Ihnen einen guten Start in die Woche und sorgt für produktivere Trainingseinheiten.

Einen Plan zu haben, gibt Selbstvertrauen. Sie trainieren mit Sinn und Verstand, nicht aus dem Bauch heraus. Selbstverständlich kann sich der Plan auch mal ändern. Es wäre sogar ziemlich ungewöhnlich, würden Sie mit dem Plan, den Sie zu Beginn erstellt haben, durch die ganze Saison kommen. In meinen mehr als 30 Jahren als Triathlon-Trainer, habe ich noch keinen Athleten erlebt, der keine Änderungen an seinem Plan hätte vornehmen müssen. Irgendetwas kommt immer dazwischen, was Änderungen notwendig macht. Und ehrlich gesagt ist es auch nicht der Plan, auf den es ankommt, sondern die Planung. Wenn es darum geht, im Leben etwas zu erreichen, ist planvolles Vorgehen das Wichtigste, selbst wenn sich der Plan als solcher mal ändert.

WAS SIE AUFSCHREIBEN SOLLTEN

Sobald der Plan für Ihre Saison steht, sind Sie bereit, Trainingseinheiten zu unternehmen und Buch über all die Dinge zu führen, die dabei wichtig sind. Was also sollten Sie aufzeichnen? Die Antwort hängt vom einzelnen Athleten ab. Manchen macht es großen Spaß, alles Mögliche zu notieren und sich eingehend mit den Daten zu beschäftigen. Andere empfinden es eher als Belastung, überhaupt etwas aufschreiben zu müssen, und möchten sich am liebsten nicht mehr mit zurückliegenden Einheiten herumschlagen. Falls Sie ein ambitionierter Athlet mit hochgesteckten Zielen sind, es aber nicht leiden können, Aufzeichnungen zu führen, sollten Sie sich ernsthaft überlegen, einen Coach zu engagieren. Der nämlich würde darauf achten, dass Sie nur relevante Daten aufzeichnen, und sich zudem um die Auswertung kümmern.

Wenn Sie hochgesteckte Ziele haben, aber nicht gerne Aufzeichnungen führen, sollten Sie einen Coach engagieren.

Falls Sie der andere Typ von Athlet sind und gerne Daten sammeln und analysieren, kann es sein, dass Sie sogar zu viel aufschreiben. Manche Sportler verstricken sich so sehr in den Details, dass es schwierig ist, Entscheidungen zu treffen. Zu viel aufzuschreiben, ist genauso schlecht, wie zu wenig aufzuschreiben. Sie sollten sich bemühen, nur das zu notieren, was wirklich wichtig ist und was Ihnen voraussichtlich helfen wird, zukünftige Entscheidungen über Ihr Training zu fällen. Der entscheidende Punkt ist, das Tagebuch nicht zu verkomplizieren und es kurz und bündig zu gestalten.

Die folgenden fünf Kategorien sollen Ihnen dabei helfen, Entscheidungen im Hinblick auf Ihr Training zu treffen. Fühlen Sie sich nicht genötigt, sie alle zu berücksichtigen. Passen Sie Ihr Tagebuch an Ihre persönlichen Bedürfnisse an und zeichnen Sie nur Dinge auf, auf die Sie später wahrscheinlich zurückgreifen werden.

Grundlegende Einträge. Zu den grundlegenden Daten der Trainingseinheiten gehören die Disziplin, Datum, Tageszeit, die geplante Einheit, die tatsächlich absolvierte Einheit, Streckenverlauf oder Ort, Distanz und Dauer der Einheit und die verwendete Ausrüstung. Wenn Sie mehrere Tage, Wochen oder Monate später auf die Daten zurück-

Wochenbeginn: 5. Februar 2024

Phase: Grundlagen 1b **geplante Stunden:** 10

MONTAG 5 / 2 / 24

Schlaf Erschöpfung Stress Schmerzen

Ruhepuls ______ Gewicht ______

EINHEIT 1 S R L (A) Kraftraum

geplante Einheit MK, 45 Minuten

Strecke ______ Distanz ______ Zeit ______

Herzfrequenz ______ Watt ______

Zone 1 ______ 2 ______ 3 ______ 4 ______ 5 ______

EINHEIT 2 S R L A ______

geplante Einheit ______

Strecke ______ Distanz ______ Zeit ______

Herzfrequenz ______ Watt ______

Zone 1 ______ 2 ______ 3 ______ 4 ______ 5 ______

Bemerkungen ______

Ernährung ______

DIENSTAG 6 / 2 / 24

Schlaf Erschöpfung Stress Schmerzen

Ruhepuls ______ Gewicht ______

EINHEIT 1 S (R) L A ______

geplante Einheit S1, 45 Minuten

Strecke ______ Distanz ______ Zeit ______

Herzfrequenz ______ Watt ______

Zone 1 ______ 2 ______ 3 ______ 4 ______ 5 ______

EINHEIT 2 S R (L) A ______

geplante Einheit A2, 1 Stunde

Strecke ______ Distanz ______ Zeit ______

Herzfrequenz ______ Watt ______

Zone 1 ______ 2 ______ 3 ______ 4 ______ 5 ______

Bemerkungen ______

Ernährung ______

ABBILDUNG 14.1 Verwendung eines Trainingstagebuchs zur Planung der nächsten Trainingswoche

Wochenziele: 1) Catch verbessern (Schwimmen), 2) Ausdauer aufbauen (Radfahren und Laufen), 3) an Mittelfußaufsatz arbeiten (Laufen), 4) Lasten im Kraftraum steigern

MITTWOCH 7 / 2 / 24

Schlaf Erschöpfung Stress Schmerzen

Ruhepuls ______ Gewicht ______

EINHEIT 1 S (R) L A ______

geplante Einheit A2, 1 Stunde

Strecke ______ Distanz ______ Zeit ______

Herzfrequenz ______ Watt ______

Zone 1______ 2______ 3______ 4______ 5______

EINHEIT 2 S R L A ______

geplante Einheit ______

Strecke ______ Distanz ______ Zeit ______

Herzfrequenz ______ Watt ______

Zone 1______ 2______ 3______ 4______ 5______

Bemerkungen ______

Ernährung ______

DONNERSTAG 8 / 2 / 24

Schlaf Erschöpfung Stress Schmerzen

Ruhepuls ______ Gewicht ______

EINHEIT 1 (S) R L A ______

geplante Einheit S1, 45 Minuten

Strecke ______ Distanz ______ Zeit ______

Herzfrequenz ______ Watt ______

Zone 1______ 2______ 3______ 4______ 5______

EINHEIT 2 S R (L) A ______

geplante Einheit S1, 45 Minuten

Strecke ______ Distanz ______ Zeit ______

Herzfrequenz ______ Watt ______

Zone 1______ 2______ 3______ 4______ 5______

Bemerkungen ______

Ernährung ______

>

FREITAG 9 / 2 / 24

Schlaf Erschöpfung Stress Schmerzen

Ruhepuls ______ Gewicht ______

EINHEIT 1 (S) R L A ______

geplante Einheit S1, 30 Minuten

Strecke ______ Distanz ______ Zeit ______

Herzfrequenz ______ Watt ______

Zone 1______ 2______ 3______ 4______ 5______

EINHEIT 2 S R L (A) Kraftraum

geplante Einheit MK, 45 Minuten

Strecke ______ Distanz ______ Zeit ______

Herzfrequenz ______ Watt ______

Zone 1______ 2______ 3______ 4______ 5______

Bemerkungen ______

Ernährung ______

SAMSTAG 10 / 2 / 24

Schlaf Erschöpfung Stress Schmerzen

Ruhepuls ______ Gewicht ______

EINHEIT 1 S (R) L A ______

geplante Einheit A2, 2 Stunden

Strecke ______ Distanz ______ Zeit ______

Herzfrequenz ______ Watt ______

Zone 1______ 2______ 3______ 4______ 5______

EINHEIT 2 S R (L) A ______

geplante Einheit A1, 30 Minuten

Strecke ______ Distanz ______ Zeit ______

Herzfrequenz ______ Watt ______

Zone 1______ 2______ 3______ 4______ 5______

Bemerkungen ______

Ernährung ______

ABBILDUNG 14.1 (Fortsetzung)

>

SONNTAG 11 / 2 / 24

Schlaf Erschöpfung Stress Schmerzen

Ruhepuls ______ Gewicht ______

EINHEIT 1 (S) R L A ______

geplante Einheit S1, 45 Minuten

Strecke ______ Distanz ______ Zeit ______

Herzfrequenz ______ Watt ______

Zone 1 ______ 2 ______ 3 ______ 4 ______ 5 ______

EINHEIT 2 S R (L) A ______

geplante Einheit A1, 30 Minuten

Strecke ______ Distanz ______ Zeit ______

Herzfrequenz ______ Watt ______

Zone 1 ______ 2 ______ 3 ______ 4 ______ 5 ______

Bemerkungen ______

Ernährung ______

WOCHENZUSAMMENFASSUNG

	ZEIT	DISTANZ	GESAMTZEIT (JAHR)	GEAMTDISTANZ (JAHR)
Schwimmen				
Radfahren				
Laufen				
Kraftraum				
anderes				
gesamt				

Bemerkungen

blicken, möchten Sie außerdem über alles Bescheid wissen, womit das Training an diesem Tag von der Norm abgewichen ist. Lief es besonders gut oder schlecht? Welchen Grund haben Sie damals dafür ausgemacht? War es kalt, warm, windig oder regnerisch? Hat das Wetter die Einheit beeinträchtigt? Waren Sie mit einem Trainingspartner unterwegs und haben Sie sich aus diesem Grund mehr oder weniger als sonst reingehängt? Wer war es? Ist etwas Außergewöhnliches vorgefallen, hat sich z. B. ein Knie komisch angefühlt oder war nicht genug Druck auf den Reifen? Vielleicht sind Sie bei einem Lauf gestolpert und gestürzt. Notieren Sie auch dies. Selbst wenn Sie nur solche grundlegenden Informationen zu den einzelnen Trainingseinheiten aufschreiben und vorher keine Aufzeichnungen geführt haben, wird sich Ihr Training verbessern. Die Vorbereitung auf Ihre nächste Saison beginnt mit Ihrem Trainingstagebuch.

Morgendliche Warnzeichen. In Kapitel 11 habe ich Ihnen ans Herz gelegt, morgens nach dem Aufwachen eine Bestandsaufnahme zu machen, wie bereit Sie fürs Training sind. Tabelle 11.1 listet ein paar Indikatoren auf, die ich *morgendliche Warnzeichen* nenne. Überlegen Sie, welche dieser Anzeichen auf ungewöhnlichen Stress bei Ihnen schließen lassen, so dass Sie sie regelmäßig bewerten und aufzeichnen möchten. Achten Sie dann jeden Morgen nach dem Aufwachen auf diese Indikatoren und tragen Sie Ihre Selbstbewertung in Ihr Tagebuch ein. Dafür reicht beispielsweise ein simples »plus« oder »minus« oder eine einfache Skala von 1 bis 5. Möglicherweise ist es hilfreich, den entsprechenden Abschnitt in Kapitel 11 noch einmal zu lesen und dann zu entschieden, wie Sie über morgendliche Warnzeichen Buch führen möchten. Wenn Sie in dieser Hinsicht sonst nichts weiter unternehmen, empfehle ich Ihnen dringend die Verwendung einer App zur Messung der Herzfrequenzvariabilität, die Ihnen hilft, tägliche Entscheidungen über die Trainingsbereitschaft zu treffen. Dies ist das beste Tool, das Ihnen zur laufenden Überwachung von Stress und Trainingsbereitschaft zur Verfügung steht.

Der beste Indikator dafür, wie Sie Tag für Tag vorankommen, sind vermutlich Ihre Emotionen und Eindrücke.

Anmerkungen zur körperlichen Verfassung. Wie ist die Trainingseinheit gelaufen? Haben Sie erreicht, was Sie sich vorgenommen haben? Sie können dafür ein simples Schulnotensystem verwenden. Notieren Sie außerdem Details der Einheit wie Zeit pro Trainingszone nach Herzfrequenz, Pace oder Watt. Kapitel 4 beschäftigte sich ausführlich mit der Aufteilung der Intensitätszonen. Aufzuzeichnen, wie viel Zeit Sie pro Zone verbracht haben, liefert Ihnen wertvolle Hinweise, um im weiteren Verlauf der Saison angemessene Planungsentscheidungen zu treffen. Wenn Sie solche Daten nicht beachten, laufen Sie letztlich Gefahr, von Ihren Saisonzielen abzuweichen und diese nicht zu erreichen.

Anmerkungen zur mentalen Verfassung. Manche Athleten halten ihre Empfindungen für irrelevant, insbesondere im Vergleich mit den harten Daten, die sie über ihre körperliche Verfassung notieren. Das ist ein großer Fehler. Der beste Indikator dafür, wie Sie Tag für Tag vorankommen, sind vermutlich Ihre Emotionen und Eindrücke. Schreiben Sie auf, wie Sie die Trainingseinheit empfunden haben. Waren Sie zufrieden damit, wie es gelaufen ist? Haben Sie das Gefühl, gute Fortschritte zu machen? Haben Sie irgendwelche Sorgen? Notieren Sie nach jedem Training Ihre Gedanken und Gefühle. Diese Aufzeichnungen können sich rückblickend als ein unschätzbarer Fundus wertvoller Informationen erweisen.

Sonstige Aufzeichnungen. Es gibt zahlreiche sonstige Aspekte Ihres Trainings und Ihrer Wettkämpfe, die Sie tagtäglich in Ihrem Trainingstagebuch notieren können: Reisen, äußere Einflüsse wie z. B. schwüles Wetter oder Aufenthalte in der Höhenlage, Arbeitsstunden und andere berufliche Belastungen, Kraftraumtraining und familiäre Aktivitäten, die wie beispielsweise ein Urlaub Einfluss auf das Training haben. Sie können außerdem notieren, wenn Sie neue bzw. veränderte Ausrüstung verwenden: neue Laufschuhe, ein neu eingestellter Sattel oder eine neue Schaltung. Notieren Sie Änderungen Ihrer typischen Ernährung, v. a. was Sie vor und während eines Wettkampfs zu sich nehmen. Und notieren Sie selbstverständlich die Einzelheiten der Wettkämpfe, die Sie bestreiten (mehr dazu weiter unten).

DIE TRAININGSANALYSE

Triathlon-Training ist ein wissenschaftliches Experiment mit nur einem Probanden: Ihnen selbst. In einem wissenschaftlichen Experiment geht es darum, kontrollierbare Variablen zu verändern und dann zu beobachten, was passiert. Es geht um harte Fakten, nicht um unbegründete Ansichten. Die Fakten stecken in Ihren gesammelten Daten Ihrer Trainingseinheiten. Über Wochen, Monate und Jahre tagtäglich Ihre Einheiten aufzuzeichnen, liefert Ihnen einen enormen Fundus an experimentell erhobenen Daten. Was Sie aus diesen Daten zu ergründen versuchen, ist die für Sie beste Weise zu trainieren.

Als Athlet sind Sie in vielerlei Hinsicht einzigartig (erinnern Sie sich an das Prinzip der *Individualität* aus Kapitel 3?). Sie können nicht genau das Gleiche anstellen wie Ihre Trainingspartner und dann die gleichen Ergebnisse erwarten. Indem Sie Daten Ihrer Trainingseinheiten sammeln und analysieren, erfahren Sie, was für Sie funktioniert und was nicht. Diese Informationen zu nutzen, um kleine Anpassungen im Training vorzunehmen, wird Ihnen dabei helfen, auf Kurs zu bleiben und Ihre Ziele zu erreichen. Sie müssen nur wissen, welche Daten Sie sammeln sollten und wie Sie sie richtig analysieren.

Der Ausgangspunkt für die Analyse ist, sich grundlegende Trainingsfragen zu stellen, wie z. B.:

- Mache ich Fortschritte im Hinblick auf meine Ziele?
- Ist mein Training zu schwer oder zu leicht?
- Bekomme ich ausreichend Ruhe und Regeneration?
- Deckt meine Ernährung meinen Energiebedarf?
- Habe ich Freude am Training?

Sie müssen diese Fragen stets aufrichtig beantworten. Sie haben nichts davon, etwas zu beschönigen. Zu Beginn der Saison können Sie diese Fragen vermutlich beantworten, ohne ein Trainingstagebuch zu führen. Aber im Laufe der Saison wird es aufgrund der schieren Menge an Einheiten und Daten immer schwieriger, sich daran zu erinnern, was Sie letzten Monat, letzte Woche oder sogar erst gestern getan haben. Hand aufs Herz: Was würden Sie am Training verändern, wenn Sie zwar der Meinung sind, dass eine Anpassung erforderlich ist, Sie sich aber an die ganzen Details gar nicht mehr erinnern können? Dabei geht es z. B. um Informationen dazu, wie viele Intervalle Sie absolviert haben, zu welchem Zeitpunkt der Saison Sie damit begonnen haben, sich dieser Trainingsform anzunehmen, wie sich die Dauer Ihrer langen Einheiten entwickelt hat, wie oft Sie Regenerationswochen eingelegt haben und was Sie nach schweren Einheiten zu sich genommen haben. Die tägliche schriftliche Aufzeichnung Ihres Trainings hilft Ihnen, die Antworten zu finden und somit fundierte Entscheidungen im Hinblick auf Ihr Training zu treffen.

Ihr Tagebuch liefert Ihnen auch die Antwort auf die wichtigen Fragen im Hinblick darauf, wie das Training voranschreitet. Der beste Indikator für zukünftige Leistungen sind vergangene Leistungen, v. a. wenn sie noch nicht lange zurückliegen. Falls Sie gelegentlich B- und C-Wettkämpfe bestreiten, dienen diese als die ultimativen Anzeichen Ihres Fortschritts im Hinblick auf Ihre A-Wettkämpfe. Weitere Hinweise erhalten Sie durch regelmäßige Tests. In Kapitel 8 riet ich dazu, solche Tests am Ende von Regenerationswochen zu unternehmen. In solchen Tests werden Tempo, Pace oder die Leistung in Watt gemessen. Diese Messwerte liefern Ihnen die verlässlichsten Anhaltspunkte im Hinblick auf Ihre Wettkampfbereitschaft. Hin und wieder die Herzfrequenz mit Tests zu messen, hilft Ihnen dabei, die Intensitätszonen richtig festzulegen, die Herzfrequenz ist jedoch kein Indikator der Leistungsfähigkeit. Sie verrät Ihnen etwas über den Einsatz, ähnlich wie auch das Maß der empfundenen Anstrengung. Tests hingegen, die Ihre Herzfrequenzdaten mit leistungsbezogenen Daten kombinieren, also mit den Wattzahlen beim Radfahren und der Pace beim Laufen, sind ziemlich aussagekräftig (siehe Anhang C und D unter »A2: Ausdauer« für Beispiele entsprechender Test-Einheiten).

DIE WETTKAMPFANALYSE

Unabhängig davon, ob es gut oder schlecht gelaufen ist, müssen Sie nach jedem Rennen – v. a. nach A-Wettkämpfen – eine Beurteilung Ihrer Leistung vornehmen. Falls das Rennen nicht so lief wie geplant oder erwartet, müssen Sie nach den Ursachen dafür forschen. Es kann etwas ganz Banales sein, z. B. ein mechanisches Problem oder dass Sie von der Strecke abgekommen sind. Solche Dinge können generell leicht abgestellt werden. Wenn alles andere wunschgemäß gelaufen ist, wissen Sie, dass Ihr Trainingsplan effektiv war.

Unabhängig davon, ob es gut oder schlecht gelaufen ist, müssen Sie nach jedem Rennen – vor allem nach A-Wettkämpfen – eine Beurteilung Ihrer Leistung vornehmen.

Falls Sie aber selbst den Anforderungen nicht gewachsen waren, liegt offenbar ein größeres Problem vor. Was genau war der Grund? Es kann etwas Offensichtliches sein, es kann aber auch schwieriger zu ergründen sein. Der beste Zeitpunkt, um nach den Ursachen zu forschen, ist in der Regel der Tag nach dem Wettkampf. Die Stunden unmittelbar nach dem Zieleinlauf sind selten der geeignete Moment, um tiefgründige Analysen anzustellen. Sie sind noch voller Emotionen, die es erschweren, einen klaren Gedanken zu fassen. Besser ist es, eine Nacht darüber zu schlafen und dann mit der Analyse zu beginnen. In der Zwischenzeit sollten Sie sich davor hüten, voreilige Schlüsse zu ziehen. Gut möglich, dass Sie direkt nach dem Rennen glauben, die Gründe zu kennen, aber lassen Sie alles lieber erst einmal sacken.

Die Ursachen für eine schlechte Wettkampfleistung hängen sehr oft mit der Renneinteilung zusammen. Der häufigste Grund für eine schlechte Renneinteilung ist falsches Pacing. Was ist die zugrundeliegende Ursache? Unkontrollierte Emotionen. Dies wird besonders deutlich zu Beginn der Radstrecke eines Triathlons. Die meisten falsch eingeteilten Rennen, und damit die meisten schlechten Wettkampfresultate, lassen sich auf das erste Viertel des Rad-Abschnitts zurückführen. Weil man sich von den Emotionen und der Aufregung mitreißen lässt, neigt man dazu, die Strecke schneller anzugehen, als realistisch ist. Ich habe Ironman-Athleten neue persönliche Bestzeiten auf den ersten 40 Kilometern der Radstrecke aufstellen sehen – wo sie aber noch 140 Kilometer vor sich haben! Sie können das Rennen nicht im ersten Viertel gewinnen, aber Sie können es ganz gewiss verlieren. Gerade im ersten Viertel der Radstrecke müssen Sie sich das Rennen konservativ einteilen und sich daran halten. Das Ziel sollte sein, auf der zweiten Hälfte des Rad-Abschnitts eine etwas höhere Leistung zu treten als auf der ersten. Das nennt sich negativer Split. Wenn es Ihnen gelingt, diese Maßgabe umzusetzen, sind Sie nach dem Rad-Abschnitt

WETTKAMPFBEWERTUNG

Name des Wettkampfs ________________ / / / ________ Startzeit ________

Ort ________________ Art/Distanz ________

wichtigste Konkurrenten ________________

Wetter ________ Streckenbedingungen ________

Wettkampfziel ________________

____

Wettkampfstrategie ________________

____

____

Ernährung vor dem Wettkampf ________________

____

Beschreibung des Aufwärmens ________________

____

Aufregung vor dem Start: ☐ gering ☐ moderat ☐ hoch

Ergebnis (Platzierung, Gesamtzeit, Splits etc.) ________________

____

Was ich gut hinbekommen habe ________________

____

____

Was ich verbessern muss ________________

____

Schmerzen und Probleme (vor dem Rennen / währenddessen / danach) ________________

____

Anmerkungen zum Verlauf des Wettkampfs ________________

____

____

____

ABBILDUNG 14.2 Der Wettkampfbewertungsbogen

Ihre Wettkampfleistung lässt sich anhand Ihrer Trainingsergebnisse der letzten Wochen sehr leicht prognostizieren.

noch in der Lage, einen schnellen Lauf hinzulegen. Bringen Sie sich diese Fähigkeit bei, indem Sie sie in den letzten zwölf Wochen vor dem Wettkampf mindestens ein Mal in der Woche proben.

Ein anderes verbreitetes Problem bei der Renneinteilung hängt mit den äußeren Bedingungen zusammen, v. a. mit Hitze. Falls es ein heißer Tag ist, müssen Sie Ihr Tempo entsprechend anpassen. Lassen Sie es langsamer angehen. Ich weiß, das ist leichter gesagt als getan, aber wenn es heiß ist, bleiben Ihnen nur zwei Möglichkeiten: sich daran halten oder Ihren Übermut mit einer schlechten Leistung bezahlen. Ihren Konkurrenten ergeht es nicht anders, es ist also nicht so, dass Sie als Einziger einen Gang runterschalten. Diese Entscheidung wird oft erst am Wettkampftag gefällt. Machen Sie sich aber schon im Voraus Gedanken. Informieren Sie sich mehrere Wochen vorher, welche äußeren Bedingungen bei dem betreffenden Wettkampf in den letzten Jahren geherrscht haben. Vielleicht gibt es bereits recht verlässliche Prognosen, was diesmal zu erwarten ist. Wenn es heiß sein wird, müssen Sie sich im Vorfeld darauf einstellen. Einfach auf das Beste zu hoffen, wird nicht funktionieren. Bereiten Sie sich vor. Laufen Sie im letzten Monat vor dem Rennen häufig zur heißesten Zeit des Tages. Falls es dort, wo Sie leben, wesentlich kühler ist als am Austragungsort des Wettkampfs, müssen Sie kreativ sein. Entscheidend ist, auf die Bedingungen am Wettkampftag vorbereitet zu sein.

Aber was ist, wenn die Hitze am Wettkampftag vollkommen unerwartet eintritt? Was machen Sie dann? Erneut gilt es, kluge Entscheidungen zu treffen. Falls es ein heißer Tag ist und Sie nicht an die Hitze angepasst sind, können Sie offensichtlich nicht so schnell angehen, wie Sie es vorgesehen haben. Sie müssen bereit sein, Ihre Tempostrategie zu verändern, indem Sie eine langsamere Pace anschlagen, v. a. nach dem zweiten Wechsel. Sollten Sie dies nicht beherzigen, werden Sie das gewiss mit einer schwachen Leistung bezahlen.

Unrealistische Erwartungen sind eine weitere häufige Ursache für eine schlechte Renneinteilung. Ihre Schlüsseleinheiten, die Tests und die B- und C-Wettkämpfe in den letzten rund sechs Wochen vor dem A-Wettkampf sind starke Indikatoren dafür, was Sie am entscheidenden Tag von sich erwarten können. Nur weil Sie schnell sein wollen, heißt das nicht, dass Sie es sein werden. Am Wettkampftag passieren keine Wunder. Sie haben es entweder drauf oder eben nicht. Ihre Wettkampfleistung lässt sich anhand Ihrer Trainingsergebnisse der letzten Wochen sehr leicht prognostizieren. Nutzen Sie diese Daten, um Ihre Tempostrategie fürs Rennen zu planen.

Es gibt noch viele andere Ursachen für schwache Wettkampfleistungen. Routinierte Athleten, die ihre Wettkämpfe seit vielen Jahren analysieren, haben gelernt, auf alles eingestellt zu sein, sowohl auf das Erwartete wie die äußeren Bedingungen als auch auf das Unerwartete wie Defekte am Rad oder dergleichen. Anhand ihrer Aufzeichnungen wissen diese Sportler, welche Anpassungen sie in solchen Situationen vornehmen müssen und wie sie sich auf ähnliche Gegebenheiten in zukünftigen Rennen vorbereiten können.

Und was ist, wenn Sie ein tolles Rennen bestritten haben? Auch Wettkämpfe, in denen alles wie am Schnürchen lief, verdienen besondere Aufmerksamkeit. Haben Sie, insbesondere in der letzten Woche vor dem Rennen und am Renntag selbst, etwas unternommen, was über die üblichen Vorbereitungen hinausging? Beispielsweise könnten Sie die Abfolge der Einheiten abgewandelt oder mehr bzw. weniger regeneriert haben als sonst. Vielleicht hat sich etwas in Ihrem Lebenswandel verändert oder in Ihrer Ernährung oder aber Sie haben sich das Rennen perfekt eingeteilt. Die Möglichkeiten sind beinahe endlos. Denken Sie gut darüber nach, denn anscheinend gibt es etwas, was Sie begreifen müssen, damit Sie es im nächsten Wettkampf wieder so machen können.

Abbildung 14.2 liefert Anregungen für die Wettkampfanalyse. Der gezeigte Bewertungsbogen hilft Ihnen außerdem, ein Protokoll über Ihre Wettkampfdaten als Referenz für zukünftige Rennen zu führen. Kopieren Sie ihn, füllen Sie ihn nach jedem Wettkampf aus und verwahren Sie ihn in Ihrem Trainingstagebuch zur späteren Verwendung. Oder benutzen Sie ihn als Orientierung für eine Wettkampfanalyse mit Hilfe der Einträge, die in Ihrem Tagebuch stehen. Die Daten werden sich als unschätzbar erweisen für die Vorbereitung auf zukünftige Wettkämpfe, v. a. für die nächste Ausgabe des gleichen Rennens im darauffolgenden Jahr.

FAZIT: DAS TRAININGSTAGEBUCH

Das Trainingstagebuch ist Ihr wertvollstes Hilfsmittel für die Vorbereitung auf eine starke Saison. Es enthält einen Eintrag über Ihre Saisonziele, so dass diese Ihnen jedes Mal begegnen, wenn Sie das Tagebuch öffnen. Sie können sie auf das Deckblatt schreiben, auf die erste Seite oder auf eine Karte, die als Lesezeichen dient. Falls Sie ein elektronisches Tagebuch auf dem Computer oder online führen, müssen Sie Ihre Ziele dort eintragen und häufig überprüfen. Davon ausgehend können Sie Ihr Tagebuch dazu verwenden, Saison- und Wochenpläne zu erstellen, um strukturiert auf Ihre Ziele hinzuarbeiten und gleichzeitig ermessen zu können, wie es um Ihre Fortschritte bestellt ist.

Es dauert jedes Jahr etwa eine gute Stunde, um den Trainingsplan für die ganze Saison zu erstellen, doch sobald das erledigt ist, wird er sich als ungeheuer wertvoll dafür erweisen, Ihre Ziele zu erreichen. Der nächste Wochenplan wird jeweils am Ende der aktuellen Woche erstellt, was nur ein paar Minuten in Anspruch nimmt. Ihr Training wird immens davon profitieren, falls Sie es zuvor nicht auf diese Weise geplant haben.

Ihr Tagebuch hilft Ihnen nicht nur, während der Saison das große Ganze im Auge zu behalten, sondern auch auf all die Kleinigkeiten zu achten, die unterwegs passieren. Was Sie aufzeichnen, hängt von Ihrer persönlichen Sicht auf das Training ab. In diesem Kapitel habe ich Ihnen Anregungen gegeben, was Sie aufzeichnen könnten, von grundlegenden bis hin zu sehr speziellen Aspekten. Sie sollten nur Dinge eintragen, auf die Sie später voraussichtlich zurückgreifen werden, wenn Sie Ihre Fortschritte beurteilen. Zu viele Daten zu notieren, ist genauso schlecht wie zu wenige.

Tragen Sie sämtliche relevanten Informationen in Ihr Tagebuch ein, wenn Sie alle paar Wochen Ihren Fortschritt auf die Probe stellen. Solche Daten sind sogar noch wertvoller als die Aufzeichnungen zu Ihren tagtäglichen Einheiten, achten Sie also darauf, alles zu notieren, was später nützlich sein könnte, wenn Sie Entwicklungen nachspüren. Diese Daten können aus Leitungstests (erfasst als Pace oder in Watt) stammen oder aus B- und C-Wettkämpfen. Die Resultate solcher Tests und Wettkämpfe sind Ihre besten Anhaltspunkte, welche Fortschritte Sie im Hinblick auf Ihre Ziele machen.

Das Trainingstagebuch ist Ihr wertvollstes Hilfsmittel für die Vorbereitung auf eine starke Saison.

Gehen Sie in regelmäßigen Abständen Ihr Trainingstagebuch durch und halten Sie dabei nach Trends Ausschau. Der beste Zeitpunkt dafür ist alle drei bis vier Wochen während einer Regenerationswoche. Begutachten Sie, wie das Training in der Phase, die Sie soeben beendet haben, gelaufen ist, v. a. im Vergleich mit Ihrem Leistungsstand in der vorigen Regenerationswoche. Sind Fortschritte zu erkennen? Falls nicht, woran liegt es? Falls ja, was läuft besonders gut?

Nehmen Sie nach jedem Wettkampf, egal, ob er gut oder schlecht gelaufen ist, eine Analyse Ihrer Leistung vor. Freilich macht es wenig Freude, schlechte Leistungen noch einmal Revue passieren zu lassen, aber zumindest sollten Sie überlegen, was Sie in der Vorbereitung anders machen würden, wenn Sie noch einmal von vorn beginnen könnten. Diese Analyse kann Ihnen helfen, in der Vorbereitung auf das nächste Rennen die richtigen Trainingsimpulse zu setzen.

Falls das Rennen gut lief, überlegen Sie ebenfalls, was die Ursache gewesen sein könnte. Ihre Leistung hängt unmittelbar von Training und Renneinteilung ab. Ist Ihr Training effektiv und teilen Sie sich Ihre Wettkämpfe auf die bestmögliche Weise ein? Ihr Tagebuch gibt Ihnen die Antwort.

EPILOG

Herzlichen Glückwunsch, Sie haben es geschafft, mein Buch bis hierhin durchzulesen! Mir ist bewusst, dass dies streckenweise ganz schön anspruchsvoll gewesen sein dürfte. Wahrscheinlich haben Sie sich öfter mal den Kopf zerbrochen, als Sie über einige der Dinge nachdachten, die ich Ihnen vermittelt habe, insbesondere in den Kapiteln 7, 8 und 9. Dort bin ich sehr tief in die Details der Periodisierung eingetaucht. Ich hoffe, ich habe es nicht so kompliziert gemacht, dass Sie kapituliert haben. Nun, da Sie es bis zum Ende geschafft haben, möchte ich in diesem Epilog noch einmal sieben Punkte herausstellen, die für das Triathlon-Training entscheidend sind und die einige der wichtigsten Lektionen aus dem, was Sie gelesen haben, komprimiert zusammenfassen.

LEKTION 1: HALTEN SIE DIE DINGE EINFACH

Ich weiß, es mag sich seltsam anhören, wenn ich dies sage, nachdem ich in diesem Buch so komplexe Details erläutert habe, aber halten Sie Ihr Training so einfach wie möglich. Trainingseinheiten müssen nicht kompliziert sein. Es gibt einige sehr einfache »Regeln«, die Ihnen, wenn Sie sie befolgen, zu besseren Wettkampfleistungen verhelfen werden. Hier sind nur einige davon.

Das Training sollte hauptsächlich »wirklich locker«, »sehr locker« oder »locker« sein (siehe Tabelle 4.1). Dies entspricht den Zonen 1 und 2. Diese einfache Regel verschafft Ihnen eine breite aerobe Grundlage, die buchstäblich das Herzstück des Triathlontrainings ist. Alles andere, was mit Ausdauerfitness zu tun hat, hängt von ihr ab. Es gibt keine wichtigeren Trainingseinheiten als die »Ausdauer«-Einheiten in den Anhängen B, C, D und E. Wenn Sie sich dafür entscheiden sollten, dass harte Trainingseinheiten der einzige Schlüssel zur angestrebten Fitness sind, und Sie nur sehr wenig aerobes Ausdauertraining absolvieren, werden Sie Ihr Potenzial nicht einmal annähernd erreichen. Sie müssen viele Kilometer langsam trainieren, um hin und wieder schnell zu sein.

In diesem Sinne sollten sich die meisten Ihrer Trainingstage am leichten Ende des Intensitätsspektrums bewegen. Ich würde Ihnen dringend empfehlen, fünf Tage pro Woche nur in den Zonen 1, 2 und 5c zu trainieren (denken Sie daran, dass es sich bei letzterem nur um Techniktraining handelt). Diese fünf Tage können einen freien Tag umfassen. Die anderen beiden Tage sollten hart sein. Was bedeutet »hart«? Normalerweise sind damit die Zonen 4 und 5 gemeint. Aber wenn es sich für Sie hart anfühlt, dann ist es ein hartes Training, egal ob es sich um Intervalle für die aerobe Kapazität beim Radfahren oder um einen sehr langen, langsamen Lauf handelt.

Vermeiden Sie Zone 3 (siehe Tabelle 4.1) während der gesamten Grundlagenphase. Und trainieren Sie in der Aufbau-, Höchstleistungs- und Wettkampfphase nur dann in dieser Zone, wenn Sie sich auf ein Rennen vorbereiten, das in Zone 3 stattfindet (siehe Abbildung 4.1). Andernfalls bedeutet Training in Zone 3 eher verschwendete Trainingszeit – oder noch schlimmer sogar einen Rückschlag. Es bietet Ihnen nicht den aeroben Nutzen von Trainingseinheiten in den Zonen 1 und 2, hinterlässt aber ein Maß an Erschöpfung, das verhindert, dass Sie an Ihren zwei harten Tagen in der Woche ein hochwertiges Training absolvieren können.

Je näher der Tag des Rennens rückt, desto ähnlicher sollte Ihr Training Ihrem A-Wettkampf werden. Das bedeutet nicht, dass Sie bei jeder sich bietenden Gelegenheit wie im Rennen schwimmen, Rad fahren oder laufen sollten. Es bedeutet jedoch, dass Sie Abschnitte Ihrer Einheiten mit Wettkampfintensität absolvieren sollten – aber nur in der Aufbau-, Höchstleistungs- und Wettkampfphase in den Wochen, die dem Rennen vorangehen. In der Grundlagenphase, also einige Monate vor dem A-Wettkampf, ist das Training nicht mit diesem vergleichbar (z. B. werden Sie im Wettkampf keine Gewichte heben). Am Anschluss an die Aufbauphase sollten Sie ein paar Wochen mit reduziertem Training direkt vor dem Rennen einplanen (Höchstleistungs- und Wettkampfphase). Auf diese Weise wird die Müdigkeit beseitigt, so dass Sie am Wettkampftag in »Form« kommen.

Unternehmen Sie die geringste Menge an Training, mit der Sie das gewünschte Resultat erreichen. Wenn Sie zum Beispiel für einen Triathlon über die Sprintdistanz trainieren, gibt es keinen Grund, zweistündige Lauf-Einheiten zu absolvieren. Mehr zu tun als nötig, ist ein sicherer Weg, um am Ende ausgebrannt, verletzt, krank oder übertrainiert zu enden. Hüten Sie sich vor dem Drang, nach exzessivem Training zu gieren.

Jede dritte oder vierte Woche sollten Sie eine längere Pause vom ernsthaften Training einlegen. Das bedeutet in der Regel Ruhe und Regeneration an drei bis fünf aufeinanderfolgenden Tagen. Dies ist eine gute Gelegenheit, einen Tag frei zu nehmen und ansonsten kurz und locker zu trainieren. Eines der besten Hilfsmittel, um festzustellen, wann Sie eine Trainingspause brauchen, ist die Messung der Herzfrequenzvariabilität. Ich empfehle sehr, dieses Instrument zu nutzen, um laufend Ihre Trainingsbereitschaft zu beurteilen.

LEKTION 2: TRAINIEREN SIE IHRE BEGRENZER

Alle Athleten haben Begrenzer, die sie daran hindern, bessere Wettkampfergebnisse zu erzielen. Im Laufe dieses Buches habe ich versucht, Ihnen zu vermitteln, wie man sie erkennt und verbessert. Das Hauptaugenmerk Ihres Trainings sollte darauf liegen, diese Begrenzer zu »beheben« (während Sie zugleich Ihre Stärken aufrechterhalten). Begrenzer können körperlicher oder mentaler Natur sein. Ein Begrenzer könnte zum Beispiel eine der drei Teildisziplinen sein. In der Tat gibt es keinen Zweifel daran, dass dies bei Ihnen wie letztlich bei allen Triathleten der Fall ist. Man kann nicht in allem richtig gut sein. Welche ist Ihre schwächste Sportart? Wenn es das Radfahren ist, gilt es, umgehend und fortan kontinuierlich an diesem Schwachpunkt zu arbeiten, da der Rad-Abschnitt eines Triathlons in der Regel etwa die Hälfte der Gesamtzeit ausmacht. Beginnen Sie damit, diese Schwäche zu beheben, indem Sie ein professionelles Bikefitting vornehmen lassen. Der nächste Schritt besteht darin, mehr Zeit auf dem Rad zu verbringen. Bei den anderen beiden Sportarten besteht, wenn eine oder beide von ihnen einen Begrenzer für Sie darstellen, die Korrektur ebenfalls darin, dass Sie mehr Zeit mit dieser Sportart verbringen. Beim Laufen müssen Sie mit dieser Empfehlung allerdings etwas vorsichtig sein, da das Verletzungsrisiko mit zunehmenden Lauf-Umfängen steigt. Seien Sie also vorsichtig. Wenn das Schwimmen eine Begrenzer-Sportart ist, liegt die Lösung fast immer in der Verbesserung der Schwimmtechnik. Wenn dies bei Ihnen der Fall sein sollte, lesen Sie noch einmal den Abschnitt »Schwimmtechnik« in Kapitel 12 – und hören Sie auf, Intervalle und Beinschlag-Übungen zu machen, bis Sie Ihre Bahnen dank verbesserter Technik spürbar schneller schwimmen können.

Wie also können Sie messen, inwieweit Sie Fortschritte bei Ihren Begrenzern machen? Die besten Indikatoren, in der Reihenfolge ihrer Wichtigkeit, sind Wettkämpfe (vor allem Wettkämpfe, an denen Sie in der Vergangenheit bereits einmal teilgenommen haben), Labortests (z. B. für die Laktatschwelle) und Feldtests (funktionale Schwellenleistung oder -pace). Gehen Sie diese Tests wie ein Rennen der Priorität B an, indem Sie Ihr Trainingspensum im Vorfeld drei Tage lang reduzieren (die Hälfte des üblichen Umfangs und keine Intensitäten oberhalb von Zone 2). Seien Sie sich bewusst, dass es nicht ungewöhnlich ist, sechs Wochen oder länger keine oder nur geringe Verbesserungen der Fitness und Leistungen feststellen zu können. Ihr Körper wird zwar täglich fitter, aber die Veränderungen sind so gering, dass sie erst nach mehreren Wochen messbar werden. Deshalb ist Training immer auch eine Art Glaubensakt.

LEKTION 3: TRAINIEREN SIE KONSISTENT

Sie müssen sich darüber im Klaren sein, dass es bei Begrenzern nicht immer nur um Ihre Physiologie geht. Es gibt viele andere Faktoren, die Sie behindern können, die nicht physischer Natur sind. Die häufigsten sind eine geringe Trainingsmotivation, die zu inkonsistentem Training führt, ein Lebensstil, der von Schlafmangel oder einer Ernährung mit Junk-Food geprägt ist, ein sehr stressiges Leben aufgrund beruflicher oder sonstiger Verpflichtungen und ein Wohnort, der mit schlechten Wetterbedingungen, unvorteilhaftem Terrain oder anderen unkontrollierbaren Einschränkungen verbunden ist, die das Training erschweren. Es gibt aber noch etliche andere solcher Faktoren – zu viele, um sie hier alle aufzählen zu können.

Lassen Sie uns bei der Betrachtung der Begrenzer einen Schritt zurückgehen, um einen ganz bestimmten Aspekt aus der oben aufgeführten Liste häufiger Restriktionen anzusprechen. Im Training für individuelle Höchstleistungen gibt es nichts Wichtigeres als Beständigkeit. Es ist besser, falsch ausgewählte Trainingseinheiten zu absolvieren, die aber mit Konsistenz umgesetzt werden, als die richtigen Trainingseinheiten nur inkonsistent durchzuführen.

Alles, was Ihr Körper weiß, ist, was Sie am meisten getan haben. Wenn Sie Tag für Tag trainiert haben und nur wenige Trainingseinheiten ausgelassen haben, dann wird er entsprechend reagieren, wenn Sie an der Startlinie stehen. Wenn Sie jedoch häufig Trainingseinheiten ausgelassen haben, ist Ihr Körper nicht auf die Anstrengung vorbereitet, die auf ihn zukommt – ganz gleich, wie intelligent Sie trainiert haben. Suchen Sie immer nach einer Möglichkeit, das geplante Training irgendwie unterzubringen. Machen Sie dafür nur keine Abstriche bei Ihrer Familie oder Ihrem Beruf. Natürlich wird jeder von Zeit zu Zeit mal eine Trainingseinheit ausfallen lassen. Das ist ganz normal, selbst für Profis.

Wie beständig Sie sind, hängt oft davon ab, wie realistisch Ihr Ziel ist und wie engagiert Sie es verfolgen. Wenn Sie zu oft Trainingseinheiten ausfallen lassen, stellen Sie sich selbst die Frage: Habe ich mir mehr aufgebürdet, als ich tatsächlich stemmen kann? Ist ein Ironman für mich womöglich in dieser Saison unerreichbar? Ist die Qualifikation für die Nationalmannschaft angesichts meiner familiären und beruflichen Verpflichtungen ein realistisches Ziel? Sollte ich mich dieses Jahr nur auf einen A-Wettkampf konzentrieren statt auf drei? Seien Sie ehrlich zu sich selbst. Wenn man sich zu viel vornimmt, wie es bei Sportlern häufig der Fall ist, führt dies zu inkonsistentem Training und schlechten Leistungen.

LEKTION 4. TRAINIEREN SIE MIT BEHARRLICHKEIT UND GEDULD

Sobald Sie sich für ein für Sie sinnvolles Saisonziel entschieden haben, bestehen die beiden nächstwichtigsten Eigenschaften eines konsistenten Sportlers in Beharrlichkeit und Geduld. Beharrlichkeit bedeutet, dass Sie sich Ihrem Ziel voll und ganz verschreiben. Das Ziel sollte immer im Vordergrund stehen, wenn Sie an Ihr Training denken. *Warum mache ich das alles? Ist es das, was ich wirklich will? Mache ich die richtigen Dinge?*

Wenn Sie sich bei den Antworten auf diese Fragen nicht ganz sicher sind, wird Ihre Vorbereitung inkonsistent sein. Es ist in diesem Fall fast vorprogrammiert, dass Sie scheitern. Wenn Sie jedoch auf Ihr Ziel fokussiert bleiben, werden Sie auch zielstrebig trainieren. Sie werden die Zeit finden, Ihre Trainingseinheiten unterzubringen. Das ist Beharrlichkeit.

Dann ist Geduld gefragt. Ein geduldiger Athlet weiß, dass sich der Erfolg nicht über Nacht einstellt. Wenn Sie erwarten, dass Sie am kommenden Morgen erheblich fitter aufwachen als am Tag zuvor, Ihnen aber dann bewusst wird, dass dies nicht der Fall ist, wird Ihre Enttäuschung zu inkonsistentem Training führen. Fitness braucht Zeit. Dies ist etwas, dass Sie langfristig angehen müssen. Signifikante Veränderungen der Fitness werden Sie vielleicht erst nach sechs Wochen bemerken. Seien Sie geduldig.

Wenn Ihr Triathlon-Lebensstil gut mit Ihren familiären und beruflichen Verpflichtungen harmoniert, wenn Sie sich Ihrem sportlichen Ziel voll und ganz verschrieben haben und wenn Sie geduldig und beharrlich trainieren, werden Sie sich konsistent vorbereiten und so Ihre Chancen auf einen erfolgreichen Wettkampf erheblich vergrößern.

LEKTION 5: HALTEN SIE IHRE MOTIVATION AUFRECHT

Wie motiviert sind Sie, was Ihre Trainingseinheiten betrifft? Wenn man sich Tag für Tag antreibt, früh aufzustehen und zu einem langen Lauf aufzubrechen, kann einem das durchaus mal die Lust am Training nehmen. Nachlassender Enthusiasmus wiederum bedeutet inkonsistentes Training. Warum lassen Sie den Lauf nicht einfach ausfallen und bleiben noch eine Stunde im Bett liegen? Ich bin mir sicher, dass Ihnen dieser Gedanke schon einmal gekommen ist und Ihnen auch noch lange nach Beendigung dieses Buches immer mal wieder kommen wird. Das ist ganz normal. Mit Ihnen ist alles in Ordnung. Alle Triathleten machen sich tagtäglich über solche und ähnliche Fragen Gedanken. Manche schaffen es, die kleine Stimme in ihrem Kopf zu überwinden, die ihnen einredet: »Schlaf noch mal ein.« Andere nicht. Motivation ist immer dann am wirkungsvollsten, wenn sie von innen kommt und man einfach aufsteht und losläuft, ohne überhaupt darüber nachgedacht zu haben. Aber was können Sie tun, wenn Sie zur zweiten Gruppe gehören und die innere Motivation fehlt? Ich habe festgestellt, dass es zwei Sachen gibt, die Sportlern helfen, ihrer Motivation Auftrieb zu verschaffen. Die erste ist, einen Trainer zu engagieren. Die zweite ist, sich einen Trainingspartner zu suchen, mit dem man sich frühmorgens zum Laufen trifft. Beides sind externe Motivatoren, die funktionieren. Die erste Option wird Sie etwas Geld kosten. Die zweite ist kostenlos. Beides wird Ihnen helfen, Ihre Motivation aufrechtzuerhalten.

LEKTION 6: HABEN SIE EINEN PLAN

Planung ist das Herzstück von Training und Wettkampf. Die Vorbereitung auf einen Triathlon ist vergleichbar mit einer langen Fahrt in eine weit entfernte Stadt. Wenn Sie noch nie dort waren, müssen Sie sich die Zeit nehmen, Ihre Route sorgfältig zu planen. Wenn Sie den Weg dorthin schon viele Male erfolgreich zurückgelegt haben, ist die Planung einfach – wiederholen Sie einfach das Gleiche wie bei früheren Fahrten. Aber seien Sie auf Änderungen vorbereitet. Unterwegs werden Sie gewiss auf irgendwelche Probleme stoßen. Das bleibt nie aus und könnte bedeuten, dass Sie die ursprünglich geplante Route ändern müssen. Auf solche Hindernisse müssen Sie bei Ihrem Training genauso vorbereitet sein wie auf einer langen Autofahrt. Sie sollten sie sogar erwarten. Im Triathlon gibt es keine Landkarte, auf die Sie schauen können. Aber dieses Buch wird Ihnen, so hoffe ich, als Leitfaden dienen, wie Sie in diesem Sport dorthin kommen, wo Sie hinwollen.

LEKTION 7: ACHTEN SIE AUF DIE KLEINEN DINGE

Sie denken womöglich, dass die Grundlagenphase eher Zeitverschwendung ist. Das ist sie aber keineswegs. Es ist vielmehr die wichtigste Zeit der Saison. Von ihr hängt ab, wie viel Sie in der Aufbau-, Höchstleistungs- und Wettkampfphase erreichen – und wie gut Sie später in der Saison bei den Rennen mit A-Priorität abschneiden. Man kann nie zu viel Grundlagenfitness haben.

Die Reihenfolge, in der Ihr Training stattfindet, scheint trivial zu sein. Das ist sie aber nicht. Zu Beginn der Saison sollten Sie sich auf die Häufigkeit der Trainingseinheiten konzentrieren. Das bedeutet, dass Sie kurze, aber viele Trainingseinheiten absolvieren und so den Umfang in kleinen Häppchen steigern. Das ist der erste Schritt, um sehr früh in der Saison fitter zu werden. Der zweite Schritt ist, den Fokus auf die Dauer zu richten. Sobald sich Ihr Körper an häufige, aber kurze Trainingseinheiten gewöhnt hat, besteht der nächste Schritt darin, die Häufigkeit ein wenig zu reduzieren und gleichzeitig die Dauer einiger Trainingseinheiten zu erhöhen. Dies nimmt üblicherweise mehrere Wochen in Anspruch. Seien Sie geduldig. Wenn Sie beim Schwimmen, Radfahren und Laufen die gewünschte Dauer der Trainingseinheiten erreicht haben, beginnen Sie, die Dauer zu reduzieren und die Intensität zu erhöhen. Die ersten beiden Schritte (Häufigkeit und Dauer) bilden die Grundlagenphase. Auf wettkampfähnlicher Intensität hingegen liegt der Fokus in der Aufbau-, Höchstleistungs- und Wettkampfphase.

Manchmal übersehen wir, dass es andere Menschen in unserem Leben gibt, die vielleicht selbst keine Triathleten oder sogar überhaupt keine Sportler sind, die aber trotzdem zu uns als Vorbild für einen gesunden Lebensstil aufschauen. Was sind die wichtigsten Dinge, die nicht nur zu guten Wettkampfresultaten, sondern auch zu einem langen und gesunden Leben führen? In der Reihenfolge ihrer Bedeutung sind dies: regelmäßige Bewegung, Schlaf und gute Ernährung. Vermitteln Sie dies auch den Menschen, die zu Ihnen aufschauen, seien es Ihr Partner oder Ihre Partnerin, Ihre Kinder, Freunde und Arbeitskollegen. Seien Sie ein gutes Vorbild.

Das Wichtigste an Ihrem Training und Ihrem Leben ist, unabhängig von allem, was ich Ihnen in diesem Buch zu vermitteln versucht habe, dass Sie Spaß daran haben. Wenn Sie das Schwimmen, Radfahren und Laufen wirklich lieben, dürfen Sie sich als erfolgreicher Triathlet betrachten, völlig unabhängig davon, wie gut Ihre Wettkampfzeiten sind. Triathlon ist einfach ein großartiger Lebensstil. Bewahren Sie sich die Freude daran!

ANHANG A: JAHRESTRAININGSPLAN

Sportler ______________________________

Jahresumfang __________________________

Jahr _________________________________

							SCHWIMMEN							RADFAHREN							LAUFEN						
WOCHE	DATUM	WETTKÄMPFE	PRI.	PHASE	UMFANG	KRAFTRAUM	AUSDAUER	KRAFT	SCHNELLIGKEIT	KRAFTAUSDAUER	AEROBE KAPAZITÄT	SCHNELLKRAFT	TESTS	AUSDAUER	KRAFT	SCHNELLIGKEIT	KRAFTAUSDAUER	AEROBE KAPAZITÄT	SCHNELLKRAFT	TESTS	AUSDAUER	KRAFT	SCHNELLIGKEIT	KRAFTAUSDAUER	AEROBE KAPAZITÄT	SCHNELLKRAFT	TESTS
01																											
02																											
03																											
04																											
05																											
06																											
07																											
08																											
09																											
10																											
11																											
12																											
13																											
14																											
15																											
16																											
17																											
18																											
19																											
20																											
21																											
22																											
23																											
24																											
25																											
26																											

Saisonziele

1. ______________________________
2. ______________________________
3. ______________________________

Trainingsvorgaben

1. ______________________________
2. ______________________________
3. ______________________________
4. ______________________________

							SCHWIMMEN							RADFAHREN							LAUFEN						
WOCHE	DATUM	WETTKÄMPFE	PRI.	PHASE	UMFANG	KRAFTRAUM	AUSDAUER	KRAFT	SCHNELLIGKEIT	KRAFTAUSDAUER	AEROBE KAPAZITÄT	SPRINTKRAFT	TESTS	AUSDAUER	KRAFT	SCHNELLIGKEIT	KRAFTAUSDAUER	AEROBE KAPAZITÄT	SPRINTKRAFT	TESTS	AUSDAUER	KRAFT	SCHNELLIGKEIT	KRAFTAUSDAUER	AEROBE KAPAZITÄT	SPRINTKRAFT	TESTS
27																											
28																											
29																											
30																											
31																											
32																											
33																											
34																											
35																											
36																											
37																											
38																											
39																											
40																											
41																											
42																											
43																											
44																											
45																											
46																											
47																											
48																											
49																											
50																											
51																											
52																											

ANHANG B: TRAININGSEINHEITEN SCHWIMMEN

Auf den folgenden Seiten werden einige grundlegende Schwimm-Serien vorgestellt, die sich auf vielfältige Weise kombinieren lassen. Zum Beispiel können Sie nach dem Aufwärmen mit einer Serie für die Schnelligkeit beginnen, anschließend eine Serie für die aerobe Kapazität absolvieren und das Training mit einer Ausdauer-Serie abschließen, bevor Sie ausschwimmen.

Innerhalb einer einzelnen Trainingseinheit lautet die typische Reihenfolge für die Arbeit an den Leistungsfaktoren: Ausdauer (A) und/oder Schnelligkeit (S) zum Aufwärmen, gefolgt von Kraft (K), aerober Kapazität (AK) und Kraftausdauer (KA). Für das Cool-down sind dann üblicherweise A- oder S-Übungen vorzusehen. Falls beispielsweise der Hauptteil der Schwimm-Einheit, also der Teil, der weder Aufwärmen noch Ausschwimmen ist, K- und KA-Serien umfasst, lautet die komplette Reihenfolge für diese Trainingseinheit:

1. Serie: S
2. Serie: K
3. Serie: KA
4. Serie: A

Eine häufige Ausnahme sieht vor, Ausdauer oder Schnelligkeit in den Hauptteil einzubauen, um längere Pausen zwischen belastungsintensiven Serien zu gewährleisten.

Die K-, KA- und AK-Serien gehören grundsätzlich zum Hauptteil der Einheit, wobei ihnen stets ein gründliches Aufwärmen vorausgehen sollte. Beachten Sie, dass dieses lockere Einschwimmen umso länger ausfallen muss, desto belastungsintensiver der Hauptteil der Schwimm-Einheit ist.

Die Intensitäten der meisten der folgenden Serien basieren auf der Pace; Pulsuhren sind beim Schwimmen unpraktisch. Die Pace-Zonen für das Schwimmen können Sie Tabelle 4.2 entnehmen.

Ausdauer

A1: Regeneration

Schwimmen Sie 10 bis 20 Minuten oder mehr gleichmäßig in Pace-Zone 1, wobei Sie sich auf die Technik konzentrieren. Sie können dies auch als Regeneration nach einer Entwicklungs-Einheit im Radfahren oder Laufen absolvieren oder als Cooldown nach einer Schwimm-Einheit.

A2: Ausdauer-Intervalle

Absolvieren Sie über eine Distanz, für die Sie 6 bis 12 Minuten benötigen, Intervalle in Pace-Zone 2. Erholen Sie sich nach jedem einzelnen Durchgang für 10 bis 15 Prozent der Dauer des Belastungsintervalls. Die Gesamtstrecke einer solchen Einheit kann so lang sein wie der Schwimm-Abschnitt Ihres nächsten A- oder B-Wettkampfs. Nähern Sie sich dieser allmählich an. Alternativ können Sie auch regenerieren, indem Sie für 25 oder 50 Meter einen Technik-Drill einstreuen. Beispiel: 4 × 500 Meter à 7:30 Minuten, je 45 Sekunden Regeneration nach jedem Intervall. Oder Sie schwimmen lange und gleichmäßig in Pace-Zone 2, vorzugsweise im Freiwasser.

Tempo

Te1: Tempo-Intervalle

Dies ist eine Einheit für Aufbau-, Höchstleistungs- und Wettkampfphasen, die nur dann zur

Anwendung kommen sollte, wenn Sie sich auf einen Triathlon vorbereiten, bei dem sich die Intensität in Zone 3 bewegt.

Schwimmen Sie 3 bis 7 Intervalle, für die Sie 3 bis 5 Minuten brauchen. Die Intensität sollte sich in Pace-Zone 3 bewegen. Erholen Sie sich nach jedem einzelnen Intervall für etwa 5 bis 10 Prozent der vorhergehenden Belastungsintervallzeit. Die Gesamtintervalldauer einer Einheit sollte zwischen 10 und 20 Minuten betragen. Beispiel: 5 × 200 Meter à 3:00 Minuten, je 15 Sekunden Regeneration nach jedem Intervall.

Kraft

K1: Kraft-Wiederholungen

Anmerkung: Unternehmen Sie diese Einheit nicht, ehe Ihre Schnelligkeit gut entwickelt ist, denn das Verletzungsrisiko ist hoch, sofern Ihre Technik mangelhaft ist.

Absolvieren Sie nach einem gründlichen Aufwärmen mit kurzen, schnellen Wiederholungen (so wie unten unter S1 erläutert) 1 bis 3 Serien mit 3 Wiederholungen à 25 Meter. Tragen Sie dabei ein T-Shirt oder nutzen Sie Paddles bei allen Intervallen, um die Belastung auf die Muskulatur zu erhöhen und somit größere Kraft zu generieren. Ruhen Sie sich nach jedem Intervall ausgiebig (40–60 Sekunden) am Beckenrand verweilend aus. Schwimmen Sie zwischen den Serien 25 oder 50 Meter locker wie oben unter A1 beschrieben. Absolvieren Sie beim ersten Mal nicht mehr als eine Serie mit 3 Intervallen. Erhöhen Sie nach und nach die Anzahl der Serien. Beenden Sie die Einheit beim ersten Anzeichen von Beschwerden. Diese deuten auf mangelhafte Technik hin. Statt die Kraft-Wiederholungen fortzusetzen, absolvieren Sie dann stattdessen die S1-Einheit (siehe unten), um Ihre Technik zu verbessern, bevor Sie zu K1 zurückkehren.

K2: Strömungs-Intervalle im Freiwasser

Schwimmen Sie in einem Fluss, See oder im offenen Meer abwechselnd entgegen und mit der Strömung. Schwimmen Sie die Belastungsintervalle mit beinahe maximaler Anstrengung, ohne aber die Technik zu vernachlässigen, wobei Sie jeweils 8 bis 10 Züge (je Arm) absolvieren. Erholen Sie sich, indem Sie 60 bis 90 Sekunden lang mit der Strömung schwimmen. Absolvieren Sie 3 bis 8 Wiederholungen pro Einheit, die Sie auf jeden Fall nur mit einem Partner oder in einer Gruppe unternehmen sollten. Beispiel: 5 × 8 Züge bei fast maximalem Einsatz gegen die Strömung, dann einminütige Regeneration.

K3: Paddles

Schwimmen Sie eine Übungsserie, außer Aufwärmen oder Ausschwimmen, mit Paddles. Benutzen Sie dabei kleine Paddles, wenn Sie sie zum ersten Mal verwenden. Zudem sollten Sie Paddles anfangs nur für Ausdauer-Einheiten einsetzen und nicht mehr als 10 Prozent der Gesamtdistanz mit diesem Hilfsmittel schwimmen. Im Verlauf mehrerer Wochen gehen Sie dann schrittweise zu größeren Paddles über. Absolvieren Sie auch weiterhin nicht mehr als 50 Prozent einer Einheit mit ihnen. Erhöhen Sie niemals gleichzeitig sowohl die Paddlegröße als auch die Gesamtstrecke, die Sie mit ihnen zurücklegen. Verzichten Sie beim ersten Anzeichen von Schulterbeschwerden auf die Paddles und kehren Sie zum Training für die Schnelligkeit zurück (siehe unten).

Schnelligkeit

Denken Sie daran, dass der Begriff *Schnelligkeit*, so wie er hier verwendet wird, nicht hohe Geschwindigkeit meint, sondern die Fähigkeit, v. a. Ihre Arme schnell, effizient und effektiv zu bewegen. Mehr dazu in Kapitel 12.

S1: Technik-Bahnen

Beginnen Sie, indem Sie im Becken eine Bahn mit lockerer bis moderater Anstrengung schwimmen. Erhöhen Sie auf den anschließenden Bahnen nach und nach den Einsatz, ohne sich jedoch zu verausgaben. Konzentrieren Sie sich auf jeder Bahn auf das HALC-Element, das Sie verbessern möchten: Haltung, Ausrichtung, Länge oder Catch. Denken Sie an nichts anderes. Stoppen Sie nicht Ihre Zeiten; Ihre Konzentration gilt einzig und allein der Technik, nicht Ihrem Einsatz.

Wenn Sie eine Bahn absolviert haben, halten Sie inne und ruhen Sie sich am Beckenrand aus. Gönnen Sie sich lange Erholungspausen. Versuchen Sie nicht, die Pausen zu verkürzen, um Ihre Ausdauer zu verbessern. Es geht einzig und allein um die Technik. Lassen Sie Ihre Gedanken schweifen, wenn Sie am Rand pausieren. Denken Sie an alles Mögliche, nur nicht an Ihre Schwimmleistung. Ihre Atmung sollte sich beruhigt haben, wenn Sie die nächste Bahn angehen.

Wenn Sie bereit sind, die nächste Bahn zu schwimmen, richten Sie Ihr Augenmerk wieder auf das HALC-Element, an dem Sie arbeiten möchten. Schwimmen Sie dann eine weitere Bahn und konzentrieren Sie sich ganz darauf, die korrekten Bewegungen auszuführen. Wie viele Bahnen Sie innerhalb einer Einheit schwimmen, liegt ganz bei Ihnen. Sie können einige wenige Technik-Bahnen im Rahmen des Warm-ups oder Cooldowns absolvieren oder aber ihnen eine komplette Schwimm-Einheit widmen.

S2: Schwimmen mit Hilfsmitteln

Schwimmen Sie eine Übungsserie mit Flossen an den Füßen oder mit einem Pull Buoy zwischen den Oberschenkeln. Solche Trainingsgeräte sind besonders hilfreich zwischen den Belastungsintervallen des Hauptteils einer Schwimm-Einheit, um den Körper anstrengungslos an der Wasseroberfläche zu halten, während Sie sich auf ein ausgewähltes HALC-Element konzentrieren.

Kraftausdauer

KA1: Lange Cruise-Intervalle

Schwimmen Sie Belastungsintervalle über eine Distanz, für die Sie 6 Minuten oder mehr brauchen, wobei die Dauer der Regenerationsintervalle 5 bis 15 Prozent der Dauer der Belastungsintervalle betragen sollte. Verringern Sie mit zunehmender Fitness schrittweise die Dauer der Regenerationsintervalle. Die Intensität bewegt sich in den Pace-Zonen 4 bis 5a. Die Gesamtstrecke der Belastungsintervalle einer solchen Serie kann im Laufe mehrerer Wochen allmählich bis auf die Schwimmdistanz Ihres nächsten A- oder B-Wettkampfs gesteigert werden. Beispiel: 5 × 400 Meter à 6:00 Minuten, zwischendurch je 40 Sekunden Regeneration.

KA2: Kurze Cruise-Intervalle

Schwimmen Sie Intervalle, für die Sie je 3 bis 5 Minuten brauchen. Die Intensität liegt in Pace-Zone 4. Erholen Sie sich nach jedem Durchgang für etwa 5 bis 10 Prozent der Dauer des vorhergehenden Belastungsintervalls. Die Gesamtintervallstrecke einer KA2-Einheit kann allmählich bis auf die Distanz des Schwimm-Abschnitts Ihres nächsten A- oder B-Wettkampfs gesteigert werden. Beispiel: 8 x 200 Meter à 3:00 Minuten, jeweils 10 Sekunden Regeneration.

KA3: Schwellentraining

Schwimmen Sie 12 bis 20 Minuten ununterbrochen in Pace-Zone 4. Beispiel: 1.200 Meter in 18:00 Minuten.

Aerobe Kapazität

AK1: VO_2max-Intervalle

Absolvieren Sie Belastungsintervalle von 2 bis 3 Minuten Dauer und legen Sie zwischendurch Regenerationspausen ein, die etwa 10 bis 25 Prozent der Belastungsintervallzeit betragen. Die Intensität liegt in Pace-Zone 5b. Diese Einheit wird sukzessive Ihre aerobe Kapazität verbessern. Achten Sie unbedingt darauf, dass Ihre Technik nicht nachlässt. Die Dauer der Regenerationsintervalle kann während der Aufbauphase, wenn sich die Fitness verbessert, schrittweise auf 10 Prozent der Belastungsintervalldauer reduziert werden. Beispiel: 5 × 200 Meter à 2:40 Minuten, jeweils 20 Sekunden Regeneration.

AK2: Maximal-Intervalle

Schwimmen Sie 1 bis 4 Intervalle von 30 bis 60 Sekunden Dauer in Pace-Zone 5b. Legen Sie zwischendurch Erholungspausen von mindestens ebensolcher Dauer ein, um vor dem nächsten Intervall vollständig zu regenerieren. Die Regenerationsintervalle dürfen im Laufe der Serie auch sukzessive länger werden. Ganz wichtig: Konzentrieren Sie sich in jedem Belastungsintervall darauf, alle vier HALC-Elemente (Haltung, Ausrichtung, Länge und Catch) gut umzusetzen. Eine solche Serie ist insbesondere in der späten Aufbauphase sowie in der Höchstleistungs- und Wettkampfphase nützlich, wenn Sie sich auf einen Schwimm-Abschnitt vorbereiten, den Sie voraussichtlich sehr schnell angehen werden. Die Gesamtdauer der Belastungsintervalle für eine AK2-Schwimm-Serie beträgt unter 4 Minuten. Beispiel: 3 × 50 Meter à 35 Sekunden, jeweils 55 Sekunden Regeneration.

Tests

T1: Kilometer auf Raten

Schwimmen Sie nach einem normalen Aufwärmen 10 × 100 Meter bei maximaler Leistung mit Regenerationspausen von jeweils 10 Sekunden. Stoppen Sie die Zeit der gesamten Einheit – inklusive der Regenerationsintervalle – vom Beginn der ersten 100 Meter bis zum Ende der letzten. Ziehen Sie 90 Sekunden (für die Regenerationsintervalle) ab, und Sie erhalten Ihr Testergebnis. Diesen Test können Sie am Ende jedes vierwöchigen Trainingszyklus absolvieren, um Ihre Fortschritte zu beurteilen.

T2: Pace an der funktionalen Schwelle

Beginnen Sie mit einem Warm-up. Schwimmen Sie z. B. die ersten 50 Meter »locker« (RPE 1–3) und die zweiten 50 Meter »ein wenig hart« (RPE 4–5). Ruhen Sie sich 30 Sekunden am Beckenrand aus. Schwimmen Sie dann 4 × 200 Meter, wobei Sie jeweils alle 50 Meter die Intensität erhöhen (»locker«, »ein wenig hart«, »hart«, »wirklich hart«). Ruhen Sie sich zwischen den 200ern für 10 Sekunden am Beckenrand aus. Nach den letzten 50 Metern beträgt die Erholungspause rund 30 Sekunden, bevor dann der 1.000-Meter-Test wie folgt beschrieben beginnt:

Schwimmen Sie 1.000 Meter bei Wettkampfleistung. Achten Sie darauf, eine gute Technik beizubehalten. Denken Sie daran, dass die meisten Sportler zu schnell loszulegen und dann gegen Ende signifikant nachlassen. Halten Sie sich stattdessen lieber anfangs zurück und versuchen Sie, ein schnelles Finish hinzubekommen. Stoppen Sie die benötigte Zeit und tragen Sie sie in Ihr Trainingstagebuch ein, um Ihre Fortschritte zu beurteilen. Legen Sie anhand der Zeit in diesem Test Ihre Pace-Zonen im Schwimmen für die nächste Trainingsphase fest (siehe Tabelle 4.2). Sie können diesen Test am Ende jeder Regenerationsphase absolvieren.

ANHANG C: TRAININGSEINHEITEN RADFAHREN

Die folgenden grundlegenden Rad-Einheiten für Triathleten sind nach den fünf relevanten, in Kapitel 6 beschriebenen Leistungsfaktoren eingeteilt: Ausdauer (A), Kraft (K), Schnelligkeit (S), Kraftausdauer (KA) und aerobe Kapazität (AK). Sie können auch Teile der vorgestellten Einheiten neu kombinieren und auf diese Weise eigene Trainingsformen gestalten, die auf Ihre individuellen Bedürfnisse zugeschnitten sind und gegebenenfalls unterschiedliche Fähigkeiten ansprechen. Mehrere Leistungsfaktoren in einer Rad-Einheit zu verschmelzen, ist eine insbesondere in der Aufbauphase der Saison übliche Vorgehensweise (mehr zur Periodisierung des Trainings siehe Kapitel 7 und 8).

Den Trainingseinheiten für Kraft, Kraftausdauer und aerobe Kapazität sollte jeweils ein gründliches Aufwärmen vorausgehen. Ein Warm-up für eine Rad-Einheit dauert mindestens 20 Minuten und kann bis zu einer Stunde dauern, je nach Gesamtdauer der Einheit und Ihrer Fähigkeit, ein hohes Pensum zu verkraften. Steigern Sie die Intensität schrittweise bis in Zone 2 während der ersten Hälfte des Warmfahrens. Lassen Sie dann kurze (10 bis 30 Sekunden lange) Beschleunigungen mit der Intensität des Haupt-Workouts einfließen, wobei die Regenerationspausen dazwischen lang und locker ausfallen. Gehen Sie K-, KA- und AK-Intervalle grundsätzlich im Hauptteil der Einheit an, also dem Abschnitt zwischen Warm-up und Cool-down. Denken Sie daran, dass Sie sich umso länger warmfahren sollten, je belastungsintensiver der Hauptteil der Einheit ist.

Die Beschreibung der Intensitäten erfolgt bei den Rad-Einheiten nach Watt und Herzfrequenz. Orientieren Sie sich an Tabelle 4.1 für die entsprechenden Rad-Trainingszonen nach Herzfrequenz und Watt. Beachten Sie, dass die Zonen nach Herzfrequenz und Watt nicht immer übereinstimmen. Lesen Sie sich dazu noch einmal den Abschnitt »Abstimmung der Zonen« in Kapitel 4 durch, wo die Beziehung der beiden detaillierter erörtert wird. Falls Sie beide Geräte besitzen, benutzen Sie ein Powermeter zur Messung der erbrachten Leistung und die Pulsuhr, um die Anstrengung zu erfassen. Für die meisten Rad-Einheiten ist ein Leistungsmessgerät besser geeignet, um die Intensität zu bestimmen. Es gibt ein paar Ausnahmen, die unten beschrieben werden.

Ausdauer

A1: Regeneration

Absolvieren Sie diese Einheit auf einer flachen Strecke, wobei Sie das kleine Kettenblatt und eine angenehm hohe Kadenz benutzen und in Herzfrequenz-Zone 1 fahren. Alternativ können Sie auch einen Ergometer oder Rollentrainer verwenden, falls es in Ihrer Umgebung an flachen Straßen mangelt. Andere Möglichkeiten für die Regeneration in der Vorbereitungs- und frühen Grundlagenphase sind u. a. Ausgleichssportarten wie Skilanglauf auf relativ flacher Strecke oder diverse Übungen an Geräten im Fitnessstudio. Beachten Sie, dass Ihre Herzfrequenz-Zonen bei solchen Aktivitäten vermutlich nicht die gleichen sind wie auf dem Rad. Nutzen Sie die RPE (siehe Tabelle 4.1) zur Abschätzung der Intensität.

Bei erfahrenen Athleten beschleunigt ein wenig leichtes Training in der Regel die Regeneration, Anfänger hingegen haben mehr davon, sich vollkommene Ruhe zu gönnen. Regenerations-Einheiten sind im Jahrestrainingsplan nicht berücksichtigt, bilden aber die ganze Saison über einen wichtigen Bestandteil des Trainings.

A2: Ausdauer

Ein wichtiger Zweck dieser Einheit ist es, die aerobe Fitness zu steigern, indem man die Fähigkeit des Körpers verbessert, Sauerstoff für die Produktion von Energie in den Muskeln bereitzustellen und zu nutzen. Es ist die bedeutendste Trainingseinheit Ihrer gesamten Vorbereitung und sollte häufiger absolviert werden als jede andere Einheit (mit Ausnahme unter Umständen der oben vorgestellten A1-Einheit). Sie macht außerdem einen Großteil der Warm-ups für die Einheiten höherer Intensität aus. Nutzen Sie bei A2-Einheiten ein Herzfrequenzmessgerät zur Einschätzung der Intensität. Tabelle 4.1 hilft Ihnen, Ihre Zone 2 zu bestimmen, also den Herzfrequenzbereich für A2-Einheiten.

Fahren Sie, nachdem Sie sich gründlich aufgewärmt haben, mit Ausdauer-Herzfrequenz auf einer flachen oder leicht welligen Strecke oder auf einem Indoor-Trainer. Die Dauer des Ausdauer-Abschnitts hängt von der Länge Ihres Wettkampfs ab. Für Triathlons über die Sprint- und Olympische Distanz sind es 1 bis 1,5 Stunden, für die Mitteldistanz 2 bis 2,5 Stunden, für einen Ironman 3 bis 4 Stunden. Falls Sie ein Powermeter benutzen, teilen Sie nach Beendigung der Einheit Ihre normalisierte Leistung im Abschnitt mit Ausdauer-Intensität durch Ihre durchschnittliche Herzfrequenz im gleichen Abschnitt. So erhalten Sie Ihren Effizienz-Faktor (EF) für diese Einheit. Ein allmählicher Anstieg des EF zeigt an, dass Ihre aerobe Ausdauer sich verbessert. Beachten Sie, dass dieser Anstieg in der Regel nicht linear verläuft, sondern sich über mehrere Wochen mit zunehmender Fitness sprunghaft vollzieht.

Tempo

Te3: Tempo-Ausdauer

Dies ist eine Einheit für Aufbau-, Höchstleistungs- und Wettkampfphasen, die nur dann zur Anwendung kommen sollte, wenn Sie sich auf einen Triathlon vorbereiten, bei dem sich die Intensität beim Rad-Abschnitt in Zone 3 bewegt.

Fahren Sie nach dem Aufwärmen eine Stunde oder mehr auf einem weitgehend flachen Kurs, der jenem Ihres Wettkampfs ähnelt. Halten Sie die Intensität überwiegend in Herzfrequenz-Zone 3. Bleiben Sie auch bergauf so weit es geht im Sattel sitzen. Sie können diese Trainingsform auch auf einem Indoor-Trainer absolvieren, indem Sie regelmäßig schalten, um den Widerstand zu erhöhen und Anstiege zu simulieren. Eine gängige Variante dieser Einheit besteht darin, direkt im Anschluss 15 bis 20 Minuten zu laufen.

Kraft

K1: Kraft-Wiederholungen

Dies ist eine Intervall-Einheit mit 1 bis 3 Serien à 3 Wiederholungen. Das heißt 3 bis 9 Wiederholungen innerhalb jeder Einheit. Wärmen Sie sich wie vor allen belastungsintensiven Trainingsformen gründlich auf, bevor Sie die Wiederholungen angehen. Absolvieren Sie diese Einheit nicht mehr als ein Mal pro Woche. Unternehmen Sie keine Kraft-Wiederholungen, falls Sie Knieprobleme haben. Die Einheit funktioniert folgendermaßen:

- Suchen Sie einen kurzen Anstieg (ca. 30 bis 50 Meter) mit 6 bis 8 Prozent Steigung auf. Es sollte wenig Verkehr herrschen.
- Wählen Sie für jede Wiederholung eine große Übersetzung aus, z. B. 53×16 oder 50×16. Je kräftiger Sie sind, desto größer und

anspruchsvoller darf die Übersetzung sein. Der gewählte Gang sollte groß genug sein, dass Ihre höchste Kadenz am Ende einer Wiederholung weniger als 50 RPM beträgt. Auch die Steigung spielt eine Rolle für die Wahl der Übersetzung. Sie werden beim ersten Mal also ein wenig herumprobieren müssen. Wählen Sie im Zweifel zunächst lieber einen kleineren (leichteren) Gang.

- → Rollen Sie in diesem hohen (schweren) Gang an den Fuß des gewählten Anstiegs, bis Sie fast komplett zum Stillstand kommen. Achten Sie gut darauf, dass Sie die Balance halten.
- → Bleiben Sie im Sattel, wenn Sie den Anstieg hinauffahren. Wechseln Sie nicht in den Wiegetritt. Treten Sie 5 bis 10 Zyklen lang mit maximalem Einsatz in die Pedale. Ein Zyklus bedeutet jeweils eine volle Pedalumdrehung, zählen Sie also beispielsweise acht Tritte mit dem rechten Fuß. Wechseln Sie bei den folgenden Wiederholungen jeweils den Fuß, den Sie zählen, denn vermutlich treten Sie instinktiv kräftiger mit dem »gezählten« Fuß.
- → Schalten Sie nach jeder Wiederholung in einen kleineren Gang und kurbeln Sie 3 bis 5 Minuten locker, um sich zu erholen. Verkürzen Sie nicht die Pausen zwischen den Wiederholungen, denn dies würde den Zweck der Übung – die Kraftentwicklung – beeinträchtigen. Achten Sie darauf, dass Ihre Beine sich erholt haben, bevor Sie die nächste Wiederholung angehen.
- → Wiederholen Sie das Ganze zwei weitere Male, so dass Sie auf insgesamt 3 Wiederholungen kommen. Das entspricht einer Serie. Wenn Sie eine zweite Serie unternehmen wollen (belassen Sie es beim ersten Mal noch bei einer), rollen Sie nach jeder beendeten Dreier-Serie mit lockerem Tritt 5 bis 10 Minuten lang aus, um eine vollständige Regeneration zu gewährleisten. Achten Sie darauf, wie sich Ihre Knie nach jeder Wiederholung anfühlen. Dies ist eine Trainingsform, die mit hohem Risiko einhergeht. Beenden Sie die Einheit beim ersten Anzeichen von Kniebeschwerden. Machen Sie nicht weiter, auch wenn es nur leichte Schmerzen sind.
- → Die einzige Messgröße der Intensität bei dieser Einheit ist die Leistung in Watt, nicht die Herzfrequenz. Ihr Ziel sollte es sein, bei jeder Wiederholung eine möglichst hohe Wattzahl zu treten.

K2: Hüglige Ausfahrt

Wählen Sie eine Strecke mit mehreren moderaten Anstiegen mit weniger als 6 Prozent Steigung, für die Sie 2 bis 5 Minuten benötigen. Bleiben Sie an den Anstiegen im Sattel sitzen, treten Sie aus der Hüfte. Das bedeutet minimale bzw. gar keine Bewegungen des Oberkörpers. Die Kadenz an den Anstiegen beträgt 60 RPM oder mehr.

Steigern Sie die Intensität an jedem Anstieg bis in die Watt-Trainingszonen 4 oder 5. Rollen Sie gegen Ende der Strecke in den Zonen 1 und 2 aus. Die bevorzugte Messgröße der Intensität bei dieser Trainingsform ist die Leistung in Watt, falls Sie aber nur ein Herzfrequenzmessgerät benutzen, versuchen Sie, an den Anstiegen Zone 4 zu erreichen. Um auf einem Indoor-Trainer Anstiege zu simulieren, verwenden Sie 12 bis 18 cm hohe Blöcke, die Sie unter dem Vorderrad platzieren, und wählen Sie große Übersetzungen und Widerstände, die für eine geringe Kadenz sorgen. Absolvieren Sie diese Einheit nicht mehr als ein Mal die Woche und verzichten Sie auf diese Trainingsform, wenn Sie anfällig für Knieverletzungen sind.

K3: Wiederholungen am Berg

Absolvieren Sie an einem Anstieg mit 6 bis 8 Prozent Steigung, für den Sie 30 bis 60 Sekunden benötigen, 3 bis 8 Wiederholungen. Die Regenerationspausen dazwischen sollten 2 bis 4 Minuten dauern. Bleiben Sie am Anstieg in Watt-Zone 5. Die Herzfrequenz kann gegen Ende der Anstiege in Zone 5a und 5b steigen, bewegt sich aber meist in den Zonen 3 und 4, auch wenn die Wattzahlen die gleichen sein mögen. Zur Regeneration rollen Sie an den Fuß des Anstiegs zurück, bevor Sie die nächste Wiederholung beginnen. Bergauf sollten Sie im Sitzen fahren und mit minimalen Bewegungen des Oberkörpers am Oberlenker greifen. Halten Sie eine Kadenz von 60 bis 70 RPM aufrecht. Beenden Sie die Einheit, wenn Ihre Knie anfangen zu schmerzen. Absolvieren Sie diese Einheit nicht mehr als ein Mal in der Woche. Bei Anfälligkeit für Knieverletzungen sollten Sie komplett auf K3-Einheiten verzichten.

Schnelligkeit

S1: Spin-ups

Auf einer flachen bzw. leicht abschüssigen Strecke bzw. auf einem Indoor-Trainer mit geringem Widerstand steigern Sie Ihre Kadenz im Laufe einer Minute schrittweise bis zum Maximum – also bis zu jener Kadenz, die Sie noch rund treten können. Sorgen Sie dafür, dass Ihre Beine und Füße während des Ansteigens der Trittfrequenz entspannt bleiben, insbesondere die Zehen. Treten Sie so lange mit maximaler Kadenz, wie Sie können. Anschließend regenerieren Sie mindestens drei Minuten lang und wiederholen die Übung mehrfach. Diese Einheit funktioniert am besten mit einem Radcomputer, der auch Ihre Trittfrequenz anzeigt. Puls und Wattzahlen hingegen haben für diese Übung keinerlei Bedeutung. Es geht darum, die Effizienz Ihrer Pedalierbewegung zu verbessern, was durch eine gesteigerte Maximalkadenz zum Ausdruck kommt.

S2: Einbeiniges Fahren

Auf einer flachen bzw. leicht abschüssigen Strecke bzw. auf einem Indoor-Trainer mit geringem Widerstand verlagern Sie 90 Prozent der Trittleistung auf ein Bein, während das andere einfach nur mitkurbelt. Wenn Sie einen Indoor-Trainer benutzen, können Sie den zweiten Fuß auch einfach auf einen Stuhl stellen, während der andere tritt. Bewegen Sie die Pedale mit hoher Kadenz. Wechseln Sie das Bein, sobald erste Anzeichen von Erschöpfung spürbar sind. Konzentrieren Sie sich darauf, die Totpunkte am obersten und untersten Punkt der Pedalumdrehung zu eliminieren. Herzfrequenz und Wattzahlen spielen keine Rolle.

Kraftausdauer

KA1: Cruise-Intervalle

Auf einem relativ flachen Kurs oder einem Indoor-Trainer absolvieren Sie 3 bis 5 Belastungsintervalle von 6 bis 12 Minuten Dauer. Jedes dieser Intervalle wird in Zone 4 absolviert. Die bevorzugte Messgröße der Intensität ist die Leistung in Watt, aber auch die Herzfrequenz ist möglich. Wenn Sie mit einer Pulsuhr trainieren, beginnen die Belastungsintervalle in dem Moment, in dem Sie anfangen, mit hohem Druck zu treten – nicht erst in dem Moment, wenn auch Ihre Herzfrequenz Zone 4 erreicht hat. In dieser Phase ansteigender Herzfrequenz sollte die Intensität einer 6 bis 7 auf der Skala der empfundenen Anstrengung von 1 bis 10 entsprechen (mehr zur RPE-Skala siehe Tabelle 4.1). Regenerieren Sie für etwa ein Viertel der Dauer der vorangegangenen Belastung mit lockerem Tritt in Zone 1. Nach einem 6-minütigen Intervall z. B. regenerieren Sie 90 Sekunden lang. Bei der ersten KA1-Rad-Einheit in der neuen Saison sollte die

Dauer der Belastungsintervalle insgesamt nicht mehr als 12 Minuten betragen (z. B. 2 × 6 Minuten). Steigern Sie die Gesamtdauer der Belastungsintervalle im Laufe mehrerer Wochen schrittweise bis auf 30 bis 50 Minuten (z. B. 5 × 6 oder 4 × 12 Minuten). Achten Sie darauf, dass Sie entspannt und aerodynamisch bleiben, und verfolgen Sie aufmerksam Ihre Atmung. Die Intervall-Intensität ähnelt jener in einem Triathlon über die Olympische Distanz. Wählen Sie die Kadenz ähnlich wie in einem solchen Wettkampf. Eine Variante dieser Einheit, die Ihren Kraftgrundlagen zugute kommt, besteht darin, gelegentlich zwischen Ihrer »normalen« und einer größeren Übersetzung zu schalten, die Sie mit geringerer Kadenz treten.

KA2: Cruise-Intervalle am Berg

Diese Einheit läuft genau wie KA1 ab, außer dass Sie sie nun an Anstiegen mit 2 bis 4 Prozent Steigung oder gegen den Wind absolvieren. Wählen Sie einen Anstieg mit wenig Verkehr und ohne Stoppschilder. Wie bei KA1 ist ein Powermeter wünschenswert, um die Intensität zu messen, während Sie in Trainingszone 4 fahren, aber auch eine Pulsuhr kann verwendet werden. Falls Sie nur mit einer Pulsuhr trainieren, beginnen die Belastungsintervalle in dem Moment, in dem Sie anfangen, mit hohem Druck zu treten – nicht erst in dem Moment, wenn auch Ihre Herzfrequenz die Zone 4 erreicht hat. Es kann sein, dass Sie Trainingszone 4 im ersten und vielleicht auch im zweiten Intervall nicht erreichen. Das ist ganz normal. In dieser Phase ansteigender Herzfrequenz sollte die Intensität einer 6 bis 7 auf der Skala der empfundenen Anstrengung von 1 bis 10 entsprechen (mehr zur RPE-Skala siehe Tabelle 4.1). Bleiben Sie an jedem Anstieg in der Aero-Position und achten Sie auf einen runden Tritt und minimale Bewegung des Oberkörpers. Erholen Sie sich nach jedem Anstieg, indem Sie kehrtmachen und in Zone 1 an den Fuß des Hügels zurückfahren. Dies bedeutet, dass die Regenerationsintervalle länger ausfallen als bei KA1-Intervallen, jedoch bei etwas höherer Intensität der Belastungsintervalle und etwas größerem Nutzen für die Kraftausdauer. Eine Variante dieser Einheit, die Ihren Kraftgrundlagen zugute kommt, besteht darin, gelegentlich zwischen Ihrer »normalen« und einer größeren Übersetzung zu schalten, die Sie mit geringerer Kadenz treten. Achten Sie darauf, dabei in Trainingszone 4 zu bleiben.

KA3: Schwellenkreuzen

Diese Einheit ähnelt KA1, ist aber ein wenig anspruchsvoller. Absolvieren Sie auf einem weitgehend flachen Kurs mit wenig Verkehr und ohne Stoppschilder – oder alternativ auf einem Indoor-Trainer – 3 bis 5 Intervalle von 4 bis 8 Minuten Dauer in Herzfrequenz- oder Watt-Trainingszone 4. Regenerieren Sie nach jedem Intervall für 25 Prozent der Dauer der vorangegangenen Belastung. Die Gesamtdauer der Belastungsintervalle in einer Einheit kann 12 bis 25 Minuten betragen (z. B. 3 × 4 Minuten oder 5 × 5 Minuten). Steigern Sie während jedes Belastungsintervalls die Übersetzung oder Kadenz, um sich allmählich, im Laufe von etwa 1 bis 2 Minuten, an den oberen Rand von Zone 4 (nach Watt) zu steigern. Vermindern Sie dann allmählich die Intensität, indem Sie in einen kleineren Gang schalten oder die Kadenz verringern, so dass Sie langsam, wiederum innerhalb von 1 bis 2 Minuten, in den unteren Bereich von Zone 4 zurückkehren. Folgen Sie diesem Muster in jedem einzelnen Intervall. Die bevorzugte Messgröße der Intensität ist die Leistung in Watt, aber auch die Herzfrequenz ist möglich. Falls Sie nur mit einer Pulsuhr trainieren, beginnen die Belastungsintervalle in dem Moment, in dem Sie anfangen, mit hohem Druck zu treten – nicht erst in dem Moment, wenn auch Ihre Herzfrequenz Zone 4 erreicht hat. Es kann sein, dass Sie Herzfrequenz-Zone 4 im ersten und vielleicht auch im zweiten Intervall nicht erreichen. Das ist ganz normal. In dieser Phase ansteigender Herzfrequenz sollte die Intensität einer 6 bis 8 auf der Skala der empfundenen Anstrengung von 1 bis 10 entsprechen (mehr zur RPE-Skala siehe Kapitel 4).

Dies ist eine fortgeschrittene Trainingsform, die Sie erst dann versuchen sollten, wenn Sie eine KA1-Rad-Einheit mit einer Gesamtintervalldauer von mindestens 30 Minuten absolviert haben. Bei der ersten KA3-Rad-Einheit in der Saison sollten Sie es bei kurzen Intervallen (z. B. 4 Minuten) mit geringer Gesamtintervalldauer (z. B. 12 Minuten) belassen.

KA4: Schwellentraining

Fahren Sie auf einem überwiegend flachen Kurs 20 bis 40 Minuten ohne Unterbrechung in Zone 4. Achten Sie auf gleichbleibendes Tempo und hören Sie auf Ihre Atmung. Unternehmen Sie kein Schwellentraining, bis Sie nicht mindestens vier der anderen, zuvor erläuterten KA-Rad-Einheiten absolviert haben.

Aerobe Kapazität

AK1: VO_2max-Intervalle

Wärmen Sie sich ausgiebig auf und unternehmen Sie auf einer weitgehend flachen Strecke ohne Stoppschilder und großes Verkehrsaufkommen mehrere Belastungsintervalle von jeweils 30 Sekunden bis 4 Minuten Dauer. Regenerieren Sie mit lockerem Tritt in Zone 1 für die Dauer des vorigen Belastungsintervalls. Halbieren Sie mit zunehmender Fitness die Dauer der Regenerationspausen. Beginnen Sie mit etwa 5 Minuten Gesamtintervalldauer innerhalb einer AK1-Einheit (z. B. 10 × 30 Sekunden) und steigern Sie sich, im Verlauf mehrerer Einheiten, bis auf 15 Minuten (z. B. 5 × 3 Minuten). Die Intensität wird vorzugsweise mittels Powermeter bestimmt. Da das Herz mit Verzögerung anspricht, ist eine Pulsuhr eher ungeeignet, um die Intensität zu ermessen. Die gewünschte Intensität ist Watt-Zone 5. Falls Sie kein Powermeter besitzen, zielen Sie bei jedem Intervall auf eine 9 auf der Skala der empfundenen Anstrengung von 1 bis 10 ab (mehr zur RPE siehe Tabelle 4.1). Die Kadenz während der Intervalle liegt im oberen Bereich dessen, was Sie noch bequem treten können.

AK2: Pyramiden-Intervalle

Diese Einheit funktioniert genau wie AK1-Intervalle, nur dass die Dauer der ebenfalls in Watt-Zone 5 absolvierten Belastungsintervalle nach folgendem Muster variiert (in Minuten): 1, 2, 3, 4, 3, 2, 1. Erneut gilt, dass jedes Regenerationsintervall jeweils so lange dauert wie das vorangegangene Belastungsintervall. Nachdem Sie ein paar AK1- oder AK2-Rad-Einheiten absolviert haben, halbieren Sie die Pausen. Regenerieren Sie z. B. nach einem 2-minütigen Belastungsintervall nur noch eine Minute lang in Zone 1. Der Puls ist aufgrund der Verzögerung, mit der das Herz anspricht, und der Kürze der Intervalle keine zuverlässige Messgröße der Intensität. Falls Sie kein Powermeter besitzen, zielen Sie bei jedem Intervall auf eine RPE von 9 auf der Skala von 1 bis 10 ab (mehr zur RPE siehe Tabelle 4.1). Die Kadenz während der Intervalle liegt im oberen Bereich dessen, was Sie noch bequem treten können.

AK3: Berg-Intervalle

Suchen Sie einen relativ steilen Anstieg mit einer Steigung von 6 bis 8 Prozent, wenig Verkehr und keinen Stoppschildern auf, für den Sie 2 bis 3 Minuten benötigen. Absolvieren Sie, nachdem Sie sich gründlich aufgewärmt haben, 5 bis 7 Anstiege in Watt-Zone 5. Die Gesamtintervalldauer der

Einheit sollte 10 bis 15 Minuten betragen (z. B. 7 × 2 Minuten oder 5 × 3 Minuten). Sitzen Sie aufrecht im Sattel, greifen Sie am Oberlenker und treten Sie eine Kadenz von 60 RPM oder mehr. Erholen Sie sich, indem Sie locker den Berg hinabrollen. Beginnen Sie möglichst nach 2 bis 3 Minuten Pause ein neues Intervall (nach einem Anstieg von 2 Minuten z. B. regenerieren Sie 2 Minuten). Dies ist eine sehr schwere Einheit, die Sie am besten nur ein Mal in der Woche unternehmen.

Tests

T1: Funktionale Schwelle

Dieser Test dient dazu, Ihre funktionale Schwellenleistung (FTPo) und Ihre funktionale Schwellenherzfrequenz (FTHR) zu ermitteln. Absolvieren Sie diesen Test nach 3 bis 5 Tagen Ruhe und Regeneration. Suchen Sie einen flachen oder leicht bergan führenden (weniger als 3 Prozent Steigung) Straßenabschnitt mit breiter Radspur, wenig Verkehr, ohne Stoppschilder und mit nur wenig Kreuzungen und Kurven auf. Vermutlich werden Sie etwa 8 bis 16 Kilometer brauchen, je nachdem, wie schnell Sie sind. Ein sicherer Kurs ist ganz wichtig. (Sie können den Test auch auf dem Indoor-Trainer durchführen.) Fahren Sie stets mit erhobenem Kopf, so dass Sie die Straße vor Ihnen im Auge behalten können.

Fahren Sie den T1-Test so, als würden Sie ein 20-minütiges Rennen absolvieren. Halten Sie sich in den ersten 5 Minuten noch etwas zurück (die meisten Sportler gehen zu schnell an). Entscheiden Sie alle 5 Minuten, ob Sie in den folgenden 5 Minuten etwas schneller oder langsamer fahren sollten. Ermitteln Sie nach der Einheit Ihre durchschnittliche Herzfrequenz während des 20-Minuten-Tests. Ziehen Sie 5 Prozent ab und Sie erhalten einen guten Näherungswert Ihrer FTHR auf dem Rad. Benutzen Sie dann Tabelle 4.1, um Ihre Trainingszonen festzulegen. Um anhand des gleichen Tests Ihre FTPo zu bestimmen, ziehen Sie 5 Prozent von Ihrer durchschnittlichen Wattleistung (nicht Ihrer normalisierten Leistung) ab und Sie erhalten einen guten Näherungswert der FTPo. Sie können dann Tabelle 4.1 heranziehen, um Ihre Watt-Trainingszonen festzulegen.

T2: Funktionale aerobe Kapazität

Dieser Test dient dazu, Ihre Wattleistung an der funktionalen aeroben Kapazität (VO_2max) zu ermitteln. Dafür benötigen Sie ein Powermeter. Der Test kann anstelle eines kostspieligen VO_2max-Labortests durchgeführt werden. Am besten absolvieren Sie ihn nach rund 3 Tagen eingeschränkten Trainings. Die Strecke, auf der Sie den Test durchführen, sollte sicher sein. Das bedeutet wenig Verkehr, keine Stoppschilder, kaum Kreuzungen, keine Kurven und eine breite Radspur. Sicherheitshalber sollten Sie während des gesamten Tests immer nach vorn schauen. Fahren Sie nicht mit gesenktem Kopf. Die gewählte Strecke sollte zudem ein flacher bis leicht ansteigender (weniger als 3 Prozent Steigung) Abschnitt sein, den Sie jedes Mal für den Test nutzen können. (Sie können den Test auch auf einem Indoor-Trainer durchführen.) Wärmen Sie sich gründlich auf und fahren Sie dann 5 Minuten lang mit gleichbleibendem, maximalem Einsatz. Ihre durchschnittliche Wattleistung im 5-minütigen Testabschnitt ist ein guter Prädiktor Ihrer Wattleistung an der aeroben Kapazität.

T4: Zeitfahren

Absolvieren Sie nach einem gründlichen Aufwärmen (mehr dazu in der Einleitung von Anhang C) ein 10 Kilometer langes Zeitfahren auf flacher Strecke. Der Testabschnitt sollte sicher sein, also wenig Verkehr, kaum Kreuzungen, keine Stoppschilder und eine breite Radspur aufweisen. Fahren Sie stets mit erhobenem Kopf, so dass Sie den Verkehr und mögliche Hindernisse wie z. B. Schlaglöcher im Blick haben. Die Strecke sollte flach sein oder sehr leicht bergan führen (weniger als 3 Prozent Steigung). Markieren Sie Start und Ziel für spätere Tests. (Sie können den Test auch auf dem Indoor-Trainer durchführen.) Mit verbesserter aerober Kapazität und Kraftausdauer sollten Sie allmählich schneller werden. Notieren Sie zusätzlich zu Ihrer Zeit auch Ihre durchschnittliche Herzfrequenz und normalisierte Leistung in Ihrem Trainingstagebuch. Im Test können Sie die Übersetzung frei wählen und jederzeit schalten. Behandeln Sie diesen Test wie einen Wettkampf.

ANHANG D: TRAININGSEINHEITEN LAUFEN

In diesem Abschnitt finden Sie grundlegende Lauf-Einheiten für Triathleten, wie gewohnt untergliedert nach den in Kapitel 6 dargelegten fünf relevanten Leistungsfaktoren: Ausdauer (A), Kraft (K), Schnelligkeit (S), Kraftausdauer (KA) und aerobe Kapazität (AK). Die vorgestellten Trainingsformen lassen sich wie Module behandeln, die Sie mit anderen kombinieren können, um spezifische Einheiten zu gestalten. Mehrere Leistungsfaktoren in einer Einheit zu kombinieren, ist eine insbesondere in der Aufbauphase gängige Praxis (weitere Einzelheiten zur Periodisierung des Trainings siehe Kapitel 7 und 8).

Den Trainingseinheiten für Kraft, Kraftausdauer und aerobe Kapazität sollte jeweils ein Aufwärmen vorausgehen. Ein Warm-up für eine Lauf-Einheit dauert mindestens 20 Minuten und kann bis 40 Minuten dauern, je nach Gesamtdauer der Einheit und Ihrer Fähigkeit, ein hohes Pensum zu verkraften. Steigern Sie die Intensität während der ersten Hälfte des Warmlaufens schrittweise bis in Zone 2. Lassen Sie dann kurze (10 bis 30 Sekunden lange) Beschleunigungen mit der Intensität des Haupt-Workouts einfließen, wobei die Regenerationspausen dazwischen lang und locker ausfallen. Gehen Sie K-, KA- und AK-Intervalle grundsätzlich im Hauptteil der Einheit an, also dem Abschnitt zwischen Warm-up und Cool-down. Denken Sie daran, dass Sie sich umso länger warmlaufen sollten, je belastungsintensiver der Hauptteil der Einheit ist. Ausdauer- und Schnelligkeits-Übungen können ebenfalls im Hauptteil genutzt werden und sind häufig Teil des Aufwärmens und Auslaufens.

Die Beschreibung der Intensitäten erfolgt bei den Lauf-Einheiten nach Pace und Herzfrequenz. Orientieren Sie sich an Tabelle 4.1 für die jeweiligen Lauf-Trainingszonen nach Herzfrequenz und nach Pace, wobei die Bestimmung der Pace mit Hilfe einer GPS-Laufuhr oder einer genau vermessenen Strecke z. B. in Form einer Stadionlaufbahn erfolgen kann. Wie im Abschnitt »Abstimmung der Zonen« in Kapitel 4 erläutert, stimmen Herzfrequenz- und Pace-Zonen nicht immer überein. Falls Sie sowohl einen Herzfrequenzmonitor als auch eine GPS-Uhr besitzen, dient die Pace zur Bestimmung der erbrachten Leistung, während die Herzfrequenz Ihren Einsatz erfasst. Bei den meisten Einheiten ist die Pace (oder Geschwindigkeit) die geeignetere Messgröße zur Bestimmung der Intensität, denn das Ziel des Trainings ist, die Leistung messbar zu verbessern. Die Herzfrequenz sagt zwar wenig über die Leistung während einer Einheit aus, kann aber als indirekte Möglichkeit genutzt werden, um die Intensität auszudrücken. Manche Trainingsformen stützen sich in hohem Maße auf die Herzfrequenz. Für sehr kurze Intervalle, wie sie z. B. in Einheiten für die Kraft und aerobe Kapazität vorgesehen sind, sowie für Schnelligkeits-Übungen ist die Herzfrequenz nur bedingt von Nutzen. Die RPE ist eine gute Alternative.

Ausdauer

A1: Regeneration

Bei dieser Einheit ist es okay, einen Teil – oder die gesamte Strecke – zu gehen. Tatsächlich hat es sich als hervorragende Option erwiesen, Regenerationsläufe in der Form zu absolvieren, dass man mit gemütlichem Gehen beginnt, das allmählich in ein schnelles Gehen übergeht und dann ein lockerer Lauf wird.

Diese Einheit wird in Trainingszone 1 absolviert, vorzugsweise auf flachem, weichem Untergrund wie z. B. einer Rasenfläche im Park. Sie können stattdessen auch das ganze Jahr hindurch ein Laufband benutzen, insbesondere wenn keine flachen Strecken zur Verfügung stehen. Das Ziel ist aktive Regeneration nach einer schweren Trainingseinheit z. B. am Vortag. Die meisten Altersklassen-Athleten sind besser beraten, zur Regeneration zu schwimmen oder Rad zu fahren, denn mit müden Beinen zu laufen, ist mit einem gewissen Verletzungsrisiko verbunden. Anfänger regenerieren in der Regel schneller, wenn Sie sich einfach einen Tag frei nehmen. Auch Ausgleichssportarten können für die Regeneration förderlich sein, v. a. in der Vorbereitungs- und Grundlagenphase. Regenerations-Einheiten werden zwar nicht im Jahrestrainingsplan berücksichtigt, sind aber die ganze Saison über ein wesentlicher Bestandteil des Trainings.

A2: Ausdauer

Ein wichtiger Zweck dieser Einheit ist es, die aerobe Fitness zu steigern, indem man die Fähigkeit des Körpers verbessert, Sauerstoff für die Produktion von Energie in den Muskeln bereitzustellen und zu nutzen. Neben A1 ist dies die bedeutendste Trainingseinheit Ihrer gesamten Vorbereitung und sollte das ganze Jahr hindurch häufiger absolviert werden als jede andere Einheit. Sie macht außerdem einen Großteil der Warm-ups für die Einheiten höherer Intensität aus. Nutzen Sie bei A2-Einheiten ein Herzfrequenzmessgerät zur Einschätzung der Intensität. Tabelle 4.1 hilft Ihnen, Ihre Zone 2 zu bestimmen, also den Herzfrequenzbereich für A2-Einheiten beim Laufen.

Laufen Sie, nachdem Sie sich gründlich aufgewärmt haben, 30 Minuten bis wenige Stunden lang mit Ausdauer-Herzfrequenz auf einer flachen oder leicht welligen Strecke oder auf einem Laufband. Die Dauer des Ausdauer-Abschnitts hängt von der Länge Ihres ins Auge gefassten Wettkampfs ab. Für Triathlons über die Sprint- und Olympische Distanz sind es typischerweise 45 bis 90 Minuten, für die Mitteldistanz 1 bis 2 Stunden und für einen Ironman 1,5 bis 3 Stunden. Nähern Sie sich diesen Vorgaben im Laufe mehrerer Wochen mit zunächst kürzeren wöchentlichen Ausdauer-Einheiten schrittweise an.

Falls Sie eine Laufuhr mit GPS benutzen, dividieren Sie nach Beendigung der Einheit Ihre normalisierte Pace (NGP) im Ausdauer- bzw. Zone-2-Abschnitt der A2-Einheit durch Ihre durchschnittliche Herzfrequenz im gleichen Abschnitt. So erhalten Sie Ihren Effizienz-Faktor (EF) für diese Einheit. Eine allmähliche Verbesserung des EF zeigt an, dass Ihre aerobe Fitness zunimmt. Beachten Sie, dass diese Verbesserung in der Regel nicht linear verläuft, sondern sich über mehrere Wochen mit zunehmender Fitness sprunghaft vollzieht. Diese Einheit sollte das ganze Jahr über absolviert werden, zunächst zum Aufbau der Ausdauer, dann zu deren Aufrechterhaltung.

Tempo

Te1: Tempo-Ausdauer

Dies ist eine Einheit für Aufbau-, Höchstleistungs- und Wettkampfphasen, die nur dann zur Anwendung kommen sollte, wenn Sie sich auf einen Triathlon vorbereiten, bei dem Sie in Zone 3 laufen.

Laufen Sie nach dem Aufwärmen 20 bis 90 Minuten auf einem Kurs mit kleinen Anstiegen weitgehend in Herzfrequenz-Zone 3. Sie können diese Trainingsform auch auf einem Laufband absolvieren, indem Sie häufig Tempo und Steigung variieren, um die Belastung zu steuern. Zweck der Einheit ist es, die Fähigkeit des Körpers zu verbessern, Sauerstoff zur Energieproduktion bei Wettkampfintensität zu nutzen.

Kraft

K1: Kraft-Wiederholungen

Dies ist eine sehr anspruchsvolle Intervall-Einheit mit 1 bis 3 Serien à 3 Wiederholungen je Serie. Das heißt 3 bis 9 Wiederholungen innerhalb jeder Einheit. Wärmen Sie sich wie vor allen belastungsintensiven Trainingsformen gründlich auf, bevor Sie die Wiederholungen angehen. Zweck dieser Einheit ist es, durch die Stärkung Ihrer Muskulatur größere Kraft zu entwickeln. In Verbindung mit einer höheren Schrittfrequenz, die Sie durch Schnelligkeits-Training erreichen können, sorgt dies für eine verbesserte Leistung. Die K1-Lauf-Einheit verspricht hohe Erträge, ist aber auch mit hohem Risiko verbunden. Meiden Sie diese Form von Training, wenn Sie anfällig für Verletzungen der Achillessehne, Waden oder Knie sind.

Sofern Ihre Beine ohne weiteres in der Lage sind, solchen Belastungen standzuhalten, können Sie diese noch mit einer Gewichtsweste erhöhen, die 5 bis 10 Prozent Ihres Körpergewichts entspricht. Die Einheit funktioniert folgendermaßen:

- Suchen Sie einen kurzen, steilen Hügel mit 6 bis 8 Prozent Steigung auf. Ideal ist ein weicher Untergrund wie Gras oder Sand. Der Anstieg sollte vom Fuß bis zum Gipfel mindestens 10 Meter lang sein.
- Nachdem Sie sich gründlich aufgewärmt haben, begeben Sie sich zum Fuß des Anstiegs und halten einmal komplett an. Laufen Sie dann schnell den Anstieg hinauf, wobei Sie sich bei jedem Schritt sehr kräftig abdrücken.
- Ihre Schrittlänge wird durch die Steigung bestimmt sowie davon, ob Sie eine Gewichtsweste tragen oder nicht.
- Behalten Sie eine aufrechte Haltung mit erhobenem Kopf bei, wenn Sie den Anstieg hinauflaufen. Schauen Sie nicht auf Ihre Füße.
- Versuchen Sie, es bei jeder der kurzen Wiederholungen auf insgesamt 10 bis 20 Schritte mit maximalem Einsatz zu bringen. Als Schritt zählt das Aufsetzen mit einem Fuß. Je weniger Schritte Sie für die Steigung benötigen, desto größer sollte der Einsatz sein.
- Gehen Sie nach jeder Wiederholung langsam zurück zum Ausgangspunkt und erholen Sie sich 2 bis 3 Minuten lang vollständig. Laufen Sie in diesen Pausen nicht und versuchen Sie auch nicht, die Pausen zu verkürzen. Dadurch würden Sie lediglich das Risiko erhöhen und den potenziellen Ertrag verringern. Der Zweck der K1-Lauf-Einheit ist es, die maximale Muskelkraft zu steigern, nicht Ausdauer zu entwickeln. Gestatten Sie Ihren Muskeln, sich zu erholen, bevor Sie die nächste Wiederholung angehen.
- Wiederholen Sie den Ablauf zwei weitere Male, so dass Sie auf insgesamt 3 Wiederholungen kommen. Das entspricht einer Serie. Falls Sie eine zweite oder dritte Serie unternehmen (belassen Sie es beim ersten Mal bei einer), gehen oder traben Sie nach jeder Serie 3 bis 5 Minuten lang, um eine vollständige Regeneration zu gewährleisten. Noch einmal: Dies ist eine Trainingsform, die mit hohem Risiko einhergeht. Beenden Sie die Einheit beim ersten Anzeichen von Beschwerden. Hören Sie auf, selbst wenn es nur leichte Schmerzen sind. Keine Menge an Fitness ist es wert, eine Verletzung zu riskieren.

K2: Hügliges Fahrtspiel

Wählen Sie eine Strecke mit mehreren moderaten Anstiegen mit rund 6 Prozent Steigung, für die Sie jeweils 2 bis 5 Minuten benötigen. Oder nutzen Sie ein Laufband und verändern Sie die Neigung, um Anstiege zu simulieren. Laufen Sie die Abschnitte bergauf mit einer empfundenen Anstrengung von 6 oder 7 auf einer Skala von 1 bis 10 (mehr zur RPE-Skala siehe Tabelle 4.1). Behalten Sie eine aufrechte Haltung mit erhobenem Kopf bei. Laufen Sie die Abschnitte im Flachen in den Pace-Zonen 1 und 2. RPE und Pace sind die bevorzugten Messgrößen der Intensität für diese Trainingsform. Falls Sie jedoch eine Pulsuhr verwenden, bleiben Sie an den Anstiegen unterhalb von Zone 5a. Es kann sein, dass Sie trotz großen Einsatzes anfänglich nur Herzfrequenz-Zone 3 erreichen. Planen Sie diese Einheit nicht mehr als ein Mal in der Woche ein. Absolvieren Sie sie nicht, falls Sie anfällig für Knie-, Fuß- oder Unterschenkelverletzungen sind.

K3: Wiederholungen am Berg

Laufen Sie an einem Anstieg mit 6 bis 8 Prozent Steigung, für den Sie 30 bis 60 Sekunden benötigen, 3 bis 8 Wiederholungen. Die Regenerationspausen dazwischen sollten 2 bis 4 Minuten dauern. Die Intensität während der Wiederholungen sollte 6 oder 7 auf einer Skala von 1 bis 10 betragen (mehr zur RPE-Skala siehe Tabelle 4.1). Die Herzfrequenz kann sich zum Ende der Einheit hin bis in Zone 5a steigern, wenn Sie oben am Gipfel ankommen. Weitgehend bewegt sie sich jedoch zu Beginn in Zone 3 und in der unteren Zone 4, obschon die empfundene Anstrengung vermutlich groß ist. Behalten Sie eine aufrechte Haltung mit erhobenem Kopf bei. Zur Regeneration traben oder gehen Sie langsam zum Fuß des Anstiegs zurück, bevor Sie die nächste Wiederholung angehen. Wenn Sie eine Gewichtsweste tragen, gehen Sie hinunter, um Knieverletzungen vorzubeugen. Beenden Sie die Einheit, falls Ihre Beine Anzeichen übermäßiger Belastung zeigen, wie Schmerzen oder extreme Müdigkeit. Absolvieren Sie diese Trainingsform nicht mehr als ein Mal pro Woche und verzichten Sie ganz drauf, falls Sie anfällig für laufbedingte Verletzungen jedweder Art sind.

Schnelligkeit

S1: Strides

Der Zweck dieser Übung ist es, Ihre Lauftechnik zu verfeinern. Laufen Sie 20 Sekunden lang schnell (Zone 5c) einen sehr leicht abfallenden Hang (ca. 1 Prozent Gefälle) mit weichem Untergrund wie Rasen oder Sand hinab. Die Intensität beträgt 10 auf einer RPE-Skala von 1 bis 10. Wiederholen Sie das Ganze vier bis acht Mal. Konzentrieren Sie sich jeweils ganz auf einen bestimmten Aspekt Ihrer Technik, z. B. die Schrittfrequenz. Zählen Sie 20 Sekunden lang die Aufsätze mit Ihrem rechten Fuß, wobei Sie 28 bis 32 Schrittzyklen anstreben. Eine Variante der Strides besteht darin, barfuß zu laufen; achten Sie aber darauf, dass sich keine scharfen Gegenstände im Gras befinden und dass Sie keine Schnitte an den Fußsohlen aufweisen. Die Herzfrequenz spielt für diese Einheit keine Rolle.

S2: Beschleunigungen

Beschleunigen Sie innerhalb eines Ausdauerlaufs wie z. B. der oben erläuterten Te1-Lauf-Einheit mehrmals für jeweils 20 Sekunden auf ein Tempo, das über Ihrer 5-Kilometer-Wettkampf-Pace liegt. Das Hauptaugenmerk gilt der Technik, wie z. B. dem flachen Fußaufsatz. Andere Ziele könnten sein, eine entspannte Haltung oder eine hohe Kadenz beizubehalten. Erholen Sie sich zwischen den Beschleunigungen mehrere Minuten lang, indem Sie gleichmäßig in Zone 2 laufen.

Kraftausdauer

KA1: Cruise-Intervalle

Wärmen Sie sich vor dem Hauptteil der Einheit gründlich auf. Absolvieren Sie auf einem relativ flachen Kurs oder einem Laufband 3 bis 5 Intervalle à 6 bis 12 Minuten. Steigern Sie sich in jedem Intervall bis in Trainingszone 4 (nach Pace oder Herzfrequenz). Falls Sie mit einer Pulsuhr trainieren, beginnt das Belastungsintervall, sobald Sie mit hohem Einsatz laufen – nicht erst dann, wenn Trainingszone 4 schließlich erreicht wird. Laufen Sie in der Phase, bis das Herz anspricht, mit einer RPE von 6 oder 7 auf einer Skala von 1 bis 10 (mehr zur RPE-Skala siehe Tabelle 4.1). Regenerieren Sie zwischen den Intervallen in Zone 1, indem Sie für ein Viertel der Dauer des vorangegangenen Intervalls traben oder gehen. Eine Variante dieser Einheit besteht darin, auf einer Laufbahn 1,6 bis 3,2 Kilometer lange Belastungsintervalle in Pace-Zone 4 zu absolvieren. Behalten Sie eine entspannte, aufrechte Haltung und eine hohe Schrittfrequenz bei und achten Sie genau auf Ihre Atmung.

KA2: Cruise-Intervalle am Berg

Diese Einheit funktioniert genauso wie KA1, außer dass sie an einem langen, flachen Anstieg (2 bis 4 Prozent) absolviert wird. Behalten Sie eine aufrechte Haltung und eine hohe Schrittfrequenz bei. Die Regeneration zwischen den Intervallen fällt länger aus als bei der KA1-Lauf-Einheit, da Sie zum Fuß des Anstiegs zurückkehren müssen. Tun Sie dies, indem Sie locker traben und gehen.

KA3: Schwellenkreuzen

Absolvieren Sie im Vorfeld mindestens zwei Mal die KA1-Intervalle, bevor Sie diese Trainingsform angehen, und wärmen Sie sich vor dem Hauptteil der Einheit gründlich auf. Laufen Sie auf einem weitgehend flachen Kurs 10 bis 20 Minuten lang in den Trainingszonen 4 und 5a (vorzugsweise nach Pace, sonst gemäß Herzfrequenz). Sobald Zone 4 erreicht ist, steigern Sie sich innerhalb von 1 bis 2 Minuten allmählich in Zone 5a. Nehmen Sie sich dann wieder zurück, so dass die Intensität, wiederum binnen 1 bis 2 Minuten, wieder in den unteren Bereich von Zone 4 sinkt. Setzen Sie dieses Muster bis zum Ende der Einheit fort.

KA4: Schwellenlauf

Wärmen Sie sich vorab gründlich auf. Laufen Sie auf überwiegend flacher Strecke 10 bis 20 Minuten ununterbrochen in Trainingszone 4 (nach Pace oder Herzfrequenz). Behalten Sie eine gute Technik bei und achten Sie die gesamte Zeit gut auf Ihre Atmung. Unternehmen Sie keinen Schwellenlauf, bis Sie nicht mindestens vier der anderen KA-Lauf-Einheiten absolviert haben.

Aerobe Kapazität

AK1: Gruppenlauf

Dies ist eine Trainingsform ohne strikte Vorgaben. Wärmen Sie sich gründlich auf (mehr dazu in der Einleitung zu Anhang D) und laufen Sie dann mit einer Gruppe von Triathleten, die ein ähnliches Leistungsvermögen aufweisen wie Sie. Steigern Sie allmählich das Tempo, bis Sie in den Trainingszonen 4 und 5a laufen (vorzugsweise nach Pace). Streuen Sie regelmäßige Tempoverschärfungen oder Anstiege ein, die Sie bis in Zone 5b bringen. Diese Einheit kann in gemischtem Terrain stattfinden, bevorzugt ähnlich dem Streckenprofil, das bei Ihrem demnächst anstehenden Wettkampf zu erwarten ist. Die Dauer der schnelleren Abschnitte variiert je nach Ihren Wettkampfzielen und Ihrem aktuellem Fitnessstand.

AK2: VO_2max-Intervalle

Wärmen Sie sich ausgiebig auf und begeben Sie sich dann auf einen weitgehend flachen Straßenkurs, das Laufband oder eine Stadionlaufbahn. Absolvieren Sie mehrere Belastungsintervalle mit

TABELLE D.1 **Einschätzung der VO_2max anhand eines 2.400-Meter-Testlaufs**

ZEIT FÜR 2.400 METER (MINUTEN:SEKUNDEN)	GESCHÄTZTE VO_2MAX (ML/KG/MIN)
7:30 und schneller	75
7:31–8:00	72
8:01–8:30	67
8:31–9:00	62
9:01–9:30	58
9:31–10:00	55
10:01–10:30	52
10:31–11:00	49
11:01–11:30	46
11:31–12:00	44
12:01–12:30	41
12:31–13:00	39
13:01–13:30	37
13:31–14:00	36
14:01–14:30	34
14:31–15:00	33
15:01–15:30	31
15:31–16:00	30
16:01–16:30	28
16:31–17:00	27
17:01–17:30	26
17:31–18:00	25

einer Dauer von 30 Sekunden bis 4 Minuten jeweils in den Pace-Zonen 5a und 5b. Regenerieren Sie, indem Sie für die Dauer des vorangegangenen Intervalls locker in Zone 1 traben oder gehen. Halbieren Sie mit zunehmender Fitness die Dauer der Regenerationspausen. Beginnen Sie mit etwa 5 Minuten Gesamtintervalldauer innerhalb der Einheit (z. B. 10 × 30 Sekunden) und steigern Sie sich im Verlauf mehrerer Einheiten bis auf 15 Minuten (z. B. 5 × 3 Minuten). Die Intensität wird am besten mit einer GPS-Uhr bestimmt (oder auf einer Laufbahn auch einfach mit einer Stoppuhr). Da das Herz mit Verzögerung anspricht, ist eine Pulsuhr nicht sinnvoll, um die Intensität in so kurzen Intervallen zu ermessen. Falls Sie keine GPS-Uhr besitzen, streben Sie in jedem Intervall eine RPE von 8 oder 9 auf der Skala von 1 bis 10 an (mehr zur RPE-Skala siehe Tabelle 4.1). Achten Sie auf eine gute Lauftechnik.

AK3: Berg-Intervalle

Suchen Sie einen relativ steilen Anstieg (6 bis 8 Prozent Steigung) auf, für den Sie 2 bis 3 Minuten benötigen. Absolvieren Sie nach einem gründlichen Aufwärmen 5 bis 7 Berg-Intervalle bei einer gefühlten Anstrengung von 8 oder 9 auf einer Skala von 1 bis 10 (mehr zur RPE-Skala siehe Tabelle 4.1). Die Gesamtintervalldauer der Einheit sollte 10 bis 15 Minuten betragen (z. B. 7 × 2 Minuten oder 5 × 3 Minuten). (Da das Herz mit Verzögerung anspricht, ist eine Pulsuhr für diese Trainingsform nicht effektiv.) Regenerieren Sie, indem Sie langsam hinuntertraben oder -gehen, und beginnen Sie dann ein neues Intervall, wenn Sie den Fuß des Anstiegs erreicht haben. Dies ist eine sehr schwere Trainingseinheit, die Sie am besten nur ein Mal in der Woche absolvieren. Sie sollten mindestens schon zwei AK2- und zwei K-Lauf-Einheiten gemeistert haben, bevor Sie sich an AK3-Lauf-Einheiten heranwagen.

Tests

Diese Tests sollten während des gesamten Trainingsjahres alle 6 bis 8 Woche absolviert werden. Falls möglich verwenden Sie jedes Mal dieselbe Strecke und sorgen Sie dafür, dass auch die sonstigen Bedingungen (z. B. Schuhe, Warm-up-Routine, Uhrzeit, zuvor eingenommene Mahlzeiten etc.) jedes Mal gleich sind.

T1: Funktionale Schwelle

Dieser Test dient dazu, Ihre funktionale Schwellenpace (FTPa) und Ihre funktionale Schwellenherzfrequenz (FTHR) zu ermitteln. Absolvieren Sie diesen Test nach 3 Tagen Ruhe und aktiver Regeneration. Führen Sie den Test auf relativ flacher Strecke, vorzugsweise einer Laufbahn durch. Nutzen Sie jedes Mal den gleichen Kurs. (Die meisten Laufbänder können nicht exakt genug kalibriert werden, um die für den Test erforderliche Genauigkeit zu gewährleisten.) Laufen Sie so, als würden Sie ein 20-minütiges Rennen absolvieren. Halten Sie sich in den ersten 5 Minuten noch etwas zurück (die meisten Athleten gehen zu schnell an). Entscheiden Sie alle 5 Minuten, ob Sie in den folgenden 5 Minuten etwas schneller oder langsamer laufen sollten. Das Cool-down erfolgt anschließend in Form lockeren Trabens oder Gehens.

Ermitteln Sie nach der Einheit Ihre durchschnittliche Herzfrequenz während des 20-Minuten-Tests. *Ziehen* Sie 5 Prozent *ab*, und Sie erhalten einen guten Näherungswert Ihrer Lauf-FTHR. Benutzen Sie dann Tabelle 4.1, um Ihre Herzfrequenz-Zonen festzulegen. Wenn Sie mit einer GPS-Uhr Ihre Pace während des 20-Minuten-Tests ermittelt haben, *addieren* Sie 5 Prozent zu Ihrer normalisierten gewichteten Pace (NGP) und Sie erhalten Ihre FTPa. Falls Sie den Test auf der Bahn absolviert haben, benutzen Sie deren Abmessungen, um Ihre Pace zu bestimmen und schlagen Sie 5 Prozent drauf, um einen Näherungswert Ihrer FTPa zu erhalten. Verwenden Sie dann Tabelle 4.1, um Ihre Pace-Zonen festzulegen.

T2: Testlauf zur VO_2max-Bestimmung

Dieser Test kann als Alternative zu einem kostspieligen Labortest absolviert werden, um die VO_2max (in Milliliter Sauerstoff pro Kilogramm pro Minute) einzuschätzen. Wärmen Sie sich 10 bis 20 Minuten gründlich auf und absolvieren Sie dann auf einer Stadionlaufbahn oder einem flachen, genau abgemessenen Straßenkurs 2,4 Kilometer bei maximaler Leistung. (Die meisten Laufbänder können nicht exakt genug kalibriert werden, um die für den Test erforderliche Genauigkeit zu gewährleisten.) Notieren Sie Ihre Zeit im Trainingstagebuch, um Sie mit zukünftigen Testläufen vergleichen zu können. Notieren Sie außerdem Ihre durchschnittliche und maximale Herzfrequenz. Sorgen Sie für jeweils einheitliche Bedingungen. Mit Hilfe von Tabelle D.1 können Sie Ihre VO_2max anhand Ihrer Zeit im Testlauf einschätzen.

ANHANG E: KOMBINIERTE RAD/LAUF-EINHEITEN (»BRICKS«)

Die grundlegenden kombinierten Rad/Lauf-Einheiten sind ebenfalls entsprechend der fünf relevanten Leistungsfaktoren aus Kapitel 6 eingeteilt: Ausdauer (A), Kraft (K), Schnelligkeit (S), Kraftausdauer (KA) und aerobe Kapazität (AK) Kombinierte Einheiten werden von Triathleten gemeinhin »Bricks« genannt. Es gibt viele andere Brick-Einheiten, die Varianten der hier vorgestellten darstellen. Darunter sind auch Mehrfähigkeits-Einheiten, die zwei Leistungsfaktoren innerhalb beider Abschnitte ansprechen oder jeweils einen unterschiedlichen Faktor in jeder der beiden Disziplinen. Beispielsweise könnten in beiden Abschnitten Ausdauer und Kraftausdauer trainiert werden oder alternativ auf dem Rad die Ausdauer und beim Laufen die Kraftausdauer. Die Möglichkeiten sind überaus vielfältig. Sie können die Bricks variieren, um die Einheiten auf Ihre persönlichen Bedürfnisse im Hinblick auf die zu erwartenden Anforderungen Ihres Wettkampfs zuzuschneiden. Ihrer Kreativität bei der Gestaltung solcher Einheiten sind keine Grenzen gesetzt. Bricks werden insbesondere in der Aufbauphase absolviert (mehr zur Periodisierung des Trainings siehe Kapitel 7 und 8).

Die Reihenfolge der Disziplinen innerhalb eines Bricks ist in der Regel erst Radfahren, dann Laufen. Duathleten absolvieren jedoch häufig Lauf/Rad/Lauf-Einheiten, da dies der gängigen Reihenfolge in ihren Wettkämpfen entspricht. Denkbar sind auch Bricks, in denen Sie die Sportarten mehrfach abwechseln, wie Rad/Lauf/Rad/Lauf. Solche Einheiten werden oftmals auf einer Laufbahn und einem neben der Bahn aufgestellten Rollentrainer oder Ergometer absolviert. Schwimm/Rad-Bricks sind eher selten, aber gewiss kann es nicht schaden, den Wechsel zu üben. Ein Beispiel dafür finden Sie unten im Abschnitt »Schnelligkeit«.

Wenn Sie in einem dieser Bricks vom Rad auf die Laufstrecke wechseln, empfiehlt es sich, dem gleichen Prozedere zu folgen, das Sie sich für den Wettkampf zurechtgelegt haben; damit haben Sie eine gute Übung für den Ernstfall. Richten Sie den Wechselbereich möglichst so ein, wie Sie es am Renntag handhaben werden. Schlüpfen Sie nach dem Radfahren schnell in Ihre Laufschuhe und sonstige Laufkleidung und schnappen Sie sich Verpflegung und die weitere benötigte Ausrüstung.

Wie lang der Lauf-Abschnitt der Brick-Einheit sein sollte, hängt natürlich von der Art des Wettkampfs ab, auf den Sie sich vorbereiten. Meistens ist es aber ratsam, den Lauf kurz zu halten, da es das Verletzungsrisiko erhöht, die bereits vom Radfahren müden Beinen allzu sehr zu strapazieren. Selbst für Langdistanz-Wettkämpfe ist ein 15-minütiger Lauf nach einer langen Ausfahrt nützlich, um sich an das seltsame Gefühl zu gewöhnen, mit vom Radfahren müden Beinen zu laufen. Für Kurzdistanz-Triathlons ist es üblich, Bricks zu absolvieren, die in etwa die gleiche Gesamtdauer haben wie die Rad- und Lauf-Abschnitte im Wettkampf. Im Hinblick auf die Langdistanz ist es aber nicht ratsam, Brick-Einheiten vorzusehen, bei denen die Dauer der Rad- und Lauf-Abschnitte der des Wettkampfs entspricht, da die anschließende Regeneration zu viel Zeit in Anspruch nehmen würde.

Dient der Rad-Abschnitt eines Bricks der Kraftausdauer oder der aeroben Kapazität, sollten Sie sich vorab aufwärmen. (Kraft-Einheiten sind als Bricks nicht ratsam.) Diese beiden Leistungsfaktoren sollten nur im Hauptteil der Brick-Einheit angesprochen werden, nicht als Teil des Warm-ups oder Cool-downs. Je belastungsintensiver der Hauptteil der Einheit ist, desto länger sollten Sie sich aufwärmen. In einem Brick dient der Rad-Abschnitt stets auch dem Aufwärmen für den anschließenden Lauf.

Ausdauer

A1: Ausdauer-Brick

Fahren Sie nach einem Warm-up auf einem flachen bis welligen Kurs mehr als die Hälfte der Zeit in Zone 2 (bevorzugt gemäß Powermeter-Daten, sonst nach Herzfrequenz), wobei Sie versuchen, möglichst viel Trainingszeit in Zone 2 anzusammeln. Gehen Sie anschließend zu einem Lauf über, der ebenfalls überwiegend in Zone 2 stattfindet (bevorzugt nach Pace, sonst nach Herzfrequenz). Sie können den Schwerpunkt von Woche zu Woche mal auf den Lauf-Abschnitt, mal auf den Rad-Abschnitt legen, indem Sie mal auf eine lange Radfahrt einen kurzen Lauf folgen lassen, mal auf eine kurze Radfahrt einen langen Lauf. Diese Einheit ist besonders geeignet, wenn Sie sich auf eine Langdistanz vorbereiten.

Tempo

Te1: Tempo-Brick

Dies ist eine Einheit für Aufbau-, Höchstleistungs- und Wettkampfphasen, die nur dann zur Anwendung kommen sollte, wenn Sie sich auf einen Triathlon vorbereiten, bei dem die Wettkampf-Intensität in Zone 3 liegt.

Fahren Sie nach einem Warm-up auf einem flachen bis welligen Kurs mehr als die Hälfte der Zeit in Zone 3 (bevorzugt gemäß Powermeter-Daten, sonst nach Herzfrequenz), wobei Sie versuchen, möglichst viel Trainingszeit in Zone 3 anzusammeln. Gehen Sie anschließend zu einem Lauf über, der ebenfalls überwiegend in Zone 3 stattfindet (bevorzugt nach Pace, sonst nach Herzfrequenz). Sie können den Schwerpunkt von Woche zu Woche mal auf den Lauf-Abschnitt, mal auf den Rad-Abschnitt legen, indem Sie mal auf eine lange Radfahrt einen kurzen Lauf folgen lassen, mal auf eine kurze Radfahrt einen langen Lauf. Diese Einheit ist besonders geeignet, wenn Sie sich auf eine Langdistanz vorbereiten, bei der sich die Wettkampf-Intensität in Zone 3 bewegt.

Kraft

Training für den Leistungsfaktor Kraft wird am besten in Form eigenständiger Rad- oder Lauf-Einheiten unternommen. Beides zu kombinieren, erhöht das Verletzungsrisiko erheblich.

Schnelligkeit

S1: Übung des ersten Wechsels

Stellen Sie Ihr Rad am Schwimmbad bzw. an der Schwimmstrecke auf eine Rolle. Schwimmen Sie dann mehrere Serien im Wettkampftempo, anschließend wechseln Sie auf das Rad und treten 5 Minuten mit Wettkampfintensität. Zum Wechsel gehört auch, Radschuhe und Helm anzuziehen sowie gegebenenfalls sich des Schwimmanzugs zu entledigen (dies sollten Sie üben, falls Sie im Wettkampf einen Schwimmanzug tragen). Wiederholen Sie das Ganze 3 bis 5 Mal. Das Hauptaugenmerk sollte darauf liegen, den ersten Wechsel so schnell und reibungslos wie möglich über die Bühne zu bringen.

S2: Übung des zweiten Wechsels

Stellen Sie Ihr Rad an der Stadionlaufbahn oder an einer geeigneten Laufstrecke auf eine Rolle. Nachdem Sie sich aufgewärmt haben, fahren Sie 5 Minuten mit Wettkampf-Pace, dann wechseln Sie in Ihre Laufschuhe und schnappen sich alles, was Sie im Wettkampf für den Lauf brauchen. Nach dem Wechsel laufen Sie 3 bis 5 Minuten ebenfalls mit Wettkampf-Pace. Wiederholen Sie das Ganze 3 bis 5 Mal. Konzentrieren Sie sich darauf, den zweiten Wechsel so schnell und reibungslos wie möglich über die Bühne zu bringen.

Kraftausdauer

Dies ist sind Einheiten für Aufbau-, Höchstleistungs- und Wettkampfphasen, die nur dann zur Anwendung kommen sollten, wenn Sie sich auf einen Triathlon vorbereiten, bei dem die Wettkampf-Intensität in Zone 4 liegt.

KA1: Kraftausdauer-Brick

Fahren Sie 60 bis 90 Minuten Rad auf einer Strecke, die der Ihres nächsten A-Wettkampfs gleicht. Streuen Sie je nach dessen Länge einen Abschnitt mit höherer Intensität ein: 10 Kilometer für einen Sprint-Triathlon, 20 Kilometer für die Olympische Distanz, 30 Kilometer für die Mitteldistanz und 40 Kilometer für einen Ironman. Die Intensität sollte gleich oder etwas höher ausfallen, als für das Rennen geplant ist. Absolvieren Sie anschließend einen Lauf mit der geplanten Wettkampf-Pace (Sprint: 10 Minuten; Olympische Distanz: 20 Minuten; Mitteldistanz: 30 Minuten; Ironman: 40 Minuten).

KA2: Hügliger Brick

Suchen Sie sich zur Vorbereitung auf einen Wettkampf mit hügligem Streckenprofil eine Rad- und Laufstrecke, die der des Rennens ähnelt. Dabei können beide Abschnitte hüglig sein oder jeweils nur einer der beiden Abschnitte. Der Schwerpunkt der Einheit liegt auf den hügligen Abschnitten, wo Sie an den Anstiegen die richtige Pace einüben sollten. Beide Strecken sollten jeweils deutlich kürzer sein als im Wettkampf, etwa die Hälfte oder weniger. Laufen oder fahren Sie auf den flachen Abschnitten gleichbleibend mit rennähnlicher Intensität (nach Watt, Pace, Herzfrequenz oder RPE). Steigern Sie auf den bergauf führenden Abschnitten die Intensität um nicht mehr als eine Zone. Eine entsprechende Intensitätssteigerung an Anstiegen empfiehlt sich auch im Wettkampf, eine solche Brick-Einheit dient also als eine gute Generalprobe.

Aerobe Kapazität

AK1: Rad-Intervalle-Brick

Diese Einheit ist nur für Kurzdistanz-Athleten empfohlen.

Fahren Sie 45 bis 90 Minuten auf einem flachen bis welligen Kurs. Absolvieren Sie, nachdem Sie sich auf dem Rad aufgewärmt haben, 3 bis 5 Belastungsintervalle von jeweils 2 bis 4 Minuten Dauer. Die Intensität der Intervalle sollte über Ihrer funktionalen Schwellenleistung (FTPo) liegen. Die Leistung in Watt ist die bevorzugte Messgröße der Intensität. Wenn Sie eine Pulsuhr benutzen, werden Sie aufgrund der Verzögerung, mit der das Herz anspricht, vermutlich keine Herzfrequenzen über Zone 4 erreichen. Richten Sie sich in diesem Fall nach der gefühlten Anstrengung und streben Sie eine RPE von 6 bis 8 auf einer Skala von 1 bis 10 an. Regenerieren Sie nach jedem Belastungsintervall für die Hälfte der Dauer des vorangegangenen Intervalls. Erholen Sie sich z. B. für 2 Minuten nach einem Belastungsintervall von 4 Minuten. Streben Sie auf dem Rad eine Gesamt-Intervalldauer von 15 Minuten an. Absolvieren Sie nach dem Wechsel einen Lauf von etwa der Hälfte der Dauer des vorangegangenen Rad-Abschnitts (laufen Sie z. B. 30 Minuten nach einer Fahrt von 60 Minuten). Integrieren Sie in den Lauf eine 10- bis 20-minütige gleichmäßige Belastung in Trainingszone 4 (vorzugsweise nach Pace, sonst gemäß Herzfrequenz).

AK2: Lauf-Intervalle-Brick

Diese Einheit ist nur für Kurzdistanz-Athleten empfohlen.

Nehmen Sie Ihren Rollentrainer mit an die Stadionlaufbahn. Laufen Sie zum Aufwärmen 10 bis 20 Minuten in den Trainingszonen 1 bis 2 (vorzugsweise nach Pace, sonst gemäß Herzfrequenz). Fahren Sie dann 5 bis 10 Minuten auf der Rolle, wobei Sie in der letzten Minute die Zone 4 (vorzugsweise nach Watt, sonst gemäß Herzfrequenz) erreichen. Wechseln Sie anschließend in Ihre Laufschuhe und absolvieren Sie 2 bis 4 Belastungsintervalle von je 2 bis 4 Minuten Dauer, in denen die Intensität jeweils bis in Pace-Zone 5a oder 5b steigt. Sie können sich in den Belastungsintervallen auch nach der gefühlten Anstrengung richten; streben Sie eine RPE von 8 bis 9 auf einer Skala von 1 bis 10 an. Die Herzfrequenz ist aufgrund der Kürze der Intervalle keine sinnvolle Messgröße. Die Regenerationsintervalle sollten jeweils die halbe Dauer des zuvor absolvierten Belastungsintervalls haben und werden in Trainingszone 1 unternommen. Setzen Sie sich danach erneut aufs Rad und fahren Sie wieder 5 Minuten, in denen Sie die Intensität bis in Zone 4 steigern. Wiederholen Sie dieses Muster noch 1 bis 3 Mal, bevor Sie sich etwa 10 Minuten auf dem Rad locker ausfahren. Streben Sie beim Laufen eine Gesamtdauer der Belastungsintervalle von ungefähr 20 Minuten oder 5 Kilometern an.

LITERATURVERZEICHNIS

Kapitel 1: Mentale Bereitschaft

Blanchfield, A. W., J. Hardy, H. M. De Morree, W. Staiano und S. M. Marcora. »Talking Yourself Out of Exhaustion: The Effects of Self-Talk on Endurance Performance.« *Medicine and Science in Sports and Exercise* (2014) 46 (5): 998–1007.

Casey, B. J., L. H. Somerville, I. H. Gotlib, O. Ayduk, N. T. Franklin, M. K. Askren, J. Jonides, M. G. Berman, N. L. Wilson, T. Teslovich, G. Glover, V. Zayas, W. Mischel und Y. Shoda. »Behavioral and Neural Correlates of Delay of Gratification 40 Years Later.« *Proceedings of the National Academy of Sciences of the United States of America* (2011) 108 (36): 14998–15003.

Jones, G. »How the Best of the Best Get Better and Better.« *Harvard Business Review* (2008) 86 (6): 123–127, 142.

Zadow, E. K., N. Gordon, C. R. Abbiss und J. J. Peiffer. »Pacing, the Missing Piece of the Puzzle to High-Intensity Interval Training.« *International Journal of Sports Medicine* (2015) 36 (3): 215–219.

Kapitel 2: Körperliche Vorbereitung

Bouchard, C., M. A. Sarzynski, T. K. Rice, W. E. Kraus, T. S. Church, Y. J. Sung, D. C. Rao und T. Rankinen. »Genomic Predictors of Maximal Oxygen Uptake Response to Standardized Exercise Training Programs.« *Journal of Applied Physiology* (2010) 110 (5): 1160–1170.

Ericsson, K. A. »Training History, Deliberate Practice and Elite Sports Performance: An Analysis in Response to Tucker and Collins Review—What Makes Champions?« *British Journal of Sports Medicine* (2013) 47 (9): 533–535.

Lehmann, M. J., W. Lormes, A. Opitz-Gress, J. M. Steinacker, N. Netzer, C. Foster und U. Gastman. »Training and Overtraining: An Overview and Experimental Results in Endurance Sports.« *Journal of Sports Medicine and Physical Fitness* (1997) 37 (1): 7–17.

Meeusen, R., D. Martine, C. Foster, A. Fry, M. Gleeson, D. Nieman, J. Raglin, G. Rietjens, J. Steinacker, A. Urhausen, European College of Sport Science und American College of Sports Medicine. »Prevention, Diagnosis and Treatment of the Overtraining Syndrome: Joint Consensus Statement of the European College of Sport Science (ECSS) and the American College of Sports Medicine (ACSM).« *European Journal of Sport Science* (2013) 13 (1): 1–24.

Kapitel 3: Grundlegende Trainingskonzepte

Bangsbo, J., T. P. Gunnarsson, J. Wendell, L. Nybo und M. Thomassen. »Reduced Volume and Increased Training Intensity Elevate Muscle Na+/K+ {alpha}2-Subunit Expression as Well as Short- and Long-term Work Capacity in Humans.« *Journal of Applied Physiology* (2009) 107 (6): 1771–1780.

Bannister, E. W., R. H. Morton und J. Fitz-Clarke. »Dose/Response Effects of Exercises Modeled from Training: Physical and Biochemical Measures.« *Annals of Physiology and Anthropology* (1992) 11 (3): 345–356.

Borg, G. »Perceived Exertion as an Indicator of Somatic Stress.« *Scandinavian Journal of Rehabilitation Medicine* (1970) 2 (2): 92–98.

Brisswalter, J., P. Legros und M. Durand. »Running Economy, Preferred Step Length Correlated to Body Dimensions in Elite Middle

Distance Runners.« *Journal of Sports Medicine and Physical Fitness* (1996) 36 (1): 7–15.

Busso, T., R. Candan und J. R. Lacour. »Fatigue and Fitness Modelled from the Effects of Training on Performance.« *European Journal of Applied Physiology and Occupational Physiology* (1994) 69 (1): 50–54.

Costill, D. L., R. Thomas, R. A. Robergs, D. D. Pascoe, C. P. Lambert, S. I. Barr und W. J. Fink. »Adaptations to Swimming Training: Influence of Training Volume.« *Medicine and Science in Sports and Exercise* (1991) 23 (3): 371–377.

Ekblom, B. und A. N. Golobarg. »The Influence of Physical Training and Other Factors on the Subjective Rating of Perceived Exertion.« *Acta Physiologica Scandinavica* (1971) 83 (3): 399–406.

Fitz-Clarke, J. R., R. H. Morton und E. W. Banister. »Optimizing Athletic Performance by Influence Curves.« *Journal of Applied Physiology* (1991) 71 (3): 1151–1158.

Helgerud, J., K. Hoydal, E. Wang, T. Karlsen, P. Berg, M. Bjerkaas, T. Simonsen, C. Helgesen, N. Hjorth, R. Bach und J. Hoff. »Aerobic High-Intensity Intervals Improve VO_2max More Than Moderate Training.« *Medicine and Science in Sports and Exercise* (2007) 39 (4): 665–671.

Kubukeli, Z. N., T. D. Noakes und S. C. Dennis. »Training Techniques to Improve Endurance Exercise Performances.« *Sports Medicine* (2002) 32 (8):489–509.

Laursen, P. B. und D. G. Jenkins. »The Scientific Basis for High-Intensity Interval Training: Optimizing Training Programmes and Maximising Performance in Highly Trained Endurance Athletes.« *Sports Medicine* (2002) 32 (1): 53–73.

Lehmann, M., H. Mann, V. Gastmann, J. Keul, D. Vetter, J. M. Steinacker und D. Haussinger. »Unaccustomed High-Mileage vs Intensity Training-Related Changes in Performance and Serum Amino Acid Levels.« *International Journal of Sports Medicine* (1996) 17 (3): 187–192.

Lindsay, F. H., J. A. Hawley, K. H. Myburgh, H. H. Schomer, T. D. Noakes und S. C. Dennis. »Improved Athletic Performance in Highly Trained Cyclists After Interval Training.« *Medicine and Science in Sports and Exercise* (1996) 28 (11):1427–1434.

Midgley, A. W., L. R. McNaughton und N. M. Wilkinson. »Is There an Optimal Training Intensity for Enhancing the Maximal Oxygen Uptake of Distance Runners?: Empirical Research Findings, Current Opinions, Physiological Rationale and Practical Recommendations.« *Sports Medicine* (2006) 36 (2): 117–132.

Millet, G. P., A. Lambert, B. Barbier, J. D. Rouillon und R. B. Candan. »Modelling the Relationships Between Training, Anxiety, and Fatigue in Elite Athletes.« *International Journal of Sports Medicine* (2005) 26 (6): 492–498.

Morton, R. H. »Modeling Training and Overtraining.« *Journal of Sports Sciences* (1997) 15 (3): 335–340.

Morton, R. H., J. R. Fitz-Clarke und E. W. Banister. »Modeling Human Performance in Running.« *Journal of Applied Physiology* (1990) 69 (3): 1171–1177.

Neal, C. M., A. M. Hunter, L. Brennan, A. O'Sullivan, D. L. Hamilton, G. DeVito und S. D. Galloway. »Six Weeks of a Polarized Training Intensity Distribution Leads to Greater Physiological and Performance Adaptations Than a Threshold Model in Trained Cyclists.« *Journal of Applied Physiology* (2013) 114 (4): 461–471.

Taha, T. und S. G. Thomas. »Systems Modelling of the Relationship Between Training and Performance.« *Sports Medicine* (2003) 33 (14): 1061–1073.

Tanaka, H. »Effects of Cross-Training. Transfer of Training Effects on VO_2max Between Cycling, Running and Swimming.« *Sports Medicine* (1994) 18 (5): 330–339.

Westgarth-Taylor, C., J. A. Hawley, S. Rickard, K.H. Myburgh, T. D. Noakes und S. C. Dennis. »Metabolic and Performance Adaptations to Interval Training in Endurance-Trained Cyclists.« *European Journal of Applied Physiology and Occupational Physiology* (1997) 75 (4): 298–304.

Kapitel 4: Trainingsintensität

Bendke, R., R. M. Leithauser und Q. Ochentel. »Blood Lactate Diagnostics in Exercise Testing and Training.« *International Journal of Sports Physiology and Performance* 6 (1) (2011): 8–24.

Estave-Lanao, J., C. Foster, S. Seiler und A. Lucia. »Impact of Training Intensity Distribution on Performance in Endurance Athletes.« *Journal of Strength and Conditioning Research* 21 (3) (2007): 943–949.

Estave-Lanao, J., A. F. San Juan, C. P. Earnest, C. Foster und A. Lucia. »How Do Endurance Runners Actually Train? Relationship with Competition Performance.« *Medicine and Science in Sports and Exercise* (2005) 37 (3): 496–504.

Fiskerstrand, A. und S. Seiler. »Training and Performance Characteristics Among Norwegian International Rowers 1970-2001.« *Scandinavian Journal of Medicine & Science in Sports* (2004) 14 (5): 303–310.

Gaskill, S. E., R. C. Serfass, D. W. Bacharach und J. M. Kelly. »Responses to Training in Cross-Country Skiers.« *Medicine and Science in Sports and Exercise* (1999) 31 (8): 1211–1217.

Helgerud, J., K. Hoydal, E. Wang, T. Karlsen, P. Berg, M. Bjerkaas, T. Simonsen, C. Helgesen, N. Hjorth, R. Bach und J. Hoff. »Aerobic High-Intensity Intervals Improve VO_2max More Than Moderate Training.« *Medicine and Science in Sports and Exercise* (2007) 39 (4): 665–671.

Impellizzeri, F., A. Sassi, M. Rodriguez-Alonso, P. Mognoni und S. Marcora. »Exercise Intensity During Off-Road Cycling Competitions.« *Medicine and Science in Sports and Exercise* (2002) 34 (11): 1808–1813.

Ingham, S. A., H. Carter, G. P. Whyte und J. H. Doust. »Physiological and Performance Effects of Low- Versus Mixed-Intensity Rowing Training.« *Medicine and Science in Sports and Exercise* (2008) 40 (3): 579–584.

Ingham, S. A., B. W. Fudge und J. S. Pringle. »Training Distribution, Physiological Profile, and Performance for a Male International 1500-M Runner.« *International Journal of Sports Physiology and Performance* (2012) 7 (2): 193–195.

Jacobs, I. »Blood Lactate: Implications for Training and Sports Performance.« *Sports Medicine* (1986) 3 (1): 10–25.

Laursen, P. B. und D. G. Jenkins. »The Scientific Basis for High-Intensity Interval Training: Optimizing Training Programmes and Maximising Performance in Highly Trained Endurance Athletes.« *Sports Medicine* (2002) 32 (1): 53–73.

Lehmann, M., H. Mann, V. Gastmann, J. Keul, D. Vetter, J. M. Stewacker und D. Haussinger. »Unaccustomed High-Mileage vs. Intensity Training-Related Changes in Performance and Serum Amino Acid Levels.« *International Journal of Sports Medicine* (1996) 17 (3): 187–192.

Loftin, M. und B. Warren. »Comparison of a Simulated 16.1-km Time Trial, VO_2max and Related Factors in Cyclists with Different Ventilatory Thresholds.« *International Journal of Sports Medicine* (1994) 15 (8): 498–503.

Midgley, A. W., L. R. McNaughton und N. M. Wilkinson. »Is There an Optimal Training

Intensity for Enhancing the Maximal Oxygen Uptake of Distance Runners?: Empirical Research Findings, Current Opinions, Physiological Rationale and Practical Recommendations.« *Sports Medicine* (2006) 36 (2): 117–132.

Mujika, I., J. C. Chatard, T. Busso, A. Geyssant, F. Barale und L. Lacoste. »Effects of Training on Performance in Competitive Swimming.« *Canadian Journal of Applied Physiology* (1995) 20 (4): 395–406.

Munoz, I., S. Seiler, J. Bautista, J. Espana, E. Larumbe und J. Esteve-Lanao. »Does Polarized Training Improve Performance in Recreational Runners?« *International Journal of Sports Physiology and Performance* (2013) 9 (2): 265–272.

Neal, C. M., A. M. Hunter, L. Brennan, A. O'Sullivan, D. L. Hamilton, G. DeVito und S. D. Galloway. »Six Weeks of a Polarized Training Intensity Distribution Leads to Greater Physiological and Performance Adaptations Than a Threshold Model in Trained Cyclists.« *Journal of Applied Physiology* (2013) 114 (4): 461–471.

Ready, E. A. und H. A. Quinney. »Alterations in Anaerobic Threshold as the Result of Endurance Training and Detraining.« *Medicine and Science in Sports and Exercise* (1982) 14 (4): 292–296.

Seiler, S. »What Is Best Practice for Training Intensity and Duration Distribution in Endurance Athletes?« *International Journal of Sports Physiology and Performance* (2010) 5 (3): 276–291.

Seiler, S. und G. Kjerland. »Quantifying Training Intensity Distribution in Elite Endurance Athletes: Is There Evidence for an Optimal Distribution?« *Scandinavian Journal of Medicine & Science in Sports* (2006) 16 (1): 49–56.

Seiler, S. und E. Tonnessen. »Intervals, Thresholds, and Long Slow Distance: The Role of Intensity and Duration in Endurance Training.« *Sportscience* (2009) 13: 32–53.

Skinner, J. und T. McLellan. »The Transition from Aerobic to Anaerobic Metabolism.« *Research Quarterly for Exercise and Sport* (1980) 51 (1): 234–248.

Swensen, T. C., C. R. Harnish, L. Beltman und B. A. Keller. »Noninvasive Estimation of the Maximal Lactate Steady State in Trained Cyclists.« *Medicine and Science in Sports and Exercise* (1999) 31 (5): 742–746.

Kapitel 5: Der Einstieg

Jones, G. »How the Best of the Best Get Better and Better.« *Harvard Business Review* (2008) 86 (6): 123–127, 142.

McGehee, J. C., C. J. Tanner und J. A. Houmard. »A Comparison of Methods for Estimating the Lactate Threshold.« *Journal of Strength and Conditioning Research* (2005) 19 (3): 553–558.

Millet, G. P., V. E. Vleck und D. J. Bentley. »Physiological Differences Between Cycling and Running: Lessons from Triathletes.« *Sports Medicine* (2009) 39 (3): 179–206.

O'Toole, M. L. und P. S. Douglas. »Applied Physiology of Triathlon.« *Sports Medicine* (1995) 19 (4): 251–267.

Kapitel 6: Fitnessaufbau

Bendke, R., R. M. Leithauser und Q. Ochentel. »Blood Lactate Diagnostics in Exercise Testing and Training.« *International Journal of Sports Physiology and Performance* (2011) 6 (1): 8–24.

Cairns, S. P. »Lactic Acid and Exercise Performance: Culprit or Friend?« *Sports Medicine* (2006) 36 (4): 279–291.

Coyle, E. F. »Integration of the Physiological Factors Determining Endurance Performance Ability.« *Exercise, Sport, and Science Review* (1995) 23: 25–63.

Coyle, F. F., M. E. Feltner, S. A. Kantz, M. T. Hamilton, S. J. Montain, A. M. Baylor, L. D. Abraham und G. W. Petrek. »Physiological and Biomechanical Factors Associated with Elite Endurance Cycling Performance.« *Medicine and Science in Sports and Exercise* (1991) 23 (1): 93–107.

Gleim, G. W., N. S. Stachenfield und J. A. Nicholas. »The Influence of Flexibility on the Economy of Walking and Jogging.« *Journal of Orthopedic Research* (1990) 8 (6): 814–823.

Grossl, T., R. Dantas De Lucas, K. Mendes De Souza und G. A. Guglielmol. »Maximal Lactate Steady-State and Anaerobic Thresholds from Different Methods in Cyclists.« *European Journal of Sport Science* (2012) 12 (2): 161–167.

Hunter, G. R., K. Katsoulis, J. P. McCarthy, W. K. Ogard, M. M. Bamman, D. S. Wood, J. A. DenHollander, T. E. Blandeau und B. R. Newcomer. »Tendon Length and Joint Flexibility Are Related to Running Economy.« *Medicine and Science in Sports and Exercise* (2011) 43 (8): 1492–1499.

Larsen, H. B. »Kenyan Dominance in Distance Running.« *Comparative Biochemistry and Physiology Part A: Molecular & Integrative Physiology* (2003) 136 (1): 161–170.

Lucia, A., J. Hoyos, M. Perez, A. Santalla und J. L. Chicharro. »Inverse Relationship Between VO_2max and Economy/Efficiency in World-Class Cyclists.« *Medicine and Science in Sports and Exercise* (2002) 34 (12): 2079–2084.

McGehee, J., C. Tanner und J. Houmard. »A Comparison of Methods for Estimating the Lactate Threshold.« *Journal of Strength and Conditioning Research* (2005) 19 (3): 553–558.

Midgley, A. W. und L. R. Naughton. »Time at or Near VO_2max During Continuous and Intermittent Running. A Review with Special Reference to Considerations for the Optimisation of Training Protocols to Elicit the Longest Time at or Near VO_2max.« *Journal of Sports Medicine and Physical Fitness* (2006) 46 (1): 1–14.

Midgley, A. W., L. R. Naughton und M. Wilkinson. »Is There an Optimal Training Intensity for Enhancing the Maximal Oxygen Uptake of Distance Runners?: Empirical Research Findings, Current Opinions, Physiological Rationale and Practical Recommendations.« *Sports Medicine* (2006) 36 (2): 117–132.

Millet, G. P., V. E. Vleck und D. J. Bentley. »Physiological Differences Between Cycling and Running: Lessons from Triathletes.« *Sports Medicine* (2009) 39 (3): 179–206.

Myers, J. und E. Ashley. »Dangerous Curves. A Perspective on Exercise, Lactate, and the Anaerobic Threshold.« *Chest* (1997) 111 (3): 787–795.

Nicholls, J. F., S. L. Phares und M.J. Buono. »Relationship Between Blood Lactate Response to Exercise and Endurance Performance in Competitive Female Master Cyclists.« *International Journal of Sports Medicine* (1997) 18 (6): 458–463.

Pate, R. R. und J. D. Branch. »Training for Endurance Sport.« *Medicine and Science in Sports and Exercise* (1992) 24 (9): S340–S343.

Saunders, P. U., D. B. Pyne, R. D. Telford und J. A. Hawley. »Factors Affecting Running Economy in Trained Distance Runners.« *Sports Medicine* (2004) 34 (7): 465–485.

Saunders, P. U., R. D. Telford, D. B. Pyne, E. M. Peltola, R. B. Cunningham, C. J. Gore und J. A. Hawley. »Short-Term Plyometric Training Improves Running Economy in Highly Trained Middle and Long Distance Runners.« *Journal of Strength and Conditioning Research* (2006) 20 (4): 947–954.

Slawinski, J., A. DeMarle, J. P. Koralsztein und V. Billat. »Effect of Supra-Lactate Threshold

Training on the Relationship Between Mechanical Stride Descriptors and Aerobic Energy Cost in Trained Runners.« *Archives of Physiology and Biochemistry* (2001) 109 (2): 110–116.

Stendel-Numbers, K. L., T. D. Weaver und C. M. Wall-Scheffler. »The Evolution of Human Running: Effects of Changes in Lower-Limb Length on Locomotor Economy.« *Journal of Human Evolution* (2007) 53 (2): 191–196.

Swensen, T. C., C. R. Harnish, L. Beltman und B. A. Keller. »Noninvasive Estimation of the Maximal Lactate Steady State in Trained Cyclists.« *Medicine and Science in Sports and Exercise* (1999) 31 (5): 742–746.

Turner, A. M., M. Owings und J. A. Schwane. »Improvement in Running Economy After 6 Weeks of Plyometric Training.« *Journal of Strength and Conditioning Research* (2003) 17 (1): 60–67.

Kapitel 7: Die Saisonplanung

Fry, R. W., A. R. Morton und D. Keast. »Periodisation of Training Stress—A Review.« *Canadian Journal of Sport Sciences* (1992) 17 (3): 234–240.

Gaskill, S. E., R. C. Serfass, D. W. Bacharach und J. M. Kelly. »Responses to Training in Cross-Country Skiers.« *Medicine and Science in Sports and Exercise* (1999) 31 (8): 1211–1217.

Hagberg, J. M., R. C. Hickson, A. A. Ehsani und J. O. Holloszy. »Faster Adjustment to and Recovery from Submaximal Exercise in the Trained State.« *Journal of Applied Physiology* (1980) 48 (2): 218–224.

Hautala A. J., A. M. Kiviniemi, T. H. Makikallio, H. Kinnunen, S. Nissila, H. V. Huikuri und M. P. Tulppo. »Individual Differences in the Responses to Endurance and Resistance Training.« *European Journal of Applied Physiology* (2006) 96 (5): 535–542.

Morton, R. H. »Modeling Training and Overtraining.« *Journal of Sports Sciences* (1997) 15 (3): 335–340.

Paton, C. D. und W. G. Hopkins. »Seasonal Changes in Power of Competitive Cyclists: Implications for Monitoring Performance.« *Journal of Science and Medicine in Sport* (2005) 8 (4): 375–381.

Kapitel 8: Die Wochenplanung

Banister, E. W., R. H. Morton und J. Fitz-Clarke. »Dose/Response Effects of Exercise Modeled from Training: Physical and Biochemical Measures.« *Annals of Physiology and Anthropology* (1992) 11 (3): 345–356.

Busso, T., R. Candau und J. R. Lacour. »Fatigue and Fitness Modelled from the Effects of Training on Performance.« *European Journal of Applied Physiology and Occupational Physiology* (1994) 69 (1): 50–54.

Costill, D. L., R. Thomas, R. A. Robergs, D. Pascoe, C. Lambert, S. Barr und W.J. Fink. »Adaptations to Swimming Training: I nfluence of Training Volume.« *Medicine and Science in Sports and Exercise* (1991) 23 (3): 371–377.

Esteve-Lanao, J., C. Foster, S. Seiler und A. Lucia. »Impact of Training Intensity Distribution on Performance in Endurance Athletes.« *Journal of Strength and Conditioning Research* (2007) 21 (3): 943–949.

Esteve-Lanao, J., A. F. San Juan, C. P. Earnest, C. Foster und A. Lucia. »How Do Endurance Runners Actually Train? Relationship with Competition Performance.« *Medicine and Science in Sports and Exercise* (2005) 37 (3): 496–504.

Fitz-Clarke J. R., R. H. Morton und E. W. Banister. »Optimizing Athletic Performance by Influence Curves.« *Journal of Applied Physiology* (1991) 71 (3): 1151–1158.

Gaskill, S. E., R. C. Serfass, D. W. Bacharach und J. M. Kelly. »Responses to Training in Cross-Country Skiers.« *Medicine and Science in Sports and Exercise* (1999) 31 (8): 1211–1217.

Gomes, P. S. und Y. Bhambhani. »Time Course Changes and Dissociation in VO_2max at Maximum and Submaximum Exercise Levels as a Result of Training in Males.« *Medicine and Science in Sports and Exercise* (1996) 28 (5): S81.

Hautala, A. J., A. M. Kiviniemi, T. H. Mäkikallio, H. Kinnunen, S. Nissilä, H. V. Huikuri und M. P. Tulppo. »Individual Differences in the Responses to Endurance and Resistance Training.« *European Journal of Applied Physiology* (2006) 96 (5): 535–542.

Helgerud J., K. Høydal, E. Wang, T. Karlsen, P. Berg, M. Bjerkaas, T. Simonsen, C. Helgesen, N. Hjorth, R. Bach und J. Hoff. »Aerobic High-Intensity Intervals Improve VO_2max More Than Moderate Training.« *Medicine and Science in Sports and Exercise* (2007) 39 (4): 665–671.

Hellard P., M. Avalos, C. Hausswirth, D. Pyne, J. F. Toussaint und I. Mujika. »Identifying Optimal Overload and Taper in Elite Swimmers Over Time.« *Journal of Sports Science and Medicine* (2013) 12 (4): 668–678.

Houmard, J. A. »Impact of Reduced Training on Performance in Endurance Athletes.« *Sports Medicine* (1991) 12 (6): 380–393.

Laursen, P. B. »Training for Intense Exercise Performance: High-Intensity or High-Volume Training?« *Scandinavian Journal of Medicine & Science in Sports* (2010) 20 (supplement 2): 1–10.

Laursen, P. B. und D. G. Jenkins. »The Scientific Basis for High-Intensity Interval Training: Optimising Training Programmes and Maximising Performance in Highly Trained Endurance Athletes.« *Sports Medicine* (2002) 32 (1): 53–73.

Midgley, A. W., L. R. McNaughton und M. Wilkinson. »Is There an Optimal Training Intensity for Enhancing the Maximal Oxygen Uptake of Distance Runners?: Empirical Research Findings, Current Opinions, Physiological Rationale and Practical Recommendations.« *Sports Medicine* (2006) 36 (2): 117–132.

Millet, G. P., A. Groslambert, B. Barbier, J. D. Rouillon und R. B. Cantan. »Modeling the Relationships Between Training, Anxiety, and Fatigue in Elite Athletes.« *International Journal of Sports Medicine* (2005) 26 (6): 492–498.

Morton, R. H. »Modeling Training and Overtraining.« *Journal of Sports Sciences* (1997) 15 (3): 335–340.

Morton, R. H., J. R. Fitz-Clarke und E. W. Banister. »Modeling Human Performance in Running.« *Journal of Applied Physiology* (1990) 69 (3): 1171–1177.

Mujika I., J. C. Chatard, T. Busso, A. Geyssant, F. Barale und L. Lacoste. »Effects of Training on Performance in Competitive Swimming.« *Canadian Journal of Applied Physiology* (1995) 20 (4): 395–406.

Mujika, I., A. Goya, S. Padilla, A. Grijalba, E. Gorostiaga und J. Ibañez. »Physiological Responses to a 6-d Taper in Middle-Distance Runners: Influence of Training Intensity and Volume.« *Medicine and Science in Sports and Exercise* (2000) 32 (2): 511–517.

Seiler, S. und E. Tonnessen. »Intervals, Thresholds, and Long Slow Distance: The Role of Intensity and Duration in Endurance Training.« *Sportscience* (2009) 13: 32–53.

Shepley, B., J. D. MacDougall, N. Cipriano, J. R. Sutton, M. A. Tarnopolsky und G. Coates. »Physiological Effects of Tapering in Highly Trained Athletes.« *Journal of Applied Physiology* (1992) 72 (2): 706–711.

Taha, T. und S. G. Thomas. »Systems Modelling of the Relationship Between Training and Performance.« *Sports Medicine* (2003) 33 (14): 1061–1073.

Thomas, L., I. Mujika und T. Busso. »Computer Simulations Assessing the Potential Performance Benefit of a Final Increase in Training During Pre-Event Taper.« *Journal of Strength and Conditioning Research* (2009) 23 (6): 1729–1736.

Kapitel 9: Planungs-Alternativen

Bosquet, L., J. Montpetit, D. Arvisais und I. Mujika. »Effects of Tapering on Performance: A Meta-Analysis.« *Medicine and Science in Sports and Exercise* (2007) 39 (8): 1358–1365.

Breil, F. S., S. N. Weber, S. Koller, H. Hoppeler und M. Vogt. »Block Training Periodization in Alpine Skiing: Effects off 11-Day HIT on VO_2max and Performance.« *European Journal of Applied Physiology* (2010) 109 (6): 1077–1086.

Buchheit M. und P. B. Laursen. »High-Intensity Interval Training, Solutions to the Programming Puzzle. Part II: Anaerobic Energy, Neuromuscular Load and Practical Applications.« *Sports Medicine* (2013) 43 (10): 927–954.

Fleck, S. J. »Non-linear Periodization for General Fitness & Athletes.« *Journal of Human Kinetics* (2011) 29A: 41–45.

García-Pallarés, J., M. García-Fernández, L. Sánchez-Medina und M. Izquierdo. »Performance Changes in World-Class Kayakers Following Two Different Training Periodization Models.« *European Journal of Applied Physiology* (2010) 110 (1): 99–107.

García-Pallarés, J., L. Sánchez-Medina, L. Carrasco, A. Diaz und M. Izquierdo. »Endurance and Neuromuscular Changes in World-Class Level Kayakers During a Periodized Training Cycle.« *European Journal of Applied Physiology* (2009) 106 (4): 629–638.

Hartmann, H., K. Wirth, M. Keiner, C. Mickel, A. Sander und E. Szilvas. »Short-Term Periodization Models: Effects on Strength and Speed-Strength Performance.« *Sports Medicine* (2015) 45 (10): 1373–1386.

Issurin, V. B. »Block Periodization Versus Traditional Training Theory: A Review.« *Journal of Sports Medicine and Physical Fitness* (2008) 48 (1): 65–75.

Issurin, V. B. »New Horizons for the Methodology and Physiology of Training Periodization.« *Sports Medicine* (2010) 40 (3): 189–206.

Issurin, V. B. »Training Transfer: Scientific Background and Insights for Practical Application.« *Sports Medicine* (2013) 43 (8): 675–694.

Jeukendrup, A. E., M. K. Hesselink, A. C. Snyder, H. Kuipers und H. A. Keizer. »Physiological Changes in Male Competitive Cyclists After Two Weeks of Intensified Training.« *International Journal of Sports Medicine* (1992) 13 (7): 534–541.

Kibler, W. B. und T. J. Chandler. »Sport-Specific Conditioning.« *American Journal of Sports Medicine* (1994) 22 (3): 424–432.

Kiely, J. »Periodization Paradigms in the 21st Century: Evidence-Led or Tradition-Driven?« *International Journal of Sports Physiology and Performance* (2012) 7 (3): 242–250.

Kirwan, J. P., D. L. Costill, M. G. Flynn, J. B. Mitchell, W. J. Fink, P. D. Neufer und J. A. Houmard. »Physiological Responses to Successive Days of Intense Training in Competitive Swimmers.« *Medicine and Science in Sports and Exercise* (1988) 20 (3): 255–259.

Lehmann, M., P. Baumgartl, C. Wiesenack, A. Seidel, H. Baumann, S. Fischer, U. Spöri, G. Gendrisch, R. Kaminski und J. Keul.

»Training-Overtraining: Influence of a Defined Increase in Training Volume vs Training Intensity on Performance, Catecholamines and Some Metabolic Parameters in Experienced Middle- and Long-Distance Runners.« *European Journal of Applied Physiology and Occupational Physiology* (1992) 64 (2): 169–177.

Lehmann, M., H. Wieland und U. Gastmann. »Influence of an Unaccustomed Increase in Training Volume vs Intensity on Performance, Hematological and Blood-Chemical Parameters in Distance Runners.« *Journal of Sports Medicine and Physical Fitness* (1997) 37 (2): 110–116.

Muñoz, I., R. Cejuela, S. Seiler, E. Larumbe und J. Esteve-Lanao. »Training-Intensity Distribution During an Ironman Season: Relationship with Competition Performance.« *International Journal of Sports Physiology and Performance* (2014) 9 (2): 332–339.

Rhea, M. R., S. D. Ball, W.T. Phillips und L. N. Burkett. »A Comparison of Linear and Daily Undulating Periodized Programs with Equated Volume and Intensity for Strength.« *Journal of Strength and Conditioning Research* (2002) 16 (2): 250–255.

Rhea, M. R., W. T. Phillips, L. N. Burkett, W. J. Stone, S. D. Ball, B. A. Alvar und A. B. Thomas. »A Comparison of Linear and Daily Undulating Periodized Programs with Equated Volume and Intensity for Local Muscular Endurance.« *Journal of Strength and Conditioning Research* (2003) 17 (1): 82–87.

Rønnestad, B. R., S. Ellefsen, H. Nygaard, E. E. Zacharoff, O. Vikmoen, J. Hansen und J. Hallén. »Effects of 12 Weeks of Block Periodization on Performance and Performance Indices in Well-Trained Cyclists.« *Scandinavian Journal of Medicine & Science in Sports* (2014) 24 (2): 327–335.

Rønnestad, B. R., J. Hansen und S. Ellefsen. »Block Periodization of High-Intensity Aerobic Intervals Provides Superior Training Effects in Trained Cyclists.« *Scandinavian Journal of Medicine & Science in Sports* (2014) 24 (1): 34–42.

Rønnestad, B. R., J. Hansen, V. Thyli, T. A. Bakken und Ø. Sandbakk. »5-Week Block Periodization Increases Aerobic Power in Elite Cross-Country Skiers.« *Scandinavian Journal of Medicine & Science in Sports* (2016) 26 (2): 140–146.

Szabo, S., Y. Tache und A. Somogyi. »The Legacy of Hans Selye and the Origins of Stress Research: A Retrospective 75 Years After His Landmark Brief ›Letter‹ to the Editor of Nature.« *Stress* (2012) 15 (5): 472–478.

Tønnessen, E., Ø. Sylta, T. A. Haugen, E. Hem, I. S. Svendsen und S. Seiler. »The Road to Gold: Training and Peaking Characteristics in the Year Prior to a Gold Medal Endurance Performance.« *PLoS One* (2014) 9 (7): e101796.

Kapitel 10: Trainingsbelastung

Aubry, A., C. Hausswirth, J. Louis, A. J. Coutts und Y. Le Meur. »Functional Overreaching: The Key to Peak Performance During the Taper?« *Medicine and Science in Sports and Exercise* (2014) 46 (9): 1769–1777.

Hausswirth, C., J. Louis, A. Aubry, G. Bonnet, R. Duffield und Y. Le Meur. »Evidence of Disturbed Sleep and Increased Illness in Overreached Endurance Athletes.« *Medicine and Science in Sports and Exercise* (2014) 46 (5): 1036–1045.

Lehmann, M., U. Gastmann, K.G. Peterson, N. Bachl, A. Seidel, A. N. Khalaf, S. Fischer und J. Keul. »Training-Overtraining: Performance, and Hormone Levels, After a Defined Increase in Training Volume Versus Intensity in Experienced Middle- and Long-Distance Runners.« *British Journal of Sports Medicine* (1992) 26 (4): 233–242.

Lehmann, M., H. Wieland und U. Gastmann. »Influence of an Unaccustomed Increase in

Training Volume vs Intensity on Performance, Hematological and Blood-Chemical Parameters in Distance Runners.« *Journal of Sports Medicine and Physical Fitness* (1997) 37 (2): 110–116.

Le Meur, Y., A. Pichon, K. Schaal, L. Schmitt, J. Louis, J. Gueneron, P.P. Vidal und C. Hausswirth. »Evidence of Parasympathetic Hyperactivity in Functionally Overreached Athletes.« *Medicine and Science in Sports and Exercise* (2013) 45 (11): 2061–2071.

Meeusen, R., M. Duclos, C. Foster, A. Fry, M. Gleeson, D. Nieman, J. Raglin, G. Rietjens, J. Steinacker und A. Urhausen. »Prevention, Diagnosis, and Treatment of the Overtraining Syndrome: Joint Consensus Statement of the European College of Sport Science and the American College of Sports Medicine.« *Medicine and Science in Sports and Exercise* (2013) 45 (1): 186–205.

Vesterinen, V., K. Häkkinen, T. Laine, E. Hynynen, J. Mikkola und A. Nummela. »Predictors of Individual Adaptation to High-Volume or High-Intensity Endurance Training in Recreational Endurance Runners.« *Scandinavian Journal of Medicine & Science in Sports* (2016) 26 (8): 885–893.

Kapitel 11: Ruhe und Regeneration

Ali, A., M. P. Caine und B. G. Snow. »Graduated Compression Stockings: Physiological and Perceptual Responses During and After Exercise.« *Journal of Sports Sciences* (2007) 25 (4): 413–419.

Ali, A., R. H. Creasy und J. A. Edge. »Physiological Effects of Wearing Graduated Compression Stockings During Running.« *European Journal of Applied Physiology* (2010) 109 (6): 1017–1025.

Ali, A., R. H. Creasy und J. A. Edge. »The Effect of Graduated Compression Stockings on Running Performance.« *Journal of Strength and Conditioning Research* (2011) 25 (5): 1385–1392.

Areta, J. L., L. M. Burke, M. L. Ross, D. M. Camera, D. W. West, E. M. Broad, N. A. Jeacocke, D. R. Moore, T. Stellingwerff, S. M. Phillips, J. A. Hawley und V. G. Coffey. »Timing and Distribution of Protein Ingestion During Prolonged Recovery from Resistance Exercise Alters Myofibrillar Protein Synthesis.« *Journal of Physiology* (2013) 591 (9): 2319–2331.

Berardi, J. M., T. B. Price, E. E. Noreen und P. W. Lemon. »Postexercise Muscle Glycogen Recovery Enhanced with a Carbohydrate-Protein Supplement.« *Medicine and Science in Sports and Exercise* (2006) 38 (6): 1106–1113.

Berry, M. J. und R. G. McMurray. »Effects of Graduated Compression Stockings on Blood Lactate Following an Exhaustive Bout of Exercise.« *American Journal of Physical Medicine* (1987) 66 (3): 121–132.

Bossingham, M. J., N. S. Carnell und W. W. Campbell. »Water Balance, Hydration Status, and Fat-Free Mass Hydration in Younger and Older Adults.« *American Journal of Clinical Nutrition* (2005) 81 (6): 1342–1350.

Breen, L., A. Philip, O. C. Witard, S. R. Jackman, A. Selby, K. Smith, K. Barr und K. D. Tipton. »The Influence of Carbohydrate-Protein Co-ingestion Following Endurance Exercise on Myofibrillar and Mitochondrial Protein Synthesis.« *Journal of Physiology* (2011) 589 (16): 4011–4025.

Chatard, J. C., D. Atlaoui, J. Farjanel, F. Louisy, D. Rastel und C. Y. Guezennec. »Elastic Stockings, Performance and Leg Pain Recovery in 63-Year-Old Sportsmen.« *European Journal of Applied Physiology* (2004) 93 (3): 347–352.

Crispim, C. A., I. Z. Zimberg, B. G. dos Reis, R. M. Diniz, S. Tufik und M. T. de Mello. »Relationship Between Food Intake and Sleep Pattern in Healthy Individuals.« *Journal of Clinical Sleep and Medicine* (2011) 7 (6): 659–664.

Davies, D. J., K. S. Graham und C. M. Chow. »The Effect of Prior Endurance Training on Nap Sleep Patterns.« *International Journal of Sports Physiology and Performance* (2010) 5 (1): 87–97.

Davies, V., K. G. Thompson und S. M. Cooper. »The Effects of Compression Garments on Recovery.« *Journal of Strength and Conditioning Research* (2009) 23 (6): 1786–1794.

De Pauw, K., B. De Geus, B. Roelands, F. Lauwens, J. Verschueren, E. Heyman und R.R. Meeusen. »Effect of Five Different Recovery Methods on Repeated Cycle Performance.« *Medicine and Science in Sports and Exercise* (2011) 43 (5): 890–897.

Duffield, R., J. Cannon und M. King. »The Effects of Compression Garments on Recovery of Muscle Performance Following High-Intensity Sprint and Plyometric Exercise.« *Journal of Science and Medicine in Sport* (2010) 13 (1): 136–140.

Duffield, R., J. Edge, R. Merrells, E. Hawke, M. Barnes, D. Simcock und N. Gill. »The Effects of Compression Garments on Intermittent Exercise Performance and Recovery on Consecutive Days.« *International Journal of Sports Physiology and Performance* (2008) 3 (4): 454–468.

Ebrahim, I. O., C.M. Shapiro, A. J. Williams und P. B. Fenwick. »Alcohol and Sleep I: Effects on Normal Sleep.« *Alcoholism, Clinical and Experimental Research* (2013) 37 (4): 539–549.

Eliakim, M., E. Bodner, Y. Meckel, D. Nemet und A. Eliakim. »Effect of Rhythm on the Recovery from Intense Exercise.« *Journal of Strength and Conditioning Research* (2012) 27 (4): 1019–1024.

French, D. N., K. G. Thompson, S. W. Garland, C. A. Barnes, M. D. Portas, P. E. Hood und G. Wilkes. »The Effects of Contrast Bathing and Compression Therapy on Muscular Performance.« *Medicine and Science in Sports and Exercise* (2008) 40 (7): 1297–1306.

Fudge, B. W., C. Easton, D. Kingsmore, F. K. Kiplamai, V. O. Onywera, K. R. Westerterp, B. Kayser, T. D. Noakes und Y. P. Pitsiladis. »Elite Kenyan Endurance Runners Are Hydrated Day-to-Day with Ad Libitum Fluid Intake.« *Medicine and Science in Sports and Exercise* (2008) 40 (6): 1171–1179.

Garrido, M., D. González-Gómez, M. Lozano, C. Barriga, S. D. Paredes und A. B. Rodríguez. »A Jerte Valley Cherry Product Provides Beneficial Effects on Sleep Quality. Influence on Aging.« *Journal of Nutrition, Health & Aging* (2013) 17 (6): 553–560.

Goh, S. S., P. B. Laursen, B. Dascombe und K. Nosaka. »Effect of Lower Body Compression Garments on Submaximal Running Performance in Cold (10° C) and Hot (32° C) Environments.« *European Journal of Applied Physiology* (2011) 111 (5): 819–826.

Goulet, E. D. »Effect of Exercise-Induced Dehydration on Time-Trial Exercise Performance: A Meta-Analysis.« *British Journal of Sports Medicine* (2011) 45 (14): 1149–1156.

Hagberg, J. M., R. C. Hickson, A. A. Ehsani und J. O. Holloszy. »Faster Adjustment to and Recovery from Submaximal Exercise in the Trained State.« *Journal of Applied Physiology* (1980) 48 (2): 218–224.

Halson, S. L. »Does the Time Frame Between Exercises Influence the Effectiveness of Hydrotherapy for Recovery?« *International Journal of Sports Physiology and Performance* (2011) 6 (2): 147–159.

Halson, S. L., M. W. Bridge, R. Meeusen, B. Busschaert, M. Gleeson, D. A. Jones und A. E. Jeukendrup. »Time Course of Performance Changes and Fatigue Markers During Intensified Training in Trained Cyclists.« *Journal of Applied Physiology* (2002) 93 (3): 947–956.

Halson, S. L., G. I. Lancaster, J. Achten, M. Gleeson und A. E. Jeukendrup. »Effects of Carbohydrate Supplementation on Performance and Carbohydrate Oxidation After Intensified Cycling Training.« *Journal of Applied Physiology* (2004) 97 (4): 1245–1253.

Hemmings, B., M. Smith, J. Graydon und R. Dyson. »Effects of Massage on Physiological Restoration, Perceived Recovery, and Repeated Sports Performance.« *British Journal of Sports Medicine* (2000) 34 (2): 109–114.

Higgins, T., G. A. Naughton und D. Burgess. »Effects of Wearing Compression Garments on Physiological and Performance Measures in a Simulated Game-Specific Circuit for Netball.« *Journal of Science and Medicine in Sport* (2009) 12 (1): 223–226.

Hill, D. W., D. O. Borden, K. M. Darnaby und D. N. Hendricks. »Aerobic and Anaerobic Contributions to Exhaustive High-Intensity Exercise After Sleep Deprivation.« *Journal of Sports Sciences* (1994) 12 (5): 455–461.

Howatson, G., P. G. Bell, J. Tallent, B. Middleton, M. P. McHugh und J. Ellis. »Effect of Tart Cherry Juice (Prunus cerasus) on Melatonin Levels and Enhanced Sleep Quality.« *European Journal of Nutrition* (2012) 51 (8): 909–916.

Ingram, J., B. Dawson, C. Goodman, K. Wallman und L. Beilby. »Effect of Water Immersion Methods on Post-Exercise Recovery from Simulated Team Sport Exercise.« *Journal of Science and Medicine in Sport* (2009) 12 (3): 417–421.

Ivy, J. L. »Dietary Strategies to Promote Glycogen Synthesis After Exercise.« *Canadian Journal of Applied Physiology* (2001) 26 (Supplement): S236–S245.

Ivy, J. L., H. W. Goforth Jr., B. M. Damon, T. R. McCauley, E. C. Parsons und T. B. Price. »Early Postexercise Muscle Glycogen Recovery Is Enhanced with a Carbohydrate-Protein Supplement.« *Journal of Applied Physiology* (2002) 3 (4): 1337–1344.

Jakeman, J. R., C. Byrne und R. G. Eston. »Lower Limb Compression Garment Improves Recovery from Exercise-Induced Muscle Damage in Young, Active Females.« *European Journal of Applied Physiology* (2010) 109 (6): 1137–1144.

Jentjens, R. und A. Jeukendrup. »Determinants of Post-Exercise Glycogen Synthesis During Short-Term Recovery.« *Sports Medicine* (2003) 33 (2): 117–144.

Kaikkonen, P., E. Hynynen, T. Mann, H. Rusko und A. Nummela. »Heart Rate Variability Is Related to Training Load Variables in Interval Running Exercises.« *European Journal of Applied Physiology* (2012) 112 (3): 829–838.

Kemmler, W., S. Von Stengel, C. Kockritz, J. Mayhew, A. Wassermann und J. Zapf. »Effect of Compression Stockings on Running Performance in Men Runners.« *Journal of Strength and Conditioning Research* (2009) 23 (1): 101–105.

Kenney, W. L. und Chiu P. »Influence of Age on Thirst and Fluid Intake.« *Medicine and Science in Sports and Exercise* (2001) 33 (9): 1524–1532.

Kenney, W. L., C. G. Tankersley, D. L. Newswanger, D. E. Hyde, S. M. Puhl und N. L. Turner. »Age and Hypohydration Independently Influence the Peripheral Vascular Response to Heat Stress.« *Journal of Applied Physiology* (1990) 68 (5): 1902–1908.

Kephart, W. C., C. B. Mobley, C. D. Fox, D. D. Pascoe, J. M. Sefton, T. J. Wilson, M. D. Goodlett, A. N. Kavazis, M. D. Roberts und J. S. Martin. »A Single Bout of Whole-Leg, Peristaltic Pulse External Pneumatic Compression Upregulates PGC-1α mRNA and Endothelial Nitric Oxide Synthase Protein in Human Skeletal Muscle Tissue.« *Experimental Physiology* (2015) 100 (7): 852–864.

Killer, S. C., I. S. Svendsen, A. E. Jeukendrup und M. Gleeson. »Evidence of Disturbed Sleep and Mood State in Well-Trained Athletes During Short-Term Intensified Training with and Without a High Carbohydrate Nutritional Intervention.« *Journal of Sports Sciences* (2015): 1–9.

Kovacs, E. M., J. M. Senden und F. Brouns. »Urine Color, Osmolality and Specific Electrical Conductance Are Not Accurate Measures of Hydration Status During Postexercise Rehydration.« *Journal of Sports Medicine and Physical Fitness* (1999) 39 (1): 47–53.

Kraemer, W. J., S. D. Flanagan, B. A. Comstock, M. S. Fragala, J. E. Earp, C. Dunn-Lewis, J. Y. Ho, G. A. Thomas, G. Solomon-Hill, Z. R. Penwell, M. D. Powell, M. R. Wolf, J. S. Volek, C. R. Denegar und C. M. Maresh. »Effects of a Whole Body Compression Garment on Markers of Recovery After a Heavy Resistance Workout in Men and Women.« *Journal of Strength and Conditioning Research* (2010) 24 (3): 804–814.

Lamberts, R. P., J. Swart, B. Capostagno, T. D. Noakes und M. I. Lambert. »Heart Rate Recovery as a Guide to Monitor Fatigue and Predict Changes in Performance Parameters.« *Scandinavian Journal of Medicine & Science in Sports* (2010) 20 (3): 449–457.

Le Meur, Y., A. Pichon, K. Schaal, L. Schmitt, J. Louis, J. Gueneron, P. P. Vidal und C. Hausswirth. »Evidence of Parasympathetic Hyperactivity in Functionally Overreached Athletes.« *Medicine and Science in Sports and Exercise* (2013) 4 (11): 2061–2071.

Levenhagen, D. K., C. Carr, M. G. Carlson, D. J. Maron, M. J. Borel und P. J. Flakoll. »Postexercise Protein Intake Enhances Whole-Body and Leg Protein Accretion in Humans.« *Medicine and Science in Sports and Exercise* (2002) 34 (5): 828–837.

Lindseth, G., P. Lindseth und M. Thompson. »Nutritional Effects on Sleep.« *Western Journal of Nursing Research* (2013) 35 (4): 497–513.

MacRae, B. A., J. D. Cotter und R. M. Laing. »Compression Garments and Exercise: Garment Considerations, Physiology and Performance.« *Sports Medicine* (2011) 41 (10): 815–843.

MacRae, B. A., R. M. Laing, B. E. Niven und J. D. Cotter. »Pressure and Coverage Effects of Sporting Compression Garments on Cardiovascular Function, Thermoregulatory Function, and Exercise Performance.« *European Journal of Applied Physiolo*gy (2012) 112 (5): 1783–1795.

Martin, J. S., A. R. Borges und D. T. Beck. »Peripheral Conduit and Resistance Artery Function Are Improved Following a Single, 1-h Bout of Peristaltic Pulse External Pneumatic Compression.« *European Journal of Applied Physiology* (2015) 115 (9): 2019–2029.

McAinch, A. J., M. A. Febbraio, J. M. Parkin, S. Zhao, K. Tangalakis, L. Stojanovska und M. F. Carey. »Effect of Active Versus Passive Recovery on Metabolism and Performance During Subsequent Exercise.« *International Journal of Sport Nutrition and Exercise Metabolism* (2004) 14 (2): 185–196.

Mika, A., P. Mika, B. Fernhall und V. B. Unnithan. »Comparison of Recovery Strategies on Muscle Performance After Fatiguing Exercise.« *American Journal of Physical Medicine & Rehabilitation* (2007) 86 (6): 474–481.

Miyamoto, N., K. Hirata, N. Mitsukawa, T. Yanai und Y. Kawkami. »Effect of Pressure Intensity of Graduated Elastic Compression Stocking on Muscle Fatigue Following Calf-Raise Exercise.« *Journal of Electromyography and Kinesiology* (2011) 21 (2): 249–254.

Montgomery, P. G., D. B. Pyne, W. G. Hopkins, J. C. Dorman, K. Cook und C. L. Minhan. »The Effect of Recovery Strategies on Physical Performance and Cumulative Fatigue in

Competitive Basketball.« *Journal of Sports Sciences* (2008) 26 (11): 1135–1145.

Nicholas, C. W., P. A. Green, R. D. Hawkins und C. Williams. »Carbohydrate Intake and Recovery of Intermittent Running Capacity.« *International Journal of Sport Nutrition and Exercise Metabolism* (1997) 7 (4): 251–260.

Noakes, T. D. »Drinking Guidelines for Exercise: What Evidence Is There That Athletes Should Drink ›as Much as Tolerable‹, ›to Replace the Weight Lost During Exercise‹ or ›Ad Libitum‹?« *Journal of Sports Sciences* (2007) 25 (7): 781–796.

Noakes, T. D. »Hydration in the Marathon: Using Thirst to Gauge Safe Fluid Replacement.« *Sports Medicine* (2007) 37 (4–5): 463–466.

Parkin, J. A., M. F. Carey, I. K. Martin, L. Stojanovska und M. A. Febbraio. »Muscle Glycogen Storage Following Prolonged Exercise: Effect of Timing of Ingestion of High Glycemic Index Food.« *Medicine and Science in Sports and Exercise* (1997) 29 (2): 220–224.

Penev, P. D. »Association Between Sleep and Morning Testosterone Levels in Older Men.« *Sleep* (2007) 30 (4): 427–432.

Pennings, B., R. Koopman, M. Beelen, J. M. G. Senden, W. H. M. Saris und L. J. C. van Loon. »Exercising Before Protein Intake Allows for Greater Use of Dietary Protein-Derived Amino Acids for De Novo Muscle Protein Synthesis in Both Young and Elderly Men.« *American Journal of Clinical Nutrition* (2011) 93 (2): 322–331.

Perez-Schindler, J., D. L. Hamilton, D. R. Moore, K. Baar und A. Philp. »Nutritional Strategies to Support Concurrent Training.« *European Journal of Sport Science* (2015) 15 (1): 41–52.

Phillips, S. M. »A Brief Review of Critical Processes in Exercise-Induced Muscular Hypertrophy.« *Sports Medicine* (2014) 44 (S1): S71–S77

Pigeon, W. R., M. Carr, C. Gorman und M. L. Perlis. »Effects of a Tart Cherry Juice Beverage on the Sleep of Older Adults with Insomnia: A Pilot Study.« *Journal of Medicine and Food* (2010) 13 (3): 579–583.

Res, P. T., B. Groen, B. Pennings, M. Beelen, G. A. Wallis, A. P. Gijsen, J. M. Senden und L. J. Van Loon. »Protein Ingestion Before Sleep Improves Postexercise Overnight Recovery.« *Medicine and Science in Sports and Exercise* (2012) 44 (8): 1560–1569.

Reynolds, A. C., J. Dorrian, P. Y. Liu, H. P. Van Dongen, G. A. Wittert, L. J. Harmer und S. Banks. »Impact of Five Nights of Sleep Restriction on Glucose Metabolism, Leptin and Testosterone in Young Adult Men.« *PLoS One* (2012) 7 (7): e41218.

Riman, D., L. Messonier, J. Castells, X. Devillard und P. Calmels. »Effects of Compression Stockings During Exercise and Recovery on Blood Lactate Kinetics.« *European Journal of Applied Physiology* (2010) 110 (2): 425–433.

Sands, W. A., J. R. McNeal, S. R. Murray und M. H. Stone. »Dynamic Compression Enhances Pressure-to-Pain Threshold in Elite Athlete Recovery: Exploratory Study.« *Journal of Strength and Conditioning Research* (2015) 29 (5): 1263–1272.

Sawka, M. N., S. J. Montain und W. A. Latzka. »Hydration Effects on Thermoregulation and Performance in the Heat.« *Comparative Biochemistry and Physiology Part A, Molecular & Integrative Physiology* (2001) 128 (4): 679–690.

Scanlon, A. T., B. J. Dascombe, P. R. Reaburn und M. Osborne. »The Effects of Wearing Lower-Body Compression Garments During Endurance Cycling.« *International Journal of Sports Physiology and Performance* (2008) 3 (4): 424–438.

Seiler, S., O. Haugen und E. Kuffel. »Autonomic Recovery After Exercise in Trained Athletes:

Intensity and Duration Effects.« *Medicine and Science in Sports and Exercise* (2007) 39 (8): 1366–1373.

Sperlich, B., M. Haegele, S. Achtzehn, J. Linville, H. C. Holmberg und J. Mester. »Different Types of Compression Clothing Do Not Increase Submaximal and Maximal Endurance Performance in Well-Trained Athletes.« *Journal of Sports Sciences* (2010) 28 (6): 609–614.

Suzuki, M. »Glycemic Carbohydrates Consumed with Amino Acids or Protein Right After Exercise Enhance Muscle Formation.« *Nutrition Review* (2003) 61 (5 Pt 2): S88–S94.

Symons, T. B., M. S. Moore und R. R. Wolfe. »A Moderate Serving of High-Quality Protein Maximally Stimulates Muscle Protein Synthesis in Young and Elderly Subjects.« *Journal of the American Dietetic Association* (2009) 109 (9): 1582–1586.

Tipton, K. D., A. A. Ferrando, S. M. Phillips, D. Doyle Jr und R. R. Wolfe. »Postexercise Net Protein Synthesis in Human Muscle from Orally Administered Amino Acids.« *American Journal of Physiology* (1999) 276 (4 Pt 1): E628–E634.

Tomlin, D. L. und H. A. Wenger. »The Relationship Between Fitness and Recovery from High Intensity Intermittent Exercise.« *Sports Medicine* (2001) 31 (1): 1–11.

Tseng, C. Y., J. P. Lee, Y. S. Tsai, S. D. Lee, C. L. Kao, T. C. Liu, C. Lai, M. B. Harris und C. H. Kuo. »Topical Cooling (Icing) Delays Recovery from Eccentric Exercise-Induced Muscle Damage.« *Journal of Strength and Conditioning Research* (2013) 27 (5): 1354–1361.

Tucker, T. J., D. R. Slivka, J. S. Cuddy, W. S. Hailes und B. C. Ruby. »Effect of Local Cold Application on Glycogen Recovery.« *Journal of Sports Medicine and Physical Fitness* (2012) 52 (2): 158–164.

Vaile, J., S. Halson, N. Gill und B. Dawson. »Effect of Hydrotherapy on Recovery from Fatigue.« *International Journal of Sports Medicine* (2008) 29 (7): 539–544.

Vaile, J., S. Halson, N. Gill und B. Dawson. »Effect of Cold Water Immersion on Repeat Cycling Performance and Thermoregulation in the Heat.« *Journal of Sports Sciences* (2008) 26 (5): 431–440.

Valtin, H. »›Drink at Least Eight Glasses of Water a Day.‹ Really? Is There Scientific Evidence for ›8 x 8‹?« *American Journal of Physiology. Regulatory, Integrative and Comparative Physiology* (2002) 283 (5): R993–R1004.

Van Cauter, E., R. Leproult und L. Plat. »Age-Related Changes in Slow-Wave Sleep and REM Sleep and Relationship with Growth Hormone and Cortisol Levels in Healthy Men.« *Journal of the American Medical Association* (2000) 284 (7): 861–868.

VanHelder, T. und M. W. Radomski. »Sleep Deprivation and the Effect on Exercise Performance.« *Sports Medicine* (1989) 7 (4): 235–247.

Van Loon, L. J., M. Kruijshoop, H. Verhagen, W. H. Saris und A. J. Wagenmakers. »Ingestion of Protein Hydrolysate and Amino Acid-Carbohydrate Mixtures Increases Postexercise Plasma Insulin Responses in Men.« *Journal of Nutrition* (2000) 130 (10): 2508–2513.

Versey, N. G., S. L. Halson und B. T. Dawson. »Effect of Contrast Water Therapy Duration on Recovery of Running Performance.« *International Journal of Sports Physiology and Performance* (2012) 7 (2): 130–140.

Wiener, A., J. Mizrahi und O. Verbitsky. »Enhancement of Tibialis Anterior Recovery by Intermittent Sequential Pneumatic Compression of the Legs.« *Basic Applied Myology* (2001) 11 (2): 87–90.

Wilcox, I., J. Cronin und W. Hing. »Physiological Response to Water Immersion: A Method for Sport Recovery?« *Sports Medicine* (2006) 6 (9): 747–765.

Zelikovski, A., C. L. Kaye, G. Fink, S. A. Spitzer und Y. Shapiro. »The Effects of the Modified Intermittent Sequential Pneumatic Device (MISPD) on Exercise Performance Following an Exhaustive Exercise Bout.« *British Journal of Sports Medicine* (1993) 27 (4): 255–259.

Zuj, K.A, C. N. Prince, R. L Hughson, S.D. Peterson. »Enhanced Muscle Blood Flow with Intermittent Pneumatic Compression of the Lower Leg During Plantar Flexion Exercise and Recovery.« *Journal of Applied Physiology* (2018) 124 (2): 302–311.

Kapitel 12: Schnelligkeit

Ardigo, L. P., C. LaFortuna, A. E. Minetti, P. Mognoni und F. Saibene. »Metabolic and Mechanical Aspects of Foot Landing Type, Forefoot and Rearfoot Strike, in Human Running.« *Acta Physiologica Scandinavica* (1995) 155 (1): 17–22.

Beneke, R. und M. Hutler. »The Effects of Training on Running Economy and Performance in Recreational Athletes.« *Medicine and Science in Sports and Exercise* (2005) 37 (10): 1794–1799.

Garside, I. und D. A. Doran. »Effects of Bicycle Frame Ergonomics on Triathlon 10-km Running Performance.« *Journal of Sports Sciences* (2000) 18 (10): 825–833.

Hasegawa, H., T. Yamauchi und W. J. Kraemer. »Foot Strike Patterns of Runners at the 15-km Point During an Elite-Level Half Marathon.« *Journal of Strength and Conditioning Research* (2007) 21 (3): 888–893.

Lucia, A., J. Oliván, J. Bravo, M. Gonzalez-Freire und C. Foster. »The Key to Top-Level Endurance Running Performance: A Unique Example.« *British Journal of Sports Medicine* (2008) 42 (3): 172–174.

Nummela, A., T. Keranen und L. O. Mikkelsson. »Factors Related to Top Running Speed and Economy.« *International Journal of Sports Medicine* (2007) 28 (8):655–661

Paavolainen, L., A. Nummela, H. Rusko und K. Hakkinen. »Neuromuscular Characteristics and Fatigue During 10-km Running.« *International Journal of Sports Medicine* (1999) 20 (8): 516–521.

Peeling, P. und G. Landers. »Swimming Intensity During Triathlon: A Review of Current Research and Strategies to Enhance Race Performance.« *Journal of Sports Sciences* (2009) 27 (10): 1079–1085.

Price, D. und B. Donne. »Effect of Variation in Seat Tube Angle at Different Seat Heights on Submaximal Cycling Performance in Man.« *Journal of Sports Sciences* (1997) 15: 395–402.

Saunders, P. U., D. B. Pyne, R. D. Telford und J. A. Hawley. »Factors Affecting Running Economy in Trained Distance Runners.« *Sports Medicine* (2004) 34 (7): 465–485.

Steudel-Numbers, K. L., T. D. Weaver und C. M. Wall-Scheffler. »The Evolution of Human Running: Effects of Changes in Lower-Limb Length on Locomotor Economy.« *Journal of Human Evolution* (2007) 53 (2): 191–196.

Kapitel 13: Kraft

Ahmad, C. S., A. M. Clark, N. Heilmann, J. S. Schoeb, T. R. Gardner und W. N. Levine. »Effect of Gender and Maturity on Quadriceps-to-Hamstring Strength Ratio and Anterior Cruciate Ligament Laxity.« *American Journal of Sports Medicine* (2006) 34 (3): 370–374.

Aspenes, S. T. und T. Karlsen. »Exercise-Training Intervention Studies in Competitive Swimming.« *Sports Medicine* (2012) 42 (6): 527–543.

Baar, K. »Using Molecular Biology to Maximize Concurrent Training.« *Sports Medicine* (2015) 44 (Supplement 2): S117–S125.

Barnes, K. R., W. G. Hopkins, M. R. McGuigan, M. E. Northuis und A. E. Kilding. »Effects of Resistance Training on Running Economy and Cross-Country Performance.« *Medicine and Science in Sports and Exercise* (2013) 45 (12): 2322–2331.

Behm, D. G., D. Cappa und G. A. Power. »Trunk Muscle Activation During Moderate and High-Intensity Running.« *Applied Physiology, Nutrition, and Metabolism* (2009) 34 (6): 1008–1016.

Behm, D. G. und D. G. Sale. »Intended Rather Than Actual Movement Velocity Determines Velocity-Specific Training Response.« *Journal of Applied Physiology* (1993) 74 (1): 359–368.

Coombs R. und G. Garbutt. »Developments in the Use of the Hamstring/Quadriceps Ratio for the Assessment of Muscle Balance.« *Journal of Sports Science and Medicine* (2002) 1 (3): 56–62.

Cormie, P., M. R. McGuigan und R. U. Newton. »Developing Maximal Neuromuscular Power: Part 1—Biological Basis of Maximal Power Production.« *Sports Medicine* (2011) 41 (1): 17–38.

Cormie, P., M. R. McGuigan und R. U. Newton. »Developing Maximal Neuromuscular Power: Part 2—Training Considerations for Improving Maximal Power Production.« *Sports Medicine* (2011) 41 (2): 125–146.

Damasceno, M. V., A. E. Lima-Silva, L. A. Pasqua, V. Tricoli, M. Duarte, D. J. Bishop und R. Bertuzzi. »Effects of Resistance Training on Neuromuscular Characteristics and Pacing During 10-km Running Time Trial.« *European Journal of Applied Physiology* (2015) 115 (7): 1513–1522.

Davies, T., R. Orr, M. Halaki und D. Hackett. »Effect of Training Leading to Repetition Failure on Muscular Strength: A Systematic Review and Meta-Analysis.« *Sports Medicine* (2016) 46 (4): 487–502.

Ebben, W. P., M. L. Fauth, L. R. Garceau und E. J. Petrushek. »Kinetic Quantification of Plyometric Exercise Intensity.« *Journal of Strength and Conditioning Research* (2011) 25 (12): 3288–3298.

Ebben, W. P., A. G. Kindler, K. A. Chirdon, N. C. Jenkins, A. J. Polichnowski und A.V. Ng. »The Effect of High-Load vs. High-Repetition Training on Endurance Performance.« *Journal of Strength and Conditioning Research* (2004) 18 (3): 513–517.

Garrido, N., D. A. Marinho, V. M. Reis, R. van den Tillaar, A. M. Costa, A. J. Silva und M. C. Marques. »Does Combined Dry Land Strength and Aerobic Training Inhibit Performance of Young Competitive Swimmers?« *Journal of Sports Science and Medicine* (2010) 9 (2): 300–310.

Girold, S., D. Maurin, B. Dugué, J. C. Chatard und G. Millet. »Effects of Dry-Land vs. Resisted- and Assisted-Sprint Exercises on Swimming Sprint Performances.« *Journal of Strength and Conditioning Research* (2007) 21 (2): 599–605.

Goto, K., M. Nagasawa, O. Yanagisawa, T. Kizuka, N. Ishii und K. Takamatsu. »Muscular Adaptations to Combinations of High- and Low-Intensity Resistance Exercises.« *Journal of Strength and Conditioning Research* (2004) 18 (4): 730–737.

Hasegawa, H., T. Yamauchi und W. J. Kraemer. »Foot Strike Patterns of Runners at the 15K Point During an Elite-Level Half Marathon.« *Journal of Strength and Conditioning Research* (2007) 21 (3): 888–893.

Johnson, R. E., T. J. Quinn, R. Kertzer und N. B. Vroman. »Strength Training in Female Distance Runners: Impact on Running Economy.« *Journal of Strength and Conditioning Research* (1997) 11 (4): 224–229.

Jung, A. P. »The Impact of Resistance Training on Distance Running Performance.« *Sports Medicine* (2003) 33 (7): 539–552.

Karsten, B., L. Stevens, M. Colpus, E. Larumbe-Zabala und F. Naclerio. »The Effects of a Sports Specific Maximal Strength and Conditioning Training on Critical Velocity, Anaerobic Running Distance and 5-km Race Performance.« *International Journal of Sports Physiology and Performance* (2016) 11 (1): 80–85.

Kokkonen, J., A. G. Nelson und A. Cornwell. »Acute Muscle Stretching Inhibits Maximal Strength Performance.« *Research Quarterly in Exercise and Sport* (1998) 69 (4): 411–415.

Lauersen, J. B., D. M. Bertelsen und L. B. Andersen. »The Effectiveness of Exercise Interventions to Prevent Sports Injuries: A Systematic Review and Meta-analysis of Randomised Controlled Trials.« *British Journal of Sports Medicine* (2014) 48 (11): 871–877.

Lee, B. C. und S. M. McGill. »Effect of Long-Term Isometric Training on Core/Torso Stiffness.« *Journal of Strength and Conditioning Research* (2015) 29 (6): 1515–1526.

Levenhagen, D. K., J. D. Gresham, M. G. Carlson, D. J. Maron, M. J. Borel und P. J. Flakoll. »Postexercise Nutrient Intake Timing in Humans Is Critical to Recovery of Leg Glucose and Protein Homeostasis.« *American Journal of Physiology. Endocrinology and Metabolism* (2001) 280 (6): E982–E993.

Markovic, G., I. Jukic, D. Milanovic und D. Metikos. »Effects of Sprint and Plyometric Training on Muscle Function and Athletic Performance.« *Journal of Strength and Conditioning Research* (2007) 21 (2): 543–549.

Markovic, G. und P. Mikulic. »Neuro-musculoskeletal and Performance Adaptations to Lower-Extremity Plyometric Training.« *Sports Medicine* (2010) 40 (10): 859–895.

McDaniel, J., A. Subudhi und J. C. Martin. »Torso Stabilization Reduces the Metabolic Cost of Producing Cycling Power.« *Canadian Journal of Applied Physiology* (2005) 30 (4): 433–441.

Mikkola, J., H. Rusko, A. Nummela, T. Pollari und K. Häkkinen. »Concurrent Endurance and Explosive Type Strength Training Improves Neuromuscular and Anaerobic Characteristics in Young Distance Runners.« *International Journal of Sports Medicine* (2007) 28 (7): 602–611.

Mikkola, J., V. Vesterinen, R. Taipale, B. Capostagno, K. Häkkinen und A. Nummela. »Effect of Resistance Training Regimens on Treadmill Running and Neuromuscular Performance in Recreational Endurance Runners.« *Journal of Sports Sciences* (2011) 29 (13): 1359–1371.

Millet, G. P., B. Jaouen, F. Borrani und R. Candau. »Effects of Concurrent Endurance and Strength Training on Running Economy and VO(2) Kinetics.« *Medicine and Science in Sports and Exerc*ise (2002) 34 (8): 1351–1359.

Mitchell, C. J., T. A. Churchward-Venne, D. W. West, N. A. Burd, L. Breen, S. K. Baker und S. M. Phillips. »Resistance Exercise Load Does Not Determine Training-Mediated Hypertrophic Gains in Young Men.« *Journal of Applied Physiology* (2012) 113 (1): 71–77.

Nummela, A., T. Keranen und L. O. Mikkelsson. »Factors Related to Top Running Speed and Economy.« *International Journal of Sports Medicine* (2007) 28 (8): 655–661.

Paavolainen, L., K. Häkkinen, I. Hämäläinen, A. Nummela und H. Rusko. »Explosive-Strength Training Improves 5-km Running Time by Improving Running Economy and Muscle Power.« *Journal of Applied Physiology* (1999) 86 (5): 1527–1533.

Paavolainen, L., A. Nummela, H. Rusko und K. Hakkinen. »Neuromuscular Characteristics and Fatigue During 10K Running.«

International Journal of Sports Medicine (1999) 20 (8): 516–521.

Phillips, S. M. »A Brief Review of Critical Processes in Exercise-Induced Muscular Hypertrophy.« *Sports Medicine* (2014) 44 (Supplement 1): S71–S77.

Ramírez-Campillo, R., C. Alvarez, C. Henríquez-Olguín, E. B. Baez, C. Martínez, D. C. Andrade und M. Izquierdo. »Effects of Plyometric Training on Endurance and Explosive Strength Performance in Competitive Middle- and Long-Distance Runners.« *Journal of Strength and Conditioning Research* 2014: 28 (1): 97–104.

Rasmussen, B. B., K. D. Tipton, S. L. Miller, S. E. Wolf und R. R. Wolfe. »An Oral Essential Amino Acid-Carbohydrate Supplement Enhances Muscle Protein Anabolism After Resistance Exercise.« *Journal of Applied Physiology* (2000) 88 (2): 386–392.

Ronnestad, B. R., E. A. Hansen und T. Raastad. »In-Season Strength Maintenance Training Increases Well-Trained Cyclists' Performance.« *European Journal of Applied Physiology* (2010) 110 (6): 1269–1282.

Ronnestad, B. R. und I. Mujika. »Optimizing Strength Training for Running and Cycling Performance: A Review.« *Scandinavian Journal of Medicine & Science in Sports* (2014) 24 (4): 603–612.

Rumpf, M. C., R. G. Lockie, J. B. Cronin und F. Jalilvand. »The Effect of Different Sprint Training Methods on Sprint Performance Over Various Distances: A Brief Review.« *Journal of Strength and Conditioning Research* (2016) 30 (6):1767–1785.

Saunders, P. U., R. D. Telford, D. B. Pyne, E. M. Peltola, R. B. Cunningham, C. J. Gore und J. A. Hawley. »Short-Term Plyometric Training Improves Running Economy in Highly Trained Middle and Long Distance Runners.« *Journal of Strength and Conditioning Research* (2006) 20 (4): 947–954.

Sedano, S., P. J. Marín, G. Cuadrado und J. C. Redondo. »Concurrent Training in Elite Male Runners: The Influence of Strength Versus Muscular Endurance Training on Performance Outcomes.« *Journal of Strength and Conditioning Research* (2013) 27 (9): 2433–2443.

Seger, J. Y., B. Arvidsson und A. Thorstensson. »Specific Effects of Eccentric and Concentric Training on Muscle Strength and Morphology in Humans.« *European Journal of Applied Physiology and Occupational Physiology* (1998) 79 (1): 49–57.

Sforzo, G. A. und P. R. Touey. »Manipulating Exercise Order Affects Muscular Performance During a Resistance Exercise Training Session.« *Journal of Strength and Conditioning Research* (1996) 10 (1): 20–24.

Simão, R., B. F. de Salles, T. Figueiredo, I. Dias und J. M. Willardson. »Exercise Order in Resistance Training.« *Sports Medicine* (2012) 42 (3): 251–265.

Skovgaard, C., P. M. Christensen, S. Larsen, T. R. Andersen, M. Thomassen und J. Bangsbo. »Concurrent Speed Endurance and Resistance Training Improves Performance, Running Economy, and Muscle NHE1 in Moderately Trained Runners.« *Journal of Applied Physiology* (2014) 117 (10): 1097–1109.

Spurrs, R. W., A. J. Murphy und M. L. Watsford. »The Effect of Plyometric Training on Distance Running Performance.« *European Journal of Applied Physiology* (2003) 89 (1): 1–7.

Støren, O., J. Helgerud, E. M. Støa und J. Hoff. »Maximal Strength Training Improves Running Economy in Distance Runners.« *Medicine and Science in Sports and Exercise* (2008) 40 (6): 1087–1092.

Sunde, A., O. Støren, M. Bjerkaas, M. H. Larsen, J. Hoff und J. Helgerud. »Maximal Strength Training Improves Cycling Economy in Competitive Cyclists.« *Journal of Strength and*

Conditioning Research (2010) 24 (8): 2157–2165.

Tanaka, H., D. L. Costill, R. Thomas, W. J. Fink und J. J. Widrick. »Dry-Land Resistance Training for Competitive Swimming.« *Medicine and Science in Sports and Exercise* (1993) 25 (8): 952–959.

Tanaka, H. und T. Swensen. »Impact of Resistance Training on Endurance Performance. A New Form of Cross-Training?« *Sports Medicine* (1998) 25 (3): 191–200.

Tipton, K. D., B. B. Rasmussen, S. L. Miller, S. E. Wolf, S. K. Owens-Stovall, B. E. Petrini und R. R. Wolfe. »Timing of Amino Acid-Carbohydrate Ingestion Alters Anabolic Response of Muscle to Resistance Exercise.« *American Journal of Physiology. Endocrinology and Metabolism* (2001) 281 (2): E197–E206.

Turner, A. M., M. Owings und J. A. Schwane. »Improvement in Running Economy After 6 Weeks of Plyometric Training.« *Journal of Strength and Conditioning Research* (2003) 17 (1): 60–67.

Willardson J. M. »A Brief Review: Factors Affecting the Length of the Rest Interval Between Resistance Exercise Sets.« *Journal of Strength and Conditioning Research* (2006) 20 (4): 978–984.

Yamamoto, L. M., R. M. Lopez, J. F. Klau, E. J. Casa, W. J. Kraemer und C. M. Maresh. »The Effects of Resistance Training on Endurance Running Performance Among Highly Trained Runners: A Systematic Review.« *Journal of Strength and Conditioning Research* (2008) 22 (6): 2036–2044.

Kapitel 14: Das Trainingstagebuch

Atkinson, G., O. Peacock und L. Passfield. »Variable Versus Constant Power Strategies During Cycling Time-Trials: Prediction of Time Savings Using an Up-to-Date Mathematical Model.« *Journal of Sports Sciences* (2007) 25 (9): 1001–1009.

Billat, V. L., J. Slawinski, M. Danel und J. P. Koralsztein. »Effect of Free Versus Constant Pace on Performance and Oxygen Kinetics in Running.« *Medicine and Science in Sports and Exercise* (2001) 33 (12): 2082–2088.

Cherry, P. W., H. K. Lakomy, M. E. Nevill und R. J. Fletcher. »Constant External Work Cycle Exercise—The Performance and Metabolic Effects of All-Out and Even-Paced Strategies.« *European Journal of Applied Physiology and Occupational Physiology* (1997) 75 (1): 22–27.

de Koning, J. J., C. Foster, A. Bakkum, S. Kloppenburg, C. Thiel, T. Joseph, J. Cohen und J. P. Porcari. »Regulation of Pacing Strategy During Athletic Competition.« *PLoS One* (2011) 6 (1): e15863.

Foster, C., A. C. Snyder, N. N. Thompson, M. A. Green, M. Foley und M. Schrager. »Effect of Pacing Strategy on Cycle Time Trial Performance.« *Medicine and Science in Sports and Exercise* (1993) 25 (3): 383–388.

González-Alonso, J., C. Teller, S. L. Andersen, F. B. Jensen, T. Hyldig und B. Nielsen. »Influence of Body Temperature on the Development of Fatigue During Prolonged Exercise in the Heat.« *Journal of Applied Physiology* (1999) 86 (3): 1032–1039.

Suriano, R., F. Vercruyssen, D. Bishop und J. Brisswalter. »Variable Power Output During Cycling Improves Subsequent Treadmill Run Time to Exhaustion.« *Journal of Science and Medicine in Sport* (2007) 10 (4): 244–251.

Swain, D. P. »A Model for Optimizing Cycling Performance by Varying Power on Hills and in Wind.« *Medicine and Science in Sports and Exercise* (1997) 29 (8): 1104–1108.

DER AUTOR

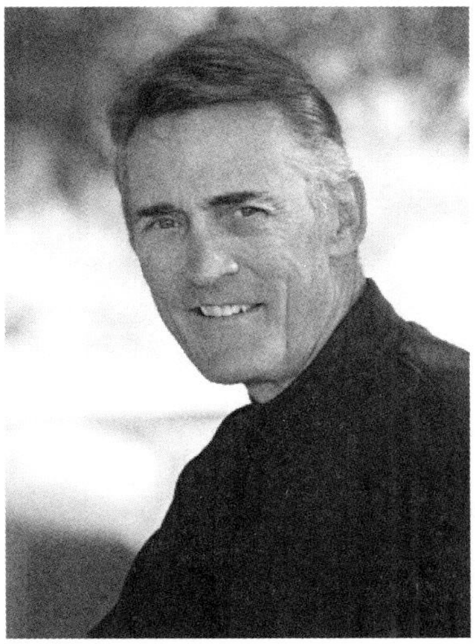

Joe Friel war einer der ersten Triathlon-Trainer in den Vereinigten Staaten. Er selbst begann 1983, für Triathlons zu trainieren und an Wettkämpfen teilzunehmen. Ein Jahr später eröffnete er ein Fachgeschäft, das als weltweit erster Triathlon-Shop gilt. Seit 1997 war er als Gründungsmitglied am Aufbau der USA Triathlon National Coaching Commission beteiligt, deren Vorstand er auch mehrere Jahre angehörte.

Joe Friel hält einen Master-Abschluss in Sportwissenschaften und hat seit 1980 zahlreiche Ausdauerathleten aller Alters- und Leistungsklassen betreut, von Anfängern bis hin zu Profis und Olympia-Teilnehmern. Er hält regelmäßig Vorträge und Präsentationen bei Seminaren und Konferenzen zur Trainerarbeit im Sport. Auf Einladung von Sportverbänden aus zahlreichen Ländern gibt er regelmäßig Lehrgänge, bei denen er deren National- und Verbandstrainer mit neuen Trainingsansätzen vertraut macht. Gelegentlich leitet Joe Friel auch Trainingscamps in aller Welt und berät Spitzensportler und -trainer aus verschiedenen Disziplinen. Weiterhin ist er auch als Berater namhafter Sportartikelhersteller tätig.

Joe Friel ist Autor zahlreicher Sachbücher und Ratgeber zum Thema Ausdauersport, von denen viele auch ins Deutsche übersetzt wurden: *Die Trainingsbibel für Radsportler, Die Trainingsbibel für Triathleten, Going Long – Triathlontraining für die Langdistanz* (mit Gordon Byrn), *Das Paläo-Prinzip der gesunden Ernährung im Ausdauersport* (mit Dr. Loren Cordain), *Praxishandbuch Wattmessung, Schnell und fit ab 50* und *Ride Inside: Trainingshandbuch Indoorcycling.* Ebenso verfasst er regelmäßig Beiträge für Magazine wie *Bicycling, Triathlete* und *220 Triathlon.*

Im Jahr 1999 gründete Joe Friel gemeinsam mit Partnern das Unternehmen TrainingPeaks (www.TrainingPeaks.com), das heute als einer der führenden Anbieter von Trainings-Software für Ausdauersportler gilt.

Joe Friel hat mehr als 40 Jahre selbst an zahlreichen Wettkämpfen in unterschiedlichen Ausdauersportarten teilgenommen, u. a. an Landes- und Weltmeisterschaften. Er wurde mehrfach in nationale Auswahlmannschaften berufen und gewann als Triathlet und Duathlet mehrere Regionalmeisterschaften des amerikanischen Triathlonverbands USAT. Er lebt und trainiert in Sedona, Arizona.

EBENFALLS VON JOE FRIEL

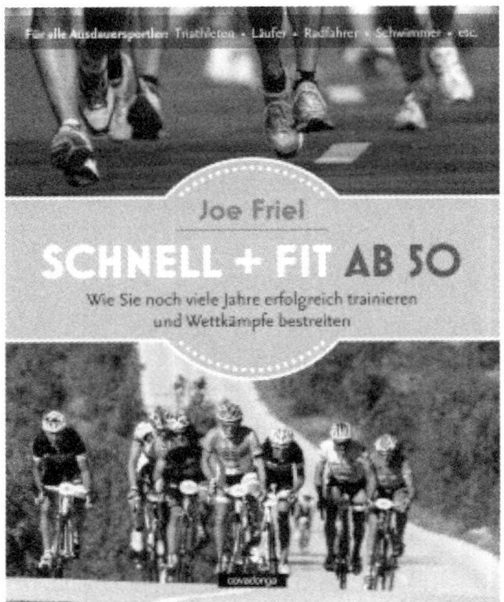

Joe Friel:
Schnell + fit ab 50
Wie Sie noch viele Jahre erfolgreich trainieren und Wettkämpfe bestreiten

Covadonga Verlag

Broschur, 312 Seiten

ISBN (Print) 978-3-95726-006-2

ISBN (E-Book) 978-3-95726-008-6

Älter zu werden, bedeutet keineswegs, dass man zwangsläufig langsamer werden muss. Gestützt auf aktuelle Forschungsergebnisse und praktische Erfahrung in der Arbeit mit zahllosen erfolgreichen Altersklassen-Athleten erläutert der renommierte amerikanische Sportwissenschaftler, Trainer und Sachbuchautor Joe Friel, wie man als Sportler auch jenseits der 50 dauerhaft fit bleibt und erfolgreich Wettkämpfe bestreiten kann. Seine Leser lernen im Detail, wie sie ihr Training umstellen müssen, um sich gegen die Auswirkungen des Älterwerdens zu wappnen und so ihre Karriere um Jahrzehnte zu verlängern und weiterhin Siege, tolle Zeiten und Platzierungen zu erringen.

SCHNELL + FIT AB 50 ist das Buch für alle Ausdauersportler, die auch im fortschreitenden Alter schnell und konkurrenzfähig bleiben möchten: Radfahrer, Läufer, Schwimmer, Skilangläufer, Ruderer und Triathleten erhalten praxisbewährte Anleitungen, die ihnen helfen, weiterhin individuelle Bestleistungen zu erreichen. Denn Joe Friel beantwortet alle entscheidenden Fragen, u.a.:

- Wie verändert sich mit fortschreitendem Alter die Reaktion des Körpers auf Trainingsbelastungen und wie sollte man das Training entsprechend anpassen?
- Wie gelingt es, Körperfett abzubauen und Muskeldichte wiederzuerlangen?
- Wie lässt sich in Eigenregie ein maßgeschneiderter Plan für Training, Regeneration und Wettkämpfe erstellen?
- Wie funktioniert High Intensity Training (HIT) in der Praxis und wie lassen sich die Intensität der Trainingseinheiten und das aktuelle Leistungsvermögen präzise erfassen?

Expertenbeiträge weiterer weltweit angesehener Sportwissenschaftler, Mediziner und Spitzensportler, darunter Mark Allen, Gale Bernhardt, Amby Burfoot, John Howard, Tim Noakes, Ned Overend und Andrew Pruitt, runden diesen umfassenden Trainingsratgeber ab.